은밀한 몸

여성의 몸 수치의 역사

Intimität

by Hans Peter Duerr

은밀한 몸

여성의 몸 수치의 역사

한스 페터 뒤르 지음 • 박계수 옮김

한길사

은밀한 몸

여성의 몸 수치의 역사

지은이 · 한스 페터 뒤르
옮긴이 · 박계수
펴낸이 · 김언호
펴낸곳 · ㈜도서출판 한길사

등록 · 1976년 12월 24일 제74호
주소 · 413-756 경기도 파주시 광인사길 37
　　　www.hangilsa.co.kr E-mail: hangilsa@hangilsa.co.kr
전화 · 031-955-2000~3 팩스 · 031-955-2005

상무이사 · 박관순 | 총괄이사 · 곽명호
영업담당이사 · 이경호 | 관리이사 · 김서영 | 경영기획이사 · 김관영
기획 및 편집 · 배경진 서상미 김지희 이지은
전산 · 한향림 | 마케팅 · 윤민영
관리 · 이중환 문주상 김선희 원선아

인쇄 · 예림인쇄 | 제본 · 한영제책사

제1판 제1쇄 2003년 8월 5일
제1판 제3쇄 2013년 11월 20일

값 22,000원
ISBN   978-89-356-5475-8 04900
ISBN   978-89-356-6899-1 (전3권)
• 잘못 만들어진 책은 구입하신 서점에서 바꿔드립니다.

• 이 도서의 국립중앙도서관 출판시도서목록(CIP)은
e-CIP 홈페이지(http://www.nl.go.kr/ecip)에서 이용하실 수 있습니다.
(CIP제어번호: CIP2013023239)

18세기 후반 의사가 '정숙한' 부인을 검진할 때 취하는 가장 보편적인 자세는 서 있는 환자 앞에서 무릎을 꿇는 자세였다.
'여자를 서 있는 채로 진찰하다', 「새로운 출산법의 제시」

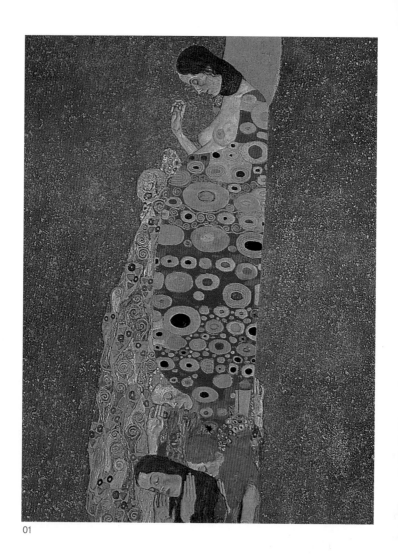

01

전통사회에서 임신과 출산은 수치와 곤혹스러움으로 은폐되어 있었다. 남자들의 영역과 여자들의 영역은 엄격히 구분되었기 때문에 남자들은 당연히 출산과 관련된 모든 것과 격리되어 있었다.

01 구스타프 클림트, 「희망」 | 02 구스타프 클림트, 「다나에」

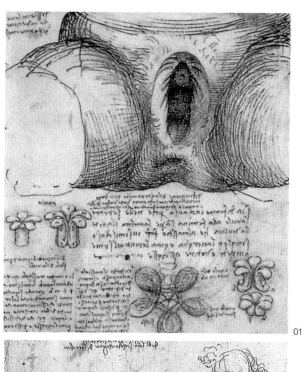

01

02

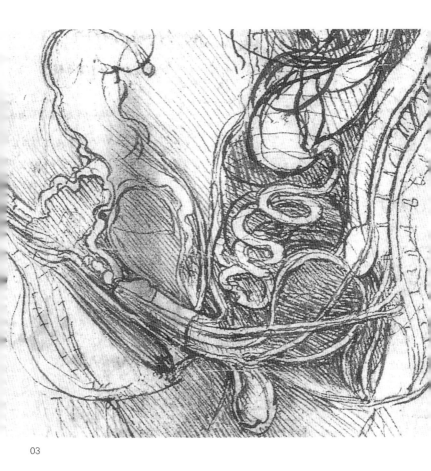

03

레오나르도 다 빈치는 남성의 성기는 사실상 애정을 가지고 그린 반면, 소음순이 없는 여자의 외음부 그림은 여성의 치부라기보다는 오히려 지옥의 심연같이 그렸다.(01) 게다가 성교에 대한 스케치를 보면 여자는 단순히 생식기관과 가슴만 있는 몸통으로 생략되었다. 이와는 반대로 남자 파트너는 완전한 인간으로 그려져 있다. 이 그림의 왼쪽에는 엉덩이를 향하고 있는 어떤 남자의 음낭이 달린 발기한 음경이 단면도로 그려져 있다.(02) 레오나르도 다 빈치에게는 여자의 외음부만 '혐오감을 주는' 것이 아니라 여성의 쾌락 자체도 명백히 하나의 분노의 대상이었다.

01 레오나르도 다 빈치, 「여성기」 | 02 「성교단면도」 | 03 「성교단면도」(부분 확대)

01

02

03

"우리가 보고 있는 것이 무엇인가? 두 개의 추한 혹 같은 형상, 그것은 때에 따라서는, 어울리지 않는 불균형의 선을 이루며 마감되거나, 아니면 실제로 추악하게 갈라진 주름을 형성하고 있다. ……상한 생선 냄새 같은 역겹고 더러운 냄새가 우리의 후각을 손상시킨다. 혐오감이 우리를 사로잡고 모든 성애는 바람에 불려 날아가버린 것 같다."

본문, '추한 외음부' 중에서

01 호쿠사이, 「나무조각」 | 02 토포르, 「악마쥐로서의 여자 성기」 | 03 운게러, 「낮잠」
04 쿠빈, 「죽음의 도약」 | 05 네덜란드 파인차 조각 | 06 17세기 후반 동판화 「공식창녀」

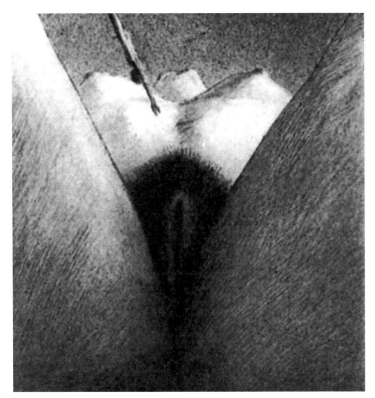

04

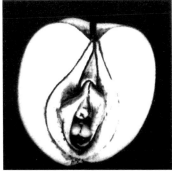

05

06

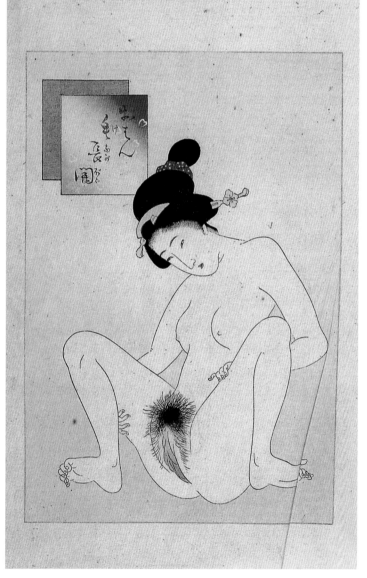

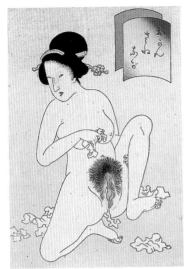
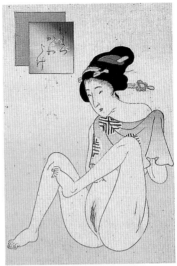

일본인들은 항상 외음부를 숭배했다. 여성의 성기를 일본보다 말과 그림으로 더 상세히 묘사했던 사회는 없을 것이다.

다케우치 게이슈(武內桂舟)의 우키요에

"그녀의 외음부는 멋있었다. 자색의 중심은 눈 같은 흰색을 더욱 돋보이게 했다. 그것은
둥글며 흠잡을 데 없이 아름다운 곡선을 이룬 지붕처럼 그녀의 치부 위로 튀어나와 있었
다. 한마디로 그것은 창조물의 걸작으로 그보다 더 아름다운 것은 발견할 수 없을 정도였
다. 그것에 신, 최고 창조자의 축복이 임할지어다."
본문, '아름다운 외음부' 중에서
모딜리아니, 「누워 있는 나부(裸婦)」

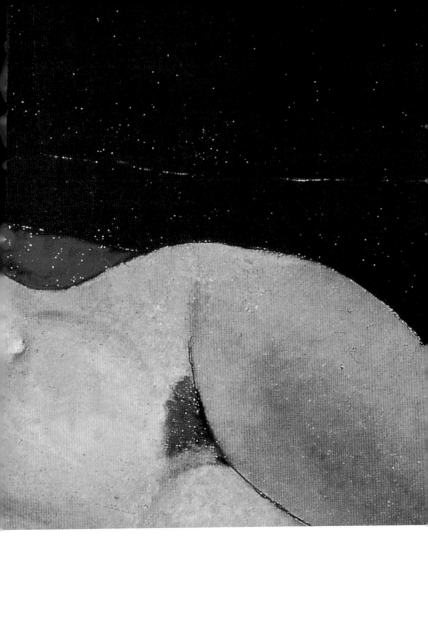

여성의 성기에 대한 수치는 여자들이 다른 포유동물의 암컷과 달리 배란기의 발정 신호를 마구 사용하지 않으며, 성적 매력을 모든 성적 파트너에게 선택의 여지 없이 보내는 것이 아니라 특정한 파트너에게만 제한시킨다는 것을 의미한다.

에곤 실레, 「꿈속에서 보다」

은밀한 몸

책을 펴내며

17세기 뉴잉글랜드 매사추세츠 주의 미들섹스 지방법원에서 열린 재판에서 증인은 대로에서 한 처녀를 공격했던, 차마 청교도라고 할 수 없는 어떤 사람에 대해 이렇게 증언했다.

"저 사람은 처녀를 도로 위로 넘어뜨리고는 덮쳤습니다. 그것을 본 존슨이 그에게 예의 바르게 행동하고 그녀를 욕보이지 말라고 부탁했지요."[1]

존슨 씨가 비난했던 것은 그 남자가 '예의 바른', 즉 '문명화된'[2] 행동을 하지 않았다는 점이다. 나는 2년 전 『나체와 수치』 (*Nacktheit und Scham*)라는 책을 저술하여 엘리아스(Norbert Elias, 1897~1990)가 아주 명확하게 표현한 문명화 이론을 반박하는 논증을 시작한 바 있다. 이 책을 통해 논증을 계속하면서 나는 '문명'이라는 단어를 당시 뉴잉글랜드 사람이 봉변을 당한 젊은 여자를 도와주었을 때와 같은 의미로 사용하고자 한다. 그럼으로써 지난 천년 동안 예의라는 것이 일반적으로 점점 더 강력한 감정통제와 '감정조형'으로 진화했다는 이론이 논의할 가치조차 없다는 것을 보여주고자 한다.

최근 이 주제로 취리히 대학에서 강연을 끝냈을 때 한 민속학 교수가 나에게 다가왔다. 그는 오늘날의 스위스인들이 매우 문명화된 민족임을 강조하면서 대강당에 있는 대학교수들 가운데 누구도 내게 썩은 과일을 던지지 않은 것으로 보아 어렵지 않게 그 사실을 인식할 수 있을 것이라고 말했다.[3]

이런 항의들이 여러 가지 형태로 계속 제기되기 때문에 내가 특별히 스위스인이나 일반적으로는 유럽 사람들도 미개인으로 여기지 않는다는 사실을 다시 한 번 강조하고 싶다. 그들이 가끔은 미개인 같다는 인상을 불러일으킨다 할지라도 말이다.

단지 나는 전근대적인 사회와 이른바 미개인 사회 구성원들의 '감정구조'가 오늘날보다 덜 '조형되지' 않았다는 것을 증명하고자 할 뿐이다.

또한 '서구를 다른 지역과 구별해주는 동시에 우월함을 나타내주는 특징'[4]으로 현대의 '충동조형'을 찬양하는 엘리아스의 이론이 옳지 못하다는 것을 밝히고자 한다. 엘리아스는 아도르노가 마르크스주의자로서 '과거 시대의 체험영역과 지식영역' 기반으로 하는 '사고체계'에 얽매여 있다[5]고 말한 바 있다. 이는 맞는 말이지만 같은 비판이 엘리아스 자신에게도 적용된다.[6]

이 책의 주요 부분에서는——19세기부터 고대로 거슬러올라가 여성들이 남자 의사들에게 느끼는 수치의 문화사에서 시작해서 고대에서 현대까지의——여성들의 생식기에 대한 수치를 우선적으로 다루려고 한다. 이어서 인간이 육체를 수치스럽게 느끼게 되는 '벽의 높이'가 문화적·역사적으로 차이가 있긴 하지만, 그것이 문화 고유의 현상이 아니라 인간의 생활양식 전반에서 특징적인 현상임을 납득시키려 한다.

또한 일반적인 '수치를 모르는 언행'과 그것을 통한 공적인 영역과 사적인 영역의 융합이 인간들이 모이는 형태의 변화를 전제로 한다는 것을 밝혀둔다. 그 변화는 아주 근본적인 것이어서, 비교하자면 현대 대도시 거주자의 생활방식이 칼라하리 사막 부시먼의 생활방식으로 변화하는 것이 마치 일요일 소풍이 여름 피서로 바뀌는 것처럼 느껴질 것이다.

이 책에서는 수치와 곤혹스러움의 기준이 최근 들어 낮아졌다는 간과할 수 없는 사실을, 점점 만연되어가고 있는 소비사회의 쾌락주의와 근대사회의 특징인 근원적 사회통제의 약화를 통해 설명하고자 한다.

그러면서 『신학대전』에서 진술한 토마스 아퀴나스의 다음과 같은 견해를 아주 겸손하게 따르려고 한다.

"우리는 우리와 친밀한 사람들, 우리와 교제를 맺고 있는 사람들에게 더 많은 수치를 느낀다. 교제와 관련하여 그들은 우리에게 지속적으로 불편을 줄 수 있기 때문이다. 반면 낯선 사람에게 일어난 일은 빨리 잊어버린다."[7]

아니면 가까운 사람들이 우리에 관해 가장 많이 알고 있기 때문에 수치를 가장 많이 느낀다고 말하는 발리 사람들[8]의 의견을 따르든가.

이 책의 서론과 부록에서 나는 제1권인 『나체와 수치』에 대한 지금까지의 비판에 항변하려 하였다. 그러나 비판을 위한 비판을 하는 비평가들은 조금도 고려하지 않았다.

때로는 여러 비평가들의 훈계에 따라 인간이 빵만으로 살 수 없다는 사실을 기억하면서 스포츠 언어로 말하자면 그레코로만형에서 자유형으로 넘어갔다. 그래서 다음과 같은 표어가 나온 것이다. "빵과 서커스를".[9]

나는 베를린 학술협회의 특별 연구원으로서 이 책을 저술했다.

바로 이 도시에서 역사적 순간을 함께 체험할 수 있는 기회를 준 학술협회에 감사한다. 또한 초기에는 쉽게 얼굴을 붉히던 사서들이 내가 아니었다면 거의 주문할 일이 없을 그런 수많은 서적들을 구해준 것에 대해 감사의 뜻을 전한다.

1990년 봄 베를린에서
한스 페터 뒤르

"하나의 이미지가 우리를 사로잡고 있다"

· 비트겐슈타인

은밀한 몸 | 차례

'나체와 수치'에 대한 이론적 항변

    2년 전 『나체와 수치』(*Nacktheit und Scham*)라는 제목으로 출간되었던 이 연작의 제1권에 대한 초기의 서평 가운데 어느 비평가는 '사회학에서 확실히 불러일으키게 될'[1] 논쟁을 기대해도 좋을 것이라고 말한 바 있다. 실제로 이 책을 통해 무엇인가 일어났다는 사실에 대해서는 반론의 여지가 없다. 다만 그것을 '논쟁'이라 불러야 하는지 아니면 '토론'이라 불러야 하는지가 내게는 명확하지 않을 뿐이다.

    비평가들의 대부분은——특히 독일어권 영역에서——사실에 기초한 지식을 바탕으로 공격했다기보다는 단지 격분과 분노로 비판했을 뿐이다. 엘리아스의 생각처럼 실제로 오늘날의 문명화된 인간들이 무엇보다 "장기적인 목표와 만족을 위해 순간적으로 충동을 억제"[2]할 수 있는 특징이 있다고 규정한다면, 이 비평가들은 문명화 과정에 아주 주변적으로만 포함되는 사람들임에 틀림없다.

    앞으로 나는 이런 종류의 비판을 계속 무시할 것이며[3] 우선은 '이론적' 비판과 '방법론적' 비판을, 부록에서는 '경험적' 비판을 집중적으로 다루면서 비판에 대한 반대 논증을 전개해나가는 것으로 국한시키려 한다. 부록에 나오는 많은 것들은 제1권을 읽은 사람이라면 이미 알고 있는 사실로 여겨질 수도 있지만 어쩔 수 없었다. 제1권에 대한 다양한 반응들이 파이어아벤트의 다음과 같은 인식을 확인시켜주기 때문이다. 즉 지식인들을 다른 사람들과 구별시켜주는 가장 큰 특징은, 지식인들로 하여금 어떤 사건을 이해하게 하려면 여러 번 자세히 설명을 해줘야 한다는 것이다. 그렇지 않으면 그들은 눈먼 쥐처럼 그 자리에서 쳇바퀴 돌듯 맴돌게 된다.

맨 먼저 짚고 넘어가야 할 점은 나의 엘리아스 비판에 반대하여 "엘리아스가 어디에서도 '수치'와 '무죄'(Unschuld)를 구분하는 절대적인 경계에 대해 이야기한 적이 없다"[4]는 주장이 관철되고 있다는 사실이다. 엘리아스 자신도 내가 그 자신이 중세 사람들은 전혀 수치심을 느끼지 않았다는 그런 진술을 한 것처럼 기술하고 있지만 그는 그런 진술을 한 적이 없다고 주장한다. 실제로 그는 이렇게 주장했다. "르네상스 시대에 그 전까지는 수치감이 거의 없던 지역까지 그 경계점이 확장되었다."[5]

독자들이 쉽게 검증해볼 수 있듯이 내 책에서는[6] 그런 비방을 한 적이 없다. 다만 비평가들이 제멋대로 상상한 것이다. 물론 엘리아스의 진술이 그런 절대 개념을 자주 떠올리게 한다는 것은 수많은 증거들로 뒷받침할 수 있다. 예를 들면 그는 '미개한' 사회에 대한 반대로 '문명화된 사회'('더 문명화된' 사회나 '덜 문명화된' 사회가 아니라)[7]에 관해 종종 이야기한다. 또는 이렇게 주장하기도 한다.

어린이들 앞에서 성(性)을 숨기게 된 것은 비교적 나중에 이루어진 발전이다. 16세기에도 성을 둘러싼 이와 같은 벽은 존재하지 않았다. 어린아이들은 모든 것을 보았으며 어떤 것도 아이들

앞에서 숨기지 않았다.[8]

　여기서 엘리아스가 그런 주장으로 근대 초기의 성행위를 희화화
했다는 것이 중요한 사실은 아니다. 우리의 관심을 끄는 것은 그
가——그 자신의 말로 하자면——절대적인 진술을 했지 상대적인 진
술은 하지 않았다는 것이다. 그는 16세기의 어린이들이 오늘날의
어린이보다 더 많이 보았을 것이라고 주장한 것이 아니다. 16세기
의 아이들은 모든 것을 보았다는 것이다. 그리고 그는 오늘날보다
덜 숨겼다고 생각한 것이 아니라 아무것도 숨기지 않았다고 생각한
것이다.

　다음과 같은 엘리아스의 주장 역시 전혀 근거가 없다. 즉 엘리
아스는 '16~18세기에 이루어졌던 식민지 사업을 위한 토대로' 사
용되었던 이론을 발전시켰다고 내가 비방했다고 말한다. 주지하다
시피 독일에는 식민지가 전혀 없었는데 "식민지 이론을 전개시키
는 것이 무슨 의미가 있는가?"[9]라며 내가 '이상한 비방'을 했다는
것이다. 또한 다른 구절에서는 엘리아스 자신을 '잠재적인 식민지
주의자'라고 폭로하는 것이 '논쟁에서 여론을 나의 편으로 만들려
는'[10] 말도 안 되는 속임수라고 밝히고 있다.

　물론 나는 엘리아스가 반세기 전에 독일의 제국 정부를 위해 '식
민지 이론'을 전개시켰다고 비난한 적이 없다. 오히려 나는 내 책과
약간 늦게 발표된 어느 인터뷰[11]에서 그의 문명화 이론이 무엇보다
도 식민지주의의 정당화를 위해 이용되었던 진화론, 예컨대 스펜서
(Herbert Spencer, 1820~1903)의 이론과 같은 유형에 속한다고 아
주 명확하게 주장했다. 그런 이론에 따르면 식민지화를 통해 이방
의 미개하고 원시적이며 유아적인 인간들, 즉 '미개인'에게 우리가
여러 세기를 통해 이룩한 문명화 과정을 시간을 뛰어넘어 만회할
수 있는 기회를 제공했으며, 전에는 신의 말씀이 미개인들과 야만

인들의 영혼을 고상하게 만들었다면 이제는 식민지화가 일상적인 예절의 수준을 향상시키기 위한 전제를 창조해냈다[12]는 것이다. 가치판단은 배제하고 엘리아스의 말을 인용해보자.

우리의 감독 아래 이루어진 것, 우리가 좁은 의미에서 '문명의 확장'이라 지칭하곤 했던 것, 우리의 제도와 행동의 기준들을 서양을 넘어서 다른 지역으로까지 확장시키는 것, 그것들은 수세기를 통해 서양 내에서 이루어졌던 운동의 마지막 파도이며 그 운동의 경향과 특징들이 여기에서 관철되었다. [13]

문명화된 인간들은 미개한 또는 덜 문명화된 인간에 대해 확고한 위치를 차지했다. 그것도 더 강한 군사력을 가지고 있어서가 아니라 객관적으로 그들보다 감정구조가 우월하기 때문이다.
"문명이란 것은 서양을 다른 대륙과 구별해주며 우월함을 부여하는 특징이다." [14]
물론 엘리아스가 말하는 진화론이 식민지주의를 정당화하기 위해 사용될 수 있다는 것을 확인했다고 해서 그 사실이 엘리아스의 이론을 반대하는 논거[15]가 될 수는 없다. 누군가가 백인이 흑인보다 더 똑똑하다거나 여자들이 남자들보다 더 미련하다고 주장한다면 그것은 어떤 논거도 될 수 없으며 단순히 그 말을 하는 당사자가 인종주의자거나 여성혐오자라는 것을 말해줄 뿐이다.
그와는 달리 내가 "인류의 발전에서 변한 것은 아무것도 없다"[16]고 주장했다는 엘리아스의 비판은 좀더 중요한 의미를 지닌다. 나의 이런 주장은 틀림없이 수많은 비판가들로 하여금 포이어바흐에 관한 여섯번째 테제를 소생시키고 싶어하는 마음이 들게 했을 것이다. 사람들이 항상 탈레스로부터 비트겐슈타인까지의 철학자들을 탓했던 것처럼, 그 명제에서 마르크스는 "역사적 발전을 도외시했다는 점"에서 포이어바흐를 비난했다.

어떤 여류 비평가의 의견은 이렇다. "우리가 단지 역사적으로 규정된 인간에 관한 자료만을 근거로 제시할 수 있다면 어떻게 인간의 본질에 관해 말할 수 있단 말인가?" 그러므로 그녀는 어떤 사물에 대한 설명을 '의문시되는 형이상학적·철학적 명제'[17]라고 말할 준비가 되어 있는 것이다.

그 비평가는 루트비히 14세가 때때로 의자 위에 앉았다는 내 말에 동의할 것이다. 아니면 그때마다 '역사적으로 규정된' 의자들만 존재하기 때문에 '시대를 초월한' '의자'라는 일반 개념을 사용해서는 안 된다고 이론을 제기할 것인가? 그렇다면 그때마다 다른 방식으로 '역사적으로 규정된' 것, 즉 루트비히 14세가 앉아 있던 것은 무엇이란 말인가?

우리는 그 여류 비평가에게 이렇게 설명할 수 있을 것이다. 어떤 물질적 대상이 의자라고 불리기 위해서는 일정한 특성을 지녀야 한다. 다시 말하자면 일정한 특성들이 의자의 본질에 속하게 된다. 반면에 다른 특성들——예를 들면 색이나 덮개, 의자의 형태 등——은 변할 수 있는데, 이런 것들은 '비본질적인' 규정에 속한다.[18] 그녀는 이런 진술을 '의문시되는 형이상학적·철학적인 명제'라고 말할 수 있을까?

'시대를 초월하는' 모든 보편개념들을 거부하는 역사적 상대주의는 일반적인 '유명론'(唯名論)이 어떤 사물에 대한 기술(記述) 자체를 불가능하게 만들듯이 모든 역사기술을 불가능하게 만든다. 왜냐하면 '~이다'(ist)라는 판단의 연결사에서 보편적인 것이 '드러나기' 때문이다. 그리고 이런 확인은 경험적인 문법이 아니라 '논리적인 문법'의 하나로 비트겐슈타인의 말을 따르거나 전통적으로 표현하자면 '형이상학적' 진술이거나 '존재론적인' 진술이 된다.[19]

왜냐하면 보편적인 것과 특별한 것은 언어와 현실의 상호관계와 같기 때문이다. 현실과 관계가 있는 언어가 존재하지 않듯이, 처음에는 '죽 같은' 내용에 '모양을 부여하는' 형태가 존재하지 않듯이, (마치 그 전에는 어둠 속에 놓여 있던 것처럼) 보편적인 것에 의해 비로소 '빛을 받는' 특별한 것은 존재하지 않는다. [20]

이 경우에 특히 아도르노는──그는 여기서 슈티르너(Max Stirner, 1806~56: 독일의 반국가주의 철학자로 그의 사상은 20세기 실존주의의 원천으로 평가된다─옮긴이)의 글을 자신의 언어로 고쳐 썼다──'특별한 것에 대한 보편적인 것의 지배'에 관한 연설을 하여 많은 사람을 골치 아프게 만들었다. 왜냐하면 그는 보편적인 것이 모든 것을 똑같이 만드는 강력한 석수처럼 등장하여 특별한 것에서 그것을 특별하게 만드는 것, 즉 '동일하지 않은 것'을 부수어버리는 그런 잘못된 이미지를 사람들에게 암시했기 때문이다.

물론 모든 인식은 필연적으로 비교이며 추론이다. 그리고 모든 사물은 그것이 아닌 것(was es nicht ist)이다──이것은 스피노자가 말한 "모든 규정은 부정이다"(omnis determinatio est negatio)라는 의미로서 잘 알려져 있듯이 무엇보다 현대 언어학에 다시 수용되었던 생각이다.

일련의 비평가 그룹이 역사적인 비교를 인식론적으로 문제삼고 있다면, 다른 비평가 그룹은 같은 방식으로 여러 문화간의 비교를 문제삼고 있다. 예컨대 어떤 평론가는 내가 목욕하는 발리의 여인이 느끼는 수치를 바다의 범람에서 빠져나오려는 빅토리아 시대 여성의 수치와 비교한다고 말한다. 그는 '수치의 역사적이며 사회적인 조건들이 완전히 다르기 때문에' [21] 이런 비교가 부적당하다고 비난한다. 또 다른 비평가들은 수치의 의미는 단지 당시의 '전체적인 문화적 연관성'을 고려해야만 이해될 수 있는 것 [22]이라고 덧붙인다.

여기서 이들 비평가들은 다음과 같은 질문을 감수해야 한다. 어떻게 그들이 발리 여인의 '수치'에 관해 이야기할 수 있단 말인가? 어떻게 그들은 그 단어가 사용되는 '역사적이며 사회적인 조건'들을 무시하고 그런 개념을 발리 여인들의 행동에 적용시킬 수 있단 말인가? 어떻게 그들은 단지 우리 고유 사회의 '전체적인 연관성' 아래서만 이해될 수 있는 '의미론적 내용'을 갖는 개념들을 사용하면서 이방문화에 속한 사람들의 행동방식을 기술할 수 있단 말인가?

또 다른 비평가들은, 예컨대 독일어의 'Scham', 영어의 'shame', 'modesty', 프랑스어의 'pudeur' 등으로 번역되는 외국어의 개념들이 각 나라의 문화 내에서 그때마다 다른 의미를 지닌다는 것을 곰곰이 생각한 나머지 엘리아스가 옳은지 내가 옳은지를 근본적으로 결정할 수 없다고 결론짓는다.

그러나 그런 사회를 묘사할 때 영어에서 'intimacy'와 같은 단어는 독일어에서 보통 의미하는 것과는 다소 다른 의미를 지닐 수 있다. 그리고 'shame' 또한 마찬가지다. 다윈이 '인구'(populations)라고 부르는 것의 역사에서 진화의 과정이 진행되었다는 생각을 옹호하거나 반대하기 위해 논쟁을 벌이는 것은 그 '증거'의 옳고 그름을 가리는 것보다 무의미한 짓이 될 것이다. 모든 문화는 그 나름대로의 문명화 과정을 지닌 문명이다. 그리고 엘리아스가 '문명화 과정'이라고 묶어놓은 그러한 문화적 변화들은 모두 자신의 명백한 지지를 받지 못했다. 따라서 종(species)과 관련된 '어떤' 문명화 과정이 존재했는가 아닌가는 아직까지 아무런 의미도 없는 문제로 보일 수 있다.[23]

외국어 개념과 단어의 의미가 각 문화에서 어떻게 사용되느냐에 따라 달라지기 때문에 번역이 불가능하다면, 다음과 같은 문제가 다시 제기된다. 그렇다면 "영어로 'intimacy'와 같은 단어는 독일어에서 보통 의미하는 것과는 다소 다른 의미를 지닐 수 있다"는 비평가들의 주장 자체를 도대체 어떻게 이해할 수 있단 말인가? 이런 단어의 의미가 '언어유희' 또는 비평가의 '생활양식'에 의해 규정된다면, 비평가는 그 단어가 비판받는 사람들의 '언어유희'에 '결정적으로 영향을 미치는' 것을 기대할 수 없다. 바로 그렇다면 결정할 수 없다거나 무의미하다는 주장 자체가 무의미해지는 것이 아닌가?

그러나 우리는 한걸음 더 나아갈 수 있다. 콰인(Willard Van Orman Quine, 1908~ : 미국의 논리학자·철학자로 체계적인 구성주의적 철학분석을 주장했다—옮긴이)의 주장처럼 '의미의 불확정성'이 명제를 주장하는 사람들의 '언어활동' 내에서도——콰인의 말로 하자면 '집에서'(at home) ——해당된다는 것을 전제한다면, 비평가는 그 자신이 무엇을 생각했는지조차 알 수 없게 된다. '의미의 불확정성'이란 명제 자체가 '불확정적'이라면 그 이론은 확고한 기반을 잃고 마는 것이 아닌가!

나 자신이 '의미론적인 회의주의'를 주장하려는 것이 아니다. 사회와 '언어활동', 문화시대를 창이 없는 단자(Monade: 라이프니츠가 쓴 용어로 존재의 최소단위—옮긴이)로 관찰하는 기능주의 방식의 귀류법(reductio ad absurdum: 부조리에 이를 정도의 공연한 토론—옮긴이)을 시도했다는 것을 독자들이 알아차리기를 바란다.

그러나 그런 '단자론' 역시 모든 인식을 불가능하게 만든다. 100년도 더 전에 종교역사가인 뮐러(Max Müller)가 하나의 종교만을 아는 사람들은 종교에 대해 아무것도 모르는 것과 같다[24]고 말했듯이, 우리는 우리 사회를 다른 낯선 사회의 배경 아래서만 이해할 수 있다. 예컨대 빅토리아 여왕 시대의 숙녀의 행동은 발리 여인의 행동이나 중세 목욕탕의 여자 손님의 행동과 연관지어서만 이해할 수 있는 것이다.[25] 우리가 우리의 행동을 다른 시대, 다른 사회와 비교하면 할수록 우리는 우리 자신에 대해 더 많은 것을 알게 된다.

왜곡된 비교와 오도하는 비교는 물론 다른 문제이다. 그리고 그런 잘못된 비교들은 비논리의 명제와 '집단의식'(conscience collective)의 명제 또는——비평가들이 명확하게 주장하는——문화적 상대주의의 명제와 같은 탁월한 이론구조들을 설득력 있게 만든다. 그러나 그런 종류의 오류들은 오만하고 선험적인 방법들과 현실을 통찰하지 못하는 '방법론의 강요'로 말미암아 거의 피할 수 없게 된다.

오늘날 비평가들이 내가 '가벼운 발걸음으로 수세기를 통과해' 가거나[26] '한 걸음에 7마일을 나는 장화를 신고 세계사와 인류의 문화를' 가로질러 간다는 이유로[27] 나를 '방법론적으로 단순하다'고 비판한다면, 다음과 같은 질문을 제기할 수 있을 것이다. 의도적으로 비교하는 사람과 아주 아껴서 사용하는 것처럼 보이는 개념들이 고유의 문화를 이미 이방의 낯선 문화에 융합시켰던 트로이의 목마라는 것을 전혀 모르는 사람,[28] 누가 더 단순하단 말인가.

이런 질문에 대한 답변은 차치하고라도 "서양의 예를 남태평양의 예와, 중세의 예를 절대 군주주의의 궁정의 예와 섞어서 관찰하는 것"[29]을 '견뎌내기 힘든' 비평가들은 한 가지 사실을 잊고 있는 것이다. 내가 중세 후기의 시민, 성 주변의 주민, 남태평양의 섬 주민, 북미 대초원지대 인디언들의 예를 거의 동시에 든 것은 이들에 중대한 차이가 있음을 몰랐기 때문이 아니다.

이들이 '더 문명화된' 시대의 사회 구성원들과 구분되는 무엇인가를 공통적으로 가지고 있다는 것을 보여주기 위해 코르도판(빌라드앗수단의 유적지로 지금의 수단 민주공화국 중부지역과 대체로 일치한다—옮긴이)의 누비아족, 고대 그리스의 아테네인, 에스키모, 중세 전성기의 기사, 근세 초기의 창녀, 노쇠한 지기스문트 황제(1368~1437), 팔츠 지방의 리젤로테(Liselotte), '동양 사람들과 아프리카 사람들'을 한꺼번에 예로 들었던 어느 학자의 주장을 비판하고자 그렇게 한 것이다. 어쨌든 학문에서는 누구나 같은 일을 할 수 있다(Quod licet Jovi, licet bovi: 원래 이 라틴어 격언은 'Quod licet Jovi, non licet bovi'로 '유피테르에게 허락된 것이 소에게는 허락되지 않는다'라는 뜻이다. 즉 '높은 지위의 사람에게 허락된 일이라 해서 그것이 다른 모든 사람에게도 허락된 것은 아니다'라는 의미로 사용되는데 뒤르는 여기서 학문에서는 누구나 같은 일을 할 수 있다는 것을 표현하기 위하여 'non' 즉 'not'를 빼버렸다―옮긴이).

그리고 내가 아주 상이한 종류의 자료를 인용한다는 비난이 자주 들리는데 나는 그것을 전혀 이해할 수 없다. 그런 비난은 아마도 문학적 자료가 자전적인 자료나 의회규정과 같은 규범적인 자료와는 아주 다른 것임에도 불구하고 내 책이 트렝커(Luis Trenker, 1892~1990: 남부 티롤의 영화배우·감독·작가로 영화에서 배낭을 진 산악인으로 자주 등장했다―옮긴이)의 배낭처럼 임의의 여러 자료들이 마구 뒤섞여 있다는 말로 들린다.

실제로 나는 모든 형식의 자료를 참고하려고 노력했다. 그것은 '지성인들의 성에 대한 이념의 역사'를 계획했지만 결국 '성의 역사'를 기술했다는 인상을 주었던 미셸 푸코의 발자취를 따르려 했기 때문이 아니다.

예를 들어 내가 규범적인 자료를 인용하면서 규범과 실제의 행동이 서로 모순됨을 틈틈이 기술하지 않았던 이유는 독자들이 스스로 알게 되리라고 믿었기 때문이다. 내가 어떤 자료를 잘못 해석했다거나 조작했다면, 이것을 낱낱이 증명해보이는 것은 비평가들의 과제일 것이다. 구름 잡는 식으로 반박하는 추상적이며 포괄

적인 비판은 그렇게 하지 못하는 데 대한 옹색한 대용물일 수도 있다.[30]

다시 엘리아스의 주장으로 돌아가면 수치심에 대한 벽의 높이는 최근 500년 동안 "본질적으로는 아무것도 변하지 않았다"[31]는 것이 내 생각이다.

다른 비평가들도 곡해하고 있듯이, 나는 절대로 "인간의 충동본성의 문명화라는 관점에서 볼 때 질적인 차이가 전혀 없다"[32]거나 모든 시대와 모든 지역의 사회들이 낙원에서 똑같을 정도로 멀리 떨어져 있음[33]을 주장하려는 것이 아니다.

그와는 반대로 엘리아스가 중세와 '미개한 사회'의 현상이라고 주장하는 것은 여러 관점에서[34] 볼 때, 오히려 지금의 유럽에서—예컨대 해변이나 사우나에서—더 많이 관찰할 수 있다[35]는 것, 그래서 사람들이 원하기만 한다면 미개인을 콩고나 그린란드보다 차라리 유럽에서 발견할 수 있다[36]는 것을 보여주려고 했다. 내 주장은 역사에서 변한 것이 아무것도 없다는 사실이 아니라 이러한 변화가—장기적으로 볼 때—진화 곡선의 형태로 나타나지 않는다는 것이다.[37]

그런데 사람들은 왜 그렇게 잘못된 해석을 했을까?

추측건대 그 원인은, 성기에 대한 수치는 역사적으로 우연한 사건이 아니라 오히려 인간의 본질에 속한다[38]는 성경 신화의 진실이 맞다는 것을 증명해주는 많은 사실들에 대해 대부분의 비평가들이 자극을 받았기 때문이다. 이 명제는 항상 변화 가능한 것을 좋아하는 시대적 취향에 전혀 들어맞지 않는 것으로서 많은 비평가들을 잘못된 길에 빠지게 했을 뿐 아니라, 그들을 격노하게 만들었다. 그들의 분노를 약간 가라앉혀주기 위해 나는 이 책의 제16장에서 보편적이고 '기능적인' 명제를 기술할 터인데, 이 명제를 통해 왜 육체에 대한 수치심을 모든 인간사회에서 발견할 수 있는지 설명할 것이므로 여기서 앞당겨 다루고 싶지는 않다.

특정한 사회에서 수치와 곤혹스러움의 벽의 높이가 서로 다르게 나타날 수 있는지, 그리고 서양사회에서는 특정한 시대에 '이런' 더 정확히 말하자면 '어떤' 벽의 높이가 왜 약간 더 내려가거나 올라가는지 하는 것은 전혀 다른 문제이다. 이 경우에 대한 명제를 나는 제1권에서 대략적으로 기술한 바 있는데,[39] 나를 별로 탐탁하게 여기지 않는 비평가들은 그것을 눈여겨보지 않고 지나갔다.

이 명제에 따르면 전통적인 대면사회에 속한 개개인은 현대 도시사회의 개인들보다 친족관계의 구속으로 인해 더 강력하게 얽혀 있기 때문에, 보다 직접적이고 빈틈없는 '비공식적인' 사회적 통제에 노출되어 있다는 것이다. 유럽 사회에서는 중세 후기의 도시들에서 결정적인 단절이 이루어진 것처럼 보인다. 그리고 중세의 상대적인 행동의 자유나—평가를 해보자면—상대적인 부도덕함은—많은 문화역사가들에 의해 아직도 심하게 과장되고 있음에도 불구하고—엘리아스가 믿고 있듯이 '원시 시대의' 현상이 아니라 아이로니컬하게도 사회적 변화의 결과임이 밝혀지고 있다.[40]

첫째, 중세 후기 도시에서는 수공업자와 임금 노동자들 사이에 새로운 경향의 주거 형태가 유행했다. 즉 젊은 부부가 결혼 후에 신랑의 집으로 함께 들어가는 게 아니라 대부분 임대주택을 구해 살았는데, 그 주택이 부모의 거주지로부터 멀리 떨어져 있는 경우가 많았다. 그래서 친족 구속의 의미는 점점 줄어들었고 친족 결속을 통한 사회적 통제의 영향력도 약해졌다.[41] 이런 의미에서 '작은 방들의 집합소'와 같은 중세 후기의 도시거주와 '구속력이 약한 가정'에 관해 말할 수 있을 것이다.[42]

'예절 감시자'의 역할은 점차 다른 제도로 넘어갔다. 처음에는 독일 북부에서 길드(Gilde)라 불렸고 남부에서는 이눙(Innung)이라 불렸던 수공업자와 상인들의 동업조합과 같은 단체와 신도 단체, 동료 집단과 대부분 친족 결합의 성격을 지닌 '이웃들'에게로 넘어갔다. [43] 그들의 규약을 보면 예절에 관한 것뿐 아니라[44] 화재 시에 서로 도와주어야 할 의무, 시내와 우물의 청소, 도로의 질서와 안전을 유지하기 위한 의무 등등을 확인할 수 있다. [45]

중세 후기로 올수록 독일 제국의 직속 도시에서는 동업자 조합위원회가 더욱 강한 통제기능과 처분권을 가지게 되었다. 예를 들어 1420년 울름(Ulm)에서 위원회는 예절과 낭비에 관한 법령을 준수하도록 하기 위해 '감시자'와 '질책자'를 임명했다. [46]

그리하여 통제기관은 점점 '통합되어' 갔으며,[47] 이것이 가족적 구속력의 사회적 통제망을 강화시켜주기보다는[48] 대체하는 방향으로 나아갔다. 이런 사실은 규범들이 점점 '내면화'되지 않는다는 것[49]을 의미하는데 그 이유는 규범을 엄수하는 것이 전보다 더 강하게 '외부로부터' 불완전하게 강제되었기 때문이다. [50]

둘째, 바야흐로 일기 시작한 상대적인 행동의 자유 역시 이러한 흐름과 관계 있는 것으로 보인다. 중세 후기의 도시 거주자들은 그때까지 전혀 몰랐던 방식으로 타지인들과 관계를 맺게 되었으며, 어떤 관점에서 보면 타지인에 대해 별로 신경쓰지 않고 행동할 수 있었던 것도 이와 관계가 있다는 인상을 준다. 이전과 비교할 때 중세 후기 사람들은 발렌틴(Karl Valentine : 뮌헨의 희극배우로, 브레히트에게 많은 영향을 미쳤으며 부조리극의 선구자로 평가되기도 한다 — 옮긴이)의 표현을 빌리자면 '이방인 중의 이방인'으로서 살아갔다. 매일 수많은 타지인들이 도시의 성문을 통해 밀려들었기 때문이다. 예컨대 12세기 후반에 피츠스티븐(William Fitzstephen)이 시골과 비교하여, 아주 다른 계급을 지닌 사람들과 서로 다른 고향을 가진 사람들이 지속적으로 만났던[51] 런던의 개방성을 강조한 바 있다. 그리고 같은 시기에 드 데비제(Richard de Devizes)는 영국의 수도인 런던에 관해 이렇게 부정적인 코멘트를 한 바 있다.

나는 이 도시가 정말 싫다. 여기는 온갖 나라에서 온갖 인간들이 몰려든다. 그러면서 각 종족마다 그들 고유의 악습과 관습을 가지고 온다. 범죄에 빠지지 않고는 이 도시에서 살아갈 수 없다. 도시 곳곳에는 불쾌하고 소름끼치는 사람들로 북적거린다. 비열한 사람일수록 이 도시에서 편안함을 느낀다. 숙박소에 머무는 패거리들과 휩쓸리지 말아야 한다. 숙박소의 식객수는 엄청나다. 배우, 재담꾼, 호색가(=수음자), 흑인, 아첨꾼, 동성연애자와 소년들, 남색가, 무희와 가수들, 야바위꾼, 배꼽춤 무희, 마술사, 팬터마임 배우, 거지 등의 하층민들이 숙박소들을 채우고 있다. 그러므로 이런 무뢰한들과 관계를 맺지 않고는 런던에서 살아갈 수 없다.[52]

또한 도시는 사람들을 점점 더 많이 연결시켜주었던 분업의 증가와 14세기 초 이후로 방랑하는 젊은이들의 사회적 유동성을 증가시키는 데 기여했다.[53] 도시민들 역시 시골 주민들보다 장거리 무역에 더 많이 참여했다. 그들 가운데에는 명문가의 상인과 일반 상인뿐 아니라 많은 소매상인들과 수공업자들이 있었다.[54]

도시 내에서는 하층민에만 국한되지 않는 대규모의 주거지 변동이 일어났다. 예컨대 아우크스부르크의 상인 칭크(Burkhard Zink)라는 사람은 35년 동안 열 번이나 주거지를 바꾸었으며, 뤼벡에서는 14세기 동안 개인 부동산의 소유자가 평균 열 번 바뀌었다.[55] 게다가 도시 주민들은 농부들(중세 고지 독일어로 gebûren, 즉 '함께 살았던' 사람들)보다 훨씬 복잡하게 살았다. 예컨대 14세기 초 레겐스부르크에서는 일고여덟 세입자 가구가 한집에 살고 있었다.[56] 그런데다 유동성이 높아 낯선 사람들과 함께 사는 경우가 시골보다 잦았다.

도시는 시골보다 사망률이 훨씬 높은 반면 출생률은 낮았다.[57] 그래서 사람들은 시골이 사람을 보호해주는 반면 도시는 사람을 잡아먹는다고 말하곤 했다. 중세 도시는 모두 스스로는 주민수를 유지할 수 없었을 것이다. 무엇보다 쓰레기 처리가 특히 어려웠던 대도시에서는 티푸스와 '페스트' 같은 전염병으로 인해 곧바로 도시 인구가 감소했다.[58]

오늘날 우리가 추정하는 바로는 과밀인구였던 유럽은 14세기 중반에 약 40퍼센트의 주민을 잃었다.[59] 런던에서는 그 시기에 주민의 반 이상—1만 5천 명 이상—이,[60] 함부르크에서는 약 3분의 1이 페스트로 죽었다.[61] 노르망디 동부의 인구는 페스트와 같은 전염병으로 14세기에 약 53퍼센트 가량 줄었으며[62] 시에나에서는 보고에 의하면 주민수가 10만 명에서 1만 3천 명으로 줄었다고 한다.[63]

줄어든 도시민은 무엇보다 젊은 시골 사람들과 소도시의 주민들로 다시 채워졌다. 이와 같이 페스트가 창궐한 이후 동양의 식민화는 중단 상태에 빠질 정도였다. 농부들조차 신대륙에 정주하지 않고 도시로 이사하기를 원했기 때문이다.[64]

예를 들어 14세기 브레멘에서는 새로운 시민의 전입 비율이 높은 사망률과 대규모의 전출 비율과 일치하는 바람에 40년이 지나는 동안에 주민이 완전히 바뀌었다.[65] 이런 사실을 고려해보면 중세 후기 도시민들이 전통적인 시골 주민들과 비교해볼 때 기본적인 생활환경에서 얼마나 벗어나 있는가를 추측할 수 있다.

이렇게 유동적인 세계로부터 행동통제의 새로운 형태가 필요해졌다는 것, 그것도 과거와 비교해볼 때 더 이상 자연발생적인 친족의 구속력이 아니라, 이미 언급한 것처럼 '통합적' 성격을 지닌

'점점 익명화되는' 기관에 의존하는 그런 형태가 필요해졌다는 것을 알 수 있다. 따라서 엘리아스와 많은 다른 학자들이 말했던 것과는 반대로 사회적 강요는 점점 '내적 본성'보다는 약하게, 외부 강요와 타인의 강요보다는 강하게 체험되었다[66]는 사실이 명백해졌다.

삶을 '위임'[67]하는 새로운 차원의 행동통제, 즉 종교개혁 이전에는 오히려 사회적으로, 즉 품위와 예절을 기본으로 하면서 16세기 후반을 지나면서 성경과 연계되어 점점 더 정당화되었던[68] 통제들이 많은 관점에서 과거보다 엄격했다[69]는 것을 부정하고 싶지는 않다. 다른 한편으로 이 통제들은 유공성(有孔性: 모든 물질이 그 조직 사이에 작은 구멍을 갖는 성질로, 고체나 액체가 기체를 흡수하고, 고체가 액체에 흡수되는 것은 이 성질 때문이다—옮긴이)을 어느 정도 보여주고 있는데, 그것은 '원시' 시대의 사회적 통제에는 존재하지 않았던 것으로 전에는 전혀 소유해보지 못했던 자유의 가능성을 인간에게 부여했다.[70]

'남자 조산술'과 여자 의대생 반대 논쟁

스코틀랜드의 유명한 산부인과 전문의 스멜리(William Smellie)는 1739년 파리에서 학업을 마치고 돌아와 런던에서 조산사와 특히 의대생을 상대로 실물학습자료를 이용한 산과학과 부인학 강의를 했는데, 당시 런던의 많은 주민들이 이런 사실을 알고 분개했다.

그 지역의 유명한 조산사인 헤이마켓(런던 웨스트 엔드의 번화가―옮긴이)의 니힐(Elizabeth Nihell)은 '남자 산파(he-midwife: 산파라는 의미의 영어 midwife는 '여자와 함께'라는 뜻에서 나온 것이다―옮긴이)라는 키가 크고 강한 녀석들의 섬세한 손이' 여자들의 '은밀한 부분'을 여기저기 쑤셔대는 것을 보았으며[1] 의심스러운 녀석들이―'파산한 이발사, 재단사, 돼지 도살자까지'―그 광경을 구경할 수 있도록 한 것에 격분했다. 반생을 소시지 채우는 일로 소일하던 녀석이 용감한 의사와 조산사로 변신하다니![2]

스멜리는 난산이 예상되는 가난한 여자들에게 무료로 분만시켜주되, 수치심을 느끼지 않게 할 것이라고 주변에 알렸다. 물론 그의 제자들이 분만을 도우면서 그 장면을 주시하거나 때로는 직접 손을 대도 좋다는 조건 아래서였다. 그런데 이런 사실은 헤이마켓 지역의 산파들뿐 아니라 동료 의사들까지 분노하게 만들었다. 예컨대 블런트(John Blunt)는 그의 책 『남자 조산술 분석』(*Man-midwifery Dissected*)에서 의사 신분을 가진 사람이 포주의 얼굴조차 수치로 붉게 달아오를 정도의 행동을 최근에 저질렀다[3]고 기술하면서, 의사가 젊은 남자들을 빙 둘러 세워놓고 그 앞에 서 있는 임부의 질 안에 손가락을 넣는 것이 가능한 일인지를 묻고 있다.

촉진(touching)은 질 입구와 자궁 입구를 만져보기 위해 포마드를 바른 집게손가락을 질 안에 집어넣음으로써 이루어진다. 이제 이런 일을 하게 될 약국의 한 젊은이를 상상해보자! 결혼한 지 몇 달밖에 되지 않은 젊은 여자가 몸이 좋지 않음을 느끼고 낯선 사람을 불러온다. 그는 가볍게 선웃음을 치는 간사한 매너로 간간이 질문도 하면서 아주 정중하게 전문가적인 확신을 가지고 행동하지만 실제로는 그의 손을 살그머니 치마 밑으로 밀어넣는다⋯⋯.

그런 일들은 '통속적인 비난의 범주를 벗어나고자 하는 사교적인 여자들과 볼연지를 하지 않고는 얼굴이 붉어지는 법이 없는 냉정한 여자들'[4]에게만 허용되었을지도 모른다. 그렇지 않다면 밤새 술을 마신 탓에 여전히 취해 있는 4, 50명의 원기왕성한 스멜리 제자들 앞에서 자신의 아내를 눕혀놓고 다리를 벌리게 하고선 그들이 그녀의 '신성한 부분'을 뻔뻔스럽게 쳐다보는 것에 동의할 남편이 어디 있겠는가?[5]

1. 「뷔퐁(Buffon: 1707~88)의 시대에는 알려지지 않은, 남자와 여자가 함께 있는 것
(A Man-Mid-Wife), 또는 새로이 발견된 동물」, 1793.

스멜리는 1752년에 출간된 『조산술의 이론과 실제에 관한 논문』
(*Treatise on the Theory and Practice of Midwifery*)에서 '촉진'
즉 '내진'의 방법을 기술하고 있는데, 이 책에 대해 시크니스(Philip
Thicknesse)는 '지금까지 세상에서 출판된 것 중에 가장 음탕하고
추잡하며 수치스런 책'이라고 말했다. 시크니스가 무엇보다 분노한
것은 스멜리가 질(Vagina)이 성교하는 동안에는 페니스가, '촉진'
하는 동안에는 손가락이 질 안으로 삽입되기에 적합한 특징적인
형태를 지녔다고 쓴 것이다. 시크니스는 계속 이렇게 말한다.

이 '정숙한 의사'는 정말 손가락이 들어갈 수 있도록 '그 부
분'이 자연스럽게 만들어졌다고 생각한단 말인가? 그러면 '여인
의 가슴을 촉진했을 때 어떤 감정이 생긴다면, 의사가 그것을

2. 의사의 손자세. 지볼트(Siebold)의 『조산술』
(*Geburtshülfe*), 1835.

이용할 수 있다는 것을' 밝혀내기 위해 가슴이 그렇게 생겼단 말
인가? 누구를 더 경멸해야 한단 말인가, 이런 음란한 직업의 대
변자인가 아니면 자신의 아내를 그런 교수의 음탕한 의학 처치
에 내맡기는 남편인가? 남편은 한번 상상해보라. 세련된 의사가
아내와 함께 방 안에 들어간다. 한손의 손가락은—'아니, 그가
원한다면 손가락 두 개를'—그녀의 질에 집어넣고 다른손의 손
가락은 그녀의 항문에 집어넣는다. '의사 스멜리의 지시에 따
라!'[6]

1783년 왕실의사회는 조산술을 공식적인 의술로 인정했지만 오
랫동안 남성의 조산술 시술은 추잡한 것으로 평가되었다.[7] 위급
한 상황을 맞아[8] 대도시의 빈민가로 달려간 남자 산부인과 의사

46

들이 진통 중인 산부의 이웃들에게 야유와 쓰레기 세례를 받는 일이 종종 일어났다.[9] 미국의 산부인과 의사 유얼(Thomas Ewell)의 보고에 따르면 분만하는 부인을 위해 할수없이 불러온 남자 산부인과 의사에게 감히 아내의 하체에 잠시라도 눈길을 주거나 하체를 만진다면 그의 머리통을 날려버리겠다고 말한 사람이 있다고 한다.

이와 마찬가지로 1772년 『버지니아 관보』(*Virginia Gazette*)에 남자 산부인과 의사를 반대하는 글이 발표되었는데, 이 글의 저자는 자신의 아내가 창녀촌에서 하룻밤을 보낸 것과 아내의 방에서 의사와 한 시간을 보낸 것이 마찬가지라고 확신했다. 결국 분만하는 동안에도 긴장이 풀어지는 순간들이 있는데 그때 의사들이 명백히 "남편의 특권을 침해했다"[10]는 것이다. 남편의 특권이란 아마도 손가락으로 검진할 수 있는 '권리'인 것 같다.

19세기에도 남자 산부인과 의사와 남자 의사의 산부인과 검진을 반대하는 격앙된 논쟁이 지속되었다. 예를 들어 필라델피아 제퍼슨 의과대학 부인과와 산과학의 정교수 메그스(Charles Meigs)는 그의 교수가 '침대방의 그 떨리는 비밀'을 학생들에게 가르쳐줄 때면 항상 얼굴색이 붉어지곤 했다[11]고 보고하였다.

18세기에 이미 프랑스 의사 드 생트메리(Moreau de St. Méry)가 했던 것처럼 메그스는 대부분의 여자들이 그들의 육체에 대한 '국부적 시험'을 거부했다는 사실을 매우 기뻐하며 미국 여자들의 도덕성이 높다는 결론을 내렸다──16년 후 영국 산부인과 의사들의 부끄러워하는 태도가 '정말 한심할 정도이며' 그 점에서 여자 환자들에게 뒤지지 않는다는 것을 확인했던 영국 의사[12]와는 얼마나 다른가.

프랑스에서는 그 시대에 조금 더 온건한 견해가 지배적이었던 것 같다. 그래서 미국 의사 잭슨(C. T. Jackson)은 1839년에 '촉진하는 기구'나 '촉진하는 것'만으로도 대서양을 건너 여행할 가치가 있다고 확언했다. 1년 후 그의 동향인인 제임스 잭슨(James Jackson)은 이렇게 덧붙였다.

이 모든 것은 중요한 지식이다. 이것을 통해 부인과 질병을 어떤 다른 방식보다 더 확실하게 검사할 수 있다. 내가 그런 검사 방식을 습득할 수 있는 기회를 여기에서 제공받을 수 있다는 것이 무척 다행이지만, 한편 이와 같은 지식을 우리 나라의 상황에서는 쉽게 습득할 수 없다는 것을 기뻐하지 않을 수 없다.[13]

쉬운 말로 하자면 이 텍스트의 내용은 이렇다. 다행히도 미국의 여성들은 아직 예의범절과 여성의 품위에 대한 개념을 가지고 있는 반면, 파리의 여성들은 그 당시 벌써 품행이 단정치 못하여 '내진'을 허용했기 때문에 의학에는 훨씬 도움이 되었다!

그럼에도 불구하고 많은 미국 의사들은 당사자가 미국 여자든 프랑스 여자든 상관없이 그런 검진을 도덕적으로 미심쩍은 것으로 여겼다. 예컨대 그레고리(George Gregory)는 1852년 뉴욕에서 발간된 『의학적 도덕』(Medical Morals)에서 내진하는 상황의 외설스러움을 강조하고 있다. 똑바로 누워 있는 여자를 검진하는 장면을 그린 프랑스 삽화를 복사하면서 환자를 덮은 침대보를 투명하게 그림으로써 의사가 여자의 음부를 보고 있다는 인상이 들게 했다.[14] 또한 같은 시기에 조지 그레고리의 형제인 새뮤얼 그레고리는 다음과 같은 결론을 내렸다.

정숙한 감정에 이렇게 고통을 주는 것은 사악하고 불필요한 일이다. 왜냐하면 성경이나 교훈의 예에서 이에 대한 어떤 용인

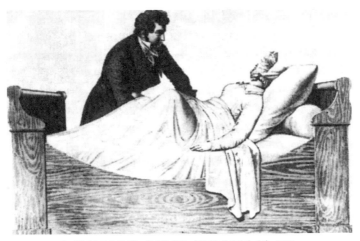

3. 「수평으로 누워 있는 상태의 내진」, 『새로운 출산법의 제시』, 1822.

도 찾아볼 수 없고, 또한 이교도의 어떤 관습에서도 찾아볼 수 없기 때문이다. 이것은 기독교적이거나 이교도적이지 않을 뿐더러 인간적이지도 않다.[15]

새뮤얼 그레고리는 산부인과에 남자 의사들만 있다는 것이 여성들의 사회적인 금치산이 점점 증가하고 있다는 표시일 뿐이라고 말하는 데 회의를 표시했으며, 이미 1847년에 여성들이 의학 공부를 해도 좋으며 같은 여성들의 지속적인 굴욕감과 체면 손상을 줄여주기 위해 의학을 공부해야 한다는 데[16] 찬성했다. 특히 북아메리카에서는 거의 19세기 내내 남자들이 실시하는 실제적인 산부인과 처치와 조산술에 대한 비판, 특히 여성들이 남자 의사 앞에서 옷을 벗어야 하는 것에 대한 비판이 활기를 띠었다. 그래서 1889년 에이킨스(Thomas Eakins, 1844~1916: 미국의 화가로 19세기 미국 사실주의의 전통을 이어받아 최고 수준으로 끌어올렸다고 평가된다—옮긴이)의 그림 「애그뉴 병원」(*The Agnew Clinic*)은 필라델피아 사회에 스캔들을 불러일으켰다. 이 그림에서는 젊은 남자들이 가슴을 드러낸 젊은 여자들을(프랑스 여자가 아니라 미국 여자들이다!) 보고 놀라 입을 벌리고 있는 모습을 노골적으로 보여주기 때문이다.[17]

분만 과정이 점점 '의료화'됨으로써 여성의 육체는 애를 낳는 도구이며 의사는 그 도구를 손질하고 수리하는 기계공이라는 견해[18]가 확산되면서, 여자들이 의사에게서 느끼는 수치감은 억압되었다. 그런데도 1894년 익명으로 발표된 책에는 '아주 많은 수의' 젊은 여자들이 의사 앞에서 옷을 벗는 것을 수치스러워하기 때문에 의사에게 그들의 고통을 말하지 못한다고 기술되어 있다.

아직 미혼의 의사들이 처녀와 부인들을 치료할 수 있으며, 실제로 많이 치료한다는 것이 특히 문제가 된다. 인간의 본성을 아는 사람이라면, 그런 젊은이들이 그런 종류의 은밀한 관계에서 머릿속에 떠오르는 모든 관능적 욕망을 완전히 억제할 수 있

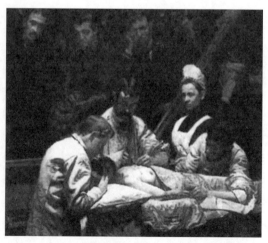

4. 토머스 에이킨스, 「애그뉴 병원」, 1889.

다고 믿을 수는 없을 것이다.[19]

그렇기 때문에 새뮤얼 그레고리 같은 저자는 이미 반세기 전에 여환자들의 수치와 굴욕감을 줄여주기 위해 여자들은 여의사에게 만 검진을 받아야 한다고 주장했다.[20]

물론 그레고리 시대 이전에는 의학자들 대부분이 여성들의 의학 공부를 반대했다. 그것은 경쟁 상대로서의 여성에 대한 두려움[21] 뿐만 아니라 여성들의 의학 공부가 예의범절에 맞지 않는다고 생 각했기 때문이다. 19세기에 여학생은 남학생과 같은 강의실에 앉 아 있는 것을 '여성스럽지 못한' 것으로 생각했다.[22] 이러한 생각 은 의학 강의 시간에 더 완고하게 적용되었다. 가끔 의사들이 여 학생들에게 같이 앉는 것을 허용한다 할지라도 남자 학우들 대부 분은 여학생들과 함께 수업에 참여하지 않았다.

5. 칠레(Heinrich Zille), "아가씨, 두려워하지 말아요!"

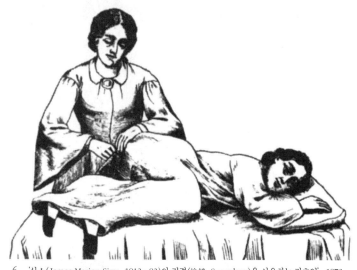

6. '심스(James Marion Sims, 1813~83)의 검경(檢鏡, Speculum)을 사용하는 간호인', 1873.

예를 들어 독일 여자 티부르티우스(Franziska Tiburtius)는 자신의 고향에서 의학수업이 불가능하기 때문에 1871년 취리히에서 의학 공부를 시작했는데, 그녀가 처음으로 해부실에 들어섰을 때 '심한 소음, 비명, 함성, 휘파람' 등이 들려왔다고 한다.[23] 1874년 런던 의대를 설립했다는 젝스블레이크(Sophia Jex-Blake)가 젊은 여자 몇 명과 함께 에든버러 강의실에 들어가려 했을 때 남자 학우들이 양 한 마리를 풀어놓아 의자 사이로 돌아다니게 했다.[24] 1820년대 하버드 의대 교수들은 여학생인 헌츠(Harriot Hunts)의 의학 수업을 허용하자는 홈스(Oliver Wendel Holmes) 학장의 제안에 찬성했지만 의대생들은 진짜 '예의바른'(delicacy) 여자는 남자들이 있는 자리에서 필연적으로 표현해야 할 어떤 주제에 대해 기꺼이 들을 준비가 되어 있지 않다[25]는 이유를 들어 반대했다.

적지 않은 의학도들이 여성의 순진함이 '이런 사물에 대한' 지식을 통해 손상되는 것을[26] 강하게 경고했다. 그래서 1872년 뮌헨의

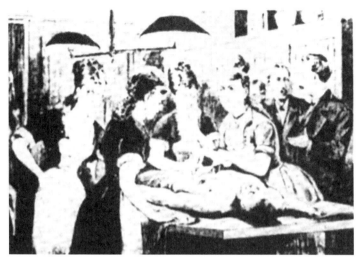

7. 시체해부를 하는 미국의 여자 의대생, 19세기.

해부학 교수 비쇼프(Theodor Bischoff)는 무엇보다 성기, '성기의 사용, 심지어 그것의 오용'[27]에 관해 이야기할 때면 '아름답고 풍만한 여자들'이 남자 학생들을 성적으로 자극할 수 있기 때문에 여자들을 의학수업에서 배제시켜야 한다고 생각했다. 10년 후 하버드대 의학부의 셰턱(George C. Shattuck)은 매사추세츠 의학협회의 정기총회에서 여의사의 의학협회 가입을 허용하지 말자는 제안을 하면서, 그 이유로 무엇보다 영국 의학협회가 전해준 어떤 의사의 말을 인용했다. 그 의사는 '남녀가 함께 참여하는 혼성학회에서 의학적 주제에 관해 토론'하는 그런 예의 없는 활동을 하는 협회에는 들어가고 싶지 않다고 했다. 상당히 명망이 높은 다른 의학자들은 여자들에게 벌써 의학협회 가입을 허용한다면 곧 흑인에게도 허용해야 할 것이라고[28] 생각했다.

남자들 대부분이 이런 이유를 들어 '혼성' 수업뿐 아니라 여성만을 위한 의학수업까지 강력히 반대했다. 라이트(Paulina Wright)

가 여학생들에게 해부학을 설명하려 했을 때, 많은 여자들이 탄산 암모늄을 집어들고 일부 여학생들은 기절하지 않았던가?[29) 그리고 젊은 여자들이 그런 수업을 통해 여성으로서의 본질과 소원해지지 않았던가? 1856년 『펀치』(*Punch*: 1841년에 창간된 익살스러운 만화가 많은 런던의 주간지 ─ 옮긴이)는 이러한 사실들을 「평범한 여인과 이야기를 나누는 여의사」라는 부제로 발표한 풍자화에서 알기 쉽게 표현했다.[30)

조산원과 검경의 사용

18세기와 19세기에 여성의 수치심은 여성의 육체와 그 기능을 연구하려는 남성에게 아주 극복하기 힘든 장애물이었기 때문에 아주 위급한 상황에서만 남자들은 여자들의 하체를 관찰하고 만질 수 있었다. 스멜리는 난산을 두려워했던 런던의 가난한 여자들에게 무보수로 그들의 분만을 도와주겠다고 약속했는데, 이것은 18세기가 지나면서 많은 지역에 설립되었던 조산원의 전술이기도 했다.

대부분의 '단정치 못한' 여성들이 무료 분만을 위해 '살아 있는 실습용 인체모형'으로 사용되었던 뮌헨의 조산원에서는 살아 있는 여자들이 부족했으므로 '실습용 인체모형'을 사용해 출산 과정을 학생들에게 설명했다.[1] 그들이 20굴덴(옛날 금 및 은 화폐의 이름—옮긴이)에서 25굴덴의 병원비를 납부할 수 있었다면 '조산수업에 이용되지' 않았을 것이다. 그런 경우에도 남자 산부인과 의사가 일하는 조산원에서는 그들의 존재가 비밀에 부쳐졌다.[2] 1766년 만하임의 시가 구역 N6에서 개원한 산과 학교는 가난한 '윤락' 여자들을 위한 것이었다.[3] 괴팅겐의 자선병원과 1751년 설립된 대학의 조산원에서는 산부인과 의사들이 분만겸자로 어려운 분만을 도와주는 동안 대학생들이 가난한 임산부의 몸을 손으로 진단할 수 있었다.[4]

그러나 여러 다른 도시에서는 여전히 '윤락녀'들조차 자의로 그런 종류의 실습병원에 가려 하지 않았다. 그래서 1791년 헤센-카셀의 방백(方伯: 백작과 공작 사이의 귀족 칭호-옮긴이)은 마르부르크에 모든 미혼의 임산부들이 '특별히 하인의 신분으로' 아이를 분만해야 했던 병원을 설립했다.[5] 1809년 왕실의 법무부가 허락한 이후로 로텐부르크, 칼프, 슈투트가르트 주변에서 온 임신한 처녀들은 튀빙겐의 병원에서 분만하면 간음의 벌을 면해주었으며 이 조치는 1824년 왕국 전체로 확대되었다.[6]

이런 시설에서 검진 대상으로 '이용된다는' 굴욕감과 멸시는 극단적이었던 것 같다. 앞에 언급했던 뮌헨의 조산원에서 '살아 있는 실습용 인체모형'은 다수의 남자들이 있는 자리에서 완전히 벗겨진 채 분만했다. 자주 '돌발 사건'이 일어났기 때문에 1847년 이후로는 진통 중인 산부의 눈을 흰색 시트로 가렸다.[7] 1784년에 바이트만(Johann Peter Weidmann) 교수는 새로 설립한 조산원에서 마인츠의 미혼모들을 위해 다음과 같은 규정을 마련했다.

가난한 임산부들이 허무맹랑한 선입관이나 나쁜 것으로 간주되었던 수치심 때문에 조산원에 오지 않으려는 것을 막기 위해 실습을 지도하는 젊은 산부인과 의사는 처음부터 들어와서는 안 된다.[8]

의과대학장은 바이트만의 이런 규정을 지지했으며 추천서에서 다음과 같이 단언했다.

바이트만 교수가 규정한 것은 현명하고 사려 깊은 것이다. 이런 시설이 여기서는 아주 새롭고 익숙하지 않은 것이기 때문에 더욱 그렇다. 그럼에도 나는 조산술 실습을 원하는 이 병원의 외과의인 라이덴, 놀데, 뢰더가 가급적 빨리 이론적이면서 동시에 기구를 사용하는 실습 수업을 할 수 있게 되기를 원한다. 아마도 강간당한 소녀에게 가면을 씌우면 더 나은 실습이 이루어질 수 있을 것이다.[9)]

때때로 나체 모델도 사용했던(그림 8) '가면'은 수치심을 약간은 완화시켜준다. 진통 중인 임부가 산부인과 의사와 그 제자들에게 느끼는 수치심뿐 아니라 이 남자들이 임산부에 대해 느끼는 수치

8. 에이킨스, 가면을 쓴 모델, 1865년경.

심도 적어도 한동안은 익명화될 수 있기 때문이다. 1850년 버펄로 의과대학의 화이트(James Platt White)가 '예증적 조산술'(demonstrative midwifery)을 실시하는 동안 실습 대상자는 성기 부분만 제외하고 얼굴을 포함해서 몸 전체를 덮은 상태였다.[10]

물론 일반적으로는 그러한 고려를 하지 않아도 별 문제없이 꾸려갈 수 있었다. 빈 조산원의 '무료 병동'에서는 비더마이어 시대 (특히 1815~48)의 가난한 임부들에게 매일 적어도 30명의 의학생들이 질을 통해 검진을 했다. 분만이 진행되는 동안 임산부의 침대는 커튼으로 가려졌지만 젊은 남자들은 진통 중인 임산부에게 계속 산부인과 검사를 했으며 임산부들이 당연한 것으로 여길 정도로 아주 빈번하게 실시했다.[11]

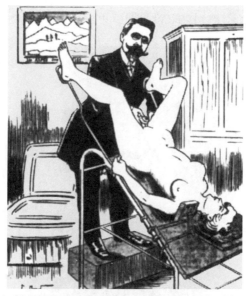

9. "부인: 선생님, 이런 이상한 자세로 눕혀놓고 무엇을 보려는 거지요?
산부인과 의사: 당신 영혼의 심연까지요, 부인!"
제일(Jayle)의 『산부인과학』(Gynécologie)에 나오는 풍자화, 1918.

조산원과 병원에서 임부들을 이렇게 굴욕적인 방식으로 다룬 것은 수십 년 동안 많은 비난을 받아왔다.[12] 나중에 여의사가 된 페미니스트 블랙웰(Elizabeth Blackwell)은 1847년 일기에서 그녀의 선생인 웹스터(James Webster)가 제네바 의과대학의 산부인과 검진에 자신을 불렀을 때 얼마나 경악했는지를 적고 있다.

> 웹스터 박사는 그의 방에서 어떤 가난한 여자를 검진해보라며 나를 보냈다. 얼마나 끔찍한 노출인가![13] 고문의 대상이 된 가난한 여인을 대하는 무례함이라니. 가난하고 무식하다 할지라도 그녀는 그런 무례함을 느끼는 것처럼 보였다.[14]

나중에 패짓(James Paget) 경이 있는 런던의 성 바톨로뮤 병원으로 갔을 때 블랙웰은 "부인과 병동만 제외하고 모든 병동이 내게 개방되었다"고 적었다. 산부인과 검진을 할 때 남자들은 함께 모여 있으려 했다. 제임스 경의 기억에 의하면 그럴 경우 술집의 단골손님 모임처럼 통솔하는 의사는 자주 "그들 중의 누구는 음탕하고 누구는 아주 추잡하다"[15]는 이야기를 하곤 했다고 한다.

이런 시각에서 보면 1851년 어떤 미국 여자가 문제를 제기한 것이 이해가 간다.

> 최고의 의학적 권위자들이 손가락이나 검경을 이용한 검진이 일반적으로 불필요하며 때때로 해로울 수도 있다고 선언한 마당에, 호색적이거나 금전적인 것이 아니라면 어떤 동기가 의사들로 하여금 손가락이나 검경으로 빈번히 검진하게 하겠는가?[16]

포마드를 발라 미끄럽게 만든 손가락을 집어넣는 것보다──고무 장갑은 19세기 말이 돼서야 사용되었다[17]──검경을 사용하는 것이 여자들뿐 아니라 남자들에게도 수치심을 더 자극했다. 몇몇 의사들은 근본적으로 성에 탐닉하는 여성들이 그 기구의 삽입을 통해 성적인 만족을 느낀다고 주장했다. 1853년 카터(Robert Brudenell Carter)는 그 기구가 "성적 만족감의 수단으로 나이와 신분을 막론하고 여러 여자들에게 탐욕스럽게 팔려나갔다"[18]는 것을 알아챘다. 그는 이런 종류의 '의학적 수기(手技)'를 아주 즐겨 자기 자신에게 사용하는 여자, 그리고 이를 통해 '창녀의 정신적·도덕적 상황으로' 타락했던 시민계급의 여자를 알고 있다고 말했다.[19]

1830년대 파리의 산부인과 의사들은 창녀들의 매독과 임질 검사에 대부분 검경을 사용했다. 얼마 후 영국 의사들이 그 기구를 영국에 도입하려 했을 때 많은 동료 의사들의 심각한 저항에 부딪혔다. 그들은 "검경이 파리에 있는 병원의 매독환자 병실에서 흘러나왔으며 그것의 사용을 공공시설에 수용된 창녀들에게만 한정시키는 것이 영국 여성들에게는 더 낫다"는 것을 상기시켰다. 영국 의사들은 계속 이렇게 주장한다. 검경은 '수치에 무감각한' 여자들에게 사용해야 하며 품위 있는 여성들은 아주 불쾌한 '부도덕한 행위'를 피해야 한다. 의학 잡지의 보고에 의하면 많은 여성들이 검경 검진 후에 바로 중독되었으며 거기에서 의사들은 다음과 같은 결론을 도출해냈다. "그 기구로 한 번 검진을 받았던 여성들의 예절과 순결은 이미 검진받기 전과 같지 않다."[20]

물론 검경을 그렇게 제한적으로 사용한다는 것은 실제로 쉽지 않은 일이었다. 게다가 1864년 전염병에 대한 규정('전염병에 관한 조례')이 확장된 후 풍기 단속 경찰로부터 창녀로 의심받았던 여자는 검경으로 검진할 수 있었다. 경찰관이 어떤 부인이 매춘부 활동을 했다는 '추측을 가능하게 하는 충분한 근거'가 있다고 생

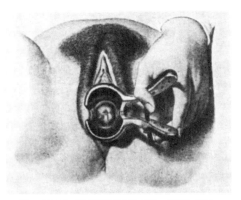

10. 검경으로 자궁 입구를 검진함. 프랑스 동판화, 1851.

각하면 경찰 재판관은 열두 달 동안 규칙적으로 이 기구를 사용하여 그 부인을 검진할 수 있었다. 예를 들어 페리 부인과 열여섯 살난 그녀의 딸이 저녁에 집으로 돌아가는 길에 경찰의 제지를 받아관할 경찰서로 끌려갔다. 그들이 검경으로 검진받기를 거부했다고해서 나중에 징계조치를 당했을 때 절망감에 빠진 그 어머니는 베이징스토크 운하에 뛰어들었다.[21]

버틀러(Josephine Butler)와 그녀의 주도하에 있던 국제여성연합(Ladies' National Association)은 1869년 그 법규의 최종안 통과에 반대해서 2천 장의 반대표를 모았다. 그 중에 나이팅게일(Florence Nightingale)과 여류 작가 마티노(Harriet Martineau)도 포함되어 있었다. 버틀러는 검경 검진이 창녀를 포함해 모든 여자들의 굴욕임을 밝혔고[22] "그것을 견뎌내느니 차라리 죽었을 것이다!"[23]라고 고백했다. 특히 분만하는 동안 의사들은 진통 중인 임산부에게 절대로 회복될 수 없는 깊은 정신적 상처를 입혔다. 그리고 다른 사람들 역시 그러한 수치감이 악몽이 되어버렸다고 매번 공식적으로 확인해주었다.

페미니스트들은 검경의 사용은 '기계를 사용하는 강간'이며 검경 자체를 '강철 페니스'라고 불렀다. 국제여성연합의 한 일원은 그것의 사용은 '여성이 요구받는 것 중에 가장 심한 굴욕감'이라고 규정지었다.[24] 심지어 미국에서는 그 기구가 "여성의 정숙함을 모독하며 심지어 창녀들의 수치심조차 침해할지도 모른다"고 두려워했던 의사들까지 있었다.[25]

물론 이런 '강철의 대용 남근'을 도입하는 것이 굴욕적인 것으로만 관찰되지는 않았다. 이 시기에 마크비(Thomas Markby)라는 사람은 이렇게 기억하고 있다.

11. 조정이 가능한 강철 검경, 17세기 후반.

신은 항상 여성의 본능이 가능한 한 강하게 남성의 터치와 시각으로부터 생식기를 숨길 수 있도록 계획했다. 신은 여성에게 어떤 의미로는 그들의 기관을 완전하게 보호하기 위해, 그리고 공격을 받을 경우 보호해줄 수 있는 강건한 힘을 그들에게 주기 위하여, 그들의 육체에 틀을 짜맞춤으로써 이런 본능을 실행시킬 수 있었다.[26]

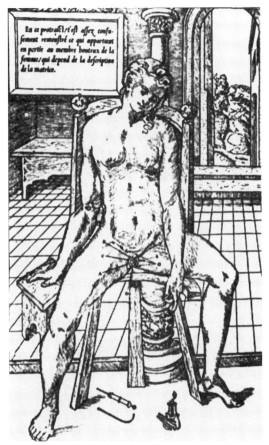

En ce protraict s'est assez commodement remonstré ce qui appartient en partie au membre honteux de la femme, qui depend de la description de la matrice.

12. 여자가 바닥에 있는 검경을 가리키고 있다. 「여자의 치부」, 샤를 에티엔의
『인간 육체 부위의 해부에 관하여』, 1545.

그렇다면 이것은 검경으로 검사받는 여성들이 그 기구 때문만이 아니라 의사의 눈에 보인다는 것만으로도 굴욕감을 가졌다는 것을 의미했다. 앞으로 알게 되겠지만 정숙한 여성들은 대부분 성기를 옷으로 가린 채 다리를 너무 벌리지 않아도 되게끔 검진을 받았다. 검경 검진에서나 자궁 존데(식도나 위장, 요도 따위에 넣어 내

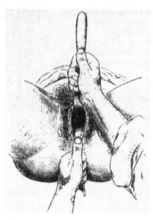

13. '심스의 린네로 질 입구를 발견', 1900년 경.

부 상태를 조사하는 철사 모양의 기구―옮긴이)를 삽입할 때면 여환자들은 하체를 완전히 벗고 성교를 할 때처럼 허벅지를 쫙 벌리라고[27] 강요받았다. 그것도 많은 젊은 대학생들이 보는 앞에서. 그것은 블랙웰이 보고했던 '끔찍한 노출'이었다. 버틀러는 1870년에 이런 방식으로 굴욕을 당하느니 "우리 중 누구라도 차라리 죽기를 선택할 것"이라고 말한 바 있다.

3

18세기와 19세기의 산부인과 검진

의사인 사콩브(Jean-François Sacombe)가 1781년 우연히 라베르윈느라는 마을에 머물렀을 때 진통 중인 어떤 젊은 여자의 집으로 불려간 적이 있다. 그 지방의 산파는 중병에 걸려 누워 있었으며 임부의 어머니도 그곳에 없었기 때문이다. 사콩브는 이렇게 보고했다.

그녀의 위치며 자세로 인해 나는 마음껏 외부 생식기를 살펴볼 수 있었다. 무릎까지 내려오는 치마를 입은 그 젊은 여인은 내가 추잡한 행동을 일삼는 좀도둑이라고는 조금도 의심하지 않았다. 또한 내가 관찰한다는 사실에 그녀가 놀라거나 당황하지 않도록 하기 위하여 나는 햇빛의 반사와 성가신 파리떼를 막아준다는 구실로 그녀와 나 사이에 커튼을 쳤다.[1]

자신을 어쨌든 뻔뻔스러운, 엿보기 좋아하는 사람으로 느꼈던 사콩브는 18세기 후반의 의사들에게 좀처럼 제공되기 힘들었던, 분만하는 여성의 성기 부분을 그대로 관찰할 수 있는 기회를 잡았던 것이다. 당시는 옷이나 시트 밑으로 검진하는 것도 아주 기이하게 간주되던 시기였다. 그래서 1775년 함부르크에서 '의사'가 어떤 임부를 이런 방식으로 검진했을 때 약간의 센세이션을 일으켰다고 한다. 왜냐하면 '그 당시 다른 부인이라면 자신의 몸을 낯선 남자에게 맡기는 수치스러운 일을 하지 않았을 것'이기 때문이다.[2]

의사가 '정숙한' 부인을 검진할 때 취하는 가장 보편적인 자세는 서 있는 환자 앞에 무릎을 꿇고 있는 자세였으며 이런 자세가 일반적으로 가장 적절한 자세로 간주되었다. 산부인과 의사인 요르크(Jörg)는 1820년 다음과 같이 말했다.

산부인과 의사가 서 있는 부인을 앉아서 검진하는 것은 아주 불편할 뿐 아니라 예의에 어긋나는 것이기도 하다. 산부인과 의사는 예의바른 자세를 취하고 난 후, 검진해야 할 손을 검진받는 여성의 옷 밑으로 집어넣는다. 어떤 부분도 노출되지 않고 가능한 한 품위가 손상되지 않도록.[3]

얼마 후 의사 리스프랑(Lisfranc)도 이렇게 말한다. "여환자를 검진할 때 가능한 한 품위가 손상되지 않도록 보통은 옷을 입은 채 의사 앞에 서 있게 한다."[4] 그리고 또 어떤 의사들은 다른 자세를 추천하기도 하지만 위에 언급했던 자세가 가장 널리 퍼진 것이다.

환자들은 주로 이렇게 검사한다. 1) 서 있는 자세, 2) 등을 대고 수평으로 누운 채 허벅지를 벌린 자세, 3) 무릎과 팔꿈치로 지지하는 암소 자세(à la vache). 이 중에서 가장 많이 행해지는

14. 「여자를 서 있는 채로 진찰하다」, 『새로운 출산법의 제시』, 1822.

15. 내진. 지볼트의 『조산술』(*Geburtshülfe*), 1835. (실제로는 옷 밑에서 이루어진다.)

것이 똑바로 서 있는 자세이다. [5)

이미 '암소 자세'라는 호칭에서 알 수 있듯이 다른 지역에서는
오랫동안 예의에 어긋난 것으로 여겨졌던 여환자의 자세가 프랑스
에서는 무엇보다 널리 퍼져 있었다. 그래서 프랑스 산부인과 의사
인 르브레(Levret)는 1766년 이런 생각을 가졌다.

"여자를 진찰할 수 있는 가장 좋은 방법은 여자를 배를 깔고 눕
게 해서 둔부와 머리를 약간 들고 무릎은 벌리며 발은 엉덩이 쪽
에 가깝게 대게 하는 것이다." [6)

여환자가 누워 있는 자세를 취할지라도 조산원의 가난한 '윤락
녀'나 공식 창녀가 아니라면 의사들은 대부분 아주 엄격한 예의를
지켜야 했다. 그것은 무엇보다 여성의 성기 부분을 가리고, 의사
가 어디를 만져야 하는지, 더 정확히 말하자면 어디를 만지지 말아
야 하는지에 대해 아주 신경을 써야 한다는 것을 의미한다. 예를

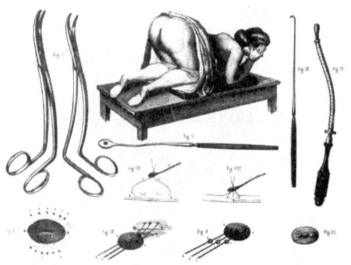

16. 바우만 주머니 뒤의 방광 누관을 수술하기 위한 여환자 자세, 프랑스 동판화, 1866.

들어 프로리프(Froriep)는 1806년 이렇게 경고했다. "우리는 여성의 수치심을 손상시키지 말아야 한다. 그래서 가능한 한 눈으로 보지 말며, 육체의 어떤 부분도 불필요하게 노출시키지 말고, 모든 증인들을 내보내며, 침묵을 지켜야 한다."[7] 그리고 약 20년 후 카루스(Carus)는 거기에 부도덕한 행위까지 포함시켰다.

검진할 때에도 예의바르게 모든 불필요한 노출을 피하고 윤락녀의 경우에도 존중해야 할 수치심에 모욕을 주는 일은 될 수 있으면 삼가야 한다. 그리고 촉진을 통해 알아낼 수 있는 것을 얼굴에 드러내지 말아야 한다.[8]

가장 중요한 것은 의사가 여성 성기의 가장 예민한 부분을 실수로라도 건드리지 않는 것이다. 그래서 요르크는 여성의 외음부를 '무례하게 주시하는 것'을 삼가고 가운뎃손가락과 엄지손가락으로 양쪽의 '음순'을 약간 벌리고 집게손가락을 집어넣는데, 그 경우 예의바른 의사라면 '가능한 한 클리토리스를 많이 만지지' 말 것을 권했다고 한다.[9] 1870년 프랑스 의사인 조장(Jozan)은 앞으로 산부인과 의사가 될 학생들에게 엉덩이와 클리토리스를 건드리는 것을 가능한 한 피하라고 지시했다. 여환자들에게는 이것이 아주 괴로운 일이며 그들에게 충격을 줄 수 있기 때문이다.[10]

1861년 독일 산부인과 의사도 여자들은 살짝 건드리는 것만으로도 충분히 수치를 느끼므로 의사는 어떤 경우에도 여환자의 '제일 민감한 클리토리스'를 건드리지 말라고 경고했다. 어쨌든 엄지손가락으로 외부 생식기를 누르는 것이 '정숙한 여자의 섬세한 감정을 최고로 손상시키는 것처럼 보였다'. 그렇기 때문에 의사는 여환자가 똑바로 누운 자세가 아니라 옆으로 누운 자세에서는—그럼으로써 여환자의 얼굴이 의사의 얼굴로부터 돌려질 뿐 아니라 곤혹스럽게 눈이 마주치는 것도 막을 수 있다—성기 부위 중 '덜 예민한 부분'인 '회음부를 누르게 되며 수치심을 덜 손상시키는 이런 자세에서 허벅지 하나만 약간 앞으로 끌어당기면 된다'.[11]

그럼에도 생식기 부위의 노출을 피할 수 없는 경우 의사들은 검진하는 동안 시트를 응시했다.[12] 1826년 듀이(William Dewees)는 촉진은 가능한 한 어두운 공간에서 해야 한다고 권고했다.[13] 많은 산부인과 참고서는 앞으로 의사가 될 사람들에게 유명한 산부인과 의사인 드고르주(Degorges)는 맹인이었다는 것과 검진하는 사람은 손가락으로 보는 법도 배워야 한다는 것을 상기시켜준다.

수술에 방해될 수 있는 산부의 옷, 즉 치마는 벗기지만 그 대신 하체와 생식기 부위는 침대 시트로 가린다. 우리는 완전히 가린 상태에서 수술할 수 있어야 하며 손끝에 눈을 가지고 있어야 한다. 그렇지 않으면 자주 당황하게 될 것이다.[14]

의사의 존재는 대부분의 여인들에게 아주 심한 수치심을 느끼게 한다. 남자 산부인과 의사가 며칠이 지난 후 다시 한 번 시도해보기 위해 방으로 들어서기만 해도 산부의 진통이 완전히 멈추는 경우가 많다.[15] 많은 의사들은 분만이 정상으로 진행될 때에는 근본적으로 할일없이 얼쩡거렸다는 인상을 주었다. 남자 산부인과 의사인 킬리안(Kilian)은 1839년 이렇게 고백했다.

출산 과정과 바로 이어지는 결과는 비교적 적법성의 한계를 넘어서는 경우가 드물긴 하지만, 그 업무 자체가 건전한 것이라 해도 남자는 한편으로는 남자라는 것 때문에 제때에 충분히 실시할 수 없으며, 다른 한편으로는 그 자신의 품위, 즉 명예 때문에 거절해야만 하는 그런 종류의 봉사를 필요로 한다. 그래서

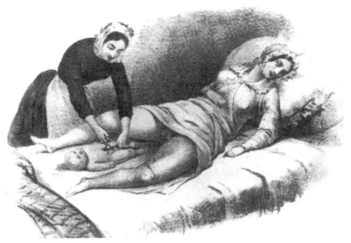

17. 신생아의 탯줄을 끊는 미국의 산파. 비치(W. Beach)의 『조산술의 발전된 시스템』, 1848.

국가는 예절과 유용성의 개념을 가지고 여성들, 즉 산파와 조산사들의 세심한 교육에 신경을 써서 앞에 상술한 그런 종류의 간호를 주로 맡겨야 할 것이다.[16]

촉진할 때의 곤혹스러움을 견뎌내기 위한 일련의 방법들이 의사들에게 제시되었다. 오늘날에는 임산부의 어머니나 남편의 존재가 은밀함의 영역과 객관적이고 의학적인 '검사'를 혼란시킬 수 있기 때문에 검진할 때 당사자의 친척이 있는 것을 별로 좋게 생각하지 않지만,[17] 과거에는 반드시 그렇지만은 않았다. 아만(Amann)은 여자들, 즉 '특히 결혼한 부인'에게는 함께 온 가족들이 있으면 어떤 검진도 제안하지 않는 것이 현명한 일이라고 생각했다. 그러한 제안은 함께 있는 가족들을 곤혹스럽게 만들기 때문이다.[18] 1814년 번스(Burns)는 결혼하지 않은 여자, 즉 여동생이나 딸이 있는 데서는 검진에 대해 언급하지 말 것을 강조했다.[19] 그러나 다른 의견들도 있었다. 의사가 촉진할 때 어떤 음란한 짓이나 여성의 명예를 강력하게 훼손시키는 일을 하지 않을까 하는 의심이 생기지 않도록 많은 산부인과 의사들은 여자 조무사가 없을 경우 결혼한 여자와 가족 누군가는 항상 동석해야 한다고 생각했다. 요르크는 이렇게 강조했다. "모든 증인들을 내보내라고 하지만 나는 검진받는 여성의 어머니나 여동생, 남편이 함께 있는 것이 좋다고 생각한다. 그 이유는 누구나 쉽게 알 수 있을 것이다."[20]

그것을 넘어서 듀이는 '까다로운' 질문을 직접 하지 말고 같은 방에 있는 환자보다 '나이 많은 여자 친구'에게 넘기라고 권했다. 새뮤얼 그레고리의 보충 설명에 의하면, 특히 개인적으로 알고 있는 의사 앞에서 여자는 수치를 가장 많이 느끼기 때문이다.[21] 그래서 지볼트는 말한다.

　산부인과 의사는 어떤 의사보다 수치와 예절의 규칙들을 지킬 필요가 있다. 산부인과 의사는 본능적으로 감추고 싶어하는, 특히 교양 있고 정숙한 여성들이 얼굴을 붉히곤 하는 그런 특정한 상황과 사물에 대해 자주 질문해야만 하기 때문이다.

이러한 질문들이 가능한 한 외설적인 느낌이 들지 않도록 의사는 주요 용어를 외국어로 부르는 데 익숙해져야 한다.

　신분이 높고 교양 있는 독일의 도시 여성을 진찰할 때에는 의사들에게 외국어, 특히 프랑스어 지식을 갖추라고 적극 추천하고 싶다. 특정한 사물에 대한 질문을 할 때 프랑스어로 하거나, 특정한 부분 또는 그 고유의 기능들을 프랑스어로 지칭하면 여자들은 훨씬 얼굴이 덜 붉어지며 덜 부끄러워한다.[22]

많은 산부인과 의사들이 이와 같은 예절의 수단을 사용함에도 불구하고 의사로 하여금 자신의 몸을 만지지 못하게 하는 부인을 내진할 때에는, 1838년 몽고메리(Montgomery)가 런던에서 출간한 『임신의 징후와 증상에 대한 설명』(*Exposition of the Signs and Symptoms of Pregnancy*)에서 말했듯이 클로로포름을 주사하라고 권한다.

여환자들이 의식을 잃으면 의사는 별 어려움 없이 그녀의 음순을 아편 팅크제로 문지르고 아마씨 찜질이나 전분 찜질로 부드럽고 연약하게 만들 수 있었다. 그러고 나면 부인에게 충격을 주지 않고도 두 개의 손가락을 질 안에 삽입하는 것이 가능했다.[23]

그럼에도 불구하고 그런 일이 상당히 만연되어 있었던 듯 다른 의사들은 교육기관에서 마취시키는 것을 경고했다. 왜냐하면 대학생들이 "민감한 부분들, 즉 클리토리스 같은 부분들의 자극을 피하거나 환자의 수치심을 고려하지 않고 거칠게 만지는 것에 익숙해지기 때문이다."[24]

의사들의 노력이 헛수고로 돌아가고 여환자들도 마취하는 것을 거부한다면 달리 어찌할 도리가 없다.

어떤 여자가 자신을 만지지 못하게 한다면, 의사는 그녀가 위험한 상태라는 것을 알고 책임을 느끼면서도 그녀를 방치할 수밖에 없다. 수치는 여성의 덕목 가운데 최고로 치는 것이며 가장 중요한 것임에 틀림없다. 그러나 신, 자연, 종교는 치명적인 해가 될 수 있는 성스러움을 요구하지 않는다.[25]

그런데 의사가 실제로 그런 상황에 순응해야만 하는가? 여자가 '아니오'라고 말할 때에는 일반적으로 '아마'를 의미하며, '아마'라고 말할 때에는 '그렇다'는 뜻이 아니었던가? 블런델(James Blundell)은 어쨌든 1830년 가이(Thomas Guy, 1644/45~1724: 가이 병원 설립자로, 가이 병원은 한 사람이 전액을 출자해서 세운 마지막 종합병원이다—옮긴이) 병원에서 조산술에 관한 강의를 하면서 적어도 진통 중에는 모든 여자들의 마음이 약해진다고 밝혔다.

'만약 귀부인이 성미가 까다롭다면, 그리고 당신이 야만인이거나 생리학자라고 단언한다면, 그래서 여러 가지 무례함 때문에 그녀가 당신을 결코, 결코 보지 않을 것이라고—볼 수 없다고—한다면, 당신은 그 집에 머물러 있어야 한다. 왜냐하면 여성은 '결코 안 된다'라고 말하는 경우 영원히 그 상태에 머물러 있지 않으며 약간의 시간만 지나면, 평균적으로 한두 시간이 지나면 괜찮아지기 때문이다. 변덕과 반감이 고통으로 인해 조금 경감되었을 때, 당신의 존재는 진심으로 환영받게 될 것이다.[26]

4

바로크 시대의 의사와 여자들의 수치심

18세기 후반과 19세기의 여환자들이 수치심을 많이 느꼈다는 것은 놀랄 만한 일이 아니다. 그것은 '정숙한 체하는' 시기의 유럽 여자들과 북미 여자들에 관한 우리의 생각과 완전히 일치한다. 그러므로 지금까지 상술한 모든 것은 수치와 곤혹스러움의 벽이 무엇보다 19세기에 이미 극도로 높아졌다는 엘리아스의 이론을 확인시켜주는 것처럼 보인다.

푸코 역시 의사들이 여환자들을 촉진하고 청진하는 것이 19세기 전에는 거의 일반화되지 않았지만, 그 사실 자체가 19세기 이전의 여자들이 그런 진단을 수치나 '도덕적 금지' 때문에 거부했다는 것을 의미하지는 않는다고 생각했다. 예컨대 코르비자르 (Corvirsart)가 1806년에──매우 정숙한 체했던 분위기 속에서── 두드리면서 진찰하는 것을 처음으로 시작했고 라에네크(René Théophile Hyacinthe Laennec)가 1819년경, 즉 "왕정 복고의 시대에 처음으로 여성의 가슴에 귀를 댔다"는 것에서 이런 사실을

18. 젊은 부인을 청진하고 있는 의사. 알베르 기욤의 그림. 1908.

어렵지 않게 인식할 수 있을 것이다. 왜냐하면 학문적 관심, 즉 푸코가 약간 과장하여 '인식론적인 욕구'라고 지칭했던 것이 생기고 나서야 비로소 그 전에는 아직 존재하지 않았던 수치라는 것이 생겨났기 때문이다.

푸코는 계속해서 스위스 의사 치머만(Zimmermann)의 예를 들고 있다. 그는 18세기 후반 순환기관을 연구하기 위해 '진찰할 때 손을 가슴에 올려놓을 수 있는 자유를 가지길 원했지만' 유감스럽게도 그러지 못했다. "우리의 민감한 관습이 특히 여성에게 그렇게 할 수 없게 했기" 때문이다. 1811년 더블(Double)은 그런 진찰은 '셔츠 위에서 아주 정확하고 아주 예의바르게 이루어질 수 있기'[1] 때문에 전혀 옷을 벗을 필요가 없다며 신중한 체하는 이런 태도를 비판했다. 마침내 더블은 얼마 후 다음과 같이 발표했다.

76

1816년 어떤 의사가 내게 조언을 구해왔다. 심장병의 징후를 보였지만 비만 때문에 촉진이나 두드리는 것으로는 전혀 판단할 수 없었던 젊은 여자 때문이었다. 젊은 여자 환자였기에 심장 부분에 귀를 갖다대고 들을 수도 없었다. 그래서 나는 아주 유명한 음향학적 효과를 기억해냈다. 막대기의 한쪽 끝에 귀를 갖다대면 다른쪽 끝에 달려 있는 바늘구멍에서 들리는 소리를 아주 정확하게 들을 수 있었다.[2]

　　1845년 의사인 크뤼거한젠(Krüger-Hansen)은 이렇게 표현했다. "정숙한 처녀가 잘 알지 못하거나 최고의 명성을 얻지 못한 젊은 의사에게 자신의 가슴을 보여주어야 한다면 건강에 좋지 않을 정도의 참을성을 준비해야 한다."[3]

　　푸코가 주장했듯이 19세기의 'libido sciendi', 즉 '지식에 대한 욕구', 그리고 추가해도 된다면, 치료에 대한 욕구가 여성들의 수치심을 생산해냈다는 것[4]이 사실인가?

　　19세기 이전에 여성들이 남자 의사 앞에서 어떻게 행동했는지를 알아보려면 예컨대 아이젠아흐(독일 튀링겐 주의 도시—옮긴이)의 공의였던 슈토르흐(Johann Storch)의 이야기를 들어보면 된다. 1728년 3월에 '하체에 강한 통증과 출산이 임박했음'을 감지했던 산모의 어머니는 '한 여자로 하여금' 그녀의 딸의 은밀한 부분에 '어떤 이상한 일이 일어났는지' 관찰하게 할 필요가 있다고 생각했다. 이어서 그 부인이 의사를 찾아냈을 때 의사는 진통 중인 딸과 이야기하거나 심지어 검진도 할 수 없었기 때문에 산파가 어머니에게 보고했던 것에 따라 진단할 수밖에 없었다.[5]

　　그 공의는 많은 여자 환자들과 이야기는 할 수 있었지만 부분적으로라도 환자들의 옷을 벗겨서 보거나 만지는 것은 좀처럼 허용되지 않았다. 그래서 그는 50세 된 어떤 부인에 대해 이렇게 적고 있다. "1726년 5월 17일 그녀는 아주 부끄러워하면서 그녀의 왼쪽 가슴과 그 옆에 난, 파란 혈관으로 덮인 딱딱한 혹을 보여주었다." 그리고 스무 살 난 처녀는 "1734년 10월 2일에 통증을 느끼는 가슴을 벗어 내게 보여주는 것을 억지로 감수해야 했다." 어떤 중년 부인은 구두장이의 젊은 아내를 위해 처방전에 따른 조제약을 가지러 오면서 슈토르흐에게 '수치심 때문에 감추었던 흰색 냉'에 관해 알려주었다.[6]

의사가 옷을 벗은 여환자를 눈으로 훑어볼 수 없었다는 것도 1676년 5월 28일 세비네(Sévigné) 후작부인이 그리냥(Grignan) 부인에게 보내는 편지에서 이렇게 강조되고 있다.

오늘 나는 샤워를 시작했다. 그것은 단테의 연옥 묘사에 나오는 광경과 상당히 비슷했다. 사람들은 완전히 벌거벗은 채 지하의 작은 방 안에 서 있으며 한 여자가 뜨거운 물이 나오는 관으로 사람들이 원하는 방향을 향해 물을 뿜어댔다. 무화과 잎사귀조차도 가리지 않은 모습은 약간 굴욕적인 것이었다. 아는 사람들을 될 수 있는 한 만나지 않기 위하여 양 갈래로 땋은 머리로 얼굴을 가렸다. 커튼 뒤에서 반시간 동안 어떤 사람에게 용기를 불어넣어주는 사람이 있었다. 내게는 그가 가나트(Ganat) 출신의 의사처럼 보였다.[7]

의사가 정상적인 상황에서 여자의 벌거벗은 모습을 볼 수 없다면 관찰하기란 더더욱 힘들다. 1624년 쾰른의 길드문서에서 알 수 있듯이 카츠(Derich Katz)와 파스빈더(Jan Vasbinder)는 그들과 아내들이 어쩔 수 없이 굴복할 수밖에 없었던 외과의사의 굴욕적인 검진 때문에 당국에 하소연했다.

우리가 차례대로 각자 아내와 함께 진찰실에 들어갔음에도 불구하고, 팔에 완장을 찬 조합장이 방 안에서 우리에게 모이라고 명령한 후 상체를 검사할 수 있도록 준비하라고 지시했다. 이어서 그에 상응하는, 눈으로 하는 실제 검사가 있을 것이라고 했다. 팔에 완장을 찬 조합장 고데르텐 밤 펠트의 강한 강요로 인해 실제로 검사가 이루어졌다(우리는 살아가면서 몸에 몇 가지 흉터와 보기 흉한 혹 그리고 반점을 가지고 있었는데 우리 육체의 은밀한 모든 부분들이 검사되었다). 〔……〕 우리의 의지와는 반대로 아내들이 적잖이 놀라고 울부짖었음에도 불구하고, 우리는 지시에 따라 여러 가지 포즈로 샅샅이 검사를 당하고 기록되어야 했다. 우리는 세상에 태어났을 때처럼 완전히 벌거벗어야만 했고 완전 나체를 보여주어야 했다. 심지어 다른 조합장들도 우리를 보고 울음을 참지 못하는 것처럼 보였다.[8]

두 원고는 '고통스럽게 참아낸, 그 엄청나게 불쾌한 치욕'은 이발사 의사가 재정적인 손실을 입은 것과 마찬가지라며[9] 그를 처벌해달라고 요구했다.[10]

의사가 겉모습을 '관찰하는' 것만으로도 그렇게 치욕적인 일이었다면, 남자 산부인과 의사가 내진을 하거나 분만을 도와주는 것은 이 시대의 여성들에게 훨씬 굴욕적인 일이었을 것이다. 1580년 몽테뉴(Montaigne)가 확인해주었듯이 여자들은 애인에게는 자신의 성기를 보여주었지만 의사에게는 절대 보여주지 않았기 때문이다. "여자들은 몸의 지체를 애인에게는 보여주기를 원하지만 의사들에게는 수치심 때문에 보여주기를 거부한다."[11]

17세기의 남자 산부인과 의사들은——프랑스에서는 산부인과 의사로 일했던 최초의 외과의를 '반바지를 입은 산파'[12]라고 불렀다——기껏해야 아주 난산인 경우나 위급한 상태일 경우에만 불려갔다. 그러나 남자 산부인과 의사를 불러놓고도 많은 부인들은 남자한테 도움을 받느니 차라리 죽는 게 낫다고 생각했던 것으로 보인다. 그래서 1617년 유명한 산파인 부르주아(Louise Bourgeois)는 진통 중인 임산부는 산부인과 의사를 보지도 못하게 하고 그가 누구이며 이름이 무엇인지를 알지 못하게 해야 한다고 제안했다. 산부인과 의사인 빌럭비(Percivall Willughby)가 기술한 바에 의하면, 산파로 일하던 그의 딸이 태아가 위급한 상황에 있는 어떤 임산부의 집으로 오라고 그를 불렀을 때, 그는 임산부가 눈치채지 못하도록 네 발로 기어 들어가야만 했다고 한다. [13]

의사인 에케(Philippe Hecquet)는 파리에서 1708년 출간된 『여자들의 출산을 돕는 남자들의 추잡함』(De L'indecence aux hommes d'accoucher les femmes)에서 여자들은 남자 산부인과 의사의 도움을 받아 분만하느니 차라리 죽음을 택할 것이라고 주장했다. [14] 이런 일반화가 과장된 것일 수도 있지만 그보다 얼마 전에 했던 외과의 기유모(Jacques Guillemeau)의 경고는 아주 옳다. 그는 이렇게 경고했다. 여자들이 음부를 '숨기도록 강요받았기' 때문에[15] 의사들은 그들의 작업이 심각하게 방해받을 수 있다는 것을 고려해야 하며, 만약 목숨이 위험한 상황에 처한 여자가 산부인과 의사의 도움을 받으려 할 경우 그는 '맹인'이 되는 수밖에 없다. 그것은 시트나 긴 치마 밑에서 일을 해야 한다는 것을 의미한다(그림 19와 20). 그리고 이것은 여성의 수치심을 인정한 것이긴 하지만 물론 '의료상의 실수'를 하게 될 위험은 커진다.

조산술이 여성의 명예를 지켜주기 위해 많은 것을 양보했지만 여전히 많은 의사들에게 조산술은 무례한 것으로 간주되었다. 산부인과 의사가 진통 중인 산부의 '비밀스런 부분'과 직접적인 접촉을 하게 될 위험이 항상 존재했기 때문이다. 예를 들어 에케는 이렇게 말했다. "낯선 남자가 그녀의 몸을 만졌다면 그 순결한 여인에게 닥친 위험이 얼마나 큰가를 생각해보라!" 그의 동료 비아르델(Cosmo Viardel)은 이렇게 보충 설명한다. 산부인과 의사는

19. 남자 산부인과 의사와 신부가 함께하는 난산. 뷜터(Christoph Völter)의
『새로 개원한 산파 학교』, 1687.

20. 난산. 얀손(Samuel Janson)의 산파 교본에 있는 동판화, 네덜란드, 1688.

출산하는 당사자뿐 아니라 신생아에게도 충격을 준다. "어린아이가 "오—아!"라는 소리를 내지르면 산부인과 의사에게 "오, 아담, 너는 왜 죄를 범했는가?"라고 물으려는 것이다. 그리고 산부가 "오—에!"라고 신음한다면 그녀는 스스로에게 "오 이브, 너는 왜 죄를 범했는가?"라고 묻기 위한 것이다." [16]

17세기에 문제가 되었던 것은, 산파와 산부인과 의사를 위한 조산술 참고서에 나와 있는 여성의 '생식기'에 대한 설명과 무엇보다 그 그림이다. 스멜리는 그 다음 세기, 즉 18세기에 그런 그림을 복사할 수 있는 자유를 얻게 되었으며 '암소 자세'로 쪼그리고 앉아있는 여자의 질을 묘사할 수 있었다. "이것은 분만과 관련된 상황을 정확히 알고자 하는 모든 산부인과 개업의에게는 아주 중요하며 이전의 해부학자들은 이런 특별한 부위를 검사하고도 정확하게 묘사하지 못했다. 나는 내 집에 보관하고 있던 해부용 시체에서 이런 초벌그림을 그렸다." [17] 이와 관련하여 그 이전에는——적어도 영국에서는——보다 정숙한 태도를 취했다.

예를 들면 체임벌린(Hugh Chamberlen)은 17세기에 모리소의 조산술에 관한 책의 영국판에서 그림 21과 그 밖의 다른 비슷한 그림들을 삭제했다. "이미 영어판으로 몇 가지가 나와 있다. 그런데 여기저기 영국인의 눈을 손상시키는 대목들이 있다." 그리고 의사인 맥내스(James McNath)는 『숙련된 조산사』(*The Expert Midwife*)에서 이렇게 고백한다. 그는 "이런 목적을 위해 절대 필요하지 않은, 생식을 하도록 정해진 여성의 부위에 대한 묘사를 의도적으로 생략했다. 그 단어의 음란함과 불순함을 통해 더 정숙하고 더 수줍어하는 것을 저주하는 것처럼 보이지 않도록 하기 위해서. 그리고 될 수 있는 한 정숙함과 자연에 대한 경외심을 유지하려고 노력했다. 나는 그 사물이 남용되지 않는다면 그것에는 방탕함이 없다고 생각하는 그런 사람들과 의견이 다르다." [18]

물론 모리소(François Mauriceau) 자신도 그림 21이 예의바른 산파와 남자 산부인과 의사들에게 별 무리 없이 받아들여질 수 있을까 고심했다는 것을, 1668년 간행된 초판에서 다음과 같이 변명한 것으로 보아 알 수 있다.

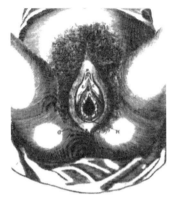

21. 모리소의 조산술 교본에 있는 동판화. 17세기.

이 모습은 정숙한 눈으로 보기에는 외설스러운 자세로 보일 것이다. 그러나 그러한 시선들이야말로 분명 그녀를 고통스럽게 하는 것이다. 왜냐하면 음부 아래 감추어진 여러 세포들을 보기 위해서는 그 자세가 편할 뿐 아니라 필요하기 때문이다.[19]

다른 지침서들, 특히 초기의 지침서들은 본질적으로 모리소의 책보다는 더 단정했다. 그렇다고 해서 17세기 전반의 부르주아(Louise Bourgeois)의 산파 교본에서 '임신한 여자를 우리에게 명확하게 보여주고 있는'[20] (그림 22) 동판화가 있다는 사실은 놀랄만한 일이 못 된다. 게다가 이 그림에서 정숙한 비너스의 자세로 서 있는 이 여자는 오른손으로는 생식기를 왼손으로는 가슴을 가리고 있다. 어쨌든 이런 책이 부적격자의 손에 들어갈 수도 있었다. 17

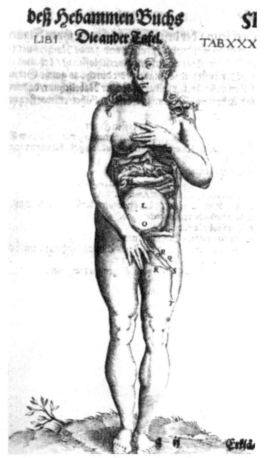

22. 부르주아의 『산파 교본』에서, 17세기 초.

세기에 이미 조산술 지침서들은 포르노 시장에서 판매되기도 했다. 1744년 노샘프턴 주와 매사추세츠 주에서 있었던 작은 섹스 스캔들, 즉 젊은 남자들이 『아리스토텔레스의 완전하고 숙련된 산파』(*Aristotle's Compleat and Experienc'd Midwife*)와 같은 산부인과 서적들을 읽었다는 스캔들은 널리 알려진 사실이다.[21]

문화사 자료에 보면 '그 시대에 남자 의사들이 여성을 손가락으로 진찰하는 것'이 완전히 허용되었으며 그런 사실을 1616년 브릭슨(Diözese Brixen)의 수업시찰 보고서에서 유추할 수 있다고 되어 있다. 그 보고서에 따르면 인스브룩에서 온 젊은 여자가 후견인의 요구에 따라 선서를 한 의사 두 명으로부터 그녀가 아이를 출산할 수 있는 능력이 있는지를 진찰받았다. 의사의 소견서는 다음과 같았다고 한다.

생식의 모든 도구들과 다른 지체들은 임신할 수 있을 정도로 건강하고 싱싱했다. 적당한 때에 월경이 그치고 〔……〕 태아가 수태될 수 있다. 〔……〕 그러나 뼈의 일부는 나이가 들어 허약해지는데 〔……〕 이것을 예상할 수 없는 것은 아니다.[22]

물론 이 소견서를 보고 두 의사가 젊은 여자에게 내진을 했다고 결론내릴 수는 없다. 그리고 나중에 알게 되겠지만 만지는 것은 대부분 여자 조산사들의 일이었기 때문에 의사가 내진을 했다는 것은 개연성이 없다. 마녀로 의심받는 여자들에게 악마의 표시가 있는지를 조사할 때에도 남자들이 당사자의 성기를 겉으로만 보아도 그것은 아주 파렴치한 행위로 간주되었다.[23] 그리고 1532년 울름의 공식 창녀들은 관습과는 반대로 산파가 아니라 창녀촌을 감독하는 사람들이 입회한 가운데 의사들에게 성병 검사를 받았다.[24] 이에 창녀집 주인인 마우르뮐러(Jakob Maurmüller)는 다음과 같은 이유로 시청에 이의를 제기했다. 즉 창녀들이 이런 무례한 행위를 통해 수치심을 잃어버렸으며 뻔뻔스럽고 불경스러워져서 창녀집 주인이 그들을 벌하려 하자 그 앞에서 책상을 내리쳤다는 것이다.[25]

게다가 17세기 후반 프랑스에서는 폭행을 당한 여자들이 의사들이 입회한 가운데 '귀부인'에게 내진받는 경우가 종종 있었는데, 이것 역시 당사자에게 굴욕감을 주는 것으로 간주되었다. 예를 들어 법률가인 세르뱅(Louis Servin)은 그 과정 전체를 신랄하게 비난했다. 의사들은 검진할 때 오로지 성적 충동을 느낄 뿐이라고 책망했으며, 반면 여자는 두 번 강간을 당하는 것과 마찬가지라고 말했다. "어쨌든 그녀는 더럽혀지고 타락한 만큼 거기에서 벗어날 수 없다. 게다가 그것에 관해 말한다는 것도 수치스러운 일이다." [26]

그러나 예컨대 프랑스 궁정에서 귀족 부인들이 아주 공개적으로, 그것도 남자 산부인과 의사의 도움을 받아 아이를 낳았다는 사실은 17세기 여성들이 수치심을 느꼈다는 것과 상반되지 않는가?

원래 프랑스 왕의 아내와 정부들, 예를 들어 메디치가의 마리 (Marie de Medicis, 1573~1642: 프랑스 앙리 4세의 왕비이며 아들 루이 13세의 어머니―옮긴이), 오스트리아의 안(Anne d'Autriche, 1601~66: 프랑스 왕 루이 13세의 왕비이며 아들 루이 14세 통치 초기에 섭정을 행사했다―옮긴이), 마리 테레즈(Marie-Thérèse, 1638~83: 루이 14세의 왕비―옮긴이)는 산부인과 의사가 아니라 산파의 도움을 받아 출산했다는 사실부터 우선 강조해야 할 것이다.

1663년 라 발리에르(Mlle de la Vallière: 루이 14세의 정부―옮긴이)가 비공개적으로 아주 엄격하게 비밀을 유지한 채 외과의사에게 그녀의 분만을 맡기고 난 후 태양왕인 루이 14세의 궁정에는 이런 관습이―나중에는 궁정 밖에 사는 많은 귀족들도 이런 관습을 모방했다―유행되었다. 예를 들어 몽테팡 부인(Mme de Montespan, 1641~1707: 1664년 프랑스 왕비인 오스트리아 출신 마리 테레즈의 시종으로 임명되어 궁에 들어갔으며 1667년에는 루이 14세의 정부가 되었다―옮긴이)도 산부인과 의사를 요구하게 되었다. 학문적으로 교육받은 산부인과 의사의 도움을 받아 분만하는 것은 성공적인 분만을 할 수 있는 가능성이 높았으며 사람들은 남자만이 새로운 기구를 효과적으로 사용할 수 있는 능력을 발휘할 수 있다고[27] 믿었기 때문이다. 그래서 출산의 이론이 과거에 남자들의 머릿속에 들어 있었듯이 출산의 미래도 남자들의 손에 달려 있는 것처럼 보였다.

둘째, 다음과 같은 사실을 고려해야 한다. 즉 왕족들의 출산이 비교적 공개적으로 치러진 것은 그 여자들이 수치심을 느끼지 않기 때문이 아니라 왕궁에 새로 태어난 아이가 바뀌어 이방인이 장차 프랑스의 왕좌에 앉게 되지 않을까 하는 두려움 때문이었다. 게다가 출산은 절대로 '완전히' 공개적으로 이루어진 것이 아니다. 아주 가까운 친지들로 이루어진 특정한 증인들 앞에서 이루어졌다. 예를 들면 1601년 마리가 나중에 루이 13세가 될 아이를 출산하기 위해 출산 의자에 앉았을 때 "커다란 침대에서 그녀는 왕자들과 얼굴을 마주하고" 있었다고 한다. 즉 궁신들은 '대기실'에서 기다렸으며 출산하고 난 후에야 비로소 앙리 4세가 문을 열어 밖에서 기다리고 있던 시녀들과 고관들이 들어갈 수 있었다. 한편 왕비의 산부인과 의사였던 부르주아는 이렇게 기억했다. "그곳에 200명 가량의 사람들이 있었다. 그래서 그 방 안에서 여왕을 침대로 모시고 가기 위해 조금도 움직일 수 없을 정도였다."[28]

왕자들이 진통 중인 산부의 '맞은편'에 있었다는 것을 어떻게 이해할 수 있는가? 그들이 출산 과정을 보았다는 것을 의미하는가? 로르(Julius Bernhard von Rohr)의 『국가 의식에 관한 안내서』(*Anleytung zum Staats-Ceremoniell*)가 그에 대한 정보를 제공해 준다.

프랑스에서는 도팽의 출산에 관한 모든 의심을 없애기 위해 이렇게 세심하게 신경을 썼다. 왕비는 왕족의 왕자들이 있는 데서 분만하는 것을 부끄러워해서는 안 되며 그러기 위해 다음

23. 링켄(Kaspar Lynken)의 「루트비히 13세가 된 도팽(Dauphin)의 출산 후」, 1601.

과 같은 것들이 지켜져야 한다. 즉 분만실로 정해진 방에는 2
개의 천막이 세워진다. 거의 20엘레(독일의 옛 치수 단위로 1
엘레는 약 55센티미터~85센티미터이다−옮긴이)나 되는 커다
란 천막의 네 귀퉁이에는 커튼을 쳐야 한다. 왕은 많은 왕비들
과 함께 왕자들의 옆에 앉는다. 방의 가운데에는 또 하나의 작
은 천막을 세우는데 그 안에는 왕비가 산파와 함께 있다. 하지
만 왕비가 들어가기 전에 그 천막의 커튼은 올려져서 모두들
다른 여자가 거기서 아직 아이를 낳지 않았다는 것을 볼 수 있
도록 해야 한다. [29]

커튼이 약간 '걷혀' 있었다는 것을 말해주는 것은 아무것도 없
다―그리고 전혀 그럴 필요가 없었다. 왜냐하면 거기 있던 사람
들은 천막 안에 아무도 없다는 것을 이미 확인했기 때문이다.
　이런 제한된 공개성에도 불구하고 출산의 상황은 대부분의 부인

들에게 아주 곤혹스러웠다. 예를 들어 마리는 왕이 이런 불가피한 상황에 순응해야 한다고 그녀에게 간절히 부탁했지만 수치심 때문에 거절하려고 했다. 그러자 왕은 그녀에게 말했다. "나의 사랑하는 님이여, 당신도 알다시피 왕족의 왕자들이 당신이 출산할 때 있어야 하는 필요성에 관해 수차례 말했소. 제발 당신이 그 문제를 해결해주기를 바라오. 이것은 당신과 당신의 아이에게 중대한 문제요!" 왕의 이런 말을 듣고 왕비는 기꺼이 왕의 생각에 복종할 것이며 그녀의 주인인 왕의 마음대로 하겠다고 말했다.[30]

루이 13세는 그와 약간이라도 관계가 있었던 모든 여인의 분만에 참석했다. 때로는 커튼 뒤에 숨어 있었던 것처럼 보이는데 그로 인해 그는 오늘날 몇 명의 역사가들이 퍼뜨린 좋지 않은 평판을 얻게 되었다. 즉 루이 13세는 출산 과정을 상세히 관찰하는 변태적인 성향을 가지고 있어서 부인들이 누워서 분만해야 한다고 지시를 내렸다고 한다. 그래야만 진통 중인 여성의 외음부를 정확하게 볼 수 있었기 때문이다.[31] 물론 실제로 대부분의 17, 18세기의 산부인과 의사들이 진통 중인 여자가 쪼그리거나 구부린 자세를 취하면 동물적이며 정숙하지 못한 것으로 여겼으며, 누워 있는 여자에게 산과 겸자를 더 쉽게 삽입할 수 있었다.[32] 그래서 1811년 파우스트(B. C. Faust)는 『여성들에게 주는 출산에 관한 조언』(Guter Rath an Frauen über das Gebären)에서 그가 만든 분만 침대를 다음과 같이 추천했다.

"그것은 출산할 때 여성들의 정숙함과 품위, 수치심, 예의바름, 은밀함을 보호해준다."[33]

5

중세의 의사와 여성의 생식기 부위

푸코가 18세기와 19세기의 전환기 이전에는 여성들이 남자 의사 앞에서 억눌러야만 했던 수치심이 존재하지 않았다고 주장한 것은 몇 백 년을 잘못 생각한 것이라고 너그럽게 용서해줄 수 있을 것이다. 그러나 아리에스(Philippe Ariès)가——엘리아스의 문명화 이론에 원칙적으로 동의하면서——17세기에 등장한 수치감 때문에 "남자 외과의사들은 임산부의 침대, 즉 본질적으로 여성의 모든 것이 드러나는 장소에 접근하기가 힘들었다"[1]는 것을 증명했다는 사실은 지적하고 넘어가야 하리라. 물론 앞으로 알게 되겠지만 아리에스는 곤혹스러움의 벽이 역사적으로 높아진다는 것에 관한 허구적인 이미지에 맞추어 사물의 실제적인 진행과정을 왜곡시켰다.

바로크에 와서야 외과의들이 '임산부의 침대에 접근'하기 힘들어졌다는 주장은 어떻게 나오게 되었는가?

중세와 근세 초기에는 침대 위에서 출산하는 경우가 아주 드물었기 때문에 모든 계급의 여자들은 출산 의자에 앉았다. 그들은 오로지 여성에게만 둘러싸여 있었는데, 그것은 수많은 자료에서 유추해볼 수 있다. 마리(Marie de France: 12세기 말에 활동한 프랑스 최초의 여류시인으로 이솝 우화와 그 밖의 우화들을 모은 『우화집』의 저자이기도 하다ー옮긴이)가 1150년경 저술했던 우화 중 하나는 아주 특징적이다. 그 우화의 내용은 다음과 같다. 여우 한 마리가 임신 중인 돼지에게 그녀가 낳은 돼지 새끼를 먹게 해준다면 그녀를 죽이지 않겠노라고 약속한다. 교활한 돼지는 여우의 말에 동의하지만 남성이 있는 자리에서 출산하는 것에 대해 모든 여성들은 수치심을 느끼기 때문이라며 출산하기 전에 여우가 뒤로 물러나 있어야 한다고 대답한다. 여우가 돼지의 말을 알아 듣고 뒤로 물러서지만 여우가 멀어지자마자 돼지는 부리나케 그 자리에서 도망쳤다.[2]

바로크 시대에도 상류층에서는 가끔 아주 젊은 라 발리에르 여공작, 1669년 이후에는 일곱 번씩이나 남자 산부인과 의사의 도움으로 출산을 했던 태양왕 루이 13세의 애첩인 몽테스팡 부인, 그리고 1692년에는 영국의 왕비가 될 안나 같은 여자들이 '남자 조산사'를 불러오게 했다.[3] 그렇지만 중세 후기라면 그런 일은 거의 불가능했을 것이다. 그래서 15세기 영국에서는 왕실에서 출산이 진행되는 동안 남자는 누구든지 그 방에 들어가서는 안 된다는[4] 지시를 내렸다.

1516년 아르가우(스위스 북부에 있는 주ー옮긴이)의 바덴에서 진료 활동을 하던 유명한 의사인 치츠(Zitz)──또는 자이츠(Seitz)──가 체포되었다. 분만 중인 여성을 도왔다는 이유에서였다. 함부르크 연대기에는 1521년에 대해 이렇게 기록되어 있다.

금년에 한 사람이 화형을 당했다. 바이테스(Veites) 의사라고 자칭하는 그는 여기저기서 아주 기이한 모험을 감행했다. 한동

24. 분만. 뢰슬린(Eucharius Rößlin)의 『장미원』(*Rosengarten*)에서, 1513.

안 산파 또는 조산사를 사칭하고 진통 중인 여성들에게 이용되었다는 이유로 화형을 선고받았다.[5]

일반적으로 남편은 아이가 출생하는 동안 그 자리에 있어서는 안 된다. 그래서 플라터(Thomas Platter)가 발리스(스위스 남부의 주—옮긴이)에서 자신의 아내가 분만하는 동안 이렇게 적었다면 이것은 하나의 예외에 속한다.

나는 그 옆에 있어야 했다. 발리스에서 남자들은 진통 중인 여

25. 『독일의 키케로』(*Der Teutsch Cicero*)에서, 1535.

자들 옆에 있어야 했다. 남편들이 있음으로써 분만 중인 부인들이 더 많은 인내심을 가질 수 있도록 하기 위해서이다. 그래서 진통 중인 여자들은 그들의 남편과 함께 있을 수 있었다. 나는 그들이 행했던 방식이 매우 유용하다고 생각했다. 내 셔츠가 완전히 젖은 것이 아주 기분 좋게 느껴졌다.[6]

중세의 뤼티히(Lüttich)에서는 의사뿐 아니라 남편도 '출산시' 분만실에 들어가는 것이 거부되었다.[7] 그리고 13세기 중반에 영국인 바르톨로메우스(Bartholomäus: 1220년경~1240년에 활동한 프란체스코 수도회 소속의 백과사전 편찬자—옮긴이)의 『사물의 성질에 관하여』(*De proprietatibus rerum*)에도 출산할 때에는 '아버지든, 의사든 또는 목사든'[8] 남자는 누구든 그 자리에 있어선 안 된다고 적혀 있다.

아내가 출산할 때 남편들에게 옆에서 아내를 도와주라고 권했던 최초의 의사는 함부르크에 거주했던 포르투갈 사람 로데리쿠스 아

94

카스트로(Rodericus a Castro)였던 것으로 보인다. 1604년 그는
아이가 더 빨리 나올 수 있도록 아버지 될 사람들이 아내의 배를
마사지해주라고 권했다. 그러나 그것은 진통이 너무 오래 지속될
경우에만 남편들이 개입할 수 있었던 것으로 이해된다.[9]

물론 이런 충고는 거의 아무 영향도 미치지 못했으며 17세기 내
내, 그리고 계속하여 남편들은 아내의 출산과정에서 실질적으로
배제되어 있었다.[10] 예를 들어 빅토리아 왕비의 분만에 왕자인 남
편이 함께 있었다는 사실이 200년 후에 알려졌을 때에도 사람들은
이 사실에 대해 일반적으로 불쾌감을 표명했다. 『란셋』(*Lancet*)에

26. 보스(Abraham Bosse, 1602~76)의 「아버지가 입회한 출산」, 세밀화, 1633.

서 어느 의사는 남편들의 '침입'이 '반갑지 않았으며', '민감함과 예의바름에 대한 오래 된 생각'과 대치되기 때문에 반대한다고 말한 바 있다. 그리고 그러한 행동을 아주 뻔뻔스럽고 무례한 것으로 간주하는[11] 일련의 논평들이 이어졌다.

출산에서 의사의 참여나 입회에 관한 중세 후기와 근세 초기의 산파 규정은, 그 시대의 의학생들이 예의바르며 여성의 명예를 지키기에 적합하다고 간주했던 것과 일치했다. 즉 당시 모든 출산의 약 90~92퍼센트로 예상되는 정상 분만은[12] 오로지 여성들의 도움만 받을 수 있었으며, 산파 규정 어디에도 위급한 상황을 대비한 의사는 예정되어 있지 않았다. 예를 들어 가장 오래 된 유럽의 산파 규정인 1452년 레겐스부르크의 산파 규정에는 비상시 동료 산파를 데려와야 한다고 적혀 있을 뿐, 의사에 관해서는 전혀 언급이 없다.[13] 그리고 1557년 위버링겐의 규정에는 이렇게 적혀있다. 산파는 이런 상황에서 "귀부인들이 아니라 현명한 부인들 또는 다른 산파들에게 충고를 구하고 빨리 그들을 불러와야 한다."[14]

문제가 생겨서 의사에게 조언을 구해야 되는 경우[15]라도 의사가 산파에게 자문만 해야지 스스로 분만을 주도해서는 안 된다. 뉘른베르크 주변 마을들에 적용되는 중세 후기의 규정에는 다음과 같은 것이 확인되고 있다.

상황이 약간은 위험하거나 정상이 아닌 것처럼 보인다면, 필요할 경우 빨리 의료인이나 산파를(한 명이나 그 이상의 현명한 부인) 불러야 한다. 더 나아가 그의 충고에 따라 분비물을 다루어야 한다.[16]

그리고 1510년의 프라이부르크 규정도 비슷하다.

27. 서서 분만하는 모습. 우르비노 마욜리카(1520년경부터 도기 분야를 지배했던, 우르비노시에서 만든 이탈리아산 주석유약을 입힌 도기—옮긴이), 16세기.

28. 의사가 산파에게 조언하다. 알도브란딘(Aldobrandin von Siena)의 『육체의 법칙』(*Regime du corps*)에서, 14세기.

앞으로 출산 전이나 후에 우려할 만한 상황이 자주 일어날 것이다. 출산이 제때 이루어지지 않거나 자궁이나 아이 때문에 다른 문제가 생길 수도 있다. 게다가 조언과 도움을 필요로 하지만, 도움을 줄 수 있는 사람이 없을 수도 있다. 그렇기 때문에 서약한 대로 따르고, 그들에게 도움을 청하며 조언을 구하는 사람들에게, 다른 작업을 하는 중이거나 긴급한 상황이 아니라면, 될 수 있는 한 빠르게 달려갈 수 있는 현명한 부인들이나 산파들의 충고가 필요하다. 가끔 해박한 의사의 조언이 필요한데 의사가 그곳에 없거나 상황이 아주 급박한 경우에는 산모와 태아의 피해를 줄이기 위하여 의사를 불러와야 한다.[17]

중세 후기의 산파 규정과 더 많은 근세 초기의 산파 규정들이 산부('진통 중인 부인')의 생명이 위험할 때나 곤경에 빠졌을 때에도 여자들은 여자들의 도움만 받아야 함을 시사했다면, 16세기의 조산술 교본 대부분은 저자 자신의 체험에만 근거하는 것이 아니라 산파들의 보고와 고대강독에 근거하고 있음[18]을 예상할 수 있다. 유명한 산부인과 의사인 파레(Ambroise Paré)가 1573년에 출간한 『인간의 생성에 관하여』(De la génération de l'homme)는 부분적으로나마 저자 자신의 고유한 체험을 기초로 저술한 최초의 책이다.[19] 이미 15세기에 그라디(Johannes de Gradi)는 죽은 태아의 적출을 위해 산파는 '조심성 있고 경험 있는 의술'을 도입해야 한다고 제안한 바 있다.[20]

그라디는 누관을 삽입하면서 궤양, 자궁 농양을 검경으로 검진했던 최초의 의사일 수도 있다. 그리고 몇몇 다른 의사들도 기술하기를 그들이 실제로 여성들을 '촉진했다'는 것을 우선 믿어야 한다고 했다. 물론 중세의 집필자들이 무엇인가를 스스로 행하거나 체험했다고 주장했다 해서 그들의 말을 무조건 진지하게 받아들일 필요는 없다.[21) 예를 들어 과이너리우스(Anthonius Guainerius)처럼 이런 처치를 '산파'(obstetrix)에게 맡겼을 가능성이 훨씬 높다.[22) 그리고 산파가 일반적으로 여자 환자의 옷 아래에서 검진했기 때문에 의사는 그 자리에 함께 있는 경우에도 여자의 하체를 볼 수는 없었다. 산파들이 검진이나 수술을 할 경우 의사는 대부분 그 자리에 참석하지 않았다. 예컨대 13세기 영국인 리처드(Richard)는 그의 『해부학』(Anatomia)에서 페서리(피임기구)의 삽입에 대해 보고한 바 있지만, 텍스트에서 유추해보면 산파가 그것을 삽입할 때 그가 현장에 없었다는 것을 미루어 짐작할 수 있다.[23)

1565년 네덜란드 의사인 반 포레스트(Pieter van Foreest)는 어느 겨울밤 간질 발작을 일으킨 '사랑에 미친' 처녀에게 불려갔다. 그는 '부끄럼을 타는 부인'이 그녀의 '자궁에 반창고를 붙여야 한다고' 지시했는데, 이 일은 남자로서는 절대 할 수 없는 일이었기 때문이다.[24) 그렇게 본다면 이러한 행동은 그 이전 세기의 행동과 본질적으로 다르지 않다. 그래서 생리가 중단되었던 비잔틴 여자에 대한 산부인과 검진은 14세기 초반에는 의사인 악투아리우스(Johannes Actuarius)가 그들의 맥박을 재고 소변을 검사하는 것으로[25) 제한되었다.

1322년 파리에서 있었던 펠리시 드 알마냐(Jacqueline Félicie de Almania)라는 사람에 대한 재판에서 그녀의 변호사는 "여성의 손, 가슴, 배, 발등을 만지는 것이" 금지되었던 의사보다는 현명하고 경험 많은 여자가 여환자를 검사하고 '자연의 비밀' 및 '비밀스런 부위'를 진찰하는 것이 더 예의바른 일이라고 설명한다. 결국 여자들이 남자에게 그들의 '비밀'을 내맡기느니 차라리 죽겠다는 경우가 자주 일어났으며 실상 이런 이유로 많은 여성들이 자살하기도 했다.[26)

29. 의사가 여자의 맥박을 재다. 아룬델 원고(Arundel Ms.), 독일(?), 13세기.

같은 시기에 외과의 아데르네(Johann von Aderne)는 어떤 경우에도 여인의 하체를 만지지 않도록 조심하라고 동료 의사들에게 경고했다.[27] 그리고 라 코르드(Maurice de la Corde)가 히포크라테스에 대해 말한 것이 그 시대의 의사들에게도 해당되었을 것이다. "손이 치부에 가까이 갈 때마다 그는 수치감을 잊지 않으며 의사가 항상 예의바르고 부끄러운 감정의 사슬에 사로잡히기를 바란다."[28]

결국 15세기 중반 라 살(Anthoine de La Sale)이 자신의 에로틱한 소설에서 젊은 여자가 엉덩이를 진찰받는 것에 대한 수치를 기술했다면, 그는 중세 대부분의 여성들이 문학 밖에서 표출했던 감정을 묘사한 것이다.

저자는 이렇게 서술한다. 어떤 병을 앓고 있는 처녀가 의사들의 진찰을 받게 되었다.

그들은 모두 그 여환자와 빌어먹을 치질이 벌써 오래 전에 뿌리를 내렸던 그 부분을 보기를 원했다. 그 가련한 여인은 그 때문에 마치 죽음의 선고나 받은 것처럼 놀라고 경악했으며 치질의 소재지를 관찰할 수 있는 자세로 누워 있지 않으려 했다. 그런 비밀이 한 사람에게라도 드러나느니 차라리 죽는 게 낫다고 생각했기 때문이다.

부모가 만약 그녀가 죽는다면 자신들에게 죄를 짓는 것임을 확실히 설명해주고 나서야 그녀는 마지못해 침대 위에 엎드렸다. "상당히 넓게 드러난 그녀의 엉덩이를 즉시 여자들이 아름다운 흰색 천조각으로 덮었다. 그리고 비밀스런 병이 싹튼 부분에 작은 구멍을 뚫었다."[29]

잔 다르크가 재판을 받는 동안 왜 그녀가 '처녀'(puella)라고 불렸느냐는 질문에 그녀는 자신이 처녀이기 때문이라고 대답했다. 그것을 믿지 못하겠다면 '부인들로 하여금' 그녀의 몸을 검진해도 좋다고 말했다.[30] 잔 다르크는 그녀의 처녀성을 증명하기 위해 여러 방식으로 진찰을 받은 것으로 보인다. 그리고 이런 과정이 오로지 '현명한 부인들을 통해서만' 이루어졌다는 것에 대해서는 의심할 여지가 없다.

그래서 '결혼한 여자들이나 산파들에 의해' 또는 '적당한 여자들'에 의해 검진이 실시되었으며 잔 다르크의 성 기관은 아직 미성숙했다는 판정을 받기에 이르렀다.[31]

1455년의 복권과정에서 문제가 되었던 다른 진찰은 '세 명의 전문가 부인' 위원회의 재량에 맡겨졌다. 여기서 말하는 여성 전문가들은 실제로 나폴리의 루트비히 2세의 왕비이며 프랑스 왕 샤를 7

30. 산파가 임신한 여자를 진찰하다. 라우펜베르크(Heinrich Laufenberg)의
『건강에 관한 지침』(*Regimens sanitatis*)에서, 15세기.

세의 장모인 다라공(Iolande d'Aragon), 궁녀 콩쿠르 부인(Dame
de Concourt)과 비엔(Vienne) 부인이었다.[32] 이런 여자들이 "그
숫처녀를 방문하여 비밀리에 그녀의 은밀한 부분들을 검사하였다.
그리고 이와 같은 경우에 진찰해야 하는 모든 것을 검사한 다음,
앞서 말한 여성 전문가와 그 일행은 왕에게 그녀가 조금도 더럽혀
지거나 폭력을 당한 흔적이 없는 진짜 숫처녀가 확실하다고 상세
히 보고하였다."[33]

베드퍼드(Bedford) 영주 부인이 주도하고 바봉(Anna Bavon)과
다른 '노부인'이 실시한 검진에 남자는 그 누구도 참석할 수 없었
는데,[34] 콜(Guillelmus Colle)의 진술에서 드러나듯이 베드퍼드 공
작은 검진현장에 숨어서 남성이 볼 수 없었던 것을 보았던, 엿보
기 좋아하는 사람으로 확인되었다("베드퍼드 공작은 그곳에 몰래
숨어 있었다. 거기서 그는 바로 그 요한나가 진찰받고 있는 것을
쳐다보고 있었다").[35]

재판 자료에서 알 수 있듯이 잔 다르크는 남자 의사의 진찰도
받았다. 이 검진이 이루어진 방식과 방법을 본다면 그 시대의 의
사들이 어떤 제한을 받았는지 추측할 수 있다. 병든 잔 다르크를

진찰하기 위해 불려왔던 약제사 카마라(Guillelmus de Camara)는 "그녀가 흠이 없는 처녀라고" 결론지었다. "왜냐하면 그녀를 진찰했을 때 그녀는 거의 알몸이었고, 그녀의 신장을 손으로 만지고 있었을 때 그녀의 몸이 얼마나 경직되었던지 그녀의 안색을 보고 처녀임을 알 수 있었다."[36]

의사는 그녀를 거의 나체로, 즉 부분적으로 옷을 벗긴 채 신장 부분을 눌러보았으며 육체가 얼마나 경직되는가를 보고 그녀가 처녀라는 결론을 내렸다. 그러나 이 경우에도 카마라는 그녀의 벗은 상체만 보았을 뿐이다. 몇 번 잔 다르크가 우물 파는 것을 도와주면서 어떤 때는 그녀의 가슴을, 어떤 때는 그녀의 다리를 보았던 돌롱(Jean d'Aulon)과 비슷하게.

"그는 그녀가 아름답고 성숙한 몸매를 지닌 아가씨임에도 불구하고, 그리고 수차례에 걸쳐 그녀가 무장하는 것을 도와주면서 그녀의 유방을 본 적이 있지만, 상처를 감싸주면서도 맨다리를 본 적은 한 번도 없다고 말했다."[37] 그럼에도 불구하고 그는 잔 다르크에 대해 어떤 성적인 욕구도 느끼지 않았다.

베드퍼드 영주 부인의 의뢰로 완성한 옷을 시침질할 때 그 상황을 이용하여 잔 다르크의 가슴을 살짝 만졌다가 따귀를 맞았던 재단사 요하노티노 시몬의 경우는 좀 다른 것처럼 보일 수도 있다 ("재단사는 그녀의 가슴을 건드렸다. 그녀는 이것을 수치스러워했고, 그래서 요하노티노의 뺨을 때렸다").[38]

이 경우는 예복 재단사이기 때문에 문제가 된 것이지 의사에게는 별 문제가 없었을 것이며, 적어도 의사에게는 가슴을 만지는 것이 허용되지 않았겠느냐고 말할 수 있을 것이다. 물론 여환자의 가슴을 만지는 것도 자주 일어나는 일은 아니었다. 예를 들어 1220년 노픽(영국 잉글랜드 동부의 주―옮긴이)의 치안판사는 당시 '복부 검사 서류'(Writ de Ventre Inspiciendo)라고 불렸던 임신 진단을 하라고 명령하면서 당사자의 가슴과 배를 만지기 위해 의사를 데려온 것이 아니라 런던 출신의 '덕망 있고 분별력 있는' 귀부인을 데려왔다.[39]

나중에 분만을 하고 아기에게 젖을 먹였다는 의심을 받았던 어떤 처녀의 '젖을 짜내야' 했을 때, 카를 5세의 곤혹스런 중죄 형사 재판 규정인 '캐롤라이나'(Carolina) 이후로는 이 일을 의사가 아니라 '현명한 여자들, 즉 산파'가 했다.[40] 1596년 영국의 법령에 따르면, 여자가 "아이를 가졌는지 아닌지를 확인하려면 12명의 기사가 판단해야 한다. 12명의 기사가 있는 자리에서 12명의 여성에 의해 복부와 복부의 돌출 여부 검사를 검진 받아야 한다."[41] 그러나 이미 산파들이 옷 밑으로 아이를 분만시켰을 경우 그런 검진은 '기사들'의 참석하에 절대 비밀로 실시되었다.

여체의 검사

중세 여자가 의사 앞에서, 예컨대 종양진단을 위해 가슴을 벗을 의향이 있다고 말하는[1] 경우가 가끔 있다 해도, 일반적으로 의사 앞에서 완전히 옷을 벗으려 하지는 않았을 것이다. 생식기 부위를 겉으로 보는 것만으로도 여성이 얼마나 곤혹스러워하는지는 1457 년 프랑크푸르트에서 있었던 한 부부의 항의에서 잘 드러난다. 나병 검사자들이 법적으로 규정되어 있는 피부 검사를 하면서 여자들이 완전히 옷을 벗어야 한다고 주장하자 그 부부는 경악을 금치 못했다. 그들의 말에 의하면 검사자의 사려 깊지 못함과 굴욕적인 그 상황이 여성적인 수치심과 명예를 아주 심하게 손상시켰으며, 그 부인은 자신의 하체를 벗지 않게 해달라고 간절히 부탁했다고 한다. 상황을 더욱 나쁘게 만든 것은 그 부인이 이날 월경 중이었다는 사실인데, 의사들은 그녀의 복장에서 그런 사실을 눈치챘어야 했다고 주장하고 있다.[2]

이런 상태에서 여자의 옷을 벗긴다는 것은 특히 뻔뻔스러운 것으로 간주되었다. 예컨대 프라이부르크에서 한 남자는 "골목길에서 병 때문에 감금되었던 여자의 옷을 앞뒤로 들쳐 올렸다고 해서 국가와 당국으로부터 추방당했다."[3] 그러나 이런 '병'(월경을 가리킴)이 없었어도 남자들은 여자의 외음부를 볼 수 없었다. 이미 언급한 바 있던 과이너리우스(Guainerius)는, 15세기 초반에는 원칙적으로 여성의 생식기에 있는 종양을 '만져보고 관찰함으로써' 진단할 수 있지만 여환자가 자기 증상을 설명하는 것을 듣고 진단하는 것이 '더 바람직하다'고[4] 기술했다. 그리고 프란체스코 디 피에디몬테(Francesco di Piedimonte)에 의하면 의사는 탈락된 자궁이 다시 제자리로 돌아갔는지를 산파의 병상 보고를 통해 인식하거나, 아니면 당사자가 더 이상 고통을 표현하지 않는 것으로 알 수 있었다고 한다.[5]

이제 사람들은 14세기 후반의 장식 글자(그림 31)에 명백히 나타난 장면을 가지고 이의를 제기할 것이다. 그 그림에는 갈레노스

31. 갈레노스 저서의 브뤼셀판 장식 글자, 1400년경.

(Claudios Galenos, 129~199년경, 고대 그리스의 의사로 중세와 르네상스 시대에 걸쳐 유럽의 의학이론과 실제에 절대적인 영향을 미쳤다－옮긴이)가 학생 두 명에게 산부인과 강의를 하고 있는데 그것도 '살아 있는 나체의 임산부를 모델로 사용해서'[6] 가르치고 있다. 다른 의학사가는 이렇게 설명을 덧붙인다. "한 선생이 강의 중에 학생 두 명에게 임산부를 소개하고 있는 이 그림은 현실 묘사의 아주 초기 시대에 속하는 것이다."[7] 다른 장식 글자에서는 갈레노스가 심지어 '살아 있는 모델을 통해 성행위를 설명하는'[8] 장면을 볼 수 있다.

의학 강의에 실오라기 하나 걸치지 않은 여자들이 '때때로' 나왔을 뿐 아니라,[9] 심지어 학생들이 성행위를 실제로 보았다는 사실은 중세 후기 수치심의 벽에 관해 지금까지 상술한 모든 것이 공론에 불과하였음을 의미하는 것이 아닌가? 그리고 엘리아스와 다른 많은 사람들이 주장하듯이 그러한 은밀해 보이는 장면들이 공개적으로 일어났다는 것을 의미하지 않는가?

이러한 결론에 이른 것은 위에 언급했던 역사가들처럼 이런 그림의 성격을 완전히 오해했기 때문이다. 어떤 작가가 아담과 이브의 이야기를 묘사하는 동시대의 다른 그림(그림 32)을 관찰해보면 이런 사실은 명백해진다. 언뜻 보면 이 예술가가 글을 쓰는 작가 앞에 실오라기 하나 걸치지 않은 채 서 있는 한 쌍의 남녀를 묘사하려 했다고 해석할 수도 있을 것이다. 하지만 이것은 명백히 예술가의 의도가 아니다. 예술가가 확실히 보여주려 했던 것은 보카치오가 기술했던 주제, 즉 우리의 조상인 아담과 이브의 역사였다. 마찬가지로 바르톨로메우스의 『사물의 성질에 관하여』(Libre des propriétés des choses)에 나오는 삽화(그림 33)는 학생들에게 실제로 성행위를 보여주는 것이 의학교수의 과제임을 말하려는 것이 아니다. 오히려 그 그림은 장식 글자가 그 장이 여자의 임신에 관해

32. 1476년의 보카치오의 걸작, 작가가 아담과 이브의 이야기를 기술하다.

33. 의대생에게 성교의 본질을 설명하는 의사. 『사물의 성질에 관하여』, 15세기.

다루고 있음을 그림으로 보여주는 것과 마찬가지로 해당되는 장,
즉 남성과 여성의 성적 결합이라는 주제를 한눈에 보여주려는 것이

다. 그리고 보르고뇬(Thodoric Borgognone)의 『외과학』(Cyrurgia)에 나오는 세밀화를 보면 의사가 산파가 있는 자리에서 여환자의 직장을 막 촉진하는 광경을 그린 것 같지만(그림 34), 실제로 이 작은 그림은 의사가 산파에게 촉진의 기술을 가르치는 것을 보여주고 있으며 그것도 살아 있는 모델을 사용한 것이 아니다.

중세의 의사들이 부인병, 출산, 또는 성기를 묘사해야 할 때 얼마나 부끄러워했는지는 수많은 자료에서 잘 드러나고 있다. 그래서 대부분의 의학자들은 그런 일이 원래 예의에 어긋나는 일이라고 생각했다. 여자의 하체와 관련된 진단 결과를 여자에게 알리는 것이 당사자에게는 극도로 곤혹스러운 일이었지만 '귀에 아주 거슬리게 들릴지라도' 그 결과를 여자에게 알려주어야만 했다. 의사인 사보나롤라(Savonarola)는 예절 때문에 글로 기술할 수 없었던 것은 개인적인 대화에서 표현하라고[10] 말한다. 빙겐(Hildegard von Bingen)은 그녀의 나이가 많은 것을 핑계삼아 그런 종류의 일을 했던 것에 대해 사과했다.[11]

34. 「직장의 촉진」, 『외과학』에서, 13세기.

35. 바르톨로메우스의 책 중 「생식기」장에 대한 세밀화, 15세기.

중세의 가장 중요한 외과의로 평가받는 피아첸차 출신의 살리체티(Guglielmo Salicetti)는 여성의 성기에 관한 주제는 예의에 벗어난 것이기 때문에 그것에 관해 무엇인가를 상술할 입장이 아니라고[12] 기술한다. 1363년 숄리악(Guy de Chauliac)의 『대 외과학』(*Grande Chirurgie*)에는 외음부나 질에 관한 언급이 한 마디도 없다.[13] 저자는 외음부와 질에 관해 쓰는 것은 여자들이 해야 할 일이라고 말한다.[14] 산부인과 저서를 저술한 사람들은 그들의 너무 정확한 표현방식 때문에 자주 비난을 받았다. 많은 의사들은 그들이 왜 '그런 어떤 것'을 주제로 삼아야 하는지 그 이유를 밝혀야 한다고 생각했다. 예컨대 그보다 10년 전, 즉 1353년 마그누스(Albertus Magnus)가 저술한 것으로 보이는 『여자들의 비밀에 관하여』(*De secretis mulierum*)의 어떤 주석자의 말에 의하면 저자는 목사가, 그것도 두 가지 이유에서 책을 써달라고 그에게 부탁했기 때문에 당시에 그런 책을 쓰기로 결정했다고 한다. 그 두 이유는 다음과 같다. 첫째로 월경을 하는 여자들이 그들의 주위 사람들에게는 위험요소이기 때문이며, 둘째로 사람들이 성행위의 불순함과 유해함을 알게 된다면 순결을 지키는 것이 보다 쉬워질 것 같았기 때문이다.[15]

'트로툴라'(Trotula)가 썼다는 『열정적인 여자들에 관하여』(*De mulierum passionibus*)의 번역자는 14세기에 남긴 기록에서 여자들이 그들의 병을 스스로 진단하고 남자 의사로부터 검진받을 필요가 없도록 하기 위해 이 책을 영어로 옮겼다고 말하면서, 이 책이 만약 남자의 손에 들어가 남자가 여성의 성기에 관한 지식을 여자들을 부끄럽게 하기 위해 이용한다면, 숙명의 복수가 그를 뒤쫓을 것이라고 덧붙였다.

우리 언어를 사용하는 여성들은 다른 누구보다도 이 언어를 더 잘 읽고 이해한다. 읽을 줄 아는 모든 여성들이 다른 문맹 여성들에게 이것을 읽어주고 그들의 이해를 도와주며 그들이 남성에게 보여주어야 하는 질병을 감출 수 있도록 나는 이 그림과 글을 영어로 옮긴다. 만일 어떤 남성이 이것을 읽게되면, 나는 성모의 이름을 걸고 이것을 여성을 모독하기 위해서 또는 아무 이유 없이 읽지 말고 그들을 도와주기 위해 읽으라고 간곡히 권한다. 여성의 성기를 보여주고 그것을 모독한 사람에게 복수가 내릴 것을 두려워하라. 여성들이 아무런 죄가 없는 상태로 죽으면 그들도 이제는 천국에서 성인이 될 수 있음을 분명히 알라.[16]

이미 13세기에 여자들이 하복부에 통증을 느끼더라도 수치심 때문에 어디가 아픈지 말하지 않는 것에 대해[17] 불평한 사람은 빌라노바(Arnaldus von Villanova)뿐만이 아니었다. 그러나 많은 저자들은 의사들의 단정함과 예의바름을 전적으로 믿지 않는다면 여성들이 그렇게 행동하는 것이 옳다고 생각했다. 예컨대 1376년경 외과의인 아데르네(Johann von Aderne)는 『항문의 누관에 관한 논문』(*Treatise of Fistula in Ano*)에서 의사를 위한 행동 규범을 제시했는데, 거기에는 의사가 왕진할 때 안주인이나 딸 또는 어떤 여성이라도 '뻔뻔스럽게 쳐다보거나' 만져서는 안 된다[18]고 적혀 있다. 1500년의 경찰 규약에는 스트라스부르 병원 의사는 자유민인 여자의 피를 뽑는 것에 대한 엄격한 예절 규칙을 확인한 후에 "예의바르게 행동해야 하며, 특히 무례한 성격과 무례한 행동을 하는 여자들을 잘 돌봐주어야 한다"[19]고 되어 있다.

의사는 여자의 친척들이 없는 자리에서 여자의 피를 뽑는 일을 감행해서는 안 된다. 병이 위중하여 그 일이 아무리 시급할지라도 어떤 의사든 자유민인 여자의 아버지, 어머니, 형제, 아들, 삼촌 또는 다른 친척들이 없는 자리에서 그녀의 피를 뽑아서는 안 된다. 위에 언급했던 친척들이 없다면 존경할 만한 이웃이나 적당한 남자 노예 또는 여자 노예가 있는 자리에서 병의 성격에 따라 그가 할 수 있는 일을 할 수도 있을 것이다. 이렇게 행동하지 않았다면, 그는 그녀의 친척이나 남편에게 10졸리두스(Solidus: 고대 로마 제국의 금화—옮긴이)를 지불해야만 한다. 그런 상황에서는 예의바르지 못한 일이 쉽게 일어날 수 있기 때문이다.[20]

그럼에도 의사가 여환자의 옷을 벗기거나 무례하게 만지고 싶은 유혹에 빠지지 않도록 하기 위해[21] 이미 중세 중반부 여러 곳에서는 여자들의 의료활동이 장려된 바 있다. 1321년 칼라브리앵(Karl von Kalabrien) 공작이 작성한 면허장에는 살레르노 출신의 프란체스카 데 로마노(Francesca de Romano)가 앞으로 여자 외과의로 일하는 것을 허락한다는 내용이 적혀 있는데, 그 이유는 "여환자를 다루는 데 있어 예절의 정숙함을 위해 남자보다는 여자들이 더 적당하다는 것을 마땅히 고려했기" 때문이다.[22]

13세기의 전문 백과사전인 『플라시데스 에 티메오』(*Placides et Timéo*)의 저자는 이른바 '트로툴라'가 작성했다는 논문의 가치를 강조했다. 즉 여환자는 그런 종류의 일을 남자 의사에게보다 여자 의사에게 훨씬 쉽게 털어놓을 수 있기 때문에 그 논문들은 여성이 작성한 것이라고[23] 말한다. 당시 독일에서도 그런 여인이 화제가 되었다. 즉 13세기 마인츠에서 여의사(medicae)에 관해 거론된 적이 있으며,[24] 1345년 바젤에서는 '여의사들의 집'이 언급되었다. 1415년에 사람들은 '여의사인 그레다 블라이허린'에게 마녀라는 죄를 뒤집어씌웠다.[25] 그러나 대부분의 경우 이들은 정식 여의사가 아니라 의술에 밝은 산파들이었던[26] 반면, 14세기 이탈리아의 허가받은 여의사는 대부분 의사의 딸이나 여자 형제들로 이들이 여환자들을 치료했다. 물론 여환자들이 남자 앞에서 옷을 벗으려 하지 않았기 때문이다.[27]

당시의 그림들을 믿을 수 있다면 남자들이 '여의사'에게 치료를 받을 때면 적어도 속바지는 벗지 않았다.[28] 여환자들 역시 13세기 초 아르메니아 수사들의 필사본인 그림 37의 유선에 통증을 느끼는 여자처럼 남자 의사들 앞에서 상체 전부가 아니라 기껏해야 일부만 드러냈을 뿐이다.[29]

중세와 근세 초기 여자들의 관장(灌腸)은 대부분 같은 여성에 의해 실시되었던 것으로 보인다. 예컨대 1515년 스트라스부르 병

36. 의사가 여환자의 피를 뽑다. 프랑스의 방주(傍註), 13세기.

원의 '조무사 규정'에 의하면 여조무사는 여환자의 경우 관장과 같은 은밀한 처치를 남자에게 맡기지 말고 스스로 실시해야 한다[30]

37. 가슴을 촉진하는 의사. 고대 후기 필사본의 복사본, 13세기 초.

고 되어 있다. 그러나 남자 의사에게 이 일이 맡겨질 경우 의사는 침대 시트를 덮은 채 그 밑에서 아주 예의바르게 관장을 실시했다(그림 38).[31]

38. 중세 후기의 관장 장면(압축이 가능한 동물방광을 통한 압박 관장).

이런 사실로 미루어볼 때 그런 '여성의 물건'에 관해서는 이론적인 약간의 지식만을 가졌던[32] 당시 의사들은 실제 경험이 거의 없었으며,[33] 그렇기 때문에 출산과 같은 위급한 경우에도 거의 도움이 되지 못했다는 것은 당연한 일이다.[34]

의사들이 여성의 성기 부위에 관해 거의 모르고 있었다는 것은, 예를 들면 그들이 클리토리스를 모르고 있었다는 사실에서도 잘 드러난다. 중세 의학자들 몇몇은 젊은 여자들이 쾌감을 증진시키기 위해 질 입구 위의 한 지점을 문질렀다는 사실은 알고 있었지만 클리토리스에 대해서는 전혀 모르고 있었다. 그래서 1559년 크레모나 출신의 유명한 해부학자 콜롬부스(Realdus Columbus)는 자신이 클리토리스를 발견하고 그 이름을 부여했다고 자랑한 바 있다("그러므로 이것의 발달과 또 이것의 유용성에 관해 아무도 알아차리지 못했기 때문에 만일 나로 하여금 이 발견에 이름을 붙이도록 허락한다면, 그것을 '비너스의 사랑' 또는 '달콤함'이라고 명명할 것이다").[35] 그러나 이것을 발견했다는 소문은 빠르게 퍼지지는 않은 것 같다. 3년 후 해부학자 팔로프(Gabriele Fallope)는 자신이 클리토리스를 발견했다고 기술했다. "이 음부는 아주 작으며 외음부의 가장 두터운 부분에 숨겨져 있어 해부학자의 눈에 띄지 않는다."[36]

처녀막이 때때로 세르비우스(Servius Maurus Honoratus) 같은 고대 의학자들에 의해 언급되었음[37]에도 불구하고, 처녀막의 존재 역시 오랫동안 근세 초기의 의사들은 부인했었다. 그래서 1597년 코드론치(Baptista Codronchi)는 산파가 실시하는 처녀성의 진단이 불확실하다고 비판했다. 산파들이 생각하는 처녀성의 기준이 이런 막의 존재와 '그 부분의 밀착성'인데, 막이 존재하는 경우는 아주 드물며 존재한다 할지라도 품행이 방정치 못한 젊은 처녀들은 그 막이 자주 파괴되기 때문이다.[38] 그리고 그 유명한 파레(Ambroise Paré)도 처녀막이 있는 경우는 극도로 드물며 '자연에 위배된다'고 생각했다.

소수의 중년 부인과 산모들의 진술에 의하면, 아직 처녀인 여자들과 몸이 약하지 않은 여자들은 자궁 입구나 경부에 얇은 막을 가진다고 한다. 또한 그 막이 첫번째 성교 때 찢어진다고 한다. 하지만 이런 특징들은 믿을 수 없으며 불확실하다는 것이 역사와 증거에서 충분히 증명되었다. 막에 관한 한 그런 것은 부자연스런 것이며 수천 명의 여성들 중 한 사람에게도 거의 발견되지 않는다.[39]

우리는 의사인 카마라(Guillelmus de Camara)가 신장부위를 촉진한 후에 상체의 긴장에 따라——추측건대 특히 가슴의 긴장——'처녀'의 처녀성을 결론지었다는 것을 기억하고 있다. 이런 규범들, 즉 가슴의 긴장 및 목둘레, 목소리의 높이와 소변시의 소음들이 18세기까지 광범위하게 처녀성을 판단하는 기준으로서 구속력을 지녔다.[40]

산파와 애인들은 처녀임을 확인할 수 있는 다른 방법을 사용했지만 이들 역시——특히 애인들이——이것 때문에 골머리를 앓았다. 예를 들어 16세기 레온하르트 투르나이서는 신혼 첫날밤을 치른 후 몇 년 동안 곰곰이 생각했던 모양이다. 즉 그가 신부에게서 발견한 "이 여자의 대단히 나쁜 상태가 병을 앓아서인가, 아니면 그밖의 우연으로 초래된 것인가? 또는 선천적인 것인가, 아니면 어떤 남자의 힘이 신부의 몸에 흔적을 남긴 것인가?" 결국 그는 그 후 아내의 단정치 못한 품행과 그녀의 고백을 통해 "(국부에) 마차가 지나간/바퀴자국이 있어서/자신이 우롱당했다는"[41] 확신을 가지게 되었다.

중세와 근세 초기의 의사들은 시체 연구에서도 여성의 육체에 관한 지식을 거의 얻을 수 없었다. 첫째로 잘 알려져 있듯이 그 전에는 시체의 해부가 완전히 금지되었기 때문이다.[42] 16세기에도 시체를 조달하기가 극도로 힘들었다. 예를 들면 플라터(Felix Platter)가 몽펠리에에서 해부학을 공부했을 때, 그는 무장한 학우들과 함께 밤에 "시 외곽의 수도원 옆 묘지에서 낮에 묻힌 시체를 무장한 손으로 파헤쳤다". 그동안 수도사들은 수도원 창문에서 그들에게 활을 쏘아댔다.[43] 레오나르도 다 빈치 역시 인간의 시체를 조달하기가 무척 힘들어 대부분 돼지, 개, 말과 소의 시체를 해부하는 것으로 만족했다.[44]

한편 18세기까지 여자 시체를 해부하는 것은 특히 불쾌감을 유발하는 것으로 간주되었다.[45] 그래서 1315년 몬디노(Mondino: 이탈리아의 의사·해부학자로 그의『문디니 해부학』은 고대 이후 유럽에서는 처음으로 나온 해부학 책이다－옮긴이)는 자신이 세계에서 처음으로 여자 시체 두 구를 해부했다[46]고 보고했다. 그리고 익사한 여자 범죄자의 시체를 해부하는 일이 1452년 빈에서 처음으로 일어났을 때, 이 사건은 수십 년간 사람들의 화젯거리가 되었다.[47] 그런 종류의 장면이 13세기의 의학 사본에서 묘사된 것은 가능한 일이다(그림 39). 어쨌든 그 그림은 이렇게 해석할 수 있다. 여기서 야회복과 모자로 의사임을 알 수 있는 사람이 여자의 시체를 해부하게 함으로써[48] 수도사와 함께 있는 아마도 외과의거나 의학생인 한 남자를 놀라게 하고 있다. 그러나 남자 의대생들의 경험적 지식은 아주 빈약한 것이어서 16세기까지 여자들은 자주 동물의 생식기를 가진 것으로 그려졌다. 의사들은 암캐와 다른 포유동물의 성기만을 해부할 수 있었기 때문이다.[49] 물론 그런 의학적 그림묘사에서 남자들은 속바지를 입고 있었던 반면(그림 40),

39. 학생이 여자 시체를 해부하면서 놀라고 있다(?). 1260년경 영국으로 추측됨.

40. 병의 징후, 라티누스 초고(Ms. Latinus), 14세기 후반.

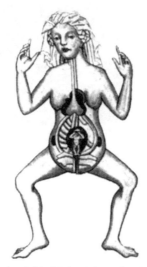

41. 임신한 여자의 세밀화. 14세기 후반.

여자들은 성기를 전혀 가지고 있지 않거나(그림 41) 손이나 나뭇가지, 연기 또는 그 밖의 것으로 성기를 가렸다.[50]

이성의 성기를 보는 것을 막기 위해 얼마나 노력했는지는 1647년 쾰른의 의회규정에도 잘 드러난다. 그 규정에는 여자 시체일 경우에는 여자들만, 남자 시체일 경우에는 남자들만 관을 지키며 밤새워야 한다고 정해져 있다.[51] 나중에 알게 되겠지만 남자들도 다른 사람에게, 특히 여자들에게 그들의 성기를 보이는 것을 매우 부끄러워했기 때문이다. 그래서 몽테뉴가 기술한 바에 의하면 15세기 말경 막시밀리안 1세가 "그의 유언에 명시된 말에 따라", "자신이 죽으면 속바지를 단단히 입히라고" 명령했으며 "유언 추가서에 속바지를 입혀주는 사람은 눈을 가리라고 덧붙였다"고 한다.[52]

고대와 아랍인, 비서구 민족들의 조산과 '내'진

중세와 근대 초에 산파들이 진통 중인 산부의 수치심을 고려하여 옷 밑이나 시트 밑에서 진찰했던 것이 일반적이었다면(그림 42)[1] 고대의 산파들도 비슷한 방식으로 예절을 고려했던 것으로 보인다. 예를 들어 유명한 소라누스(Soranus von Ephesos: 2세기경 알렉산드리아와 로마에서 활동한 그리스의 산부인과·소아과 의사―옮긴이)는 산파가 산부의 질 안을 밑에서 바로 볼 수 있는 자세를 취해서는 안 된다고 권고했다. 산파는 예의바른 자세를 취하고, 임산부가 수치심 때문에 경련을 일으키지 않도록 바로 외음부에서 눈을 돌려야 한다고 했다.

산파 자신은 깨끗한 옷을 입고 임산부와 마주한 채 약간 더 낮은 자세로 앉아야 한다. 〔……〕 몇몇 의사들이 권하는 것처럼 쪼그리고 앉은 자세로 일하는 것은 산파에게 부담스럽고 예의에도 맞지 않는다. 헤론이 요구한 자세도 마찬가지다. 그는 산파가

42. 분만. 법학 필사본의 삽화, 13세기.

손을 위에서 아래까지 움직일 필요가 없도록 움푹 팬 곳에 서
있어야 한다고 요구했다. 이런 제안 역시 예의에 어긋나는 것이
며 그렇지 않다 해도 2층집에서는 어쨌든 실현될 수 없다.
〔……〕 산파는 수치심 때문에 임산부의 몸이 오그라들지 않도록
시선이 임산부의 성기를 향해서는 안 된다."[2]

오스티아(지금의 오스티아안티카로 고대 로마의 도시를 가리
킴-옮긴이)에 있는 무덤의 테라코타 부조에서 산파였던 아메린무
스(M. Ulpius Amerinmus)의 부인인 아티케(Scribonia Attice)의
모습을 볼 수 있다.[3] 로마에서 근무하는 그리스 의사의 지시에 따
라 분만 의자에 앉은 채 여자 조수의 부축을 받으며 진통 중인 여
자 앞에 앉아 얼굴을 돌리고 있다(그림 43).[4] 반면 남자들 앞에
쪼그리고 앉은 의사들은 항상 얼굴을 환자에게 향한 것으로 묘사
되어 있다.[5]
　여자들이 다른 여자들 앞에서도 그렇게 수치스러워했다면 남자
의사들 앞에서는 정말로 신중한 태도를 보여주었음을 미루어 짐작

할 수 있을 것이다. 5세기에 소라누스의 저서를 번역한 아우렐리아누스(Caelius Aurelianus: 5세기경 서로마 제국의 마지막 의학 저술가로 일반적으로 갈레노스 이후 그리스·로마 시대의 가장 위대한 의사로 간주된다—옮긴이)가 보고한 바에 의하면, 고대인들은 여자들의 수치스러워하는 태도 때문에 여의사(madicae)를 교육시켰다고 한다. "그럼으로써 여자 성기와 관련된 병의 진찰 때문에 여자의 성기를 남자들에게 보일 필요가 없게 되었다."[6] 우리는 그의 보고를 별 무리 없이 믿을 수 있을 것이다.

그리스 의사들이 절대 내진(內診)을 하지 않았다는 것은 거의 확실하며, 그런 사실은 아테네 여자가 의사 앞에서 하체를 벗고 질을 만지게 하느니 차라리 죽으려 했다는 것을 의미한다.[7] 플라톤은 의사가 여자를 진찰할 때 배꼽 아래쪽으로 내려가서는 안 된다고 했다. 그리고 이우스티니안(Iustinian)에 의하면 사춘기에 들어섰는지 확인하기 위해 어느 여자아이에게 실시한 육체의 검진은

43. 오스티아 출신의 산파 아티케의 묘비, 이졸라 사크라(Isola Sacra).

그녀의 수치심을 건드렸다고 한다.[8] 적어도 소라누스 시대, 즉 2세기 초에는 가끔 생명이 위독한 출산의 경우 의사들이 불려가기도 했지만 이들은 산파에게 충고만 해주었으며 진통 중인 산부는 커튼 뒤에 숨겨진 채였다.[9]

어쨌든 여자들은 스스로 자신의 질을 검진했으며 산파에게 문의함으로써 정보를 얻었던 것 같다.[10] 켈수스(Aulus Cornelius Celsus : 1세기경 로마에서 활동한 의학 저술가로 백과사전을 펴냈는데 그 중 의학부문만이 남아 있다−옮긴이)에 의하면, 의사는 이론적으로는 피가 많이 나는 담석 수술을 직접 집도할 수 있었는데 결혼한 여자의 경우 질에 손가락을 집어넣고 처녀일 경우에는 직장에 집어 넣었다고 한다.[11] 그러나 실제로는 이런 일이 거의 일어나지 않았다. 우리가 알고 있는 사실로 짐작하건대 고대 의사들은 평균적으로 여성의 하복부에 관해 희미한 예감조차 가지고 있지 않았다. 한 가지 예만 들어보자면, 갈레노스는 여성의 성기에 관한 유추해석을 하기 위해 암컷 원숭이 해부에 의지해야 했다.[12]

또한 소라누스는 산파에게 물어본 지식으로 자신의 교본을 만들었던 것으로 보이며 그 책은 다시 산파들의 전폭적인 지지를 받았다.[13] 『히포크라테스 전집』(*Corpus Hippocraticum*)에는 이렇게 적혀 있다.

어디가 아픈지 모르는 사람들의 병은 대부분 고칠 수 없다. 그 환자들이 의사에게 어디가 아픈지를 제대로 설명하기 전에 의사는 그 병을 고칠 수 없다. (여자들은) 어디가 아픈지 알고 있다 해도 그것에 관해 이야기하기를 부끄러워한다. 그들은 자신들의 미숙함과 무지 때문에 그것을 말하는 것이 예의바르지 못한 일이라고 생각한다.[14]

그러나 히포크라테스는 여자들이 의사에게 아픈 부위를 기꺼이 설명했다 해도 절대 질의 검진이 이루어지지 않았음을 다른 대목에서 밝히고 있다. 그는 이렇게 말했다. "정확하게 그것에 관해 물으면 이 모든 것을 알 수 있다. 그러나 다른 여자가 자궁을 만지고 나서야 비로소 그것이 매끈매끈하다는 것을 알게 된다."[15]

아랍의 산부인과학 역시 비교적 발전이 안 된 학문으로 남아 있었다. 여자들이 부끄러워한다는 이유로 의사들이 실제적인 체험을 할 수 없었기 때문이다. 이슬람교가 낯선 남자와의 은밀한 교제를 금지하고 있으며, 남편 이외의 다른 남자에게 자신의 성기를 보여준다는 것은 일반적으로 상상을 초월하는 것이기 때문에,[16] 의사가 여자의 맥박을 짚는다거나 이를테면 15세기의 페르시아 필사본에서 묘사되는 그런 장면은 극단적인 경우에 한한다.[17]

9세기에 아마드 이븐 한발(Ahmad ibn Hanbal)과 약 500년 후에 알 다하비(al-Dhahabi)는 의사에게 여성의 질을 검진하는 것이 허용되어야 한다고[18] 주장한 바 있다. 그러나 아주 자유주의적이며 진보적인 학파조차도 의사가 여성의 생식기 부위를 보거나 심지어 만지려 한다면 벌을 받는 것이 당연하다고 생각했다. 시간이 흐르면서 '성기 부위'라는 단어는 무릎부터 배꼽까지를 포함하는 여자의 육체로 좀더 정확히 제한되었다.[19] 아라비아계 에스파냐에서는 하복부를 수술할 때 의사가 꼭 필요한 경우라면 수술하는 산파에게 기구의 사용을 지시할 수는 있었지만 여환자의 벗은 하복부는 볼 수 없었다. 의사가 출산시 위급한 상황에 불려갈 때도 마찬가지였다.[20]

아즈차라비(Abūl-Qasim az-Zahrawi)는 정숙한 부인들 중에서는 의사 앞에서 기꺼이 옷을 벗거나 의사가 자신의 몸을 '손가락으로 검사하도록' 허락하는 부인을 한 명도 발견할 수 없었다는 확인을 중요시 여겼다. 알 쿠프(Ibn al-Quff)는 동료 의사에게 질의 협착은 경험 많은 산파에게 맡기라고 권고했다. 물론 경험 많은 산파를 발견하지 못한다면 품행이 단정하다고 소문난 외과의(ğarā'ihî)에게 데려가는 것이 의사에게 허락되어야 한다고 말했다. [21]

그러나 외과의에게 자신의 몸에 손을 대게 할 '예의바른' 부인을 발견할 수 있을지는 의심스럽다. 왜냐하면 18세기 중반 영국인 여행자 샤를레몽 경(Lord Charlemont)은 이렇게 보고했기 때문이다.

카이로의 프랑스인 레지던트가 내게 알려준 바에 의하면 가끔 터키 여자를 진찰하러 왕진을 할 경우에도 절대 환자를 볼 수 없었다고 한다. 그들은 시야에서 완전히 차단되도록 항상 무언가를 뒤집어쓰고 있었다. 여환자의 맥박을 짚는 게 허락된다 해도 얇은 근육의 일부를 통해 나타나는 맥박의 움직임을 통해 추측하는 것으로 만족할 수밖에 없었다. [22]

의사 앞에서 느끼는 여자들의 이런 두드러진 수치심은 현재까지 계속되고 있으며 이슬람 세계의 여러 지역에 만연되어 있다는 사실은 수많은 예로 증명된다. 아타튀르크(Kemal Atatürk, 1881~1938: 터키의 군인·개혁가·정치가로 터키 공화국의 창시자이며 초대 대통령이다—옮긴이) 시대 이전의 터키 여인들은 육체의 어떤 부분에 통증을 느끼는지를 가르쳐주었던 작은 진단용 인형을 의사에게 보여주거나, 여자 심부름꾼을 통해 의사에게 전해주었다. [23] 오늘날에도 서양에서 교육받은 이집트 여인들은 무엇보다 그들의 남자 친지들의 감정을 고려하여 엉덩이에 주사 맞는 것을 극도로 싫어한다. 주사를 맞는다 하더라도 아주 일부분만 노출시켰고 다른 부분은 수건으로 가려 놓았다. [24] 시나이 반도의 베두인 여자들은 손이나 얼굴 이외의 다른 부위에 상처를 입으면 치료사가 아니라 치료사의 아내로 하여금 상처 부위를 진찰하게 했으며, 그녀가 다시금 남편에게 상처의 상태에 관해 보고했다. 치료사가 아주 나이가 들었고 품행이 방정하다고 존경을 받을 경우에는 도덕적으로 점잔빼지 않는 여자들이라면 엉덩이의 상처를 보여주기도 했다.[25]

가슴, 엉덩이, 또는 허벅지의 노출이 극도로 미묘한 문제였다면 성기 부위의 노출은 더욱 심각한 문제였을 것이다. 예컨대 페르시아 지방 후제스탄에 있는 작은 도시의 산부인과 의사는 진통 중인 임산부가 산파와 도와주는 여자들 앞에서 옷을 벗는 것은 '상상도 할 수 없는' 일이라고 보고한 바 있다. 물론 그에게 한 번—분명히 아주 난산일 때—분만하는 여인의 직장 검진이 허락된 적이 있었지만 당사자는 그를 전혀 볼 수 없었다.

아주 낮게 쪼그리고 앉은 자세에서 마른 여자들에게 하는 직장 검진의 실시는 매우 유용한 것으로 증명되었다. 이것은 명백한 방향 설정과 출산 상태를 더욱 확실히 진단할 수 있게 해준다. 그럴 경우 임산부는 전혀 몸을 노출시킬 필요도 없으며 뒤에서 검진하는 의사를 볼 수 없다. 이것이 아라비아 사람들의 정서에는 매우 중요할 수 있다. 검진이 성기 부위의 노출과 관계가 될 경우 언제나 거의 극복할 수 없는 어려움에 봉착하게 된다. 당사자가 본능적으로 느끼는 아주 위급한 경우와 그로 인해 생명이 위험한 경우에만 다른 여자들의 도움으로 분만 중인 여자를 바로 눕히고 우리가 자주 사용하는 기술로 쉽게 검진할 수 있다.[26]

아프가니스탄과 파키스탄의 남자들은 아내의 산부인과 검진을 피하기 위해 아내의 죽음을 감수할 때가 많다. 어떤 민속학자의 보고에 의하면,

나거(북파키스탄)에 있을 때 전에 알던 사람이 찾아와 매독에 걸렸다며 약을 달라고 부탁했다. 그는 아무 효과도 보지 못하면서 여러 번 수도인 길깃의 의사에게서 페니실린 치료를 받은 적이 있었지만 그의 아내를 위해서는 아무 조치도 취하지 않았다. 의사의 진찰—물론 산부인과 여의사였지만—은 생각할 수도 없었다.[27]

어느 이집트 산파의 말에 의하면 딸이 출산할 때 남자 조산원을 데려오느니 차라리 딸을 죽게 내버려두는 어머니들이 많았다고 한다. 그리고 카이로의 언론보도에 따르면 60년대 초반 시와 오아시스에서는 임산부의 35퍼센트가 의사에게 자신의 몸을 맡기기를 거부했기 때문에 죽었다고 한다. 사우디아라비아의 동쪽에 있는 아지만의 한 남자는 그의 부인이 산부인과 의사를 거부했기 때문에 출산 중 죽었다고 만족스럽게 말했다. 그녀는 "최후의 심판의 날 남편이 아닌 다른 남자에게 자신의 육체를 보여주었기 때문에 신 앞에서 얼굴을 붉히고 싶지 않았다"고 한다.[28]

터키의 시골에서 출산이란 아주 창피하고 부끄러운 것이었다. 출산이 여성의 성기와 아주 밀접히 연결되어 있으며 여성의 성기는 남자의 음경과는 반대로 수치감의 총괄 개념이기 때문이다.[29] 그래서 전통적으로 죽은 태아를 자궁에서 들어내는 수술은 여자들이 실시했다.[30] 소아시아 동쪽에서는 산부인과 의사에게 '모든 것을 보여주는 것'이 최고로 무례한 것이었다. 그래서 진통 중인 임산부는 여자들만 있는데도 가능한 한 오랫동안 팬티를 벗지 않고 있다가 분만 직전의 진통이 와야 비로소 스스로 팬티를 벗었다.[31] 제1차 세계대전 중에 이스탄불의 어느 산부인과 의사는 이렇게 말했다. "정통 터키 여자들은 거의 죽을 때가 되어서 나를 부른다. 임신 기간에 손으로 검진한다!? 그런 일은 있을 수 없다. 절대로!"[32]

서양에서 살고 있는 터키 여자들도 부인과 검진에 대한 수치심은 여의사와 산파를 가리지 않고 매우 컸다. 터키의 산파는 이렇게 보고한다. "터키 여자들이 어쨌든 수치심을 더 많이 느낀다는 것이 눈에 띈다. 그들의 질을 검진하려면 그들은 그것을 전혀 보지 않기 위하여 치마를 자꾸 앞으로 끌어 당기거나 손으로 눈을 가린다." [33] 한 산부인과 여의사는 이슬람교 부인들의 질을 조사할 경우 실제로 얼굴을 완전히 가리는[34] 경우가 많았다고 말함으로써 그런 사실을 확인해주고 있다. 그들이 남자 산부인과 의사를 피하는 것은 의사가 그녀의 '그곳을' 건드렸다는 생각이 그들의 남편에게 참을 수 없는 질투심을 불러일으킬까봐 두렵기 때문이기도 하지만, 그보다 더 중요한 이유는 의사가 그들의 치모를 탈모하고 난 후 '모든 것을 본다'는 것에 대해 수치심을 느끼기 때문이다. [35] 외음부를 만지지 못하게 하기 위해 많은 아라비아 여자들이 산부인과 검진을 받을 때 스스로 음순을 벌린다. [36]

　산부인과 의사에게 벌거벗은 몸을 보여주는 것에 대한 여성들의 이런 특징적인 수치심은 아주 가부장적인 이슬람교 사회의 특징일 뿐 아니라, 아주 다른 '전통적인' 문화에서도 동일한 형태로 나타난다. 이를테면 저지(低地) 마야의 여자들은 정상적인 상황에서는 절대 의사에게 진찰받지 않았을 것이다. [37] 전통적인 방식으로 출산할 때 임산부들은 여자 산파 앞에서도 성기 부위를 가렸으며 젊은 여자들이 낙태를 하기 위해 산파, 즉 '출산을 도와주는 여자' (x' alants' ah)를 찾아갈 때에도 매우 수치스러워했다. [38] 임산부들은 자주 병원에서 분만하기를 거부한다. 병원에서는 그들의 수치감을 전혀 고려하지 않기 때문이다. 어떤 여자는 이렇게도 표현한다. 그들은 "네 어머니와 네 남편을 밖으로 내보내고 너를 탁자 위에 눕히고는 음부를 들여다본다!" [39] 키체(과테말라 북서부에 있는 주—옮긴이) 마야족 역시 의사들이 입회한 병원에서의 출산은

'생각할 수도 없다'. 즉 출산할 때는 예절 때문에 독신 여성들조차 그 자리에 있을 수 없었다.[40]

북아메리카의 인디언 여자들도 마찬가지여서 아주 '절망적인 경우'에만 산부인과 의사를 받아들였다.[41] 크로족(북아메리카 평원 인디언 — 옮긴이) 여자들은 어떤 남자에게도 — 어떤 상황하에서도 — 자신의 외음부를 볼 수 있도록 허락하지 않았으며, 출산할 때는 남자가 그 자리에 있을 수 없었다. 한 여자가 난산 끝에 목숨이 위급한 상황이 되어서야 그녀의 심한 저항에도 불구하고 백인 의사를 불러왔다. 오랜 설왕설래 끝에 마침내 그녀는 의사의 도움을 받기로 결정했지만 다른 여자들이 허벅지, 음부와 음순을 조심스럽게 솜으로 가려 질 입구만 보일 수 있도록 하고 난 후였다.[42]

물론 산파와 도와주는 부인들까지도 수치스러워한다. 그래서 위스램(Wishram)에서는 산파들이 예절상의 이유로 진통 중인 임산

44. 카이오와족의 출산, 1880년경.

부의 생식기 부위를 보아서도 안 되고 만져서도 안 되었다. 그래서 그들은 하복부를 노루수컷가죽으로 덮은 채 그 밑에서 아이를 받았다.[43] 그리고 마누스(Manus) 여자들 역시 출산시 같이 있던 부인들 중 누구도 분만의 특정한 시점까지는 임산부의 외음부를 볼 수 없도록 치밀하게 신경을 썼다.[44] 아이포족 여자들은 특히 가파른 언덕에서 일을 할 때 하복부를 완전히 가린다. 그들은 출산중일지라도 외음부를 앞뒤로 가리는, 갈대줄기(lye)로 만든 치부 가리개를 벗지 않았다.[45]

19세기 중국에서는 가끔 항구 도시에 정주하고 있던 의사들이 위급한 상황에서 출산을 돕기 위해 불려가기도 했다.[46] 그러나 19세기 이전에는 이런 일조차 아주 드물었던 것으로 보인다. 유명한 중국의 산부인과 의사들은 절대로 여자를 진찰하거나 아이를 받을 수 없었으며, 1644년 민치키(Min Ts'i-ki)는 경험에 의거한 부인병 치료를 불가능하게 만들었던 전통적인 예법을 불평한 바 있다.[47] 그렇기 때문에 1750년 유명한 의사였던 첸푸쳉(Ch'en Fu-cheng)은 『타 쉥 피엔』(Ta sheng p'ien)이란 저서에서 출산시 여자들은 스스로 해결해나가야 한다고[48] 지시한 바 있다. 640년경 중국어로

45. 출산 중인 아이포족 여자.

번역된 『병을 치료하기 위한, 천 개의 손과 천 개의 눈이 있는 부처의 경전』에는 이렇게 적혀 있다.

여자가 태아의 둔위(분만시 엉덩이나 다리가 처음 나오게 되는 태아의 위치 — 옮긴이) 때문에 난산을 하거나 죽게 될 경우 셍펭라이(sheng p'eng-lai)를 세 개의 셍(sheng)물과 함께 셍(sheng) 위에서 끓인다. 그리고 부적을 21번 낭독한 후 그것을 모두 마시게 한다. 그러면 출산은 아무 어려움 없이 진행될 것이다. [49]

1973년 중국의 산부인과 의사의 97퍼센트는 여자였다. [50] 9년 후 한 잡지에는 산부인과 의사에 대해 이렇게 제안하고 있다.

젊은 부인의 부인병을 검진하는 것은 쉽지 않다. 그래서 소수의 산부인과 의사와 간호원은 여자 환자를 참을성 있고 성실하게 대하지 않는다. 이것이 젊은 여자들이 여성 진료소로 들어가는

46. 여환자의 맥박을 짚으면서 진찰함. 중국, 1850년경.

문 앞에서 멈추는 이유 중 하나이다. 우리 의료인들은 그들의 입장을 고려하고 이런 고통을 세심하게 다루어주기를 바란다.[51]

현재까지도 중국의 산부인과 의사에게는 '여자 성기의 검사나 진찰이 불가능'하며 검진은 '병력을 묻고 맥박을 재는 것'으로 제한된다.[52] 그럴 경우 의사는 대부분 비단실을 여자의 손목에 감고 그 실의 다른쪽 끝을 엄지손가락과 검지로 잡는다. 그렇게 함으로써 의사는 여자의 손목을 직접 만지는 것을 피하며 끈이 그에게 전달해준 진동에 따라 진단을 내린다.[53] 의사에게 통증을 느끼는 육체 부위를 보여주는 것뿐 아니라 육체 부위의 이름을 말하는 것조차 무례한 일에 해당되기 때문에, 여자들은 대부분 상아로 조각된 진단용 모델 인형으로 통증을 느끼는 부위를 의사에게 가르치거나 아니면 이 인형을 시녀나 친척을 통해 의사에게 보낸다.[54]

47. 중국의 진단용 모델 인형. 19세기.

일본 의사들은 아주 늦게, 즉 18세기 후반에 와서야 부인학과 조산학을 연구하기 시작했지만,[55] 이런 연구도 이론적으로만 머물렀다. 진통 중인 임산부가 산부인과 의사가 있는 것을 참아내는 경우가 '아주 드물었기' 때문이다.[56] 중국에서처럼 일본의 산부인과 의사는 아주 드물었지만 비상시에만 불려갔으며 임산부의 긴 옷 밑에서 수술을 했다.[57] 그러나 『산부인과 수술을 위한 도해서』(Atlas für geburtshelferische Operationen)에 수록되어 있는 그림 48에

48. '둔위의 신생아 적출', 『타사이 추세추』, 1858년경.

현혹되어서는 안 된다. 이것은 그림 49처럼 조산술을 위한 교육용
그림이지 둔위 출산의 실제적인 묘사가 아니기 때문이다.

오늘날에도 일본 여자들은 산부인과 검진을 하기 전에 성기 부
위를 가려서 의사들은 외음부와 그 주변은 볼 수 없고 질만 볼
수 있다.[58] 19세기 한 서양의 산부인과 의사는 이렇게 보고하고
있다.

49. 출산, 콘도 타이초(Kondo Taizo)의 『타사이 추세추』, 1858년경.

남자 환자들은 의료 검진을 목적으로 완전히 옷을 벗었을 경우 모두 엉덩이와 치부 주위에 작은 T자 모양으로 감긴 수건(ふんどし)을 찬다. 여자들은 당연히 작은 허리망토를 들추는 것을 주저한다. 진찰을 위해 필요하다는 설명을 들은 후에만 그것을 들어올린다. 덜 성숙한 여자아이들도 진찰하기 위해 가슴을 드러내는 것을 주저했다. 학생들이 진찰실로 들어오기 전에 검진 의자를 커다란 덮개로 가리지 않았다면 산부인과 병원에서 실제 연습을 위해 데려온 여환자의 5분의 1도 검진 의자에 앉히지 못했을 것이다. 임상 의사들을 통한 검진에서 일반 의사들의 존재를 충분히 예상하지 못했던 여자들이 수치심 때문에 심하게 우는 것을 나는 많이 보았다. 그리고 개인실습에서는 그것을 외진에도 사용하게 해달라는 부탁을 많이 받았다.[59]

비슷한 종류의 많은 보고들을 지구의 거의 모든 벽지에서 수집할 수 있다. 이를테면 한국의 시골 의사들은 여자들이 확고히 거부했기 때문에 그들의 질을 검사하기 위한 어떤 시도도 할 수 없었다.[60] 도시 병원의 검진 의자 위로는——만약 그런 의자가 있다면——여환자의 배까지 내려오는 커튼이 쳐져 있어서 생식기 부위가 보이지 않도록 했다.[61] 모잠비크의 아차보족 여자가 치료하는 동안 치부를 가리는 시트가 약간 미끄러져 내려가면 다른 여자들이 킥킥거리기 시작한다. 그러면 노파가 다음과 같이 말함으로써 그 웃음을 멈추게 한다. "너는 대체 부끄러운 줄도 모르느냐? 남자들에게 여자의 그것을 보여줄 참이냐? 우리는 그것을 보고 싶지 않아!"[62] 랄리크 라타크 제도(Ralik-Rataker: 태평양 중서부에 있는 마셜 제도 공화국의 열도—옮긴이)의 여자 주민을 의사가 진찰할 경우 그 자리에 참석한 추장은 의사에게서 성적 자극의 징후가 나타나는지를 아주 정확히 관찰한다.[63]

간호원이 있는 곳에서도 트란스케이(남부 아프리카에 있는 국제적으로 공인받지 못한 공화국—옮긴이)의 봄바나(Bomvana) 여자들은 "똑바로 누우십시오!"라는 요구를 들어줄 생각이 전혀 없다. 그들은 네덜란드 산부인과 의사의 말을 완전히 알아들었음에도 불구하고 엎드려 누웠다. [64] 1910년 '서남 아프리카의 옛 독일 식민지'에서 성병을 확인하기 위해 식민지의 수용소와 수감소에 있던 여자들을 모두 강제로 검진하기 시작했을 때 '독일 적십자 부인회'가 이런 조치에 항의해왔다. 그 부인회는 그런 조치를 아프리카 여자들을 멸시하는 것으로 보았기 때문이다. 마침내 그 부인회는 라인 전도협회의 지지를 받아 그 조치를 공개하겠다는 협박을 통해 창녀를 검진하는 것으로 제한할 수 있었다. [65]

인도에서는 아주 옛날부터 출산이 오로지 여자들의 일로 묘사되었고[66] 산부인과 검진은 극도로 수치스러운 것이었다. 1867년 우타르프라데시의 바레일리(인도 북부의 도시—옮긴이)에서 산파 교육을 시작했던 나레인(Laia Luchman Narain)은 당시에 이렇게 썼다. "우리가 의사에게 여성의 사적인 부분을 보도록 허락하는 것은 예의바르지 못하고 무례한 짓이다. 아내와 딸들을 남성에게 진찰받게 하느니 차라리 죽도록 내버려두겠다." [67] 1907년 '인도 메디컬 서비스'의 총지배인은 인도의 의대생들이 출산할 때 참석할 기회가 거의 없기 때문에 조산과 관련된 '영국종합병원협회'(British General Medical Council)의 요구를 충족시킬 수 없을 것이라고 말했다. 무엇보다 인도 북부 여자들은 남자 의대생들이 보는 자리에서 분만하는 것을 거부했다. [68]

오늘날에도 이런 상황에서 본질적으로 달라진 것은 아무것도 없다. [69] 단지 소수의 인도 북부 여자들이 남자 의사들과 그런 '아주 수치스러운 것들'에 관해 이야기할 수 있을 뿐이며, 수치(sharm)란 예컨대 우타르프라데시에서는 완전히 옷을 입은 채 아무 소리도 내지 않고 오두막의 어두컴컴한 곳에서 아이를 낳는 것을 의미한다.[70] 일반적으로 라지푸타나(오늘날 인도 라자스탄 주 대부분을 이루는 곳으로 과거에 라지푸트 계급이 다스린 공국이 있던 지역 — 옮긴이) 여자는 누구도 병원에 가거나 의사를 찾지 않는다. 그녀가 어쩔 수 없이 의사를 불러와야 하는 상황일지라도 절대 의사에게 벗은 몸을 보여준다거나 만지게 하지는 않는다.[71] 그러나 어쩌다 천진난만한 여자가 어쩔 수 없이 의사들에게 산부인과 진단을 허락한다면 굴욕적인 상황이 벌어질 수 있다. 인도 서부 마하라슈트라 주의 나시크 행정구에서 온 산부인과 의사가 풍속소설 작가의 문체로 묘사한 다음과 같은 상황이다.

그 촌부는 탁자 위에 정상적인 산부인과 검진을 받는 자세로 앉았다. 불을 가까이 비추었다. 의사는 그녀의 외음부를 살균제를 적신 솜으로 씻기 시작했다. 예상치 않게 여환자는 그로 인해 성적인 자극을 받았다. 아주 청결한 환경, 깨끗한 흰색의 리넨, 그녀의 성기를 검사하며 그녀의 음순 및 더 깊숙한 곳을 문지르고 의학 처치를 하는 두 명의 젊은 의사. 이 모든 것이 그녀로서는 너무 감당하기 힘들었다. 그녀의 질 안에 검경이 삽입되자 내가 오늘날 오르가슴이라 해석할 수 있는 그런 떨림이 그녀의 몸을 스쳐갔다.[72]

8
출산과 임신의 은밀함

　'전통적인' 사회에서 남자 의사의 산부인과 진단 및 출산시 입회가 극도로 다루기 힘든 문제였다면 현재도 마찬가지다. 전통적인 사회를 제외하고도 엘리아스의 문명화 이론의 시각에서 기대할 수 있는 것과는 달리 출산의 전 과정은 수치와 곤혹스러움으로 가려져 있으며, 사적인 영역으로 밀려난 문화권도 적지 않다.

　키르기스족(중앙아시아 키르기스 초원에서 유목 생활을 하는 몽골 종족 — 옮긴이) 여자가 마지막 진통을 시작할 때면 진통 중인 임산부는 유르트(중앙아시아 유목민이 거처하는 천막 같은 집 — 옮긴이) 가운데 세워진 기둥을 붙잡고는, 키르기스 여자라면 여섯 살이나 일곱 살부터 지니고 다녀야 했던 붉은 머릿수건의 끝단을 입 안에 쑤셔넣는다. 이제 '수치의 순간'(uyat waxti)이 되었고 누구도 그녀의 신음소리를 들어서는 안 되었다.[1] 인도 보팔에서는 남자들이 출산 중인 여자의 집 근처에 있으면 고통이 얼마나 크건 상관없이 임산부는 절대 소리를 지르면 안 된다고 주위 사람들이 그녀에게 말해준다. 그래도 소리를 지르거나 크게 신음소리를 낸다면 그녀에 관해 이렇게 소문이 난다. "그 여자는 수치도 모른다지, 그 여자 목소리가 남자들에게 들릴 정도로 고함을 쳤대!"[2]

파라과이 차코 지방의 아요레오족과 전통적인 일본 마을에서도 임산부는 이웃 사람들이 출산을 눈치챌까봐 소리를 지를 수 없었다. 이웃 사람들이 알게 되면 당사자는 수치심을 많이 느끼기 때문이다.[3] 동 아나톨리아(현재 터키의 아시아 지역을 이루고 있는 반도—옮긴이)에서도 진통 중인 임산부는 소리를 질러서는 안 되었다. 그 이유는 그들이 용감했기 때문이 아니라 남자들이 출산 과정을 알면 안 되었기 때문이다.[4] 유목 생활을 하는 그리스의 산양지기인 사라카차니족 역시 진통 중인 임산부의 신음소리가 들리지 않도록 이불을 물린다. 그것이 도움이 안 될 경

50. 출산 중인 팜필레(Pamphile), 1412년경.

우에는 출산을 도와주는 여자들이 큰 소리로 웃으면서 떠들어댄다. 신음소리가 더 커지면 양철통을 두드린다. 그것은 악령들을 몰아내기 위해서가 아니라 임산부의 곤혹스러움을 모면시켜 주기 위함이다.[5]

필리핀 남부 바실란 섬의 야칸족은 출산 예정일을 이웃에게 알려주지 않는데 그것은 이웃들이 그날을 특히 주목하지 않도록 하기 위함이다.[6] 발리스(스위스 남부의 주—옮긴이)의 시골 촌부들은 1920년대에도 아이 낳는 것을 부끄러워했는데, 특히 첫아이의 출산은 '거의 치욕으로' 간주했다.[7]

아이를 낳는 것은 아이들에게 비밀로 부쳐진 경우가 많았다. 예컨대 키체 마야의 한 여자는 이렇게 이야기한다. "출산일이 가까워오면 부모는 아이들을 위해 거짓 이야기를 만들어내야만 한다." 그리고 "아이들은 갓난아이가 어떻게 태어나는지에 대해 전혀 듣지 못한다. 오두막의 한구석에서 어린아이가 태어나지만 다른 아이들에게는 새 아이가 생겼다고만 말할 뿐이다."[8]

그러나 여자들 스스로도 가끔은 출산과 임신에 대해 전혀 알지 못했다. 어느 야키족(멕시코 서부 연안 소노라 주 남부지역에 사는 인디언—옮긴이) 인디언 노파는 19세기 말에 있었던 그녀의 첫 임신을 다음과 같이 기억한다.

나는 내가 임신했다는 사실도 몰랐다. 배에 통증을 느꼈다. 매일 밤 마당을 왔다갔다했으며 오줌소태가 있었다. 마침내 아침 동이 터올 무렵 고통이 아주 심해져 기둥을 꽉 잡고 있었더니 아이가 나왔다. 그때 도대체 무슨 일이 일어났는지 나는 전혀 감을 잡지 못했다.[9]

'전통적인' 사회에서 남자들의 영역과 여자들의 영역은 엄격히 구분되었기 때문에 남자들은 당연히 출산 그리고 출산과 관련된 모든 것과 격리되어 있었다. 예컨대 17세기 중반 콘티 왕자의 가내 규정은 하녀들이 그들의 출산에 관해 젊은 주인이 절대 알지 못하도록 조심해야 한다고 지시하고 있는데,[10] 이것은 아리에스 (Ariès)와 다른 문화사가들이 이 시기에 생겨났다고 주장하는 '새로운 수치심'과는 전혀 관계가 없다.

민족학자 코흐 그륀베르크(Koch-Grünberg)가 데사나 인디언에게 "아기를 낳다"에 해당하는 단어가 무엇인지를 묻자 "그는 놀랍게도 아주 나직하게 그리고 당황한 모습으로 여자들을 곁눈질하면서 대답해주었다." 그 연구가는 이렇게 설명한다. "그것은 확실히 미묘한 예절 개념이다. 남자는 남자들의 참여가 완전히 배제되며 여자들과 관계되는 그런 행동에 관해 이야기하기를 부끄러워한다."[11] 심지어 뉴기니 칼룰리족 남자들은 아이들이 어디서 왔는지 전혀 모른다고 진지하게 주장하고, 거꾸로 여자들은 남자들의 남색에 관해서는 전혀 모르는 것처럼 행동한다. 칼룰리족에게는 "애를 낳다"에 해당되는 어떤 단어도 없으며, 동물들이 새끼를 낳는 것에 해당되는 단어를 인간의 출산에는 사용하지 않는다. 그 대신 "아이를 등짐바구니 안에 놓았다"라는 표현을 사용한다. 남자들은 민속학자에게 이렇게 말했다.

"남색은 우리의 일이다. 여자들이 숲으로 들어갔다가 아이와 함께 돌아올 때 무슨 일이 일어났는지는 그들만의 비밀이다."[12]

대부분의 사회에서 아내가 분만할 때는 남편조차 그 자리에 있을 수 없었다. 예컨대 미낭카바우(Minangkabau: 말레이어로 파당족이라 불리는 인도네시아 수마트라 섬의 최대 민족집단—옮긴이)에서는 남편과 산파가 서로 '부끄러워하기' 때문에 남편이 집을 나가야 한다.[13] 그리고 뉴기니의 잠비아에서는 남편이나 아이들이 여자가 다리를 벌리고 출산하는 동안 함께 있다는 것은 상상

142

할 수 없는 일이다. [14] 위급한 경우에만 '전문가'가 불려온다. 서부 아파치족들은 난산의 경우 무당을 부르지만 무당은 항상 위키우프 (wickiup) 즉 일종의 인디언 천막 안으로 들어가지 못하고 천막 밖에서 딸랑딸랑 소리를 내며 노래를 한다. [15] 그리고 음보왐브족 도 위급한 상황에서 '남자 의사'를 불러오지만 출산이 진행 중인 월경 오두막에 들어갈 수 없었다. [16]

남자 민속학자들은 분만에 관해 자세한 것을 물어보려 할 경우

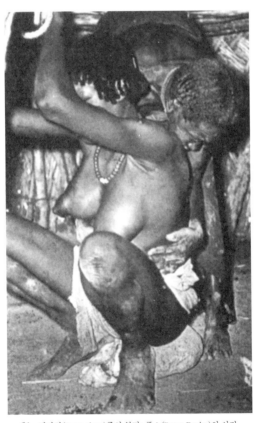

51. 당갈릿(Dangaleat)족의 분만. 푹스(Peter Fuchs)의 사진.

자주 곤혹스런 상황에 빠지게 된다. 즉 민속학자가 출산에 대해 무엇인가를 알아보려 하면 아이타페 지역의 툼레오(Tumleo) 섬 주민 여자들은 바로 충격을 받는다. [17] 다른 민속학자는 이렇게 보고한 바 있다. 타밀족(인도 남동부 및 사일론 섬 북부에 거주하는 드래위다(Drawida)족의 한 종족—옮긴이)의 분만술은 "여자들이 종종 쌀자루를 등지고 앉은 자세로 괴로워한다는 것을 제외하고는, 내가 알 수 없는 여성의 예절 속에 깊숙이 가려져 있었다." [18]

이제 우리는 '전통' 사회에서 출산 과정이 수치와 곤혹스러움으로 은폐되어 있었음을 시인할 수 있을 것이다. 그런데도 사람들은 정숙한 체하는 19세기에 와서야 비로소 임신이 그런 감정과 연결되었지, 그 전의 유럽과 유럽 밖의 문화, 특히 '미개 민족'에서는 여자들이 그들의 '부른 배'를 '자연스럽고' 솔직하게 내보이고 다녔다고 말한다. 그래서 많은 문화사가들은 황새(어린아이들은 황새가 갓난아이를 데려온다고 믿었으며 그래서 황새가 왔다는 것은 곧 아기를 낳았다는 뜻이다—옮긴이)가 '19세기의 시민적 발견' [19] 이며 이 시대에 들어와서야 비로소 임신이 '말로 표현할 수 없는 것이 되며', '가슴 밑에 아이를 지니고 있다', '축복 받은 육체' 등의 '위장된 어휘로 은폐하게' 되었다고 주장한다. [20]

실제로 1900년경 빈의 시민 가정에서 출산과 같은 '적당하지 않은 일'에 관해 이야기할 때면 '한 잔의 물'을 가져오라며 아이들을 방에서 내보냈다. [21] 노동자의 자녀들도 '공식적으로는' 임신에 관해 아무것도 몰랐던 것처럼 보인다. 출산할 때가 가까워오면 임산부는 친척집으로 가거나 이웃집에서 며칠을 보낸다. 그래서 어떤 노인은 이렇게 기억하고 있다. "나는 당시 열두 살이었다. 나는 어머니가 더 뚱뚱해졌다고 생각했지만 아무것도 모르는 것처럼 행동했다. 나는 실제보다 더 어리석게 굴었다. 그것에 관해 아무 이야기도 하지 않았다. 전혀 아무것도." [22]

부르고뉴 북부의 어떤 촌부는 옛날에는 임신에 관해 이야기하려 했을 때 아이들을 침대로 보냈다고 말한다. "오늘날엔 더 이상 신경쓰지 않는다. 열 살 때 나는 그런 것에 관해 전혀 몰랐다." 그리고 처녀 때 마구간에서 암소가 송아지 새끼를 낳은 것을 한 번도 보지 못한 어느 여자들은 '그것을' 처음으로 경험했을 때의 충격에 대해 이렇게 이야기했다. "내 여동생이 태어났을 때 나는 열 살이었다. 사람들은 엄마가 복통을 느낀다고 나에게 말했는데 열 살이나 됐음에도 불구하고 나는 그 말을 확실히 믿었다." [23]

오스트리아의 엘리자베트 여왕이 결혼식 이후 바로 임신했을 때 그녀는 이런 '사정'에 대해 아주 부끄러워하여 굵고 배를 조임으로써 그 상황을 숨기려 하였다. [24] 1919년에 태어난 프레스턴 출신의 어떤 노동자 아내는 임신이 진행되는 동안 집 밖에 나갈 수 없었다고 고백했다. "내가 어떤 일을 했는가를 그들이 생각한다는 것을 알았기 때문에 수치를 느꼈으며 그것이 끔찍하게 여겨졌다." [25]

20년대와 30년대 영국의 패션 광고에는 임신한 경험이 한 번도 없는 사진모델만 등장했다. [26] 얼마 전 클림트(Gustav Klimt)가 임신한 모델 헤르마(Herma)에게 완전 나체로 서 있으라고 지시했을 때 다른 모델 중 한 사람이 얼굴이 새빨개져 달려와서는 불쑥 말을 꺼냈다. "아니, 저렇게 불쑥 나온 배를 가지고요?! 실례해야겠군요……. 이 일은 나와 아무 상관 없어요……!" 임산부의 나체사진(그림 52)에 대한 소문이 순식간에 빈의 문학 카페로 퍼졌으며 사람들은 그것을 더할 나위 없이 부도덕한 행위로 간주했다. [27]

이런 모든 예들이 확실히 말해주지 않는가? 그리고 19세기와 20세기 초 임신에 관한 시치미떼기가 사회 계층 전반에 최고조에 다달았음을 보여주지 않는가?

이제 18세기의 아주 다양한 자료를 읽으면서 19세기 이전에도 임신을 절대 솔직하게 다루지 않았다는 인상을 받게 된다. 예컨대

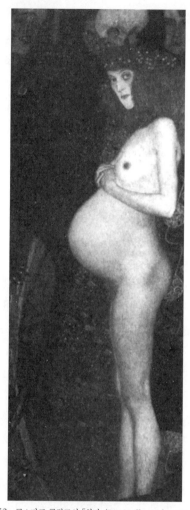

52. 구스타프 클림트의 「희망」(Die Hoffnumg), 1903.

1795년 12월 『사치와 유행의 잡지』(*Journal des Luxus und der Moden*)에서는 '자연으로의 회귀'라는 시대조류 속에서 프랑스의 수도 파리에서는 갑자기 임신을 더 이상 비밀시하지 않는다는 뉴스가 실려 있다.

　물론 이런 의복의 가벼운 주름은 특히 전보다 더욱 잦은 임신, 그리고 예절의 순수함을 보증하는 공화정하에서의 임신과 뚜렷한 대조를 이룬다. 이제 파리의 여인들은 남편들이 작가로서, 아름다운 정신의 소유자로서 그들의 작품을 가지고 독자들에게 선보일 때처럼, 임신한 것을 별로 부끄러워하지 않는다. [28]

　1764년 '진보적인' 교육자 바제도(J. B. Basedow)는 아이들과 청소년들도 결국은 임신했다는 사실에 관해 알아야만 한다고 주장하면서 열 살에서 열두 살까지가 그것을 가르치기에 적합한 나이라고 여겼다. "나는 황새가 아이를 데려왔다거나 샘에서 데려왔다고 말하는 것을 들을 때마다 거부감을 가졌다." 그리고 그는 독자들에게 이렇게 말했다. "지금까지 나는 내 자녀들과 다른 집 자녀들에게 예의바른 표현에서 조금도 벗어나지 않은 채 생식, 임신, 출산에 관해 설명했다." 그러나 임신에 필연적으로 선행되는 과정에 관해서는 아버지와 어머니의 '정확한 결합'이 일어났다고 암시만 했을 뿐, 더 자세히 설명하지는 않았다. "생식 행위에 관해서는 외설적인 책이나 해부학 논문, 의학 논문 또는 종교 법원의 영장 등등에서 다루어지기" [29] 때문이다.
　임신한 상태의 '뚱뚱한 배'를 절대 자유롭게 공개하지 않았다는 사실은 17세기 중반 "그들의 커다란 배를 자랑스럽게 여겼던" [30] 부인들에 관해 뉴캐슬의 대공비 캐번디시(Margaret Cavendish)가 불평하고 분개했다는 점에서 잘 드러난다. 그리고 몽테팡(Montespan) 부인 같은 프랑스 궁정의 귀부인들이 허리선을 살리지 않은, '이노상트'(innocentes)라고 불렸던 넓은 망토를 걸쳐 가능한 한 배를 잘 은폐했다는 [31] 사실에서도 알 수 있다. 근세 초기의

'hussegke'라고 불렸던 임신한 육체를 완전히 가려주는 시민들의 임신복(그림 53)을 보면 이런 임신복이 바로크 시대에 이른바 수치심 때문에 새로이 생겨난 것이 아님을 알 수 있다. 중세 후기와 16세기 초에 엄밀한 의미의 의학적 논문이 아닌 곳에서 나체 임산부의 그림은 아주 보기 힘들었다. 남자 간호사(의사)와 외과의를 가르치기 위하여 사용된 1538년 「비정기 간행물」(fliegendes

53. 암만(Jost Amman)의 복식 책에 나온 시민의 임신복, 1577.

Blatt)에 수록된, 생식기 부위까지 드러낸 임산부의 그림은 아주 특이한 것으로 볼 수 있다(그림 56).[32]

이방 사회에서도 말하고 행동하는 데 있어 임신을 위장하고 감추는 것을 볼 수 있다. 그러나 그것은 절대로 악령이나 그 비슷한 것에 대한, '미개 민족'의 이른바 '마적인' 생활 양식에 나타난 두려움 때문이 아니다. 예컨대 베르그다마족에게는 '임신한'에 해당되는 단어가 없다. 동물에만 사용할 수 있는 '새끼를 밴'이라는 뜻의 'oa'라는 단어만 있을 뿐이다. 임신한 여자에 대해 사람들은

54. 임신을 묘사한 중세의 그림. 마리아(왼쪽)와 엘리자베스. 1340.

"그녀의 몸이 무겁다"라든가 "그녀의 몸이 좋지 않다"라고 말한다. 사람들은 "아기를 낳았다"라는 말 대신 "안정을 취한다"거나 "침상에 누워 있다"라는 표현을 사용한다. 아이가 태어나면 'naigo'라고 말한다. 그것은 "일어났다" 또는 "아이가 땅을 보았다"라는 표현이다.[33]

숨바(인도양의 인도네시아 동누사텡가라 주 소순다 열도에 있는 섬 — 옮긴이) 동부의 린디족의 경우 여자가 잘 익은 망고를 먹고 싶다고 말하면 그것은 임신하고 있음을 나타내는 것이다.[34] 멕시코 마을에서는 임산부에 관해 "아이 때문에 병들었다"고 한다. 그곳에서도 임신은 시치미떼기의 영향권 안에 들어 있다. 모든 여자

55. 태아의 자궁 안 위치, 15세기.

는 자신의 임신한 배를 다른 사람 앞에서, 특히 아이들이나 존경받는 사람들 앞에서 숨기려고 애쓴다. 젊은 여자들은 결혼식을 치른 후 그들의 배가 둥그렇게 불러오는 것을 확인할 때면 항상 놀란다. 그들은 어머니한테 아무런 설명도 듣지 못했고 그들의 어머니가 임신했었다는 사실도 전혀 몰랐기 때문이다. [35]

키체마야족들도 임신에 관해 이야기하지 않는다. 미초아칸(멕시

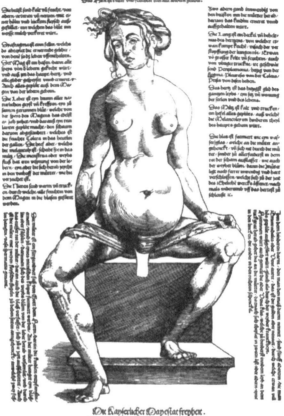

56. 포크트헤어(Heinrich Vogtherr d. Ä.)의 「여체의 해부학」, 1538.

코 중서부의 주—옮긴이)의 농부가 그의 아내의 '병'(enferme-
dad)에 관해 이야기하듯이[36] 남편이 "내 아내가 아프다"라고 말하
는 것이 최상의 표현이다.[37] 미초아칸족 여자는 자신의 '병'에 관
해 가능한 한 오래 숨긴다. 즉 그녀는 누구와도 그것에 관해 이야

기하지 않으며 그것이 드러나지 않도록 넓은 옷을 입는다. [38] 호주 황야의 핀투피족은 일반적으로 임신과 출산에 관해 아무 말도 하지 않는다. 필연적으로 해야 할 경우 그들은 완곡법을 사용한다. 임신과 출산의 '동물적인 면'이 그들에게는 곤혹스럽기 때문이다. [39] 히말라야의 쿠마온족의 여자들, 특히 젊은 여자들은 임신에 관해 질문을 받으면 아무 말도 하지 않는다. 그들이 수치스러워하는 이유는 아마도 그런 사실을 통해 남편과 동침했다는 사실이 명백해지기 때문인 것 같다. [40] 이것은 영국 집시들, 미얀마 여자들과 이집트 서쪽 황야의 베두인족들이 임신한 둥근 배를 넓은 옷, 허리띠, 숄 등으로 숨기려고 애쓰게 되는 곤혹스러운 감정의 원인이기도 하다. [41]

마지막으로 뉴기니 중앙의 겐데족 여자들도 다른 사람들이 그들의 배를 보고 임신했다는 사실을 알게 되면 부끄러워한다. 그러나 그들은 임신했다는 증거인 부른 배를 숨길 수 있는 옷을 걸치지는 않는다. 사람들은 마치 아무 일도 없었던 것처럼 행동하며 그들의 임신에 관해 암시하는 것조차 피한다. [42] 와헤헤족의 사춘기 이전 아이들은 여자들의 임신을 알아차리지 못하는 것 같다. 그리고 아이 앞에서 "아이는 이렇게 해서 생긴다"라는 사실을 말해야 하는 것을 아주 당혹스럽게 여기며 될 수 있는 한 피한다. 어린아이가 태어나면 엄마가 갓난아이를 강에서 건져왔다고 말한다. [43]

20세기의 산부인과와 '성적 흥분 상태'

남성에 의해 실시되는 산부인과 진단과 조산에 대한 현대 서구 여성들의 수치와 거부는 이방 사회와 과거 사회의 그것과 비교해볼 때 큰 차이가 없다는 것을 확인할 수 있다. 이를 위한 더 이상의 상세한 논증은 필요 없을 것이다. 의학의 어떤 분야도 산부인과 치료처럼 남성의 손에 확고히 맡겨지지 않았다는 것—예컨대 약 10년 전 북아메리카 산부인과의 96.5퍼센트가 남성이었다[1]—은 오늘날 거의 모든 여자가 남자 의사의 도움을 받을 수밖에 없다는 것을 의미한다.

이제 우리는 노르베르트 엘리아스에게 확실히 반론을 제기할 수 있을 것이다. 엘리아스는 이런 사실이 충동 통제와 감정 통제가 점점 증가하고 있다는 이론에 결코 반대되는 것이 아니라 바로 그것을 찬성하고 있는 것이라고 말한다. 이런 발전이 "충동 통제의 상당히 높은 수준을 전제로 한다면, 극도로 자제하는 것이 당연한 일이 되어버린, 그리고 강한 자기 구속이 개개인을 억누르고 있어 남자 및 여자들이 절대적으로 안전한 사회에서만 그런 자유"에 대한 성간의 행동방식이 "발달될 수 있다. 이것은 어느 정도 '문명화된' 수준의 행동의 틀 안에서, 즉 자동적인, 습관으로 익숙해진 구속의 틀과 매우 높은 척도의 흥분의 변형에서 완전하게 유지되는 일종의 이완 현상이다."[2]

그렇다면 이런 사실이 오늘날의 여환자들의 경우 감정 통제의 자기 구속력이 아주 강해져 의사가 직장을 검진할 때 그들이 느끼는 성적인 감각 앞에서도 '절대적으로 안전하다'는 것을 의미하는가? 그리고 그런 상황의 외적인 '성적 측면의 제거'(Ent-sexualisierung)가 전혀 필요하지 않을 정도로 그렇게 강해진 것을 의미하는가? 또는 오늘날의 의사들이 '절대적으로 안전하게' 그들의 성적 감정을 아주 잘 '억누를 수' 있으며, 의사들이 검진을 하면서 아무 느낌도 없이 '아무 생각도 없이' 여환자의 아주 은밀한 부분을 만질 수 있다는 것을 의미하는가?

우선 이런 면을 생각해보자. 예컨대 파이어아벤트(Paul Feyerabend)가 '더욱 비인간적인(또는, 기술적 용어로 '객관화된') 취급방식으로 가는 과도기'로 지칭했던[3]――극단적으로 어느 저명한 미국 의사는 그의 환자를 '연구용 표본'으로 부른다――것의 특징을 살펴보면 감정과 감각의 '외부 조형'이 '자기 조형'을 통해 절대 대체될 수 없다는 사실을 여러 자료를 통해 확인할 수 있다.

오늘날 TV 방송국에서 인터뷰를 하는 수많은 여자들의 경우 산부인과 의사들이 그들과 "너무 거리를 두어 그들을 마치 한 토막 나무처럼 다루는" 것을 불평한다면,[4] 그들은 이런 태도가 냉정한 감정의 표현이라기보다는 오히려 의사들이 검진 상황을 비인격화하고 객관화하려고 얼마나 많은 노력을 기울이고 있는지를 거의 알지 못하기 때문이다.

조금이라도 스트립 쇼를 연상시킬 수 있는 분위기를 만들지 않기 위하여 미국에서는 여환자가 옷을 벗고 진단 의자에 앉아 다리를 벌리고 난 후에야 산부인과 의사가 들어온다. 역시 거의 모든 여자들이 여조무사에게 등을 돌리고, 문이 닫혀 있더라도 문을 뒤로 한 채 옷을 벗는다는 사실을 알 수 있다. 속옷이 성과 은밀함을 아주 강하게 연상시키기 때문에 여환자들의 팬티를 아무렇게나 놓아두는 경우도 거의 없다.[5] 독일에서는 여자들이 진찰실에서 속치마와 브래지어를 착용하면 의사들에게 너무 은밀해 보이기 때문에, "적어도 한 가지 옷이라도 입고 있는 것이 덜 곤혹스럽게 느껴진다 하더라도"[6] 여환자들이 완전히 옷을 벗어야 한다고 산부인과 의사들은 주장한다.

앵글로색슨 지방에서는 일반적으로 여환자들이 옷의 일부를 입을 수 있게 한다. 그리고 환자들이 진찰 의자에 앉으면 여조무사가 환자의 상체와 하체가 서로 분리되도록 시트로 가려서 나중에 의사가 여환자의 얼굴을 보지 못하게 한다. 그리고 의사들이 여환자의 옷을 벗기지 않도록 생식기 부위는 처음부터 완전히 노출시켜 놓는다.[7] 페미니즘 경향의 여류 작가들은 진찰받는 여성들을 가리는 것을 비난한다. 그들은 그런 행위를 여자의 육체를 마음대로 할 수 있는 보다 발전된 조치로 보기 때문이다.

그럼으로써 여자는 '계속 밑에서' 무슨 일이 일어나는지 알 수가 없다. 언뜻 보기에는 아주 사려 깊은, 이런 제스처의 결과를 생각해본다면, 그것을 통해 정보의 흐름이 방해를 받으며 의사나 여의사가 방해받지 않고 조치를 취할 수 있게 된다는 것이 확실하다.[8]

그리고 그들은 그림 57과 같이 시트를 덮지 않은 채 검진하고 여환자도 함께 참여시키는 미국의 '페미니스트 여성 보건소 연맹'

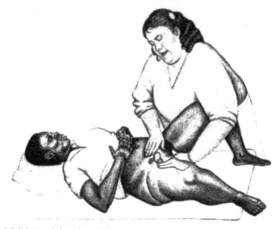

57. '페미니스트 여성 보건소 연맹'(Federation of Feminist Women's Health Centers)
여직원이 질을 검사하고 있다, 1981.

여직원을 가리켰다.

　물론 페미니스트 여자 비평가들은 산부인과 의사가 한 개인의
은밀한 부분을 만지는 것이 아니라 고립된 생식기 부위를 만짐으
로써 이런 '정보의 흐름의 방해'가 그 상황의 '성적 측면을 제거'
하는 기능이 있다는 점을 간과하고 있다. 예컨대 최근의 교과서에
는 다음과 같이 적혀 있다.

　　여환자가 검진을 위해 옷을 벗고, 때에 따라서는 아주 곤혹스
　런 자세를 강요하는 검진 의자에 올라가야 한다면, 여환자를 덮
　을 수 있는 시트를 준비해야 한다. 관계없는 제3자가 들여다볼
　수 없고 검진 행위에서 그 상황의 당혹스러움을 덜어주기 위해
　서이다. 물론 검진을 담당한 의사를 여환자와 단둘이 남겨두어
　서는 안 된다. [9]

　검진과 관련하여 '정숙한 체하는' 19세기의 교과서에는 산부인

156

과 의사가 여환자의 성적 자극을 피해야 한다는 뚜렷한 암시와 함께 어떤 경우에도 여환자의 아주 은밀한 부분, 즉 클리토리스를 건드리지 말아야 하며, 그러지 않으면 통증이 생길 수 있다고 적혀 있다. 오늘날의 교과서에도 이런 규범들이 발견된다는 것은 흥미로운 사실이다. 1919년의 교과서에는 여환자의 성적 자극이 다음과 같이 분명하게 언급되었다. "환자의 질 안에 손가락을 삽입할 때 환자들을 성적으로 자극하지 않는 것이 매우 중요하다." 그렇게 되면 질이 "수축되어 외부로부터 삽입되는 손이 골반 속의 생식기관까지 깊숙이 들어가지 못해 질을 만질 수 없기"[10] 때문이다.

한편 얼마 전에 출간된 교과서에는 다음과 같이 기술되어 있다. 의사는 '자세 설정'을 도와주어야 하며 '당혹스런 자세'로 여환자를 너무 오래 기다리게 해서는 안 된다. 더 나아가 의사는 바로 여자의 질을 만지는 것이 아니라 그 전에 우선 여자의 목, 어깨, 가슴을 촉진해야 한다. 그리고 나서 질을 검진해야 하며 그 경우 클리토리스와의 접촉은 될 수 있는 한 피해야 한다. 그것은 두 부분에 당혹스런 성적 자극을 일으키기 때문이 아니라 통증의 발생과 상처의 위험 때문이다.

검진하는 손가락은 항상 '회음부' 위로 삽입한다. 손가락 마지막 부분을 질 입구에 대고 뒤의 손가락 마디는 회음부 쪽으로 약간 밀어넣어야 한다. 그리고 나서 회음부 위에 있는 손가락을 음부에 완전히 삽입한다. 집어넣은 손가락의 뒷면이 회음부를 건드려 회음부에 꽉 낄 수 있도록 해야 한다. 이런 기술을 통해 신경과 혈관이 많아 예민하고 손상되기 쉬운, 치골 결합 쪽에 있는 외음부의 일부, 특히 클리토리스 부위와 요도 혹을 건드리지 않으며 고통을 피할 수 있다.[11]

많은 산부인과 의사들은 그와는 달리 은밀함의 분위기나 성적 반응이 나타나지 않도록 아주 의도적으로 거칠고 무감각하게 검진한다.[12] 다른 한편으로 검진하는 동안 수치심이나 성적 느낌을 받는 여환자들은 이런 느낌을 통증이나 아무 의미 없이 간질이는 것으로 생각하는 경향이 있다. 여환자들을 그렇게 다룸으로써 '질병의 관련 배경'을 만들어내며 그 상황의 성적 측면을 제거할 수 있기 때문이다.[13]

의사들은 검진하는 동안 여환자들이 천장이나 가구를 쳐다보기를 바란다──"눈은 뜨되 꿈꾸는 듯이가 아니라 저 멀리를 쳐다보며"──그리고 필요할 경우에만 의사를 쳐다보기를 바란다.[14] 눈을 감으면 체험에 몸을 맡기는 것을 암시하거나 부끄러움의 신호로 해석될 수 있으며,[15] 그것은 그 상황의 성적 측면을 강조할 수도 있기 때문이다. 의사와 거리를 두고 의사와의 당혹스러운 눈맞춤을 피하기 위해 적지 않은 여자들이 눈을 감는다는 사실은 그런 의사의 기대와는 대립된다.[16]

산부인과 의사의 입장에선 거칠게 접촉하고 무뚝뚝하게 말을 함으로써, 아니면 여환자를 성적으로 성숙한 여자가 아니라 작은 여자아이를 다루는 것처럼 어린이화함으로써("자, 다시 조금 아야 할 텐데……?") '객관화 전술'을 계속 유지한다.[17]

미국의 산부인과 의사는 여성의 성기를 비인격화한다. 그래서 의사는 '당신의 질'이 아니라 '그 질'이라고 말하며 성적인 연상을 불러일으킬 수 있는 일상적인 어휘나 숙어, 예를 들면 "다리를 벌리세요!"라는 등의 용어를 피한다. 의사들은 대부분 '외음부'나 '질'과 같은 성기에 대한 호칭 아니면 그에 대한 영어 단어조차 피하는 것처럼 보이며, 예컨대 이렇게 질문한다.

"언제 처음으로 거기 아래에 통증을 느꼈습니까?"[18]

또한 많은 의사들은 여환자와 직접 말을 하지 않는다. 여조무사와 전문 용어로 이야기하면 그녀가 의학적 언어를 당사자가 이해할 수 있는 일상 용어로 번역해준다.[19] 실제로 여조무사는 무엇보다 의사의 시중꾼 역할을 하는 것처럼 보인다. 그녀는 의사가 할 수 없는 그런 일은 거의 하지 않기 때문이다.[20] 그래서 하이델베르크의 산부인과 의사 두 명은 이렇게 기술하고 있다.

　많은 여환자들이 산부인과로 가는 것은——특히 처음에——하나의 극복을 의미한다. 산부인과 검진에서 제3자의 존재를 여환자는 일반적으로 아주 편안한 것으로 받아들인다. 진료 조수나 간호원은 필요에 따라 여환자가 옷을 벗는 것을 도와주고 보조 진찰을 실시하기도 하며, 의사를 도와주기도 한다. 그녀의 활동은 진찰실의 분위기를 객관화시키는 데 적합하다. 특수한 경우에 그녀는 진찰의 가장 중요한 증인이 된다.[21]

외부 통제라는 무기가 필요할 경우 그것이 엘리아스의 '자기 구속'과 관계가 있는 것처럼 보인다고 생각할 수 있다. 왜냐하면 이미 상술한 대부분의 아주 의도적인 객관화 전술이 존재했다는 사실은 의사와 여환자 모두 그들의 감정과 감각을 동시에 '내면화시켜' 빗장을 걸어두지 못했음을 말해주기 때문이다.[22] 그렇다면 위에 인용한 산부인과 의사의 마지막 언급은 산부인과 실습에서 앞에 기술된 '외적인' 성적 측면의 제거 전술이 엘리아스가 확인했듯이 거의 '절대적인 안전'을 보장할 수 없었으리라는 의심을 불러일으킨다. 예컨대 어떤 산부인과 의사는 이렇게 말한다.

　여자 조수가 없으면 나는 절대 진찰하지 않는다. 어떤 오해도 사지 않기 위해서이다. 많은 여성들이 오르가슴에 도달한다는 것과 여자들이 집에서 만족을 못하기 때문에 성적인 문제를 가

지고 산부인과 의사에게 간다는 것은 잘 알려진 사실이다. [23]

산부인과 진찰이 바로 여성들을 위한 성적 마사지 살롱과 마찬가지라는 사실과, 유일한 차이라면 참여자 중 누구도 이것을 인정하려 하지 않는다는 사실은 물론 극단적으로 과장된 것일 수도 있다. 나는 여기서 산부인과 검진에서 성적 감각이 진찰에 참여했던 환자가 원하는 것보다 더 자주 일어난다는 것, 예컨대 한 부인이 자기 자신에 대해, 특징적이게도 3인칭으로 썼던 이런 상황에 대해 논쟁을 벌이려는 것이 아니다.

그는 반짝이는 고무 장갑을 꼈다. 한 손을 그녀의 하복부에 갖다대면서 다른 손의 손가락 두 개를 그 안으로 집어넣었다. 불편하게 움직이면서 그녀는 체중을 옮겼다. 그가 손가락으로 최고로 예민한 그곳을 만지는 방법은 아주 은밀했다. 의학적 검진임에도 불구하고 그 검진은 성적 감각을 일깨웠다. 그녀는 그 것을 그가 알아차리지 못하게 해달라고 계속 기도했다. [24]

그럼에도 대부분의 여자들이 그 상황을 '성적인' 것으로 느끼기보다는 오히려 굴욕적이며 당혹스럽고 부끄러운 것으로 느낀다는 것이 내게는 더 중요하게 여겨진다. 예컨대 링쾨핑(Linköping) 대학의 여성 외래 진료소에서 실시한 최근의 여론조사를 보면 여환자의 거의 반수가 산부인과 검진을 통해 굴욕감을 느꼈으며, 그래서 여의사를 원했다[25]는 결과가 나와 있다. 우리 아들을 출산할 때 호감이 가고 지적이며 자의식이 강한 젊은 여자였던 산파는 우리에게 이렇게 말했다. 그녀는 절대로 남자 산부인과 의사 앞에서 그런 굴욕적인 자세를 취하거나 질을 만지게 하지 않을 것이며, 방을 통과해 지나가는 모든 의사가 임부들의 노출된 생식기 부위

58. 아너-지제(Ingeborg Ahner-Siese)의 「주임의사 회진」, 테라코타, 1983.

59. 칠레(Zille)의 「분만」, 1898년경.

를 멍청하게 쳐다보는 그런 병원에서 분만하는 것은 생각도 하지 않는다고.

분만 직전의 시간에 관한 영국의 전문가는 이렇게 말한다. "오늘날 자궁의 기능장애와 진통을 견디내지 못하는 것이 우울할 정도로 많아진 것은" 당연한 일이다. 왜냐하면 여성들은 굴욕적 자세로 그리고 굴욕적 조건하에서 남자들에 의해 검사당하기 때문이다. 그는 이렇게 생각했다.

"우리 의사들이 한 번만이라도 환자복을 입고 성기 부위를 면도당한 채 다른 의료진들이 우리를 관찰하는 동안 똑바로 누워서 환자용 변기를 사용하라고 요청받는다면, 그것을 긍정적으로 받아들여야 할까 하고 가끔 생각해본다."[26]

그럼에도 우리는 최근 20년 동안 아주 많은 여자들이 남자 산부인과 의사의 검진에 대해 본질적으로 더 침착한 태도를 갖게 되었고 위에 상술한 것들 중 많은 것이 60년대까지는 해당되었지만, 80년대에는 더 이상 아니라고 항의할 수도 있을 것이다. 마침 최근의 여론조사 결과를 보면 아이를 원하는 여자들의 25퍼센트만이 치모를 면도할 때 곤혹스러움을 느끼며, 17퍼센트만이 성기의 특별히 은밀한 부분을 건드리는 것을 두려워한다고 한다.[27]

예컨대 발리스에서는 19세기 말까지 임산부들이 자주 작업복을 입은 채 허리띠와 코르셋만 풀었다.[28] 반면 늙은 산파는 20년대를 이렇게 기억하고 있다. "우리는 우리 자신의 몸이나 다른 사람의 몸을 볼 수 없었다. 산부의 육체를 쳐다볼 용기는 더욱 없었다."[29] 그리고 그 시대에는 발리스의 많은 산파들이 산모를 '가려놓은 상태에서' 일했다. 진통 중인 산부가 옷을 벗으려 하지 않았기 때문이다.[30] 현재 이런 상황은 대부분 바뀌었다.

그래서 오늘날 가정 분만을 촬영하고 사진을 찍는 경우가 드물지 않게 일어난다(그림 60). 그 사진들은 친지들에게만 보이는 게 아니라 심지어 사진집에 발표되기까지 했다. 이는 곧 산부의 노출된 생식기는 출산과 관계없이 보여질 때만 '불쾌하게 여겨진다'는 것을 의미한다.[31]

하지만 적어도 최근 20년간의 발전이 내적 감정 통제가 거의 완벽해졌다는 엘리아스의 주장을 확인시켜 주지 않는가?

제16장에 서술해야 할 것을 여기서 미리 기술하고 싶지 않다. 내 의견으로는 다만 감각의 '성적 측면이 제거'된 것이 아니라, 오히려 성적 감정의 가치가 변화되었다고 말하고 싶다. 비록 극단적인 예지만, 오늘날 미국 몇 개 도시의 성 치료 센터에서 여환자의

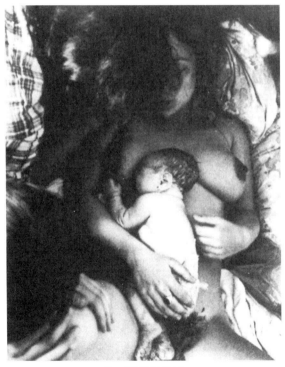

60. 가정 분만, 70년대.

성적 자극을 시험하기 위하여 의사가 클리토리스 및 성기 부위의 특별히 예민한 부위들을 자극한다면——사람들은 이런 조치를 '캘리포니아 처치'(Californian grips)[32)]라고 부른다——이것은 성적 감각이 내재화된 통제 본능에 의해 차단당했음을 의미하는 게 아니라 아주 다른 의미를 획득했음을 말해준다. 이런 성적 측면의 제거와 성적인 요소의 평가절하는, 나중에 알게 되겠지만 추측건대 두 개의 주요 사안을 지니게 된다. 하나는 사회적 관계의 익명화이고, 다른 하나는 예절의 중요성을 상대적으로 잃어 버렸다는 것이다.

예컨대 스웨덴의 여의사는 도쿄의 산부인과 이동 진료소에 관해 다음과 같이 보고한다. 그곳에서는 매일 40 또는 50명의 의사가 18개 병동에 나란히 누워 있는 2천 또는 3천 명의 여환자들에게 산부인과 검진을 한다. 8명이 나란히 누워 있으며 아쉬운 대로 커튼으로 구분한 침상 위에서 인공수정이 이루어졌다. 그 여의사는 그곳에서 일하는 산부인과 의사에 관해 특징적으로 이렇게 기술한다.

그런 경우 우리에게는 아주 중요한 역할을 하는 비밀엄수를 그들은 아주 낯설게 여기고 있다. 도쿄는 아주 거대한 도시여서 친지를 만날 수 있는 가능성은 거의 없는 것으로 간주된다.[33)]

우리는 이런 보고를 세기의 전환기에 많은 여자들이 "의사 앞에서의 노출을 수치심의 손상으로 느꼈기 때문에 주치의를 통해 출산하는 것을"[34)] 거부했다고 확인해준 어떤 베를린 산부인과 의사의 진술을 통해 보충할 수 있을 것이다. 그렇다면 엘리아스의 이론과는 반대로 인간을 서로 연결시키는 '상호의존 고리'의 연장이 수치와 곤혹스러움의 기준을 높인 것이 아니라 낮추는 데 기여했다고 추론하는 것이 더욱 설득력 있어 보일 것이다.

10

비서구 사회 여자들의 성기에 대한 수치심

여자들이 자신의 성기를 보여주기를 꺼리는 것은 적어도 '전통적인' 사회에서는 성적인 수치심과는 아무 관련이 없으며 아주 다른 이유 때문이라는 반론이 제기되고 있다. 예컨대 엘리아스의 문명화 이론을 강하게 지지하는 우셀(Jos van Ussel)은 영향력이 컸던 한 저서에서 이렇게 주장한다. 비서구 사회 사람들은 "성기가 '성적'이거나 그것이 자극을 받지 않도록 하기 위해서가 아니라, 마술적인 개념의 영향 때문에" 성기를 감춘다는 것이다. "그래서 수치심의 탄생이란 오늘날의 서구 문명 밖에서는 '성적 특징'과는 거의 관계가 없으며 외경심, 경계심, 두려움, 공포와 마법 걸기와 관계가 있는 개념이다." 게다가 치부가리개는 엘리아스가 '원시적'이라고 부르는 사회 일원의 '생식기에 대한 마술적인 보호대'[1]일 뿐이다. 그리고 엘리아스는 이들이 신과 정령, 악마의 마술적 영향력에 둘러싸여 있다고 느꼈기 때문에 우리와는 반대로 우선적으로 자신의 충동과 감정을 제한했다고 생각한다.[2]

이런 주장의 배경에는 유럽인들이 가지고 있었던 '원시인'들에 관한 특정한 관념이 숨겨져 있는데, 이런 관념은 오늘날의 학술 자료에도 널리 퍼져 있다. 예컨대 최근까지도 이렇게 기술되고 있다.

많은 미개 민족들이 성기 부위를 가리는 것은 수치심 때문에 일어나는 것이 아니다. 오히려 그것은 자주 성기의 '신성'(神性)을 암시한다. 성기를 가리는 것은 그것을 상징적으로 강조하기 위함이며, 마법과 사악한 세력으로부터 보호하기 위함이다.[3]

음경주머니나 치부가리개 위에 꿰맨 자패(紫貝)나 그 비슷한 것을 의미하는 것으로 추측되는 '상징적인 강조'와 남성 성기에 관한 논의는 제3권의 주제이기 때문에 우선 여기서는 여성의 성기에 국한시켜 보자.

실제로 많은 사회의 여자들은 그들의 육체의 구멍을 통해 정령들이 침투해 들어오지 못하도록 사전조치를 취했다. 나는 이것을 반대하고 싶은 생각이 전혀 없다. 예컨대 사라족(수단 남부, 특히 중앙 아프리카 공화국 북서부 지역과 차드의 차드 호(湖) 남쪽에 위치한 사르 주변의 중남부지역에 사는 종족—옮긴이)의 일부는 엉덩이까지 내려와 질 앞에 돌출해 있는, 치부가리개로 사용되는 쐐기 모양의 헝겊인 골(gol)로 특별히 이런 구멍으로 들어가기를 좋아하는[4] 사악한 영 코이(koi)를 막는다. 그러나 매일 여러 번 씻으며 반년마다 새로운 것으로 가는, 나뭇잎으로 만든 쐐기 모양의 이 헝겊[5]이 치부가리개와는 다른 목적을 가진 것이고, 코이에 대한 두려움은 성기에 대한 수치심과는 아무 상관이 없기 때문에 사라 족 여자들은 성기에 대한 수치심이 없다고 주장할 수는 없을 것이다.

그리고 유트족(미국의 콜로라도 주 서부와 유타 주 동부에 살면서 쇼쇼니어를 쓰는 인디언─옮긴이), 쇼쇼니족, 와쇼족, 호피족 여자들이 물에 사는 요정들이 그들의 질 안으로 몰래 들어올까봐 강이나 호수에서 목욕하는 것을 관습적으로 피한다고 해서,[6] 그리고 같은 이유로 케추아족(에콰도르에서 볼리비아에 이르는 안데스 산맥 고지대에 사는 남아메리카 인디언─옮긴이)의 여자들이 성기 앞에 손을 갖다댄다고 해서,[7] 그러한 정령들이 존재하지 않는 대륙에 사는 인디언 여자들은 성기에 대한 수치심이 없다고 주장할 수 있을까?

다른 나라의 민속학자가 그림 61─"엄마, 뱀장어가 물 속으로 들어갔어요?" "크라우제, 말도 안 되는 소리하지 마, 거기에 손을

61. 「야외 수영장의 정경」, 칠레(Heinrich Zille)의 석판화, 1919.

갖다대!"[8]——을 보고 1919년 베를린 여자들은 성기에 대한 수치심을 가지고 있지 않으며 단지 뱀장어가 질 안으로 들어올까봐 두려워했을 뿐이라고 추론해낸다면 그것 역시 잘못된 것이다.

치부가리개가 실제로 악한 영을 막기 위한 것이라면 왜 이런 옷들이 빅토리아 시대의 '속옷'(unmentionables)처럼 '말해서는 안 되는 것'이 되는지 이해가 되지 않는다.[9] 중부 캐롤라인 제도의 이파룩(Ifaluk) 섬에서 치부가리개를 의미하는 단어인 발레발(balebal)과 시위시프(siwisif)는 터부시되어 남자가 그 단어를 말하면 우연히 지나가는 여자도 아주 부끄러워했다.[10] 민속학자들은 몰루켄의 위메일족에게서 여성들의 치부가리개를 고정시키는 복대에 대한 호칭을 듣는 일이 거의 불가능했다. 외음부를 가리는 나무 속껍질로 만든 작은 조각인 헤레메(hereme)라는 단어가 실제로 말해지는 경우는 없다. 민속학자가 그것에 관해 묻자 그 자리에 있던 사람들 모두가 부끄러워서 눈을 내리깔았다.[11]

타이 북부의 남자들 역시 여자 치마가 성기를 가리는 것이기 때문에 그에 해당되는 단어를 한 번도 입에 올리지 않는다.[12] 그리고 트로브리안드 제도 사람들의 치부를 가리는 잎인 야비(yavi)는 아주 은밀한 것으로 간주되기 때문에 사람들은 자신의 육체에만 사용했던 소유대명사의 대명사적 접미사와 결합시켰다. 야비라는 단어는 무례한 것으로 간주되었으며 아주 친밀한 관계를 가진 사람에게만 사용할 수 있었다.[13]

소(小) 안다만 섬의 옹게족 여자들이 착용하던 풀로 엮은 가리개(naquinéghé)를 건드리는 것은 그들에게 치명적인 모욕이었을 것이다. 여자들은 어떤 상황에서도 벗은 몸을 다른 여자에게 보여주지 않았으며 혼자 있을 때에만 가리개를 다른 것으로 갈았다.[14] 한편 베르크마리아(Berg-Maria) 여자들은 요포 아래 착용한, 허리끈에 고정시킨 치부가리개 '무당'(mudang)을 남편에게도 보여주지 않는다. 마리아족 여자들은 목욕할 때나 출산할 때, 성교할 때에도 평생 무당을 벗지 않는다. 무당은 그들이 죽으면 함께 묻히거나 화장된다.[15]

이제 우리는 여자들이 치부가리개를 착용하는 사회에서 성기에 대한 수치심이 있었음을 명백히 인정할 수 있을 것이다. 그런데도 이른바 남미와 아프리카 동부, 뉴기니 등 여자들이 대중의 면전에서 완전 나체로 활동했던 그런 민족들이 있었다고 항의할 수 있을 것이다. 그렇다면 적어도 그들의 이브들은 열매를 따려고 손을 뻗치지 않았다는 것을 증명하는 것이 아닌가?

예컨대 뉴기니 북부의 쿼마족의 경우 여자들은 보통 완전 나체로 생활한다. 그러나 더 정확히 관찰해보면 이런 나체는 어느 정도 성적 측면을 제거하는 행동 규칙의 섬세한 그물망과 서로 얽혀 있음을 발견할 수 있다. 사내아이들은 아주 어렸을 때부터 여자의 성기 부위를 쳐다보는 것이 엄격히 금지되었다. 젊은 처녀들은 사춘기에 들어서기 전까지 계속 사람들이 있는 데서 다리를 벌리거나 긴 등짐 바구니 망을 덮지 않은 채 몸을 앞으로 숙이지 말라는 가르침을 받는다. 숲길에서 우연히 남자를 만날 경우 여자들은 자신의 외음부를 곁눈질할 기회를 주지 않기 위해 아무 말도 하지 않고 그에게서 몸을 돌려야 한다. 그들은 또한 이런 규칙을 무시하거나 제대로 지키지 않는 여자는 헤픈 논다니로 간주하여 결혼 기회가 눈에 띄게 줄어들 것이라는 사실을[16] 계속 환기시킨다. 뉴기니 동쪽 아이발라 계곡의 타우아데족이나 아이포족에서는 여자가 남자에게 자신의 외음부를 보이면 성교를 요구한 것과 같은 의미를 지닌다.[17] 수쿠족(자이르 남서부와 앙골라 북서부에 사는 종족—옮긴이) 여자가 예의바르지 못해서 어떤 남자에게 그녀의 성기를 보여주었다면 이 사람은 "나는 너와 잤어!"(utembongi!)라고 소리친다.[18]

공공연한 나체로 아주 유명한 누에르족 여자들도 대부분 결혼 후——결혼하고 나면 그들은 '순결의 치모'를 자른다——와 첫아이를 출산하고 난 후에는 항상 양가죽으로 만든 삼각형의 가리개로 성기 부위를 가리거나 야자잎이나 풀로 엮은 짧은치마를 입는다. [19] 여자는 아이를 낳고 난 후에야 비로소 남편의 집으로 이사하는데 그것은 그녀가 이제야 경제적·법률적으로 완전한 아내가 되었음을 말한다. [20] 그리고 이것은 그녀가 발산하는 성적 매력을 가능한 한 남편에게만 국한시켜 보여주어야 하는 것을 의미하기도 한다.

처녀들은 이른바 혼기의 남녀들이 모이는 집회에 갈 때면 다음과 같은 규제를 별로 지키지 않아도 되었다. 즉 그들은 대중의 면전에서 완전 나체로 행동할 수 있었다. 그러나 이렇게 나체로 행동한다고 해서 그들이 어느 정도까지 자연스런 상태로 있다는 것, 그리고 잠재적인 성적 파트너에게 아무 방해도 받지 않고 그들의 매력을 발산해도 좋다는 것을 의미하지는 않았다. 그래서 우선 젊은 나체 소녀들은 그들의 외음부가 드러나지 않도록 항상 조심해야 했다. 그렇기 때문에 남자들이 있는 자리에서 그들은 허벅지를 꼭 붙여야 했다. [21] 또한 남자들은 쿼마족과 마찬가지로 처녀의 음부를 멍청히 쳐다보아서는 안 된다. 에번스-프리처드(Evans-Pritchard)가 언젠가 내게 이야기해주었듯이 젊은 여자들은 이런 점에 극도로 조심스러우며 예민하다. 어떤 남자가 게눈을 하고 훔쳐보면 당사자는 그를 다음과 같은 말로 비난할 수 있다.

"이 자식! 어디를 쳐다보는 거야?" [22]

인접한 딩카족(수단 남부, 나일 강 유역의 중앙습지 주변 사바나 지대에 사는 종족-옮긴이)의 젊은 여자들 역시 예전에는 완전 나체로 생활했다. 그러나 그들도 누에르족의 여자아이들과 같은 예절 규칙을 지켰던 것으로 보인다. 1840년 나일 강의 수원을 찾아다니던 중에 우연히 딩카족을 만났던 베르네(Ferdinand Werne)

62. 바흐르알가잘 강 상류의 누에르족 여자아이, 1927.

는 그들이 아주 부끄러워했다고 감탄하여 보고한 바 있다. 그가
다가갔을 때 그들은 당장 요포를 둘렀을 뿐 아니라 오히려 가리지
않은 성기 부위에 있는 '노출된 남성의 멋있는 상징'을 정숙하지
않게 쳐다보는 일이 절대 없었다고 한다. 게다가 그는 외면적으로
만 가렸던 유럽 여자들과는 반대로, 딩카족 여자들이 수치심을——
현대적으로 표현하자면——내면화했다는 것을 확인했다.

여성이 몸을 가려야 할 아주 필연적인 동기를 내면적으로 지
니고 있는 오염되지 않은 원시 민족에게 나체는 폐쇄적인 사회

제도를 의미하지 않는다. 오히려 이것은 그들이 예절 바른 관계를 지속적으로 유지할 수 있는 수준에 있음을 의미한다는 확신이 든다. 여자들에게 화려한 유럽 여성복을 입혀보고 남자들에게 바지를 입혀본다면, 우리의 상상력이 이곳의 인간을 어떤 측면으로 잘못 이끌어갈 것인지 추측할 수 있을 것이다.[23]

딩카족 여자들은 실루크족 여자들과 비슷하게 전통적으로 무두질한 염소가죽을 걸쳤는데 그것은 엉덩이 아래로 하체 앞뒤를 완

63. 바흐르알가잘 강 근처에 있는 통가(태평양 남서부에 있는 제도—옮긴이)
북부 실루크족(Schilluk)의 결혼한 여자들, 1927.

전히 가렸다. 얼마 전까지 젊은 여자아이들은 집 주변에서는 완전히 나체로 돌아다녔으며 사람들이 많이 모인 곳에 갈 경우나 집에 낯선 사람이 있을 경우에는 음부만 가렸다.[24] 요즘에는 열 살까지의 여자아이들만 나체로 생활하지만 네 살 때부터 '어떤 노출'도 허용하지 말라고 배운다. 딩카족과 함께 생활했던 민속학자들은 여자아이나 부인들이 그들의 성기를 잠깐이라도 훔쳐볼 수 있는 그런 자세로 앉거나 움직이는 것을 한 번도 본 적이 없다. 이미 어린아이일 때부터 다리를 옆으로 포갠 채 예의바르게 앉거나, 무엇보다 집안일을 할 때면 약간 구부린 다리의 발꿈치 위에 쪼그리고 앉는다. 그러면서 다른 다리의 무릎이 턱에 닿을 정도로 끌어당긴다. 그렇게 하면 육체의 모든 '위험한' 부분들을 발과 종아리로 가릴 수 있었다. 여자 민속학자가 긴치마나 바지를 입고 있다 하더라도 처음부터 책상다리를 하고 앉은 것을 여자들뿐 아니라 남자들도 무례하게 생각했다.[25]

그와는 반대로 랑고족(우간다 북부 크와니아 호와 키오가 호 북동쪽 늪지대에 사는 종족—옮긴이)의 어린 여자아이들은 다섯 살만 되면 면이나 히비스커스 섬유로 만든, 얇은 가죽 허리띠에 고정시킨 5개의 치부띠(chip)를 걸쳤는데, 이 수는 해가 갈수록 더 많아져 다른 사람들이 앞에서나 뒤에서나 외음부를 볼 수 없게 한다.[26] 이런 치부띠는 아무도 건드릴 수 없었고, 성적으로 성숙한 여자아이의 치부띠는 더더욱 만져서는 안 되었다. 여자아이들은 월경이 처음 시작되면 추가로 엉덩이를 허벅지까지 가려주는, 염소가죽으로 만든 넓은 '꼬리'(lau)를 걸쳤다.[27]

이 '꼬리'는 여자의 성적인 발산의 추가적 규제로서 그 여자가 결혼과 함께 더 이상 잠재적으로도 다른 남자의 소유가 될 수 없음을 의미한다. 이런 사실은 루오족(케냐 서부 카비론도 지역에 있는 빅토리아 호 부근 평야와 우간다 북부에 사는 종족—옮긴이)

64. 누에르족 여자들. 조지 로저의 사진. 1948.

여자들에게 확실히 나타난다. 적어도 바흐르알가잘 강 루오족의 하위집단인 주르족 미혼 여자들은 옷을 전혀 걸치지 않는다.[28] 그러나 처녀성을 잃고 난 후에는 앞부분의 치부가리개와 풀로 엮은 듯한 '꼬리'(cieno)로 몸을 가렸다. 결혼의식이 끝날 때까지 신부는 그녀의 '꼬리'를 친정에서는 벗을 수 있지만, 시댁으로 가면 벗을 수 없었다. 결혼이 완전히 끝나면 여자는 그것을 어디서나 항상 착용할 의무가 있었다. 결혼한 여자가 그것을 착용하지 않은 모습이 남의 눈에 띈다면 남편은 그녀와 헤어질 수 있다. 낯선 사람이 뻔뻔스럽게 '꼬리'를 건드리기만 해도 그는 손해배상으로 염소 세 마리를 제공해야 한다. 카비론도족(루오족)도 이런 경우에 일반적인 방식으로 회개한다.[29] 남편이 죽게 되면 그 아내가 처음

174

으로 하는 행동은 '꼬리'를 벗어서 높은 원을 그리며 오두막 지붕 위로 던지는 것이다. 그러나 이혼을 당할 경우에는 아이가 없을 경우에만 그 옷을 벗는다.[30]

그러면 이런 질문이 제기될 수 있을 것이다. 왜 하필이면 엉덩이를 '꼬리'나 나뭇잎다발과 같은 것들로 덮는가? 위에 언급한 사회에서 여성의 항문에 대한 수치심은 성기에 대한 수치심보다 더 컸던 것과 관계가 있지 않을까? 그것에 관해서는 논의할 필요조차 없다. 예를 들어 여자들은 일을 하려고 몸을 앞으로 숙일 경우 누구도 자신의 성기를 쳐다볼 수 없도록 오히려 엉덩이와 허벅지 뒷부분을 가린다. 여자들은 뒤에서보다는 앞에서 쉽게 외음부의 안전성을 통제할 수 있기 때문이다. 여자에게는 질의 괄약근이 없기 때문에 앞에서보다는 뒤에서 더 쉽게 '당할 수' 있으며, 앞에서부터의 삽입은 허벅지를 꼭 붙임으로써 막을 수 있다는 것이 고려되었을 것이다. 마찬가지로 여자들이 단순히 앞보다는 뒤를 무방비 상태로 느끼기 때문에, 앞으로 구부리거나 그와 비슷한 자세에서 나올 수 있는 매력의 발산을 무엇보다 막고자 한 점도 작용했을 것이다.

예컨대 불자족의 경우[31] 여자들은 뒤에 커다란 나뭇잎 다발을 지니고 다녔다.[32] 어떤 노래에서는 땅바닥에 여기저기 놓여있는 돈을 모으려다 '그들의 뒤를 가리는 것을' 잃어버려 성기를 보여준 여자들을 풍자하고 있다.[33] 불자족이 뒤에서의 성교를 선호하기 때문에[34] 여자의 외음부를 보는 것은 특히 자극적이었다.

부시면, 예컨대 코족과 쿵족의 경우 밤에는 남자가 아내 뒤에 누워서——'티스푼' 자세를 통해 두 사람이 가장 따뜻한 체온을 유지할 수 있다[35]——가능한 한 눈에 띄지 않게 페니스를 질 안에 삽입하는 것이 보통이다.[36] 이런 체위 때문에 부시먼들은 여자의 엉덩이를 가장 섹시하게 생각하는 것처럼 보인다.[37] 그리고 여자의 엉덩이를 지칭하는 단어는 마찬가지로 아무렇게나 사용하지 않는 성과 관련된 어휘에 속한다. 부시먼들의 일반적인 생각에서는 엉덩이가 성기와 밀접한 연관성을 가지고 있는데, 예컨대 어떤 여자가 '좋은 엉덩이'를 가졌다고 말할 때면 그것은 그녀가 쉽게 임신하지 않을 것[38]임을 의미한다. 그것은 유목하는 수렵민에게 아주 바람직한 특징이다.

부시먼들은 남자든 여자든 상관없이 성기에 관한 것을 관습적으로 아주 수치스러워했다. 어린아이들은 아주 어릴 때부터 끈으로

65. 코족의 여자.

엉덩이에 고정된 작은 치부가리개를 착용했다.[39] 여자들이 앞뒤로 치부를 가려주는 치마(kaross)를 벗는 유일한 경우는 첫 월경을 축하하기 위한 일런드영양(중앙 아프리카와 남부 아프리카의 개활지나 나무가 약간 있는 삼림지대에서 떼를 지어 서식하는 영양—옮긴이) 춤을 출 때였다. 그때에는 엉덩이에 진주목걸이만 단다. 이 춤을 출 때에는 열정적인 일런드영양 수컷을 상징하는 늙은 남자 두 명만 제외하고 사내아이들과 성인 남자들은 상당히 먼 거리에서 바라보아야 했다.[40] 또한 인접한 반투족(니제르콩고어족의 반투어군에 속하는 200종의 언어를 쓰는 종족—옮긴이) 여자들의 에로틱한 춤과 비교해볼 때 일런드영양 춤은 아주 단정해 보였다.[41] 그러나 이 춤은 무엇보다 춤추는 여자들의 엉덩이 율동 때문에 20세기 초 이미 '아주 선정적인' 것으로 지칭되었으며 "노예들에게는 수치심이 결여되었다"는[42] 증거로 받아들여졌다.

여자 엉덩이의 성적 측면을 이렇게 강조하다 보니 생식 능력이 있는 부시먼 여자들이 대부분의 다른 사회 여자들과는 달리 다리를 벌리고 앉았던 것[43] 같다. 그들에게 이런 자세는 성교에 대한 요구로 받아들여지지 않았기 때문이다. 그런 경우 물론 여자들은 종종 성기를 팔이나 발꿈치 또는 손으로 가리고 있다.[44] 오늘날 대부분 치마를 걸치고 있는 나론의 부시먼 여자들도 쪼그리고 앉을 때면 허벅지와 샅이 보이지 않도록 주의를 기울인다. 그래서 그들은 자주 치마를 다리 사이에 쑤셔 넣는다.[45]

여자의 앉는 자세에 대한 예절 규칙

앞장에서 살펴본 모든 상황으로 보아 부시면 여자들이 다리를 벌리고 앉는 것은 하나의 예외임[1]을 알 수 있다. 우리 유럽에서도 가끔 하류층의 여자들이 허벅지를 벌리고 앉으면서 발끝으로는 밖을 가리키는 경우가[2] 가끔 있다. 그러나 그들은 대부분 성적 대상이 되지 못하는 늙은 여자들이거나, 젊은 여자들이 그들끼리만 모여 있는 경우[3] 또는 전통에 대한 저항을 이런 방식으로 분명히 표시하는 '해방된 자'들이다. 다음의 광고 역시 '자의식이 강한 여자 소비자'의 이런 자세를 이용하여 '자유를 누리는' 젊은 여자를 보여준다. 그것이 단지 '트라이엄프' 브래지어를 선택하는 자유라 할지라도(그림 66).

전통적으로 유럽사회에서는 여자들이 다리를 벌리고 앉으면 많은 비난을 받았다. 만약 어떤 여자가 그런 자세로 묘사된다면 그녀는 1530년경 크라나흐(Lucas Cranach the Elder, 1472~1553: 독일 회화의 전성기인 16세기에 가장 중요하고 영향력 있는 예술

66. "모두들 자유에 대해 말하고 모두들 자유를 원한다. 왜 당신은 단순히 당신이
원하는 것을 사지 않습니까?! 트라이엄프 부티크의 스윙 모델을."

가 가운데 한 사람—옮긴이)가 그린 그림에서처럼 '황금시대'에
존재하는 것이다. 영국의 시인 커루(Thomas Carew, 1594/95~
1639/40)는 황금시대에는 "남편, 아내, 쾌락, 정숙함, 순결이나
부끄러움은 헛되고 공허한 단어일 뿐이다"[4]라고 말했다. 그러나
'황금시대'라는 무죄의 낙원에서도 우연처럼 채소잎 하나가 앉아
있는 여자의 외음부를 우연히 가리고 있다(그림 67). 오늘날에도
예절 책에는 "남자나 바지를 입은 여자라 할지라도 다리를 넓게
벌리고 앉아서는 안 된다"[5]고 적혀 있다. 그리고 스위스의 몇몇
지역에서는 어린 여자아이에게 이렇게 말한다. "그렇게 앉지 마
라, 네 치부가 다 보인다!"[6]

다리를 벌리는 것의 도발적 의미에 대해서는 다음 권에서 다루
기로 하겠다. 여기서는 이런 자세를 여자들이 취하는 경우 우선은

67. 루카스 크라나흐의 「황금시대」, 세밀화, 1530년경.

성교할 준비가 되었다는 신호이며, 그렇기 때문에 많은 사회에서 남자가 그런 자세로 앉은 여자를 마음대로 할 수 있음을 의미한다는 것만 밝히고자 한다. 성의 노예로 길들여진 O에 관한 소설의 예가 이것을 아주 명확하게 보여준다. 그녀는 절대 속치마를 입을 수 없었음은 물론 육체의 모든 구멍을, 심지어 그녀의 '질 입구'마저도 항상 활짝 열어두어야만 했다. 그래서 그녀가 갇혔던 성의 주인들은 그녀에게 이렇게 명령한다. "도망갈 권리가 없다는 표시로 당신은 우리가 있는 데서는 절대로 입술을 완전히 다물거나 다리를 꼬거나 무릎을 붙여서는 안 됩니다."[7]

그녀의 입술처럼 그녀의 유두와 유두를 둘러싼 검은 피부, 음순도 빨간색으로 칠했다. 그리고 그녀는 이것들을 앉아 있을 때나서 있을 때나 항상 보여주어 주인들이 "수시로 그것을 검사하고그 안으로 들어갈 수 있게" 해야 한다.[8]

다리를 벌리고 앉거나 노출된 성기 부위를 보여주는 것은 공식 창녀들의 특징이었던 것으로 보인다. 그래서 이미 6세기의 역사

68. 세 폭으로 된 성당의 장식그림, 「최후의 심판」의 세밀화,
웨이덴(Weyden), 1444년경.

기술가인 카이사레아의 프로코피우스(Prokopius von Caesarea,
490~?: 비잔틴 제국의 역사가—옮긴이)가 아미다(지금의 디야르
바키르로 터키 남동부 티그리스 강 오른쪽 기슭에 자리잡은 도
시—옮긴이)의 창녀들이 은밀한 부위를 노출시켰다고 보고한 바
있지만 그것을 남자들에게 보여주었다는 것은 맞지 않는 이야기
다.[9] 어쨌든 음탕한 여왕인 테오도라(Theodora, 500년경
~548: 비잔틴 제국 황제인 유스티니아누스 1세의 황후로 비잔
틴 역사상 가장 강력한 권한을 행사한 여성으로 추정된다—옮긴
이)는 그렇게 할 필요가 없었다. 프로코피우스의 말에 의하면 그
녀는 음문이 얼굴에 붙어 있었다고 한다.[10] 나중에는 많은 창녀
들이 이런 방식으로 고객을 유혹했다. 중세 후기에 창녀들은 문
가에 앉아 다리를 벌리고 있었던 일이 드물지 않았던 것으로 보
인다. 그리고 영국에서 16세기와 17세기에 '선술집'이 창녀들이

69. 아프리카의 창녀. 프랑스의 금속판 사진, 1850년경.

70. 겡프 창녀촌의 나무 덧문, 15세기 후반.

선호하는 사냥터가 된 이후, 예컨대 런던 블룸즈버리 구에서는 "정숙하지 못한 음탕하고 뻔뻔스러운 많은 여자들이 그 집의 문 앞에서 그들 자신의 몸을 노출하고 보여주면서 앉아 있었다"[11]고 한다.

일찍이 "유곽 앞에서 자신들의 매력을 자랑삼아 내보이는 여자들도 행운을 가져다준다"고 달디스(Artemidor von Daldis)[12]는 말한 바 있다. 그리고 우리 시대에 아르게다스(José María Arguedis, 1911~69: 페루의 소설가이며 민족학자로 백인문화와 원주민 문화 사이의 대비를 보여주는 작품을 썼다―옮긴이)가 『아래에 있는 여우와 위의 여우』(Der Fuchs unten und der Fuchs oben)에서 에스파냐 매춘굴의 고객에 관해 이렇게 말한다.

그들은 왔다갔다하면서 열려 있는 침실을 지나간다. 창녀들은 옷을 입고 방의 한구석이나 낮은 소파 위에 앉아 있다. 대부분은 다리를 벌린 채, 면도하거나 면도하지 않은 그들의 성기, 즉 '여우'를 보여주었다. (그림 71)[13]

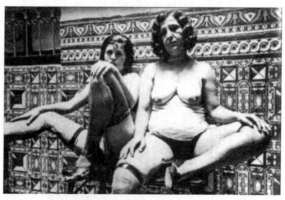

71. 카르티에-브레송(Henri Cartier-Bresson)의 「세비야의 유곽에 있는 안달루시아의 창녀들」, 1933.

공식 창녀들은 의도적으로 음탕한 자세를 취한다. 예컨대 1501
년 발랑스(프랑스 남동부 론알프 지방 드롬 주의 주도―옮긴이)에
서 일단의 창녀들이 빨래터로 가고 있던 처녀들 앞에서 다리를 벌
려[14] 정숙한 시민 여자들에게 충격을 주었다. 창녀들은 무르텐의
전쟁(1474~76년에 벌어진 스위스 연방과 부르고뉴의 전쟁에서
스위스 연방이 크게 이긴 전투로 모라 전투라고도 불린다―옮긴
이)이 끝난 후 부르고뉴 수송대 창녀와 야영지 창녀들이 했던 것
처럼(그림 72) 더 나쁜 상황을 피하기 위해 이런 음탕한 몸짓을
함으로써 성교를 하자고 유혹한다. 승리자들은 이 창녀들을 정기
적으로 강간했을 뿐 아니라 그들을 적으로 여겼기 때문에 때때로
학살하기도 했다. 예컨대 1393년 젬파흐 전투(오스트리아 합스부
르크 왕가와의 싸움에서 스위스 연방이 결정적인 승리를 거둔 전

72. 무르텐의 전투가 끝난 후 부르고뉴의 수송대 창녀들이―한 명은 남장을 했다―외음부와
　　가슴을 보여주며 관대히 처분해달라고 간청하고 있다. 1476.

투─옮긴이)의 서신에는 "우리 중 누구도 그런 여자나 딸을 무장한 손으로 찌르거나, 이상하게 다루어서는 안 된다"고 규정되어 있다.[15]

그러나 중세 후기와 근세 초기의 아주 대담한 묘사에서도 그런 장면들은 암시만 되고 있을 뿐 자세히 묘사되지 않고 있다. 당시 예술가들은 감히 노출된 외음부를 보여줄 수 없었기 때문이다[16]─바젤의 매춘부 세계와 관련이 있던 것으로 유명한 우르스 그라프(Urs Graf: 스위스의 판화가·금세공사로 드로잉, 목판화, 에칭으로 유명하다─옮긴이)도 1516년 자신의 성기를 막 노출하고 있는 한 창녀를 그리면서 그렇게 하지 못했다.[17] 그가 그린 그림의 명문을 적은 리본에는 이렇게 적혀 있다. "나는 그녀의 구멍에 배설하겠어." 이것은 순진한 문화사가가 생각하듯 누군가가 그녀의 항문

73. 무르텐 전투 후 동맹국 사람들이 부르고뉴의 수송대 창녀들을 만지며 숲으로 데리고 들어간다, 1514.

에 배변하고 싶다는 표현이 아니다.[18] 오히려 "나는 너의 음부에 배설하겠어"라는 표현은 "너와 자겠어"라는 의미이다. 1510년경 제작된 창녀가 한손은 가슴을, 다른손은 노출된 엉덩이──그녀의 질──를 가리키고 있는 루카스의 판화에서처럼 상징적인 표현들이 더욱 자주 나타났다(그림 74).[19]

다리를 벌리는 것뿐 아니라 다리를 포개는 것 역시 이미 중세 전성기에 감정을 자극하는 것이었다. 물론 어떤 여자가 그런 자세를 대담하게 행했을 경우이긴 하지만, "내가 돌 위에 다리를 꼬고 앉는다는 것"은 벌받지 않고는 행할 수 없다. 왜냐하면 이런 다리 자세를 하면 허벅지나 '더 은밀한 부분'[20]이 아주 쉽게 보이기 때문이다. 아무것도 안 보인다 해도 여자들이 이런 자세로 앉는 것

74. 루카스(Lucas van Leyden)의 「유랑민」, 1510년경.

은 극도로 무례한 것으로 간주되었다. "다리를 꼬고 앉는 것은 모든 천한 여자들의 예절에 속한다"라고 치르클레레(Thomasin von Zirklaere)가 말했다.[21] 중세의 예절 책은 여성에게 이렇게 경고한다. "그런 예절은 부인들에게는 천박한 것이다/다리를 꼬고 앉지 마라."[22]

그 후에도 이런 근본적인 예절규칙은 아무것도 변하지 않았다. 그래서 1580년 몽테뉴는 비트리(Philippe de Vitry, 1291~1361: 프랑스의 고위 성직자, 음악이론가, 시인, 작곡가―옮긴이)에 관해 이렇게 보고한다. "아직도 그 도시에는 소녀들의 입을 통해 전해 내려오는 노래가 있는데 그 노래에서는 남자가 되는 것이 두려우면 절대 성큼성큼 걷지 말라고 충고한다."[23] 그리고 17세기에는 그 운하의 반대편에서 애독되었던 필립스(Edward Phillips)의 저서 『사랑과 웅변의 신비』(*The Mysteries of Love and Eloquence*)에서 "여자의 정숙함을 지키기 위해 무엇이 최고의 처방인가?"라는 질문에 이렇게 대답한다. "그녀가 항상 책상다리를 하고 앉는

75. 다리를 꼬고 앉은 파리의 창녀. 기(C. Guys)의 그림. 19세기.

것."[24)]

이제는 여자들도 다리를 꼬고 앉는 것이 확실히 일반화되었다.
그러나 남자들과는 반대로 여자들은 허벅지가 꼭 붙도록 다리를
꼬고 앉았으며 바지를 입을 때 자주 그렇게 앉았다.[25)] 1963년의
예절 책에는 "좁은 치마를 입고 있을 때도 다리를 꼬고 앉는 습관
을 버리지 않음으로써 힐끗 보게 하는 여성은" 웃음거리가 된다고
더욱 상세히 설명되어 있다.[26)]

이런 규정은 나체주의자나 남녀 혼탕의 사우나에 특별히 적용된
다. 미국의 나체 캠프에서 한 여자가 그런 자세로 앉았을 때 사람
들은 그녀를 "더러운 돼지 같은 여자"라고 지칭했다. 그리고 어떤
사진사가 여자 회원에게 "다리를 조금 더 벌려주시겠어요?"[27)]라고
말하자 거기서 더 이상 사진을 찍을 수 없었다. 마침내 전통적인
나체주의 지도자는 여자들이 앉거나 쪼그리고 앉는 것에 대해 아
주 명확히 말했다.

나체문화의 여자들에게는 커다란 역할이 부과되어 있다. 그들

76. 나이로비의 유곽에서. 디케(Jean-Jacques Dicker)의 사진.

은 감각적으로 자극을 미칠 수 있는 모든 것을 피해야만 한다. 남자가 그의 특성에 맞게 엄격한 자기 통제를 행해야 한다면, 유혹하는 것이 원래의 천성인 여자는 더욱더 그래야만 한다.[28]

나체 해변이나 사우나에서 적용되는 비공식적인 행동규칙들은 최근 20년 동안 매우 해이해졌다. 그러나 나체의 여자가 다리를 벌리거나 꼬고 앉으면 아직도 여러 곳에서는 예의가 없는 것으로 간주되었다.[29] 물론 가끔 이런 일이 일어나기도 한다. 사회학자들의 관찰에 의하면 그런 자세 때문에 주위에 있는 남자들이 때때로 발기하여 물 속에 들어가야 하는 경우가[30] 있었다고 한다. 모범적인 나체 캠프의 남자 회원들이 조사자에게 고백했던 것처럼 그들이 '단정치 못한 행동을 하면' 확실히 흥분하지만 다른 사람들의 눈에 띄지 않게 '조심한다'고 한다.[31]

30년 전에는 남자 나체주의자들이 무례하게 앉아 있는 여자들로 인한 성적 자극을 원천적으로 피할 수 있도록 아주 조심했던 반면, 오늘날에는 오히려 이런 자극을 허용하는 경우가 자주 있다.[32] 그 이유는 사람들이 그런 자극에 전과는 다른 가치를 부여하기 때문인데, 이것은 그 사이에 충동 제어가 완전히 내면화되었다는 엘리아스의 주장이 맞지 않음을 확실히 보여준다.

그러나 당시 우리의 '가부장적인' 문명을 호의적인 관점에서 보지 않는 여성해방주의자들은 그들이 "여자와 남자 사이의 육체 언어가 우리 시대만큼 그렇게 달랐던 적은 없었다는 사실을"[33] 밝혀냈다. 특히 남자들보다 여자들이 앉을 때 훨씬 더 자주 다리를 붙이는 것이 눈에 띈다고 했다.

역사적으로 개관하면 그와는 정확히 반대의 경우가 일어나고 있으며 오늘날에는 적어도 이것과 관련해서 남자들의 '육체 언어'와 여자들의 육체 언어가 오히려 서로 맞추어진 것 같다는 점을 명확히 알 수 있다. 그렇다면 이런 상황이 이국 사회에서는 어떻게 나타나는가?

라코타족(북아메리카의 평원 인디언으로서 수어족에 속하는 언어를 사용하는 인디언들의 부족연합-옮긴이) 여자는 앉을 때 다리를 붙인 채 앞으로 뻗어서는 안 된다. 무조건 다리를 옆으로

77. 왕비가 딸인 라비니아(Lavinia)와 이야기하고 있다. 하인리히(Heinrich von Veldeke: 1185년에 활동한 중세 고지 독일어 시인-옮긴이)의 『에나이트』(*Eneit*)에서, 1200년경.

포개야 하고 아주 꼼꼼히 옷을 정돈해야 한다.[34] 오마하족(북아메리카의 평원 인디언-옮긴이)에서는 늙은 여자에게만 다리를 뻗는 것이 허용되었으며 젊은 여자들은 다리를 옆으로 포개야만 했다. 어머니들이 딸을 교육시킬 때 다른 점에서는 별로 엄격하지 않았지만 이 점에서는 매우 엄격했다.[35] 이것은 모든 평원 인디언과 프레리(북미 대륙의 대초원-옮긴이) 인디언에도 해당되었다.[36]

샤이엔족 정보자가 내게 알려준 바에 의하면, 젊은 가임 여성과 결혼한 여자들이 단정치 못한 자세로 앉는 것은 성적 자극으로 간

주되며 아주 외설스러운 것으로 여겨졌다. 또한 정확한 '육체언어'를 지키지 못하면 아주 혹독한 벌을 받았다.[37] 화이트 나이프-

78. 『보디 빌딩 나체문화. 자유로운 인간들의 잡지』에서, 1930년경.

쇼쇼니족도 여자아이들은 어린 시절부터 예의바르게 앉는 것을 '내면화'시켜야 했다. 게다가 젊은 여자나 결혼한 부인들은 언제나 성기 부위를 가리는 끈으로 만든 치마를 입는다. 그런데 어떤 여자나 부인이 방심하여 다리를 벌리고 앉는다면, 그녀의 남자 형제나 남자 친척은 근처에 잘 타지 않고 연기만 나는 나무토막이 있을 경우 그녀의 허벅지 사이에 그것을 끼워 넣어야 할 의무가 있었다.[38]

많은 종족의 젊은 여자들이 잠을 자면서도 예의없이 다리를 벌리지 못하도록 저녁에 그들의 다리를 묶는 것이 일반적인 관습이

79. 화이트(John White)의 버지니아 인디언 처녀.
가슴은 가리고 다리를 꼬고 있다. 1585.

다.[39] 게다가 그것은 '밤에 기어다니는 아이', 즉 어둠 속에서 티피(미국의 대평원에 사는 인디언들이 쓰던 높은 거주용 천막—옮긴이)로 기어 들어가려는 젊은 남자들이 잠자는 여자아이들의 성기를 손가락으로 건드리지 못하도록 하기 위함이다.[40] 화가인 쿠르츠(Friedrich Kurz)는 어시니보인족(수어[語]를 사용하는 북아메리카 인디언으로 주로 캐나다의 어시니보인 · 서스캐처원 강 유역의 위니펙 호 서쪽에 산다—옮긴이) 여자에 관해 이렇게 적고 있다. 그들은 "밤에 두껍게 몸을 싸야" 했다. "벅스(Bucks), 즉 젊은 남자아이들에게는 그들이 싸우고 싶어할 경우 원하는 대로 그들의 행운을 시험할 수 있는 것이 허락되었기 때문이다.[41] 이 일은 아주 위험하기 때문에 용감한 사람에게는 매력적으로 보였으며 그들은 이런 일을 나중의 진짜 전쟁에 대한 예비 연습으로 여겼

80. 쪼그리고 앉은 다니족(Dani) 여자들, 뉴기니.

다." 어떤 젊은 남자가 이 일에 성공했다면, 그가 손가락으로 성기를 건드린 여자아이, 즉 '결정적인 대성공'(counting coups)이라는 비 전쟁 방식의 희생자에게 커다란 치욕이 된다. 쿠르츠는 계속해서 말한다. "얼마 전 어시니보인족 추장인 아워스 푸(Ours fou)의 딸이 치욕감에 목을 매 자살했다. 감시를 하고 몸을 썼는데도 불구하고 한 젊은이가 그녀의 숨겨진 보물을 손으로 만졌기 때문이다."[42]

목욕할 때 같은 여자 가족 앞에서도 요포(tapis)를 벗지 않았던 루손 지역 동부 네그리토 지역인종(오스트랄로이드·미크로네시아·멜라네시아파푸아 세 지리적 인종과 연관성이 있는 인종집단—옮긴이)의 젊은 여자와 부인들은 다리를 묶고 자지는 않았지만 아주 어릴 때부터 허벅지 사이에 치마를 끼워 넣고 자도록 교육을 받았다. 그러면서 동시에 무릎을 구부렸으며 발로 엉덩이 부위를 가렸다.[43]

194

81. 나무 절구 위에 앉아 있는 에티코카 출신의 비됴고(Bidyogo) 여자.

이고로트족(필리핀 루손 섬의 북부 산악지대에 사는 여러 종족 집단—옮긴이), 이푸가오족(필리핀 루손 북부 산악지역의 이푸가오 군에 사는 종족—옮긴이), 칼링가족(필리핀 루손 섬 중북부 내륙에 있는 칼링가아파야오에 사는 종족—옮긴이)의 여자들은 항상 끈으로 매단 가리개를 착용했다. 앉을 때나 쪼그리고 앉을 때에도 그들은 허벅지나 엉덩이의 한 부분이 노출되는 위험에도 불구하고 요포를 다리 사이에 쑤셔 넣는다.[44]

뉴기니 북동부 중심, 라무 강의 아이욤(Ayom) 여자들은 앞뒤로 음부를 가려주는, 술이 달린 꼬아놓은 끈과 내피 끈으로 만든 가리개를 착용한다. 한편 엉덩이는 추가로 대나무 잎 다발로 가려 완전히 보이지 않게 한다. 어머니들은 어린 여자아이들이 걷는 것을 배우자마자 앉을 때 두 손으로 끈을 함께 걷어올려 허벅지 사이로 밀어넣는 것, 그리고 앉아 있는 동안 엉덩이를 덮고 있는 대나무 잎 다발을 무릎 위에 꼭 끼워 놓는 것을 가르쳐준다.[45]

뉴기니 고원의 윤도족 여자가 가리개를 착용했는데도 '그것'이 보인다면 사람들은 "너는 잎을 너무 적게 둘렀구나!"라고 직접적으로 주의를 주는 대신 간접적으로, 예컨대 "코르디라인 잎이 너무 많구나, 내게 몇 개 줘!"라고 말한다.[46] 뉴브리튼(태평양 남서쪽에 있는 비스마르크 제도 가운데 가장 큰 섬 — 옮긴이) 바이닝족의 약 일곱 살쯤 되는 여자아이가 단정치 못한 자세로 앉자 아주 심하게 야단을 맞았다. 그 아이는 너무 부끄러워 머리를 다리 사이에 감추었으며 머리를 두 손으로 감싼 채 슬프게 울었다.[47]

남아프리카의 느다우(Ndau)에서도 여자가 바위 위에 쪼그리고 앉거나, 다리를 벌리고 앉는다거나, 다리 하나를 뻗친다거나 하는 것은 극히 무례한 일이었을 것이다. 보통 그들은 두 다리를 붙인 채 앞으로 뻗칠 수 있었다. 그렇지만 존경받는 사람들이 함께 있을 경우에는 다리를 옆으로 구부려야 한다. 남자들도 추장 앞이나, 존경받는 나이든 남자들 앞에서는 여자들처럼 앉아야 한다는 것은 주목할 만하다. 즉 다리를 옆으로 구부려 끌어당기든가 아니면 책상다리를 해야 한다.[48]

아타 키완족 젊은 여자와 부인들은 앉거나 구부릴 때면 사롱(Sarong)을 다리 사이에 쑤셔 넣는다. 그리고 어떤 상황에서는 추가적으로 성기 부위를 팔로 가린다(그림 82). 예를 들어 내가 식탁에 앉아 메모를 하고 있을 때면 솔로르 섬(인도네시아의 소순다 열도에 속하는 섬 — 옮긴이)의 젊고 아주 애교 있는 여자들이 시시

196

82. 아도나라(Adonara: 인도네시아의 소순다 열도에 속하는 섬―옮긴이)의
아타 키완족(Ata Kiwan) 여자.

83. 쿨름바흐(Hans Süß von Kulmbach)의 「사랑을 갈망하는 남자 앞에서 여자가
부끄러워하는 모습」, 1500년경.

덕거리면서 내게 아주 가까이 다가왔다("내가 무엇인가 쓰고 있는 것을 보기 위해"). 그럴 경우 그들은 항상 팔로 허벅지 사이를 꼭 눌렀다. 여자들은 치모를 제거했으므로 사람들이 "모든 것을 보게 될지도 모르기" 때문에[49] 절대 트럭에 올라타지 않는다. 트럭이 달리면서 불어오는 바람 때문에 어떤 경우에는 사롱이 날릴 수 있기 때문이다. 그리고 야자로 만든 술이나 소주를 마시지 않는다. 취해서 바닥에 쓰러지면 사롱이 높이 들쳐지는 일이 일어날 수 있기 때문이다.[50] 어떤 젊은 여자가 그녀의 약혼자에게 불성실했다면 고모들이 그녀의 몸에서 사롱을 벗겨 가슴과 성기가 드러나도록 할 수 있다. 이것은 그들에게 엄청난 치욕이며, 그 여자의 말꽁지 머리를 자름으로써 그 굴욕을 더욱 강화시켰다.[51]

긴 사롱을 입지 않고 짧은치마를 입는 치타공(인도양에 면한 방글라데시 제1의 항구도시―옮긴이) 구릉지역의 므루족 젊은 여자와 부인들은 절대 쪼그려 앉지 않는다. 무릎을 꿇고 앉거나 (그림 84) 아니면 다리를 앞으로 뻗고 앉는다. 그럴 경우 그들은

84. 희생제 기간의 므루족 남자와 여자.

상황에 맞게 치부와 허벅지를 수건으로 가린다.[52) 그렇게 예의바르게 앉는 방법을 어린 므루족 여자아이들은 여섯 살 때부터 배운다.[53)

성기 부위를 나무껍질로 만든 손바닥만한 가리개나 바나나잎으로 가렸던 망베투족(콩고 민주공화국 북동부 아잔데 강 남쪽에 살고 있는 중부 아프리카의 종족들 – 옮긴이), 망벨레족, 모바디족 여자들은 항상 헝겊 한조각을 가지고 다니면서 앉을 때 치부를 가렸다.[54)

완전 나체로 다녔던 오스트레일리아의 원주민 여자들 역시 어떤 자세나 태도를 취해도 성기가 보이지 않도록 아주 조심했다.[55) 그들은 태즈메이니아(오스트레일리아 대륙 남동쪽에 있는 섬으로 이루어진 주 – 옮긴이) 여자들[56)처럼 앉을 때 외음부를 발로 숨겼으며 걸을 때나 서 있을 때, 특히 남자들이 있을 때는 손으로 외음부를 가렸다(그림 85). 예컨대 핀투피족도 얼마 전까지 보통 그렇게 했다(그림 86).[57) 헤레로족(아프리카 남서부의 종족으로 반투어를

85. 와틀링(Thomas Watling)의 「포트 잭슨, 뉴사우스웨일스의 북부 해안 기슭의 한 그룹」, 1794년경.

86. 핀투피족 노부부, 1977.

사용하는 종족과 밀접한 관련이 있다—옮긴이)의 젊은 여자들도
그렇게 하면서 추가로 눈을 내리깔아야 했다.[58] 한편 뉴 헤브리든
의 산토 섬(에스피리투산토 섬이라고도 불리는 태평양 남서쪽에
있는 섬—옮긴이)과 옴바 섬 여자들은 소음순을 가릴 수 있도록
외음부에 나뭇잎을 꽂아놓았다.[59]

아른헴랜드(오스트레일리아 북동부에 있는 사적지—옮긴이) 여
자들은 나무껍질 섬유나 면직물로 만든 성기가리개를 착용했을 경
우에만 앉을 때 다리를 벌렸다. 그러나 그들은 추가적으로 이 부
위를 뒤꿈치로 가렸다.[60] 선교사 베텡겔(Wettengel)의 메모에도
나타나 있듯이 아란다족의 완전 나체 여자들은 전에는 남자가 가
까이 다가오면 배와 얼굴을 바닥에 대고 엎드려 누웠다. 물론 이
런 행동이 필요한 경우는 극히 드물다. 여자들은 대부분 남성들과
필요한 만큼의 간격을 유지하려고 주의하기 때문이다.[61] 다른 자

료에 의하면 그 간격은 약 15미터였다고 한다. 남녀간의 거리가 너무 가까우면 여자들과 남자들은 서로 등을 대고 뒤돌아선다.[62]

멜빌 섬과 배서스트 섬의 티위족 여자들은 마주하고 있는 대륙의 해변에 있는 라라기아족과 피마이탸족의 여자들처럼 항상 나무껍질로 만든 헝겊 한 조각을 지니고 다녔으며 필요에 따라 그것으로 성기를 가렸다. 끈이 처음으로 도입되었을 때 그들은 나무껍질로 된 조각을 엉덩이 끈에 앞뒤로 매다는 것이 더 실질적이라고 생각했다.[63]

남자들이 부인과 여자아이들을 주시할 때 명백히 느끼는 수치심을 덜기 위해 오스트레일리아의 다른 원주민들은, 일반적으로 산부인과 검진을 받을 때 의사와의 당혹스런 눈맞춤을 피하기 위해 눈을 감는 오늘날의 유럽 여자들과 비슷하게 행동했다. 예를 들어 카라제리족이나 늉-늉족의 젊은 처녀가 나체로 춤을 출 때,[64] 남자가 그 곁을 지나가면 손으로 눈을 가렸다.[65] 아직 선교 근거지가 설립되지 않았던 시절, 그루테아일란트의 인구라족 여자들은 남자와 마주칠 때면 성적 자극을 불러일으킬 수 있는 부분과 머리를 커다란 나무속껍질 헝겊으로 감추었다. 이후에도 물을 뜨러 갈 때 여자들은 항상 등유통을 가지고 다니다가 남자를 만나면 그 통을 뒤집어썼다. 오늘날에는 거의 얼굴을 가리지 않지만 관습상 그런 상황에서 마주 오는 남자를 보지 않기 위해 밑을 쳐다보게 된다. 그렇게 하지 않는 경우 주의 깊게 감시하는 할머니들에게 앞으로는 더 이상 그렇게 단정치 못한 행동을 하지 말라고 꾸중을 듣는다.[66] 하지만 이르요론트족의 상황은 다르게 나타난다. 그 종족의 처녀들은 음순과 음문이 보이지 않을 정도로 치모가 충분히 자랄 때까지 성기가리개를 착용해야 했다. 그렇게 되면 그들은 대중의 면전에 나체로 나타날 수 있었다.[67]

12

음순의 봉쇄

투피족(남아메리카 중남부 내륙에 있는 충적평원인 그란차코에 사는 인디언 원주민 부족─옮긴이), 누아루아크족, 싱구 강수원지의 카라이벤족 여자들은 소음순과 클리토리스 부위를 보이지 않게 하는 독특한 방법을 발전시켰다. 이 여자들은 딱딱한 나무껍질로 만든 삼각형의 작은 조각을 외음부의 밑부분에 끈으로 묶어놓았다. 바카이리족은 이것을 '꼬리'(ulúri)라고 부르는데(그림 87) 육체가 성장함에 따라 이것도 점점 커진다. 꼬리가 회음부에 미치는 압력 때문에 대음순이 봉쇄되어 외음부의 윗부분만 보이게 된다.[1] 아프리카의 많은 지역에서도 이런 방식으로 외음부를 봉쇄한다.[2] 아메리고 베스푸치가 남아메리카의 해변을 따라 배를 타고 갔을 때 그렇게 옷을 입은 여자들을 보았다는 것은 가능한 일이다. 어쨌든 1503년 파리에서 출간된 그의 '편지'는 인디언 여자들의 육체적인 탄력성이 특히 눈에 띄었다고 기술한다.

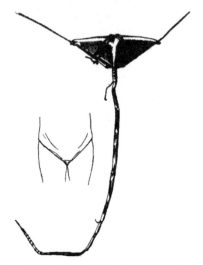

87. 브라질의 싱구 강-인디언의 치부가리개 '꼬리'(ulúri).

처진 가슴을 가진 여자를 전혀 볼 수 없었으며 출산을 한 여자들의 배의 모습과 탄력성도 처녀들의 그것과 전혀 다르지 않다는 것이 눈에 띄었다. 그리고 내가 예의상 의도적으로 언급하지 않았던 다른 부분들도 마찬가지로 탄력성이 있어 보였다.[3]

항상 그랬듯이 '꼬리'를 수치심 때문에 착용했다는 것에 대해 격심한 반론이 제기되고 있다. 예컨대 이렇게 주장하는 사람이 있다. 이런 인디언 여자들은 '은밀한' 육체 부위를 전혀 가지고 있지 않으며 꼬리는 단지 성기 '점막'[4]의 손상을 막기 위한 것이다. 그것이 어떤 것을 가리고 있을 거라는 것에 대해서는 '농담으로만' 이야기될 수 있을 것이라고 말이다. 그 저자는 이렇게 결론을 내린다. "그래서 아직도 석기 시대에 살고 있는 중앙 브라질의 카라이벤족들에게서 완전 나체의 영향을 순수하게 관찰할 수 있으며, 이런 것이 우리가 의미하는 성적인 수치심의 발생을 방해하고 있음을 확인할 수 있다."[5] 다른 책의 저자는 심지어 이 인디언 여자들의 완전 나체는 성적인 측면이 제거되어 "남성의 시선을 그들이 동경하는 대상으로 이끌고 리비도를 자극하기 위해"[6] 여자들이 꼬리를 입었을 것이라고 말할 정도이다.

여러 가지 이유로 그에 관해서는 논의할 가치조차 없다. 첫째, 예컨대 메히나쿠(Mehináku) 여자들은 꼬리(그들은 이것을 'inija'라고 부른다)를 착용하지 않고는 대중의 면전에 나타날 수 없다. 손상의 위험이 전혀 없는 그런 상황에서도 마찬가지다. 남자는 절대 '꼬리'를 만져서는 안 되며, 그런 행동을 했다면 최고의 손해를 감수해야 할 것이다. 그리고 메히나쿠에 살았던 민속학자들이 보고하기를 성교 전에도 '꼬리'만 떼어내고 끈은 남겨두어 그 끈이 성교를 통해 음순과 클리토리스와 마찰된다고 한다.[7] 둘째, 성적으로 성숙한 여자에게만 '꼬리'의 착용이 필수적이다. 늙은 여자는 꼬리를 하지 않아도 되는데 그 이유는 특이하게도 그녀의 질이 '닫혔기' 때문이다.[8] 셋째, 소음순과 클리토리스, 즉 '꼬리'를 통해 숨겨지는 육체의 부분에 해당되는 메히나쿠족의 단어는—남자들이 항상 가리는 음핵두에 대한 단어처럼—아주 감정이 담겨 있는 수치스러운 말로서 떨리는 목소리로만 말하거나 아니면 욕으로 사용되었다.[9]

넷째, 싱구 강에서는 목욕할 때나 몸을 씻을 때 여자들이 '꼬리'를 벗지만 남녀가 함께 물에 들어가지는 않는다.[10] 다섯째, 어떤 여자가 성스런 남자의 성기를 보았다는 이유로 그녀를 성폭행하기 위해 단체로 그녀에게 덤벼들 경우, 그 여자의 다리를 벌리고 '꼬리'를 벗겨서 그들 모두가 소음순과 클리토리스를 볼 수 있게 함으로써 추가로 모욕을 주었다. 특히 치욕적인 것은 그녀의 성기를 보고 그것을 다른 사람들에게 이야기하는 남자들과 계속 밀접한 관계를 가지고 함께 살아야 한다는 것이었다.[11] 그런 폭행을 예방하기 위하여 밀림의 여자들은 대부분 둘이나 셋이 함께 다녔지만 마을에서도 안전하지 않았으며 항상 긴장했다. 그들은 남자들만 모이는 집에서 그들이 자신들을 응시하면서 모욕적인 언급을 할 수도 있다는 의식 속에서 살아가기 때문이다. [12]

전형적으로 육체에 대한 수치심이 없다는 남아프리카의 다른 오지 인디언 여자들에게서도 여자들의 성기에 대한 특징적인 수치심(남성의 성기에 대한 수치심은 다음 책에서 다루게 될 것이다)을 관찰할 수 있다. 예컨대 어떤 민속학자가 오두막에서 트루마이족 여자의 회음부 끈을 살짝 잡아당기기만 했는데도 이 여자는 큰 소리로 비명을 지르며 놀라서 뛰어나갔다. [13] 차마코

88. 에콰도르 오지의 아우카족(Auca) 여자들.

코족 여자들이 무조건 성기를 노출시킨 채 촬영하기를 원했던 민속학자 발두스(Baldus)는 "사진 찍을 때 치부가리개를 벗게끔 여자들의 마음을 움직이는 것이 불가능했다"[14]고 그의 실망을 토로했다.

투파리족의 나체 여자들은 아무도 그들의 치부를 보지 못하게 아주 세심한 주의를 기울인다. 앉을 때 한쪽 다리는 뻗치고 다른 쪽 다리는 수평으로 받치면 받치고 있는 다리의 발이나 갓난아이 등을 통해 성기 부위를 가릴 수 있다. 여자가 몸을 구부릴 경우나 자신의 뒤에 남자가 없다는 것이 절대 확실하지 않을 경우에는 몸을 굽히면서 다리를 꼰다(유럽 사회에서도 부인과 처녀들은 앞으로 몸을 숙여 엉덩이를 보이게 했던 남자들과는 다른 자세로 몸을 숙였다). 언젠가 어떤 투파리족 여자들이 어스름한 오두막에서 신경쓰지 않고 바닥에서 일어나다가 같은 방에 민속학자가 있는 것을 보고는 완전히 정신을 잃었다. 민속학자가 그녀에게 몇 번이고 아무것도 보지 못했노라고 확인해주고 나서야 그녀는 안정을 되찾았다.[15]

타피라페족 여자들 역시 음순이 보이지 않게 세심한 주의를 기울이지만, 외음부를 나무껍질조각으로 가리는 카라야족 여자들은 그들을 수치심을 모르는 뻔뻔스러운 사람들이라고 생각한다. 왜냐하면 타피라페족 여자들의 음부의 가장 윗부분이 보이기 때문이다.[16] 코베우아족 여자들은 외음부 앞에 작은 진주 줄에 매단 손바닥만한 크기도 안 되는 가리개를 착용한다. 이 가리개는 자신에게 부여된 과제를 완벽하게 충족시켜 여자가 조용히 앉거나 카누에서와 같이 무릎을 꿇을 때면 자유롭게 매달려 있다. 걸어가거나 서 있을 때, 예컨대 가리개가 움직일 가능성이 있으면 여자들은 그것을 허벅지 사이에 꼭 끼워 넣는다.[17]

실제로 모든 인간 사회에서 부인들과 어느 정도 나이든 처녀들은 허점을 보일 수 있는 그런 자세나 태도를 취해서는 안 되었다. 예컨대 오토미족(멕시코 중부에 살던 인디언—옮긴이)은 두 살에서 열 살까지의 여자아이들에게 그들의 '나체'나 작은 팬티가 보일 수 있으니 나무를 기어오르거나 치마를 벗지 말라는 잔소리를

89. 카메룬 북부의 팔리족(Fali) 젊은 여자.

하루도 빠짐없이 한다.[18] 슈바벤에서는 여자아이들이 앵두나무에 앉아 있을 때 위를 쳐다보면 장님이 되니 절대 쳐다보지 말라고 사내아이들에게 주입시킨다.[19] 해군 본부 섬의 마탄코르족의 하위 집단인 소리족에서는 어떤 남자가 지나가다 우연히 나무에 기어올라가는 처제의 성기를 보았다. 그 여자는 너무 부끄러워 자살을 시도했는데 아무도 그것을 과잉반응으로 여기지 않았다.[20] 쿠난투나족 여자들은 낯선 남자들 앞에서는 말할 것도 없고 남자 친척들 앞에서 구장나무를 기어올라가지 않도록 주의한다.[21] 그리고 멘타와이 제도(인도네시아 서수마트라 주에 속한 70개 정도의 도서군―옮긴이)에서는 사내아이나 남자들이 근처에 없다고 할지라도

어린 여자아이가 나무를 기어오르는 것은 금지되었다.[22)]

아타 키완족 중에서 나는 결혼한 여자가 야자수를 기어올라가는 것을 전혀 보지 못했다. 그런데 한번은 열일곱 살 난 처녀가 나무를 오르는 것을 보았다. 물론 그녀는 나무 밑에 아무 남자도 없음을 확인했을 것이다. 게다가 그녀는 크와테(kwáte)를 다리 사이에 꼭 끼워 넣었다. 멜빌 섬의 티위족 부인과 처녀들도 새집을 가져오기 위해 나무 위로 올라가는데, 남자들은 나무에 발바닥을 대고 올라가는 반면 여자들은 예의상 무릎을 나무에 대고 올라갔다.[23)]

이런 이유로 말라이타(태평양 남서부 솔로몬 제도에 있는 화산섬—옮긴이)의 바에구족 여자는 절대 남자보다 높은 위치에 있어서는 안 된다. 예컨대 남자의 무리와 여자의 무리가 함께 언덕을 오를 때면 항상 남자들이 인도를 하며 내려올 때에는 그 반대이다.[24)] 이런 관점에서 바에구족은 유럽인과는 다르게 행동한다. 유럽 사회에서는 원래 숙녀에 앞서 신사가 먼저 계단을 오르는 것이 관례이다. 그런 경우가 아니면 예법에 따라 항상 숙녀에게 먼저 가게 해야 한다.

므루족의 처녀나 부인들이 산을 오를 때면 구부린 자세를 취하고는 뒤에 남자가 없는지를 확인하고, 앉아 있는 사람 곁을 지나가려면 치마 끝을 잡아 모은다. 이것은 예의바르게 앉기 위해 미니스커트를 끌어당기는 것과 마찬가지다. 한번은 여섯 살짜리 여자아이가 나무를 기어올라가자 밑에서 사람들이 소리쳤다. 이 아이가 예의 없어 보였기 때문이다.[25)] 태어나면 바로 작은 치마를 입는 하마르족 어린 여자아이가 나뭇가지에 올라가면 이를 본 어른은 여자아이에게 외친다. "야, 애야, 네가 사내아이냐? 너는 예쁘게 앉아 있지 못하는구나, 다리를 붙이고 앉아라!"[26)]

살로몬 군도 산타 이사벨 섬의 부고투족 여자는 나무에 올라가지 못할 뿐 아니라 어떤 방식으로든 높은 위치에, 예컨대 승강대

90. 레스티프(Restif de La Bretonne, 1734~1806: 프랑스의 소설가—옮긴이)의
작품 삽화, 1770년경.

발판 위에 서서 남자들이 그녀의 치마 밑을 볼 수 있게 하지 않았
다. [27] 아스트로라베바이(Astrolabebai)의 봉구족의 결혼한 여자들
은 뽕나무 껍질로 만든, 무릎까지 닿는 비교적 짧은 치마를 착용
한다. 그래서 돼지를 막기 위해 세운 보호 울타리의 말뚝 계단을
올라갈 때에는 주저했으며 주위에 남자가 있는지를 살펴보았다. [28]
그리고 미크로네시아 섬 울리티족 여자는 카누로 기어올라갈 수
없었다. 경우에 따라 남자가 그녀의 하체를 볼 수 있기 때문이다.
오히려 그녀는 카누 안으로 뛰어들어가서는 가능한 한 예의바른
자세로 앉았다가 나중에 다시 일어나야 한다. 카누에서 내릴 때면
다리를 꽉 붙인 채 미끄러져 내린다. 그러나 아주 예의바르고 우
아하게 행동한다. [29]

바닥에 앉은 남자의 뻗친 다리를 뛰어넘는 것은 거의 모든 사회에서 여자들에게는 금지된 것처럼 보인다. 이런 금지가 성적인 예절과 그리 밀접하게 연결되어 있지 않은 경우 사람들은 그런 관습을 일반적인 정중함의 규범으로 보거나, 남자들이 여성의 분비물과 월경에 따른 오염을 피하려는 수단으로 보려는 경향이 있다.[30] 예컨대 에피크족(나이지리아 크로스리버 주의 크로스 강 하류에 사는 종족—옮긴이)에서는 남자가 여자의 다리를 넘거나 여자가 남자의 다리를 넘어가면 두 사람은 간통죄를 지은 것으로 벌을 받았다.[31] 말라이타 섬의 바에구족 남자 역시 어떤 여자가 자신의 다리를 넘으면 그는 그녀와 상징적인 성교를 한 것이 되어 여자에게 배상금을 지불해야 했다.[32] 이런 이유에서 동 살로몬 군도의 아오리카(Aorika) 여자는 부모의 뻗은 다리만 넘어갈 수 있으며,[33] 다른 성에 속한 사람의 침상을 타 넘어가는 것도 특히 무례한 것으로 간주되었다.[34]

유럽 사회에서도 케른텐의 펠트키르히(Feldkirch in Kärnten) 지역에서 나타나는 '타넘기'와 같은 낡은 관습이 있는데, 그런 관습을 위반하는 여자들은 호기심 많은 남자들에게 등을 땅에 대고 똑

91. 조각가 N. H의 작품. 마녀들이 한 남자를 강간하고 소변을 보고 있다. 1538.

바로 누워보라고 강요하고 그들을 타넘었다. 즉 상징적으로 그들을 강간한 것이다.[35] 심부족 사람들은 다른 사람이 자신의 다리를 타넘으면 아주 창피를 준다.[36] 오와 라하(Owa-Raha) 섬주민 남자가 어느 여자의 다리를 타넘으면 이것은 여자에게 자기와 동침할 뜻이 있느냐는 질문과 동일시된다.[37] 바에구족에게는 남의 다리를 타넘는 것을 언급만 해도 그것은 벌써 심각한 싸움을 불러일으키는 성적인 위반행위가 된다.[38]

13

'새로운 키테라 섬'
또는 타히티 섬 여인들의 외설스러움

1768년 4월 2일 부갱빌(Bougainville: 프랑스의 항해가로 남태평양을 탐험했으며 프랑스 인으로서는 최초로 세계일주 항해를 했다—옮긴이)은 타히티 섬 앞에 닻을 내렸다. 그의 배는 남자 주민들로 가득 찬 수많은 보트들에 둘러싸였다. 얼마 되지 않아 이런 상황은 완전히 바뀌었다. 부갱빌은 이렇게 기술한다. "이번에 그는 카누 안에 거의 벌거벗다시피 한 예쁜 여자들이 여럿 있는 것을 보았다."[1] 카누가 눈에 보이는 거리에서 전함 주위를 돌고 있을 때 남자들과 나이든 여자들이 그 요정들의 가리개를 벗겼다. 그에 대해 요정들은 물론 어느 정도 당황해하는 반응을 보였다고 한다. 부갱빌은 이렇게 계속 쓰고 있다.

대부분의 요정들은 벌거벗고 있었다. 그들과 동행한 남자와 늙은 여자들이 그들이 걸치고 있는 옷을 벗겼기 때문이다. 그들은 우선 우리를 카누에 타게 하고는 교태를 부렸는데, 그 아양

떠는 모습은 순박했다. 그러나 어딘지 몸을 사리는 듯한 껄끄러운 느낌을 주었다. 어디에서건 성은 순진하고 수줍어해야 한다는 것이 자연적으로 미화된 탓인지, 아니면 예전의 황금시대가 보여주었던 자유스러움을 아직 간직하고 있는 나라에서조차도 여자들은 자신이 가장 갈망하는 것을 원하지 않는 것처럼 보이게 하려는 탓인지는 모르겠지만 말이다.[2]

젊은 여자들 중 한 명이 민첩하게 갑판에 기어올라가서는 닻줄 감아 올리는 기계 근처에서 요포를 벗었다. "마치 비너스가 프리지아의 목동에게 나타났던 모습으로 모든 사람들의 눈앞에 자신의 모습을 드러냈다." 그러자 모든 선원과 군인들이 닻줄 감아 올리는 기계로 몰려갔다. 선장은 거기에서 선원들이 그렇게 열심히 일하는 것을 본 적이 없었다. 게다가 그는 뻔뻔스럽게도 선원들뿐 아니라 그 자신도 오랜 시간이 흘러가고 난 이후까지 그녀들의 매혹적인 모습을 생각하면 자신을 억제하기가 무척 힘들었다고 고백하고 있다. 그 와중에 선박의 요리사는 아름다운 요정과 운 좋게도 도망을 쳤다. 그러나 그의 발바닥이 해변에 닿자마자 벌써 많은 무리의 섬 주민들은 그를 둘러싸고 완전히 발가벗겼다. 그리고 전에 선원들이 타히티 섬 여자들에게 했듯이 그를 '위에서부터 발끝까지' 훑어보았다. 섬 주민들 모두가 보는 가운데 뚜렷한 몸짓으로 비너스에게 자신을 바치라고 요구하자 그는 혼비백산하여 순식간에 다시 배로 도망쳤다.[3]

이미 오래 전 1643년 초반에 타스만(Abel Janszoon Tasmann: 네덜란드의 항해가·탐험가로 태즈메이니아, 뉴질랜드, 통가, 피지 제도 등을 발견했다—옮긴이)은 타히티 섬에서 멀지 않은 남쪽 나라를 탐험하는 원정 여행 중에 통가에 정박했다. 그의 선원들도 비슷한 일을 체험했다. 다만 타히티 섬의 미인들은 프랑스 선원들

92. 타히티 섬 여인들을 보고 좋아하는 영국인들. 베랑제(Bérengers)의
『여행』(*Voyages*)에서, 1788.

의 취향에 맞았지만 통가의 미인들은 네덜란드 선원들의 취향에
맞지 않았을 뿐이다.

　남자들과 함께 많은 여자들이 갑판으로 올라왔는데 그들은 모
두 이상하게도 컸다. 특히 끔찍한 여자 거인 두 명이 눈에 띄었
는데, 그들 중 한 명은 코밑 수염까지 있었다. 두 거인은 외과의
인 하엘보스(Henrik Haelbos)의 목덜미를 잡았다. 그들은 모두
육체적 결합을 원했고 서로 먼저 하겠다며 말다툼을 했다. 그들

모두 숱이 많고 웨이브가 있는 검은머리를 하고 있었다. 다른 여자들도 아무 수치심 없이 선원들 바지의 앞터짐 부분을 만졌으며, 성교를 원한다는 사실을 확실하게 알렸다.[4)]

그들이 특히 갈망했던 것은 못이었는데 그것을 갖기 위해 여자들은 요포를 벗고 치부를 노출한 채, 입을 벌리고 쳐다보는 승무원들 앞에 서 있었다. 그것을 보고 대경실색한 타스만은 그의 일기에 간결하게 다음과 같이 적었다. "이 민족은 극도로 음탕하게 색을 밝힌다."[5)]

타히티 섬의 발견자로 알려져 있으며 그의 배 '돌고래 호'가 1767년 타히티 섬에 정박했던 선장 월리스(Wallis) 역시 타히티 섬 여자들은 못 하나를 얻기 위해 선원들의 목에 매달렸다고[6)] 보고했다. 그렇게 할 경우 여자들은 한 가지 특별한 손신호를 사용했다. 배의 포병들이 그에게 설명해주고 난 후에야 그것의 의미를 알게 되었던 로버트슨(George Robertson)은 이렇게 묘사하고 있다. "오른손의 첫째 손가락을 곧바로 뻗은 채 오른손을 쳐들고 그런 다음 오른손목을 왼손으로 붙잡은 후 오른손의 손가락들을 재빠르게 흔드는 동작으로 이루어져 있다."[7)]

물론 모든 영국인들이 '돌고래 호'의 선원들처럼 제 문화간의 이해에 관해 타고난 재능을 소유하고 있지 않았기 때문에 대부분의 여자들은 보다 명확한 신호를 사용했던 것 같다. 그들은 위에 언급했던 부갱빌의 프리깃함(돛대 셋인 쾌속 범선—옮긴이)에 나타난 요정들처럼 가리개를 벗었다. 아니면 이 미인들은 나중에 쿡(James Cook, 1728~79: 영국의 해군장교·항해가·탐험가로 세 차례에 걸쳐 태평양을 탐험했다—옮긴이) 선장의 표현대로 "가운의 허리띠를 느슨하게 풀어헤친"——그것이 아버지 라인홀트 포르스터(Johann Reinhold Forster)의 예의바른 표현방식이다[8)]—— 모습으로 나타났다.

그들의 유혹이 아무리 크다 할지라도 영국인들은 대부분 프랑스인과는 달리 뻔뻔스런 여자손님들과 열병식장에서 관계맺는 것을 꺼렸다. 부갱빌의 추측에 의하면 적어도 그의 선원 중 몇 명이 수치심을 극복하고 솔직한 그 지방의 관습에 놀랄 정도로 빠르게 적응하기는 했다고 한다. 육지에 상륙할 수 있는 휴가를 받으면 선원들은 그들의 집으로 초대를 받았고 거기서 풍요로운 음식과 음료를 제공받았다.

그들에게는 음식뿐만이 아니라 젊은 여자도 제공되었다. 집은 곧 남자와 그들의 정욕을 불러일으키는 여자들로 꽉 찼다. 사람들은 잎과 꽃으로 만들어진 침상으로 흩어졌으며 플루트에 맞추어 「환희의 송가」를 불렀다. 사랑의 여신이 여기서는 동시에 손님을 환대하는 여신이며 그녀는 여기서 어떤 비밀도 지니지 않는다("비너스는 환대의 여신이다. 그녀에 대한 숭배는 어떠한 신비도 용납하지 않는다. 매번 열리는 즐기는 의식은 국가를 위한 축제이다"). 미개인들은 우리 선원들이 공개적으로 그들과 관계하는 것을 주저하자 놀라는 모습이었다. 이것은 유럽 관습에는 매우 거슬리는 것이다. 어쨌든 나는 많은 선원들이 이 지방의 관습에 익숙해져가는 것을 알 수 있었다.[9]

부갱빌이 수치를 모르는 지상의 낙원과 열정적인 쾌락을 기술하는 데 몰두했던 반면 그의 동반자인 페슈(Charles-Félix-Pierre Fesche)는 항해일지를 기록하면서 아주 상세히 당시의 상황을 묘사하고 있다.

사랑에 이끌린 대담한 손은 꽃봉오리가 트이기 시작한 두 개

93. 치부를 반쯤 가린 타히티 섬 여인들, 1780년경.

의 적대적인 사과 위로 미끄러져 갔다. 그 사과는 우아한 형태의 찻잔 모델로 이용될 정도로 아주 아름다운 헬레나의 가슴처럼 품위가 있었다. 손은 계속 미끄러져 갔다. 그리고 다행스럽게도 그 손은 아직 옷 속에 숨겨져 있던 매력적인 부분에 닿았다. 여자는 곧 그 손을 밀쳐냈다. 이 여자는 이브가 타락하기 전에 걸치고 있던 한 개의 옷가지만 걸치고 있었다. 그녀는 매트 위에 몸을 뻗었다. 그리고 그녀에게 달려들었던 남자의 가슴을 두드렸다. 그러고는 자신의 몸을 그에게 선물하고 싶다는 암시를 보냈다. 그녀는 매일 많은 남자들이 몸을 바쳤던 사원의 문을 열었다. 그 신호는 아주 매혹적이었다. 그녀를 애무하던 전사는 싸움의 방법을 너무나 잘 알고 있었다. 두 사람을 둘러싸고 있는 50명의 인디언의 존재가 우리의 선입관 때문에 그의 격렬한 욕정을 단호히 저지하지 않았다면 그는 가장 유리한 순간을 놓치지 않았을 것이다. 〔……〕 관습의 타락으로 인해 우리는 나쁜 짓을 행동으로 옮기게 되는데 이 사람들은 이것을 절대 나쁘게 생각지 않는다. 빛을 두려워하는 사람은 나쁜 짓을 했거나 나쁜 짓을 했다고 믿는 사람들뿐이다. 우리는 아주 자연스런 일을 수행하기 위해 몸을 숨기지만 그들은 그것을 공개적으로 자주 한다. 별로 예의바르지 못하다고 간주되었던 몇몇 프랑스 사람들은 그날 보다 쉽게 선입관을 극복할 수 있었다. [10]

이런 이유에서 열광한 부갱빌은 언젠가 포조(Poggio)가 스위스 인들에 관해[11] 주장했듯이 그 섬 주민들에 관해 그들은 질투도 모르며, 그들의 유일한 정열은 성교행위이며, 그들은 사랑의 여신 아프로디테의 출생지와 숭배장소의 이름을 따서 '새로운 키테라 섬'이라 불렀다[12]고 주장했다. 그런 보고들은 조금이라도 '자연'으로 돌아가고 싶어했던 유럽에 폭탄이 터진 것과 같은 효과를 미쳤다.

실제로 그런 일이 영국에서 벌어졌다. 그들은 부갱빌의 글이나 헉스워스(Hawkesworth)의 『여행』(Voyages)에서 발견할 수 있는 그런 묘사들로 인해 영국의 정숙한 처녀들이 순결을 잃지 않을까 두려워했다. 1774년에 출간된 어떤 풍자시에는 이렇게 적혀 있다.

헉스워스의 글 한 페이지는, 묵상에 빠져 있던/그 명랑한 처녀를 치명적인 열로 달아오르게 한다. /그녀는 갑자기 연인의 팔에 쓰러진다/그것은 그녀의 매력을 파는 매춘 행위로 보이지 않는다/"하고 싶어"라고 그녀가 외친다. "이전에 여왕들이 했던 것을"/그러고는 정숙한 여자에서 일반 창녀로 타락해버린다. [13]

그런 식의 해설자들 역시 타히티 섬에서는 성기가 전혀 수치스러운 것이 아닐 뿐 아니라 성교행위조차도 공공장소에서 이루어졌다는 것을 믿게 만들었다. 섬 주민에게 성교행위는 아주 일상적인 충동의 만족으로 묘사되기 때문이다. 예를 들어 사드 후작에게 새로운 키테라 섬은 방탕아의 지상 낙원이었다. "타히티 섬에서는 여자들이 옷을 입긴 했지만 사람들이 요구하자마자 바로 그들의 옷을 걷어올렸다."[14] 디드로에 의하면 거기서는 모두가, 심지어 아버지가 자신의 딸과 성적인 관계를 가졌으며 "밝은 대낮에도 하늘을 우러러 전혀 부끄러움을 몰랐다." 반면 유럽인은 변태적으로 숲의 어둠 속으로 숨어든다. 그는 이렇게 보고하는 여행자의 말을 "인용하고 있다." "타히티 섬 사람들은 딸들이 보는 가운데 흥분을 불러일으키는 아내와의 기계적 반사운동을 부끄러워하지 않는다. 그리고 딸들은 그것을 보면서 가끔씩 술렁거리기도 하지만 절대 당황스러워하지는 않는다."[15]

때때로 다르게 평가되는 경우도 있긴 하지만 타히티 섬의 외설스러움과 방종함은 대부분 사실로 받아들여졌다. 예컨대 레이보(Louis Reybaud)는 1839년 타히티 섬에 정박했던 '아르테미스'라는 프랑스 전함의 체험에 관해 이렇게 기술하고 있다.

장교들은 늘 즐거운 만남을 가졌다. 부갱빌이 새로운 키테라 섬이라고 부른 그 섬은 과연 그 명성에 버금갈 만했다. 타히티 섬에 머문다는 것은 변덕스러우면서도 관능적인 사랑이 오래 연속되는 것을 의미했다.[16]

그런 해설을 어떤 척도로 삼는다면 성직자인 오스몬드(John Muggridge Orsmond)가 1832년에 말했듯이[17] 남태평양의 음탕한 소돔을 정화시키려는 영국 선교사의 노력도 언젠가 포르스터(George Forster: 독일의 탐험가며 과학자로 아버지인 라인홀트 포르스터, 쿡 선장과 함께 세계여행을 한 체험을 토대로 『세계여행』을 저술했다―옮긴이)가 폴리네시아 여자들의 '친절한 행위'를 언급한 것 때문에[18] 실패했다는 인상을 받는다. 키테라 섬에 관한 새로운 신화는 점점 강력하게 서구 세계 전체로 퍼져갔다. 그런 신화는 부분적으로는 심지어 20세기까지 학술자료로 인정받았다. 예컨대 크라프트-에빙(Krafft-Ebing)의 책에서 폴리네시아와 같은 사회에서는 남자와 여자가 벌거벗은 채 공공연히 생활하며 동물처럼 모든 사람들이 보는 가운데 성교행위를 한다고 적혀 있다.[19] 그리고 나중에 다른 성 연구가의 책에도 "타히티 섬, 오스트레일리아 원주민, 사모아 섬, 필리핀의 말레이인, 그리고 다른 몇 군데에서는 성교행위가 대중의 면전에서 이루어지며" 성기에 대한 수치심이 없다는 것으로 인해 나쁜 인상을 남긴다고 적혀 있다.[20] 마침내 우셀(Jos van Ussel)은 얼마 전 폴리네시아 사람들이 그렇게 열정적인 이유는 성을 즐기기 때문이 아니라 생식능력 때문이라고 결론지은 바 있다. 즉 그들의 유일한 관심은 집토끼처럼 인간의 수를 증가시키려는 데 있기 때문에 남자와 여자는 될 수 있는 한 자주 어디서나 성교행위를 하도록 강요되었다는 것이다.[21]

우선 그들의 이런 이미지들을 실제 상황과 비교해보자. 특별한 경우로 타히티 사람들의 나체와 일반적인 경우로 폴리네시아 사람들의 나체가 어떤 관계가 있는지, 그리고 이런 축복받은 자들의 섬에는 성기에 대한 수치심이 전혀 없다[22]는 주장이 옳은지를 알아보자.

사내아이는 예닐곱 살부터 착용했으며 성인들은 고기를 잡을 때나 힘든 일을 할 때 착용했던 타히티 섬 남자들의 최소한의 복장은 나무껍질 가리개(maro)였다. 여자아이는 약 세 살 정도면 "자연적으로 알게 되는 그들이 숨겨야 할 것을 가리기 위해"[23] 요포(pareu, 또는 pa-u)를 착용했다. 나이가 들면 나무껍질 소재(tapa)로 만든 윗옷('dhu-pu)을 입었는데 이 옷은 어깨 위에 고정된 채 가슴을 덮고 무릎까지 내려왔으며 소매는 자유롭게 흘러내렸다.[24]

이미 쿡 선장이 보고한 바에 의하면, 이런 복장을 착용하고 난 이후면 어린아이들은 다른 사람이나 이성 앞에서 나체를 보여주는 것을 무례한 것으로 여겼다[25]고 한다. 그런 사실을 1789년부터 91년까지 그 섬에 정박했던 '바운티' 호의 하사관이었던 모리슨(James Morrison)이 확인시켜주고 있다.

어떤 이든 나신을 드러내는 것은 동성 사이에서조차 수치스러운 것으로 간주되었다. 그들은 목욕탕에서 그들의 벗은 몸을 감추는 데 유럽인들보다 더 두드러지게 행동하며, 탕에 들어가거나 나올 때를 위해 언제나 탈의실에 나뭇잎을 준비해두었다. 그리고 여성들은 어느 경우라도 절대 가슴을 드러내지 않았다.[26]

뫼렌후트(Moerenhout)에 따르면 남자와 여자는 아침에 목욕할 때 극도로 교묘한 방식으로 무엇보다 성기 부위를 가렸다. 그리고 옷을 갈아입을 때에도 아무것도 보이지 않도록 몹시 공을 들였다.[27] 사모아 여자들 역시 그렇게 하려고 아주 세심한 노력을 기울였다. 그들은 목욕할 때 라발라바(lavalava) 밑에서 음부에 비누칠을 하고 물로 씻어냈다. 그러고는 손수건을 두르고 나서야 젖은 라발라바를 벗었으며 그 밑에서 새 라발라바를 입었다. 그러고 난 후 손수건을 거두어냈다. 사모아 여자들은 절대 허벅지 안쪽을 못 보게 주의한다. 섬에는 항상 무역풍이 불고 있기 때문에 야외에 서 있을 때에도 돌풍을 막기 위해 항상 무릎을 붙였다.[28]

사모아 여자들은 성기 부위보다 엉덩이를 극도로 에로틱한 것으로 생각했다. 독일 해군 소령인 크레머(Krämer)는 여자들이 치료를 받을 때 엉덩이를 드러내는 것을 무엇보다 부끄러워한다고[29] 보고했다. 타히티 섬 여자도 마찬가지였다. 그리고 엉덩이를 칭하는 단어, 즉 회음부와 외음부를 포함하는 단어(ohure)를 대중의 면전

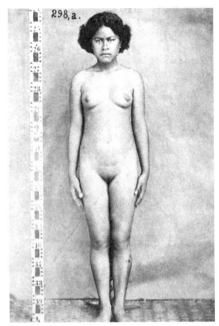

94. 몸을 측정하기 위해 옷을 벗은 사모아 여자.

에서 말한다는 것은 아주 충격적인 것이었다.[30] 엘리스 제도(태평양 중서부에 있는 9개의 섬으로 이루어진 입헌군주국으로 현재는 투발루라 불린다—옮긴이)의 섬 주민들은 수영복은 말할 필요조차 없이 서구 여성들이 입는 비교적 짧은 치마를 예의에 어긋나는 것으로 생각한다.[31] 1947년에 미국 정부 대표부의 한 여성이 짧은 스커트를 입고 그 나라를 방문했을 때 카핑가마랑기 산호섬의 폴리네시아 주민들은 허벅지를 노출시킨 대담함에 매우 놀랐다.[32]

현행범으로 체포될 수 있는 가능성이 거의 배제된다 하더라도 마르키즈 군도(남태평양 중부 프랑스령 폴리네시아에 있는 두 무리의 화산섬군—옮긴이)의 젊은 여자들은 성교하는 동안 요포를 벗지 않는다. 바다에서 수영할 때나 혼자 있을 때라도 그들은 일

95. 마르키즈 제도, 누쿠히바(Nuku Hiva) 섬에서의 문신. 랑스도르프(George Heinrich v. Langsdorff)의
『1803~7년의 세계여행에 대한 기록』에서.

상복을 완전히 갖추어 입는다. 한번은 젊은 여자들이 그렇게 일상
복을 갖추어 입고 하티유(Hatiheu)의 내항에서 수영하고 돌아다
니자 젊은 남자 몇 명이 그들의 외음부를 볼 수 있지 않을까 해서
그들 사이로 잠수해 들어가려고 했다. 여자들이 당황하여 거기서
무엇을 찾느냐고 묻자 남자들은 가지가 많은 조개 뼈고둥(puta'a
ta'a)——여성의 성기를 칭하는 단어[33]——을 찾으려 잠수한다고 대
답했다.

티코피아족 여자들 역시 목욕할 때 대부분 요포를 입는다. 물에
서 나오면 그들은 그것을 순식간에 마른 요포와 바꾸어 입는다.
어떤 여자가 나체로 목욕을 하는데 멀리서 한 남자가 해변길을 따
라 다가오는 것이 보이면 그녀는 재빨리 다시 옷을 입는다. 여자
들이 아무것도 입지 않고 물속에 머무르면 가끔 불량청소년들이
해변에 서 있는 야자나무 위로 올라가 훔쳐본다. 자신들의 음경이
발기하면 그들은 사정할 때까지 그것을 문지른다.[34] 여자의 음순

을 잠깐이라도 보는 것이 젊은 남자들의 꿈이었다. 이 꿈이 이루어지고 여자가 이것을 눈치채면 여자는 아주 수치스러워하며 모욕을 느낀다.[35]

하와이 여자들은 서거나 앉거나 몸을 구부릴 때면 허벅지 안쪽이 꼭 달라붙도록 아주 조심한다. 잘못하여 '거기'가 보이면 그들은 경멸과 조소를 받게 되기 때문이다. 이런 이유로 여자들은 아주 어릴 때부터 매일 여러 시간 엉덩이의 근육을 수축시키는 연습을 한다. 어머니들은 어린 아들을 왼쪽 엉덩이 위에 얹어 가지고 다니지만 딸은 절대 그런 자세로 데리고 다니지 않는다. 허벅지 뼈가 휘는 것을 막기 위해서이다. 사람들은 어린 여자아이들에게 다리를 붙이라고 계속 경고할 뿐 아니라[36] 성기를 노출시키게 되는 경우에도 너무 많은 것이 보이지 않도록 예방조치를 취했다. 즉 아이의 음순이 음문을 완전히 막을 때까지 음순을 아주 오래 눌러 납작하게 만들었다.[37]

쿡 선장은 이미 1778년에 하와이 남자들이 마오리족 남자처럼 음핵두의 표피를 벗겨내고 그 끝을 묶었다고 관찰한 바 있다.[38] 물론 이렇게 하지 않은 샤미소(Adelbert von Chamisso: 프랑스 태생의 독일 낭만주의 작가―옮긴이)는 1816년 이른바 '에덴 동산'에서 나체로 목욕하려고 했을 때 하와이 여자들은 그를 보고 '홍소'를 터뜨렸다고 한다. 라타크 섬에서도 그가 목욕하려고 옷을 벗으려 하자, 함께 있던 남자는 예의바르게 물러갔다. 이런 일을 겪은 후에도 다시 하와이로 돌아가 샤미소는 폴리네시아의 예절에 관한 두 가지 체험을 하게 되었다. 그가 오아후 섬에서 열대성 비에 완전히 젖어 옷을 벗어야 했을 때, "손수건 두 장으로 나무랄 데 없는 옷을 만들었다. 안내인에게는 더 작은 것으로도 충분했다. 즉 그의 옷이래야 전부 3인치 길이의 자투리 끈으로 되어 있었으며, 음낭 쪽으로 수축된 성기로 인해 드러난 피부를 묶은 것이었다."[39]

적어도 마오리족은 성기에 대한 수치심이 없지 않았을까? "어떤 처녀가 수영을 하기 위해 사람들이 보는 앞에서 그녀의 옷을 벗어도" 뉴질랜드 원주민들은 "전혀 신경쓰지 않는다"고 하는데 오늘날에도 마찬가지 아닌가?[40] 특징적이게도 이런 주장을 한 저자는 그가 어디서 이런 정보를 구했는지를 제시하지 않고 있다. 그 출처를 살펴보면 우리는 곧 이것이 아주 다른 의미로 쓰인 것임을 알게 된다.

1642년 타스만(Tasman)은 마오리족 남자들이 "성기까지 노출시킨 채 완전 나체로 걸어가며 성기 위에 작은 가리개를 착용하긴 했지만 그것은 고환도 제대로 가려주지 못할 정도였다"[41]고 기록하고 있다. 나중에 제임스 쿡은 마오리족 남자들이 "보통 음경의 표피를 묶은 작은 끈이 달려 있는 허리 벨트까지는" 자주 벌거벗고 있었다고 명확히 규정했다. 그와는 반대로 여자들은 절대 그들의 하복부를 보이지 않았다고 한다. 이들은 항상 하복부를 "짧은 술이 달린 매트"로 가렸으며 "이것은 무릎까지 내려온다". 아주 드물게는 풀다발이나 잎으로 만든 경우도 있다. 그들의 성기에 대한 수치심이 얼마나 강했는지는 영국 선장과 그의 선원 중 몇 명이 마오리족 여자들과 가졌던 만남에 대한 보고에서 명확히 알 수 있다.

우리 중 몇 명은 작은 섬에 상륙했다. 거기서는 섬 주민 몇 명이 나체로 물속에서 바닷가재와 조개를 잡고 있었다. 우리를 보자마자 그들 중 몇 명은 바위 뒤로 몸을 숨기고 나머지는 바다 잡초로 가리개를 만들 때까지 바닷속에 머물렀다. 그들이 바다 잡초로 몸을 가렸다 할지라도 마침내 물속에서 나와 우리에게 모습을 드러냈을 때는 수치심을 표명했다. 그리고 벗은 몸을 숨

226

길 어떤 방법도 발견하지 못한 여자들은 절대 우리 앞에 모습을 드러내지 않았다.[42)]

나중에 마오리 전쟁(1860~72년 마오리족과 유럽 식민지 이주자들 사이에 일어난 몇 차례의 전투—옮긴이)이 일어났을 때 영국 군인들이 어떤 젊은 여자를 은신처에서 장미 정원으로 끌어내 살해했는데, 그 여자는 팔로 그 치명적인 타격을 피하려 하지 않고 오히려 두 손으로 성기 부위를 가렸다고 한다. 당시 이 이야기를 전했던 마오리 사람은 이렇게 덧붙였다. "마오리족은 죽음에 대한 공포보다 수치심이 더 큰 민족이라고 믿소!"[43)] 마오리족 여자들은 남자가 그들의 나신을 보면 자살을 했다는 이야기가[44)] 여러 번 보고된 바 있는데 그 중에 뉴질랜드의 칸다울레스족인 아오후루후루(Aohuruhuru)의 이야기가 가장 유명하다. 그는 친구 몇 명에게 자다가 벗겨진 아내의 외음부(puke)를 보여주었다. 다음날 이 사실을 알게 된 그의 아내는 수치심에 모든 사람이 보는 앞에서 바위에서 떨어져 자살했다.[45)]

타히티 섬에서도 남자가 여자의 외음부를 본다는 것은 충격적인 일이기 때문에[46)] 우연히 나체의 여자를 지나치게 될 때에는 쳐다보지 말라는 문서화되지 않은 규칙이 통용되었다.[47)] 남성이건 여성이건 어떤 사람이 완전 나체이거나 부분 나체인 경우 그 사람을 단순히 '보지' 않았다. 마치 마을에서 어떤 사람들이 서로 싸울 경우 그것을 '모르는 체하는' 것과 같다. 즉 쳐다보거나 어떤 관심을 나타내는 것은 수치스러운(ha'amā) 것으로 간주되었다.[48)]

예컨대 고갱은 이 여자 나체 모델을 구하기가 얼마나 어려운지에 대해 불평했으며[49)], 섬에 도착하여 낙원의 아담이나 하와이의 샤미소처럼 나체로 파도 속으로 걸어 들어가자[50)] 사람들이 그를 가리키며 위협했다고 한다. 그렇다면 이런 행동은 청교도 선교사

가 퍼뜨린 새로운 수치심 때문인가? 100년 전이었다 하더라도 고
갱의 그런 행동은 그곳 주민들에게 불쾌감을 유발시킬 수 있었을
것이다.[51]

그러면 이와 같은 성기에 대한 수치가 특히 사드 후작이 아주
좋아했던 주장, 즉 타히티 섬에서는 성교가 대중의 면전에서 이루
어진다는 주장과 어떻게 일치한단 말인가? 심지어 신뢰감을 주는
쿡 선장조차 1769년 그의 최초의 남태평양 여행에서 '6피트가 넘
는 젊은 녀석들이 열 살 내지 열두 살의 어린 여자아이들과 함께
공공연히 누워 있는' 그런 '이상한 광경'의 증인이었다고 보고하지
않았던가?

그것이 '음탕함'에서 나온 일반적인 성교가 아닌 것 같다고 이미
의심했던 선장의 짐작은 옳았다. 그것은 아리오이족 예배집단의

96. 다산을 기원하는 춤 '카쿠야'(kakuya). 솔로몬 제도 오와 리키(Owa Riki)
섬의 마마코(Mamako) 마을. 베르나치크(Hugo Bernatizik) 사진, 1933.

일원에게 흔히 있는 의례적인 동침이 실시된 것임이 확실하다. 아리오이족의 하층 계급은 영국인들도 음란한 것으로 여겼던 생식의 춤을 추었다.[52] 신년 축제 때 추는 춤으로, 자연을 재생시키는 신인 로노(Lono)를 성적으로 '충전시킨다'는 하와이의 훌라춤 역시 로노의 여동생이면서 부인인 라카를 대변하는 여자들과 생식의 신 사이의 히에로스 가모스(hieros gamos: 그리스어로 '신성한 결혼'이라는 뜻으로 신화와 의식에 등장하는 다산[多産]의 신들간의 성교를 말한다—옮긴이)를 상징화한 것이다. 그렇다. 사람들은 심지어 쿡 선장의 배의 갑판 위에서 이루어진 성교가 영국 선장과 그의 선원들을 로노와 그의 수행원으로 생각했기 때문에 이루어진 의례적인 것일 수도 있다는 주장을 하기도 했다.[53]

이미 '바운티' 호의 하사관은 그런 종교의식적 행동방식으로 일상적인 행동을 결론짓는다는 것이 큰 실수임을 깨닫게 해주었다. 왜냐하면 종교의식에서의 행동방식은 "보통때라면 그들 사이에서도 비난받을 수 있는 것이기" 때문이다.[54] 아주 다른 문화권에서 한 예를 택해보자. 샤이엔족이 북아메리카의 민족 중 아주 예의바른 민족이라 할지라도, 이들도 새 생명의 움막(Neulebenshütte)이 서 있는 동안 상징적으로뿐 아니라 '육체적으로도' 히에로스 가모스를 실시했다.[55]

그러나 그런 성적인 축제의식에서 참여자들의 예절 감각이 얼마나 손상되는지는 '엔데버'(Endeavour) 호의 어느 점령군 보고에 잘 나타나 있다. 그도 쿡 선장이 보았던 것과 같은 종교의식에 관해 이야기하고 있다. 그런 의식을 행할 때 젊은 남녀는 너무 수치스러워 성교를 수행할 수 있는 상황이 아니었다고 한다. 여러 여자들이 있는 자리에서 실시되어야 하는 이 의식은 평판이 좋지 않았던 오베레아(Oberea)라는 여자의 지시에 따라 이루어졌는데 "원주민들 대부분은 그녀의 지시를 심각하게 비난했다".[56]

이제 우리는 정당하게 항변할 수 있을 것이다. 타히티 섬, 통가, 하와이, 뉴질랜드, 그리고 다른 폴리네시아 섬에서 선원들이 마음대로 다룰 수 있었던 여자들은 모두 히에로스 가모스를 실시하기 위해 유럽산 배의 갑판에 묶여 있던 여자들이었음을. 뱅크스(Joseph Banks)는 선원들의 유일한 고통은 아마도 선택이었음을[57] 눈치챘을 것이다. 샤미소 역시 몇 십 년 후 특정한 하와이 '여자들'의 성적인 집요함에 관해 기술하고 있다. "수치란 내게는 인간들에게 타고난 것으로 보인다. 그러나 우리가 점령하고 난 후에는 정숙함이 하나의 덕목이 된다."[58]

1773년 제임스 쿡은 보다 이성적으로 이렇게 적고 있다.

우리는 그들이 성적으로 부도덕하다고 비난할 수 없는데도 타히티 섬과 소시에테 제도의 여성들에게 큰 불의를 행했다. 사람들은 그 여성들이 자신의 값에 부합하는 어느 누구에게나 마지막 호의까지도 베풀 만반의 준비가 되어 있는 것으로 묘사했기 때문이다. 그러나 결코 그렇지 않다. 이곳에서 결혼한 여성들과 상류계층의 미혼 여성들의 호의를 얻기란 다른 어느 나라에서와 마찬가지로 어려운 일이다. 부도덕하다는 비판 역시 하층계급의 미혼 여성에 대해 무차별적으로 적용될 수 있는 것이 아니다. 이들 중 상당 부분은 그러한 성적 관계를 받아들이지 않는다. 여기에서도 다른 나라와 마찬가지로 창녀가 있다. 다만 그 비율에서 다른 나라에 비해 더 높을 뿐이다. 그들은 배를 타고 우리 선원들에게 오며 해안에 주둔하고 있는 부대에도 자주 출입한다. 이런 창녀들이 다른 성향을 가진 이들, 심지어 상류층과도 무차별적으로 섞여 어울리는 것을 보고, 혹자는 그들이 모두 동일한 경향을 지니며 유일한 차이란 그들의 가격뿐이라고 생각할지도 모른다.[59]

포르스터(Georg Forster) 역시 1774년 봄 두번째로 이 섬에 체류하는 동안 이렇게 강조하고 있다.

이곳에 오는 여자들이 가장 낮고 가장 천한 계급의 단정치 못한 여자들이라는 것은 이제 더욱 명확히 확인되었다. 왜냐하면 이들은 우리가 타히티 섬에 처음으로 체류했을 때, 방종하고 외설적으로 우리 선원들과 관계를 맺었던 이들이다. 내 생각으로 이곳의 창녀들은 특별한 계급을 형성하고 있음을 명백히 알 수 있다. 그 계급에 속한 사람은 상당히 많다. 그리고 도덕의 타락은 우리의 선행자들이 추측했던 것보다 그렇게 일반적인 경우가 아니다. 당시 그들은 장소와 상황을 거의 고려하지 않은 것으로 보인다. 예컨대 오마이(O-Mai)가 그의 고향사람들에게 "영국 사람들은 예절이나 정숙함에 관해서는 거의 모르거나 전혀 모른다. 왜냐하면 영국의 코벤트 가든, 드루어리 레인, 해변의 호의적인 요정들 사이에서 예의바르거나 정숙한 여자를 전혀 발견하지 못했기 때문"이라고 했다면 그것은 어리석은 일일 것이다. [60]

거의 2년 동안 타히티 섬에 살았던 '바운티'호의 제임스 모리슨은 이 여자들이 "비너스의 축제를 마르스(군신)의 축제보다 선호한다"고 보고함으로써 이런 사실을 확인해주었다. 이 여자들은 승무원들과 가격을 타협할 '포주나 매춘 주선자'를 갑판으로 데리고 왔다. "그러나 템스 강의 님프나 스핏헤드의 사이렌이 우리 나라 아름다운 여성의 표본이 아니듯 이러한 역할을 하는 여자들을 그 나라 여자 전체의 표준으로 간주해서는 안 된다." [61]

영국인들은 타히티 섬과 통가의 경우와 마찬가지로 마오리족에 관해서도 곧 확실히 알게 되었다. 즉 자진해서 몸을 내주었던 여자를 선원들에게 데려다주었던 남자들은 대부분 그들의 창녀를 데려온 포주라는 것, 그리고 손쉽게 구할 수 있는 마오리족 여자들이 유럽의 취향에 완전히 맞지는 않지만 매춘은 다음 시대에 시작되는 포경선을 위해 대대적으로 발전했다는 것을 알게 된 것이다.[62] '디스커버리'호의 의사였던 샘웰(David Samwell)은 어쨌든 1777년 2월 이렇게 보고한다.

그들은 많은 여자를 선상으로 데려다주었다. 그러나 여자들은 모두 별로 신통치 않았다. 그들의 얼굴은 매춘부처럼 붉은색으로 짙게 화장했으며 불쾌한 냄새가 진동했다. 그래서 그들은 애인을 고르는 데 특별히 까다롭지 않은 것으로 알려진 해군들에게조차 인기를 얻지 못했다.[63]

폴리네시아의 다른쪽 끝인 이스터 섬에서도 유럽인들은 비너스의 하녀들에게 영접을 받았다. 그래서 1722년 부활절 월요일에 이섬을 발견했던 로게벤스(Jakob Roggeveens)를 대장으로 한 네덜란드 원정대원 베렌스(Carl Friedrich Behrens)는 이곳 여자들이 선원들 앞에서 그들의 몸을 가린 붉은색과 흰색의 가리개(tapa)를 풀어헤치고는 명백한 제스처로 그들의 오두막으로 유혹했다고[64] 보고한다. 1786년 프랑스 백작 라 페루즈(La Pérouse : 태평양을 두루 탐험한 프랑스의 해양탐험가—옮긴이)가 이스터 섬에 정박했을 때 반나체의 요부들이 남자들에게 다가와 '그들의 애무'를 요구했다. 섬 주민 몇 명은 여자들에 넋이 나간 선원들의 '머리에서는 모자를, 주머니에서는 손수건을' 훔쳐갔다. 그들은 이런 것들을 아주 강렬히 원했다.[65] 쿡과 포르스터를 포함한 여행자들은 섬에 아주 소수의 여자들만 살고 있다는 것에 적잖이 놀랐다. 그리고 샤미소 역시 1817년 이 섬의 방문에 관해 이렇게 기술한다. "우리는 아주 적은 수의 여자들을 보았다. 이들은 암적색으로 물든 얼

97. 이스터 섬에 정박한 라 페루즈의 원정대원들을 여자 섬 주민이 유혹하다. 1786.

굴에 매력도 없고 품위도 없다. 남자들에게 어떤 관심도 끌지 못하는 것처럼 보였다."[66]

그 수수께끼의 해답은 바로 이것이다. 즉 수평선에 배가 보이자마자 이스터 섬 주민들은 그들의 아내와 처녀들을 동굴에 숨겼던 것이다.[67] 단지 고령의 노파들, 공식 창녀들과 '행실이 바르지 못한 여자들'만 남아 낯선 사람들에게 성행위를 제공하였다. 거의 모든 다른 곳에서처럼 폴리네시아에서는 외국의 침입자들이 여성 주민을 강간하는 것이 일반적이었다. 타히티 섬, 통가 또는 하와이의 창녀들이 이국 사람들에게 몸을 바치기 위해[68] 떼지어 나갔다면, 우리는 그런 것을 중세 후기의 유럽 창녀들에게서도 볼 수 있다. 유럽 창녀들의 '거점'은 대부분 이방인들이 도시를 방문할 때 첫번째로 도착한 곳에 위치해 있었다.

타히티 섬에서는 영향력이 많은 남자의 재산에 창녀들이 속하는 경우가 많았다. 그들은 특별한 손님이나 궁정 사람들을 즐겁게 해주기 위해 창녀들을 데리고 있었다.[69] 예컨대 폴리네시아인들이 이주해 살던, 살로몬 제도에 속하는 산호섬 군도 중 하나인 온통 자바(Ontong Java)의 왕인 케아에페아(Keaepea)는 창녀들의 '하렘'을 가지고 있었는데, 창녀들 중 두 명은 오로지 백인만을 대접했다. 이 창녀들이 온통 자바에서 유럽인과 성적으로 동침했던 유일한 여자들이었고 나머지 창녀들은 원주민들에게 봉사했다. 그후에는 무엇보다 장애를 지니거나 아주 못생긴 여자들이 남편을 찾지 못할 경우 이런 직업을 담당했다. 여자 섬 주민은 처녀로 결혼해야 하기 때문에 1920년대에는 미혼의 남자 85명을 위해 단 세 명의 창녀만 있었다.

그들의 화대는 매우 싸서 보통 한 번의 성교에 담배 세 가치를 지불했다. 그리고 젊은 남자들은 밤낮으로 수풀 속에서 그들과 관계를 맺을 수 있었다. 창녀들의 위상은 말할 수 없을 정도로 낮았으며 그들이 듣건 말건 상관없이 그들에 관해 매우 천시하는 투로 말했다.[70]

마르키즈 제도에도 베히네 마코(vehine mako)라 불리는 여자들이 있었는데 이들은 젊었든 늙었든 상관없이 보수를 받고[71] 성적 관계를 맺는다. 그들은 중세 후기의 '떠돌이 창녀'들과 비슷하게 집을 떠난 후 둘씩 셋씩 짝을 지어 그 지방을 돌아다닌다. 그들은 버려진 오두막이나 때에 따라서는 결혼한 손님들 집에서도 산다. 이들이 바로 유럽인들과 동침했던 여자들이다. 그들과 결혼하려는 사람이 거의 없었음에도 불구하고 사람들은 그들을 자주 찾았는데, 그것은 그들이 세련된 성교의 기술을 구사했기 때문이다. 이 기술은 질의 리드미컬한 수축을 통해, 말하자면 남자 파트너의 '진액을 짜내기' 때문이다.[72] 어느 민속학자의 이야기에 의하면, 타이오해(Taiohae) 외곽의 쓰러져가는 오두막에 혼자 사는 늙은 여자가 누구냐고 질문하자 사람들이 그에게 다음과 같이 대답해주었다고 한다.

옛날에는 모두 그녀와 함께 자기를 원했다. 그녀가 매우 아름다웠기 때문이다. 모든 백인은 그녀와 잠을 잤다. 그러나 그녀는 늙었고 이제는 그녀와 함께 잘 남자가 없다. 이제 그녀는 먹을 것이 없다. 돈도 없고 아무것도 가진 것이 없다. 그녀는 배고프지만 아무도 그녀를 돕지 않는다. [73]

그러나 18세기에는 천문학자 웨일스(William Wales)가 알려주었듯이 남편들이 이익을 얻기 위해, 즉 못이나 붉은 깃털을 얻기 위해 이따금 그들의 아내를 유럽인에게 빌려주었던 것으로 보인다. [74] 그러나 이것은 아주 드물게 일어났던 일이며 그들이 빌려주었던 것은 낮은 계급의 첩들이었다. [75] 모리슨 역시 일부 여자들은 그들이 원하는 쇠못을 얻기 위해 몸을 팔았다는 사실에 동의한다. 그래서 이렇게 묻는다. "그런데 그런 식으로 묘사되는 여성이 없는 나라가 어디 있는가? 우리가 금을 소중하게 여기는 것보다 그들은 철을 더욱 소중히 여긴다. 철을 소유하기 위해 우리 나라 여성들은 음란한 행동이나 이 민족이 생각만 해도 전율할 그런 끔찍한 범죄에 발을 들여놓지는 않을 것 아닌가?" [76]

라인홀트 포르스터에 따르면 "영국에서의 도덕은 높은 신분의 부인들이" 유럽으로 데리고 온 타히티 섬 남자인 "오마이를 동물적 정욕의 대상으로 만들 정도로 심하게 타락했다". [77] 그들은 붉은 깃털 때문이 아니라 단순히 '미개인들이 그것을 어떻게 하는지' 알기를 원했기 때문이다. [78]

쿡 선장이 보고한 바에 의하면, 영국인들의 잦은 시도에도 불구하고 결혼한 여자나 정숙한 처녀는 절대 영국인과 동침하려 하지 않았다고 한다. [79] 그리고 부갱빌이나 루소 숭배자인 코메르송(Commerson)이 상상하는 것과 같은 대중의 면전에서의 성행위는 생각조차 할 수 없었다고 한다. [80]

라인홀트 포르스터는 이렇게 말한다.

나는 아름다운 타히티 섬 여자가 우리 나라 성급한 젊은이의 아주 화려한 제안들을 수줍어하면서 정중하게 거절하는 것을 보고 자주 감탄했다. 우리의 시골 여자들 중 누구도 그렇게 부끄러워하지 않을 것이다. 곧 그 여자는 'Tirra tane'라고 말하는데 그것은 '나는 결혼했어요'라는 뜻이다. 그러고는 바로 웃음을 띠면서 간단하게 'Eipa'(아니오)라고 말했다.[81]

결론적으로 18세기 말경 타히티 섬에 머물렀던 윌슨(James Wilson)은 섬 주민들이 "대부분 예절에 대해 우리보다 더 예민하게 생각하고 있으며" 원주민들은 "영국인들이 아무것도 수치스러워하지 않음을"[82] 확신한다고 말하고 있다.

14

추한 외음부

　대중 앞에서의 나체가 완전히 아니면 상당히 만연되어 있는 그런 사회의 여자들도 성기에 대한 강한 수치심을 가진다면 우리는 자연히 왜 그런지를 곰곰이 생각해보게 될 것이다. 그동안 사람들은 그런 수치심이 아주 자연스러운 것이며 인간이 보편적으로 가지고 있는 '성기에 대한 불쾌감', 특히 여성의 성기에 대한 불쾌감에 기인한 것이라는 명제를 주장해왔다. 이 명제에 의하면 다음과 같다. 무엇보다 외음부는 '시각적으로 직관적인 연관 관계'를 전혀 가지고 있지 않기 때문에 일반적으로 추하다고 여겨진다. 외음부의 '쭈글쭈글함, 사마귀 모양, 종창(腫脹) 같음, 끈적거림'의 성질이 오로지 만져서 알 수 있는 자극적인 것이지 시각적으로는 전혀 그렇게 보이지 않는다.[1] 왜냐하면 우리는 결국 '연성동물이나 수중동물이 아니라 건조한 포유동물'[2]이기 때문이다.

　종자식물의 '성기 부위'와는 반대로 우리의 그것은 시각적인 핵심적 자극이 전혀 없을 뿐 아니라 오히려 그것의 외양은 추하고

'많은 인간들이 참기 힘든' 것이다. "기원전 4000년과 2000년 사이에 언제부터인지 점점 더 의식적으로 살아가게 된 문화 인간들'은 그들의 성기가 추하며 그것을 숨겨야 한다는 것을 점차 알아차렸을 것이다. 이런 추함에 대한 명확하고 의식적인 지각으로 인해 육체에 대한 수치심이 생기게 되었는데, 이런 수치심은 어린아이나 추측건대 파푸아족이나 바이카족에게는 아직 생기지 않았다. 왜냐하면 이들에게는 나체 자체가 전혀 문제가 되지 않기 때문이다. 그러나 '문화 민족'의 모든 남자는 여성의 성기에 대해 혐오감을 가지며 이런 혐오감은 우리가 벌레, 정령, 두꺼비, 폴리페모스(그리스 신화에 나오는 외눈박이 거인―옮긴이)나 애벌레에 관해 느끼는 그런 감정[3]과 아주 비슷하다.

여성의 성기가 '객관적으로' 추하고 혐오감을 불러일으킨다는 것은 실제로 많은 남자와 여자들이 주장하고 있다. 예컨대 바이닝거(Otto Weininger)는 외음부가 '남성의 수치심'을 손상시킨다고 여기며 격앙된 말투로 다음과 같이 덧붙이고 있다.

최근 거부감을 줄 정도로 떠들어대는 몇몇 사람들에 관해서는 언급할 필요조차 없다. 그들은 여성 성기의 아름다움에 대해 끈질기게 선전함으로써 이것을 믿게 만들기 위해서는 우선 선동이 필요하다는 사실을 증명해줄 뿐 아니라, 그들이 확신하여 제시하는 그 진술의 부당함을 인식하게 해준다. 이런 사람들에 관해서는 더 이상 논의할 필요도 없으며 어떤 사람도 특별히 여성의 성기를 아름답다고 느끼지 않는다. 오히려 모든 남자는 그것을 추하다고 생각한다.[4]

엘리스(Havelock Ellis) 역시 외음부가 '추하다'고 느낀다.[5] 그리고 프로이트는 "보는 것만으로도 아주 강한 성적 자극을 불러일으키는 성기 그 자체를 절대 '아름답다'고 느낄 수는 없을 것이다"[6]라고 말한다. 데버루(George Devereux)는 여성의 의식 속에 성기에 대해 수치스러워하는 태도의 근원은 성기의 추함에 있음[7]이 '아주 확실시되며', 여자들 중 많은 이들이 그들의 외음부가 혐오감을 주지 않는다는 것을 증명하고 싶어 질을 검사할 때 산부인과 의사에게 성적인 반응을 이끌어내려고 시도한다고 생각한다.[8]

성과 관련하여 아주 유명한 고대 그리스 학자 중 한 명이 여성의 가슴에 관해 이렇게 적고 있다.

에로티시즘에 의해 눈이 멀지 않은 사람이라면 어쨌든 처진 가슴이 전혀 미학적인 미의 이상에 적합하지 않다는 것을 안다. 여자들이 활발한 운동을 하거나 춤을 출 때 가슴이 물이 가득 찬 두 개의 호스처럼 이리저리 흔들리거나 아니면 몸에 착 달라붙어 있는 것을 볼 때에도 마찬가지다. 그리고 그런 사람은 이른바 젖꼭지를 둘러싼 검은 피부가 아름다운 색과는 전혀 관계가 없다는 것을 안다. 젖꼭지의 주름살은 심지어 추하다고 말할 수 있다는 것도 안다. 매춘부들은 그런 사실을 아주 잘 알고 있다. 그래서 유곽의 대기 살롱에는 깊이 팬 옷을 입은 여자는 있지만 완전히 가슴을 드러낸 여자는 드물다.

가슴은 겨우 참아낼 수 있다고 해도 외음부와 관련해서는 바로 식욕을 잃고 만다.

우리가 보고 있는 것이 무엇인가? 두 개의 추한 혹 같은 형상, 그것은 때에 따라서는 어울리지 않는 불균형의 선을 이루며 마감되거나, 아니면 실제로 추악하게 갈라진 주름을 형성하고 있다. 우리 손가락의 자극에 의해 그것의 위쪽 연결점에서는 살집이 좋은 어떤 것이 벌려지는데 그것이 바로 클리토리스 또는 음핵이다. 그것에 관해서는 다음과 같은 파우스트의 말이 적용된다. "정확하게 관찰해보라, 그것이 네 손안에서 점점 커지고 있음을." 하지만 그것이 어떤 미학적인 편안함을 불러일으킨다고 주장할 수는 없을 것이다. 약간 긍정적으로 본다면 사람들은 그 안에서 남자의 음경의 형태를 볼 수 있을 것이다. 그럼에도 어느 전쟁 대용품과의 비교는 거의 회의적이라고 말할 수 있다. 그러나 아직은 그렇게 경악할 정도는 아니다. 손가락은 신중하게 검사하면서 계속 더듬는다. 그 손가락은 두 개의 다른, 작은 혹 같은 형상, 즉 소음순을 만지게 되는데 성적 자극에 의해 완전히 몽롱해지지 않은 뇌는 쓸데없이 숙고한다. 자연이 실제로 새로운 '매력'을 창조하지 않고 변두리 삼류극장의 무대 예술가에게 곧 그들의 구차한 레퍼토리를 반복하지 않을 수 없게 했는가를.

이런 별로 유익하지 않은 관찰을 하는 동안 우리는 방해를 받는다. 갑자기 끈적끈적하게 달라붙는, 유동성의 점액질이 검사하는 우리 손가락을 둘러싸기 때문이다. 우리는 놀라서 손가락을 빼낸다. 상한 생선 냄새 같은 역겹고 더러운 냄새가 우리의 후각을 손상시킨다. 혐오감이 우리를 사로잡고 모든 성애는 바람에 불려 날아가버린 것 같다. 자궁이 끝나는 더 깊은 협곡으로 밀고 들어갈 기분이 전혀 나지 않는다. 머릿속으로 우리는 이미 배설물과 피로 물든 태아가 소름끼치는 모습으로 자궁에서 나오는 것을 보는 것 같다.[9]

이런 생생한 묘사를 통해 남성들간의 직장(直腸) 성교를 찬성하는 격렬한 변론으로 결론맺는 이 동성애적 경향의 학자뿐 아니라, 동성애에 관한 질문을 받은 다른 남자 동성애자들도 여성에 대한 성적 무관심의 이유로 여성의 성기에 대한 극복할 수 없는 혐오감과 두려움을 들고 있다. [10] 예컨대 동성애적 경향이 있으며 어머니에게 심리적으로 의존하는 어떤 고등학교 교사는, 시내의 목욕탕에서 항상 어머니와 같은 욕조에서 목욕했으며 그럴 경우 그는 시커멓게 털이 난 어머니의 치부 앞에서 큰 두려움을 느꼈고, 목욕한 날 밤에는 무시무시한 털이 수북이 나 있으며 이빨이 있는 여자 성기가 자신의 허벅지를 깨무는 꿈을 꾸곤 했다고 설명한다. [11] 여자의 외음부를, 교미한 후 남자를 잡아먹는 털 많은 거미로 상상하는 것은 동성애자들에게 자주 있는 일이다. [12] 그래서 무엇보다 심리분석가들은 매번 여자들에게 아이들 앞에서 나체를 보여주지 말라고 경고한다. "여성의 성기에 대한 지속적인 혐오감과 나중에는 발기불능"이란 결과를 가져올 수 있기 때문이다. [13]

로르카(García Lorca, 1898~1936: 에스파냐의 시인·극작가—옮긴이)는 강한 동성애적 취향을 감지할 수 있는[14] 달리(Dali)에 대해 여성의 성기에 대한 증오와 혐오감 때문에 여자와의 성교가 불가능했다고 말했다. [15] 루키안(Lukian) 역시 당시의 동성애자에 관해 그와 비슷한 것을 보고한 바 있다. [16] 1476년 4월 피렌체에서 수간을 하는 젊은 살타렐리(Jacopo Saltarelli)와의 성교 때문에 수감되고 심문을 받았던[17] 레오나르도 다 빈치는 이렇게 말한다. "성행위와 성행위를 할 때 사용되는 기관은 아주 혐오감을 준다. 얼굴의 아름다움과 당사자들의 장신구 그리고 제어되지 않은 충동이 없다면 인간이란 종족은 자연에 더 이상 존재하지 않을 것이다." [18]

'사정하다'라는 단어로 연상되는 것은 이 거장의 다른 수기에서도 간접적으로 나타난다. 그 수기에는 이렇게 적혀 있다. "인간은" 남성의 음경을 "보여주는 것은 말할 것도 없고 입에 올리는 것조차 수치스럽게 생각하는데 이것은 잘못된 생각이다. 인간은 그것을 장식하고 화려하게 내보여주어야 함에도 불구하고 그와는 반대로 공범자를 감추듯이 항상 그것을 가리고 숨긴다."[19] 레오나르도가 남성의 성기는 사실상 애정을 가지고 그린 반면, 소음순이 없는 여자의 외음부 그림은 여성의 치부라기보다는 오히려 지옥의 심연같이 그린 것은 이런 맥락에서 이해될 수 있다(그림 98).[20] 게다가 성교에 대한 스케치(그림 99)를 보면 여자는 단순히 생식기관과 가슴만 있는 몸통으로 생략되었다. 이와는 반대로 남자 파트너는 완전한 인간으로 그려져 있다. 이 그림의 왼쪽에는 엉덩이를 향하고 있는 어떤 남자의 음낭이 달린 발기한 음경이 단면도로 그려져 있다.[21] 그러나 레오나르도에게는 여자의 외음부만 '혐오감을 주는' 것일 뿐 아니라 여성의 쾌락 자체도 그에게는 명백히 하나의 분노의 대상이었다. 어쨌든 그는 이렇게 주장한다. "혐오

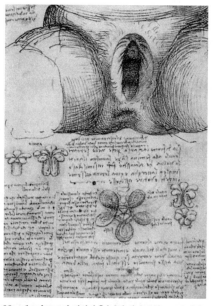

98. 레오나르도 다 빈치의 「여자의 성기 부위」, 1509년경.

감을 불러일으키는 여자의 음란한 성행위를 통해 생산되는 아이와 남자의 쾌락 없이 생산되는 아이는 보잘것없으며 불쾌감을 주며 아둔할 것이다."[22]

「리어 왕」에는 이렇게 적혀 있다.

　허리 아래로 그들은 켄타우로스이다/비록 위로는 여성이지만 /그러나 허리까지는 신들이 물려주었고, /아래는 모두 악마의 것이다/그곳에 지옥이 있고, 그곳에 어둠이 있다. /그곳에 유황 심연이 있다……/연소, 끓어오름, 악취, 소모. /제길, 제길, 제길! 체, 체![23]

시몬 드 보부아르는 이렇게 기술한다. "남자의 성기 부위는 손가락처럼 깨끗하고 단순하다." 그러나 여자의 그것은 다르다. "여

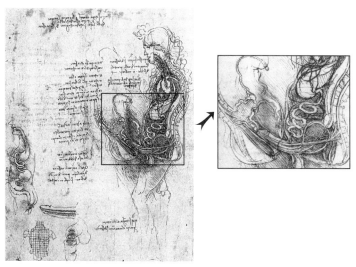

99. 레오나르도 다 빈치의 「성교」, 1493년경.

자의 성기 부위는 여성 자신에게도 은밀하며, 숨겨져 있으며, 고통스럽고, 끈적끈적하며, 축축하다. 그것은 매달 한 번 피를 흘리며 가끔 촉촉하게 젖기도 한다. 그것은 비밀스럽고 위험한 삶을 살고 있다." 그리고 "여자는 벌레를 잡아먹는 식충 식물처럼, 아이들이 빠져 헤어나오지 못하는 늪처럼 숨어 있다. 여자는 소용돌이, 축축한 흡각(흡족)이다. 여자는 역청, 새 잡는 끈끈이, 움직이지 않으면서 애교를 부리며 끈적거리는 유혹과 같다. 적어도 여자는 스스로를 이런 식으로 음침하다고 느낀다."[24]

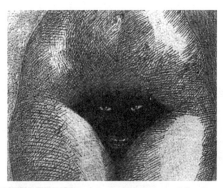

100. 악마 쥐로서의 여자 성기. 토포르(Roland Topor)의 그림. 1975.

결론적으로 어떤 학자는 간략히 이렇게 적었다. 남자는 외음부를 보기를 원하지만 "그러나 그것의 모습은 추하다." '성적으로 매력이 있다는 것'은 추한 것일 뿐 아니라 원래 혐오감을 주는 것이다." 그리고 이것은 이른바 제 문화간의 현상이기도 하다. "여자 성기에 대한 거대한 공포는 메두사의 뱀머리처럼 남자를 멍청하게 쳐다보면서 마비시킨다. 메두사는 오늘날까지 공포 그 자체의 상징"이며 영원한 거세 협박이다. 그 성 병리학자는 우리에게 가르쳐준다. "육체의 모든 부분은 우상이 될 수 있으며 우상으로서 '아름다울' 수 있다. 단지 한 가지만은 안 된다. '아름다운 여자'

라는 거대한 우상은 부분 우상들로 구성되며 여자의 모든 육체 부위의 종합이다——한 가지만 제외하고."[25]

이미 앞에서 인용한 바 있는 고대 그리스 어문학자 역시 치모가 없는 노출된 여자 성기의 추함을 명확히 보여주기 위해 그리스 신화를 연결시키고 있다.

그래서 여자의 치모는 진실을 참아낼 수 있기 위하여 짙을수록 좋으며 누구도 제거해서는 안 되는 비밀스런 베일이다. 그것은 사이스(이집트 나일 강 삼각주의 알가르비야 주에 있는 고도—옮긴이)의 베일에 가려진 그림에 대한 이야기와 같은 의미를 지닌다. 그 젊은이는 실제로는 대리석 조각의 얼굴에 가려진 베일을 벗긴 것이 아니라 허리를 가린 옷을 들추었다. 그리고 치모가 없는 외음부를 쳐다보았을 때 그는 한순간에 진실을 알아차렸다. 즉 여성적 매력의 엄청난 속임수를 알게 된 것이다. 그리고 이른바 사랑이 우스꽝스러운 그로테스크이며 이성, 즉 건강한 인간의 이성이라는 얼굴에 끔찍한 주먹세례를 날리는 것임을 알게 되었다.[26]

이제 창녀의 '베일을 벗기고' '진실'을 쳐다보는 그림 101에 그려진 그리스의 남자 손님은 아마 사이스의 젊은이와는 다른 기질을 가지고 있었을 것이다. 어쨌든 그는 자신의 음경 상태를 판단한 후 '끔찍한 주먹세례'를 거의 이겨낼 수 없다는 인상을 받은 것 같다. 대부분의 그리스 남자들은[27] 여자의 성기를 아름답고 매력적인 것으로 간주하지 않았음이 분명한 것처럼 보인다. 음경과는 반대로 외음부는 그리스 예술에서 거의 묘사되지 않고 있으며 술잔에 그려진 에로틱한 그림을 척도로 삼는다면 남자의 관심은 여성의 성기나 가슴이 아니라 대부분 유난히 부각된 엉덩이에 있음

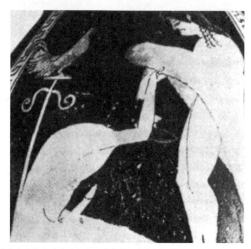

101. 유곽의 손님이 창녀의 외음부를 관찰하고 있다. 타르퀴니아(이탈리아 중부 라치오 지방
비테르보 주에 있는 도시—옮긴이)산 포도주잔, 기원전 510년경.

을 알 수 있다.[28] 호메로스나 헤시오도스의 작품에 남성의 성기가
자주 언급되었던 반면 외음부나 질을 가리키는 호칭은 전혀 발견
할 수 없다.[29]

나중에 사람들은 속어로 처녀의 외음부를 '거지발싸개', 부인의
외음부는 '돼지'라고 불렀는데, 이것은 라틴어의 porcus와 sus에
해당한다.[30] 이것은 외음부가 띠는 붉은 빛 때문이라기보다는 그
것의 불쾌한 냄새를 반영한 것 같다. 그래서 중세의 『우화시』
(fabliau)에서도 외음부가 절대 깨끗하지 않기 때문에 '돼지새끼'
로 불렸다.[31] 로마 문학에서도 여성의 성기는 거의 예외없이 질척
질척하며 게으르고 불쾌한 것, 즉 '쓰레기'로 묘사되며 남자에게
가장 모욕적으로 내던질 수 있는 말 중 하나는 그가 여자에게 쿤
닐링구스를 했기 때문에 '더러운 입'을 가졌다고 말하는 것이다.[32]
고문받는 동안 충성스럽게 그녀의 여주인 편을 들었으며 타키투스
에 의하면 "옥타비아의 성기가 네 입보다 깨끗하다"[33]는 말로 형

리를 비난했던 옥타비아의 여자 노예도 그런 식의 야유를 했던 것 같다.

중세 중기와 후기의 사전에 보면 'con'이라는 단어의 어원은 cunio, 즉 '부패하다'로 되어 있다.[34] 그것은 당시의 어원학자들이 아우구스티누스의 "변과 소변 사이에서 우리가 태어났다"라는 말에 따라 여성의 성기를 어떻게 보았는지를 특징적으로 알 수 있다. 16세기 유명한 의사인 파레(Ambroise Paré)는 여성의 치부가 "기형적이고 수치스럽고 벌거벗은 것으로 보인다"고 생각했다.[35] 그리고 린네(Linné)는 자연에 대한 소책자에서 여자의 치부를 '끔찍한 것'으로 생각해 생략했다.

라블레(Francois Rabelais: 프랑스의 작가로 동시대인들에게는 뛰어난 의사이자 인문주의자였다—옮긴이)는 질은 "동물적인 것, 남자들이 가지지 않은 부분, 더러운 아질산의, 부패시키는, 불타는, 코를 찌르는 듯한, 가려운 유동성 물질을 배설한다"[36]고 했다. 그리고 방종, 외설적인 것의 여성적 알레고리인 독이 있고 점액질이라고 간주되는 두꺼비가 음순 위에 앉아 있는 것은 틀림없이 우연이 아니다.[37]

13세기 나마니데스(Nahmanides: 유대인 성경해석학자—옮긴이)는 성기가 원래는 그렇게 혐오감을 줄 정도로 추하지 않았는데 타락을 통해 그렇게 되었다고 기술한다.[38] 이것은 무엇보다 기독교적 사상가들이 주장하는 견해이다. 경건주의자들은 외음부를 특히 혐오스러운 것으로 간주했다. 17세기 기히텔(Johann Georg Gichtel)의 생각에 의하면 신은 순수한 소피아(Sophia: 그리스어로 '지혜'라는 뜻—옮긴이)의 대용물로 위와 장, 그리고 이른바 동물적인 성기를 지닌 동물적이고 순수하지 않은 이브를 아담의 짝으로 주었다고 한다. 그녀의 성기를 보기만 해도 치욕스럽게도 그의 음경이 발기하여 '동물적 임신'을 실행할 수 있게 하기 위해서

였다. [39)]

러시아의 한 종파로서 볼셰비키가 권력을 장악할 때까지 존재했고 동루마니아에서는 2, 30년간 더 존속했던[40)] 스콥체(Skopze: 19세기 초 러시아에 있었던 극도의 금욕주의를 표방한 종파의 신도—옮긴이)는 여자를 '냄새나는 자들'이라고 칭했으며, 빨갛게 달구어진 칼로 여자의 몸을 여러 단계로 잘라냈다. 쾌락의 근원을 뿌리뽑기 위해서, 그것도 대부분 '추악한' 클리토리스와 음순 및 가슴의 유두와 유선(그림 102)을 잘라냈다. 그러면서 「누가복음」 23장 29절을 그에 대한 근거로 들었다. 그 말씀은 이렇다. "보라,

102. 유선을 잘라낸 러시아 스콥체의 젊은 처녀.

날이 이르면 사람이 말하기를 수태 못하는 이와, 해산하지 못한 배와, 먹이지 못한 젖이 복이 있다 하리라." [41)]

최근에도 유럽 사회에는 여자를 '하수구 위에 세워진 성지'라고

칭한 테르툴리아누스(Tertullianus: 초기 그리스도교의 주요 신학자·논쟁가·도덕주의자이며 최초의 라틴 교부—옮긴이)의 말이 너무 변태적인 것은 아니었다고 여겼던 사람들이 적지 않았으며 지금도 그러하다. 그리고 생선가게를 지나가며 "이봐, 아가씨!"라고 외쳤다는 맹인에 관한 위트는 많은 여자들에게 정말 곤혹스러운 것이다. [42] 20세기 초 나체 문화운동의 비평가는 "남자가 살아가면서 완전 나체의 여성과 마주치는 것은 남편에게조차 미학적으로도 윤리적으로도 영향을 미치지 않고"[43] 여자들은 자신의 외음부를 더럽고 나쁜 냄새를 피우는 것으로, 또한 무엇보다 추한 것으로 여기기 때문에 쿤닐링구스를 복합적인 감정으로 대하게 되는 경우가 자주 있다고 말한다. 예컨대 어떤 여자가 말한다. "나는 이것이 끔찍해. 축 늘어진 느슨하고 쭈글쭈글한 피부. 두 살 난 내 딸의 성기부위는 예쁘고 탄탄하고 매끈한데."

여자의 성기를 자주 보아서 그 모습에 친숙했던 한 전직 여자 간호조무사는 이렇게 말했다. "그것은 마치 더러운 갈색 가장자리가 붙어 있는 갈라진 상처처럼 추하다는 생각이 든다. 그러나 다리를 붙이고 있는 여자의 모습은 아름답다." 그리고 어떤 나체 모델은 고백하기를, "그러나 나는 아무도 그것을 보지 못하도록 음문 틈 위의 숱이 많은 치모를 빗어내리려고 시도했다."[44] 이와 같은 점에서 명백히 대부분의 여성 비평가들이 그래픽 디자이너인 헬바인(Gottfried Helwein)이 기획한, 베데킨트(Franz Wedekind)의 「룰루」 공연 포스터를 외설스러운 게 아니라 '추하다고' 생각했다는 것이 독특해보인다. 그 포스터 위에는 룰루 역을 맡았던 배우 로타르(Susanne Lothar)의 하복부가 그대로 드러나 있다(그림 103).[45]

적어도 북미에서는 많은 여자들이 산부인과 진단을 받기 전에 '냄새'가 나지 않도록 성기에 분을 바르거나 향수를 뿌린다. 그리

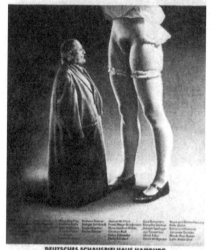

103. 함부르크의 연극 포스터, 1988.

고 적지 않은 여자들이 촉진을 받기 직전에 병원 화장실에서 다시
한 번 씻는 것으로 보인다.[46] 헨리 밀러가 언젠가 표현했듯이 특히
백인 미국 여자는 '잘 빗질하고 향수를 뿌린 음문'에 최고의 가치
를 두는 것처럼 보인다. 그리고 백인 미국 남자들은 넓은 콧방울
과 두꺼운 입술, 곱슬머리를 가진 흑인 여자들을 보면서 치모가
헝클어진 '거친' 외음부를 연상한다는 주장을 하기도 한다.[47]

이런 추하고 혐오감을 불러일으키는 외음부는 여러 단계로 거부
될 수 있다. 1950년대에 태어난 어떤 여자는 예컨대 아홉 살의 나
이에 그녀의 성기에 대한 깊은 혐오감을 느꼈다고 상기한다. "나
는 좋은 속임수를 발견했다. 치마를 입은 채 팬티를 벗고, 잠옷바
지를 입고 그 다음 치마를 벗으면 나는 '거기 아래를' 볼 필요가

없다. 다행히도 '거기 위에는' 아무것도 없다. 보고 싶지도 않다. 육체에 그런 우스꽝스러운 물건이 달려 있다니, 무엇 때문에 이런 극도로 추하고 뻔뻔스러운 것이 존재할까?"[48] 미국 여자들 1천 명 중 52명, 즉 5.2퍼센트가 자신들의 성기가 어디에 있는지 정확히 알지 못했기 때문에 남편에게 성교를 거부했다고 말한다.[49] 사람들은 많은 여자들이 자신들의 외음부를 '질'이라고 부르는 것은 그들이 남자들과는 반대로 오로지 한 개의 구멍, 아무것도 가질 수 없는 하나의 구멍만 있다고 '생각한다'는 것에 대한 증거라고 주장하기도 한다.[50]

실제로 많은 여성들이 어렸을 때 외음부에 대한 말은 한마디도 배우지 못한 것으로 보인다. 클리토리스나 음순에 관한 단어들에 관해서는 더 말할 필요도 없다.[51] 예컨대 칠레의 여자 심리학자는 이렇게 기술한다. "클리토리스는 실제로 아무도 모른다. 대부분의 여성들은 그것이 무엇인지 알지 못한다. 그들은 나에게 '클리……뭐라구요? 그런데 그것이 어디 있는데요?'라고 묻는다. 당신은 거울을 가지고 여자들이 다리 사이에 무엇을 가지고 있는지를 보여주어야 한다!"[52]

사실 클리토리스에 대한 일상 용어는 전혀 존재하지 않는 것으로 보인다. 클리토리스가 완전히 알려지지 않은 것이 아니라면 사람들이 그것을 기피한 것이라는 결론을 내릴 수 있다.[53]

외음부에 대한 혐오감과 거부감 때문에 극단적인 경우 당사자인 처녀와 부인들은 가슴을 묶거나 치모를 면도하면서 외음부를 수술로 제거하기를 원한다. 아니면 클리토리스나 음순을 스스로 훼손시키거나 자른다.[54]

비서구 사회에서도 여자 성기에 대한 혐오감과 거부감을 자주 볼 수 있다. 여러 문화권을 살펴보면 여자들은 자신의 하복부에 대해 거의 모르는 것처럼 보인다. 어떤 여자 민속학자에게 "사람들은 자기 육체의 모든 부분을 알지 못한다. 나도 사람들이 아이를 어떻게 가지게 되는지 모른다. 삶의 아주 많은 부분에 대해 아무것도 모르는 것이 상당히 문제가 있는 거라는 생각이 든다"[55]고 고백했던 23세의 키체 마야족 여자는 다른 사회의 여자들과 비교해서 다소 극단적인 경우다.

예컨대 메히나쿠족 여자는 나이가 차면 성기에서 '냄새가 난다'고 배운다. 그리고 사람들은 여자들을 카나탈라루(kanatalalu)라고 부르는데 그것은 '거절하는 여자들'이란 뜻으로 많은 여자들이 외음부의 냄새와 모습 때문에 부끄러워 성교를 꺼리기 때문이다. 그래서 강변에서는 남녀가 함께 자서는 안 된다고 전해진다. 물고기조차도 음부의 냄새로 인해 구역질을 하기 때문이다. 젊은 남자들이 어떤 여자에게 특별히 모욕 주기를 원하면 그들은 마을 광장에서 그녀에게 큰 소리로 외친다. "헤이, 야, 네 음부 냄새 지독한데!"

사람들이 거의 볼 기회가 없으며 실제로 얇은 틈으로만 존재하는 외음부는 매력적인 것으로 간주된다. 그러나 그것 역시 '걱정스러운 것'(kowkapapai)이다. 어둡고 냄새나고 어쨌든 간단히 말해서 불쾌한 것이다.[56] 케테페(Ketepe)라는 사람만이 남자들 중에서 하나의 예외이다. 그는 외음부를 보고 혐오감을 느끼지 않으며 여자를 성적으로 자극하기 위해 심지어 '핥기까지 한다.' 그러나 "낮에 하면 서로 부끄럽기 때문에" 어두운 곳에서만 한다.[57] 남아메리카 오지 인디언들은 대부분 '음부 냄새'를 여성스러움의 자연스런 표현으로 여겼다. 예를 들어 브라질 우루부의 데미우르그(Demiurg)는 썩은 냄새가 나고 벌레처럼 쏘는 열매를 보자 이렇게 소리쳤다. "저건 매력적인 여자가 될 수 있을 텐데!" 그러자 그 열매는 그 자리에서 여자로 변했다고 한다.[58]

"네 음부 냄새가 난다!"는 표현은 많은 아프리카 사회, 예컨대 바크웨리족, 발링족, 아잔데족 등에서 남자가 특정한 여자를 겨냥하여, 그럼으로써 여성 전체를 겨냥하여 쓰는 가장 나쁘지만 자주 사용되는 욕이다. 여자에게 이런 모욕을 주면 그는 여자들에게 심한 벌을 받는데,[59] 그 징벌의 과격함으로 보아 이 모욕이 얼마나 치명적인가를 명확히 알 수 있다.

호게오족 남자들은 사춘기의 사내아이들에게 외음부는 극도로 추할 뿐 아니라 혐오감을 불러일으키며 냄새가 나서 바보라도 그것을 멀리할 정도라고 이야기해준다.[60] 난디족 남자들은 여성의 성기에 대해 극도의 혐오감을 보여 절대 상대 여자의 성기 부위를 만지거나 애무하지 않는다. 남자가 침대시트 밑에서 여자의 몸을 만질 경우 기껏해야 치모를 어루만지거나 가슴을 만지는 정도이지 그의 손이 절대 더 깊이 들어가지 않는다. 어린 여자아이가 그녀의 클리토리스를 만지면 어른은 그 아이에게 욕을 하면서 이렇게 경고한다. "어떻게 너는 나중에 음식 먹을 때 사용할 손으로 그곳을 만질 수 있단 말이니!" 물론 남자아이들도 마찬가지였다. 예를 들어 남자아이가 소변을 볼 때 음경을 손가락으로 잡는다면 어른은 똑같은 말로 그를 나무란다.[61]

잠비아 남자들 역시 외음부에 대해 커다란 혐오감을 느끼며 절대 그것을 만지지 않는다. 그들은 여자들이 성기 부위를 전혀 씻지 않기 때문에 냄새가 난다고 말한다. 어떤 여자도 이런 말을 듣지 않도록 주의해야 한다. 왜냐하면 어떤 여자가 이런 말을 들으면 심한 수치심에 목을 매게 될까 두렵기 때문이다. 이런 이유에서 그들은 성교할 때 불쾌감 때문에 침을 뱉고 싶지만 그렇게 하지 않고 여자가 가고 나서야 침을 뱉는다. 성교하는 동안 남자들은 불쾌감을 억누르기 위해 페퍼민트 잎을 콧구멍에 집어넣는다.[62] 멕시코 시티의 빈민가에도 여자들의 '국부 위생'의 관념은 없었다. 남자들은 루이스(Oscar Lewis: 미국의 인류학자—옮긴이)에

게 여자들이 밤에 다리를 벌리면 냄새가 퍼져 나와 다른 냄새는 모두 사라져버렸다고 설명했다. [63]

많은 아라비아계 모로코 사람들은 성교하는 동안 질이 축축해지는 여성에게 혐오감을 느낀다. 그들은 그런 여자들을 '늪' 또는 '습지'를 의미하는 마르가(marǧa)라고 부른다. 물론 많은 것으로 미루어 볼 때 남자들 중 대부분이 이런 '늪'에 빠지는 것을 새삼스럽게 당황하지 않는다. 왜냐하면 그들은 음경을 삽입한 후 가능한 한 빨리 사정하기 때문이다. 올바른 남자라면 오로지 한 가지, 즉 자신의 성교능력을 증명해 보이며 가능한 한 여자에게 자주 정액을 뿌리는 데에만 관심이 있다. [64] 남자들은 외음부와 질에 대해 혐오감을 느낀다. 그들은 천국에서의 이브는 음부가 없었는데, 타락하고 난 후에야 그 벌로 성기와 월경을 갖게 되었다고 믿는다. [65]

미얀마의 어느 마을에서는 펠라티오를 혐오감과 불쾌감을 주는 것으로 여겼다. 쿤닐링구스에 대한 거부감은 이보다 비교할 수 없을 정도로 훨씬 강했다. 왜냐하면 외음부는 '더럽고' '오염시키는' 것이기 때문이다. 외음부가 그러한 것이기 때문에 아주 어린 여자아이들도 치마를 입어야 한다. 남자가 여자의 성기를 만진다면 그것은 치마 천 위로 만질 수 있을 뿐이다. 남자에 대한 가장 심한 모욕 중 하나는 '음부를 핥는 더러운 녀석' 또는 '음부 도려낸 것을 먹는 녀석'이라고 부르는 것이다. 남자들이 젊은 여자를 그런 말로 놀리면 그들은 눈을 흘기며 화가 나서 이렇게 대답한다. "네 녀석을 음부로 문질러주나 봐라!" [66]

산탈족(동인도에 거주하는 부족민―옮긴이) 남자들은 음순과 클리토리스를 애무하긴 하지만 입과 성기의 접촉은 협박용으로만 사용될 뿐이다. 예컨대 젊은 남자가 너무 소극적이면 여자들은 가끔 이렇게 말한다. "한번 하자, 아니면 내 음부에 입을 맞추든가!" 남자가 하고 싶은 마음이 간절해지고 여자가 원하지 않을 경우 여자는 이렇게 말한다. "도망쳐, 아니면 네 얼굴에 내 음부를 문질러 줄 거야!"[67]

유럽 사회에서 쿤닐링구스는 근대 이전에는 거의 일어나지 않은 것으로 보인다.[68] 어쨌든 자료에는 이것과 관련해서는 전혀 언급되지 않고 있다. 중세 후기의 유곽에서 쿤닐링구스가 존재했었는지에 대한 암시조차도 없다.[69]

1504년 빌링겐(Villingen)의 어느 대장장이는 취한 상태에서 아내가 '전혀 원하지 않았는데도' '그녀의 외음부 일부를 물어뜯었다'. 그래서 아내는 "외음부 때문에 죽을 것이라고" 생각했다. 대장장이는 이 일로 인해 벌금형과 체형을 선고받았는데, 이 예는 쿤닐링구스를 암시한다고 볼 수 있다.[70] 그렇다 할지라도 적어도 성직자 세계에서는 쿤닐링구스가 기껏해야 미친 사람, 아마도 유대인[71] 특히 악마와 친했던 사람들이나 한다고 생각했던 성적인 변태로 비난을 받았다[72]는 것은 명백한 사실이다. 예컨대 『성 칼라이스의 생애』(Leben des hl. Calais)에는 이런 내용이 있다. 군다(Gunda)라는 어떤 여자가 "여자는 성 칼라이스의 수도원에 들어갈 수 없다"는 예언을 시험하려고 한다. 그녀가 남장을 하고 수도원의 문지방을 넘자마자 악마가 그녀를 덮쳐 바닥에 쓰러뜨리고 에로틱 문학에서 '식스티나인(69) 자세'로 불리는 것을 그녀에게 강요했다. "그는 자신의 머리를 그녀의 허벅지 사이에 들이밀었다. 그녀는 수도원의 숭배받는 장소에 기만적인 키스를 하기를 원했지만 그의 육체의 치욕적인 부분에 키스하기를 강요받았다."[73] 결국 도이치(Niklaus Manuel Deutsch)는 처녀의 치마 밑으로 기어들어가는 죽음을 묘사한 그의 그림으로 쿤닐링구스를 암시했던 것으로 보인다(그림 104).[74]

외음부가 '연체동물 같기' 때문에 아주 '추하고' 거부감이 드는 것으로 느껴진다는 주장을 우리는 기억한다. 외음부는 모습뿐 아

104. 도이치의 「처녀의 애인인 죽음」, 16세기 초.

니라 만질 때의 느낌도 건드리면 거품을 내는 달팽이와 비슷할 뿐 아니라, 바다조개나 바다달팽이와 비슷하게 삼킨다. 실제로 과거와 현재의 수많은 사회에서 여자의 성기는 동물과 비교되었던 것으로 보인다.

어느 해석에 따르면 음부를 가리키는 독일어 'Möse'(중세독일어 mutz)의 어원은 조개라고 한다. 반면 많은 문화에서 외음부를 상징하는 자패(紫貝)라는 호칭은 상스런 표현인 '돼지 새끼'라는 말과 관계가 있는 그리스어에서 유래한 것이다.[75] 추측건대 악령으로부터 보호받기 위해 이용했던[76] 로마의 비너스 테라코타 조각들은 때때로 외음부가 위치한 장소에 자패를 착용했다. 수많은 사회에서, 특히 아프리카에서 여성들은 일상생활을 할 때에도 치마 위

256

나 치부가리개 위, 아니면 외음부 바로 위에 자패 조개를 차고 다닌다.[77)

고대 덴마크어로 굴은 'kudefisk'이다. 그럴 경우 'kude'는 '음문'을 의미했다.[78) 프톨레마이오스 왕가(알렉산드로스 대왕의 원정 후에 수립되어 클레오파트라가 죽을 때까지 이집트를 지배한 왕가—옮긴이) 시대에는 공식 창녀들을 '달팽이'라 불렀는데 유곽의 문에도 그 단어가 씌어 있었다.[79) 앙가미나가족 젊은 남자들은 사랑의 밀회를 가진 후 여자의 치부가리개에 달려 있는 자패 달팽이 위에 새것을 첨가한다. 그리고 결혼한 여자를 유혹하거나 자매 두 명과 잇달아 동침하는 데 성공한 사람은 특히 많은 달팽이를 붙일 수 있는데, 그것은 그가 얼마나 많은 달팽이에 삽입했었는지를 보여주기 위함이다.[80)

일본 사람들은 예전부터 외음부를 '전복'과 비교한다. 그리고 일본의 여러 지역에서 아주 여성적인 성기를 '조개'라 불렀다. 이미 신석기문화인 조몬(じょうもん[繩文])의 여자 조각은 외음부 앞에 커다란 자패를 붙이고 있다. 많은 산부들은 분만을 하는 동안 '순산 조개'를 손에 쥐고 있다.[81)

105. 레나타 블렉(Renata Bleck)의 사진, 80년대.

조개는 축축하고 끈적거릴 뿐 아니라 건드리면 탁 닫혀서, 무엇
보다 일본에서 외음부와 결부되었던 연체동물인 문어(그림 106)처
럼 침입해 들어오는 것을 붙잡는다. 그리고 마르티니크와 과들로
프의 크리올(중남미에서 출생한 유럽계 백인과 흑인의 혼혈인 ─ 옮
긴이) 역시 질을 문어의 앵무새 부리와 비교한다. 그들은 여성의
성기를 쿠쿤샤트루(Coucoune-chatrou)라 부르는데 'chatrou'는
이런 해양동물을 지칭하는 크리올의 표현이다.[82]

질이 죽음과 파멸을 가져온다는 것은 많은 사회에 만연되어 있
는 생각이다. 메스칼레로족(뉴멕시코 주 중남부의 동부 아파치
족 ─ 옮긴이)이나 치리카후아족(미국 남서부와 멕시코 북부의 아파

106. 호쿠사이(北齋, 1760~1849: 일본의 우키요에[浮世繪] 화파에 속하는
탁월한 화가 · 판화가 ─ 옮긴이)의 나무조각, 1814.

치 인디언 ─ 옮긴이) 아버지들은 오늘날에도 어린 아들에게 이렇게
가르친다. "여자와는 어떤 짓도 하지 마라! 여자는 안에 이빨을
가지고 있어서 네 고추를 물어뜯으니까!"[83] 성에 있어 아주 변태
적인 경향이 있는 것으로 보이는 노먼비 섬(남서 태평양 솔로몬
해에 있는 섬 ─ 옮긴이) 주민 남자들은 여자들에게 "우리가 너희들

107. 공식 창녀. 동판화, 17세기 후반.

을 찌르면 너희들은 물고기처럼 부풀어오를 거야!"라고 외침으로써 여자들을 약올린다. 그러면 여자들은 이렇게 대답한다. "너희들을 삼켜버리겠어. 하지만 너희와 너희들의 음경이 약해지면 다

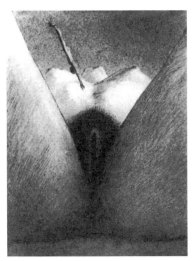

108. 쿠빈(Alfred Kubin)의 「죽음의 도약」, 1901년경.

109. 운게러(Tomi Ungerer)의 「낮잠」(Siesta), 1980.

시 뱉어버릴 거야!"[84]

"여자의 이빨을 뽑다"라는 말의 가장 실제적인 의미로 '거친'

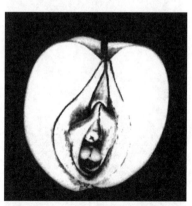

110. 질의 이빨이 있는 사과. 네덜란드의 파엔차(14세기 말부터 이탈리아 에밀리아
지역에서 제조된 주석유약 도기—옮긴이) 조각, 1977.

여자를 길들이는 것이 남자에게 필요하다는 생각도 널리 퍼져있다. 야바파이족(그랜드캐니언 남쪽의 애리조나 서부에 살던 유마족에 속하는 부족―옮긴이)에서, 예컨대 문화영웅이 곰처녀를 여자로 만들기 위해 그녀에게 다가간다. 그러나 그 전에 그는 "그녀를 안전하게 하기 위해" 그녀를 때려눕혀 못을 빼는 도구로 그녀의 질에서 이빨을 빼낸다.[85]

여자들이 질로 음핵을 고정시켜 남자를 사로잡는다고[86] 믿기 때문에 많은 남자들이 성교에 대해 큰 두려움을 가지고 있는 중앙 오스트레일리아 황야의 아란다족 여자들은 두 범주로 나뉜다. '거칠고' 길들여지지 않은 '아르테미스(수렵의 여신)형'[87]과 결혼을 통해 길들여진 '조용한' 여자이다. 처녀들은 아직 '개간되지 않았으며' 그들의 성은 순수한 '자연'이다. 그들은 서로에게 외음부를 보여주고 상대방의 질을 얄라(yalla) 뿌리와 지팡이(끝을 끈으로 묶어놓은)로 만져줌으로써 서로를 자극한다. 아니면 서로의 클리토리스를 간질여준다. 오르가슴에 도달하기 직전에 한 사람이 다른 사람 위로 올라타서 "두꺼운 꼬리를 가진 남자가 와서 너와 성교하게 될 거야!"라고 말하면서 상대 여자의 외음부를 문지른다. 나중에 그들이 결혼하면 '진정된다'.[88]

15

아름다운 외음부

이제 우리는 여자 성기의 추함과 혐오스러움에 관한 많은 예들로 홍수를 이룰 지경이다. 그렇다면 여성 성기에 대한 자연스럽고 동시에 '객관적인' 거부감에서 수치심이 비롯되었다는 제14장 서두에 인용된 학자들의 의견은 옳은가? 실제로 많은 것들이 이를 증명해주고 있지 않은가 하는 문제를 숙고해보아야 할 것 같다.

우선 외음부의 클로즈업 사진이 '아름답지 않다'(unästhetisch)라는 주장부터 확인해봐야 하는데, 이 단어의 의미로는 이런 사진을 관찰하는 남녀 대부분이 그것을 아름답다고 느끼지도 않고 추하다고 느끼지도 않는 것 같다.[1] 예컨대 10년 전 페미니스트들 사이에서 돌아다니던, 남성을 자극한다는 이유로 여성 전용 서점에서 엄격하게 남성의 시선으로부터 차단당했던 클리토리스의 사진을 기억하는 사람이라면, 이 사진들이 빙하의 균열을 근접 촬영한 것처럼 아주 '아름다웠는지' 아니면 '아름답지 않았는지'를 확인할 수 있을 것이다. 그러나 클리토리스는 제쳐놓고라도 코나 입, 귀를 클

111. 둥근 옥수수 빵을 구우면서 예의바르게 앉은 유카탄 마야족 여자.

로즈업한 사진들도 대부분 그들이 원래 가지고 있던 '미학적 질'을 잃게 된다. 예컨대 이것은 거인의 왕국에서 집주인 여자의 유두를 보고 아주 낯설어했던 걸리버가 증명해줄 수 있는 사실이다.

둘째로 많은 사회에서 남자들이 갖고 있는 여성의 성기에 대한 혐오감은 여자들의 '국부 위생'의 결핍과 관계가 있다. 매일 한 번 씩 씻으면 외음부는 전혀 죽은 생선이나 신 우유 냄새가 나지 않는다.[2] 예컨대 1930년대 헝가리 농부들이 토요일 저녁에만 몸을 씻을 경우 이들이 쿤닐링구스나 펠라티오에 호감을 가지지 않았다는 것은 전혀 놀랄 만한 사실이 아니다.[3] 그러나 다른 한편으로 여자들이 매일 그들의 치부를 씻는 유카탄 마야족(멕시코 남동부 유카탄 반도에 사는 중앙 아메리카 인디언―옮긴이)들은 쿤닐링구스와 펠라티오를 하지만 그렇다고 외음부가 매우 수치스러운 것이라는 생각이 바뀌지는 않는다.[4]

그와는 반대로 과거에 중국에서는 귀족 부인들이 남편의 열정이 너무 일찍 사그라들지 않도록 하기 위해[5] 성교하기 전에 허리띠에 향주머니를 다는 일이 자주 있었다. 1670년경 다음과 같이 적었던 로체스터의 얼(Earl of Rochester: 영국의 궁정 재사이자 시인으로 영국 풍자시 확립에 기여했다—옮긴이)의 말을 믿는다면 유럽 사회에서도 귀족들 사이에서는 이런 일이 필요했을 것이다.

> 정말 불결한 님프여, 깨끗하고 친절해져라
> 그리고 나의 모든 기쁨을 복원시켜다오
> 아직 뒤에 있는 종이와
> 앞에 있는 스펀지를 사용해서.

18세기 중반 유명한 호색한으로서 영국 여성의 성기 부위와 접촉했던 유일한 세제가 바로 애인들의 정액이었음을 알게 된 월크스(John Wilkes)는 이렇게 말했다. "이 섬의 여성들은 고귀한 부분을 절대 씻지 않고 남성들이 비누칠을 하도록 남겨둔다."[6] 그리고 뒤퐁(Gratian du Pont)은 이미 1530년에 『남성과 여성의 성 논쟁』(*Controverses du sexe masculin et feminin*)에서 많은 여자들이 "허벅지와 겨드랑이 아래 사이에/양고기 냄새, 악취[7]와 그 비슷한 불결한 냄새가 나지 않도록 하기 위하여" 물에 향수를 탄다는 사실을 기록하고 있다.[8]

'국부 위생'은 수백 년 전부터 "그것을 필요로 했던" 공식 창녀와 부도덕한 여성들의 특징으로 간주되었다. 이미 14세기에 의사인 하인리히(Heinrich von Mondeville)의 『외과학』(*Chirurgie*)은 여성들에 관해 이렇게 적고 있다.

> 성기 부위는 내부와 외부의 이중 손질이 필요하다. 내부의 손

질은 그들의 일을 시험받는(antiquae) 창녀들, 특히 원래 넓은 외음부를 가졌거나 아니면 잦은 성교의 결과로 미끄러우며 연약한 외음부를 가진 창녀들에게 필요하다. 그들과 함께 자는 사람들에게 처녀로 보이기 위해, 아니면 적어도 공식 창녀로 보이지 않기 위하여 이중의 손질을 했다. [9]

1940년 어떤 순박한 여자는 딸의 초경에 대해 주의를 환기시켰던 샤르트르의 여학교 교장에게 화를 내며 항변했다. "내 나이가 쉰 살인데, 교장선생, 나는 결코 그곳을 씻은 적이 없어요." [10]

그러나 더 중요한 것은 다음이다. 실제로 여성의 성기에 대한 선천적인 거부감이 존재했다면 대부분의 인간 사회에서 외음부가 추하고 거부감이 드는 것으로 느껴졌을 것이다. 그러나 절대 그렇지 않다.

여자의 외음부는 미크로네시아 지역 대부분에서는 특별히 아름다운 것으로 간주되었다. 예컨대 트루크 섬에서는 많은 남자들이 여자들에게 치모를 면도해버릴 것을 요구한다. 노출된 음부와 음순의 모습을 보고 더 많이 즐거워하기 위해서이다. 여자들은 '완전한 물건'으로서의 외음부, 즉 명확하게 보이는 클리토리스와 무엇보다 길게 늘여 문신을 새긴 작은 음순이 있는 외음부를 가지기를 원했다. 외음부에 특별한 '장식'을 하지 않은 여자는 성적 파트너들이 별로 좋지 않게 생각하며 만지려 하지도 않는다. 특히 포나페(Ponape) 섬에서는 특징적인 성기를 지닌 여자들이 기꺼이 자신의 음순을 부드럽게 씹게 한다. [11] 캐롤라인 제도 서쪽의 송고소르(Songosor) 섬에서도 쿤닐링구스는 보편적으로 애용되고 있으며, 남자들은 구강 성교를 하면서 치모가 그들의 입으로 들어가지 않도록 대음순의 외부에 나온 치모를 뽑아낸다. [12] 캐롤라인 제도 중앙의 파라우리프 섬에서는 음경을 질에 삽입하기 어려운 아주 뚱뚱한 남자들이 쿤닐링구스를 실시했다. 그리고 남자들이 "더 많은 것을 얻을 수 있도록"[13) 소음순을 인위적으로 늘였다.

포나페 섬에서는 발기불능의 노인들이 어린 여자아이의 입술이나 음순을 오랫동안 늘이거나 잡아당긴다. 여기서도 사람들은 구강 성교에 대해 거부감이 없다.[14) 그리고 트루크 섬의 여자들은 가볍게 다리를 벌리고 갈 때 소리가 나는 물건을 구멍을 낸 음순에 숨김으로써 그들의 성기로 관심을 집중시켰다.[15)

여자의 성기를 이렇게 '미화'한다고 해서 미크로네시아 여자들이 성기에 대한 수치심이 별로 없었을 것이라는 결론으로 이어지지는 않는다. 그와는 정반대이다! 히비스커스와 바나나 섬유조직으로 만든 무릎 길이의 치마를 착용하는 트루크 섬의 여자 주민들은 아무도 그들의 성기 부위를 보지 못하도록 남자들보다 훨씬 더 신경을 썼다. 그리고 같은 여자들끼리 목욕할 때에도 절대 치마를 벗지 않았다.[16) 그곳 사람들은 암적색이 외음부의 색이기 때문에

112. 음순을 늘인 여자의 조각상. 이스터 섬, 19세기.

절대 그 단어를 사용하지 않았다. 마찬가지로 치부가리개라는 단어도 사용하지 않고 대신 '히비스커스'라고 부른다. 예의상 외음부, 질, 음경, 클리토리스, 음순, 음낭 또는 사정을 표현하는 어떤 단어도 존재하지 않기 때문이다. 박쥐를 지칭하는 호칭이 있긴 하지만 공식적으로 그 호칭은 사용되지 않는다. 왜냐하면 박쥐가 여자들의 허벅지에 문신으로 새겨져 있었기 때문이다. 그 대신 사람들은 '생쥐'라는 단어를 사용한다.[17] 이는 마치 고대 로마의 귀족들이 'cunnus'(외음부)를 연상시키기 때문에 'cum nos'(우리와 함께)라는 표현을 사용하지 않은 것과 같다.[18]

울리티 섬에서는 특정한 종류의 갑각류를 마을을 통해 운반하는 것을 금지하는 아주 엄격한 터부가 지켜졌다. 이런 것이 외음부를 연상시켜 여자들을 곤혹스런 상황에 빠지게 할 수 있기 때문이다.[19] 캐롤라인 제도 중앙의 환상 산호섬 이팔루크의 사내아이들은 예컨대 일고여덟 살이 되면 성기를 감추지만 여자아이들은 네 살이면 벌써 치마를 입는다. 왜냐하면 그들은 남자들보다 훨씬 일찍부터 '부끄러워하기'때문이다. 제2차 세계대전 동안 이팔루크 섬에 주둔했던 일본군이 대중의 면전에서 나체로 목욕했을 때 섬 주민들은 쇼크를 받았다.[20] 더 충격적이었던 것은 야프 섬의 여자들이 제2차 세계대전 중에 일본 의학자들에게 산부인과 검진을 받도록 강요받았다는 것이다. 그들은 다른 여자들 앞에서도 성기를 노출시킨 적이 없었다. 그래서 나중에 야프 여자들은 미국의 간호사들에게 성기 검진을 받을 때 눈을 돌려달라고 부탁했다.[21] 송고소르 섬 여자들은 늦은 밤 완전히 어두워지고 나서야 그들의 가리개를 벗었다. 낯선 사람의 시선이 그들의 허벅지나 엉덩이에 닿으면 그들은 아주 부끄러워하는데 외음부에 대해서는 더 말할 필요가 없다. 어떤 여자 민속학자가 틀림없이 남자들이 그린 외음부의 문신 스케치를 여자들에게 보여주자 그들은 매우 부끄러워했다.[22]

그리고 어떤 여자가 '전형적인 남태평양인'으로서 사진 찍힌 후에 "379번. 여자의 전신상, 나체, 배의 아랫부분에 문신을 볼 수 있음"[23]이라고 기록되었을 때의 그 기분을 이해할 수 있을 것이다 (그림 113).

포나페 섬에서도 물론 여자들은 그들의 성기 부위를 산파 앞에서조차 노출시키기를 거부한다. 무엇보다 길게 늘인, 문신을 한 자신의 음순을 볼까봐 두렵기 때문이며 사람들은 그것의 외양이 모든 남자들을 성적으로 자극한다고 믿었다.[24]

여행자들의 보고에 의하면, 일상에서 그런 곤혹스런 상황을 처음

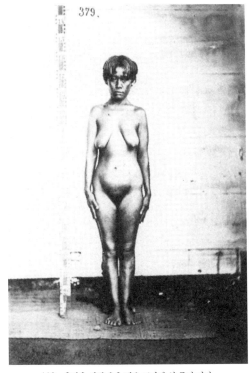

113. 측정을 위해 옷을 벗은 포나페 섬 주민 여자.

부터 배제하기 위해 팔라우 섬에서는 다음과 같은 관습을 도입했다고 한다.

아트라로(Atraró) 바로 뒤로 아주 큰 욕조를 통과해 지나가는 길이 나 있었다. 그러나 우리가 거기 도착하기도 전에 나와 함께 가던 사람들이 이구동성으로 내뱉는 끔찍한 그리고 길게 늘이는 아이와오와(Eiwa-Owa) 소리에 나는 적잖이 놀랐다. 어떤 여자의 목소리가 숲속에서 들려왔던 것이다. 그러자 나와 같이 가던 사람들이 나를 뒤로 물러서게 했다. 왜냐하면 욕조에서 목욕하던 여자들이 우리가 지나가는 것을 허용하지 않았기 때문이다. 그 여자들을 그렇게 두려워할 필요가 없지 않느냐고 묻자 그들은 "그렇지 않다. 목욕 중인 여자들은 그들이 원하지 않았는데도 그들 곁을 지나가는 남자가 있다면, 그를 매질하거나 벌금형을 주거나 심지어 죽이기까지 할 수 있는 엄청난 권리를 가지고 있다"[25]고 대답했다.

그곳뿐 아니라 다른 지역에서도 외음부를 유혹적이며 아름다운 것으로 생각한다. 예컨대 시에라리온(서아프리카의 공화국 또는 지방 이름—옮긴이)의 멘데족은 여자 얼굴에 있는 통통하고 붉은 입술만 사랑하는 것이 아니다. '밑의 입'도 매혹적이며 아름답기 위해서는 강렬한 붉은색을 띠어야 한다고 생각했다. "외음부를 가진 것은 어느 것도 추하다고 할 수 없다"고 멘데족은 취한 듯 말한다. 그러나 남편 역시 아내의 외음부를 눈으로만 즐길 뿐이지 촉각으로 즐기지는 못한다. 남편이 쿤닐링구스를 아무리 원한다 할지라도 여자는 그것을 거부한다. 외음부는 '은밀하고' 극도로 부끄러운 곳이기 때문이다. 성기 부위는 전체적으로 치모를 완전히 제거했을 뿐 아니라 냄새가 나지 않는다. 멘데족 여자들은 매일

세 번 목욕을 하며 그때마다 특히 하체를 깨끗이 씻는다. 외음부에서 냄새가 난다는 약간의 조롱조차도 앞에 언급했던 바크웨리족 여자들처럼 그들에게는 심한 모욕이 되고 상처가 될 것이다.

또한 매우 청교도적인 민족으로 지칭되는 멘데족에게 여자의 성기는 아주 부끄러운 것이다. 그리고 여자아이들에게는 아주 어릴 때부터 계속 말로 야단치고 눈짓을 하고 손바닥으로 때려서 그들의 음부를 절대로 노출시켜서는 안 된다는 것을 이렇게 경고한다. "다리를 오므려라!" 이런 경고로 인해 여자아이들은 다리가 서로 부딪칠 정도로 붙이고 걸어가게 된다. 해변에서는 아주 어린 아이들조차 바다로 되돌아가는 물이 그들의 허벅지 사이에 남아 있을 정도로 그렇게 다리를 붙이고 서 있다. 아주 살짝 건드리기만 해도 나뭇잎이 오므라드는 그런 식물의 이름은 '다리를 오므리다'이다. 멘데족은 그 식물이 남자들이 다가올 때의 여자처럼 반응한다고 해서 그렇게 부른다.[26]

남태평양 섬의 망가이아족 남자들은 여자의 성기 부위에 엄청난 관심을 가지고 있다. 민속학자가 주장한 바에 의하면, 젊은이들은 평균적으로 유럽 의사들보다 외음부에 대해 더 정확한 지식을 가지고 있다. 트루크 섬 주민들과는 반대로 망가이아족은 여러 가지 다양한 외음부형에 대해 수많은 호칭들을 가지고 있으며 국부를 지칭하는 전문용어는 서양 의학의 그것보다 더 다양한 것처럼 보인다.[27]

콜마야족 남자들뿐 아니라 모하비족(미국 모하비 사막의 콜로라도 강 하류에 살던 인디언―옮긴이)도 외음부를 보면서 흥분한다.[28] 데버루가 보고한 바에 의하면 아내의 정조를 의심한 나머지 아내에게 모욕을 주기 위해 그녀의 음순에서 사정의 흔적을 찾던 어떤 남자는, 성기를 보는 순간 아주 흥분해서 그 자리에서 아내와 동침해버렸다고 한다.[29]

호피족 남자에게도 외음부는 흥분시키는 것일 뿐 아니라 아름다운 것이기도 하다. 기우제를 지내는 동안 젊은 여자와 동침을 해야 했던 젊은 남자가 사정을 하자 그녀에게 이렇게 말했다. "네 벗은 몸을 보니 무척 기쁘다. 정말 아름답구나. 이제 비가 내릴 거야." 마라우(marawu)라 불리는 축제의식의 춤을 출 때 여자들은 치마를 착용했는데 그것은 60년대 후반에 유행했던 아주 짧은 미니스커트보다 더 짧았다. 그것은 음순만 겨우 가렸으며 대광장에서 춤을 출 때면 종종 외음부가 완전히 노출되어 구경하는 남자들을 극도로 자극시켰다. 이들은 가끔 춤추는 여자들을 가리키면서 흥분하여 "내가 할거야, 내가 할거야!"[30]라며 윗소리를 냈다.

그러나 그것만 보고 호피족의 일상적인 예절감각에 대해 절대 성급한 결론을 내려서는 안 된다. 종교의식에서 춤을 추었던 여자아이들은 너무 수치스러워 땅바닥에 쓰러지는 일이 자주 있었는데, 그럴 경우 그들은 아무 방패막도 없이 남자들의 탐욕스런 시선에 내맡겨지기 때문이다.[31]

아른헴랜드(오스트레일리아 노던 준주 북동부에 있는 사적지로 오늘날 아른헴랜드라는 이름은 주로 이 지역의 원주민 보호구역에 한정되어 사용되고 있다—옮긴이)에서도 남자들은 외음부를 보면 가슴이 심하게 뛰었다. 그리고 쿠나이피피(Kunaipipi) 의식에서는 여자들이 남자들이 있는 아주 당혹스러운 분위기에도 불구하고 손가락으로 음순을 벌려야만 했다.[32] 게다가 클리토리스가 두드러지도록 해야 한다. 그러나 너무 두드러져서는 안 된다. 그렇기 때문에 문화영웅(문화를 창시한, 또는 사회의 이상을 구현한 신화적 인물—옮긴이)은 여동생의 클리토리스를 자른다. 클리토리스가 너무 길어 음순을 가릴 뿐 아니라 심지어 바닥에까지 이를 정도이기 때문이다. 오빠가 말했다. "'아, 이제 너희들은 진짜 여자처럼 보여야 한다. 너희들의 음부를 보는 것이 내게는 더 쉬워졌다. 한번 시험해보자!' 우선 그는 가장 어린 여동생과 꽝꽝 부딪쳐본다. 그는 말한다. '감촉이 좋다'. 그러고는 가장 나이 많은 여동생에게 돌아서서 그녀와도 몸을 부딪친다. 그가 그녀에게 말한다. '아주 재미있군, 클리토리스의 짧은 끝이 내 음경을 건드리는 것을 전혀 느낄 수 없는데.'"[33]

아칸족(기니 해안에 사는 민족언어집단―옮긴이)에서도 젊은 남자가 여자에게 다가가 "내게서 무기를 치워"라고 말하는 의식적 춤이 있었다. 그 소리를 듣고 여자가 자신의 요포를 벗으면 이것이 대부분의 남자들에게는 아주 커다란 체험이었다. 여성의 성기 부위를 본다는 것은 고대 이집트 사람들이 말했듯이 남자들에게 "모든 아름다운 것 중 두번째로 아름다운 것"에 해당되었다.[34]

메히나쿠족은 아름다운 외음부를 가진 여자를 특히 매력적이라고 생각한다. 외음부가 너무 크지 않으면서 밝은 색을 지니고 냄새가 나지 않으면 아름답다고 여긴다. 그 밖에도 음순과 클리토리스('질의 코')는 흥분을 느끼게 해야 하며 민속학자들이 대강 '쾌락의 짜릿함'이라는 뜻의 'voluptuous itching'이라고 번역했던 'weiyupei'를 만들어내야 한다. 이에 상응하게 '엿보기'(itsinitséi)를 즐기는 사람들도 상당히 많았다. 그 단어는 '음부를 사랑하는 사람'이란 뜻으로 여자가 다리를 벌리거나 삼각형 모양의 여자의 치부가 드러나는 것을 '주시하는' 사람들이다.[35]

외음부는 고대 동양에서 눈에 띄게 '미화'되었는데 그곳에도 어린 여자아이 때부터 그들의 성기를 수치스러워해야 한다고 가르치는 지역이 있음을 알아야만 한다.[36] 성기를 수치스러워하는 것을 넘어서 남자가 여자의 노출된 외음부를 보면 불행이 닥친다는 오래 된 전통이 여러 지역에서 통용되었다. 튀니지 남부 베두인족은 비교적 젊은 남자가 세파에 시달리고 얼굴에 주름이 많으면 사람들은 그에 대해 '음부를 핥는 사람'[37]이라고 말한다. 어떤 지역에

서는 외음부를 보면 눈이 먼다고 하기도 한다.[38] 위대한 알가잘리
(al-Ghazali: 이슬람 신학자·신비주의자—옮긴이) 역시 여자의
외음부를 보면 시력이 약화된다고 가르쳤다.[39]

전체적으로 볼 때 여성 성기의 미학은 서유럽 여자들보다 회교
도 여자들에게 훨씬 큰 역할을 하며, 여성들의 '국부 위생'도 서유
럽보다 훨씬 더 철저했다고 말할 수 있다. 산부인과 여의사들의
보고에 의하면 아랍 여성들의 외음부가 유럽 여자들의 그것보다
미숙하다고 한다. 그 이유는 여러 지역에서 소음순을 잘라내기 때
문이다. 예컨대 이라크의 시아파 여자들은 소음순의 얇은 가장자
리까지 잘라내 어떤 경우에도 대음순보다 돌출하지 않도록 한다.
사람들은 분만할 때 회음이 찢어지지 않고 성기 부위 전체가 아름
다움을 유지하도록 신경을 쓴다. 젊은 아랍 여자가 산부인과 의사
에게 이렇게 말했다고 한다. "우리 남자들은 여기에만 관심이 있
어요. 남자들은 우리 얼굴에는 전혀 관심을 가지지 않아요."[40] 그
리고 얼마 전 저명한 이집트 학자가 내게 말했다. "한스 페터, 지
옥이 무엇인지 알아요?" 내가 머리를 흔들자 나이든 학자가 이렇
게 말했다. "그곳 여자들은 아주 아름답소. 천국에 있는 여자보다
천 배나 더 아름답다오. 탄력 있는 허벅지, 탱탱한 가슴, 사랑스런
얼굴. 그러나 그들에게는 음부가 없소!"

라치(Razi)에 의하면 남자는 외음부를 보는 것만으로도 자신의
정욕을 억제할 수 없을 정도로 기쁘다고 한다.[41] 그리고 차일라이
(Zayla'i)는 외음부의 모양이 남자들에게 최고의 황홀경을 느끼게
해준다고 말했다.[42] 16세기 샤이흐(이슬람 사회의 지도적 인물에
대한 칭호—옮긴이) 나프자위(Nafzawi)의 『향기나는 정원』(der
duftende Garten)에는 이렇게 적혀 있다. "그러고 나서 그는 그녀
의 외음부에 키스했다. 그녀는 꼼짝도 하지 않았다. 그는 사랑스
런 눈으로 함도나(Hamdonna)의 육체의 가장 은밀한 부분을 쳐다

본다. 중심 부분이 자색을 띤 그녀의 육체의 아름다움은 모든 사람의 시선을 붙잡기에 충분했다."

이상적인 성기 부위는 다음과 같이 생겨야 한다고 한다. "하복부는 넓으며 외음부는 튀어나와 있으면서 치모가 나기 시작하는 곳에서부터는 살집이 좋아야 한다. 그리고 질은 좁아야 하며[43] 축축하지 말고 만지면 부드러워야 한다. 열기를 내뿜지만 나쁜 냄새를 풍겨서는 안 된다. 질은 탄력 있는 허벅지와 엉덩이를 가지고 있어야 한다." 그와는 반대로 넓고 차가운 질은 추한 것으로, '손 안에 잘 들어가는' 비너스 산(mons veneris)과 외음부는 아름다운 것으로 간주된다. "네가 그녀의 몸에 손을 올려놓으면 너는 부풀어오른 탱탱하고 풍요로운 아름다운 모양의 가슴을 느낄 수 있을 것이다." "그러고 나서 나는 그녀의 질을 시험했다. 자색의 중심이 있는 흰색의 둥근 지붕은 부드럽고 황홀하다. 암말을 수컷이 건드릴 때처럼 그녀의 몸이 열렸다. 이 순간 그녀는 나의 음경을 잡고는 거기에 키스를 하고 말했다. '제발 내 질 안으로 들어와야 해!'" 여자가 희열에 몸을 떨기 시작한 후 "나는 그 순간을 그녀의 외음부를 보고 감탄할 수 있는 시간으로 이용했다. 그녀의 외음부는 멋있었다. 자색의 중심은 눈 같은 흰색을 더욱 돋보이게 했다. 그것은 둥글며 흠잡을 데 없이 아름다운 곡선을 이룬 지붕처럼 그녀의 치부 위로 튀어나와 있었다. 한마디로 그것은 창조물의 걸작으로 그보다 더 아름다운 것은 발견할 수 없을 정도였다. 그것에 신, 최고의 창조자의 축복이 임할지어다!"[44]

망가이아 섬의 폴리네시아인들과 비슷하게 아라비아의 작가들도 여성의 성기를 묘사하는 다양한 어휘를 가지고 있다. 이런 어휘들은 이렇게 구분된다. '틈새'(el fardj): 그것의 형태는 우아하다. 그것의 향은 아주 기분 좋다. 외부의 흰색은 진홍색의 중심을 강조한다. '갈라진 틈'(el cheukk): 마르고 뼈대가 굵은 여자의 외음

부. 그것은 육질의 흔적이 전혀 없는 성벽의 갈라진 틈 같다. 신이
여, 우리를 그들로부터 보호해주소서! '아름다운 것'(el hacene):
그것은 희고 둥글며 둥근 지붕과 같이 곡선을 이룬다. 탱탱하며
아름답다. 사람들은 거기서 눈을 뗄 수 없으며 그것을 보기만 해
도 빈약한 발기가 강한 발기로 변화한다. '큰 것'(el aride): 그것
은 이마처럼 빛나는 백색을 지니며 형태는 달과 같다. 또한 태양
처럼 빛을 발하며 그녀에게 다가오는 음경을 태워버릴 것처럼 보
인다. 침으로 축축하게 하지 않고는 음경이 들어갈 수 없다. 그것
이 내뿜는 향기가 가장 매력적이다. 외음부를 지칭하는 이런 이름
은 둥글고 살찐 여자에게만 허락된다. 선하고 관용심이 많은 신이
우리로 하여금 그런 외음부를 보고 기뻐할 수 있는 기회를 준다
면! '긴 것'(el meusboul): 많은 여자에게서 그런 외음부는 얇은
옷 밑으로 또는 몸을 뒤로 젖힐 때 튀어나온다.[45]

이집트에서는 아름다운 외음부를 종종 '털없는 복숭아'라고 불
렀으며 이런 복숭아를 빠는 것을 아주 좋아했다. 그렇다고 거기에
현혹되어서는 안 된다. 쿤닐링구스가 아라비아의 다른 지역권과
사회에서는 모욕적인 것으로 간주되었음을 잊어버려서는 안 된다.
"이 개자식! 네 마누라 치부를 핥는다고? 털이 있는 그곳을?"이라
는 아라비아의 저주는 그런 사실을 상기시켜준다.

그 당시에는 무엇보다 창녀들의 외음부를 '빠는 것'이 행해졌던
수많은 유곽들이 있었다. 그리고 여성 고객을 입으로 즐겁게 해주
는 매춘 전문가들도 등장했다(그림 114).

아라비아의 항구 도시에서는 '갈색 입술의 미인'들을 특히 애호
했던 것으로 보인다. 그 이유는 음순의 암적색이 특히 매력적인
것으로 간주되었기 때문이다.[46]

페테르부르크의 터키 대사이며 쿠르베(Courbet)의 「잠자는 여
인」과 앵그르(Ingres)의 「터키탕」을 소장한 것을 자랑스럽게 여겼

114. 알제리의 '여성을 위한 살롱'. 영국의 풍자화, 20년대.

던 베이(Khalil Bey)는 1866년 쿠르베에게 여성의 성기 부위를 그린 그림을 완성해달라는 부탁과 함께(그림 115) 성기가 어떻게 보여야 하는지를 상세히 지시했다.[47] 이후 쿠르베의 이 작품은 서양의 근대 예술사에서 가장 외설적인 그림 중 하나로 지칭되었다. 문화사가 투생(Hélène Toussaint)은 1977년 대궁전(Grand-Palais)에서의 대규모 쿠르베 전시회에 그 그림을 전시하기를 거절했다. "왜

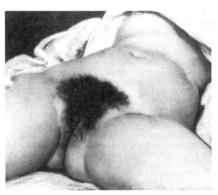

115. 쿠르베의 『세상의 기원』(L'origine du monde), 1866.

냐하면 그것은 좋은 그림이 아니었기 때문이다."[48]

일본인들은 항상 외음부를 숭배했다. 여성의 성기를 일본보다 말과 그림으로 더 상세히 묘사했던 사회는 없을 것이다. 동시에 일본 여자들은 원래 성기에 대한 아주 강한 수치심을 가지고 있었다. 그래서 목욕하는 여자들은 항상 허벅지가 붙어 있도록, 그리고 성기 부위를 손수건이나 손으로라도 가리도록 조심했다.

19세기 중반 목욕탕을 방문했던 여행자들은 여자들이 "쪼그리고 앉은 자세에서 메디치풍 비너스의 팔 자세를" 하고 있음을 관찰했다고 보고했다.[49] 산부인과 의사로서 그런 사실을 알아야 했던 다른 여행자는 이렇게 적고 있다. "치부와 관련된 수치심은 이브와 아주 우아한 유럽 여성들처럼 일본 여자에게서도 예민하게 발전되었다."[50]

116. 일본 여자는 욕탕에서 쪼그리고 앉을 때 성기 부위를 가린다.

사람들은 옛날부터 젊은 처녀나 부인이 다리를 오므리고 자야 한다고 생각한다. 여자가 다리를 오므리고 자지 않으면 그녀는 사람들에게 자신이 정숙하지 못하고 창녀 같은 존재임을 폭로하는 것과 같다.[51] 오늘날에도 사춘기에 있는 여자아이들이 잠잘 때 다리를 벌리지 않게 하기 위해 많은 지방에서는 저녁이면 여자아이의 종아리를 허리띠로 묶어놓는다. [52) 옷의 네크라인에 항상 주머니칼을 가지고 다녔던 어떤 여자는 자살하기 전에 "우선 그녀의 다리를 의복에 달린 수많은 얇은 장식띠로 꽁꽁 묶어야만" 했다고 한다. "죽음의 고통으로 인한 경련을 일으키더라도 몸을 단정하게 유지하기 위해서다."[53)

1932년 도쿄 아사쿠사 구역의 대형 백화점에서 불이 났을 때 위층에 있던 많은 여자들이 생명을 잃었다. 바람을 받아 그들의 기모노가 벌어져 사람들이 그들의 성기를 보는 것이 두려워 소방수들의 구명보 위로 뛰어내리기를 거부했기 때문이다. 이 비극적 사건 후에 페미니스트인 주카모토 하마코는 모든 여자들에게 계속 서구 여자들처럼 팬티를 입으라고 요구했다. [54) 여자들은 걸어가거나 서 있을 때 그리고 앉아 있을 때에도 다리를 한쪽 방향으로 모아야 했다. 발끝이 밖으로 향해 있으면 그것은 매우 무례한 것으로 간주되었으며[55) 더 무례한 것은 여자가 앉을 때 남자처럼 다리를 꼬는 것이다. [56)

성기의 에로틱한 묘사 역시 일본에서는 항상 자극적이지만 예의에 어긋나는 것으로 간주되었으며 이와 관련된 나무조각들도 매번 금지되었다. 이런 조각들을 보면 오늘날 많은 경우에 성기 자체의 묘사보다는 오히려 치모의 묘사가 더 큰 거부감을 불러일으킨다는 인상을 받게 된다. 예컨대 아직 치모가 나지 않은 사춘기 이전 어린이들의 성기를 그린 그림들은 그들이 성행위를 하고 있음에도 불구하고 종종 검열을 통과했다. 그리고 성장한 남자가 아직 치모가 나지 않은 소녀와 성행위를 하는 '로리콘'(rori-kon) 그림이나 「롤리타」(Lolita) 그림 산업이 꽃을 피웠다. [57) 일본 형법의 175항에 따르면 성인의 치모 및 외음부, 음경, 음낭과 엉덩이는 '사실적으로' 묘사되어서는 안 된다. [58) 그러나 치모나 음순이 명확하지 않게 반투명의 속치마를 통해 보이는 것은 대부분 눈을 감아주었다(그림 117).[59] 그 밖에 외음부를 사무라이 칼로 자르는 것 등의 아주 변태적인 성적 행위도 성기가 정확히 보이지만 않으면 묘사할 수 있었다.[60]

117. 일본의 섹스 잡지에서, 1986.

일본의 광고 사진작가들은 대부분 나체 사진을 찍을 때 성기 부위를 가리지 않은 외국용 버전과 성기 부위를 가리거나 검게 칠해놓은 국내용 버전 두 가지를 만든다(그림 118).[61] 그리고 성 정보지-슬라이드에는 팬티 밑이 아니라 팬티 위에 생리대를 했다.[62]

118. 일본의 광고사진, 1980.

그리고 우키요에(浮世繪, 일본 도쿠가와 시대에 유행했던 중요한 미술 장르로 통상 유명한 고급창녀와 유녀, 가부키 배우와 연극의 유명한 장면, 도색적인 내용 등을 주제로 했다—옮긴이) 그림에서는 아마(あま〔海女〕), 즉 반나체의 열정적인 어부 소녀가 외음부를 대표하는 아와비(あわび〔鰒〕) 조개를 잡으러 잠수하는 모습에서[63] 성기가 해초로 가려져 있었다. 그러나 1936년경에는 이것이 더 이상 가능하지 않았던 것으로 보인다. 해초가 너무 치모를 연상시키기 때문에 예술가 히로아키 다카하시는 그것을 수건의 술로 대치했다(그림 119).[64]

119. 히로아키 다카하시의 「아와비 해녀」, 1936년경.

동시에 남자들이 여성의 성기를 미화하는 민족, 그리고 외음부에 대한 시각적인 관심이 일본보다 더 발전한 민족은 거의 없는 것처럼 보인다. 그렇다고 일본에서 재앙을 막아주는 것으로서 외음부를 그리는 것이 넓게 퍼져 있다는 사실을 말하려는 게 아니다. 그런 관습은 대부분의 다른 지역에서도 발견할 수 있기 때문이다.

예컨대 많은 네쓰케(根付: 일본 남자들이 담뱃대나 담배 쌈지 등을 허리띠에 매달기 위해 사용했던 비녀장 같은 장식품—옮긴이)에는 밑면에 재앙을 막아주며 행운을 가져다준다는 외음부가 새겨져 있다. 좀을 막기 위해서 사람들이 옷함에 필요한 압력을 유지시켜주는데, 이것은 중국의 서점상들이 '화재를 방지하는 그

120. 『센토 신와』(せんとうしんわ〔戰鬪神話〕)에서.

림'으로 가게에 숨겨두었던 것과 비슷하다.[65] 사무라이들도 전쟁에 나갈 때면 투구 밑에 성기를 노출시킨 여자들의 그림을 지니고 다니는 경우가 가끔 있었다.[66] 그래서 제2차 세계대전 중 동남아시아에서 죽은 일본군의 주머니에서는 손가락으로 음순을 벌리고 있는 창녀의 사진을 자주 발견할 수 있었다.[67]

그러나 나는 여자의 '바우보(Baubo) 자세'에 대한 에로틱한 관심을 말하려고 한다. 그런 자세는 아주 오래 된 여자 조각에도 이미 나타나 있으며 나중에 불교 여신인 카논(자비의 신)으로 전이되었다. 그래서 오늘날도 나체쇼를 보러 갈 때면 보통 "카논을 보

러 간다"고 말한다.[68]

　돈을 받고 그들의 외음부를 보여주며 추가로 돈을 더 받으면 음순을 벌리는 여자들을 보여주는 것은 일본의 오래 된 전통이다. 그런 경우 무엇보다 특별히 길거나 인위적으로 길게 한 음순, 즉 '앞치마'를 가진 여자들이 사랑받았다(그림 121).[69] 그래서 특정한 액수를 모을 때까지 거리에서 지나가는 남자에게 질을 보여주는 거지 여자들도 있었다.[70]

121. 긴 음순을 가진 여자의 공연. 일본 목판화. 19세기

　원래 일본의 창녀들은 가격을 결정하기 전에 고객으로부터 시장에 나온 가축처럼 검사를 받는데 무엇보다 중요한 것은 그들의 성기이다.[71] 유럽의 유곽에서는 고객들 대부분이 창녀의 얼굴이나 가슴의 상태에 따라 선택했던 것과는 달리(그림 122), 일본의 유곽 카탈로그는 손님에게 창녀 각각의 성기가 어떤 특성을 지니는지를 상세히 보여주었다(그림 123). 아니면 바로 제공할 수 있는

122. 파세(Crispin van de Passe)의 『이런 유형의 아주 아름다운 창녀의 거울』의 권두화(속표지), 1631.

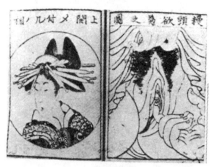

123. 유곽 안내서에 나온 기타가와 우타마로(喜多川歌麿: 우키요에의 대가로 특히 관능적인 미인을 능숙하게 그린 것으로 유명하다—옮긴이)의 목판, 18세기 후반.

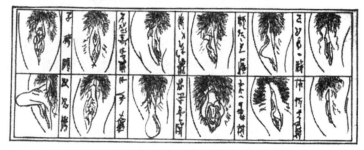

124. 여러 가지 외음부형. 일본의 목판, 19세기.

여자들의 다양한 외음부형 모음집을 보여주었다(그림 124). 10세기 원본의 필사본에서 알 수 있듯이 아주 오래 된 일본 그림에는 엄청나게 큰 성기가 그려져 있다.[72) 그 성기들은 가능한 한 아주 상세히 묘사되어 있으며 일본인들은 아직까지 성기를 이렇게 상세히 묘사하는 것을 아주 좋아하고 있다.

예컨대 야프 섬 주민들은 일본인들이 지난 전쟁에서 행했던 치욕을 잘 기억하고 있다. 다수의 일본인들은 그들의 성기를 동시에 검사하기 위하여 여자들에게 대열을 갖춰 누워서 다리를 벌리라고 요구했다.[73) 그런 경우 아마도 미크로네시아 여자들의 길게 만든 음순이 군인들의 특별한 관심을 끌었던 것으로 보인다. 약 4만 개에 달하는 일본 대부분의 '러브호텔', 예컨대 오사카의 '체리블로솜의 왕자'는 객실을 산부인과 실습실로 꾸며놓았으며 고객은 객실에서 여자를 검진 의자 위에 앉혀놓고 관찰할 수 있게 했다.[74) 그리고 발리의 쿠타(Kuta)에 있는 매춘지대의 창녀가 내게 이야기해준 바에 의하면, 일본인 관광객은 확대경으로 음순과 클리토리스를 관찰하고 질 안을 보는 대가로 비교적 후한 액수를 지불한다고 한다. 또한 다른 한손으로는 손전등을 들고 있으면서 마침내 그들이 여자들의 "배 위로 분비물을 사정할 때까지" 질을 비추기도 했다고 한다.[75)

그런 일본에서조차도 과거에 이미 '마지막 밤의 여자 군주들'이 고객에게 '그녀가 가진 것'을 아주 상세히 보여주었어야 했지만 성기를 만지게 하지는 않았다. 대중 공연을 할 때, 예컨대 가부키 연극을 하는 여자가 갑자기 그들의 기모노가 벌어지고 누구의 손인지가 다리 사이로 비집고 들어오는 일이 자주 있듯이 남자들은 여자의 성기를 만지고 싶어했다.[76) 유럽이나 미국에 보편적인 '토플리스 바'(Topless Bars) 대신 일본에는 특징적이게도 '밑이 없는 바'(Unten-ohne-Bars)가 널리 퍼져 있다. 여기서는 호스티스가 슬립도 입지 않은 채 거울처럼 반짝이는 바닥 위를 걸어간다.[77] 서양에서는 다소간 인위적인 스트립쇼, 즉 '옷을 벗는 쇼'가 지배적인데 반해 일본에서는 이미 옷을 벗은 여자들이 탁자 사이로 돌아다니고 손전등과 확대경으로 무장한 남자들이 그들의 외음부를 검사하는[78] 것으로 국한된다. 이런 남자들의 희망은 마침내 1961년에 발간된 소설 『잠자는 미녀』(일본의 소설가 가와바타 야스나리의 작품—옮긴이)에서 표현되고 있다. 거기에서는 두세 명의 남자가 아무도 범하지 않는다는 조건하에 약에 취한 젊은 소녀에게서 닷새 동안 밤새도록 여성 육체의 비밀을 캐낼 수 있었다.[79]

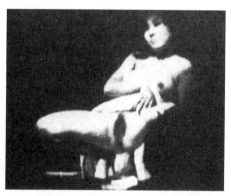

125. 교토의 '스트리퍼'(핍쇼), 70년대.

그러나 위에 상술했던 사회들과는 반대로 유럽 사회에서는 외음부가 추하고 혐오감을 준다는 생각이 지배적이었던 것으로 보인다. 그렇다고 유럽 사회에서 어느 시기든 여성의 성기에 대해 에로틱한 시각적 관심을 드러냈던 많은 남자들이 있었다는 사실을 간과해서는 안 된다.

그라프와 피에리노 델 바가가 16세기 초반에 그린 그림(그림 126과 127)뿐 아니라 라살(Anthoine de La Sale, 1386~1460: 프랑스의 작가—옮긴이)의 노벨레 같은 중세 후기의 문학적 원전에

126. 그라프(Urs Graf: 스위스의 판화가 · 금세공사―옮긴이)의
에칭, 「바보가 외음부를 관찰하다」, 1515.

127. 피에리노 델 바가(Pierino del Vaga)라 불렸던 보나코르시(Bonacorsi)의
「메르쿠리우스와 글라우로스」, 16세기 초.

도 이런 것이 잘 나타나 있다. 라살의 노벨레는 나무 밑에서 아내
의 육체를 연구하는 한 남자에 관해 묘사하고 있다. 나무 위에
는―두 사람은 전혀 모르고 있다―잃어버린 송아지가 어디로

갔는지 찾기 위하여 기어올라간 농부가 있었다. 남편은 "아내와 마찬가지로 아주 기분이 좋았고 명랑했다. 그는 아내를 샅샅이 보고 싶어했다. 그래서 아내의 옷을 벗겼으며 간단한 속치마만 남겨 두었다. 그러고 나서는 아내가 심하게 반항했음에도 불구하고 속치마를 높이 쳐들었다. 그러나 그것으로 만족하지 않고 그녀를 다른쪽으로 눕혔다. 그녀의 뒷면을 보고 그녀의 미를 관찰하기 위해서였다. 그러고는 마침내 그녀의 탱탱한 엉덩이를 그의 딱딱한 손으로 서너 번 때렸다. 그러고 나서 그는 그녀의 몸을 다시 돌려놓고는 그녀의 뒷부분을 관찰했듯이 그녀의 앞부분도 관찰하려 했다. 그러나 착하고 순진한 아내는 그것을 결코 허락하지 않았다. 그녀는 강하게 저항했으며 그를 비난했다. 그녀는 남편을 불친절하고 미쳤다고, 또는 뻔뻔스럽다고 비난하면서[80] 그에게 진실을 말했지만 아무 소용이 없었다. 그는 그녀보다 훨씬 강했으며 그녀가 지닌 모든 매력의 목록을 작성하려고 단단히 마음을 먹었다. 그녀가 모든 저항을 포기하자 용감한 남자는 천천히 시간을 가지고 그녀의 앞면을 관찰한다. 그리고 솔직하게 말했자면 그는 그가 철저히 검사했던 비밀을 그의 손을 통해 직접 보지 않으면 만족하지 않았다. 그리고 이런 심오한 연구에서 의도했던 대로 그는 어떤 때는 '나는 이것을 보고 있어', 어떤 때는 '나는 저것을 보고 있어'라고 말했다. 그의 말을 듣는 사람들은 그가 세상 전체와 그이상의 것을 본다고 생각했을 것이다. 긴 휴식시간 후에 그는 다시 한 번 이런 쾌적한 관찰에 사로잡혀 말했다. '성모 마리아여! 내가 모든 것을 볼 수 있다니!' 그러자 나무 위에 있던 농부가 외쳤다. '아, 내 송아지는 보지 못했소, 나리? 송아지 꼬리는 본 것 같은데'!"[81]

페라라 출신의 한 호색한은 유명한 르네상스 시에서 자신의 연인이 가장 아름다운 성기를 가졌다고 칭송한다. 그리고 1600년 초에 탄생한, 프리아울(Friaul)의 방언으로 씌어진 시에서 여자의 클리토리스와 음순을 상세히 묘사하면서 최고의 어조로 찬양하고 있다.[82] 1633년에 씌어진 비가에서 던(John Donnes)은 이렇게 말하고 있다. 여자들 "그들 자신은 신비로운 책이다, 그것은 오직 우리/그들의 전가된 은총이 고귀하게 만든 우리만 계시되는 것을 볼 수 있다. 그런 다음 내가 알기 때문에/산파에게 하듯 자유롭게 보여주리라/그대에게: 던져버려라, 그렇다, 이 하얀 아마포를,/여기에는 참회도 없으며, 순결은 더더욱 없다."[83] 그리고 특히 18세기 및 19세기 초에는 남자들이 여성의 성기를 보면서 즐거워하는 모습을 보여주는 그림들이 많이 나온다(그림 128~131). 그래서

128. 롤런드슨(Thomas Rowlandson, 1756~1827: 영국의 화가·풍자만화가—옮긴이)의 「모임」, 19세기 초.

제14장에서 인용했던 사회학자의 주장, 즉 남자들은 외음부의 모습을 "참아낼 수 없다"라는 주장은 주목할 만하다.

이와 마찬가지로 핍쇼 역시 20세기에 생긴 것이 아니며 이미 18세

129. 롤런드슨의 「수산나와 장로들」, 1820년경.

기부터 많은 유곽의 고객들이 창녀의 성기를 관찰했다. 그래서 프랑
크푸르트 보른하임의 유곽에서 어떤 남자는 이렇게 보고하고 있다.

그 여자는 열여덟 살쯤 되어 보였으며 아름다웠다. 침대 위에
누워 있는 그녀의 가슴은 신선한 버터롤처럼 풀어헤친 스카프

130. 외음부의 관찰. 프랑스 세밀화, 1780년경.

131. 핍쇼(Peep-Show). 프랑스 동판화, 18세기 후반.

밖으로 튀어나와 있었다. 그녀 자신이 높이 쳐들어 올린 치마, 거기서 나는 아주 둥근 허벅지와 정말 식욕을 돋우는 사랑의 동굴과 마주했다. 오 친구여! 내가 그녀에게 일제 사격을 가했을 때 내가 거기서 느꼈던 모든 것은 묘사할 수 없고 단지 느낄 수 있을 뿐이다.[84]

결국 핍쇼에 관한 조사는, 제14장에서 인용했던 성 학자가 주장하듯이, 사회적 진화과정이 진행되는 가운데 외음부가 혐오감을 주며 추하다는 사실을 아직 어렴풋하게나마 깨닫지 못한 것처럼 보이는 뉴기니의 원주민이나 파푸아족 또는 바이카족의 단계를 우리가 벗어나지 못했음을 명확히 보여준다. 그 단계를 벗어났다면 핍쇼 손님이 첫번째에 전율을 느끼고 돌아가 절대 다시 오지 않을 것이다. 왜냐하면 명백히 이런 손님은 세련된 의복이 아니라 여성의 성기를 보면서 흥분하기 때문이다. 예컨대 '참여적 관찰법'(participant observation)의 민속학적 개념을 '참여적 공연'(participant presentation)으로 보충하면서 일정 기간 유리상자(phantasybooth)

132 파리의 윤락녀, 1860년경. 벨록(Auguste Belloc)의 사진.

속에서 일했던 한 여류 사회학자는 이렇게 말한다.

　반나절을 보낸 후 나는 결국 캐비닛 안에서 남자들에게 어떻게 대처해야 할지 알 수 있었다. 그들은 인위적인 스트립쇼나 플레이보이류의 포즈에 대해 전혀 관심이 없었다. 대신 그들은 소박하게 그리고 확고하게 여성의 직장을 상세히 알기를 원했다. 즉 내부의 음문, 클리토리스, 항문, 모든 것을 가능한 한 가까이에서 보기를 원했다.

　많은 사람들은 모든 것을 아주 정확히 보기 위해 자위를 하면서 몸을 구부린다. 그래서 나는 산부인과 의사 앞에서 하듯 의자에 앉아서 다리를 유리의 위쪽에 걸치면서 내 질을 보여주었다. 그리고 나는 이런 행동이 당연하듯 전혀 굴욕적으로 느껴지지 않는다는 것이 놀라웠다.

　나는 유리에 비친 내 모습을 볼 수 있다. 그것은 재미있는 일이었다. 내가 내 음부를 속에서부터 보여줄 바로 그때가 기분 좋으며 그런 나 자신이 마음에 든다. 실제로 질을 보고 만지고

133. 바르샤바 거리의 창녀들, 80년대 초.

키스하는 것이 남자들에게 쾌락을 가져다주는지 나는 의심을 가지고 있었다……. 나는 그들이 단지 나를 기분 좋게 해주려고 했을 뿐이지 실제로는 전혀 좋아하지 않는다고 항상 의심했다.[85]

서유럽의 핍쇼는 대부분 빈에서와 비슷하게 진행된다. 즉 여자가 유리벽 뒤에서 우선 탕가를 벗고 다리를 리듬감 있게 벌렸다 오므렸다 하다가 마지막으로 핍쇼를 보는 사람이 그녀의 성기를 볼 수 있도록 엉덩이 부분을 굽힌다.

반면 뉴욕 42번가의 프리스코 극장에는 유리가 없다. 1쿼터를 삽입하면 개폐문이 열리고 여자 한 명이 등장한다. 고객의 눈높이에 성기를 맞추어 말한다. "만지고 싶으면 1달러를 내세요." 개폐문을 통해 지폐를 전달하면 고객은 음순, 클리토리스, 엉덩이를 만질 수 있다.[86]

그러나 유럽의 많은 도시에서도 핍쇼를 보는 사람들이 여자들을 손으로 만질 수 있었다.[87] 어떤 유흥업소에서는 관객 앞에서 쿤닐링구스를 끝마칠 수 있도록 허용하기도 했다.[88] 그 사이에 서독에서도 일본에서처럼 수많은 유곽들이 생겼다. 유곽 내에는 몇 개의 공간이 산부인과 의사의 실습실로 꾸며져 산부인과 검진 의자를 설치해놓았고[89] 고객은 그곳에서 여성의 성기에 관한 지식을 확장시키거나 새롭게 할 수 있었다.

'원시의' 나체 해변에서도 많은 남자들이 우연이든 아니든 '핑크 쇼트'(pink shot)를 절대 거부하지 않는 것처럼 보인다. 그리고 이런 해변을 방문하는 서독 사람들도 마찬가지로 이렇게 말한다.

134. 게이트우드(Charles Gatewood)의 사진. 1970.

젊은 여자들이 아래를 면도하고 사람들이 그들의 성을 정확히 제대로 볼 수 있다면, 그것은 무엇보다 남자들에게 아주 매력적인 일이며 말할 수 없을 정도로 기분 좋은 것이다. 사람들이 그런 여자와 바위 위에 함께 앉아 있을 때 허리케인이 몰려온다. 그러면 남자들은 우연인 듯 약간 가까이 다가와 눕거나 독서를 하는 것처럼 행동하거나 아니면 선글라스를 낀다. 여자는 치모가 없어야 진짜 나체이다. 면도한 성기 부위를 본다면 나는 아주 감격할 것이다. 내 아내도 그렇게 하는 것이 아주 멋지다.[90]

결국 일본의 '행운의 상자'와 비슷한 '선원의 애인'이나 '고무조

294

개'등 세밀하게 만들어진 기구들을 보면 그런 기구들이 치부뿐 아니라 사용자의 눈을 즐겁게 해주어야 한다는 결론을 내릴 수 있다. 그런 기구, 특히 프랑스에서 직장 성교를 하는 친구들을 위해 엉덩이에 설치하는 20년대 프랑스 고무공장의 카탈로그에는 이렇게 적혀 있다.

긴 항해 기간에 선원들이 즐겨 사용하던 그 기구는 또한 '여행 부인'이라는 이름을 지니고 있다. 그것은 여자의 육체 중 살진 허벅지까지의 하반신을 그대로 똑같이 모방한 물건이다. 여성의 기관은 마치 살아 있는 것처럼 정교하게 만들어져 있다. 털, 대음순, 소음순, 음핵, 질, 그리고 질의 굴곡까지 진짜처럼 아주 자연스럽다. 따라서 성행위를 할 때 이 인공 기구는 진짜 여자와 똑같은 기분을 느끼게 해준다. 게다가 기구 뒷부분에는 수축성 있게 만들어진 항문도 있어서 뒤로 하기를 즐기는 사람들에게도 만족감을 준다.[91]

물론 여성 성기에 대한 묘사는 아주 다른 성격을 지닌다. 여류 예술가들은 최근 20년간 서구 사회에서 여성의 성장하는 자의식에 따른 외음부에 대한 변화된 관찰 방식의 의지를 외음부에 대한 묘사를 통해 표현하고 있다. 예컨대 1973년 여류 예술가인 뉴욕의 도슨(Betty Dodson)은 그들의 '보디 워크숍'(body workshop)에서 사진전을 열었다. 그 전시회에서 다양한 종류의 외음부형을 볼 수 있는데 외음부는 외양에 따라 '바로크형', '덴마크 현대형', '고딕형', '클래식형', '발렌틴형' 등으로 규범화되어 있다. 행사 참여자 수천 명이—참가자들 중 많은 사람들이 아직 그들의 성기를 보지 못했던 것으로 보인다—그녀의 사진 전시회 자금을 후원했으며 일어서서 열광적으로 박수갈채를 보냈다.[92]

시카고(Judy Chicago, 1939~ : 미국의 예술가—옮긴이)의 세라믹 접시는 이 사진보다 더 유명하다. 세라믹 접시에서도 마찬가지로 다양한 외음부들을 볼 수 있다. 예컨대 '조지아 오키프'(Georgia O'Keeffe, 1887~1986: 20세기 미국 미술계의 뛰어난 화가로 그림에 빈번히 등장하는 주제는 두개골과 짐승의 뼈, 꽃과 식물의 기관, 조개껍질, 바위, 산 등 자연의 형태를 확대시킨 것들이다—옮긴이)라는 이름의 접시(그림 135)[93]를 들 수 있다. 이것

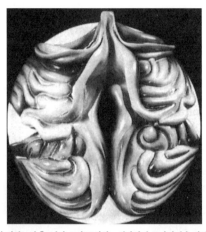

135. 주디 시카고의 「조지아 오키프 접시」, 세라믹에 도자기색을 입힌 것, 1974.

은 추측건대 오키프의 꽃그림을 풍자한 것으로 보이며,[94] 1918년 스티글리츠(Alfred Stieglitz, 1864~1946, 미국의 사진작가로 사진을 하나의 예술로서 열렬히 옹호했으며, 그의 걸작 사진들은 부인 조지아 오키프를 찍은 400점에 달하는 일련의 작품이다—옮긴이)가 예술가의 나신을 찍었던 사진을 풍자한 것일 수도 있다(그림 136). 그에 비해 프랑크푸르트의 낡은 오페라 극장으로 들어가는 입구는 더 많은 신화적 의미를 지닌 것으로 보인다. 그 오페라 극장에서 1986년 '수많은 여자들의 축제'가 열렸으며 뒤믈러-코테

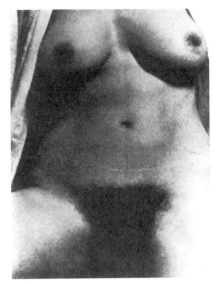

136. 「조지아 오키프」스티글리츠의 사진. 1918.

(Christiane Dümmler-Cote)는 붉은색 비로드로 외음부 형태를 만들었다.[95]

남자 비평가들, 그러나 누구보다 여자 비평가들은 주디 시카고의 '음부 접시'가 "신체로서뿐 아니라 명백히 질로서, 단순히 여성의 성적 정체성만을 배타적으로 지속시킨다"[96]고 비난했다. 한편 다른 비평가들은 이런 여성예술이 남성이 만든, 여성을 '항문, 음문'으로 한정시키는 포르노 '예술'과 무엇이 다르냐는 질문을 제기했다.

나는 이런 비판이 너무 손쉽게 결론을 내린 것이라는 생각이 든다. 고백하자면 다리를 벌리고 있는 여자들의 그림이 섹스 잡지의 기본 장식에 속했던(그림 137) 시대에 그런 묘사들이 다른 연관성 속에 있다 할지라도, 20년 전에 지니고 있던 선정적인 힘 중 대부분을 잃어버렸음을 인정할 것이다(그림 138). 물론 주디

137. 에스파냐의 섹스 잡지에서, 80년대 초.

138. 베를린의 '언더그라운드 신문' 『백 송이의 꽃』(*Hundert Blumen*) 표지, 1973.

시카고는 "나는 '질'이란 단어를 신중하게 사용한다"[97]고 말한다. 그 말은 그녀가 이 단어를 선동을 위한 목적으로만 말하려는 게 아니라 그 단어에 근원적으로 경멸적인 어조를 집어넣으려 함을 의미한다. 그리고 그녀가 접시 위에 외음부를 묘사하는 것은 그녀가 그녀 자신과 다른 여자들을 외음부에 국한시킨다는 것을 의미하는 게 아니다. 왜냐하면 결국 그들의 접시들을 '음부'로 그리지 않았기 때문이다. 그녀가 표현하고자 했던 것은 여자의 성기가 추한 것, 혐오감을 주는 것, 거부감을 주는 것이 아니라 아름다운 어떤 것이 될 수 있으며 그것 때문에 여자는 부끄러워할 필요가 없다는 것이다.[98]

16

육체의 수치에 대한 '이론'

　우리는 앞장에서 첫째로 여성의 성기가 원래부터 시각적으로 혐오감을 주며 추한 것이 아니었다는 것, 둘째로 외음부를 아름답고 매력적인 것으로 느꼈던 사회에서도 성기에 대한 강한 수치심이 존재한다는 것을 살펴보았다. 이런 사실들이 확증된 것처럼 보인다면 다음과 같은 질문을 제시할 수 있을 것이다. 왜 여자들은—남성들의 수치심에 관해서는 제3권에서 다룰 것이다—대중의 면전에서 그들의 성기를 보여주는 것을 수치스러워하는가?

　이러한 질문을 제기함으로써 우리는 다음과 같은 주장들, 즉 육체에 대한 수치심의 보편성에 대한 명제가 "이미 일찍부터 민속학자와 문화학자들에 의해 불합리한 것으로 논증"되었다,[1] 그런 명제를 뒷받침하며 "진지하게 받아들일 수 있는 증거"[2]가 없다, 최근의 민속학적 연구는 '한 목소리로' '원시 민족'이 수치심 때문에 그들의 성기를 가리는 게 아니라 성기를 보호하기 위해서[3]이다, 라는 주장들은 결국 그 타당성을 잃어버린 것으로 파악할 수 있을 것이다. 오늘날 '수치의 이론'을 "진지하게 주장하는 사람들이 거의 없다"는 말이 옳을 수도 있지만[4] 그것은 우리가 신경써야 할 일이 아니다.

포유동물의 암컷은 배란기에 명백한 발정 사인을 보내지만 발정기의 여성에게는 그것이 허용되지 않는다. 예컨대 야생의 암컷 침팬지의 외음부는 35일 주기의 월경 중간에 연분홍빛을 띤 '중간 푸딩 그릇의 크기로' 부풀어오르지만[5] 후각 신호 역시 비교적 단순한[6] 여자들에게는 그것과 비교할 수 있는 현상이 없다. 물론 여자들은 무엇보다 보여주는 것을 통해, 특히 성기를 보여주는 것을 통해 성적 신호를 보낸다. 즉 뚜렷한 발정 사이클과 상관없이[7] 성교하자고 요청한다.

여성의 성기에 대한 수치는 여자들이 이런 요구를 마구 사용하지 않으며, 성적 매력을 모든 성적 파트너에게 선택의 여지 없이 보내는 것이 아니라 특정한 파트너에게 제한시킨다는 것을 의미한다.[8]

수치는 그래서 특히 '매력적인' 육체 부위를 공적인 시선에서 사적인 것으로 옮겨온다. 예컨대 성기를 지칭하는 영어 'private parts'가 그러하다. 달리 표현하자면 여자는 자신의 성기를 사적인 영역으로 취급하면서 성교할 준비가 되어 있음을 내보이는 것을 어느 정도까지 통제한다.

그런데 여자들은 왜 그렇게 할까? 여자는 왜 그들의 성기를 감추거나 숨기면서, 앉거나 쪼그릴 때 다리를 오므리는 등의 행위를 하면서 성적 매력의 발산을 제한하는가?[9] 왜 많은 인간 사회에서 남자는 '은밀하지 않은' 상황에서 나체의 여자를 보면 시선을 돌리거나 그와 비슷하게 행동해야 한다는 비공식적인 에티켓이 생기게 되었는가?

첫째로 여성들의 육체에 대한 수치, 즉 성적 매력의 제한은 남자들간의 성적 라이벌 관계를 제한하려는 것으로 보인다.[10] 이런

302

라이벌 관계가 '기능장애적인' 갈등으로 이끌려질 수 있기 때문이다. 둘째로 이런 제한은 파트너 관계에 유리한데, 파트너 관계란 후세에게 더 나은 생존의 가능성을 부여하는 제도로서 여성에게는 후손의 사회화와 양육에서의 정신적 부담을 경감시켜주며 더 나아가──어떤 사회에서는 이것이 아주 중요하다──남자에게 그의 후손들이 다른 남자의 자손이 아니라 그 자신의 자손이라는 것에 대해 더 큰 확신을 준다.[11]

"여자가 남자의 소유물이 되면서, 그리고 소녀가 은밀히 즐기는 것이 도둑질로 간주되면서 수치스러움, 다소곳함, 단정함과 같은 용어들이 생겨났다"[12]고 디드로는 말했다. 그는 '새로운 키테라 섬'이라는 낙원의 관점에서 가정을 여성에게 불리한 **지배관계**의 제도화로서 보고 있지만, 어느 정도는 제대로 파악한 것이다.[13]

인간이라는 종이 명백히 '반(半)사회적'[14]이며 성적인 관점에서 '비(非) 난혼'이라는 것, 아니면 헉슬리(Aldous Huxley)가 언젠가 말했듯이 '적당히 떼지어 산다'는 것은 곧 인간이 자신이 활동하는 사회적 영역을 공적인 영역과 사적인 영역으로 나누는 것으로, 이는 인간의 **본질**에 속한다는 것을 의미한다. 그 점에서는, 내가 제1권에서 보여주려고 시도했듯이, 엘리아스와 많은 다른 학자들이 완전히 오해하고 있다.

이방의, 이른바 덜 문명화된 사회와 근세 이전의 사회에서도 유럽과는 다른 방식이라 할지라도 이런 두 영역 사이에 날카로운 분리선이 그어져 있었다. 배타성은 사랑의 본질에 속한다. 우리가 모두를 동일하게 사랑했다면 '사랑'이라는 개념은 그 의미를 잃게 되며 비트겐슈타인이 말했듯이 '아무것도 돌리지 못하는' 톱니바퀴에 비유될 수 있을 것이다. 따라서 우리 삶의 특정한 영역으로 들어가는 통로를 통제하는 것은 인간으로서의 정체성에 속한다. 이런 영역을 다른 사람들에게 너무 많이 접근할 수 있게 허용한다면,[15]

단순히 거기에 참여하는 사람들의 범주를 확장시키는 게 아니라 근본적으로 이런 영역을 變化시키는 것이며 그럼으로써 인격의 본질까지 변화시키는 것이다.[16] 우리는 개체도 아니고 군서 동물도 아니기 때문에 사적인 것의 유지에 깊숙이 뿌리박힌 독특한 관심을 가지고 있다. 아마도 이념적인 영역에서의 사회철학들이 매번 개인주의와 집단주의의 극단 사이에서 방황하고 있다는 것은 '중간 존재'로서의 우리 위상을 특징적으로 보여주는 것이리라.

우리가 보았듯이 이런 사적인 영역 중 하나가 인간의 성이다. 그리고 성행위를 하기 위해 가장 강력히 요구되는 인간의 육체 부위들이 여기에 속한다. 권력 행사[17]나 많은 여성해방주의자들이 주장하듯이 '가부장적인' 지배관계가 여성이 수치심을 갖게 되는 본질적인 이유가 아니라는 것은 다음과 같이 가정해보면 명백해진다. 즉 '평등한' 성 관계를 지닌 가상의 사회에서도 구속력 있는 성적 신호의 제한과 그에 따른 구속력은 바람직하다. 단지 그런 구속력을 축소하거나 전혀 중요하게 여기지 않는 사회에서만 성은 어느 정도 '자연화'될 수 있을 것이다. 즉 사랑, 애정, 신임 등과 성을 연관짓는 것으로부터 자유로워진다.

주지하다시피 성을 감성적·감정적 연관성에서 분리시키는 것은 중세의 '자유로운 정신의 형제'들로부터 20세기 대부분의 공산주의자들에 이르기까지 매번 인간 원래의 본성으로 선전되었다. 예컨대 1879년 의사인 헬만(Roderich Hellmann)은 『성의 자유에 대하여』(*Über Geschlechtsfreiheit*)에서 나체 문화의 실시를 통해 나체에 대한 수치심을 지양할 것을 추천하면서, 문화사와 민속학이 "수치감 및 성생활을 억제하는 그런 생각들은 단지 배워서 습득한 것임을" 증명해주었다고[18] 말한다. 그리고 '성이 자유로운 국가'에서는 성교를 '요즘 춤출 때의 포옹 정도로 인식하게 될 것'이라고 결론지었다.[19] 그리고 결국 거의 100년 후에 콘-벤디트(Cohn-

Bendit) 형제는 충동 통제가 존재한다면 그것이 순화되어야 하는 현재의 '억압적인' 사회를 거부한다. 그들은 바람직한 사회를 다음과 같이 설명하고 있는데, 이 인용문 중 '반혁명적'이라는 단어만 다른 단어로 대체한다면 오늘날 여피 세대를 위한 지침서에서 따온 인용문처럼 들린다.

스탈린의 유대인적·기독교적 휴머니즘의 산물인 이 희생물이 반혁명적이기 때문에 우리는 자녀를 생산하기 위해 성행위를 하는 것이 아니라 우리가 마침내 '분방하게 즐길 수 있기' 위해 성행위를 한다.[20]

그리고 약간 악의적으로, 헤겔적으로 말한다면, 자본주의적 잉여 사회의 시대정신이 제정신이 들기 위하여 이런 젊은 '소비자'의 주장을 이용했다고 할 수 있을 것이다. 왜냐하면 엘리아스의 주장과는 반대로 실제로 서구 사회에서 관찰할 수 있는 수치심의 벽이 하락했다는 것은 다음과 같은 사실과도 관련이 있기 때문이다. 즉 모든 것을 경향적으로 소비에 예속시키는 이런 사회에서는 성도 예외가 아니다. 성에 대한 그런 소비자적 자세는 물론 수치심과 서로 모순된다. 그 때문에 소비 이데올로기가 충동 포기, 성적 자극의 축소 또는 개인화를 시인하는 모든 견해 및 이데올로기와 투쟁해야만 한다.[21]

성의 상품화는 '소비성향'으로서의 쾌락주의의 실현과 콘-벤디트 형제의 '분방한 쾌락'을 요구한다. 그럼으로써 소비를 방해할 수 있는 모든 방해벽, 예컨대 공적인 영역과 사적인 영역, 나의 비밀스런 눈과 공개적인 눈을 분리시키는 장벽을 낮출 것을 요구한다. 예를 들면 동성애의 '자유화'를 요구하게 되는 것이다. 왜냐하면 이런 쾌락이 왜 불법이며 남자들이 왜 서로 성적으로 '소비'해선 안 되는지를 이해할 수 없기 때문이다. [22] 그것은 어린이를 싫어하게 하며("우리는 우리의 자녀를 위해 행위를 하지 않는다"), 가족과 결혼의 성실성, 처녀성, 나이 역시도 평가절하하게 만든다. 그렇기 때문에 성의 상품화에 따른 수치심을 느끼지 않게 되는 것은 성적 매력이 있고 성적 수행능력이 있는 젊은 육체에만 해당되는 것이다. "노동자 복장인 진의 유행 및 나체 목욕은 오로지 하나의 성을 그 규범으로 제시한다. 즉 젊음을." [23]

물론 나는 이런 첨예한 표현으로 오늘날 우리가 수치심이 없으며 성적인 면에서 제한받지 않는 사회의 이상향을 실현시켰다고 주장하려는 것이 아니다. 그렇게 되었다면 우리는 집합체와 관계없는 개체로서 살아갈 것이며, 심지어 니체가 말했던 '목자 없는 양'으로서, 사회생물학적인 통용어(Jargon)로 '임의의 성교'(random copulation)라 불렸던 것이 진화적으로 가장 적절한 성적 태도로 묘사되는 그런 사회에서 살고 있을 것이다. 나는 단지 쾌락주의적인 성에 대한 비교적 포괄적인 평가절하와, 최근 10년간의 특징적인 현상이었던 성의 자유화가 과거 및 오늘날의 다른 지역에서도 비슷하게 일어났다는 사실을 확인할 뿐이다. 그런 '쾌락주의적 사회'가 바람직한 것인지 아닌지는 독자의 판단에 맡기겠다.

이미 기술된 수치스러워하는 태도가 타고난 것인지에 대한 문제가 다른 지면을 통해 제기되었다. 제1권에 대한 수많은 비평가들과 비판가들이 기이하게도 내가 이런 사실을 긍정하고 있다고 주장한다. [24] 나는 결론적으로 이 문제를 다루려고 한다.

유럽 사회를 관찰해본다면 대부분의 아이들은 특정한 나이에 이르러 다른 사람들이 그들의 나체를 보는 것을 부끄러워하기 시작하는 것처럼 보인다. [25] 그리고 아주 많은 성인들이 어린아이였을 때 다른 성의 아이들 앞에서 옷을 벗으라는 강요 때문에 느꼈던 '죽고 싶을 정도의 불안'을 기억할 것이다. [26] 예컨대 소아과 여의사는 이렇게 말한다.

여덟 살짜리 사내아이는 바지를 벗으라고 요구했던 여의사에게 절대 다시 가지 않을 것이라고 나에게 말했다. 조금 더 나이를 먹은 아이에게 나는 바지를 완전히 벗지 않도록 한다. 좀 더 나이가 많은 사내아이에게는 고환이 내려왔는지를 알기 위해 팬티를 약간 들추어본다. 그러고는 같이 온 아버지나 어머니에게 말한다. "뒤로 돌아서세요, 우리 둘로도 충분해요."[27]

실제로 미국의 나체 캠프에 10대는 없다. "어렸을 때는 부모들과 정기적으로 나체 캠프에 갔던 아이들조차 10대 초반이 되면 거기서 탈퇴하기를 원한다".[28] 사회학자들이 '자연 상태의' 샌디에이고의 나체 해변, 즉 블랙스 비치(Black's Beach)에서 관찰한 바에 의하면 아이들은 약 다섯 살 때부터 나체로 돌아다니는 것을 수치스럽게 생각하기 시작하며 부모들이 10대들에게 그들처럼 옷을 벗으라고 요구하면 경악한다고 한다.[29]

『나체주의자 안내서』의 저자는 이렇게 말한다. 대부분의 유럽

139. 옷을 입은 아들과 함께 있는 나체 부부. 아버스(Diane Arbus, 1923~71: 미국의 사진작가로 이목을 사로잡는 사진으로 널리 알려져 있다─옮긴이)의 사진, 60년대.

나체 해변에서는 "부모들이 반항하는 아이들에게 옷을 벗도록 강요한다. 나는 그것이 어리석은 짓이라 생각한다. 대부분의 부모들도 이와 같이 생각하는 것 같다. 나체주의자들의 광장에서 성인보다 옷을 더 입은 아이들을 볼 수 있기 때문이다. 그것은 아주 눈에 띈다."[30]

핀란드의 사우나에서는 때때로 아주 어릴 때부터 성별로 분리되어 따로 들어가게 되어 있으며, 어떤 경우에든 엄격한 예절 규정이 지켜졌다.[31] 남자든 여자든 거의 모든 젊은이들이 수영복이나 수영팬티를 입는다. 성인들은 이렇게 생각한다. "이 나이 또래의 사내아이와 여자아이들은 불안정하다. 사내아이들은 갑자기 발기하게 되며 여자아이들은 그들의 가슴이 제대로 성장했는지 불안해한다. 우리는 그들에게 시간을 준다. 수치스러워하는 것은 그들이 성장하면 저절로 사라진다."[32] 옛날에는 많은 지역에서 남자아이들과 여자아이들이 함께 사우나 가는 것조차 피했다.[33]

140. 핀란드의 여자 사우나.

서머힐 학교의 창립자인 닐(Neill, 1883~1973: 영국의 교육자·작가로 아동교육에서 자유로운 자기개발 교육법을 주창했다—옮긴이)의 보고에 의하면 50년대에는 사내아이들만 수영복을 입은

308

게 아니라 여자아이들도 가슴을 가리는 수영복을 입었다. 여자아이들 중 몇 명은 완전 나체로 햇빛을 쬐기도 했지만, 사내아이가 있을 때는 절대 그렇게 하지 않았다. 아주 더운 날에는 아홉 살까지의 여자아이들이 완전히 옷을 벗기도 했지만, 어린 사내아이들이 완전히 옷을 벗는 경우는 아주 드물었는데, 닐은 이런 사실을 아주 주목할 만한 것이라고 생각했다. 왜냐하면 프로이트에 따르면 사내아이는 자신의 음경에 자부심을 느끼는 반면 여자아이는 음경이 없기 때문에 수치심을 느낀다고 가르쳤기 때문이다.[34)]

60년대 들어 그런 습관들은 부분적으로 변화한 것처럼 보인다. 어린 여자아이들은 사내아이들이 옆에 있을 때에도 수영복을 입지 않고 수영을 했다(그림 141). 그러나 대부분의 사내아이들은 프로이트에게 치명적 타격을 주기 위해서인 듯 항상 수영팬티를 입었다. 그것도 반권위주의적인 목소리들이 마지못해 설명하듯이 "그들이 통제할 수 없는 육체적 반응을 고려해서"이다.[35)] 사회민주주

141. 서머힐의 여학생들, 1965.

의자인 초등학교 교사 코흐(Adolf Koch)가 1923년부터 베를린의 노동자 구역인 모아비트(Moabit)에서 학교 당국의 허가를 받고 실시했다가 '학교에서의 나체 체조'에 반대하는 언론 캠페인으로 중

142. 아돌프 코흐의 체조학교. 풍자화. 1925.

단되었던(그림 142) '정형외과적인 나체 체조'에서도, 열 살부터
열네 살까지의 여자아이들은 나체였지만 동일한 나이의 사내아이
들은 수영팬티를 입고 있었다.[36) 추측건대 동일한 이유에서일 것
이다.

　일본에서는 사내아이와 여자아이들이 약 열두 살이 되면 혼탕을
거부한다는 것이 아주 일찍 확인되었다.[37) 그리고 리오 파푸리의
인디언 소녀들도 남자들과 함께 목욕하는 것을 부끄러워했다는 보
고가 있다. 반면 부인들은 적어도 가끔은 남자와 함께 목욕을 했
다고 한다.[38)

　카마리네스(필리핀 루손 섬 남동부 비콜 반도에 있는 군―옮긴
이)의 니그리토인(동남아시아의 옛날 왜소 민족―옮긴이) 중 대략
여덟 살의 여자아이와 열 살의 남자아이들은 더 이상 나체로 돌아
다니지 않고 그들의 성기 부위를 가리고 싶다고 말했다.[39) 그리고
세누포족(코트디부아르 북부와 말리 동남부에 사는 몇몇 관련 부

족―옮긴이) 아이들은 여섯 살이나 일곱 살이 되면 수치심을 느끼기 때문에 부모에게 옷을 입혀달라고 요구했다.[40]

아마살리크(그린란드 남동부 아마살리크 섬의 남쪽 해안에 있는 읍―옮긴이)의 에스키모들은 열대여섯에 시작되는 사춘기를 'kanjisulerser'라고 불렀는데 그것은 '그(그녀)가 부끄러워하기 시작한다'는 뜻이다. 그리고 짧은 팬티도 입지 않은 같은 또래의 여자아이나 남자아이는 볼 수가 없다.[41] 많은 어린 에스키모 소녀들은 그들의 어머니와는 반대로 막 자라기 시작한 가슴까지 가리며, 우트쿠 에스키모족 여자아이와 남자아이는 옷을 입은 채 그대로 잔다. 옷을 갈아입을 경우 생기는 노출의 가능성을 배제하기 위해서이다.[42]

트로브리안드 섬에서도 무엇보다 열 살에서 열여덟 살까지의 아이들이 강한 수치감을 가지고 있다. 사내아이와 여자아이들도 마을에서 멀지 않은 곳에 있는 담수 목욕동굴에서 항상 함께 목욕했음에도 불구하고 절대 나체로 목욕하지 않았으며, 옷을 다 벗었다면 적어도 성기를 손으로 가렸다. 젊은 여자 민속학자들이 이렇게 행동하지 않자 사람들은 이들을 "당연히 놀란 눈으로 쳐다보았다".[43]

이런 모든 예들은 육체에 대한 수치심이 타고난 것이다, 즉 그것이 청각장애인이나 시각장애인으로 태어난 아이들에게서도 발견할 수 있는 웃음처럼 종족사적으로 적응했다는 것을 증명해주는가?[44] 프로이트는 이미 이렇게 생각했다.

문명화된 아이를 보면 이러한 벽이 교육의 산물이라는 인상을 받게 되며 확실히 교육이 그에게 많은 영향을 미쳤다. 실제로 이런 발전은 유기적으로 조건지어지며, 유전적으로 확정된 것으로서 때에 따라서는 교육의 도움 없이도 이루어질 수 있다. 교육이 조직적으로 미리 확정된 것을 수행하며 그것을 약간 더 깨

143. 프린스 오브 웨일스 곶의 에스키모 가족. 1908.

끗하고 심오하게 특징짓는 것으로 제한된다면, 교육은 전적으로 그것에 할당된 권력 영역에 머무른다.[45)

행동 반응의 보편성은 그것이 타고난 것임을 보여주는 필요조건이 될 수는 있지만[46) 충분조건이 되지는 못한다. 예를 들면 육체에 대한 수치가 '순수하게 기능을 규정짓는' 것이라는 가능성이 남아 있다. 아이블-아이베스펠트(Eibl-Eibesfeldt)와 같은 행동연구가들은 수치가 어린아이에게는 "교육적 억압에 반하여" 발전된다는 사실이 "행동의 종족사적인 적응이 여기에 함께 작용했다는 것에 대한 강한 증거"[47)일 거라고 생각했다. 실제로 다양한 사회적 실험들은 어떤 강력한 방법으로 자연이 이념에 대해 저항했는지 아니면 적어도 그렇게 보이는지를 주목하게 만든다.

나체주의자들과 비슷하게 예를 들어 키부츠 사람들은 나체와 성은 유대 · 기독교 · 이슬람교의 전통이 그러하듯이[48) 근본적으로 서로 결합될 수 없으며, 그렇기 때문에 역사적인 가설로부터 정화된다면 인간들은 '아무 생각도 하지 않고' 상대방에게 자신의 나체를 보여줄 수 있다는 사실을 증명하려 했다. 물론 한방에서 함께 자고 함께 샤워를 해야 했던 좀더 나이든 사내아이와 여자아이들이 성적인 감정과 수치를 느꼈을 때 그들은 그들의 수치심과 그들이 '더러운 것'으로 보지 않을 수 없었던 감정들에 대해 부끄러워했다. 그리고 그들의 겉모습에서 가능한 한 성적으로 영향을 미치지 않으려고 시도했다. 이것은 결국 키부츠의 교육자들로 하여금 다음과 같은 사실에 관해 숙고하도록 만들었다. "왜 우리 여자아이들은, 미국의 10대들이 될 수 있으면 매력적으로 보이고 싶어하는 나이에 가슴을 강조하는 옷을 입는 것을 거부하는 것일까?"[49]

누구보다 여자아이들은 사춘기 이전의 나이에[50] 사내아이와 함께 샤워하는 것을 '일종의 고문'으로 느꼈다. 그리고 함께 숙박하는 공간에서 여자아이들은 완전히 어두워진 다음에야 옷을 갈아입었는데 그럴 경우에도 서로 등을 돌리고 옷을 벗었다. 아주 더운

144. 샤워 중인 소녀. 아벨(Carl Andreas Abel)의 사진. 1957.

여름밤에도 그들은 항상 잠옷이나 파자마를 입고 잤다. 잠자다 침대시트가 벗겨질 경우를 대비해서이다.[51]

1951년에 결국 키부츠의 키르얏 예딤 여자아이들이 반기를 들었다. 그들은 샤워할 때 사내아이들을 들여보내지 않았으며, 저녁이면 사내아이들이 없는 데서 옷을 벗을 수 있도록 남자아이들보다 먼저 침실로 갔다. 그러나 키부츠 지도자는 처음에는 여자아이들의 의견을 존중해주지 않았다. 그러나 여자아이들이 남자아이와 함께 샤워하고 그들이 있는 데서 옷을 벗는 것을 지속적으로 거부하자, 결국 그들의 의견을 받아들였다. 약 20년간의 투쟁 끝에 키르얏 예딤과 다른 키부츠 지역에서도 공동의 침실, 샤워, 화장실이 사라졌다.[52]

그러나 사춘기 이후에도 여자아이와 남자아이들이 함께 나체로 있음으로써 생기는 과장된 행동은 사라졌다 해도[53] 상호간에 육체에 대한 수치는 여전히 존재한다. 키부츠 운동 초기 시절에는 성인들도 있었는데 그들은 청년 운동인 '청년파수대'(Hashomer Hatzair: 마르크스주의적 시온주의 운동 단체—옮긴이)와 연결되어 있었으며 남성과 여성이 대중이 보는 데서 함께 샤워를 했다. 그러나 이런 시도는 수치심 때문에 중단되었다. 물론 그들은 자라나는 다음 세대나 그 다음 세대는 그런 종류의 문제를 더 이상 가지지 않으리라는 잘못된 희망이나 확신을 가지고 있었다.[54]

키부츠의 아이들이나 나체로 수영하는 부모들과 함께 행동하기를 거부하는 그런 아이들의 예가 깊이 뿌리박은 종족사적인 적응이 영향을 미쳤다는 사실을 증명해주는 것인가?

물론 서머힐의 여학생들은 남학생들과는 반대로 비교적 짧은 시간에 육체에 대한 수치심을 덜 느낀 것으로 보인다. 그러나 이성이 자신의 성기를 본다는 것은 "생각도 못할 일이라고" 주장하는 독자들이 적지 않을 것이다. 예컨대 제1권의 독자가 나에게 이런 편지를 보냈다.

내 아들은 나와는 달리 집뿐 아니라 교회 유치원에서도 나체에 대해 '부끄러워하지 않고' 커가고 있습니다. 여자 선생님들은 아이들과 함께 옷을 벗고 샤워하며 함께 온 부모들도 수영장에서는 당연히 나체지요. 내 아들이나 그의 또래들이 나중에 '나체 강요'에서 벗어나고 싶어할지 또는 '자연스런 수치감'을 느낄지는 두고봐야 할 것입니다. 물론 나는 그것을 추측하는 게 쉬울 것이라고 기대하지 않습니다.

물론 키부츠 사람들도 처음에는 그렇게 많은 것을 고려하지 않았다. 아이와 함께 온 아버지가 여선생의 성기를 볼 때 그들이 실제로 '부끄러워하지 않았는지' 아니면 그들이 단지 이념적인 이유에서 '그것이 전혀 중요하지 않은 것처럼' 행동했는지 그것이 문제이다.

그들이 '부끄러워하지 않았다는 것'은 성적인 자극이 그들에게 별로 상관없다는 데서 비롯되지 않았을까? 왜냐하면 오늘날 성은 전보다 훨씬 강력하게 감정적·정서적·제도적 연관성에서 풀려났으며 이런 의미에서 평가절하되었다고 말할 수 있기 때문이다. 아니면 그들도 어떤 여성 작가가 주장하던 그 여자들처럼 남자와는 반대로 그들의 성기 부위를 노출시키는 것에 전혀 수치심을 느끼지 않았는가? 거기가 볼만한 것이 거의 없으며 '은밀함'을 전혀 나타내지 않는다는 이유로 말미암아.[55]

나는 육체에 대한 수치가 '발생학적으로 확정된' 것인가라는 문제가 지금 결정될 수 있다고는 생각지 않는다. 그것이 몇몇 독자들을 실망시킬 수도 있을 것이다. 키부츠의 예와 나체주의의 예를 넘어서, 내 의견으로는 아주 다양한 사회적 조건하에서 육체에 대한 수치를 제거하려는 시도는 실패했다고 판단한다. 현대 서구 사회에서 곤혹스러움의 기준과 수치의 벽이 일반적으로 훼손되었다는 것은 물론 그것과 모순되는 것처럼 보인다. 이런 훼손 과정이 오래 지속될는지도 문제로 남는다. 그러나 이것은 또 다른 이야기이다.

'나체와 수치'에 대한 '경험적' 항변

1. 중세 후기의 음탕함에 대한 초상화

내 '진술'이 '허풍을 떤 것'이며 '쓸데없는 소동'만 일으켰다[1]고 주장하는 노르베르트 엘리아스는 그럼에도 불구하고 계속 이런 '아무것도 아닌 일'에 몰두하고 있다. 엘리아스는 이렇게 말한다. "뒤르가 부르고뉴의 세밀화에서 볼 수 있는 몇 가지 유곽 장면 때문에 나에게 했던 그 비난을 정말 이해할 수 없다. 나는 내 책에서 이 세밀화에 대해 언급하지 않았다. 그것들은 단지 다른 목적을 위해 주석으로 첨가된 인용에서 언급되었을 뿐이다."[2]

이 말은 옳지 않다. 왜냐하면 엘리아스는 그의 책에서 이미 언급된 15세기 부르고뉴의 세밀화를 묘사하면서 다음과 같이 해석한, 그보다 나이가 많은 문화사가(뒤르는 여기서 슐츠[Alwin Schultz]의 『14세기와 15세기의 독일 생활』[*Deutsches Leben im XIV und XV Jahrhundert*, Wien, 1892]을 지칭하고 있다—옮긴이)의 말을 아주 상세히 인용하고 있다.

이런 종류의 욕탕에서 사람들은 아주 점잖게 행동하지는 않았을 것이다. 정숙한 여자라면 그런 욕탕을 이용하지 않을 것이다. 일반 욕탕에서도 남탕과 여탕은 어느 정도 분리되어 있었다. 모든 예절을 그렇게 확실히 조롱했다면, 그 도시의 어른들은 절대 그것을 용납하지 못했을 것이다.[3]

왜 엘리아스는 이런 역사가의 주석을 인용했을까? 엘리아스는 그가 살던 시대, 즉 19세기 후반의 "감정의 상태와 곤혹스러움의 기준" 때문에 이 문화사가가 실제 상황을 완전히 잘못 평가했다는 것을 보여주기 위해서 인용했다.

수치감의 다른 기준을 말해주는 이전 시대의 관습과 풍습을 접했을 때 후세의 관찰자가 느끼는 당혹감은 적잖이 큰 것이다. 예컨대 중세의 목욕 풍습은 특히 그렇다. 중세인들은 여러 명이 벌거벗은 채 목욕하고 심지어 자주 남녀가 함께 목욕하는 것을 부끄러워하지 않았다는 것, 그런 상황이 19세기에는 전혀 이해할 수 없는 것처럼 보인다.[4]

중세의 욕탕에서는 벌거벗은 채 부끄러운 줄도 몰랐다는, 확고한[5] 것처럼 보이는 신화를 선전했던 사람이 바로 19세기의 문화사가인 엘리아스였다는 것은 차치하고라도, 우리는 엘리아스가 부르고뉴의 세밀화를 그가 묘사했듯이 절대로 '다른 목적을 위해 언급'하지 않았음을 아주 명백히 알 수 있다.

엘리아스는 물론 빌헬름 2세(1859~1941, 독일의 황제, 프로이센의 왕으로 1888년에서 1918년까지 재위했다. 호전적 행위와 우유부단한 정책으로 유명하다—옮긴이) 시대의 풍속 묘사자에게 중세의 예절 기준에 관해 잘못된 견해를 가졌다고 꾸짖을 권리는 전

145. 막시무스(Valerius Maximus)의 프랑스판에 삽입된 삽화, 15세기.

146. 막시무스의 삽화, 15세기.

혀 없다. 왜냐하면 이 세밀화에서는 실제로 많은 도시에 있었던 수많은 욕탕 유곽 중 하나가 묘사되고 있기 때문이다.

이 세밀화를 해석했던 모든 사람들이 세밀화를 통해 설명하려 했던 텍스트를 한 번만이라도 보았다면 최근에 이야기되고 있듯이 [6] 당시 일반적인 '혼탕의 예를 명백히' 보여주는 이 욕탕이 일반 욕탕이 아니라는 사실을 명확히 알 수 있었을 것이다. 그것은 티베리우스(제2대 로마의 황제—옮긴이) 시대에 살았던 발레리우스 막시무스(Valerius Maximus: 서기 20년경에 활동한 로마의 역사가 · 도덕주의자—옮긴이)의 『기억할 만한 격언과 공적 모음집』에 나오는 대목인데, 이 책에서 저자는 정숙했던 공화국 전성기를 그리워하고 있다. 거기에는 이렇게 적혀 있다.

그 축제는 아주 혐오스러웠다. 호민관의 사환인 게멜루스(Gemellus), 자유인이지만 그의 천한 업무로 인해 신분이 노예보다 낮았던 그가 집정관 메텔루스 스키피오(Metellus Scipio)와 호민관들에게 베풀어주었던 축제는 국가의 커다란 치욕이 되었다. 그는 말하자면 자신의 집을 유곽으로 만들었던 것이다. 그들의 아버지와 남편을 통해 명망을 유지했던 무시아(Mucia)와 풀비아(Fulvia) 및 고귀한 소년이었던 사투르니누스(Saturninus)도 쾌락에 탐닉했다. 여기서 자의로 몽롱한 쾌락에 몸을 맡기는 사람은 얼마나 비난받을 인간인가! 집정관과 호민관은 그런 방탕한 축제에 참여해선 안 되며 그런 축제를 징벌해야 한다. [7]

로마에서 있었던 성의 방탕한 축제를 보여주기 위해 이 책의 중세 후기 판에는 당시의 욕탕 유곽에서 벌어졌던 '방탕한 축제'에 대한 그림들이 첨가되었는데 욕탕 유곽은 적어도 고대 프랑스에서는 예외없이 목욕통보다 침대를 더 많이 제공했던 유흥업소이다. [8]

일반 목욕탕은 누구보다 하층민에 소속된 사람들이 방문했다. 예컨대 1513년 팔츠 선제후국에서는 '고용살이하는 가난한 사람들'을 위해 일반 욕탕을 설치했으며[9] 잘사는 사람들은 대부분 개인 욕실을 사용했다고 한다. 그러나 욕탕 유곽은 대부분 상류층 고객의 성적 만족에 기여했다. 도시 사창가의 비교적 싼 창녀들, 예를 들어 디종의 창녀들은 1블랑(blanc)[10]을 요구했다. 이것은 포도원에서 일하는 여자의 반나절 임금에 해당되는 것이었지만,[11] 욕탕 창녀들은 더 비쌌다. 그들은 더 젊었으며 더 깨끗한 분위기에서 일했기 때문이다. 그러나 무엇보다 욕탕 유곽('estuves bordiaus')은 적어도 프랑스 남동쪽에서는 통제를 받는 일이 드물었다. 그래서 사창가를 방문하는 것이 금지된 결혼한 고객도 비교적 어렵지 않게 성적 욕구를 만족시킬 수 있었다.[12]

또 한 가지 그 세밀화에는 일반적인 욕탕에서 볼 수 있는 일상적인 장면이 전혀 보이지 않는다. 그 세밀화만을 따로 떼어 보지 말고 바로 앞뒤에 있는 다른 삽화들과 비교해본다면, 다른 삽화에

147. 욕탕 유곽에 있는 「잃어버린 아들」. 마르부르크의 그림 양탄자, 1400년경.

서도 죄에 빠지기 쉬운 행동이나 무절제한 행동을 비난하고 있음을 알 수 있다. 그 예로 「절도 있는 연회와 무절제한 연회」(그림 148)를 들 수 있는데, 이 세밀화에서는 당시의 많은 사람들의 폭

148. 부르고뉴의 장인 안톤의 「절도 있는 연회와 무절제한 연회」, 1470년경.

음과 15세기 도시 주민의 표준 행동이 비교되고 있다.

엘리아스는 이런 맥락에서 부르고뉴의 세밀화를 언급한 것에 대해 이의를 제기하고 난 후 이렇게 말한다.

나는 무명의 하우스부흐 마이스터의 그림들을 상세히 논평했다. 무엇보다 거기에는 욕탕이 그려져 있다. 남자 두 명과 여자 한 명이 나체로 물속에 앉아 있으며 두번째 여자가 욕탕으로 올라서는 참이다. 나는 오로지 거기서 보이는 것에 관해서만 기술했다. 그 그림에서 그것이 유곽의 한 장면이라는 것을 확실히 증명

322

해줄 아무것도 존재하지 않는다.[13]

그러나 엘리아스가 그 그림을 제대로 묘사했다고 절대로 말할수 없다. 예를 들어 엘리아스는 그 집의 "위에, 2층에서 하녀와 하인이 주인들이 즐기는 광경을"[14] 볼 수 있다고 주장하는데, 첫째로, 그 그림에 묘사된 인물들이 하녀, 하인, 주인이라는 것을 나타내주는 것은 아무것도 없으며, 둘째로, 위에 있는 두 사람은 절대 욕탕의 내부에 있는 목욕하는 사람들을 보려고 아래를 내려다보는 것이 아니다(그림 149a).

149a. 『중세의 하우스부흐』, 1480년경.

그러나 이런 사실은 차치하고라도 엘리아스가 오로지 '거기서 보이는 것'만을 기술했다는 것이 사실인가?

절대 그렇지 않다. 왜냐하면 실제로 엘리아스는 이런 그림들과 하우스부흐 마이스터(1450~70년에 활동한 익명의 고딕 후기 화가·동판화가—옮긴이)의 다른 그림들을 후기의 기사 사회와 그 다음에 올 절대적인 궁정 사회 사이의 '감정의 기준'에 차이가 있었다는 것에 대한 증거로 제시하고 있기 때문이다. 그는 이런 후기 고딕 양식의 그림을 통해 중세 후기에는 남자와 여자 사이의 성적 관계와 나체를 "아직 부끄러워하지 않았다는"것, 그리고 사람들은 성적 관계와 나체를 위장하는 방식이나 '음란한' 방법으로 묘사했다는 것을 증명하려 했다. 엘리아스에 의하면 당시의 사랑과 나체의 묘사는 솔직하며, 수치감의 사회적 기준이 얼마나 다른지를 보여준다는 것이다.[15]

내가 다음 책에서 나체와 성에 대한 중세 그림들의 이른바 솔직함에 관해 다루려 하기 때문에 여기서는 한 가지 질문만 하겠다. 그림에서 보이는 것이 무엇인가? 엘리아스가 주장한 것처럼 그것이 '유곽의 장면'이라는 증거가 아무것도 없다는 것은 실제로 그러한가? 내가 항상 증명하려고 시도했던 대로 엘리아스는 이번에도 그 그림을 제대로 해석하고 해독할 줄 몰랐다. 그는 오히려 그 그림을 단순하게 일상 장면의 묘사로 관찰하는 것으로 만족한다.

우선은 그림의 배경을 관찰하는 것이 중요할 수 있다. 그림의 배경으로 관목들이 늘어서 있는 길을 볼 수 있는데 중세 후기에는 원형 성벽 밖에 욕탕이 위치한 경우도 있었다. 예컨대 1408년에 처음으로 언급된, 스트라스부르의 성문 밖에 있던 '성채 밖 별장에 딸린 욕탕'에서는 손님들이 목욕과 마사지 후 햇빛에 몸을 말릴 수 있었다.[16] 하지만 일반 욕탕은 보통 도시 구역 내, 즉 거의 항상 도시 성곽 내에 있었던 반면, 유곽은 자주 도시 성곽 밖에 위치했다.

그렇다. 어원학에 따르면 '유곽'(Bordell)이란 단어는 'borde'의 축약형으로 시내에 있는 집(maison)의 반대말로 대부분 원형 성곽 밖에 위치한, 외따로 서 있는 집을 가리켰다.[17] 예컨대 1270년 처음으로 언급되었던 나병환자촌, 메츠 북동쪽에 있는 발리에르(Vallieres) 상부에 위치한 환자촌은 울타리를 친 오두막으로 이루어졌으며 '레 보르드'(Les Bordes)라 불렸다.[18]

우리가 그 집의 배경을 관찰해본다면 이것이 인간의 어린이 같은 천진난만함과 순수한 관능이 아니라 성적인 방탕함이 묘사되는 로쿠스 아뫼누스(locus amoenus: 이상향으로서의 평화로운 풍경—옮긴이)의 변형임이 확실하다. 엘리아스가 주장한 대로 2층에서는 절대로 하인들이 일층에서 목욕하는 주인들을 쳐다보고 있는 것이 아니다. 오히려 젊은 여자가 애교를 떨면서 발코니 난간에 기대 선 젊은 남자를 쳐다보고 있다. 손의 모습으로 판단하건대 그녀는 그 남자를 방으로 유혹하기 위해 창문을 닫으려는 것처럼 보인다. 실제로 계속해서 아래 그림들을 보면 하우스부흐 마이스터의 다른 그림에서도(그림 157a) 여자들은 이런 방식이나 이와 비슷한 방식으로 남자들을 유혹하려고 시도한다. 이 장면은 전혀 '음란'해 보이지 않는다. 그러나 엘리아스가 주장했던 것처럼 아주 '순수'하거나 '유아적'이지도 않다.

집 안에는 남자 두 명과 벌거벗은 여자 한 명이 욕탕에 앉아 있다. 여자는 왼쪽 손의 둘째손가락과 가운뎃손가락을 교차시키고 있다. 왼손의 손가락을 이렇게 함으로써 중세 후기에는 예를 들면 오른손으로 했던 서약을 무효화시켰다. 1517년 우르스 그라프의 펜화에 그려진 어리석은 처녀는 손가락으로 이런 표시를 함으로써 그녀의 정절을 어긴다. 정절은 오른손으로 높이 든 등불로 상징된다.[19] 그리고 다음과 같은 경우에도 그렇게 행동한다. 즉 나체의 여자가 두 남자에게 관심을 표명한다. 그녀가 왼손 손가락으로 그런 신호를 보낸다는 것은 그녀가 성실하고 지조 있는 여자가 아니라 창녀 아니면 적어도 헤픈 논다니라는 의미이다. 가슴을 드러낸 채 그 집의 문지방을 넘는 두번째 여자 역시 주위를 둘러보는 것을 통해 어떤 목적으로 그녀가 사창가에 들어서는지를 암시한다.

마찬가지로 엘리아스가 잘못 해석했던 하우스부흐 마이스터의 그림[20]을 보면 여자의 벌린 허벅지 사이에 들어가 있던 남자가 주위에 누가 없는지, 사랑의 행위의 증인이 있는지를 살펴보기 위해 주위를 둘러보고 있다. 이미 『장미 이야기』(Roman de la Rose: 중세 말기에 프랑스어로 씌어진 운문들 가운데 가장 널리 읽힌 작품으로, 궁정 사교계를 상징하는 정원 안에서 한 청년이 장미꽃 봉오리로 상징되는 처녀에게 구애하는 과정을 꿈의 형식을 빌려 매혹적으로 그리고 있다─옮긴이)에 나와 있듯이 겉으로 보기에는 정숙한 여자가 욕탕 유곽을 아주 많이 찾았다. 그들이 거기서 무엇을 했는지는 명백히 알 수 있다.[21]

이 그림이 유곽 활동을 묘사하고 있다고 결론지을 수 있는 또 다른 증거가 있다. 사랑의 정원, 아니 더 정확히 말하자면 '무상함의 정원'(Garten der Vanitas)으로 조성된 정원[22](그림 149b)에서 한 남자가 처녀를 팔로 안고 있으며 그 옆에는 게벤데(Gebände: 중세 여인들이 얼굴에 장식으로 두른 아마띠─옮긴이)를 한 하녀 한 명이 있다. 그는 손가락으로 그녀의 가슴을 옆에서 슬쩍 건드리고 있다. 반면 매잡이 옆에서 편지를 읽고 있는 여자는 옷을 무릎 위로 허벅지가 보일 정도로 들쳐 올렸다. 그러나 이것은 정숙한 중세 여자라면 절대 생각할 수도 없는 행위이다. 다음 권에서 다루게 되겠지만, 그들은 발조차 보여줄 수 없었다.

세련되게 치장한 젊은 남자의 왼손에 있는 매 역시, 여기서는

149b. 『중세의 하우스부흐』, 1480년경.

구애의 상징인 것처럼 보인다. 예컨대 그림 150에서 궁정가인인 로이톨트 폰 제벤(Leuthold von Seven)이 그의 숭배자에게 사랑의 편지를 건네고 있는 모습을 볼 수 있다. 사랑의 사슬에 묶여 그의 왼손에 있는 매는 여자의 노예가 되어버린 그 자신을 상징하고 있다.[23]

낮은 담 옆의 구조물 위에는 원숭이 한 마리가 앉아 그를 올려다보는 개를 유혹하고 있다. 원숭이는 중세에 사치, 쾌락, 간통, 맹목적인 탐욕, 뻔뻔스러움의 상징으로 잘 알려져 있다.[24] 특히 원

150. 「로이톨트 폰 제벤 씨」. 마니교의 필사본, 14세기 초.

숭이 암컷은 아주 음탕한 것으로 여겨졌다. 왜냐하면 암컷은 수컷에게 유혹하듯 엉덩이를 보여줌으로써 수컷을 자극시키기 때문이다. 그렇기 때문에 원숭이 암컷은 매춘부를 암시한다. 로만 민족의 나라에서 사람들은 창녀를 guenon, singesse, mona로, 포주를 singe 또는 bertone로 지칭했다. [25] 그러나 여성혐오증적인 의도로 보면 원숭이 암컷은 근본적으로 정숙하지 못한 여자 전체를 의미한다. 왜냐하면 이런 속담이 있기 때문이다. "여자들은 교회에서는 성녀, 거리에서는 천사, 부엌에서는 악마, 침대에서는 원숭이여야 한다." [26]

중세의 모티프로 많이 애용되었던 것은 '암컷' 원숭이로서, [27] 남성적 리비도를 상징하는 '수컷' 동물, 예를 들면 대부분 젊은 곰이나 개 등을 유혹했다. [28]

1512년 무르너(Thomas Murner)의 『바보의 집합』에는 다음과
같이 적혀 있다.

본능적으로 숨겼던 것을
원숭이는 보여준다
그리고 자신을 보여줌으로써 기쁨을 느낀다.
엉덩이를 드러내는 모든 사람들,
자신의 수치감을 은폐할 줄 모르는 모든 사람을
나는 원숭이라고 부른다.

시인은 이렇게 쓰면서 무엇보다 가슴을 거의 유두까지 드러내면
서 다리의 일부를 내보이는 젊은 여자를 생각한다.

이제 나는 어떤 원숭이 암컷에 관해 이야기하지 않을 수 없다.
절대 가슴을 감추지 않으며,

151. 명인 E. S.의 도형 철자 「g」, 1466년경.

그것이 빈약해질까봐 두려워하며,

육체의 반 이상을 보여주는 그런 암원숭이에 관하여.[29]

사교모임에서 가끔 아주 대담하게 가슴이 많이 팬 옷을 입었던 포이티어(Diana von Poitier)의 풍자화에서 왕의 애첩의 품에 원숭이가 앉아 있는 것은 놀랄 만한 일이 아니다(그림 152).[30]

152. 포이티어의 풍자화. 16세기.

1460년경 그려진 명대(Bandrollen: 중세의 회화 등에 붙인 제목을 적은 리본-옮긴이) 마이스터의 동판화 위에는 벌거벗은 욕탕 창녀 세 명이―두 명은 당시 유행하던 뿔 모양의 머리 덮개를 쓰고 있으며 한 명은 모자를 쓰지 않았다―하우스부흐 마이스터의 그림에 나오는, 몸을 돌려 돌아가려는 바보를 유혹하고 있다. 그중 여자 한 명은 그의 외투를 잡아당기고 있으며 외투 밑으로 그의 빈약한 체격이 엿보인다.

글띠(중세의 그림 안에 그려 넣어진 글띠-옮긴이) 위에 헥사메

330

터(6운각의 시구—옮긴이)로 씌어진 텍스트에서 알 수 있듯이 발기불능을 겪고 있는 남자가 체념하여 돌아서려 하자 창녀들이 발기를 할 수 있게 도와주겠다고 약속함으로써 그를 붙잡으려고 시도한다(그림 153).[31] 이 그림에도 원숭이가 빠지지 않는다. 여기에는 원숭이 한 쌍이 있다. 이 원숭이들은 배경에 보이는 한 쌍의 연인이 더블 침대 앞에서 하고 있는 것 그리고 르네상스 전성기에

153. 명대 마이스터의 「유곽의 바보」, 1460년경.

는 심지어 기적을 초래했던 그런 것에 몰두하는 것처럼 보인다.

란두치(Luca Landucci)에 따르면 1506년 11월 13일 피아자 파델라(Piazza Padella)의 욕탕 맞은편에 있던 성처녀 조각은 눈을 감았다고 한다. 그럼으로써 성처녀는 거기서 일어나는 정숙하지 못한 일을 더 이상 보고 싶지 않다는 것을 표현하려 했다. 다음날 많은 사람들이 촛불과 봉납화(奉納畵)를 들고 기적의 현장을 찾아왔다. "그리고 이 욕탕이 여자들에게 부적합한 장소가 아니었다면

더 많은 여자들이 그곳을 찾았을 것이다."[32]

우리가 언급했던 욕탕이 유곽이라는 확신을 더욱 강화시켜주는
또 다른 증거가 있다. 그 집의 커다란 창문에는 방랑 악사가 라우
테를 연주하고 있다. 중세의 방랑 악사들은 특히 불안정하고 탐욕
스러운 사람으로 간주되었다. 그렇기 때문에 사람들은 그들을 묘
사할 때 그들 위에 금성 표시를 했다.

방랑 악사들은 종종 포주(hurewin)였으며 개인 유곽과 소문난
욕탕의 뚜쟁이였다. 그들은 거기서 연주하거나 떠돌이 창녀들과
전국을 돌아다녔다. 그림에 보면 그들의 어깨에 원숭이가 앉아 있
는 경우가 자주 있으며 그들 옆에는 개가 누워 있다. 개는 억압받
지 않은 성욕의 상징이다.[33] 방랑 악사의 아내들은 이와 마찬가지
로 창녀로 간주되었다. 그들은 대부분 머리를 풀어헤치고 다니며
매춘을 했다. 반면 정숙한 여자들은 게벤데를 예의바르게 착용했
다. 고지독일어의 주해집에 보면 창녀라는 뜻의 meretrix 와
scortum 라는 단어가 자주 theatrice 와 spilwîp 로 설명, 번역되고
있다.[34] 그래서 중세 후기 대부분의 도시에서는 방랑 악사의 아내

154. 브루겐(Hendrick ter Bruggen)의 「방랑시인과 창녀」, 1625.

155. 마이르 폰 란츠후트(Mair von Landshut)의 「임종」, 1499.

들에게 욕탕 출입을 거부했다.

공식적인 창녀처럼 방랑 악사들도 자주 성찬과 성스런 장소에 매장되는 것이 거부되었다.[35] 그리고 『슈바벤슈피겔』(*Schwabenspiegel*)에 의하면, "어느 아들이 아버지가 반대하는데도 방랑 악사가 되어 명예를 더럽히고 돈을 벌었다면"[36] 상속권 박탈의 이유가 되었다. 돈 때문에 그의 명예를 팔았기 때문이다.[37]

카롤링거 왕조 시대부터 중세 말기까지 방랑 악사들은 대부분 권리도 없었고 법률의 보호도 받지 못했으며 공민권도 없었다.[38] 예를 들면 1281년 합스부르크가의 루돌프 1세 제후는 "그들의 교구를 벗어나 아내와 함께 방랑하던 방랑 악사들을" 일반적인 평화 유지명령에서 배제시켰다. 바이에른의 지방법에 의하면 그들은 증인으로서 재판정 앞에 서지도 못했으며 많은 도시에서 성문 앞을 지나갈 수 없었다.[39] 그리고 후기에도 많은 중세 군주의 위임통치령에 따라, 그리고 도시 규정과 마을 규정에 의해서도 방랑하는 악사들은 받아들여지지 않았다. 오로지 '일반 악사들'에게만 교회

예배와 결혼식 연주가 허용되었다. [40)]

간단히 말해서 16세기 도시의 사창가가 사라지고 난 후 도시 외곽의 구석진 유곽에서 발견할 수 있었던 방랑 악사들이 중세 후기의 정상적인 욕탕에서 음악을 연주했다는 것은 상당히 개연성이 없어 보인다. 그리고 방랑 악사들은 그 시대의 익살극(슈방크)에서 여자가 정부와 욕탕에서 간통을 할 때에만 정기적으로 등장했던 것이 아니라 [41)] 원숭이, 개, 창녀와 함께 도덕가인 체하면서 무엇보다 중간계층에게 호소했던 그 시대의 많은 그림에서도 등장한다. [42)]

우리가 마지막으로 가볍게 수채화로 그려진 하우스부흐 마이스터의 그림을 관찰한다면 그 그림에 대한 우리의 해석이 확실하다는 것을 알 수 있다. 그림 157a와 b는 여자들의 탐욕스러움과 외설스러움의 상징적 묘사로서 '미네 성 공략'이라는 그 유명한 모

156. 「미네 성의 공략」, 『피터버러 시편 찬송가집』(*Peterborough Psalter*), 이스트앵글리아, 1300년경.

티프의 트라베스티(Travestie : 타인의 문학작품을 내용은 유지하되 형식을 바꾸어 개작한 것—옮긴이)이다. 그리고 그것은, 다시 한 번 말하지만 "중세 후기 도시의 일상적인 거리 장면의 묘사"가 아니다. [43]

파타비누스(Rolandus Patavinus)는 그의 연대기에서 1214년 트레비소(이탈리아 북동부 베네토 지방 트레비소 주의 주도—옮긴이)에서 열린, "아주 고귀하고 아름다운, 그리고 당시 파도바에 있던 여자들 중 유희에 아주 적합한 12명의 여자를" 초대했던 축제에 관해 다음과 같이 보고하고 있다. "장난으로 성 하나를 만들어 처녀, 수행원, 하녀들과 함께 이 여자들을 이리로 데려왔다. 그들은 남자의 도움 없이도 이 성을 아주 현명하게 잘 지켰다." 성은 여러 종류의 싸구려 장신구, 즉 "바그다드산과 알메리아산의 자주색 천, 비로드 소재, 진홍색 천, 비단 수건 등으로" 장식되어 있었다. 그곳에 있던 남자들이 그 성을 공격했다. 그것도 그런 무기와 꽃, 향수 그리고 여러 가지 향료와 같은 발사체로. [44]

중세 문학에서 열정적인 남자가 격정에 휩싸여 취하려는 여성의 치부가 '미네의 성'으로 묘사되었다는 사실은 그럴듯하다. 예를 들면 하인리히 폰 튀를린(Heinrich von Türlin)의 『왕관』(*Krone*)에서 가소자인(Gasozein)은 기노버스(Ginovers)에게 정력적으로 달라붙었다. "그리고 그가 원하는 대로 그의 손을 자주 그녀의 옷속으로 집어넣었다." 마침내 이렇게 만지작거리는 것을 통해 자극하고선 이 성을 공략할 시기가 무르익었다고 생각했을 때 그는 다시 한 번 한 가지를 덧붙인다.

그녀의 엉덩이를 만지고/그리고 그의 손이 그녀의 몸 전체를 더듬고 난 후/그의 손은 그리로 들어가고 싶어했다/그가 마침내 그녀의 산이 비밀스레 자리한/여자 혼자 돌보는 미네라는/

궁정 앞에 도달했을 때/그는 성을 찾기 시작했다/그녀의 축축해진, 숲이 빽빽한 초원으로(여성의 성기 부위로) 자신의 꽃봉오리를 가지고 갔다/그러자 꽃봉오리가 활짝 꽃을 피웠다(발기했다).

그러고 나서 바로 가소자인은 그의 꽃봉오리를 삽입하기 위해 미네 성의 빗장을 부수려고 시도한다. 그러나 성은 잘 요새화되어 있어서 꽃봉오리는 들어가지 못하고 문 앞에 머물러있다.[45]

실제 놀이와 문학에서는 여자들이 남자들의 공략에 저항해 그들의 정절을 지켰던 반면, 이 그림들에서는 반대로 전도된 현상을 볼 수 있다. 여기서는 남자를 정복하려고 시도하는 것이 여자이며

157a. 『중세의 하우스부흐』, 1480년경.

그것도 '여자의 무기를 가지고' 그렇게 시도한다.

그래서 배경 오른쪽에 공식 창녀처럼 보이는 한 여자가 창가에 앉아, 오른손의 제스처로 판단해보건대, 고객을 유혹하고 있다. 반면 다른 여자는 가슴이 깊게 팬 옷을 입고 우물간에서 초라한 행색의 마구간 하인에게 손짓한다. 게벤데를 쓴 정숙한 부인은 새장을 들고 남자 사냥을 나가는 그들을 눌러앉히려 한다. 문 밖 위에 매달려 있는 새장은 특히 네덜란드에서는 전형적인 사창가의 '간판'이었다[46] (그림 158).

새장 속의 새는 처녀성의 상징으로 애용되었다.[47] 그리고 이 그림에서 보이는 젊은 여자의 새장도 유곽 위에 걸려 있던 것과 마찬가지로 비어 있다. 그림 159의 그림받침대 위에서 탐욕스런 고

157b. 『중세의 하우스부흐』, 1480년경.

158. 브라운슈바이크의 모노그램으로 알려진 화가의 「사창가에서」, 1540년경.

159. 「샤 샤」(Chat Chah). 프랑스의 동판화, 1580년경.

양이가 무엇을 생각하는지를 읽어낼 수 있을 것이다.

"내가 이 갈라진 틈 사이로 앞발을 집어넣을 수 있다면 시간을 낭비하지 않고 이 배은망덕한 동물을 가질 수 있을 텐데."

이 말이 의미하는 바는 한 남자가 그녀의 '새'를 가져오기 위해 여자의 '갈라진 틈'으로 손가락을 집어넣으려고 애쓰는 두번째 장면에서 명백해진다.[48]

338

그림 157b의 배경에 보면 한 남자가 이미 덫에 걸려 어쩔 줄 모르고 공중에 거꾸로 매달려 있다. 그와는 반대로 전면 왼쪽으로는 한 여자가 그녀의 파트너를 유혹하고 있다. 남자의 손은 그녀의 엉덩이에 걸쳐 있다. 그녀는 그의 머리에 사랑의 화관을 얹어주며 음탕하게 자신의 치부를 그에게 내밀고 있다.

2. 중세의 매춘

엘리아스는 나의 해석이 맞는다 할지라도 그의 이론과는 모순되지 않는다고 생각한다. 그는 계속 이렇게 말하고 있기 때문이다.

(문제가 된 것이 유곽이라 할지라도) 당시 유곽의 사회적 위상이 오늘날과 달랐다는 것은 확실하다. 비교적 큰 도시들에서는 왕이나 그의 수행원들이 공식 방문을 할 때 환영의 표시로 유곽을 제공했다. 여자친구와 데이트한 것이 발각나서 대통령에 당선될 수 있는 모든 기회를 잃어버렸던 미국의 어느 대통령 후보와 비교된다.[49]

중세의 매춘에 대한 그런 오페레타풍의 이미지와 그들에 대한 당시의 평가는 널리 받아들여졌으며 오늘날의 역사 전문가들까지도 많이 수용하고 있어,[50] 엘리아스가 이런 이미지를 현실과 혼동한 유일한 사람이 아니라는 것은 인정할 수 있다.

그런데 당시의 현실은 어땠는가?

우선 중세 말기에는 13세기나 14세기 초반보다 적어도 당국이 매춘에 관해 본질적으로 관용적인 태도를 보여주었음을 확인할 수 있다. 이것은 매춘과 관련하여 중세가 지나가면서 통제가 줄어들었다는 것, 즉 더 강화되지 않았다는 것을 의미한다.[51]

그래서 예컨대 산티아고로 순례여행할 것을 호소하고 있는 『칼

릭스티누스서(書)』(*Codex Calixtinus*)에는 이렇게 적혀 있다. 즉 "정욕과 돈욕심 때문에 악마의 명령에 따라 밤에 순례자 침실에서 돈을 벌곤 했던" 여관집 하녀가 파문을 받았다. "이런 이유로 나무가 많은 지역인 미노 다리와 델레 궁전 사이에서 순례자들에게 접근했던 창녀(meretrices)는 파문당해야 할 뿐 아니라 모든 사람들로부터 욕을 먹고 코를 잘려 공개적으로 조롱받아야 한다."[52] 기껏해야 옛날 관습을 성문화한 『카르카손의 관습』(*Coutumes de Carcassonne*)의 기사에 보면 13세기 초 공창들이 도시에서 추방되었다[53]고 적혀 있다. 13세기 말과 14세기 초 생트 주느비에브 대

160. 잔 다르크가 떠돌이 창녀들을 추방하다.『샤를 7세의 야경꾼』에서, 15세기.

수도원과 생 제르맹 대수도원의 범죄기록에는 '육체에 푹 빠진' 여자들이 파리를 떠날 것을 거부하자 달군 쇠와 그들을 공개 전시하겠다는 협박을 받았는데 그 후 그런 협박이 다시 사용되지는 않았다[54]고 되어 있다. 그리고 마침내 1266년 베네치아의 주의회 의원은 '밤의 신사들'(Signori de la notte)에게 일주일 내로 그 도시의 여러 지역에서 일하고 있는 공식 창녀들을 모두 본토, 즉 공화국의 단단한 육지(terra firma)로 추방하라고 지시했다.[55]

그럼에도 14세기 후반과 15세기 초반에는 대부분의 도시들이 사

창가를 새로 설립하거나 성곽 밖에 이미 존재했던 유흥업소들을 도시 내의 외떨어진 장소로 옮기기 시작했다. 1425년 툴루즈의 대주교, 그리고 그보다 이미 몇 년 전에 생긴 몽펠리에의 유곽,[56] 바젤의 사창가[57] 등을 그 예로 들 수 있다. 이런 죄를 포용함으로써 점점 자주 일어나고 있던 더 나쁜 범죄의 수를 줄이는 데 도움이 된다는 이유로 어디서나 이런 조치를 취했다. 그 경우 이탈리아 사람들은 남색과 소년들의 직장 강간을,[58] 다른 유럽 사람들은 부인과 처녀의 강간을 더 많이 고려했다.[59] 도시에서는 전에 비해 비공식적인 사회적 통제의 기회가 감소되어 매춘을 특정한 장소에 집중시키는 것이 권장되었다.

한편 서고트에서는 게으름과 뇌물 때문이었는지 창녀를 그냥 놔두었던 재판관이 30졸리두스(로마 제국의 금화—옮긴이)의 벌금과 사정에 따라서는 100대의 태형으로 문책당했으며, 창녀는 300대의 태형을 선고받았다. 그것은 인간이 견뎌낼 수 있는 태형의 최고치였다.[60] 과거의 (민족의 건전한 법률 감정에 순응하는) 민족적 법률에서는 매춘에 대해 강력한 조치를 취했던 반면 신부들과 수많은 신학자들은 하수구를 막아놓으면 궁전 전체에서 악취가 진동한다며 매춘이라는 죄를 허용해야 한다는 의견을 내놓았다.[61] 중세 전성기에 토마스(Thomas von Chobham)는 매춘을 금지하면 강간[62]치사와 남색[63]이 증가한다며 매춘 금지의 위험에 대해 강하게 경고했다. 이런 식으로 시행정의 지도자들은 역시 공식 사창가의 설립을 정당화시켰다.[64]

예컨대 1403년 피렌체 정부는 '예의범절(Onetà)의 성무(聖務)'를 창설했는데 여기서는 공적인 도덕의 고양을 위해 국내와 외국, 무엇보다 독일과 네덜란드의 창녀들을 소집하여 유곽을 설립했다고 한다. 그것도 당시 만연하고 있던 남색을 감소시키기 위해서였는데 사람들은 출생률의 감소가 이것 때문이라고 생각했다.[65] 헤르만(Hermann von Weinsberg) 역시 쾰른의 베를리히에 있는 유곽에 관해 이렇게 적고 있다.

어떤 이유에서 그런 치욕의 집을 선조들이 지었는지 그에 관해 나는 어떤 보고도 들은 바가 없다. 아마 많은 험악한 죄로부터 보호하기 위하여 지어졌을 것이다.[66]

마지막 예를 들어보자. 1478년 리옹의 페슈리 목욕탕 근처에 사는 시민이 예의범절을 이유로 들어 욕탕 유곽을 해체시키려 했을 때 매춘굴의 포주, 즉 플랑드르 여자인 크리스탈의 변호사는 이렇게 반박했다. "왕의 칙령은 벌써 오래 전부터 그런 종류의 욕탕을 '더 큰 악을 피하기 위하여' 허용했다. 그 이유는 바로 착한 소녀들과 정숙한 부인들이 더럽혀지는 것을 막기 위해서이다."[67]

실제로 많은 중세 후기의 도시들은 치한들이 여성들의 가슴이나 치부를 만졌던 성희롱의 장소일 뿐 아니라 강간의 장소이기도 했다. 도시가 커지고 통제가 힘들어질수록 여성들은 그런 범죄의 희생물이 될 위험이 더욱 커졌다. 무엇보다 하층민의 부인들, 직조 노동자들과 일용 근로자의 딸들과 아내들이 위협을 받았으며[68] 젊은 독신자, 젊은 과부나 일정 시간 밖에서 일하는 남편을 둔 아내들, 여행 중인 외국 여자들이나 평이 좋지 않은 그런 여자들이 더 위험했다. 날이 어두워지기 시작하면 남자와 함께 있다 할지라도 거리를 돌아다닐 엄두를 내지 못했다.[69] 적어도 프랑스의 남동 지역에서는 그런 행위들이 전형적으로 나타났다. 밤이면 도시 구역을 배회하던 청소년과 젊은 남자 무리[70]가 마치 성년식이라도 하듯이,[71] 여자의 집으로 쳐들어가서는 그들의 제물을 매질하고 굴욕감을 주면서 강간했다.[72]

파리에서는 '르뵈르'(revëurs)라 불리는 밤늦게까지 돌아다니며 환락을 즐기는 사람들이 공포의 대상이었다. 이미 13세기에 도시 포크트(Vogt: 제국 영토 또는 제국 교회 영토의 수호와 재판을 관장하는 관리―옮긴이)인 부알로(Etienne Boileau)가 출간한 『메스티어 이야기』(*Livre des mestiers*)의 '욕탕 규정'에는 이렇게 적혀 있다. "위에 언급된 바 있는 직업을 가진 남자나 여자도, 밤이나 낮이나 그들의 집에서 또는 욕탕 유곽에서 밤늦게까지 환락을 즐기는 사람들, 그리고 밤으로 인해 치욕스런 사람들도 받아들여서는 안 된다."[73] 그런 도시의 일당들은 주위에 있던 마을을 불안하게 만들었다. 예컨대 피에로탱 르 푸르니어라는 사람은 1426년 성탄절 기간에 그의 일당들과 함께 앙주의 여러 마을들을 샅샅이 뒤지고 돌아다닌 죄로 유죄판결을 받았다. 빌리에서는 한 일당이 집으로 쳐들어와 마르그리트 드 불라르라 불리는 젊은 여자를 강간했다. 그들에게 '육체적 관계를' 허락하라는 젊은이들의 요구를 따르지 않았기 때문이다.[74]

이런 범죄들이 대부분 밤에 어두운 데서 일어났기 때문에 사창가의 고객들이 창녀와 함께 밤을 보내는 것을 당국은 바람직하게 여겼다. 왜냐하면 남자들은 성공적으로 '사정'을 하고 난 후에는 파수꾼이 제대로 통제하지 못하는 길거리를 불안하게 만들지 않는다는 것이 증명되었기 때문이다. 그래서 1374년 엘자스 지방의 슐레트 도시법에는 이렇게 적혀 있다.

어떤 파수꾼이 세번째 파수종이 울리고 난 후 창녀의 집으로 들어가 거기서 벌거벗은 채 앉아 있는 것이 발견되면, 그는 마이스터에게 벌금으로 2실링을 지불해야 한다. 그러나 벌거벗은 채 창녀의 집 침대에 누워 있다면 그는 벌금을 낼 필요가 없으며 사람들은 그에게 어떤 해를 입혀서도 안 된다.[75]

동일한 이유에서 런던 사람들 역시 밤에 런던과 템스 강의 '유곽 지역', 즉 사우스워크의 유곽 지역 사이를 돌아다니지 못하게 했다.[76] 반면 레스터 시의 1467년 명령은 이렇다. "밤 아홉시 종이 치고 난 후 등불도 없이, 납득할 만한 이유 없이 밤거리를 돌아다니는 사람은 두들겨맞거나 감옥에 갇혀야 한다."[77]

　그러므로 우리는 중세 후기의 '공식적인' 사창가 그 자체가 일종의 '쾌락의 중심지'로 인가되거나 허가를 받은 것이 아님을 알 수 있다. 1480년 스트라스부르에서처럼 사창가에서의 행위는 '범죄적 행위'였다.[78] 뉘른베르크의 사창가 규정에 표현되어 있듯이 창녀들은 '부정한 존재'였다.[79] 그리고 헤르만은 그가 살던 시대, 쾰른에는 천민들이 아주 많았지만 그들도 도시의 창녀들처럼 "그렇게 천하고 치욕스럽지는 않았다"[80]고 적고 있다.

161. 도시 담벼락에 접해 있는 중세 후기의 골목길(마틀라 거리, 루앙).

중세 후기의 창녀들이 유대인과 나병 환자들처럼 사회에서 '따돌림당하는 사람들'(outcasts)에 속했다는 것[81]은 이미 수많은 증거들로 증명되고 있는 사실이다.

이미 언급했듯이 사창가들은 거의 항상 아주 변두리 지역에 자리잡고 있었다. 대부분 도시 담벼락에 접해 있거나 성곽 밖 변두리 또는 묘지에 위치했다. 다른 어원학자에 의하면 유곽이란 뜻의 'Bordell'이라는 단어는 'bord'와 'eau', 즉 '물가에서'를 그 어원으로 볼 수 있다고 한다.

이미 고대 로마에서 대부분의 윤락가들이 항구나 성문 근처에 자리잡았듯이[82] 중세 말기의 유럽에서도 마찬가지였다. 예컨대 15세기 중반 라이프치히에서는 사창가가 할레의 성문 앞, 도시 외곽의 아주 조용한 변두리 지역에 자리잡고 있으며 도시 성곽에서 묘지를 거쳐 건물까지 이어지는 골목조차 없다. 그래서 시 행정부의 지도층들은 남자 시민들이 '죄의 장소'에 가는 것을 가능한 한 어렵게 하고자 했다는 인상을 받는다.[83] 같은 시기 하일브론에서는 오래된 사창가가 '성곽 뒤에' 있었다. 그래서 가끔은 파수꾼이 근처의 '천박한 사창가'에서 즐기기 위해 자신의 의무를 게을리하는 일이 발생하기도 했다.[84] 1494년에는 진짜 그런 일이 일어났다.

하이델베르크에서는 '사창가'가 중앙 성문에서 멀지 않은 '측면', 즉 서쪽 담벼락과 직접 닿아 있는 '그로스 만텔 가'에 위치해 있다(그림 162).[85] 14세기 말경에 도시를 확장한 후 이 성문의 북쪽에 있는 묘지들은 메워지지 않았다. 그 장소는 사창가가 전성기를 맞을 무렵에 '참호'(Schießgraben)라 불리던 곳으로 그 위에서 춤과 '아주 천박한' 술판이 벌어졌다.[86] 도박, 주사위놀이와 원반 던지기 등이 허용되었던 도시의 유일한 지역이었던 목초지 성문 앞,[87] 즉 위벌링겐(Überlingen)의 도시 성곽 밖에 있던 '열린 사창가'의 '놀이터 풀밭'과 비교될 수 있을 것이다.

162. 하이델베르크 사창가의 위치(화살표). 메리안(Merian)의 동판화, 1620.

결국 영국에서는 대부분의 도시에서 매춘이 공식적으로 금지되었다. 그러나 도시 성곽 밖, 예컨대 15세기 중반 코번트리와 레스터에서처럼 사람들이 얼마간 조용히 참아주는 장소에 사창가들이 생겨났다. 런던에서는 도시 성곽 안에서의 매춘이 금지되었음에도 불구하고 1384년과 1393년의 규정에 따라 코크스 레인(Cokkes Lane)에서 매춘을 허용해주었다. [88] 이 지역에서는 14세기가 시작되면서 주민의 반대에도 불구하고 창녀들이 침투해 들어왔다. [89] 런던의 원래 유곽 지역은 물론 도시 성곽 밖의 템스 강의 다른 강변, 즉 '유곽 지역'(stewes side)에 위치해 있었는데 그 지역은 1327년까지 윈체스터 주교의 재판권 관할 구역이었다. [90]

유럽 대륙의 악명 높은 욕탕 유곽 역시 대부분 원형 성곽 근처나 밖에 위치했다. 예컨대 1490년 안시(프랑스 남동부 론알프 지방 오트사부아 주의 주도—옮긴이)에는 15명의 창녀를 거느린, 상

346

당한 수입을 거두는 유흥가가 '뵈프 변두리'에 있었다. 그리고 겡프의 '뜨거운 구역'은 도시 성곽 밖, 도미니카파 수도원과 아주 가까운 거리에 있다가 마침내 경건한 수도사들의 끈질긴 요청에 의해 '아름다운 소녀의 거리'——나중에는 '브외 보르델 가'로 불렸다——로 옮겨갔다.[91]

경우에 따라서는 도시 성곽 근처나 도시 변두리에 위치해 있던[92] 유대인 지역이나 유대인 골목길에서도 비유대인들을 위한 사창가들이 세워졌던 것으로 보인다. 그럼에도 유대인들은 그들의 거주 지역이 그런 치욕스런 오명을 쓰지 않도록 성공적으로 잘 지켜냈던 것 같다. 예컨대 1375년 시비드니차(폴란드 남서부 바우브지흐 주에 있는 도시－옮긴이) 시의회는 유대인 골목이라 불렸던 퇴퍼 가에 어떤 창녀도 보내지 않겠다고 유대인에게 약속했다.

163. 보슈(Hieronymus Bosch)의 '창녀의 집'(「잃어버린 아들」의 부분), 1499년경.

중세 후기 대부분의 도시에서 유대인 구역은 그 도시의 나머지 부분과 완전히 차단되어 있었다. 사람들은 아마도 거기에서는 공식 매춘이 더 잘 통제될 수 있으리라고 생각했던 것 같다. 예컨대 15세기 레겐스부르크에는 매일 밤 닫혔다가 아침이면 열렸던 유대인 구역이 있었으며, 1341년 쾰른의 도시 대장에도 도시의 전령이 유대인 구역으로 들어가는 문의 열쇠를 가지고 있다고 적혀 있다. 그는 매일 저녁 해가 지고 난 뒤 그 문을 잠그고 이른 아침 기도시간이 되면 다시 열었는데 유대인들은 그것을 위해 매년 20마르크를 지불했다고 한다.[93]

무엇보다 사창가가 성문 근처의 성곽 앞이나 뒤에 자리잡아야 하는 두 가지 확실한 이유가 있다. 첫째, 중세 도시는 거주지역에 따라 중앙에서 외곽까지 사회적 신분의 차이를 보여준다는 점이다. 도시의 외곽지역, 성곽 밖의 금지 구역(banlieue: 중세 때 도

164. 드레히젤(Wolf Drechsel)의 '욕탕 하녀', 16세기.

시 주변 1마일 안에서 외부인의 상행위 등을 금지했던 지역—옮긴이) 내에는 빈민들과 경멸받는 사람들, 임시 노동자, 거지,[94] 가끔 매춘도 하는[95] 욕탕 하녀처럼 정숙하지 못한 직업에 종사하는 사람들이 거주했다. 예를 들어 15세기 초 뉘른베르크의 내부 성곽 안에 살 수 있는 사람들은 적어도 200굴덴의 재산이 있다는 것을 증명할 수 있는 사람들이었다.[96]

한편으로는 매일 주변 지역의 농부들과 타지인들이 성문을 통해 도시 안으로 밀려왔다.[97] 그리고 사람들은 이런 남자들이 더 이상 시민의 아내나 딸에게 폭행을 가하지 않게 하기 위해 주변에 있는 사창가에서 많은 정력을 소모하기를 바랐다. 명백한 '러시 아워'—예컨대 다른 도시의 영주들, 고위 관직자나 군인들이 방위를 목적으로 도시에 체류하는 경우—에 시의회는 자주 사창가를 증축하거나 방랑하는 여자들, 즉 비공식 창녀들[98]을 도시로 들어오게 허용했을 뿐 아니라 어두워지기 시작하면 골목길로 다니지 말라고 여자 주민들에게 더욱 강력히 경고했다. 그런 경우 사창가에서는 창녀들간에 격렬한 싸움이 자주 벌어졌는데[99] 그보다 더 빈번히 일어났던 것은 그 지역 주민과 타지인들 사이에 벌어진, 심지어 피까지 흘리는 싸움이었다. 예를 들어 1422년 하이델베르크의 커다란 대로에 접해 있는 '천한 창녀집'에서 시내에 묵고 있는 뷔르템베르크의 묌펠가르트 백작 부인 앙리에트(Henriette)의 수행원 중 한 사람이 상당수 학생들의 심한 가혹행위 때문에 손 하나가 잘렸다.[100]

정숙한 도시 주민들은 이런 변두리의 악명 높은 지역으로 다니기를 꺼렸다. 헤르만은 이렇게 설명한다.

이 사창가에는 몰래 오는 사람도 없다. 이 집은 비천한 사람들의 가장 나쁜, 경멸받는 집이기 때문이다. 명예와 덕을 사랑하는 몇몇 사람들은 그 집을 피해간다. 그리로 가는 도로가 잘 나 있는데도 불구하고 많은 사람들이 우회하며 그곳을 직접 통과해 가지 않았다. [101]

헤르만은 자신이 이야기한 것에 대해 잘 알고 있었다. 헤르만 자신은 스무 살 때 트라인 호에스티르네라는 이름의 비공식 창녀 (Schlupfhuren)에게 '동정'을 잃었다. 그리고 마침내 그가 매독에 대한 두려움에서 이런 쾌락을 포기할 때까지[102] "취한 상태에서 창 녀집을 네댓 번 더 방문했다."

165. 알트도르퍼(Erhard Altdorfer)의 '사창가'에서, 1508년경.

쾰른의 시민이 그런 비공식 창녀의—그들이 고객에게 집에서 하듯이 아주 편안하게 봉사했기 때문에 '은밀한' 창녀라고도 불린 것 같다—술책을 알아차리면 그들은 당사자를 그들의 지역에서 몰아냈다. "비공식 창녀들은 이웃들에게 그들의 죄를 잘 숨겨야 했다. 그렇지 않으면 이웃들이 그들을 용납하지 못하고 쫓아내기 때문이다." 도시의 공식 창녀들은 심지어 달갑지 않은 경쟁자들을 "손수레 위에 태워 사창가로 끌고 갈 수 있는" 권리까지 가지고 있었다. [103] 그리고 그런 일이 실제로 일어나는 것처럼 보였다. "그들이 그리로 끌려갔을 때 커다란 비명소리가 들렸다"고 한다. [104]

다른 도시에서도 상류층과 중류층에 속하는 사람들은 비공식 창녀와 거리의 여자들뿐 아니라 '공식적인' 창녀들도 그들의 이웃에서 몰아내기를 원했다. 그러나 행정 당국은 주민들의 직접적인 요구를 무시하기 일쑤였다. 예컨대 이런 상황은 이웃 사람들이 적어도 그들의 골목길로 이어지는 사창가의 문이라도 폐쇄해달라고 요구했던 타라스콩이나 디종에서 일어났다. 1486년 디종의 도시 파수꾼이 이웃들의 요청에 따라 창녀 몇 명을 감옥에 가두었을 때 그와 관련된 관리들이 랑그르의 주교로부터 파문을 당했으며 그곳 주민들이 주교에게 사면을 청하고 나서야 복권되었다. [105]

1373년 파리에서는 이웃들이——그들은 변두리 지역의 아주 소박한 사람들이었다——아그네스라는 이름을 가진 뚜쟁이의 유곽에 대해 분노했으며 다른 지역으로 옮기도록 압력을 넣었다. [106] 25년 후 피렌체의 시민들은 그들의 이웃 여인에 관해 격분했다. 프란체스코(Nofri de Francesco)의 아내인 안젤라라는 여자가 가두 매춘을 했기 때문이다. 그녀를 이런 치욕스런 생활에서 해방시켜주기 위하여 사람들은 그녀의 생계를 위한 보조로 매주 그녀에게 빵 한 바구니를 주겠다고 제안했다. 그러자 안젤라는 뻔뻔스럽게 주당 2플로린(옛날의 영국 은화로 2실링임—옮긴이)만 주면 방탕한 생활을 청산할 준비가 되어 있다고 대답했다. [107]

1458년 하층계급 출신의 프랑크푸르트 여자 세 명, 즉 정숙한 가정주부인 그레티겐, 카테린, 엘제가 밤에 골목길을 지날 경우 '뻔뻔스런 여자들'의 추근거림에 시달리게 된다고[108] 의회에서 불평했다. 시의회 의원들도 이 문제에 대해 우려했지만, 그것은 앞에 언급한 여자들과는 다른 이유에서였다. 창녀들의 고객유치를 방관하면 이른바 정숙한 부인들과 아이들도 타락할까봐 두려워서

166. 사창가로 들어서는 '잃어버린 아들'의 오른쪽에 여자 포주가 있다.
마르부르크의 그림 양탄자. 1400년경.

였다. [109] 근본적으로는 아주 정숙한 여자도 밀러의 룸피처럼 색을
밝히기 때문이다. 그런 것을 직접 보는 것은 쉽게 흥분을 일으킬
수 있다.

그 당시 프랑크푸르트에서는 천박한 여자들이 "많은 부인들과
딸들에게 나쁜 본보기와 범례를 제공했으며 이런 여자들 때문에
부도덕한 행위에 대한 유혹을 받게 되었다고 한다." [110] 그래서
1480년 스트라스부르의 법령에는 이렇게 규정되어 있다. 창녀들은
"이 도시에서는 어디에서도 정숙한 부인이나 처녀들이 모이는 장
소에 춤추러 갈 수 없으며 정숙한 여자들과 함께 어울려 춤을 추
어서는 안 된다. 창녀들이 정숙한 여자들 사이에서 춤추는 것을
나쁘다고 생각지 않아 누군가 창녀들을 그런 장소에 데려왔는데
그곳에서 부상이나 살인이 일어났을 경우 그에 대한 처벌 규정은
아직 없다." [111]

1462년 천박한 여자들에 대해 분노했던 하노버의 한 시민은 석
궁을 들고 '확실하게 창녀의 집으로 알려진 집' 앞으로 달려갔다.

167. 창녀가 고객을 사창가로 유혹한다. 마르코 폴로의 여행 보고에 대한 명인
요하네스의 영국 삽화, 1400년경.

그는 바로 고문관에게 소환되었는데 고문관은 앞으로 그런 종류의
사적 제재를 허용하지 않을 작정이라고 말했다.[112]

또한 창녀들이 그 도시의 남자들과 너무 자주 접촉하는 것 또한
막아야 했다. 틀림없이 대부분의 젊은 남자들은 가끔 창녀에게 스
트레스를 풀어야 했을 것이다. 아니면 디종의 사창가를 방문했던
사람이 표현하듯이 "지난 월요일 오후 2시에서 3시 사이에 본능에
이끌려 매춘부의 집에 가서 즐겼을"[113] 것이다.

그런 남자들이 부정한 관계에 적극적으로 자극받지 않도록 해야
했다. 오히려 '본능' 자체가 그들을 매춘부 지역으로 몰고 가도록
기다려야 했다. 그렇기 때문에 실제로 모든 도시에서 창녀들을 정
숙한 지역에서 도시의 외곽지역으로 매번 옮겨야 한다는 시의회의
명령이 내려졌다.[114] 그리고 외곽지역은 때때로 이른바 '달콤한 변
두리 지역'으로 변화되었다. 그리고 하이델베르크에서처럼 윤락가
가 외곽지역으로 이주하지 않을 경우[115] 정숙한 시민들이 그에 대
해 불만을 터뜨렸다. 예를 들면 1494년 크놉로흐처(Heinrich

Knoblochtzer)는 "파수꾼들과 관리들이 공식 창녀들에게 치욕적인 옷을 입히고 수치스럽게 길거리를 돌아다니거나 더 나아가 교회 출입을 허용한 것에 대해" 심하게 한탄했다.

왜냐하면 많은 젊은이들이 그런 여자들을 보면서 불순함(처음에는 탐욕의 불순함이며 그 후에는 아마도 행동의 불순함일 것이다)의 유혹에 쉽게 빠지기 때문이다. 젊은이가 그런 여자들을 보지 않았다면 아마도 (아직 아내가 없는, 여전히 부끄러워하는 미혼의 젊은이들의) 커다란 해악을 막기 위하여 사창가가 법적으로 허락되었다는 것을 생각조차 못했을 것이다. 그렇기 때문에 이런 여자들은 말이나 행동, 몸짓으로[116] 그들의 집 안에서든 밖에서든 누군가를 유혹해서는 안 된다. 그리고 사람들이 모여 있는 곳, 넓은 광장, 시장 또는 교회에 가서도 안 된다.[117] 그들이 자신들에게 맞는 천한 옷을 입고 집 밖으로 나가는 것, 특히 교회에 가는 것은 그들에게 어울리는 일이 아니라고 여겨지기 때문이다. 그들 역시 사람들의 눈에 띄지 않기를 원하며, 그들이 원하는 게 있다면 오로지 제단만을 보는 것이다.[118]

사람들은 창녀들의 수평적 이동을 어쨌든 침대 위로 한정시키려 했다. 그래서 뉘른베르크,[119] 콘스탄츠, 아우크스부르크 등에서는 창녀들을 계속 한 곳에 그들끼리 모여 살게 했다.[120] 그뿐 아니라 상당히 많은 집단에게 당시 유행했던 말로, 깔고 앉은 손으로 벌어먹고 살아가는 여자들의 집을 방문하는 것을 금지시켰다.[121]

예를 들면 고대 로마에서 기혼 남자는 매춘을 하는 술집 여자와 자는 것이 허락되었다. 술집 여자들은 법률적인 신분이 없었기 때문에 간통에 해당되지 않았다.[122] 반면 중세에는 달랐다. 기독교를 믿는 서구 세계가 다 그렇듯이 하이델베르크에서도 창녀들은 "기혼자나 가톨릭 미사 때의 사도서간 낭독자, 신교도, 신부와 교구 성직자 그리고 수도사들처럼 순결을 서약한 사람들은"[123] 누구와 도 성관계를 맺으면 안 되었다.

168. 칼을 찬 수도사와 창녀. 영국, 14세기.

기혼 남자가—그 도시의 시민이든 아니든 상관없이—창녀와 잠을 잤다면 그것은 간통이었다. 그리고 간통을 한 남자가 받아야 할 벌은 대부분 가혹한 것이었다. 예를 들어 1492년 하일브론의 시민인 로트프리츠(Rotfritz)는 "사창가에서 한 여자를 자신의 집, 즉 아내의 방으로 데리고 들어갔다. 그녀가 방에 들어서자마자 그 는 성스런 결혼의 맹세를 무시하고 그녀와 관계를 맺었다." 그러고 난 후 그는 도시 밖으로 도주했다. 그는 하일브론에 돌아오자마자 체포되었고 영원히 하일브론과 2마일 반경의 주변지역으로 추방되었다.[124]

울름에서는 파수꾼이 명령에 따라 경찰의 일제단속 때 사창가에서 발견한 기혼 남자들을 모두 '지하실', 즉 감옥에 던져 넣었다.[125] 그리고 프라이부르크 의회규정에는 1412년 이렇게 적혀 있다. "결혼한 남자가 자주 사창가에 발을 들여놓거나 사창가에 있는 것이 발각되면 그는 군말 없이 시민들에게 1마르크 동전을 주어야 한다. 만약 돈이 없다면 형벌 말뚝에 묶이거나 사람들의 조롱거리가 되어야 한다."[126]

기독교도 창녀와 감히 잠을 자려 했던 유대인들은 근본적으로 더 엄격한 벌을 받았다. [127] 이미 13세기의 『슈바벤 법전』(*Schwabenspiegel*)에는 교구 성직자와 유대인들의 '사창가' 방문은 금지되었다고[128] 적혀 있다. 그리고 1347년 아비뇽의 유곽에 대한 규정에는 유곽에서 비천한 여인과 살을 섞은 유대인은 감옥에 가두고 교구민들이 시내에서 그를 채찍질해야 한다고 되어 있는데 그런 일이 1408년 카르팡트라(프랑스 남부 보클뤼즈 주의 상공업 도시―옮긴이) 출신의 한 유대인에게 실제로 일어났다. [129] 대부분의 길드 역시 사창가 방문을 예의에 어긋나는 것으로 간주했으며, 결혼 사실과 상관없이 직인들이 그런 곳에서 만족을 얻는 것을 금지시켰다.

예컨대 15세기 초 리가의 구두공 직인들의 규정은 다음과 같다. "우리 직인 중 누군가가 창녀의 집에 가서 맥주나 은밀한 담화보다 사랑을 더 찾는다면 그는 조합에 맥주 큰 통 하나와 반 파운드 밀랍 양초의 배상금을 지불하고 속죄해야 한다."

라이프치히의 제빵업자 길드도 1453년 직인들에게 창녀들과 어울려 술 마시는 것을 금지했다.

이와 같이 직인들이 어떤 장소에서 모이거나 동업조합의 모임을 가지는 경우 장인장들과 동업조합은 직인들이 창녀 옆에 앉지 못하게 해야 한다. 직인이 창녀 옆에 앉을 경우 그는 동업조합과 다른 직인들에게 배상금을 지불해야 한다. [130]

당국의 관심이 결혼을 통해 천한 여자들을 죄짓지 않는 삶으로 귀환시키려는 데 있었음에도 불구하고 '불행한 딸'과 결혼하는 일은 아주 드물었던 것으로 보인다. 그래서 이미 교황 인노켄티우스 3세는 1198년 창녀와 결혼하는 남자에게 모든 죄를 사면해 준다는 좋은 미끼를 던져 쥐를 잡으려 했다. [131] 그러나 대부분의 길드와 조합들은 창녀들을 거부하는 입장이었다. 1381년 파리의 푸줏간 길드는 이렇게 결정했다. "만약 파리에서 어떤 푸줏간 주인이 조합장의 허락도 없이 방탕한 창녀를 데리고 산다면 그는 푸줏간 조합에서 영원히 추방될 것이다. 그러나 프티퐁의 푸줏간에서는 계속 영업할 수 있을 것이다."[132] 그 후 1461년 괴팅겐에서는 "길드는 평판이 좋지 않은 여자들을 허락해서는 안 된다"[133]고 되어 있다.

그런 종류의 허가는 그동안 거의 이루어지지 않았다. 허가가 났다 하더라도 한때 창녀였던 여자로 낙인찍힌 채 살아가야 했다. 예컨대 1483년의 함부르크 시 규정에 명시되어 있듯이 천한 여자가 자신의 직업을 포기하고 결혼해도 정숙한 여자처럼 옷을 입어서는 안 된다.

어떤 평판 나쁜 여자가 결혼을 해서 남편을 맞게 되고 겉으로 보기에 다른 정숙한 여자들처럼 지내려 해도, 그녀가 정숙한 여자들처럼 장식용 귀걸이를 착용하는 것은 불가능하다. 장식용 귀걸이는 정숙한 여자임을 보증하는 것이기 때문이다.[134]

그러면 공식 창녀의 직업이 오로지 많은 직업들 중 하나일 뿐이며, 다른 수공업처럼 조직화되었다는 일반적인 주장은 어떻게 된 것인가?

엘리아스가 주장한 대로 천한 여자들이 간혹 스스로 조합과 같은 조직을 결성했으며, 그들이 다른 직업처럼 특정한 권리와 의무를 갖춘 연합체를 형성했다는 사실[135]은 어디서도 증명할 수 없으며 아주 개연성이 없어 보인다. 추측건대 이런 잘못된 주장은 엘리아스가 어떤 일화, 즉 그의 증인 중 누군가가 기록한,[136] 1502년 뉘른베르크에서 일어났던 일화를 잘못 해석한 데 기인한 것 같다.

그 일화의 내용은 이렇다. 젊은 곡물창고 서기가 예쁘고 순진한 어린 소녀를 자신의 집으로 데려간다고 속이고는 사창가로 데리고 가서 바로 자기 것으로 만들었다. 다음날 아침 유곽 창녀들은 불쌍한 희생자의 머리에 작은 화관을 얹어주었다. 그리고 그들 중 두 명이 그녀를 마치 신부인 양 과일 시장을 가로질러 데리고 가면서 말했다. "네가 달콤한 포도주에 취하도록 해줄게. 달콤한 포도주 선물과 함께 창녀 조합에도 가입시켜주겠어."

이 일화에서 어떤 것을 추론해낼 수 있는가? 노상 강도가 새로 들어온 일당에게 농담으로 "악당 조합에 들어온 걸 환영한다!"라고 인사했다면 거기서 강도와 살인자들이 중세 말기에 '다른 직업처럼' 조합을 결성했다는 결론을 이끌어내는 역사학자를 찾아다녀야 할 것인가! 물론 중세에도 많은 사기꾼들이 조직화되었다. 그리고 비용(François Villon: 프랑스의 위대한 서정시인으로 중세 파리에서 추방당하거나 감옥에서 인생의 대부분을 보낸 범죄자로 유명했다―옮긴이)의 코키야르(패각단의 일원으로 15세기 옷깃에 조가비를 달고 다니던 도적떼를 말함―옮긴이)에는 심지어 '왕'까지 있었다.[137] 그러나 이미 1214년부터 언급되기 시작했던 이 '왕'은 15세기 중반까지 사창가가 규정을 지키는지를 감시했던 낮은 직급의 관리였던 파리의 '호색한들의 왕'과 마찬가지로 진짜 왕이 아니었다.[138]

파리의 창녀들 역시 적어도 중세 전성기에는 조직을 이루었던 것으로 보인다. 이런 '조합원'들이 어떤 위상을 가지고 있었는지는 12세기 후반에 건축 중인 노트르담의 대성당을 위해 창녀들이 유리 창문 한 개를 기증하려 했을 때 주교가 '그것의 허용'을 결정할 수 없었다는 사실에서 잘 드러난다.[139] 나중에는 토요일 저녁 미사를 위한 초의 기증이 허용되었다. 그러나 이런 촛불을 스스로 제단에 가지고 갈 수는 없었다.[140]

마침내 많은 대학 도시의 기숙사에서 독신으로 살아야 하는[141] 대학생들과 학사학위 취득자들에게 사창가 출입을 금지했다. 그들에게는 예컨대 그라이프스발트(Greifswald)에서 열리는 것[142]과 같은 댄스 모임에의 출입도 금지되었다. 이러한 조치는 대부분 도덕적인 이유에서라기보다는 학생들과 다른 젊은이들, 그리고 여행하다 시내에 머물게 된[143] 타지인들과의 접촉을 제한하기 위한 당국의 노력 때문이었다. 그래서 1460년 하이델베르크 대학은 선제후의 희망에 따라 대학에 소속된 사람들에게 특정한 시간에는 사창가의 방문을 포기할 것과 '개인 유곽'과 '욕탕 여관'도 피하도록 규정하고 있다. 개인 유곽과 욕탕 여관의 경우 아마도 매춘 활동이 문제가 된 것 같다. 비공식 창녀들은 술에 취한 그들의 고객들을 그리로 끌고 갔다.[144]

우리가 명하건대 그 시대에 어떠한 남자도 사기나 속임수에 의해 어떤 특정 장소, 즉 창녀의 집이나 사창가, 또는 의심받는 여자들이 거주하는 다른 거주지인 시장, 목욕탕, 주점 등에 머물러서는 안 된다. 이것으로 인해 또 다른 위험에 빠지지 않기 위함이다.[145]

어느 때라도 싸울 준비가 되어 있는, 시내에 머물고 있는 타지 사람들이 많지 않던 시기에도 의심스런 장소를 방문한 사람은 그곳에서 취하거나 제멋대로 굴어서는 안 되었으며, 가능한 빨리 쾌락을 잊어버리고[146] 슬며시 사라져버려야 했다.

엘리아스와 그의 제자들이 말했던 것[147]과는 달리 중세 후기 사람들이 도시 창녀들을 공식적인 삶의 무대 뒤, 즉 1415년 피렌체 당국의 표현처럼[148] "그런 문제시되는 활동을 가장 잘 숨길 수 있는" 지역으로, 아니면 같은 시기에 샹베리(프랑스 남동부 론알프 지방 사부아 주의 주도—옮긴이) 규정에 적혀 있듯이 "은밀하고 점잖지 못한 장소로"[149] 밀어내기 위해 온갖 노력을 기울였음을 확인할 수 있을 것이다. 그리고 당시 아주 많은 남자들로 하여금[150] 가능한 한, 죄를 짓는 사창가 방문을 금지하려는 시도가 있었다는 것이 어느 정도 명백해졌다면, 이제는 길거리의 창녀들뿐 아니라 도시의 공식 창녀들도 주민들 중 인간 쓰레기, 즉 '가장 경멸받는 여자'에 속했다는 것을 증명해주는 수많은 다른 사실들을 살펴보자.

중세 후기 대부분의 가정들은 가족 중 한 명이 사창가의 일원이라는 것이 밝혀지면, 그것을 참을 수 없는 치욕으로 여겼던 것으로 보인다. 그래서 천한 여자들은 그 지방 사람인 경우가 아주 드물었으며[151] 타지방 출신의 창녀들이 대부분이었다. 사우스워크의 '유곽'(Les Stuwes)에는 많은 창녀들이 플랑드르, 네덜란드, 브라방(벨기에의 한 주—옮긴이) 출신이었다. 영어에서 '플랑드르'는 '창녀'와 동의어이기도 했다.[152] 게다가 구전되어오는 사창가 규정에는 그 도시의 주민은 그곳에서 매춘을 할 수 없다고 강

169. 혼토르스트(Gerard van Honthorst, 1590~1656: 네덜란드의 화가—옮긴이)의
「뚜쟁이」, 1625.

조하고 있다. [153)]

때때로 골목에서 치마를 들어올림으로써 정숙한 여자들을 놀라게 했던 천한 여자들은 정숙한 여자들과 마주치지 않기 위해 유대인처럼 그들만의 욕탕——예를 들면 울름에서처럼[154)]——을 가지거나 아니면 13세기 마르세유에서처럼[155)] 특정한 날에만 여탕에 들어갈 수 있었다. 1514년 뷔르츠부르크의 욕탕 주인처럼 어느 욕탕 경영자가 창녀를 여탕에 들어오도록 허락하면 다른 여자 손님들이 그 욕탕을 더 이상 찾지 않을 뿐 아니라 그에게 소송을 제기하기도 했다. [156)]

유대인과 마찬가지로 창녀들은 1243년 아비뇽의 규정에 따라 시장에서 빵과 과일을 만져볼 수 없었다. "우리는 유대인이나 창녀들이 팔기 위해 진열된 빵이나 과일을 감히 손으로 만져서는 안 된다고 결정했다. 만일 그들이 상품을 만질 경우 그것을 사야 하며 그들이 만진 것은 소유해야 한다." [157)] 그것은 나병환자, '치외법권자'에게나 해당되는 조항으로 그들의 오두막이나 집은 도시 성문 외곽에 자리잡고 있었다. 그들에게는 트리어 선제후의 지침서가 제시되었다. "네가 사려고 하는 물건이 어떤 것이든 그것이 어떤 종류의 물건인지 알아보기 위해 건드리지 말 것을 간곡히 당부한다." [158)]

그렇다. 카라카우에서는 천한 여자들이 공동의 소방작업에 참여할 수 없었다. 화재로 인해 그 도시가 재로 변하게 될지라도! [159)]

이미 언급했듯이 예배에 참석하는 것은 창녀들에게 대부분 허용되었다. 예배에 참석할 경우 사람들은 창녀들이 정숙한 동시대인들과 접촉하지 않고 단지 그들에게 감시당할 수 있도록 특별히 좌석 배치를 했다. 그러나 1287년 요한(Johann von Lüttich)은 공식 창녀와 방랑 악사들을 성찬에서 제외시켜야 한다고 규정해놓았다. [160)] 그리고 근세 초기에도 쾰른의 도시 사창가에 속하는 여자들에 관해 이렇게 말한다.

베를리히의 창녀들은 그렇게 저주받은 신분이어서 기독교인들처럼 성찬에 참여할 수 없으며 교회 묘지에 묻히거나, 일반 사람들과 교제할 수 없었다. 그들에게는 앞으로 더 나아질 희망이 없다는 사실을 숨겨야 하기 때문이다. [161]

베를리히의 사창가에는 뒤뜰에 그들만의 매장지가 있었다. [162] 다른 지역에서도 마찬가지로 창녀들의 불명예는 대부분 그들의 죽음을 넘어 지속되었기 때문에 사람들은 성스런 땅에 창녀를 매장하기를 거절했다. 프랑크푸르트에서는 같은 시기에 창녀의 시체를 가죽 벗기는 사람의 구덩이, 즉 박피장에 파묻으라고 규정했다. [163] 그 전에 피우스 5세(1566~72년에 교황으로 재위하며 금욕주의자·개혁자로서 이단자들을 가차없이 박해했다—옮긴이)는 모든 창녀들이 영원한 안식을 얻도록 쓰레기 밑에 묻어야 한다고 규정했다. 교수형을 당하는 성범죄자들처럼 뚜쟁이와 그에 속한 창녀들의 시체는 교수대 밑에 묻히는 경우가 많았다. [164]

천한 여자들은 예컨대 브라이스가우, 프라이부르크의 '순간의 쾌락을 위해'라는 유곽에 소속된 창녀들처럼 [165] 자주 사형집행인과 형리 [166]의 지배를 받았다. 즉 창녀들은 그들처럼 '불명예스러운' 사람들의 지배를 받았다. 공식 창녀들이 아무도 하기 싫어하는 굴욕적이며 천한 일에 동원되듯이, [167] 아우크스부르크의 사형집행인 역시 변소를 청소하고, 나병환자들을 도시에서 몰아내며 동시에 일부는 그들과 함께 살고 있었던 창녀들을 감시해야 했다. [168]

베른에서도 도시의 사창가는 오늘날의 리플리 골목길에 있는 사형집행인의 관사 바로 옆에 붙어 있었으며 그들의 아내들이 관리했다. [169]

170. '딸들', 할프보츠와 바이트로흐와 함께 관리 앞에 선 폴크이흐 사창가의 포주, 1500년경.

사형집행인이 얼마나 경멸받는 직업이었는지는 다음과 같은 사실에서 추측할 수 있다. 15세기 베른에서 사형을 선고받은 범죄자가 사형과 사형집행인 업무를 넘겨받는 것 중 하나를 선택할 수 있을 정도였다![170] 사형집행인의 가족 및 그들의 지배를 받던 창녀들 역시 마찬가지로 경멸받았다. 1438년 알텐부르크의 규정에 따르면 천한 여자들은 사형집행인의 아내와 딸들과 똑같은 복장을 해야 했다. "이 여자들과 사형수 여자들은 노란 천조각을 달아야 한다."[171]

창녀나 '기둥서방'(Ruffian)[172]이 정숙한 도시 주민에게 무언가 주제넘은 짓을 했다면 조롱을 당한 주민은 일정한 범위 내에서 사적 제재를 할 권리가 있었다. 1335년 란츠후트의 도시법에는 이렇게 적혀 있다.

어느 시민이나 그의 종이 도시에서 금지된 자나 방랑 악사 (그가 이야기를 하는 사람이건 가수이건 상관없이), 방탕한 승려, 창녀 또는 창녀라 불리는 여자들을 그들이 지은 죄 때문에 때리거나 찔렀다고 하자. 그럼에도 재판관과 시당국은 그에게 아무 벌금도 부과하지 않는다. 그런 사람들은 어떤 권리도 가지고 태어나지 않았기 때문에 자신들의 권리를 주장할 수도 없다.[173)]

12세기 후반 슈베린의 도시법도 창녀나 다른 불명예스러운 사람에게 모욕을 당한 시민은 그들의 뺨을 때릴 권리가 있었다. "정숙하지 못한 여자가 경건한 남자를 두 명의 다른 경건한 남자가 보는 데서 조롱했다면 그 남자는 그녀의 따귀를 때릴 수 있다." 1301년 파사우의 법률 증서를 보면 그들이 아무 잘못을 하지 않아도 시민에게 이런 것이 허용되었던 것으로 보인다. "어떤 술주정뱅이가 아무 잘못도 없는 방랑 악사를 욕하고 피가 나지는 않지만 죽지 않을 정도로 때렸다. 그는 판사로부터 아무 벌도 받지 않았다."[174)]

비트리(Jacob von Vitry)에 따르면 창녀들이 일반 시민을 경멸하고 모욕 주는 일이 자주 있었던 것으로 보인다. 이 사람의 보고에 의하면 13세기 파리의 창녀들은 골목길에서 남자들 특히 대학생들에게 말을 걸었다. 이들이 무시하고 가면 창녀들은 뒤에서 "호모!" 또는 "동성연애자!"라고 소리쳤다.[175)]

많은 지역에서 그리고 중세 초기에는 공식 창녀를 때리는 것이 특정한 상황하에서 허용되었고 심지어 창녀를 강간해도 벌을 받지 않았다. 그런 여자에게는 빼앗길 어떤 명예도 없었기 때문이다. 예를 들어 슈바벤의 지방법에 따르면 유랑 창녀들을 '강간'했던 사람을 "그가 그녀 옆에 누워 있지도 않은 것으로"[176)] 판정했다고 한다. 도시에 사창가가 있던 시대에 그런 규정이 공식적인 매춘 영업의 불합리성을 논증해주었음에도 불구하고[177)] 1558년 다무디에르(Damhoudière)의 『형사 사건의 관례』(*Praktica rerum criminalium*)에는 이렇게 적혀 있다.

그러나 공공장소나 사창가에 모습을 드러낸 천한 여자들을 겁탈한다 해도 아무 처벌을 받지 않는다. 그 여자들은 정상적인 상태에 있다고 할 수도 없을 만큼 모두에게서 버림받은 것이 분명하기 때문이다. [178)]

그래서 공식 창녀를 강간한 자에게 해당되는 벌이 아주 약했다는 것은 당연한 일이다. 그것도 강간한 사람이 보호를 받는 자라면 더더욱 그러하다. 예컨대 1418년 사창가 주인의 하인인 홍어라이터(Peter Hungerleitter)가 란츠후트의 사창가에서 여러 명의 창녀를 강간했을 때 그는 주인의 개입으로 곧 감옥에서 풀려났으며 오로지 구류를 살게 된 것에 대한 복수를 단념한다고 서약만 하면 되었다. [179)]

골목길에서 마주친 여자가 천한 여자인지 아니면 정숙한 여자인지 고심할 필요가 없도록, 그리고 그로 인한 많은 남자들의 곤혹스러운 실책을 방지하기 위해[180)] 중세 후기의 많은 도시에서는 공식 창녀들이 특별한 표시를 하고 다녀야 했다. 예컨대 1319년 취리히의 의회 판결에는 이렇게 규정되어 있다. "사창가에 소속된 여자들과 그녀를 데리고 있는 포주들은 여인숙 앞을 지나갈 때면 둥그렇게 끝을 함께 꿰맨 붉은색 모자를 써야 한다. 그들이 교회에 들어가 원 모양의 모자를 벗을 때에는 그것을 겨드랑이 밑에 끼고 있다가 다시 써야 한다." [181)]

1497년 함부르크 도시법에는 "정숙한 부인과 명백한 죄를 지은 정숙하지 못한 여자들을 구별하기" 위해[182)] 공식 창녀는 산호 목걸이와 "정숙한 부인들이 보통 착용하는 장식용 귀걸이"를 해서는 안된다고 되어 있다. 반면 1463년 라이프치히 의회는 명백히 '도시의 공식 창녀'와 '비공식 창녀'를 구분했다. '도시의 창녀들'에게는 그들의 옷에 커다란 노란색 천조각, 즉 1그로셴(10페니히 동전-옮긴이) 넓이의 긴 노란색 끈을, 비공식 창녀에게는 골목길에서 머리 위에 덮개를 쓰도록 명령했다. 다른 몇몇 도시의 관습도 대부분 그러했다. [183] 그래서 1486년에도 베를린과 쾰른의 고문관들은 제후에게 권했다. "사람들이 정숙한 여자들과 사악한 여자들을 구별할 수 있도록 불명예스럽거나 그에 상응하는 죄를 지은 천한 존재들은 그 표시로 머리에 덮개를 쓰거나 가슴에 짧은 외투를 걸쳐야 한다"(그림 171). [184]

171. '천한 여자들'이 입어야 하는 복장. 바이겔의
『민속 의상』(*Trachtenbuch*)에서, 1577.

이탈리아에서도 중세 후기와 르네상스 초기에 창녀(puttane)에게 대부분 특별하게 눈에 띄는 차림새를 하도록 규정해놓고 있다. 예컨대 파도바의 창녀들은 3엘렌 길이의 목 칼라를, 포주는 빨간색 모자를 써야 했다. 반면 베르가모의 창녀들은 깃이 없는 노란색 외투를, 유곽 경영자들은 작은 종이 달린 모자를 의무적으로 착용해야 했다. [185] 마일란드에서도 1581년 공식 창녀만 그런 의복

규정에서 제외시키자는 제안이 나왔는데 그것은 두 마리의 토끼를 한 번에 잡기 위한 것이었다. 그렇게 할 경우 창녀들이 아주 천박하며 가능한 한 사치스러운 옷을 입게 되리라는 것을 예견할 수 있었다. 정숙한 일반 여자들은 거리에서 창녀들과 자신들을 구별하기 위해 사치와 최신 유행의 천박함을 포기하는 수밖에 다른 방법이 없었기 때문이다. [186)]

3. 창녀촌 골목의 엘리아스

공식 창녀와 '유곽의 사회적 위상'이 중세에는 '오늘날'보다 더 높았다는 엘리아스의 주장을 증명해줄 수 있는 자료가 전혀 없는 것으로 보이며, 빅토리아 여왕 시대의 하이마켓 창녀나 리전트 스트리트 창녀가 14세기 콕스레인의 창녀들보다 더 경멸받는 존재였다는 것도 개연성이 없어 보인다. [187)] 그러나 다음과 같이 이의를 제기할 수 있을 것이다.

중세 후기 왕이 수행원들과 사창가를 '공식 방문'하는 일이 드물지 않았으며 이 경우 방문받는 도시의 지도자들은 왕에게 '환영의 인사로' 사창가를 무료로 사용할 수 있도록 내주었다는 사실을 엘리아스가 그 증거로 인용하지 않았던가? 그리고 엘리아스는 심지어 이렇게 도시 창녀들과의 성교는 그 당시 고귀한 손님들에게 제공되었던 '향응을 위한 접대에' 속했다고 결론짓지 않았던가? 그렇다면 그것과 비교하여 예컨대 프랑크푸르트 시가 도서박람회를 방문한 독일연방 수상을 위해 역 부근의 핍쇼라도 예약하는 것을 상상할 수 있단 말인가? 아니면 엘리아스 자신이 말했듯이 모든 사람들이 보는 가운데 벌어지는 중세 왕의 유곽 방문과 애인과의 스캔들 때문에 정치적으로 파멸했던 미국 대통령 후보 게리 하트의 사건, 이것보다 더 극명한 대조를 보여주는 것이 있을까?

이제 당시 대중들이 실제로 무엇을 스캔들로 받아들였는지에 대한 질문을 제기할 수 있다. 그리스 수상인 파판드레우가 정치 행사에 아내 대신 젊은 정부 디미트라 리아니(Dimitra Liani)를 대동하고 나타났다면, 일로나 스탈러(Ilona Staller, 일명 치치올리나)와 같은 포르노 스타가 이탈리아 국회의원이 되어 정치적인 외유 중에 대중들 앞에서 가슴을 보여준다면, 또는 약 500년 전에 프랑스의 샤를 7세가 정부인 소렐(Agnès Sorel)과 함께 군중 앞에 나타났다면 당시 사람들은 그것을 스캔들로 받아들였을까? 스피노자가 왕이 공식 창녀들과 어울리는 것이 말도 안 되는 일이며 통치자의 품위에 어울리지 않는다고 여겼던 것이 새삼스러운 일은 아니지만,[188] 이 일로 인해 프랑스 왕은 국민들로부터 마지막 호감까지도 잃게 되었다. 예컨대 같은 시기에 아우크스부르크에서 한 제

172. 부다페스트 레닌 기념비 앞의 국회의원 일로나 스탈러, 1989.

후가 젊은 창녀와 목욕통에서 즐겼을 때 도시 전체는 그에 관해 욕을 퍼부었다. [189]

내게는 통치자들이 공식적으로 사창가를 방문했다는 엘리아스의 주장을 증명할 만한 증거가 실제로 있는지를 검증해보는 것이 더 중요하게 생각된다. 예를 들어 지기스문트(Sigismund) 왕이 1414년 그와 그의 수행원에게 그곳의 사창가를 무료로 사용할 수 있게 해준 것에 대해 베른 시 당국에 감사했다는 엘리아스의 진술과 엘리아스가 증거로 내세웠던 문화사가의 진술을 비교해본다면 후자의 진술에 통치자의 유곽 방문에 관한 언급이 전혀 없다는 것을 확인할 수 있을 것이다. 증인은 단지 이렇게 말하고 있다. 의회는 사창가의 창녀들에게 통치자의 수행원이 그곳을 찾아오면 "돈을 받지 말고 친절하게 맞이하라고 명령했다. 그리고 시당국이 왕 대신 창녀들에게 돈을 지불했다. 지기스문트 왕은 공식적으로(!) 베른 시당국이 왕의 수행원들에게 3일간 무료로 사창가를 방문할 수 있게 배려해 준 것에 대해 감사했다."[190]

그러나 이런 진술을 증명할 만한 자료가 있는가? 증인은 주목할 만하게도—아니면 특징적이게도 어떤 출처도 제시하고 있지 않으며 그런 자료는 전혀 존재하지 않는 것처럼 보인다. [191] 군이 한 가지 자료를 들자면 유스팅거(Justinger)의 『베른 연대기』 366장으로 거기에는 이렇게 적혀 있다.

왕과 사보이 백작이 베른 시를 떠났을 때 베른 시 사람들은 그들이 먹고 마신 것, 대장장이, 마구 만드는 사람, 그리고 골목길의 아름다운 여자들에 대한 모든 비용을 부담했다. 게다가 왕의 관리들, 즉 피리부는 사람, 트럼펫 주자, 문지기, 도축업자, 요리사에게 현금을 주었다. 현금만 60실트프랑이 들었으며 모든 비용을 다 계산하면 2천 파운드 페니히에 달했다. 그러나 베른

시 사람들은 아무도 그렇게 많은 비용을 들인 것에 대해 후회하지 않았다. 왜냐하면 왕이 체류했던 라인 강과 많은 다른 도시와 지방 중 어디에서도 베른에서만큼 모든 격식을 갖추어 왕에게 존경을 표시한 도시가 없다는 것에 대해 왕이 공식적으로 칭찬했기 때문이다.[192]

유스팅거는 이런 사실을 증명하기 위해 그보다 좀더 이전의, 별로 연관도 없는 것처럼 보이는 자료를 그 근거로 제시하고 있다. 그 자료에서 익명의 연대기 저자는 지기스문트 왕——당시 지기스문트는 이미 오래 전부터 황제가 아니고 로마의 왕과 헝가리 왕이었다——이 다른 귀족 군주들에 비해 다음과 같은 사실을 극구 칭찬했다고 진술한다. "그 시는 지하실 하나에 포도주를 잘 정리해놓아 여러 종류의 남성용 포도주를 제공했다. 그들에게 사창가도 할당해주어 모든 남성들이 대접을 받았고 아무도 돈을 지불할 필요가 없었다."[193]

특히 후자는 왕을 매우 기쁘게 했던 것처럼 보인다. 특별한 일이 있을 경우, 즉 수많은 타지 남자들이 도시에서 머무를 경우에는 특별히 사창가를 새로 만들었으며 심지어 방랑하는 창녀들을 데려와 사창가에 소속된 창녀의 수를 늘리는 일이 중세 후기에 자주 있었기 때문이다. 그래서 샤틀랭(Georges Chastellain: 부르고뉴의 연대기 작가이자 대표적인 궁정시인—옮긴이)은 이렇게 기술하고 있다. 그가 발랑시엔에서 영국의 사절과 수행원들을 기다리고 있는 동안 부르고뉴의 제휴는 도시 전체의 욕탕 유곽에 비너스를 즐기려는 사람들을 위한 준비를 하라고 명령했다.[194] 지기스문트 왕은 1414년 여름에 1400명 이상의 기마병들로 이루어진 거대한 수행단을 이끌고 베른으로 입성했다(그림 173).[195] 그래서 베른의 여자들을 강간과 성적인 괴롭힘에서 지켜주기를 원했다면 시당

173. 베른에서 지기스문트 왕을 영접하다. 1414.

국의 그런 명령은 이성적인 것이었다고 할 수 있다.[196) 왕 역시 수행단의 남자들이 그런 범죄를 저지르는 것을 제재할 수 없기 때문에 시당국이 준비한 조처를 다른 군주에 비해 '많이 칭찬했던' 것이다.

엘리아스의 증인이 인용한 바 있는[197) 지기스문트의 다른 사창가 방문에 관해 일반적으로 잘 알려진 자료는 없다. 그는 다시 다른 문화사가의 말을 증거로 대고 있으며 결론적으로 이렇게 말한다.

"지기스문트 황제가 1434년 비교적 오랫동안 울름에 머물렀을 때 황제와 그의 수행원이 천한 사창가로 가자마자 사람들은 거리의 불빛을 밝혔다."[198)

이 문화사가는 인용된 주장에 대해 어떤 출처도 밝히지 않으면서 계속해서 이렇게 말한다. 중세 후기 울름의 여러 연대기 작가들은 본질적으로 동일한 것을 주장하고 있는바, 말하자면 황제—
그는 당시에 진짜 황제였다—는 도시 성곽 근처의 슈테른 골목에
있는 "울름의 사창가", 즉 "아마도 슈테른 가에 있는 오늘날의 여
관"을 방문했으며, "이것은 황제가 체류하는 동안 도시 세출대장
에" 기록되어 있다는 것이다.[199]

이 연대기 작가는 직접 지출명세서를 근거로 이런 주장을 하는
게 아니라 실제로 이런 진술을 하고 있는,[200] 그보다 1세기 이전의
연대기 작가의 말을 인용하고 있다. 그런데 그 연대기 작가 역시
그 이전의 연대기를 근거로 적은 것인지 아니면 그가 세출대장을
직접 확인했는지는 알 수 없다.

어쨌든 원전을 찾아보면 다음과 같은 글을 읽을 수 있다.

> 왕이 여기 시에 체류했을 때 푸줏간 주인 빙켈이 파수꾼에게
> 시청에 우리 여성의 집에 지버의 집에 풀러의 집에 그리고 왕의
> 궁정으로 수지와 그 밖의 다른 것을 조달함.
>
> 18파운드 8실링 10헬러[201]

구두법이 없는 이 구절을 어떻게 해석할 수 있을까?

우선 확인할 수 있는 것은 당국이 푸줏간업자, 빙켈이라는 이름
을 가진 소매인에게 18파운드 8실링 10헬러를 지불했다는 것이다.
이 사람은 지기스문트 왕이 '울름'에 머물렀던 '약 10주 정도'[202]
의 기간, 더 정확히 말하면 1434년 5월 31일에서 8월 13일까지
지방, 즉 수지를 제공했다.

그러면 소매인은 어디로 물건을 배달했을까? 도시 파수꾼에게,
그리고 시청으로, 그리고 '우리 여성의 집으로', 그리고 위에 언급
했던 사람들의 집으로, 그리고 왕이 묵고 있던 곳, 즉 맨발로 다니
는 수도회의 수도원으로?

그렇다면 '우리 여성의 집'(unserfrowen huse)이 유곽을 의미하는 게 확실한가? 유곽은 일반적으로 '*das* frowenhus'이지 'frowenhus'로 불리지는 않는다. 그리고 '우리'와 '여성들'이 한 단어로 씌어졌다는 것은 '순간의 쾌락'을 위한 장소가 아니라 '우리의 (사랑하는) 여성의 집', 즉 성처녀의 집에 수지가 배달되었을 거라는 가벼운 의심을 불러일으킬 수도 있다. 그리고 이 집은 때에 따라서는 울름 수도원의 가건물일 수도 있으며,[203] 수도원 자체일 수도 있다. 그 수도원은 이미 오래 전, 즉 14세기 후반에 "우리의 울름 여자 교구 성당"이나 "우리의 여자 교구"[204]라 불렸다. 이 추측이 맞는다면 그 소매인은 초를 제작하기 위해 수지를 교회로 배달했을 것이다. 물론 그 단어는 그 당시에 "특별한 환자를 위해 성 리엔하르트에 있는 우리 여자들의 교구 성당"이라 불렸던 가난한 자들의 병원을 가리킬 수도 있다. 거기서는 빈궁한 환자, 특히 나병환자들이 치료를 받았기 때문에 나중에는 그 병원을 '카펠라 마리아 여자 나병요양소'라고 불렀다.[205] 주지하다시피 사람들은 나병환자들에게 부스럼 환자들에게 하듯이 수지로 만든 다른 연고와 반창고를 붙여주었다.

그러나 울름의 금전지출부에 있는 다음과 같은 기록은 그것과 상반되는 자료이다.

> 구리 세공장 울리히, 풀러의 집 파수꾼에게, 4주간 대기
> 12실링
> 제분장 지버에게, 황제가 7주간 세낸 파수꾼을 둔 집에 대해
> 7푼트[206]

그러므로 당시 울름에서 개최된 독일 제국 국회의 방문자에게 임대되었던 두 남자의 집[207]은 명백히 공식적인 감시를 받았다. 그

리고 유곽이 대성당이나 빈민 병원처럼 감시를 받았다는 것을 추측할 수 있다. 특히 우리가 위에서 보았던 것처럼 사창가에서 죽음에 이를 정도의 지속적인 구타가 있었기 때문이다.[208]

이것은 소매인이 보초들에게 불을 충분히 조달하기 위하여 도시 경비소, 사창가, 외국인에게 임대한 집과 대성당의 광장에 있는 맨발로 다니는 수도회 수도원의 보초에게 수지를 제공했다는 것을 의미한다.

이 구절에서 우리는, 왕이 사랑의 밀회를 즐기기 위해 울름의 사창가로 갔다——이런 사실이 아직도 눈앞에 선하다며——는 사실을 추론해내는 사람은 이 구절을 잘못 읽었든가 아니면 그런 에피소드를 꾸며냈다는 것을 알 수 있다. 비록 그 에피소드가 오늘날까지 대부분의 문화사가들이 중세와 중세의 생활양식에 대해 가지고 있는 이미지와 아주 일치하지만.[209] 또한 지기스문트가 상습적인 난봉꾼이라 할지라도[210] 오늘날의 헬무트 콜이 그렇게 하기 힘들듯이 사창가로의 공식적인 행보를 거의 감행할 수 없었을 것이다. 물론 왕이 아무런 악의 없이 사창가에 갔다면 언젠가 뉘른베르크 사람이 했던 것처럼 그것은 여지없이 그 민족의 조롱거리가 되었을 것이다.

안드레(Andreä)라고도 불리는 주형제작자 레스(Hieronymus Resch)는 항상 넓은 길에 살았으며 그의 집 뒷문을 통해 사창가 골목길로 갈 수 있었다. 그는 알브레히트 뒤러의 대부분의 설계도를 만들어주었다. 그가 1517년 고안해낸 (지붕이 덮인) 뒤러의 개선마차 작업을 하고 있을 당시 황제가 바로 거기에 있었다. 황제는 그의 예술작업을 보기 위하여 거의 매일 사창가 골목길에 있는 그의 집으로 갔다. 그래서 천한 사람들에게서 격언이 하나 생겼다. "황제는 다시 사창가 골목으로 간다."[211]

그렇다면 중세 말기에 도시의 창녀들이 당국의 허가를 받고 고귀한 사람들의 방문을 받았다는 실례가 없단 말인가? 지기스문트와는 달리 난봉꾼이 아니었던 프리드리히 3세가[212] 1471년 뉘른베르크의 곡식 창고를 시찰했을 때 다음과 같은 일이 벌어졌다.

그렇게 왕은 옥수수 창고 뒤로 말을 타고 가면서 덤불과 옥수수를 보았다. 왕이 옥수수 창고에서 나왔을 때 세 발(옛날의 척도로 약 6피트임—옮긴이) 길이의 은목걸이를 한 창녀 두 명이 그를 붙잡았다. 그러고는 폐하가 잡혀야만 한다고 말했다. 그러자 왕이 우리는 쉽게 잡히지 않을 것이며 도망칠 것이라고 말했다. 그러고 나서 왕은 그들에게 1굴덴을 주었다. 그 후 왕이 창녀집 앞을 지나갈 때 다른 네 명의 창녀가 그를 붙잡자 그는 다시 1굴덴을 주었다.[213]

1437년 알텐부르크의 규정에는 이렇게 적혀 있다.

이 여자들에게 이런 규정을 전달하고 남성들의 회식이나 결혼식에서 음식을 더 이상 가져가서는 안 된다고 말해야 한다. 그리고 그들 중 누구라도 음식을 가져간 자는 시당국에 반 굴덴의 벌금을 지불해야 한다.[214]

뷔르츠부르크의 슐트하이스(Schultheiß: 맨 처음에는 백작에 의해 읍·면·동에 파견된 집행관 또는 그 이하의 하급 관리, 나중에는 면·동의 장 및 도시의 행정관 또는 사법관의 칭호—옮긴이)는 성 세례 요한의 축일(6월 24일)에 도시의 사창가에서 만찬을 들었다. 지기스문트는 1516년에도 취리히의 헤르베르트슈타인에 관해 거기에는 "시장, 정리(廷吏), 천한 여자들이 사절들과 함께 앉아 있던 관습이 있었다"[215]고 보고한다.

이 네 가지 예를 통해 우리는 이미 양쪽에 다 즐거움이란 것이 있다고 가정해본다면 그 당시의 남자들이 절대로 천한 여자들과 성적으로 즐거운 시간을 보낸 것이 아님을 추론해낼 수 있다. 그들이 거기서 즐기지 않았다면 도대체 무엇을 했으며 무엇보다 왜 거기에 갔을까?

수많은 과거 사회와 현재 사회에서도 창녀가 상징하는 것은 구속받지 않은 성과 간접적인 생산성이다. 이런 사실이 처음에는 좀 의외일 수 있다. 창녀는 직접적으로는 생산성과 아무 관계가 없기 때문이다. 창녀들은 어쨌든 보통 임신하지 않기 때문에 중세와 근세 사람들은 창녀들이 남자들로 하여금 오난(「창세기」 38장 9절에 나오는 유다의 아들로, 죽은 형의 아내와 결혼했으나 임신을 피하는 행위를 하여 신의 벌을 받아 죽음—옮긴이)의 죄를 저질러 쓸데없이 사정하게끔 유혹한다고 매번 비난했다. 그럼에도 창녀들은 성장과 생산성을 촉진시킨다. 그들의 구속받지 않은 성은 뻔뻔스러움과 음란함을 의미하며, 그것을 통해 생산성의 모든 적들을 물리칠 수 있기 때문이다.

예컨대 고대 이탈리아의 식물, 특히 곡물 성장의 여신인 플로라의 창녀(meretrices)를 생각해보자. 그들은 플로라의 봄 축제기간에 튜바 소리를 신호로 그들의 화려한 옷들을 던져버리고 나체로 대중 앞에 모습을 드러낸다. 수치스러운 것을 드러냄으로써 피어나려는 자연을 해칠 수 있는 모든 힘으로부터 보호하기 위해서이다.[216] 그렇다면 자주 일어나는 흉작 때문에 플로라 경기가 기원전 173년부터 지금껏 불규칙하게 열리지 않고 매년 치러졌다는 것을 이해할 수 있을 것이다.[217]

이런 이유에서 특정한 시기에 창녀와의 만남은 좋은 징조일 수 있다. 아르테미도르(Artemidor von Daldis)에 의하면 꿈속에서 창녀를 만나는 것도 "어떤 관점에서 보든 좋은 징후인데" 그것이 "행운을 의미하기 때문이다."[218] 중세 말기에 천한 여자들이 통치자나 그들의 대변자들에게 이런 행운, 즉 근원적으로 보면 생산성을 부여한다.

대부분의 동시대인들이 이러한 의미를 전혀 못 느낀다 할지라도 그런 종류의 낡은 생산성 의식의 잔재는 여러 곳에서 찾아볼 수 있다. 예컨대 아비뇽에서는 사육제 때 학생들이 천한 여자들의 치마를 들어올려 벌거벗은 엉덩이를 때리는 것을 허용하는 '때리는 의식'(그림 174)이 있었다. 독일에서 fuen 또는 fizzeln이라 불렸

174. 「때리는 의식」, 16세기 초.

던 이 의식에서[219] 수치를 많이 느끼는 창녀들은 은화를 지불함으로써 그런 굴욕을 면할 수 있었다.[220] 15세기에도 많은 지역에서 창녀들은 결혼식에서 춤을 추고 신랑에게 축복을 빌어줄 수 있었으며, 오히려 그래야만 했다. 뷔르츠부르크의 의회 연대기에는 이렇게 보고되고 있다.

1486년 시몬 베드로 축제 후 월요일에 여기 뷔르츠부르크에서 신부들의 행진이 열렸다. 야콥 벨리시라는 이름의 간수장이 가운데에서 따라갔다. 그의 오른쪽에는 포주가 있었고, 왼쪽에는 지금의 박피업자와 엔드레스 구테라는 정리가 있었다. 그리고 그들 뒤로 각자 자기의 가치에 따라 냄새나는 고기와 상한 버터, 그리고 마지막에 사형집행인이 교회로 갔다. 그 다음에 신부가 갔다. 신부의 오른쪽으로는 여자 포주들이, 왼쪽으로는 그녀의 딸과 예닐곱 명의 여자가 따랐다. 그 사람들의 이름을 누가 알겠는가. [221]

1438년까지 베네치아의 창녀들은 시의 관리들에게 장미와 다른 꽃을 선물했다. [222] 예컨대 프랑크푸르트의 천한 여자들은 이른바 '사슴 식사'에서 심지어 1529년까지 꽃을 선물했다. [223] 그리고 우리가 이미 잘 알고 있는 프랑스의 샤를 7세는 매년 5월 '창녀들'로부터 '부활의 꽃다발'이라 불리는 화환을 받았다. 1540년에도 꽃을 전해주면서 이렇게 말했다고 한다. "언제 어느 시대나 당연히 그렇게 했던 것처럼." [224]

여자의 음순을 떠오르게 하는 꽃잎의 배열 때문에 장미는 외음부의 상징으로 간주되었다. 파블로 네루다는 "촉촉한 불에서 나온 장미"라고도 말한다. 중세 후기 사창가는 자주 장미라는 이름이 붙은 골목에 있거나 장미의 이름을 따서 이름을 붙였다. 사람들이 장미에 '구멍을 뚫을' 수 있는, '장미의 구멍'이라는 유곽의 이름처럼. [225] "장미 속으로 들어가다", "장미에게 도망치다", "미네의 들판에서 장미를 꺾다" 등은 여자와의 성교를 가리키는, 널리 사용되는 표현들이다. 여자가 남자로부터 붉은 장미를 받아들이면 그것은 그와 은밀한 관계를 가질 준비가 되었음을 말한다. [226]

천한 여자들은 외음부의 상징 [227] 을 전달함으로써 라이프치히의 창녀들이 그들의 도시를 도왔던 것처럼 시당국의 대표자들이 행운을 가질 수 있도록 도와준다. 라이프치히의 창녀들은 사순절의 가운뎃날——즉 봄이 시작되는 날——긴 막대기에 짚인형을 매단 여자 인솔자와 함께 운을 맞추어 노래하면서 외곽 골목길을 따라 다니다가 결국 인형을 1층으로 던졌다. 이런 '죽음의 실시'를 통해 그들은 라이프치히의 젊은 여자들이 다산할 수 있게 해주며, 동시에 페스트와 다른 전염병으로부터 도시를 보호했다. [228]

바로 과도기와 새로운 시작의 시간인 '시대 사이의 시간'[229]에, 예컨대 새로운 통치자가 그의 통치지역을 말을 타고 돌아다닐 때——11세기 이후 신성 로마 제국에서는 보통 있는 일이었다[230]——창녀들이 등장했다.[231] 예를 들어 1475년 브라이스아흐의 세례 요한 축일(6월 24일)에는 "사납고 음란한 많은 사람들이 창녀들과 함께 있었다."[232] 그리고 그들은 빈의 하지제 때 횃불 주위에서 춤을 추었다.[233] 세례 요한 축제는 한여름과 하지처럼 일년 절기 중 하나였다. 아주 오래 전부터 해가 가장 긴 날에 성장을 위협하는 힘에 저항하려고 시도했던 것이다.

예컨대 잘펠디셴(Saalfeldischen)에서는 젊은 여자들이 세례 요한의 축일 밤에 아마를 둘러싸고 춤을 추다 옷을 완전히 벗고 그 안을 돌아다녔다. 동방의 어떤 지역에서는 불임 여성들이 옷을 벗은 채 춤을 추며 세례 요한 축일의 밤에 불을 피워놓은 폐허 주위를 돌았다. 그리고 독일의 여러 지방에서는 이날 밤 벌거숭이로 옥수수밭에 가서 한 쌍의 줄기를 낫으로 베어 화환으로 만들어 굴뚝에 매달아야 한다고 전해진다. 그러면 다음부터는 옥수수가 새들로부터 보호된다는 것이다. 레옵쉬츠(Leobschütz)에서는 세례 요한의 축일 밤에 성 요한이 하늘로부터 내려와 그의 명예를 걸고 꺾인 꽃들을 축복해주면, 이것이 집과 정원을 모든 악으로부터 막

아준다고 전해진다. 대부분 세례 요한 축일의 점심 시간에 만들어
지는 '요한의 화환' 그 자체가 치료력과 마력이 있으며 모든 위험
을 막아준다고 생각하는 것과 유사하다.[234]

엘리아스가 천한 여자들이 사회에게 어떻게 적응했는지를 보여
주기 위해 인용한 반나체 창녀들의 경주 역시[235] 기껏해야 불행을
막아주는 의미를 지녔을 뿐이다. 그런 창녀들의 경주는 고대 로마
의 꽃과 봄의 여신 플로라 축제뿐 아니라 예를 들면 13세기 페리
괴(프랑스 남서부 아키텐 지방 도르도뉴 주의 도시—옮긴이)에서
도 있었으며 그 후에는 페르느와 아를르[236]의 성 바르톨로메우스
축제의 밤(1572년 8월 24일 파리에서 신교도가 많이 살육되었
음—옮긴이)에도, 그리고 독일에서는 1509년 아우크스부르크에서
열린 쇠뇌던지기에서도 벌어졌다(그림 175).[237]

175. 공식 창녀들의 경주. 아우크스부르크 1509. 그림 필사본에서. 1570년경.

젊은 처녀들도 참여했던 오스트리아의 '수건돌리기'에서——1534년에는 그 놀이를 하면서 셔츠까지 벗는 것을 금지시켰다——승리한 여자는 사례로 아름다운 수건을 흔든다. 이런 경주에서 생산성과 건강의 적을 몰아내는 것이 중요했다면 이탈리아에서는 적에 대한 승리가 더 중요했다. 그래서 페루자 사람들은 10년 동안의 별 성과 없는 공격 후에 아레초의 창녀들로 하여금 가슴을 노출시킨 채 적군의 성문 앞에서 경주를 하게 했다. 그리고 1363년 페루자 사람들은 피렌체의 성 앞에서 이런 경주를 반복하게 했다. 여기서도 승리한 여자는 팔리오(palio, 라틴어의 pallium에서 온 단어로 특히 고대의 창녀들이 입었던 사각형의 망토를 가리킨다)라 불리는 수건을 상으로 받았는데, 시대가 지나면서 그 경주 자체를 그렇게 불렀다.[238]

많은 지역에서 근세 초까지도 어떤 사람들이 특정한 동기로 천한 여자들과 접촉을 가진 것은 마적인 이유 때문이었음을 확인했다.[239] 그런 이유로 접촉한 것이 아니었다면 그것은 그들을 부정하게 만들며, 그들에게 오점이 되었을 것이다. 창녀들의 이런 특별한 능력이 어떤 방식으로든 일상 속에서 창녀들의 사회적 위상을 고양시켜 주었으리라는 사실을 증명해주는 것은 아무것도 없다.[240] 마찬가지로 19세기 중반 무렵 이른바 정숙한 체하는 뉴올리언스의 공식 창녀들이 봄이 시작될 때면 충격적인 의상을 입고 음란한 말을 외치면서 그 도시의 고급 주택가를 돌아다녔다는 사실에서 당시 루이지애나 주의 창녀들이 비교적 존경을 받았으며, 사회에 편입되어 있는 여자들이라는 결론을 끌어낼 수는 없다.[241] 그러나 뉴올리언스의 창녀들이 중세 후기의 동료들이나 당시의 유대인들보다 그 사건에서 더 큰 만족감을 느꼈다는 것에 대해서는 많은 자료를 제시할 수 있다. 당시의 유대인에게는 '참여권', 즉 경주나 어떤 행렬에 참여하는 의무가 그들의 불명예를 기록하고 강조했던

176. 마르디그라스(프랑스에서 '재의 수요일' 바로 전의 화요일에 거행하는 축제—옮긴이)에서 가면을 쓴 사람, 뉴올리언스의 비와카레.

굴욕적인 전시를 의미했다. [242)

어쨌든 그런 종류의 관습이 특별한 시기에 국한된다는 것을 확인할 수 있다. 그러므로 오늘날 호의적이 아닌 어떤 비평가가 "가장 절묘한 익살은 카니발과 비슷한 축제의 역사에서 뻔뻔스러움과 성적인 방자함의 납인형 진열관을 모으려는 반(反)뒤르일 거라고" [243) 생각한다면, 그 비평가는 이런 익살에 아주 좁은 경계가 설정되었음을 염두에 두어야 할 것이다. 예를 들어 중세 후기와 근세 초기의 사육제 밤놀이는 마찬가지로 '시대 사이의 시간'인 카니발이 있을 때 열린다. 즉 사람들이 특정한 예절의 규범을 고수하면서 아주 짧은 기간에 다른 때에는 금지되었던 것을 행하고 말할 수 있는 것이다. [244) 뉘른베르크에서는 1348년 수공업자 반란 이후 수공업동업조합이 금지되었다. 이 시기 이후로 수공업자들은 도시의 시의회로부터 아주 많은 통제를 받았다. 마이스터되기가 점점 더 어려워진 직인들에게 사육제 축제는 정식으로 제

멋대로 굴 수 있으며 도덕 규칙을 어길 수 있는 그런 한 번의 기회였다.[245]

왜냐하면 사육제 축제 놀이는 아주 의식적으로 그 시대의 예절 규범을 어기려 했다는 것, 그들의 언어가 "거칠고 과격하다"[246]는 것, 그래서 존경할 만한 일반 시민들은 모습을 나타내지 않았다는 것이 무엇보다 작품들의 프롤로그와 에필로그에서 명백히 나타난다. 예컨대 어느 작품에는 이렇게 적혀 있다.

우리가 너희에게 음란한 짓을 했다면/너희는 우리를 용서해주어야 한다. /우리가 지금 기꺼이 바보 같은 짓을 하고/사육제 밤에 여러 가지 욕을 한다 해도/여관 주인 나리, 부적당한 행동/거친 행동과 바보 같은 인간들로부터 우리를 보호해주구려.[247]

중세 후기의 괴팅겐에서는 평상시에는 음식점에조차 절대 들어설 수 없었을 천한 여자들에게 사육제의 마지막에 시청에서 춤출 수 있도록 허용했다.[248] 왜냐하면 사육제에 참가한 사람들은 정확하게 지켜지는 어떤 특정한 한계 내에서 모든 것이 전도된 반대의 세계에 있기 때문이다.

그 남자는 여자로 바뀐다/여자들은 남자들의 모습으로 바뀐다/젊게 분장한 사람들은 늙은 척 행동한다/사람들은 뒷모습을 요구한다/여기에서 뒷모습이 앞서간다/아래로 가면 산이고/위로 가면 계곡이다/사람들은 어디서나 바보 같아진다.

그리고 사람들은 평상시에는 매우 부끄러워했을 그런 일들을 행하고 그런 말들을 했다.

사육제 밤에는 그런 것을 잘할 수 있다/많은 사람들이 바보 같은 짓을 한다/다른 때라면 그것을 부끄러워한다/그런 일이 사육제 밤에 일어나기 때문에/그렇기 때문에 우리는 온다. [249]

4. 그리스 운동선수의 나체

'문명화 과정'에서 수치와 곤혹스러움의 벽이 높아졌다는 이론을 증명하기 위해 엘리아스는 그리스 체육관에서 나체로 운동하는 것에 아직 "수치를 느끼지 않았던" 반면 오늘날 "학교 체육관에서 모든 남녀가 나체로 뛰어다닌다면 참기 힘들었을" [250] 것이라는 사실을 지적하고 있다. 이 경우에도 엘리아스는 그가 비판했던 이 시리즈의 제1권 『나체와 수치』에서 고대 그리스인들이 인간의 나신에 대해 전혀 부끄러워하지 않았다는 것이 공인되지 않은 사실임을 내가 상세히 기술했다는 것에 대해 [251] 단 한마디도 언급하지 않았다. 그래서 나는 다시 한 번 엘리아스의 주장을 다른 자료들에서 드러난 사실과 비교하려 한다.

동방사람들처럼 그들의 아내나 딸들을 대중의 면전에 나오지 못하게 했다는 [252] 이오니아의 그리스인들이 만약 아내와 딸이 나체로, 게다가 남자와 함께 체육관에서 운동하는 것을 보았다면 경악했을 것이다. 그보다 더한 무례를 그들은 상상할 수도 없을 것이다. 그런데 플루타르코스는 스파르타의 젊은 여자아이들이 "사내아이들 앞에서 옷을 벗고 경주를" 했다고 [253] 실제로 보고하고 있다.

여기서 '옷을 벗다'(Entkleidung)라는 단어는 무엇을 의미하는가? 한 가지는 확실하다. 스파르타의 처녀들이 남성 앞에서 완전 나체로 옷을 벗었다는 추측을 가능케 하는 자료는——그것이 회화적인 것이든 글로 씌어진 것이든——없다. 그렇다. 이런 경우 그들이 실제로 상체를 노출했는지, 에우리피데스의 글에서 드러나

듯이[254] 허벅지만을 가렸는지는 확실치 않다. 즉 우리가 스파르타의 원전을 가지고 있지 않다는 것을 고려해야 한다. 그리고 이미 소매가 없으며 옆이 터진 짧은 키톤(χιτών)을 파렴치한 것으로 생

177. 짧은 키톤을 입은 스파르타의(?) 경주하는 여자.

각했던 이오니아 사람들의 눈에는 그렇게 옷을 입은 젊은 여자아이들이 '옷을 벗은' 것으로 보일 수도 있다.

파우사니아스(143~176년에 활동한 그리스의 지리학자·여행가―옮긴이)에 따르면 올림피아의 헤라이엔(Heraien)의 경주에 참여한 젊은 여자들은 무릎이 보이는 키톤을 입었는데 그것 역시 어깨부터 가슴이 시작되는 부분까지 노출되었다.[255] 그러나 그 복장이 도리스 소녀들의 복장을 묘사한 것이라고 볼 수는 없다.

게다가 프로페르츠(Properz)는 가슴을 노출시킨 스파르타 여자 헬레나에 관해 이렇게 묘사하고 있다.

타이게토스(Taygetos)의 긴 산등성이 위에서도 그 고장의 남

자들을/뒤쫓으려고 애쓴다. 머리에는 머리띠를 한 채/아마존 여자같이 가슴을 벗은 투쟁적인 여자의 무리,/테로모돈 강물을 목욕하는 데 이용하고/오이로타의 모래 속에서 연습하는 카스토르와 폴룩스(제우스의 쌍둥이 아들—옮긴이)/폴룩스는 말을 탄 승리자, 카스토르는 권투의 승리자/헬레나 역시 가슴을 드러낸 채 그들과 함께 방패를 잡는다/신들이라고 일컬어지는 자신의 형제들 앞에서 부끄러워하지 않았다. [256]

프로페르츠의 이 글은 타키투스가 로마의 관습에 관해 비판했던 것과 비슷하게 젊은 스파르타 여자들의 운동복에 관한 자료로 조심스럽게 받아들일 수 있을 것이다. 왜냐하면 이 시인은 스파르타의 여자가 전혀 수치심을 느끼지 않고 그녀의 형제들 앞에서 가슴을 노출시킬 수 있었던 것을——젊은 로마 여자에게는 불가능한 일이었다[257]——묘사함으로써 로마인의 타락에 견주어 도리아 사람들의 뻔뻔스러움을 구체적으로 설명하려 했기 때문이다.

도리아의 젊은 여자 운동가가 그리스 여자들과 함께 있을 때면 멀리서도 옷을 보고 구분할 수 있었다. 그들은 적어도 짧은 바지(Subligar)를 입고 있었으며 엘리아스가 원하는 것처럼 절대 나체로 운동을 하지 않았다. [258]

그러면 남자들의 나체는 어떠한가? 젊은 스파르타 여자들은 운동 연습을 할 때 어떤 방식으로든 옷을 입고 있었다는 것을 이제는 인정할 수 있을 것이다. 그러나 사람들은 그리스의 남자들이 아무것도 가리지 않은 채 체조장에서 뛰어다녔다는 사실을 명백히 증명해줄 수 있는 수많은 증거들이 존재한다고 끝끝내 주장할 것이다. 그렇다면 이것이 엘리아스가 주장한 대로 남자들은 나체를 전혀 수치스러워하지 않았음을 보여주는 것인가?

우선 고대 그리스 남자들이 나체로 운동 경기를 했다는 것은 비교적 나중에 일어난 현상이었음을 주목해볼 필요가 있다. 이것은 고대 그리스 문화를—중세의 문화처럼—상당히 동질적인 현상으로 보았던 엘리아스의 실수였다. 이런 사실이 그의 문명화 과정이라는 진화론에는 필연적이었을 것이다.

예컨대 투키디데스는 기원전 5세기 고대 스파르타 주민들에 관해 이렇게 적고 있다.

그들은 운동할 때 옷을 벗은, 공공연하게 옷을 벗고 기름을 발랐던 최초의 사람들이었다. 원래 올림피아 경기에서 경주자들은 치부 주위에 가리개를 둘렀는데 그런 관습이 바로 얼마 전부터 중단되었다.[259]

투키디데스가 추정한 시기는 기원전 448년에 끝난 페르시아 전쟁 이후로 그가 어린아이였으며 플라톤이 아직 태어나기도 전이었다.[260]

그러나 플라톤 역시 여자들이 운동하는 것을 불쾌하게 여기는 사람들에게 다음과 같은 사실을 주지시켜야 한다는 의견을 나중에 표명한 바 있다. "그리스인들이 수치를 모르는 우스꽝스러운 사람으로 보인 것은 오래 전 일이 아니다. 지금은 대부분의 야만인들에게 남자들이 자신의 나체를 남들에게 보여주는 것처럼 보인다. 처음에는 크레타인들이, 그 다음에는 스파르타인들이 운동을 시작했을 때 그 시대의 조롱자들은 이런 모든 것에 대해 비웃을 수 있었다."[261]

『일리아스』와 『오디세이아』의 시기에 운동선수들이 연습할 때 옷을 입고 등장했다는 것은 호메로스만이 확인해주는 것이 아니다.[262] 기원전 6세기 후반에 만들어진 검은색 형상이 그려진 꽃병 그림 위에도 운동하는 사람들은 페리조마(Perizoma), 즉 치부띠

(그림 178)[263]를 착용하고 있다. 그것은 제2차 세계대전까지 일본의 노동자와 운동선수들, 그리고 오늘날 이른바 '나체 축제'의 남성 참여자들이 착용하고 있는 것과 아주 비슷하다.

178. 치부가리개를 착용한 운동선수들. 불치 출신의 스탐노스(Stamnos aus Vulci), 기원전 6세기.

엘리아스가 말했던 대로 그리스 남자들이 나체로 운동하는 것이 문명의 산물이며 낡은 관습이 아니라는 사실[264]은 차치하고라도 전통적인 그리스 남성들의 나체는 실제로 수치와 아무 관련이 없단 말인가?

우선 중요한 한 가지는 그리스의 운동선수들은 남성들끼리만 있었을 때 옷을 입지 않았다는 것, 즉 다시 말해서 여성은 연습장과 시합장에 입장하는 것이 엄격히 금지되었음을 확인할 수 있다. 올림피아 게임에 참석해도 좋은 유일한 여자는 농업의 여신 데메테르의 여사제였다. 그녀에게는 대리석 제단 위에서 시합을 참관하는 것이 허락되었다. 그것도 그녀가 농업의 여신을 대변했기 때문이다. 한번은 그녀를 추앙하기 위해 경기장 경주가 생산성을 촉구하는 결혼식 경주로 거행되기도 했다.[265]

그러나 일반 여성들은 그렇게 할 수 없었다. 우리가 파우사니아스(Pausanias: 그리스의 지리학자·여행가—옮긴이)의 말을 믿어도 된다면, 엘리어(Eleer)는 시합장에 몰래 숨어 들어오거나 아니

면 가까이 다가온 여자까지도 높고 가파른 팀파이온의 암벽에서 떨어뜨렸다.[266]

헬레네 젊은이들의 제한된, 공공연한 나체는 엘리아스가 예상했던 것처럼 아주 문제가 없던 것은 아니었다.

첫째, 음핵두의 노출, 즉 음경의 포피를 벗기는 것은 극도로 예의에 어긋나는[267] 것으로 보인다.[268] 그래서 예술작품에서도 음핵두가 절대 드러나지 않는다. 심지어 발기한 페니스도 완전히 포피로 감싸여 있다. 음경의 포피가 이미 자연적으로 벗겨진, 보다 발전된 성기를 가진 성숙한 젊은이들은 체육관에서 음핵두를 다른 사람들에게 보이지 않기 위하여 두 가지 기술을 사용했다. 그들은 음핵두를 싸고 있는 포피를 끌어당겨 그것을 앞으로 묶어 음경이 마치 소시지 꼬투리처럼 보이게 만들거나, 아니면 사전편찬가 프리니케스(Phryniches)가 묘사하듯이 음경을 뒤로 말아서 위로 묶었다.[269]

179. 끈(χυνοδέσμη). 적색 조각의 앰포라
(고대 그리스-로마의 양쪽 손잡이가 달린 단지-옮긴이), 기원전 5세기.

첫번째 방법은 소아 성애적 이상에 따라 젊은 남자의 음경을 더 유아적으로 보이게 하는 이점이 있었다. 그래서 단지의 그림에도 나타나 있듯이 포피가 아주 길며, 음경 길이의 반 정도 더 길었다.[270]

둘째 예의바른 나체의 운동가는 절대로 다리를 벌리고 앉거나 무례한 방식으로 쪼그려 앉지 않았다. 어떤 운동가가 이렇게 행동한다면, 플라톤의 묘사처럼[271] 그것을 쳐다보는 남자들을 성적으로 자극하려는 타락한 녀석이다. 호색가는 항상 다리를 벌린 것으로 묘사된다(그림 180). 문명화되지 않은 존재로, 구속받지 않은

180. 전면의 사티로스. 검은색 조각. 타르키니아의 앰포라. 6세기 후반.

육욕과 무례함의 화신으로, 자주 전면을 향하고 있다. 이것은 그리스 예술에서는 드문 경우이다.[272]

그래서 우리는 아리스토파네스가 낡은 관습의 옹호자에게 이렇게 말하게 함으로써 아테네의 많은 시민들에게 자신의 진심을 말하려는 것임을 추측할 수 있다. "그들이 원형 정원의 모래 위에서 휴식을 취하려고 앉아 있을 때면, 정숙하게 행동해야 했다/주위에 있는 사람들에게 무례한 모습을 보이지 않기 위해 다리를 앞으로 구부린다/그리고 나서 일어선다. 그들은 항상 모래에 남겨진 흔적을 조심스럽게 없애야 한다/모래에 남겨진 발기한 형태가 불순한

정욕을 일깨우지 않도록." 반면 오늘날 젊은이들은 쾌락을 즐기는 남자들에게 자신의 모습을 과시한다.

'나쁜 일의 옹호자', 즉 진보적 사고와 감정의 선동자가 그러한 일들을 이미 어떤 사람들의 흥미도 끌지 못하는 고리타분한 일이라고 비난하자 보수주의자는 이렇게 말을 계속한다.

젊은이, 내 말을 믿게. 나를 선생으로, 선의 옹호자로 받아 줘/ 그러면 자네는 항상 시장을 두려워하지 않으며 따뜻한 욕탕을 피하는 데 익숙해질 거야/그들이 너를 유혹할 때 달아오르는 것을 부끄럽게 여기게, 치욕스런 것을 부끄러운 줄 알게나/존경하는 노인이 네게 다가오면 앉은 자리에서 빨리 일어나게. 무례한 행동을 해서 자네 부모의 마음을 아프게 하지 말고 시험에 이기게나. /자네 자신에게서 수치심을 불러일으키는 것이 성스런 의무이기 때문일세.[273]

그래서 플루타르코스는 남자들이 다른 남자 앞에서 옷을 벗을 때 남색이나 나약해짐을 억누르기가 아주 힘들다고[274] 생각했다. 그리고 기원전 4세기 중반 아테네의 연설가 아이시네스(Aischines)는 트레이너에게 중량 경기를 하는 장소인 팔레스트라(고대 그리스의 레슬링·복싱 등의 격투기 연습장—옮긴이)를 해가 뜨고 나서 열고 해가 지기 전에 닫으라고 권했다. 그렇지 않으면 그들이 어둠 속에서 젊은 운동선수들을 공격할 위험이 있기 때문이다.

트레이너 외에도 그의 아들, 형제 또는 사위는 절대 그들보다 나이가 많은 운동선수들이 나체로 연습하는 모습을 보아서는 안 되었다. "이런 금지령을 무시하는 사람은 죽음의 벌을 받게 될 것이다." 결국 체육관 책임자는 성인은 누구든 젊은이들과 함께 육상 경기를 하지 못하도록 항상 주의해야만 한다. 이 규칙을 지키

지 않는 체육관장은 자유민 출신의 사내아이를 성교하도록 유혹했을 때와 같은 벌을 받아야 한다. [275]

아이시네스도 여기서 될 수 있으면 이런 엄격함을 너무 많은 아테네 사람들이 공유하지 말아야 한다는 의견을 주장하고 있다. 그러나 이런 엄격함은 소아 성애적인 육체 숭배의 분위기에서 젊은 이들의 나체의 **문제점**을 아주 잘 보여준다. 그런 숭배에서는 플라톤이 명백히 묘사한 것처럼, 성장한 남자들은 젊은 남자들과 마찬가지로 카르미데스(Charmides)와 같은 아름다운 젊은이가 방에 들어서면 몸이 녹아든다.

우리 남자들에게 그것은 놀랄 만한 일이 못 된다. 그러나 사내아이들 역시 다른 곳을 쳐다보는 아이들은 제일 어린애조차도 하나도 없었다. 모두들 마치 신상을 쳐다보듯이 그를 쳐다보았다. 카이레폰(Chairephon)이 나에게 소리쳤다. "소크라테스, 저 젊은이가 마음에 드는가? 그의 모습이 아름답지 않은가?" "아주 아름다워"라고 내가 말했다. 카이레폰이 말했다. "그가 옷을 벗기를 원했다면 너는 그의 얼굴을 절대 알아보지 못할 것이다. 그렇게 그는 몸이 아름다운 거야." [276]

그리스 남자들이 나체로 운동한다는 것은 절대로 '보통일'이 아니라 성적 자극의 근원임을 그 자료들이 보여준다면, [277] 야만인들과는 반대로 그리스인들이 나체 운동을 통해 그들의 성적 자극이 순간적인 것이 되지 않도록 그들의 활동을 통제할 수 있다는 것 역시 과시하려 했다고 볼 수 있다. [278] 이러한 사실은 아주 설득력이 없어 보이지는 않는다.

그렇다고 엘리아스가 주장했던 것의 반대가 정확히 맞는다는 것은 아니다. 그것은 별개의 문제다. 오늘날 어떤 남자가 표피를 묶고 남자 사우나를 방문한다면 웃음거리가 되리라는 것은 차치하고라도 우리 시대 사람들은 자주 나체에 대해서보다는 수치에 관해 더 많이 부끄러워한다. 도리아인들이 오늘날 해변에서 실오라기 하나 걸치지 않은 남녀가 함께 운동을 하거나 애무를 하는 것을 본다면 아마도 벼락맞은 것같이 놀랄 것이다.

5. 누바족의 육체숭배와 수치

엘리아스는 공공연한 나체가 수치와 전혀 관계가 없었던 사회가 있었다는 사실에 대한 역사적 실례로서 고대 그리스인을 끌어들이는 데 만족하지 않았다. 오히려 그는 현존하는 예로서 '원시'사회, 즉 남쪽 코르도판에 있는 누바족을 참조하라고 지시한다.

물론 엘리아스가 예로 들었던 누바족은 민속학이 개척한 누바족이 아니라 리펜슈탈(Leni Riefenstahl: 독일의 배우·제작자·사진 작가·영화감독으로 나치 운동을 힘차고 화려하게 극화한 1930년대 기록영화로 유명하다—옮긴이)의 사진 속에 나오는 누바족들이다. 엘리아스는 그 사진들을 "멸족하는 민족의 가치와 관습을 완전히 보여주는 것으로서 내 작업에 필요한 사진들"[279]이라고 생각했다.

여기서 이런 사진들이 엘리아스가 말한 것처럼 좋은 사진들인지 아닌지 논의할 필요는 없다. 나에게는 엘리아스가——전 세계에 걸쳐 있는 그 사진의 수많은 경탄자들처럼——이런 사진의 암시적 힘에 사로잡혀 리펜슈탈이 만들어낸 신화에 속아넘어갔다는 것을 보여주는 게 더 중요하다. 1940년 『정신과 아름다움』(*Geist und Schönheit*)이란 잡지에 표현되어 있듯[280] 리펜슈탈은 "나체에 대한 독일인의 깊은 동경에" 사로잡혀 거의 평생에 걸쳐 이 신화를 만들어냈다. 나는 리펜슈탈이 나치 정권[281]과 가까웠다는 사실을 이용하여 어떤 이득을 볼 생각은 없다. 결국 정치적인 비방은 그녀 사진에 대한 이데올로기 비판을 보충해주지 못하기 때문이다.

물론 나는 리펜슈탈이 누바족에 관해 찍었던 사진들이 나치 역시 많은 영향을 받았던 이데올로기를 표현하는 데 도움을 주었다는 점은 확실히 지적하고 싶다. 그렇다고 해서 언젠가 자신의 올림픽 사진을 시대를 초월한 "미와 투쟁에 대한 찬가"라고 칭했던[282] 여류 사진작가 리펜슈탈이 누바족을 위해서도 그런 찬가를 만들어냈다는 의미는 아니다. 앞으로 알게 되겠지만 누바의 육체 숭배와 투쟁 숭배에 대한 이런 찬가는 그 정도로까지 빗나가지는 않았기 때문이다.

오히려 나는 리펜슈탈이 누바족 사진을 통해 많은 나치주의자들 및 나체문화의 추종자들이 믿었던[283] 그 신화 역시 구체적으로 설명하려 했다는 것을 보여주고 싶다. 이 신화는 나신 그 자체는 에로틱하지 않으며 그렇기 때문에 수치와 관계가 없다는 것,[284] 그러나 의복이 생김으로써 비로소 옷을 벗은 육체는 낙원에 죄를 가져왔다[285]는 것을 말하려 한다. 아니면 나치 문화를 표현한 다른 문화에도 해당되듯이 나체의 행위는 예술이며 옷을 벗는 행위는 포르노이다.[286]

리펜슈탈은 올림픽 사진에서 예술적으로 배우들의 성적 측면을 제거했다. 즉 여자들은 치모나 성기가 없으며 남자들은 간신히 가리긴 하지만 단정한 치부가리개를 착용한다.[287] 그래서 언젠가 비평가들은 우파(Ufa: 1917년에 창립된 독일의 영화회사 —옮긴이) 영화인 「힘과 아름다움으로 가는 길」(Wege zu Kraft und Schönheit)에 관해 "모든 어머니는 딸과 함께 영화를 보며 그리고 젊은 남녀도 주저없이 나란히 앉아 볼 수 있다"[288]고 말할 수 있을 정도였다. 그러나 그 상황은 누바 배우들과는 다르다.

올림픽 사진에서 벌거벗은 사람들은 언제나 원죄를 이미 범했던 사회에 속한 사람들이다. 따라서 그들은 약간의 수정과 가리개를

181. 토라크(Josef Thorak)의 「두 인간」. '지도자'로부터 '깨끗한 북유럽의 에로스'를 위한
실례로 평가받은 대리석 조각, 1941.

사용했다. 그러나 누바족은 리펜슈탈이 처음으로 그들에게 다가갔
던 시점에서 보면 '유아적' 상태에 있었다. "내가 누바족을 알게
되었을 때 그들은 죄를 모르는 순수한 상태에 있었으며, 문명의
영향이 내적 낙원에서 그들을 몰아냈다." [289]

촬영할 때 그들이 사진 찍는 것에 대해 수치스러워하지 않았느
냐는 내 질문에 리펜슈탈의 비서는 이렇게 전해주었다. "누바족은
의복을 착용할 필요가 없을 때에는 그들의 나체를 아주 자연스러
운 것으로 받아들였다. 그들이 옷을 입도록 강요받고 나서야 비로
소 수치감이 생겼다." [290]

이런 모든 주장들이 사실인지 아닌지를 조사하기 전에 리펜슈탈
이 누바의 남동쪽에서 어떻게 대부분의 사진을 찍었는지, 더 좋게

말하자면 탈취했는지 그 방법과 방식을 아는 것이 중요하다. 왜냐하면 이런 지식은 리펜슈탈이 누바족보다 더 수치를 모른다는 의심을 강화시켜주기 때문이다.

리펜슈탈이 '사랑의 춤'으로 지칭했으며 남자들은 함께 춤추는 것이 금지되었던 누바 남동쪽의 '은제르툰'(njertun)춤에서 나체의 젊은 소녀들은 다리를 가볍게 벌린 채 엉덩이를 뒤로 약간 내밀었다(그림 182). 잠시 후 그들은 약간 떨어져 앉아 있는 젊은 남자들

182. 풍고르의 젊은 누바 여자들의 은제르툰춤. 이텐의 사진.

에게로 춤을 추면서 다가간다. 그리고 아주 빠른 동작으로 다리를 젊은 남자의 머리 위로 들어올려(그림 183) 어깨에 다리를 올려놓는다. 그 시간 내내 남자들은 땅바닥을 보고 있어야 한다. 우리가 나중에 알게 되겠지만 남자가 젊은 여자의——부인들은 더 말할 나위도 없다——다리 사이를 쳐다보는 것은 아주 무례한 일이기 때문

183. 파트너와 함께 은제르툰춤을 추는 풍고르의 누바 여자들. 이텐의 사진.

이다.[291]

리펜슈탈은 처음에는 나무 등걸 뒤에 숨어 긴 망원렌즈로 은제르툰춤을 촬영했으며 남자들의 격투용 반지(격투할 때 손가락 마디에 끼워 무기로 삼는 금속 고리―옮긴이) 격투는 근거리 촬영을 몇 장 했다. 여자아이들이나 부인들도 체류할 수 없는 그 결투의 현장으로부터 그녀는 매번 내몰렸기 때문이다. 여류 사진기자는 낯선 사람들의 은밀한 영역으로 들어가는 것에 대해 전혀 고려하지 않은 채 무기도 없이 솔직하게 은제르툰춤을 추는 젊은 여자의 사진을 찍으려는 새로운 시도를 감행했다. 그것도 그들이 다리를 높이 올리는 그 순간에.

그때 여자아이들의 어머니들이 사진을 찍으려는 나를 아주 교묘하게 둘러쌌다. 아주 교묘하게 그들은 내가 사진을 찍을 수 없도록 원을 형성하면서 내 주위를 돌며 춤을 추었다. 그 사이 여자아이 둘이 남자들의 어깨에 다리를 올려놓았다. 이러한 아주 진귀한 광경을 찍을 수 없다는 데 대해 나는 너무 화가 나서 거의 소리를 지를 뻔했다. 나는 여자들로부터 벗어나 라코바의 다른편으로 달려갔다. 거기서는 나를 보지 못한 한 여자아이가 남자를 선택하기 직전이었다. 나는 흥분하여 떨리는 손으로 조명과 거리를 맞추고 셔터를 눌렀다. 이미 여자들은 다시 내 옆으로 몰려왔다. 이번에 나는 그들의 짓궂은 장난에도 언짢은 표정을 짓지 않았다. [292]

리펜슈탈이 '흑인 여자들'에 관해 잠자리 원정여행을 하는 어조로 말하는 것을 듣는다면 사람들은 그녀가 누바족을 마치 '다른 별에서 온 존재'처럼, 마치 타락을 목전에 둔, 영적인 눈을 아직 뜨지 못한 무당 아이들처럼 여겼다는 것[293]을 기꺼이 믿을 수 있을 것이다.

그러면 누바족은 실제로 육체에 대한 수치를 전혀 느끼지 않는가? 엘리아스가 적어도 고대 그리스인에게서 발견했다고 믿는 것, 즉 공공연한 나체에 대한 뻔뻔스럽고 유아적인 태도를 누바족도 가지고 있는가?

아주 초기의 민속학적 자료에는 누바 여인들이 대중의 면전에서 나체로 활동하지 않았다는 사실이 확인되고 있다. 게다가 초기의 어떤 여행자는 처음에는 체벨 타바트네(Dschebel Tabatne)의 누바족이 1837년 완전히 벌거숭이였다고 기술하고 있지만 같은 문장에서 이 주장을 상당히 완화시키고 있다.

나이에 관계없이 남녀 모두 치부를 전혀 가리지 않은 채 완전히 벌거숭이로 다닌다. 결혼한 여자와 처녀들은 수단 동부의 다른 흑인 민족에게서는 발견할 수 없는 독특한 치장을 생각하고 있다. 즉 문명화된 나라에서는 세심하게 감추곤 하는 특정한 신체 부위를 특별히 눈에 띄게 내보이는 것이다. 말하자면 그들은 몸통 주위나 엉덩이 주위를 끈으로 묶고 거기에 가는, 거의 1인치도 안 되는 넓이의 무명끈을 고정시킨다. 그것을 다리 사이로 아주 팽팽하게 잡아당겨 엉덩이 뒤로 해서 다시 몸통이나 엉덩이의 고정된 끈에 연결시킨다. [294]

이 여행자가 여자들의 치부가리개를 남성의 시선을 사랑의 동굴로 향하게 하려는 세련된 여성의 계략으로 잘못 파악한 것을 제외한다면—이것은 비더마이어 시대의 여자 치마에 익숙해져 있던 남자라면 관대히 넘어갈 수 있는 오류이다—그 관찰은 어디서나 확인될 수 있다. [295]

예를 들어 냐망 누바 여자들은 파란색 진주로 만든 엉덩이끈(bardugele)을 착용하는데 앞에는 가죽으로 만든 치부가리개가, 뒤에는 금속 '꼬리'가 매달려 있다. 후자의 것은 무엇보다 여자가 앞으로 몸을 숙일 경우 성기를 가려주는 기능을 한다. [296] 코롱고 누바에서는 여자들이 옛날부터 나무내피로 만든 치부가리개를 착용하며[297] 마사킨 키자르 누바에서는 바레가(barega)라 불리는, 뿌리와 내피 섬유로 만든 비슷한 가리개를 착용했다. [298]

물론 젊은 여자아이들은 다르다. 코롱고 누바의 여자아이들은 마사킨 키자르의 여자아이들처럼 월경을 할 때부터 비로소 치부가리개를 착용한다. [299] 남동쪽의 누바에서는 보통 초경이 지난 후 1, 2년 사이, 즉 열네댓 살에 임신을 한다. 그때부터 그들은 치마를 입고 다닌다. [300] 모로 누바의 여자는 첫아이를 출산하고 난 후 야자줄기로 만든 치부가리개를 착용한다. [301]

그러면 아직 월경을 하지 않거나 아이를 낳지 않은 젊은 여자의 나체는 수치와 아무 관계가 없다고 말할 수 있을까?

184. 남쪽 누바의 오늘날 여자아이가 입는 옷.

그렇지 않다는 것에 대한 첫번째 암시를 우리는 이미 은제르툰 춤을 추는 동안 젊은 남자들의 태도에서 확인할 수 있다. 이들은 벌거벗은 여자아이들이 춤추며 그들에게 다가와 어깨에 다리를 올려놓을 때에도 감히 여자아이들을 쳐다볼 수 없었다. 처녀가 나체로 있다는 것의 난감함은 수많은 다른 상황을 통해서도 증명된다.

우선 코롱고와 냐망의 누바족 및 다른 누바족들은 옷을 입고 있는 여자들뿐 아니라 옷을 입지 않은 여자아이들도 앉거나 쪼그릴 때면 항상 다리를 붙였다.[302] 그리고 평상시에도 그들의 벗은 몸이 보이지 않도록 주의를 기울이는 것이 몸에 밴 것 같았다. 예를 들어 모로의 여자아이와 부인은 샘에서 몸을 씻을 때면 잠시도 여성의 노출된 성기 부위를 볼 수 없도록 가볍게 몸을 앞으로 숙인다. 다른 성의 사람들이 목욕하는 사람들의 근처를 지나가는 것 자체가 금기시되었음에도 불구하고 오늘날 대부분의 사춘기 아이들은 목욕할 때 셔츠를 벗지 않는다.

가정에서도 부인과 여자아이들은 집 안 정원의 보이지 않는 구석이나 돼지우리에서 몸을 씻었다. 자발적으로 집 안에 들어와도 되는 그런 친척들도 집 안에 들어와 그들을 놀라게 할 수 없다. 집 밖 그늘진 지붕 밑에 앉아 있는 가족들이 집에 들어오려는 사람들에게 지금 여자들이 목욕 중임을 알리기 때문이다.[303]

건기의 몇 달 동안 젊은 여자아이들은 달빛이 비치는 밤에 허리에 묶은 나뭇잎까지 벗고 나체로 춤을 춘다. 몇 년에 한 번씩은 하루 종일 춤을 추기도 한다. 그럴 경우 젊은 남자들은 일반적으로 정숙하게 뒤로 물러서며 나이든 남자들만 약간 가까이 다가갈 수 있었다. 그들은 가끔 외설적인 이야기를 서로 나누면서 젊은 남자들을 놀린다. 젊은 남자아이들이 부끄러워 숨어 있기 때문이다. 많은 여자아이들은 이 춤에 참여하는 것을 부끄러워하며 춤추는 데 나오지 않는다. 그러나 수치를 극복하고 대담하게 춤에 참여한 아이들은 춤추는 동안 이를 앙다물고 있다가 춤이 끝나면 그 자리에서 도망간다.

1983년에 여자아이들은 이런 춤을 추면서 처음으로 팬티를 입었다. 모로 누바 사람 몇몇은 남자들이 계속해서 음탕하게 각 여자의 성기 부위에 관해, 무엇보다 "외음부에 무엇인가 튀어나와 있는 것을 보았는지"에 관해 이야기를 나누는 게 마침내 끝났다고 생각했다.[304]

여자아이들은 그들의 외음부를 사람들에게 보여주는 것을 최고로 수치스러운 일로 여겼던 것으로 보인다. 그래서 모로족 여자들은 음순과 가능하면 클리토리스도 약간 잘라주는 것이 보통이다.[305] 이 수술은 모로족에게 공포스런 환상을 심어준, 수단의 영향을 받은 클리토리스 절개(Klitoridektomie)와는 아무 관계도 없다.[306] 특별히 튀어나온, 그로 인해 눈에 띄게 감추기 힘든 성기가 수치스러운 것임은 외설적 성향의 축제의식의 노래에서도 표현되고 있다. 그 노래는 사람들이 어떤 여자의 음순에 관해 "돼지우리를 걸레질할 정도로" 밑으로 처져 있다고 이야기하면,[307] 여자들이 상처를 받는다는 것을 표현하고 있다.

기름과 황토를 바름으로써 강조한 젊은 여자의 완전 나체는 명백히 성적인 광고이며 결혼시장 전술의 일부였다. 그것은 19세기 시민 출신의 젊은 여자가 젊은 사람들이 서로 만날 수 있는 저녁 무도회에서 가슴의 윗부분과 어깨를 노출한 것과 비교할 수 있다. 이전의 유럽에서는 머리와 종아리, 그리고 상체의 일부를 유혹을 목적으로 노출시키는 것은 허용되었다. 반면 결혼한 여자들은 이런 매력적인 신체 부위를 대중들의 눈에 띄지 않도록 했다. 그러나 유럽의 처녀들이, 예를 들어 유두나 허벅지를 노출한 채 자신을 선전하는 것이 거부되었듯이, 누바 여자들은 특히 그들의 음순을 보이게 해서는 안 되었다.

리펜슈탈이 주장했듯이 이런 예의바름이 누바족이 입어야만 했던 의복과——여자아이의 경우에는 팬티이다——어떤 본질적인 연관성도 없다는 것은, 정숙한 자세[308]뿐만 아니라 외음부를 숨기는 것, 그리고 남자들의 무분별한 시선을 거부하는 규칙을 통해서도 알 수 있다.

예를 들면 30년대 냐망의 젊은 여자아이들이 완전 나체로 걸어갈 때 남자가 여자아이의 성기 부위를 쳐다보는 것은 금기시되었다. 그럼에도 불구하고 그런 일은 자주 일어났다. 그래서 냐망의 민속학자는 사람들이 무리지어 서 있을 때면 때때로 여자아이가 다른 아이에게 속삭이는 것을 들을 수 있었다고 보고한다. "애, 저기 저 녀석이 네 음부를 훔쳐보고 있어. 너에게 무언가를 원하나봐!"[309]

이와는 반대로 결혼한 여자의 성기 부위를 보는 것은 절대 불가능하다. 그래서 어느 날 남동쪽 누바에서 이틀 전에 사산한, 죽어가는 여자의 집을 방문하게 된 어떤 연구가는 이렇게 보고한다.

내가 여인의 몸을 덮은 수건을 치우자 오메르는 곧 그 방을 나갔다. 결혼한 여자의 나체를 본다는 것은 예의에 어긋나는 것이라고 생각했기 때문이다. 그의 행동은 누바족에게는 어떤 수치감도 존재하지 않는다던 내 생각과 부합하지 않는 것이어서 나는 매우 놀랐다.[310]

이제 리펜슈탈과 엘리아스는 누바의 여성들이 1928년 영국인들이 셔츠를 도입하기 전에도 죄를 짓기 이전의 낙원을 이미 잃어버린 상태이며 수치를 알고 있었다는 사실을 인정할 정도로 관대해졌을 것이다.[311] 그러나 그들은 적어도 당시 남자들은 아직 원죄를 저지르기 이전의 수치를 모르는 상태였다는 사실만은 고집하려 할 것이다. 그렇다면 누바족 남자의 나체는 어떻게 된 것인가?

고대 그리스인들과 비슷하게 누바족 남자들은 나체를 젊은 육체에 대한 숭배의 구성요소로 보았다. 물론 여기에 그리스에서와 같은 강한 동성애적 색채는 없다. 누바의 젊은 처녀들이 일정한 경계 내의 결혼시장에서 벌거벗은 육체를 보여주었다는 것을 확인했다면 그와 비슷한 것이 젊은 남자들에게도 해당된다. 카오, 풍고르, 느야로의 누바족에서 격투용 팔찌를 끼고 나체로 싸우던 선수들은 스무 살에서 기껏해야 서른 살의 나이였다. 남자가 약 스물여덟에서 서른 살이 되면 기름과 황토로 몸을 문지르고 나체로 대중의 면전에 나타나는 것을 그만둔다.[312] 이것은 나이든 남자가 체육관에서 옷을 벗으면 예의바르지 못하다고 여겼던[313] 고대 그리스와 비슷하다.

전통적으로 남동쪽 누바 남자들은 수건이나 내피로 만든, 다리

185. 코롱고 누바의 팔찌 격투의 승리자, 로저의 사진, 1949.

사이를 통과하는 치부가리개를 착용했다.[314] 오늘날 그들은 아라비아의 갈라비야(gallabiya)를 입는다. 그것을 벗는다면 그들은 과거에 치부를 노출한 남자들처럼[315] 여자들로부터 비웃음을 사게 될 것이다.

그렇다면 리펜슈탈의 사진에 나오는 검은 영웅들은 나체로 대중의 면전에 나타났다고 말할 수 있을 것이다. 그런데 그들의 나체가 수치와 아무 관련이 없단 말인가?

민속학자가 어떤 이론을 증명하기를 원한다면 그는 그것을 증명할 수 있다. 나는, 젊은 누바 남자들이 어떤 방식으로든 그들의 나체 때문에 수치스러워했다는 것을 아직도 의심하는 독자가 더 이상 존재하지 않으리라고 생각한다. 그리고 실제로도 그러했다. 왜냐하면 냐망의 남자가 젊은 여자의 치부를 볼 수 없듯이 부인이나 젊은 소녀가 벌거벗은 남자의 성기 부위를 관찰하는 것 역시 예의

바르지 못한 것으로 간주되었다.[316]

오히려 여성들이 포피에 싸여 있는 음경을 보는 것보다 더 곤란한 것은 공중 장소에서 노출된 음핵두를 보는 것이다. 그렇기 때문에 포경수술을 받은 젊은 남자들은 항상 옷을 입고 나타났다. 예를 들어 이슬람으로 개종한 한 남동쪽 누바 사람은 이렇게 생각했다.

여자들은 우리를 비웃을 것이다. 갈라비야(gallabiya)를 입으면 아무도 내가 할례받았다는 것을 알지 못한다. 격투용 팔찌 선수로 지냈던 시기에는——아, 나는 아주 격렬한 싸움에 참여했다——나는 절대 할례받지 않았을 것이다. 할례받은 음경과 나체는 어울리지 않는다.[317]

젊은 남자가 대중의 면전 특히 여성 앞에서 '말뚝'이나 '창자루'를 얻게 됨으로써, 즉 발기하게 됨으로써 음핵두가 노출되는 것은 더욱 무례한 일이었다. 그런 경우 그 불행한 남자는 '말뚝'을 뒤로 누르고 허벅지 사이에 숨기는 것밖에 달리 어쩔 도리가 없었는데 그것은 냐망족에게는 그다지 어렵지 않았던 것으로 보인다. 왜냐하면 그 종족의 민속학자가 표현했듯이 그들의 음경은 '어쨌든 탄성 고무로 만들어진 것 같았기' 때문이다.[318]

엘리아스는 행운의 여신으로부터 그의 누바족 예에 대한 별 도움을 받지 못한 것처럼 보인다. 그러나 엘리아스가 '문명화되지 않은' 민족들 중에서 성인들이 아직도 어린이와 같다는 그의 명제를 증명하기 위해 동쪽의 수단으로부터 극지방으로 달려간다 해도 행운의 여신은 그에게 별 관심이 없는 듯 보인다.

6. 에스키모족의 '충동포기'

엘리아스는 언젠가 '어린아이의 감정구조와 의식구조'는 '비문명화된'민족들과 어떤 연관성을 지니고 있다는[319] 주장을 했다. 그는 오늘날에도 '이런 사회적 발전 단계의' 성인들은 본질적으로 현재 서구 사회의 성인들보다 더 유아적이라 생각하고 있다. 유럽인들이 이미 오래 전에 지나온 낮은 단계의 발전을 구체적으로 설명하고 내가 이런 결정적인 사실 앞에서 '눈을' 감은 '맹인임을' 보여주기 위해 엘리아스는 리펜슈탈의 누바족 외에도 에스키모인을 예로 들었다. "옛날에는 열 살과 열네 살 사이의 에스키모 아이들이 성인을 도와 가정을 존속시키는 데 공헌했다. 어린아이에서 성인으로의 이행은 거의 단절없이 이루어졌다."[320]

이미 암시했듯이 나는 다음에서 엘리아스가 이 경우에선 누바족의 예에서보다 더욱 서투르며 그의 주장은 전혀 근거가 없는 것처럼 보인다는 것을 증명하려 한다.

우선 엘리아스는 열 살부터 열네 살까지의 에스키모 아이들은 벌써 한 가족의 생계를 유지할 수 있는데, 그것은 그에 필요한 지식의 습득과 '이런 지식의 습득이 요구하는 감정적 긴장'[321]이 근본적으로 별로 많지 않기 때문이라고 생각한다. 이 생각은 맞지 않는다.

에스키모의 젊은이가 많은 세월 동안 거의 분업이 되지 않는 사회의 소속원으로서 배워야만 했던 것을 구체화시켜보자. 얼음집, 카약, 썰매를 만드는 법, 위험한 수역에서 배를 조종하는 법, 극도로 소심한 순록을 찾아내어 그것들을 총과 활로 쏘아 잡는 방법, 연어를 찌르는 법, 숨구멍에 숨어 그물로 바닷가재를 잡는 법,[322] 위험한 북극곰을 창이나 칼로 잡는 법, 상아나 물고기뼈로 조각을 만드는 방법, 바다쇠오리의 둥지를 가져오기 위해 몇 백 미터 높이의 가파른 암벽을 기어오르는 법, 고래를 작살로 쏘아 맞추는 법, 날씨를 예견할 수 있는 방법, 얼음이 언 황야로 사냥 원정을 나갔다 옷이 찢어진 경우 옷을 꿰매는 법, 철새의 비행, 구름의 움직임과 형태, 달 주위의 무리를 해석하는 법, 얼어 있는 툰드라가 어떻게 녹으며 바다가 어떻게 움직이고 바닥이 얼마나 깊이 녹았는지를 아는 법, 진흙이 얼마나 미끄러운지, 부리가 두꺼운 바다오리와 멍청이 바다오리가 언제 돌아오는지, 여우와 토끼, 순록과 사향소들이 어떤 길을 가는지를 아는 방법, 절벽으로 에워싸인 좁은 만에서 물개의 도착을 예견할 수 있는 징후들을 관찰하는 방법, 썰매개들이 뿜어내는 공기를 통해 추워질지, 안개가 낄 것인지를 진단하는 방법,[323] 그리고 신화와 옛 노래를 배워야 하며 그밖에 많은 것을 더 배워야 한다.

또한 앞으로 샤먼이 되려는 사람이 길고 지루한 교육을 통해 추가로 더 연습해야만 하는 것을 생각해보자. 잃어버린 영혼을 되돌리는 방법, 바닷속에 남아 있는 야생동물을 빼앗기 위하여 격투를 통해 달이나 바다 심연에 있는 동물의 여주인인 세드나로 여행하는 방법 등. 그러면 이제 엘리아스가, 친절하게 표현하자면 '비문명화된 사람들'에 관해 아주 불충분한 정보를 얻었다고 결론내려야 할 것이다.

그리고 에스키모가 극점 지역의 혹독한 환경에서 살아남기 위하여 필요로 했던 '충동구조와 감정구조'는 "아이들의 충동구조와 감정구조와 많이 다르지 않다"는 엘리아스의 주장은[324] 아주 잘못된 것이라는 점이 실제로 증명된다. 그러니 '옛날' 에스키모의 충동구조와 감정구조를 좀더 자세히 알아보자.

에스키모의 생활양식이 얼마나 큰 충동 포기를 요구하는지를 초기의 여행자들은 이미 알고 있었으며 나중의 민속학자들은 더 많이 알고 있었다. 그리고 가끔 어린아이들도 비교적 강한 정도로 감정 통제를 했다는 것은 엘리아스도 인정할 것이다. 예컨대 한 연구가는 쿠퍼 에스키모의 어린 여자아이에 관해 이렇게 설명하고 있다. 짓궂게 놀다 무릎을 다쳤던 그 아이는 처음에는 울었지만 곧 신경질적으로 눈물을 닦고, 누군가 그녀가 우는 것을 보았다는 것에 대해 심한 수치를 느낀 채 그 자리에서 도망갔다.[325]

즉 여기서 눈물이 죽음의 측면에서 금기시되는 일이 잦았던[326] 에스키모의 전형적인 행동방식을 한 아이가 이미 보여준다면, 이것은 엘리아스가 추측하듯이 에스키모 성인의 감정기준이 우리의 것과 비교할 때 낮기 때문에 에스키모 아이는 보다 쉽게 성인의 감정 기준에 도달할 수 있었다는 것을 의미하지 않는다. 그와는 완전히 반대로 이런 기준은 더 높았던 것으로 보인다. 그렇기 때문에 에스키모 아이들은 유럽의 현대 사회의 아이들보다 더 강한 충동통제가 요구되었다.

그래서 그레이트 웨일 강의 에스키모 아이는 오늘날에도 대략 다섯 살이 되면 '모든 상황에서 웃는 것'을 놀라울 정도로 통제하고 있다.[327] 그리고 서그린란드에서는 아이 때부터 비교적 '신중해야만' 한다. 그러니 엘리아스가 주장했던 것과는 정반대의 양상을 보여주는 것이다. 그리고 에스키모 아이들은 적어도 특정한 관점에서는 유럽 사회의 아이들보다 훨씬 '성숙한' 것으로 보인다. 신중하게 행동하지 않는 사람을 이런 개인주의적이며 평등한 사회에서는 '지도자가 되려고 시도하는 사람'(naalagaaniartoq)으로 지칭하게 될 것이다. 이것은 점점 부정적인 개념내용을 지니게 된다.

서그린란드 사람들의 예절에 따르면 그들은 대화를 할 때 부끄러워하며 조심스러워하는 인상을 남겨야 한다. 즉 낮은 소리로 이야기하고 긴 휴식을 삽입하며 아주 약한 제스처를 써야만 한다.[328] 그들의 언어는 '아마도', '혹시'와 비슷한 의미를 지니는 -unar-, -navianngi C-, -nnguatsiar-, 또는 -ner-처럼 그 자체로 완전한 접사로 모든 해당되는 표현을 강조하고 있다. 예를 들어 전접어(前接語)의 불변화 품사(접속사, 전치사)인 -gooq-도 자주 등장하는데, 그것은 '그렇다고 하더라' 또는 '누군가가 그러더라'라는 의미이다. 그들의 언어는 수많은 비동사의 약화, 그리고 대화가 어떤 방식으로든 위험해지면 주제를 바꿀 수 있는 준비성과 결합되어 있다.

다시 말해서 서그린란드의 관습은 유럽이나 미국의 입장에서 보면 특징 없고 수줍음이 많으며 연약한 사람으로 보이게 하는 행동과 태도를 하도록 규정하고 있다. 왜냐하면 사람들은 어떤 대화 상대자에게도 적어도 잠재적으로 동의하는데 침묵은 다시 차가운 거부로 느껴지기 때문이다.[329]

일반적으로 에스키모는 자신이 동의하지 않는 의견이라도 비판하거나 문제삼지 않는다. 그렇기 때문에 대부분의 백인들은 그들이 에스키모의 감정을 상하게 했다는 것을 전혀 눈치채지 못한다.[330] 나파스키아그미우트(Napaskiagmiut)에서는 누군가가 학문적으로 진실이 아닌 것을 말했다는 게 아주 명백해졌다면, 그가 거짓을 말했다고 하는 게 아니라 농담을 했다고 말한다. 왜냐하면 어떤 상황에서도 사람들은 그가 거짓말쟁이라는 것을 말함으로써 그를 무지막지하게 모욕하는 것을 피해야만 하기 때문이다.[331]

언젠가 강아지 두 마리가 화려한 순록 껍질을 밑으로 잡아당겨 그것을 찢었을 때 거기에 있던 사람들 중 누구도 강아지를 비난하지 않았다. 사람들은 그것이 강아지일지라도 꾸짖는 것을 좋아하지 않는다. 이와 마찬가지로 사냥꾼은 자신에게 어떤 불행이 일어나더라도 웃는 법을 배워야 한다. 그래서 늙은 사냥꾼 카빅(Kavik)은 그가 저지른 가장 끔찍한 사냥 실수에 관해 설명할 때에도 배꼽을 잡고 웃었다. 눈물이 뺨에 흘러내릴 정도로.[332]

우트쿠히크할링미우트족도 아이들에게 어떤 곤혹스런 상황이나 화가 나는 상황이 벌어져도 모든 것이 아주 우스꽝스럽다는 듯 행동해야 한다고 일찍부터 가르친다. 예를 들어 한번은 천막이 무너져 그 주인의 값진 물건이 모두 부서지고 젖먹이가 질식할 정도였다. 그런데 그 남자는 불행에 대해 웃음으로 반응했다. '자기 통제'(ihuma)가 두려움, 공포, 또는 분노를 방임하는 것을 금지하기 때문이다. [333)]

우트쿠족은 자신들의 '선한 의지'를 어느 때든 기쁜 행동을 통해, 즉 웃음, 미소, 위트를 통해 나타내지 않는 그런 사람들에게 커다란 두려움을 가지고 있다. 사람들이 이런 행동을 하지 않으면 그것은 다른 사람에게 적대감으로 작용하였다. 그리고 반감, '강한 생각'은 상대방을 아프게 하며 심지어 죽일 수도 있다. 어쨌든 감정의 표현은 '아름답지 못하다'. 정확히 표현된 감정은 다른 사람들을 당황하게 하며 그들의 자유를 제한할 수 있기 때문이다. [334)]

서그린란드는 의도적으로 과소 표현하는 행동으로 다른 사람을 능가하는 데서 즐거움을 느낀다. [335)] 키웨이틴의 샤먼들은 그들 자신은 오로지 보다 고귀한 힘의 확성기일 뿐이며 그의 결정에 아무 역할도 하지 못한다[336)]고 지속적으로 단언했다.

그러나 라스무센(Knud Rasmussen, 1879~1933: 덴마크계 에스키모의 탐험가·민족학자—옮긴이)이 언젠가 자신의 집에서 만난 적이 있던 극지 에스키모의 샤먼은 그런 서그린란드의 샤먼을 능가한다.

그는 자신의 나무침상에 앉아 북을 만졌다. 그는 내 얼굴을 쳐다보더니 북 치는 것을 그만두었다. 그는 나를 보고 웃음을 터뜨리더니 말했다. '바보 같은 짓이군! 어리석은 기만이야! 모두 거짓 이야기야!' 그러고는 미안하다는 듯 머리를 흔들었다.

관습에 따라 극지방 에스키모의 샤먼은 모두 강령술 모임에 앞서 자신의 능력이 대수롭지 않은 것처럼 말한다. 그리고 그가 자신의 능력을 기만적 책략으로 또는 게으른 트릭의 잡동사니로 지칭하면 할수록 그는 보통 더 유명해지고 더 큰 능력을 가지게 된다.[337]

1966년 아니카우(Anikau)란 샤먼이 『마가단스카야 프라우다』(*Magadanskaja Prawda*)의 특파원에게 자신의 활동은 다른 외국 놈들에게 그가 자연에서 차용한 정령들이 존재한다는 것을 보여주는[338] 것으로 자신은 나쁜 사기꾼일 뿐이라고 말했다. 그렇다면 이 샤먼은 마르크스-레닌주의를 통해 깨달음을 얻었다기보다는 근본적으로 자기 공로를 과시하지 않은 것이다.

극지 에스키모가 '내 생각은'이라고 말하는 경우는 극히 드물며 오늘날 뉴에이지 운동의 계시에 나타나 있듯이 오히려 '이누이트 사람들의 생각은'이라고 말한다. 그것도 그의 '에고'가 '집단의식'의 늪에서 헤매고 있기 때문이 아니라 신중함과 정중함에서 나온 것이다.[339]

이런 겸손함을 스테판손(Stefansson, 1879~1962: 캐나다의 탐험가·민족학자—옮긴이)은 북부 캐나다 나규크토그미우트족에게서도 발견했다.

무엇보다 사람들은 나에게 친절하게 정보를 제공해주었다. 내가 궁금해하는 것이 무엇인지 암시하기만 하면 사람들은 곧 자신이 알았던 것을 나에게 설명해주었다. 나를 초대한 주인은 나에게 거의 질문하지 않았다. 그래서 나는 그에게 내가 왜 여기 머무르는지, 어디로 가기를 원하는지 알고 싶지 않느냐고 물었다. 그들은 매우 궁금하다고 말했지만, 내가 자의적으로 이야기해줄 거라고 생각했다.[340]

그들은 걱정, 분노, 실망, 호기심, 자부심, 질투 등을 표출해서는 안 된다. 질투의 감정과——특히 여자들의 경우——성적 쾌락의 표현도 마찬가지다. 예를 들어 어떤 남자가 그의 아내가 다른 사람과 함께 불륜을 저지르는 것을 알았다면, 그는 아무렇지도 않은 듯 내적 분노를 전혀 표출하지 않은 채 "마치 배회하는 개를 다시 데려오듯이"[341] 집으로 들어가서는 극도로 정중하게 부정한 아내를 간부로부터 떼어내 집으로 데리고 온다.

다른 한편으로 특히 젊은 여자들은 그들의 성적 욕망을 어떤 방식으로도 표현해서는 안 된다. 이미 1786년 헤른후트 사절단의 '새로 결혼한 부부의 안내서 중 관습에 관한 지침서'에 나타나 있듯이 서그린란드의 고답-프요르데(Godthab-Fjordes)의 에스키모 여자들은 그들이 성교를 통해 쾌락을 느낀다는 인상을 주어서는 안 된다. 거기서는 선교사가 '그린란드 사람들에게 존재하는 생각', 즉 '여자는 결혼한 첫해에 바로 아이를 가지면 부끄럽다'[342] 는 편견을 갖지 않도록 애써야만 했다고 한다.

실제로 그런 일은 하나의 예절로 인식되었다. 즉 한 여자가 결혼식 전과 결혼식이 치러지는 동안, 그리고 적어도 결혼식이 끝난 후 얼마 동안은 남편에 대해 무관심을 보여주거나 그를 거부한다는 것을 표명했다. 신혼 첫날밤에 도망치거나 아니면 아주 심하게 저항해서, 성교가 강행될 수 있을 경우는 강간의 성격을 띠게 만든다.[343] 여자가 다르게 행동하면 사람들은 그녀에게 정욕을 탐하는 뻔뻔스런 인간이라고 말한다. 그러나 극지 에스키모인들처럼 남성 사회에서 더러운 외설적인 농담을 과시했던 대부분의 젊은 남편들 역시 그들이 결혼 첫날밤에 아내와 자지 않고 사냥을 하며 소일했다고 자랑한다.[344]

서그린란드의 어떤 겨울 야영지에 소속된 사람 사이에서 아주 심각한 싸움이 벌어졌다면, 일반적으로 싸움에 참여한 가족 중 한 가족은 어떤 감정도 드러내지 않고 다른 지역으로 물건을 싸서 떠난다. 서로 다른 겨울 야영지에 소속된 사람들이 서로 다투게 되면 사람들은 일반적으로 다르게 행동한다.[345] 두 적수가 이른바 '노래 겨루기'를 하게 되는데 이것은 엄격한 규칙에 따라 진행된다. 거기에 참가한 남자들은 서로 묶인 채 상대방의 가장 나쁘고 비열한 것을 뻔뻔스럽게 상대방에게 말한다. 예컨대 키웨이틴에서는 저 사람은 사냥해서 잡은 노획물을 나누지 않는 나쁜 사냥꾼이다, 아니면 저 사람은 음경이 아주 작아 아내를 만족시킬 수 없을 거라는 등등.[346] 그들은 그런 소리를 들으면서 웃어야만 했다. 때에 따라 그렇게 '노래로 읊어지는 사람'은 쥐죽은듯 조용히 앉아 마치 그 사건이 그와 조금도 관계가 없는 듯이 행동한다.[347]

186. '노래겨루기'에서의 도전자, 1906, 아마살리크족.

실제로 '노래하는 사람'의 말은 나뭇조각처럼 상대의 마음속으로 파고 들어가는 경우가 드물지 않다.

지금 나는 단어들을 쪼개고 있어. 내가 도끼로 쪼개는 나뭇조각처럼 뾰족한 작은 단어로. 옛날 노래, 선조의 숨결.[348]

평생 동안 어떤 적으로부터 협박당한다고 느꼈던 동그린란드의 아마살리크 사람은 잠재적 살인자에게 자주 그런 종류의 시합을 하자고 요구했다.[349) 두 적수는 그들의 '노래'를 대부분 이미 오래전에 정성스레 개작했다. 그러나 멜로디와 후렴만은 그들의 선조로부터 물려받은, 일반적으로 알려진 규범에 따랐다. 그들은 손상과 관련해 자신을 너무 부각시키지 않도록 조심한다. 그러나 그들은 이미 언급했던 샤먼과 비슷하게 그들이 자신들의 선조와 비교하여 얼마나 걱정스럽게 노래하는지를 강조했다. 그렇지 않으면 '노래'에 자기 아이러니를 적당한 정도 섞는다. 그것은 모든 에스키모 그룹의 특징이다.[350)

서그린란드에서는 사이가 좋지 않은 사람 사이의 '노래겨루기'가 '농담을 하는 관계'를 창출해낸다고 전해진다.[351) 그러나 그 말이 정확히 들어맞지 않는 경우도 더러 있다. 그 시합에 참여했던 사람이 다른 사람이나 자기 자신에게 너무 심하게 창피를 당하는 경우 가족과 함께 다른 지역으로 이주하는 일이 자주 있었으며 절대 다시 돌아오지 않았다.[352) 아주 심한 경우에는 상대방에게 수치심을 주고 죄책감을 불러일으키기 위해 수년 동안 황야에서 은둔자로 살아간다. 아니면 퇴각의 가장 극단적인 방법인 자살을 선택하기도 한다.[353)

이제 우리는 에스키모의 '감정구조'에 대한 엘리아스의 주장이 실제로 조금도 현실과 일치하지 않는다는 것을 충분히 알게 되었다.

예컨대 극지 에스키모의 젊은 남자들이 가족을 야생동물로부터 충분히 보호할 수 있는 스물네 살이 되어서야 결혼하는 것을 고려한다면[354) 열 살에서 열네 살짜리 에스키모 소년에 대해 아무 증거도 없이 던져진 그 문장은 마치 그가 스스로 만들어낸 것과 같다. 엘리아스가 기술했던 것과는 반대로 산(山) 에스키모족의 어린 시절은 상당히 길었다. 모든 대부분의 간접적인 '충동조형'에도 불구

414

하고 열 살에서 열네 살까지의 아이들은 책임감을 거의 느끼지 않은 채 그들이 원하는 만큼 자주, 그리고 오래 노는 것이 허용되었다.[355] 대략 열네 살이 되면 아이는 청년으로 발전하며, 청년 역시 아직은 사람들이 성인에게 요구하는 것을 할 수 있는 능력을 갖추지 못했다. 그래서 아직 어떤 수레도 소유하지 못한, 결혼할 능력이 없는 극지방의 에스키모들은 실제로 성인 남자들의 심의회로부터 배제된다. 그래서 얼음집의 문 앞에 서서 '침묵하면서, 놀려는 마음도 없이' 귀를 기울이는[356] 젊은 남자들의 모습을 자주 볼 수 있다.[357]

키피사미우트족 여자아이의 어린 시절은 약 스무 살로 끝나고 사내아이들은 그보다 약간 늦게 끝난다. 그리고 우트쿠족에서는 이 나이가 되어서야 당사자가 삶의 현실을 직시하고 결혼할 수 있을 정도까지 '자기 통제'가 발전한다.[358] 우트쿠족은 이 나이가 되면 성인의 '감정구조'가 완전히 형성되며 그들은 무엇보다 적대감의 표시로 보일 수 있는, 거부감을 불러일으키는 사소하고 무례한 행동과 불쾌함의 표현을 피할 수 있는 상황이 되었음을 말한다. 그때가 되면 그들은 자신을 백인과 구별할 수 있게 된다. 백인들에 관해 언젠가 에스키모 사람이 민속학자에게 이렇게 말한 적이 있다. "백인이 화를 내면 그 사건은 빨리 해결된다──마치 아이들이 화를 낼 때처럼. 그러나 에스키모인이 당신에게 화를 낸다면 그는 절대 당신과 다시 이야기하지 않을 것이다!"[359]

에스키모족은 '아이에서 성인으로의 이행이 거의 단절없이' 이루어졌다는 엘리아스의 계속되는 주장 역시 들어맞지 않는다. 심지어 많은 에스키모 사람들은 그들의 아이들이 성인의 존재가 되도록 준비시키는 것이 불충분하다고 말하기까지 한다. 왜냐하면 에스키모 아이들은 처음에는 아주 조심스럽게 다루어지다[360] 갑자기 사회적 현실과 대치하면서 그것과 심하게 부딪치는 경우가 많다.[361] 누니바크 에스키모족의 사내아이는 대략 여덟 살의 나이에 그의 삶에서 급작스럽고 깊은 단절을 겪는다. 사람들은 엄마에게서 그를 떼어낸다. 더 정확히 말하자면 빼앗는다. 그리고 그를 남자들의 의식이 거행되는 집에 숨겨놓고 거기서 남자로 키우기 시작한다.[362]

주(註)

책을 펴내며

1) E. S. Morgan, "The Puritans and Sex," *American Vistas,* 1607~1877, ed. L. Dinnerstein/K. T. Jackson, New York, 1987, p. 21에서 재인용.

2) '문명'이라는 개념의 발생에 대해서는 L. Febvre, *Das Gewissen des Historikers,* Berlin, 1988, p. 39ff 참조.

3) 물론 최근 10년간 감정통제의 진화과정이 어느 정도 진행되었음은 틀림없는 사실이다. 당시 파이어아벤트가 내 책 『꿈의 시간』(*Traumzeit*)에 관해 이 정도로까지 학문적 반응을 보일 수 있었던 것으로 보아 그 사실을 확인할 수 있다. "학술적인 설치류 동물들은 그것을 나무나 동굴 등 안전한 그들의 은신처로 도망쳐 사고의 쓰레기를 작가에게 퍼붓는 계기로 삼는다. 그들은 작가가 자신들의 은신처로 들어오는 것을 허용하지 않는다"(P. Feyerabend, *Erkenntnis für freie Menschen,* Frankfurt/M., 1980, p. 158).

4) N. Elias, *Über den Prozeß der Zivilisation,* Bd. II, Basel, 1939, p. 347.

5) N. Elias/W. Lepenies, *Zwei Reden anläßlich der Verleihung des Theodor W. Adorno-Preises 1977,* Frankfurt/M., 1977, p. 46.

6) 미국인들이 미개한 서부를 보는 관점은 우리 유럽인들이 중세를 보는 관점과 비슷해 보인다. 크론은 이렇게 말한다. "'쾌락을 즐기는 중세 사람들'에 관한 악평은 오늘날 '자연스러운 솔직함'에 대한 학술적 이데올로기와 상응하는 것이다"(R. Krohn, *Der unanständige Bürger,* Kronberg, 1974, p. 44).

엘리아스 역시 특히 지난 세기에 채색된 이미지에 의존하고 있는데, 이 이미지는 "중세의 방종하면서 조야한 언동을 강조하면서 오히려 이 시대의 시민계급이 그들 본래의 예절감각과 결합시킬 수 없었던 억눌린 동경을 과거를 향해 투영하는 것처럼 보인다"(위와 같음). '미개민족'에 관하여 토머스는 일찍이 20세기 초에 뛰어난 통찰력으로 다음과 같이 기술하고 있다.

"어쨌든 미개인들은 통제력이 약하다는 일반적인 견해가 있다. 이러한 견해가 널리 퍼진 데에는 스펜서(Herbert Spencer)의 책임이 크다. 원시인들이 속박을 받지 않는 자유로운 인간이라는 것 역시 잘못된 견해이다. 그것은 원시인들의 통제와 부자유가 우리 자신의 통제력과 다르기 때문에 존재하지 않았다고 추정하는 습관에서 비롯된 것이다. 러벅(John Lubbock) 경은 미개인이 너무나 세밀하고 위압적인 관습에 둘러싸여 있기 때문에 실제로는 세계에서 가장 자유가 없는 존재라는 것을 얼마 전 강조한 바 있다. 이러한 견해에도 불구하고 스펜서와 다른 이들은 미개인들이 자기통제 능력이 없고, 어린아이들처럼 순간적 충동에 사로잡히며, 더 나은 미래를 위해 즉각적인 만족을 미뤄둘 줄 모른다고 주장해왔다. 생선 바구니를 물 속에 빠뜨렸다고 어린 아들을 때려죽인 푸에고 지역 인종(아메리카 인디언의 하위 인종집단 — 옮긴이)에 관해 다윈이 언급한 것과 같은 경우는 가정에서의 우발적인 폭력과 즉각적인 뉘우침이 오늘날 어떤 도시에서도 흔한 현상이라는 사실을 고려하지 않은 채 인용된 것이다. 그리고 오스트레일리아의 흑인들이 끌그물로 물고기를 잡을 때 작은 치어들을 다시 물로 돌려보내지 않는 것은 종을 말살할 정도로 사냥을 하고 숲을 헐벗게 만드는 우리의 행동이 놀랄 만한 개인적인 자제력의 결핍을 보여주고 있다는 사실을 잠시 고려해보지도 않은 채 인용한 것이다"(W. I. Thomas, *Sex and Society*, Chicago, 1907, p. 263f.).

7) Thomas v. Aquin, *Summa theologica*, 144. 3. IV.

8) U. Wikan, "Public Grace and Private Fear: Gaiety, Offense, and Sorcery in Northern Bali," *Ethos*, 1987, p. 362 참조.

9) G. Devereux, "Nachwort," *Die wilde Seele*, ed. H. P. Duerr, Frankfurt/M., 1987, p. 449 참조.

서문. '나체와 수치'에 대한 이론적 항변

1) Hans-Martin Lohmann, *Norddeutscher Rundfunk*, 1988년 3월 31일. 지금까지의 주요 비평에 대한 요약은 E. Guano, *Alcheringa: L'integrazione*

187. 엿보기 좋아하는 사람들이 세례받는 드루시아나를 엿보고 있다. 1250년경.

etno-estetica nell'opera di Hans Peter Duerr, Arezzo, 1989, p. 81ff.
참조.

2) N. Elias, "Die Zivilisierung der Eltern," *'…und wie wohnst Du?'*, ed.
   L. Burkhardt, Berlin, 1980, p. 21.

3) 특별히 불손한 태도가 눈에 띄었던 세 명의 비평가에 대해 간단히 말하고자
   한다. 진보적 경향의 『타게스차이퉁』(*Tageszeitung*)지의 1988년 4월 12일
   자 기사에서 익명의 어떤 게릴라 공격자는 이렇게 주장한다. 성적으로 엿보
   기 좋아하는 사람들이 17세기에 발견되었다는 명제를 내가 "17세기 전에 있
   던 단 하나의 증거를 통해 반박했다. 중세 욕탕에서의 즐겁고 안락하며 자유
   로운 성생활에 대한 명제도 마찬가지로 한 가지 반대 증거만 발견되면 틀림
   없이 사장되어야 할 것이다."『타게스차이퉁』이 이름도 없는 학자로 하여금
   비평을 쓰게 한 것은 그럴 수 있다 쳐도 중세 후기의 엿보기를 즐기는 사람
   들을 그린 네 장의 그림을 볼 수 없는 시각장애인에 대해 언급한 것은 좀 지
   나치다고 생각한다. 어쨌든 엿보는 장면은 중세에 매우 애용되었던 소재이
   다. 예컨대 중세의 필사본에 있는 이런 종류의 수많은 방주를 생각해보면 될

것이다. P. Verdier, "Women in the Marginalia of Gothic Manuscripts and Related Works," *The Role of Woman in the Middle Ages*, ed. R. T. Morewedge, Albany, 1975, p. 132, p. 153 참조.

오늘날 엘리아스를 변호하기 위한 소명을 받았다고 느끼는 많은 멍청한 사람들과 엘리아스 사이의 엄청난 수준 차이를 루츠키(Michael Rutschky)가 아주 명확하게 보여주고 있다. 그는 1988년 5월 14일자 『바이에른 방송』(*Bayerischen Rundfunk*)에 기고한 어리석고 뻔뻔스런 비평에서——그 비평으로 그는 명백히 가문의 전통을 이어가고 있다(K. Rutschky, "Urlaub vom Ich: Hans Peter Duerr als Reiseleiter," *Merkur*, 1986 참조)——이렇게 말한다. 우리는 문명화 과정을 "현재 이곳의 모든 어린아이에게서 관찰할 수 있다." 그리고 이런 과정이 "그렇기 때문에(!) 그 역사 속의 집단에서 전개되었음이 분명하다."

엘리아스가 이미 반세기도 전에 '정신발생학적인 기본규칙'을——이것은 대부분 진화이론가들의 고정 레퍼토리에 속한다(H.-J. Hildebrandt, "Classical Evolutionism: A Reinterpretation," *Research 3*, 1985, p. 25 참조. 비판에 대해서는 A. Giddens, *Die Konstitution der Gesellschaft*, Frankfurt/M., 1988, p. 295 참조)——공고히 하기 위한 역사적 증거들을 찾고 있었던 반면 루츠키는 근시안적으로 역사적인 문명화 과정이 모든 개체발생에서 이루어진다는 사실을 통해 증명할 수 있다고 생각했다!

『타게스차이퉁』지의 비평과 루츠키는 적어도 논증을 하고 있다는 인상이라도 주려고 시도했지만 다른 많은 비평가들은 처음부터 이런 인상을 불러일으키기를 포기하였다. 예를 들어 아직도 입에 게거품을 물고 짖어대는 프라이(Jörgen Frey)가 1988년 7월 26일자 『바덴 신문』(*Badischen Zeitung*)에서 했던 것처럼.

4) H. Kuzmics, "Zeitdruck und Individualisierung als Probleme der Moderne: berlegungen zu den neueren Beiträgen von N. Elias und zu H. P. Duerrs Elias-Kritik," *Österreichische Zeitschrift für Soziologie*, 1988, p. 88.

5) N. Elias, "Was ich unter Zivilisation verstehe: Antwort auf Hans Peter Duerr," *Die Zeit*, 1988년 6월 17일. 블로메르트(R. Blomert)도 *Psyche und Zivilisation*, Münster, 1989, p. 1에서 비슷한 의견을 보이고 있다.

6) H. P. Duerr, *Der Mythos vom Zivilisationsprozeß*, Bd. I: *Nacktheit und Scham*, Frankfurt/M., 1988, p. 9f. 외 참조.

7) N. Elias, *Über den Prozeß der Zivilisation*, Bd. I, Basel, 1939, p. XIIf.

8) N. Elias, "Soziologie als Sittengeschichte," *Psychologie heute*, 1978년 2월, p. 34.

9) N. Elias, "Was ich unter Zivilisation verstehe: Antwort auf Hans Peter Duerr," *Die Zeit*, 1988년 6월 17일. 마우러(M. Maurer)도 "Der Prozeß der Zivilisation: Bemerkungen eines Historikers zur Kritik des Ethnologen Hans Peter Duerr an der Theorie des Soziologen Norbert Elias," *Geschichte in Wissenschaft und Unterricht*, 1989, p. 227에서 비슷한 의견을 보이고 있다.

10) N. Elias, "Fernsehinterview," *Südwestfunk* 3, 1988년 6월 13일, p. 37.

11) H. P. Duerr, "Der Zivilisationsprozeß: Ein Mythos?," *Psychologie heute*, 1988년 4월, p. 30 참조.

12) 예컨대 1974년 바제도(Johann Bernhard Basedow, 1723~90: 교육에 상당한 영향력을 발휘한 독일의 교육개혁가―옮긴이)는 이렇게 기술했다. "인간이 사교적 모임과 국가기관에서 취하게 되는 이점들은 명백하다. 우리가 무엇인가 도와줄 수 있다면 완전히 아니면 반쯤 미개상태에 있는 사람들을 사교적으로 만들어야 할 책임이 우리에게 있다"(H. Hentze, *Sexualität in der Pädagogik des späten 18. Jahrhunderts*, Frankfurt/M., 1979, p. 48 재인용, 본인 강조).

13) N. Elias, *Über den Prozeß der Zivilisations*, Bd. II, 1939, p. 344.

14) 같은 책, p. 347.

15) G. Bleibtreu-Ehrenberg, Rezension von Hans Peter Duerrs *Nacktheit und Scham*, *Tribus*, 1988, p. 180 참조.

16) N. Elias, "Was ich unter Zivilisation verstehe: Antwort auf Hans Peter Duerr," *Die Zeit*, 1988년 6월 17일. 더 자세한 것은 B. Happe, Rezension von H. P. Duerrs *Nacktheit und Scham, Zeitschrift für Volkskunde*, 1989, p. 119 참조. 그의 서평을 보면 오늘날 비평가들이 학술잡지에 비평하는 것이 얼마나 쉬운 일인지를 알 수 있다.

17) J. Georg-Lauer, "Nackte Scham: Hans Peter Duerrs Buch über den Zivilisationsprozeß," *Neue Zürcher Zeitung*, 1988년 5월 5일.

18) 비트겐슈타인의 '본질주의 비판'(Essentialismuskritik)은 사물들이 하나의 본질을 갖는다는 것을 반박하지 않는다는 사실을 나는 여기서 다시 한 번 강조하고 싶다. 오히려 그것은 본질이라는 특정한 상으로부터 우리를 자유롭게 해주려는 시도이다.

19) 그라이너(U. Greiner)는 "Nackt sind wir alle: Über den sinnlosen

Kampf des Ethnologen Hans Peter Duerr gegen den Soziologen Norbert Elias," *Die Zeit*, 1988년 5월 20일, p. 54에서 내가 엘리아스와는 반대로 존재론에 경도되어 있다고 기술했다. 엄격히 말하면 그의 생각은 난센스이며—나는 철학이 아니라 문화사와 민족학에 '종사'하고 있기 때문이다—맞지 않는다. 왜냐하면 엘리아스도 명백히 과거 사회들을 '우리 시대의' 보편 개념으로 기술했기 때문이다.

20) "인과관계란 일련의 톱니바퀴같이 메커니즘을 통한 두 가지 기계의 결합이다"라는 생각과 비슷하다(L. Wittgenstein, "Zettel," *Schriften*, Bd. V, Frankfurt/M., 1970, Nr. 580).

21) U. Greiner, 앞의 책.

22) A. Kalckhoff, 1988년 6월 27일자 편지; Claudia Opitz, *SWF*, 1988년 8월 21일자 참조.

23) G. Baumann, "Questionable Propriety: Duerr's *Nacktheit und Scham,*" *Times Literary Supplement*, 1989년 1월 6일, p. 18. 내가 바우만의 논증을 제대로 이해했는지 자신이 없다. 오해했다면 저자에게 양해를 구한다. 비평에 관한 토론에 대해서는 Dagfinn Føllesdal과 Axel Honneth에게 감사한다.

24) M. Müller, *Einleitung in die vergleichende Religionswissenschaft*, Straßburg, 1876, p. 14.

25) "토착민들은 오로지 이국적인 시각 속에서만 그들이 실제로 어떤지 보여질 수 있다"(J. A. Benardete, *Infinity: An Essay in Metaphysics*, Oxford, 1964, p. 176). A. Strauss, *Spiegel und Masken*, Frankfurt/M., 1968, p. 17f. 참조.

26) J. Georg-Lauer, 앞의 책; M. Mauer, 앞의 책 p. 235 참조.

27) A. Kalckhoff, 앞의 책.

28) 이런 의미에서 나는 초기 구석기 시대에 대한 비교해석을 반대했던 르루아구랑(Leroi-Gourhan)이 자신도 의식하지 못한 채 암시적으로 스스로 그런 비교를 실시했다는 것을 다른 대목에서 보여주고자 했다. H. P. Duerr, *Sedna oder Die Liebe zum Leben*, Frankfurt/M., 1984, p. 322f. 참조.

29) M. Maurer, 앞의 책; T. Bargatzky, "Traumzeit, Ethnologie und die 'Reise um die Welt'," *Der gläserne Zaun*, ed. R. Gehlen/B. Wolf, Frankfurt/M., 1983, p. 131 참조.

30) 이미 다른 대목에서 충분히 다루었기 때문에 이 점에 관해서는 더 자세히 언급하지 않겠다. H. P. Duerr, "In der Rocktasche eines Riesen:

Erwiderung auf Ulrich Greiners Polemik: 'Ist die Theorie vom Prozeß der Zivilisation erledigt?" *Die Zeit*, 1988년 5월 27일. p. 50 참조. 마우러(M. Maurer)는 앞의 책, p. 238에서 '사전지식이 없는 내 방법론'의 전형적인 예로 '수치의 보편성에 관한 명제'의 근거로 삼기 위해 사용한 그림의 해석방법을 들고 있다. 그의 생각은 이렇다. 첫째, 1525년에 그려진 도이치(Niklaus Manuel Deutsch)의 그림을 보고 매달려 있는 수도승에게 굴욕감을 주기 위해 어떤 촌부가 그의 승복 밑을 들여다보고 있다고 해석한 것은 "상상력은 풍부하지만 원근법적으로 볼 때 가능하지 않다. 특히 해석자는 촌부와 나란히 있는 인물, 즉 매달려 있는 수도승 가까이 서 있는 남자를 간과했다. 그는 촌부와 같은 머리 자세를 취하고 있지만 그에게 본다는 것의 동기부여를 하기는 힘들 것이다. 왜냐하면 그의 위치는 아주 다르기 때문이다!" 나는 독자 스스로 촌부가 수도승의 승복 밑을 들여다보는 것이 '원근

188. 도이치(Niklaus Manuel Deutsch)의 펜화, 1525.

법적으로 불가능한지'를 판단할 수 있도록 문제가 된 그 그림을 여기 다시
한 번 수록한다(그림 188). 또한 나는 절대로 수도승 가까이 있는 남자를
'간과하지' 않았다. 그는 매달려 있는 수도사의 얼굴을 쳐다보고 있는 것이
다. 그것으로 문제는 해결되었다. 마우러의 주장에 의하면 내가 이 그림을
해석하듯이 다른 그림들도 전체 맥락을 고려하지 않고 '풍부한 상상력으로'
해석했다는 것이다. 그러나 이렇게 비평한 그 자신이 이 그림의 전체 맥락을
모르는 것 같아 그것을 여기에 기재하겠다. 종교개혁적 화가이자 작가인 도
이치는 그의 연극 「면죄부 상인」(Der Aplasskremer) 중 한 장면을 설명하
기 위해 이 그림을 그렸다. 연극의 내용은 이렇다.

면죄부 상인인 힌더리스트(Rychardus Hinderlist)는 자신을 '사랑하는 여
자'를 찾기 위해 시골로 간다. 도시에서는 만나지 못했기 때문이다. 그러나
촌부들은 그를 잡아서 굴욕감을 느낄 정도로 고문하고 조롱한다(P. Zinsli,
"Nicklaus Manuel als Schriftsteller," *Archiv des Historischen Vereins
des Kantons Bern*, 1980, p. 116f. 참조). 시골에 사는 여자들이 때때로
남자들의 바지를 벗기고 성기를 노출시켜 장난을 침으로써 남자들에게 치욕
감을 느끼게 했다는 것은 잘 알려진 사실이다. H. P. Duerr, *Traumzeit,*

189. 도이치의 「죽음과 소녀」, 1517.

Frankfurt/M., 1978, p. 47f. 참조.

그 밖에도 도이치는 1517년 판넬화 「죽음과 소녀」같이 외설적인 장면을 그리기도 했는데 이 그림에서는 죽음이 한 소녀에게 키스를 하면서 동시에 그녀의 사타구니를 만지고 있다(그림 189).

둘째, 마우러는 이렇게 주장한다. '사드의 작품에 대한 삽화의 인용'은 '곤혹스런 실책'이다. 왜냐하면 사드(Sade, 1740~1814: 프랑스의 작가로 '사디즘'이란 용어를 낳은 성애문학의 시조—옮긴이)의 작품에 대한 여러 다른 삽화들을 비교해보면 "물리적인 법칙의 위반이 곧 작가의 의도이며 그래서 여기서 증명된다고 하는 바로 그 사실이('교수형을 통한 사정') 그렇기 때문에 증명될 수 없다는 것을 명백하게"(Maurer, 앞의 책, p. 238) 보여주기

190. 보렐(Antonio Borel), 사드의 『쥐스틴』(*Justine*)에 대한 삽화, 1790.

때문이다. 사드의 작품에 대한 보렐(Antione Borel)의 다른 삽화들을 살펴보면(D. M. Klinger, *Erotische Kunst in Europa 1500~1935*, Bd. Ia, Nürnberg, 1983, p. 80f. 참조) 그의 동판화에서는 다음과 같은 방법들이 묘사되고 있음을 알 수 있다.

변태 성도착증, 손에 의한 자위 행위, 동성 또는 이성간의 구강 성교, 쿤닐링구스, 항문 성교, 정상 성교, 대용남근으로 하는 성교, 여성의 서서 소변보기 및 다양한 형태의 그룹 섹스 등(그림 190). 마우러가 이런 방법을 '물

리적인 법칙의 위반'으로 본다면 물질은 그에게 상당히 새로운 것인가 보다. 그러나 여기서 훨씬 더 중요한 것은 마우러가 나에게 '곤혹스런 실책'의 책임을 넘기기 전에 그 그림과 관계되는 텍스트를 먼저 살펴보아야 했다는 것이다. 텍스트에는 다음과 같이 적혀 있다. "쥐스틴(Justine)은 그의 손을 묶고 밧줄을 목에 감았다. 곧 롤랑(Roland)의 음경이 발기했다. 그는 쥐스틴에게 지지대를 치우라는 신호를 보냈다. 롤랑의 얼굴에 환희의 표정이 나났으며 곧 많은 정자들이 천장을 향해 뿌려졌다"(D.-A.-F. de Sade, *Justine oder Die Leiden der Tugend*, Nördlingen, 1987, p. 411).

셋째, 마우러는 제1권의 그림 221에 대해 "19세기에 그려진, 카를 5세의 안트베르펜 입성에 관한 그림이 16세기의 풍습을 이해하기 위한 그림자료로 인용될 수 없다"(Maurer, 앞의 책, p. 238)고 말한다. 그렇긴 하지만 그것도 나의 의도는 아니었다! 실제로 나는 과거의 많은 화가들이 중세와 근세 초기에 대한 잘못된 이미지로 얼마나 우리를 미혹시켰는지를 보여주기 위해 19세기의 그림들과 마찬가지로 이 그림들을 수록한 것이다.

넷째, 마우러는 제1권의 그림 210(「하녀와 젊은 주인」)이 "어린아이의 성기 부위를 자극하는 것에 관한 민속학적인 예로는 대단히 부적합하다"고 말한다. 마우러가 조금이라도 공정한 태도를 보였다면 내가 이 그림에서 독자들에게 무엇을 말하려 했는지를 숨기지 않았을 것이다. 내가 이 그림에서 설명하고자 한 것은 전통사회에서의 어린이의 성기 자극이 아니라 다음 문장이었다. "그 시대, 즉 19세기에는 보모들이 주인집 큰아들을 만족시키는 일이 자주 있었다. 물론 아들의 울음을 멈추기 위해서가 아니라 그의 정욕을 진정시키기 위해서였다"(H. P. Duerr, 1988, p. 417).

역사학자 마우러가 자신이 쓴 기사에서처럼 자신이 마치 학문적 객관성의 수호자인 양 잘난 척하려면, 적어도 다른 사람을 비난하는 그 수준 정도는 유지할 수 있어야 하지 않을까.

31) N. Elias, "Fernsehinterview," *Südwestfunk 3*, 1988년 6월 13일, p. 38.

32) J. Georg-Lauer, 앞의 책; 로만(H.-M. Lohmann)은 "Rezension von H. P. Duerrs *Nacktheit und Scham*," *Luzifer Amor* 2, 1988, p. 154에서 이렇게 주장한다. "'문명화된' 20세기 후반의 인간들이 근세 초기의 인간과 '본질적으로' 같다고 주장하는 것은 어리석은 짓이다." 엄격히 말하면 그런 주장은 어리석은 것이 아니라 유사어 반복이다. 변하는 것은 표현된 말의 의미대로 비본질적인 규정이기 때문이다.

33) 그 예로는 K. P. Liessmann, "Schamzeit: Die Grenze zwischen Anekdote und Theorie. Über die Kontroverse des Ethonologen Hans

426

Peter Duerr mit dem Zivilisationstheoretiker Norbert Elias," *Falter*, 1988년 7월 14일, p. 12가 있다. H. Boehncke는 어느 졸렬한 비평에서 (*Frankfurter Rundschau*, 1988년 10월 1일) 태연스럽게 나를 비방하고 있다. 그는 중세 후기의 대도시에서 일부 젊은이들 사이에 퍼졌던 도발적인 유행에 관하여 인간들이 '본래' 수치를 느끼는 것이기 때문에 이런 유행은 전혀 존재할 수 없다고 내가 주장해야 했다고 말한다.

34) 모든 삶의 영역에서 충동통제가 올라갔다거나 내려갔다고 일반적으로 말할 수 없다는 부르크(Peter Burk)의 항변(1989년 10월 16일에 구두 전달)에 나는 전적으로 동의한다.

35) H. P. Duerr, 앞의 책, 1988, p. 158ff. 참조. 엘리아스의 많은 추종자들이 현대 이전의 사회들은 모두 비슷한 정도로 충동통제를 소유했다고 주장함으로써 이런 새로운 행동기준을 정당화하려 했다는 내 추측이 틀리지 않을 것이다. 이것은 많은 비평가들이 왜 그렇게 분노했는지를 설명해줄 수 있을 것이다.

36) A. Bolaffi, "Selvaggi siamo noi," *L'Espresso*, 1988년 9월 11일, p. 116 참조. 이것은 물론 내가──I. P. Culianu, "Naked Is Shameful: On Duerr's *Nacktheit und Scham,*" *History of Religions*, 1990, p. 421f.의 주장처럼── '통제의 증가'라는 엘리아스의 명제에 반대해 일반적인 '감소 이론'을 주장하려는 것이 아니다. 다시 말해 엘리아스의 진화이론을 단순히 뒤집으려는 것이 아니다. H. P. Duerr, 앞의 책, 1988, p. 12 참조.

37) H. P. Duerr, 앞의 책, 1988, p. 341, 주 19) 참조. 내가 아는 한 이 사실을 알고 있던 유일한 비평가들은 T. Schmid, "Geschichte ohne Fortschritt? Hans Peter Duerrs erster Angriff auf den Mythos vom Zivili- ationsprozeß," *Süddeutsche Zeitung*, 1988년 9월 3일, p. 137; R. Jütte, "Der anstößige Körper: Anmerkungen zu einer Semiotik der Nacktheit," *Ms.*, 1989, p. 4; K. P. Liessmann, 앞의 책; G. Baumann, 앞의 책; H. Kuzmics, 앞의 책, p. 86이다. 엘리아스가 근본적으로 19세기에 잘 들어맞는 진화이론을 전개시켰다는 것은 다른 해석자들이 확인시켜 주었다. "이 모델은 삽화적인 역사적 자료의 풍부함이 신뢰하도록 만드는 것보다 형식주의적이며, 진부한 진화론자의 이론에 훨씬 더 가깝다" (A. Honneth/H. Joas, *Social Action and Human Nature*, Cambridge, 1988, p. 125).

38) M. Maurer, 앞의 책, p. 234. 그는 내가 "수치란 인간이 타고난 것이다"라는 명제를 '본질적으로' 증명하려 했다고 주장한다. 이것은 근거없는 주장일

뿐 마우러는 그에 대한 어떤 자료도 인용하지 못하고 있다. 호프만(D. Hoff-
mann)도 "Der nackte Mensch," *Kritische Berichte* 3, 1989, p. 21에서
비슷한 의견을 제시하고 있다.

39) H. P. Duerr, 앞의 책, 1988, p. 10ff., 341 참조.

40) 같은 책, p. 341, 주석 15.

41) M. Mitterauer, "Familie und Arbeitsorganisation in städtischen
Gesellschaften des späten Mittelalters und der frühen Neuzeit," *Haus
und Familie in der spätmittelalterlichen Stadt*, ed. A. Haverkamp,
Köln, 1984, p. 25ff. 더 자세한 내용은 M. C. Howell, "Citizenship and
Gender: Women's Political Status in Northern Medieval Cities," *Women
and Power in the Middle Ages*, ed. M. Erler/M. Kowaleski, Athens,
1988, p. 53 참조.

42) J. Le Goff, "Der Mensch des Mittelalters," *Der Mensch des Mittelalters*,
ed. J. Le Goff, Frankfurt/M., 1989, p. 25. 시골과는 반대로 도시의 가
정들은 일반적으로 소규모이며 적어도 중류층과 하류층에서는 이미 그 구조
가 취약했다(J. Rossiaud, "Der Städter," *Der Mensch des Mittelalters*,
ed. J. Le Goff, Frankfurt/M., 1989, p. 57).

43) A. Black, *Guilds and Civil Society in Europe and Political Thought
from the Twelfth Century to the Present*, London, 1984, p. 57 참조.

44) 중세 후기의 수공업자들은 아들이 가업을 이어받는 것을 거의 기대할 수 없
었기 때문에 다른 지역의 직인들을 집으로 데려오는 일이 점점 잦아졌으며
(M. Mitterauer, 앞의 책 참조), 그들의 행동은 동업조합에 의해 통제되었
다. 1483년부터 14개 라인 중부 도시의 재단사들은 일 년에 두 번 "고객과
집안 내에서 부인이나 아이, 하녀에게 불경스럽거나 불성실하게 대했는지를"
조사받았다. 만약 그런 일이 있다면 당사자는 취업을 금지당했다. 더 나아가
조합은 모든 직인들이 작업 중에 단정치 못한 옷차림으로 부인이나 아가씨,
아이들 앞에 나타나지 말 것을 규정했다. F. Göttmann, *Handwerk und
Bündnispolitik*, Wiesbaden, 1977, p. 149, 151, 157 참조. 14세기 도르
트문트 의회 규약에는 한집에 사는 하인이 집주인의 아내나 딸 또는 하녀와
'동침하거나 그들을 강간하면' 목숨을 잃게 될 것이라고 적혀 있다. E.
Maschke, "Die Familie in der deutschen Stadt des späten Mittelalters,"
*Sitzungsberichte der Heidelberger Akademie der Wissenschaften,
Philos.-hist. Kl.*, 1980, p. 49 참조. 이로 미루어 직인이 여자 가족 일원에
게 성폭력을 가하는 일이 드물지 않았던 것으로 보인다. 예컨대 1518년 콘

428

라트 리버란 사람이 빌링엔에서 복수를 포기한다는 서약편지를 쓴 것을 보면 다음과 같은 사실을 알 수 있다. 콘라트 리버는 성 수난일 밤에 주인여자와 딸들을 강간하기 위해 상점을 통해 '잠긴 그들의 침실로' 기어 들어갔다. 그는 우선 잠자고 있는 딸들 가운데 한 명에게 다가갔다. "그녀를 강간하겠다는 생각과 의도를 가졌지만 그녀가 큰 소리를 질러 옆방에 있는 하인을 깨웠다. 하인의 도움으로 그녀는 자신의 처녀성을 지킬 수 있었다"(R. Maier, *Das Strafrecht der Stadt Villingen*, Freiburg, 1913, p. 43).

45) S. Sieber, "Nachbarschaften, Gilden, Zünfte und ihre Feste," *Archiv für Kulturgeschichte*, 1914, p. 465f. 참조.

46) G. Geiger, *Die Reichsstadt Ulm vor der Reformation*, Ulm, 1971, p. 176 참조.

47) 이 점에 대해서는 P. Laslett, "The Face to Face Society," *Philosophy, Politics and Society*, ed. P. Laslett, Oxford, 1956, p. 164 참조.

48) 무헴블레트(R. Muchembled)는 *Kultur des Volks—Kultur der Eliten*, Stuttgart, 1982, p. 40에서 비슷한 의견을 보여주고 있다.

49) 이 점에 대해서는 W. J. Bouwsma, "Anxiety and the Formation of Early Modern Culture," *After the Reformation*, ed. B. C. Malament, Manchester, 1980, p. 226f. 참조.

50) 이른바 '책임의 문화'보다 '수치의 문화'에서 규범들이 덜 내면화되었으며, 현재도 그러한지는 이 연작의 마지막 권인 제4권에서 다루겠다.

51) T. Wolpers, "Bürgerliches bei Chaucer," *Über Bürger, Stadt und städtische Literatur im Spätmittelalter*, ed. J. Fleckenstein/K. Stackmann, Göttingen, 1980, p. 232 참조.

52) J. Rossiaud, 앞의 책, p. 156에서 재인용.

53) G. Wunder, "Unterschichten der Reichsstadt Hall," *Gesellschaftliche Unterschichten in den südwestdeutschen Städten*, ed. E. Maschke/J. Sydow, Stuttgart, 1967, p. 109ff.; K. Schulz, "Die Handwerksgesellen," *Unterwegssein im Spätmittelalter*, ed. P. Moraw, Berlin, 1985, p. 73f. 참조.

54) E. Maschke, "Deutsche Städte am Ausgang des Mittelalters," *Die Stadt am Ausgang des Mittelalters*, ed. W. Rausch, Linz, 1974, p. 6f.; E. Pitz, "Wirtschaftliche und soziale Probleme der gewerblichen Entwicklung im 15./16. Jahrhundert nach hansisch-niederdeutschen Quellen," *Die Stadt des Mittelalters*, Bd. III, ed. G. Haase, Darmstadt,

1973, p. 160 참조.

55) H. Kühnel, "Das Alltagsleben im Hause der spätmittelalterlichen Stadt," *Haus und Familie in der spätmittelalterlichen Stadt,* ed. A. Haverkamp, Köln, 1984, p. 58.

56) M. Mitterauer, 앞의 책, p. 10 참조. 더 자세한 내용은 H. Boockmann, *Die Stadt im späten Mittelalter,* München, 1986, p. 49를 참조할 것. 1429년 프라하에서는 평균 한 집에 1과 1/2 가족이 살았다. R. Sprandel, *Verfassung und Gesellschaft im Mittelalter,* Paderborn, 1975, p. 171f.; U. Dirlmeier, *Untersuchungen zu Einkommensverhältnissen und Lebenshaltungskosten in oberdeutschen Städten des Spätmittelalters,* Heidelberg, 1978, p. 241ff.; B. Kirchgässner, *Wirtschaft und Bevölkerung der Reichsstadt Eßlingen im Spätmittelalter,* Eßlingen, 1964, p. 157 참조.

57) H. Stoob, "Stadtformen und städtisches Leben im späten Mittelalter," *Die Stadt,* ed. H. Stoob, Köln, 1985, p. 156 참조.

58) P. Wolff, *Automne du Moyen Age ou printemps des temps nouveaux?,* Paris, 1986, p. 30f.; H. Winkel, "Der schwarze Tod: Folgen für Stadt und Land," *Die alte Stadt,* 1989, p. 384f.; H.-P. Becht, "Medizinische Implikationen der historischen Pestforschung am Beispiel des 'Schwarzen Todes' von 1347/51," *Stadt und Gesundheitspflege,* ed. B. Kirchgässner/J. Sydow, Sigmaringen, 1982, p. 87 참조.

59) G. Grupe, "Bevölkerungsentwicklung im Mittelalter," *Zusammenhänge, Einflüsse, Wirkungen,* ed. J. O. Fichte et al., Berlin, 1986, p. 111, 115; M. Vovelle, *La mort et l'occident,* Paris, 1983, p. 93 참조.

60) F. Barker/P. Jackson, London, *London,* 1974, p. 27; M. Girouard, *Die Stadt,* Frankfurt/M., 1987, p. 74 참조.

61) P. Gabrielsson, "Die Zeit der Hanse 1300~1517," *Hamburg,* Bd. I, ed. W. Jochmann/H.-D. Loose, Hamburg, 1982, p. 110 참조. 뤼벡에서도 이와 비슷하다. A. v. Brandt, "Lübeck und die Lübecker vor 600 Jahren," *Zeitschrift des Vereins für Lübeckische Geschichte und Altertumkunde,* 1978, p. 17 참조.

62) P. Braunstein, "Die französische Wirtschaft am Ende des Mittelalters,"

Europa 1400, ed. F. Seibt/W. Eberhard, Stuttgart, 1984, p. 203. 다른 지역에서도 마찬가지였다. 그 예에 관해서는 W. Blockmans, "Niederlande vor und nach 1400," *Europa 1400*, ed. F. Seibt/W. Eberhard, Stuttgart, 1984, p. 117f.; R. Lomas, "The Black Death in Country Durham," *Journal of Medieval History*, 1989, p. 129f. 참조.

63) J. Ruffié/J.-C. Sournia, *Die Seuchen in der Geschichte der Menschheit*, Stuttgart, 1987, p. 39. 옷과 낭비, 사치에 관한 규정은 페스트가 지나고 난 후에야 공포되었다. N. Bulst, "Zum Problem städtischer und territorialer Kleider-, Aufwands und Luxusgesetzgebung in Deutschland(13.-Mitte 16. Jh.)," *Renaissance du pouvoir législatif et génèse de l'état*, ed. A. Gouran/A. Rigaudière, Montpellier, 1988, p. 35, 39f. 참조.

64) H. Reincke, "Bevölkerungsprobleme der Hansestädte," *Die Stadt des Mittelalters*, Bd. III, ed. C. Haase, Darmstadt, 1973, p. 265ff. 참조.

65) R. Sprandel, *Mentalitäten und Systeme*, Stuttgart, 1972, p. 163 참조. 세 번의 결혼을 통해 36명의 자녀를 두었던 함부르크 시장의 자손들은 부계 쪽으로 보면 손자 세대에 이미 대가 끊어졌다. H. Reincke, 앞의 책, p. 266 참조.

66) 이것에 관해서는 제4권에서 상술하려고 한다. 여기서는 이 정도만 언급하겠다. 즉 전통적인 민속종교에 반대하는, 신앙심의 '내면화' 경향, 즉 '신앙의 발견'이라 부를 수 있는 경향(이에 관해서는 H. Biezais, "Religion des Volkes und Religion der Gelehrten," *Der Wissenschaftler und das Irrationale*, Bd. I, ed. H. P. Duerr, Frankfurt/M., 1981, p. 565f. 참조)은 늦어도 14세기에 두드러지게 나타났으며, 종교개혁에서 정점을 이루었던 경향과 완전히 부합된다.

67) R. Braun, *Das ausgehende Ancien Régime in der Schweiz*, Göttingen, 1984, p. 145.

68) H.-C. Rublack, *Eine bürgerliche Reformation: Nördlingen*, Gütersloh, 1982, p. 52f. 참조.

69) 그래서 중세가 시작된 이후 무거운 음란죄에 대한 처벌은 오히려 약화되었다고 할 수 있지만 간통, 매춘 알선 등과 같은 가벼운 불법행위에 대한 처벌은 강화되었다. 그것은 틀림없이 결혼관계를 강화시키려는 종교개혁적인 노력과 관계가 있다. A. Felber, *Unzucht und Kindsmord in der Rechtsprechung der freien Reichsstadt Nördlingen vom 15. bis 19.*

Jahrhundert, Bonn, 1961, p. 109f. 참조. 이런 맥락에서 많은 비평가들의
비난(그 예에 관해서는 G. Pallaver, "Der Streit um die Scham: Zu Hans
Peter Duerrs Demontage des 'Zivilisationsprozesses'," *Sturzflüge*, 1989
년 8월, p. 77f. 참조), 즉 금지를 했다는 것은 금지되는 것이 그 전에 존재
함을 의미한다는 것을 내가 잊었다는 비난은 전혀 이해할 수 없다. 물론 금
지된 행동은 항상 존재했다. 그렇다고 해서 금지된 행동이 일반적으로 인정되
었다는 것을 의미하지는 않는다!

70) A. Schreier-Hornung, *Spielleute, Fahrende, Außenseiter*, Göppingen,
1981, p. 167, 177 역시 참조.

1. '남자 조산술'과 여자 의대생 반대 논쟁

1) L. C. Scheffey, "The Earlier History and the Translation Period of
Obstetrics and Gynecology in Philadelphia," *Annals of Medical
History*, 1940, p. 215.

2) H. Speert, *Iconographia Gyniatrica*, Philadelhia, 1973, p. 75.

3) P. Fryer, *Mrs Grundy: Studies in English Prudery*, London, 1963,
p. 169.

4) W. F. Mengert, "The Origin of the Male Midwife," *Annals of Medical
History*, 1932, p. 460f.에서 재인용. "농부가 말이나 암소가 젊은지 확인해
보기 위해 조사해보는 것보다 이 여자들을 더 함부로 다루지는 않는가?"(같
은 책).

5) 같은 책, p. 459f. 블런트의 말은 스멜리가 이렇게 썼던 대목과 관련이 있
다. "1750년 어떤 여자가 자신을 치료해달라고 부탁했다. 나는 그 여자 환
자를 침대를 가로질러 반듯이 눕힌 뒤 그녀의 다리를 학생 두 명이 받치게
했다……."

6) P. Fryer, 앞의 책, p. 168f.

7) 예컨대 18세기 말 울스턴크래프트(Mary Wollstonecraft)는 이렇게 생각했
다. "여성들도 분명히 치료기술을 공부할 수 있을 것이고 간호사뿐 아니라
의사도 될 수 있을 것이다. 그리고 그들에게는 산파술이 자연스럽게 보인다.
산파(midwife)라는 단어가 우리 사전에서 산부인과 의사(accoucheur)라는
말로 대체될 것이고, 전자가 성에 대해 더 섬세하다는 한 가지 증거가 언어

로부터 삭제될 것이라고 예상되기는 하지만 말이다"(S. Gregory, *Letter to Ladies, In Favor of Female Physicians for Their Own Sex*, Boston, 1856, p. 40f.에서 재인용).

1594년 "그런 기술은 남자에게 적합하지 않다"고 말한 로데리고(Roderigo a Castro)의 원칙이 여전히 통용되었다. 블런트가 표현한 것도 마찬가지다. "그러한 남자는 풀을 뽑거나, 주름의 가장자리를 다듬거나, 또는 침대를 정돈하는 것과 같은 일로 모욕을 주어야 한다. 그렇다, 더 심한 모욕을 줘야 한다. 왜냐하면 이와 같이 다른 남자 아내의 성스러운 부분을 다루기 위해 그 남자가 불려오지는 않기 때문이다. 남자 산부인과 의사는 개인, 가정, 국가적인 측면에서 악이다"(H. Speert, 앞의 책, p. 68f.에서 재인용).

17세기와 18세기에는 예의상 결혼한 여자나 과부만이 ― 이미 스스로 아기를 낳았던 그런 사람만이 ― 산파가 될 수 있었다. U. Hakemeyer/G. Keding, "Zum Aufbau der Hebammenschulen in Deutschland im 18. und 19. Jahrhundert," *Zur Geschichte der Gynäkologie und Geburtshilfe*, ed. L. Beck, Heidelberg, 1986, p. 63f. 참조.

8) 제대로 교육받은 산파가 없을 경우 비상시에는 때때로 남자 '치료사'들이 달려왔다. 그러나 그들은 분만 직전 진통이 시작될 때면 그 현장을 떠났다. 예를 들어 1730년 오펜하임에서 스물두 살의 빙에바흐(Margaretha Wingebach)가 첫아이를 낳을 때 다음과 같은 사람들이 그녀를 도왔다. "그 지방의 여자 수령인 부르카르딘, 여자 철 소매상인 한스 프란친과 아브라함, 목수 레온하르트의 아내와 장모, 그리고 이발사 슈미트까지. 그러나 슈미트는 어린아이가 태어났을 때 문 밖으로 뛰쳐나갔다"(O. Zschunke, *Konfession und Alltag in Oppenheim*, Wiesbaden, 1984, p. 146f.).

아샤펜부르거의 보건소 의사 회프너(Franz Hoepfner)는 조산사로서 '극도로 다급한 경우에만' 조산원에 '불려갔다'고 1782년 기술하고 있다(H. Mathy, "Die Gründung des Mainzer Accouchements unter Johann Peter Weidmann im Jahre 1784," *Medizin im alten Mainz*, ed. G. Mann et al., Hildesheim, 1977, p. 119).

9) M. Brander, *The Georgian Gentleman,* Farnborough, 1973, p. 2; G. Rosen, "A Slaughter of Innocents: Aspects of Child Health in the 18th Century City," *Studies in Eighteenth-Century Culture*, ed. R. C. Rosbottom, Bd. V, Madison, 1976, p. 300.

10) C. M. Scholten, "'On the Importance of the Obstetric Art': Changing Customs of Childbirth in America, 1760~1825," *Women's America*,

ed. L. K. Kerber/J. DeH. Matthews, New York, 1982, p. 60 참조.

11) J. B. Donegan, "Man-Midwifery and the Delicacy of the Sexes," *Remember the Ladies*, ed. C. V. R. George, Syracuse, 1975, p. 96; M. Rugoff, *Prudery & Passion*, London, 1972, p. 108 참조. 메그스는 이미 "최초의 여성인 이브가 분만할 때 아담 이외에는 아무도 없었기 때문에 남성의 도움을 받았다"는 점을 지적하면서 남자 산부인과 의사들을 지지했다 (W. F. Mengert, 앞의 책, p. 462).

12) A. D. Wood, "'The Fashionable Diseases': Women's Complaints and Their Treatment in 19th-Century America," *Clio's Consciousness Raised*, ed. M. S. Hartmann/L. Banner, New York, 1974, p. 6, 19 참조. 1814년 행거(George Hanger)는 이렇게 말했다. "관습이 모든 것을 지배하며 허락한다. 그렇지 않다면 어떻게 그토록 예의바르고 정숙한 여자가 6피트 키에 가슴 폭이 2피트나 되는 남자 산부인과 의사에게 임신 기간 내내 자신들을 돌보게 하고 자유를 누리게 할 수 있겠는가⋯⋯?"(M. Brander, 앞의 책에서 재인용).

메그스는 예절 때문에 늙은 부인들만 산파가 되어야 한다는 의견을 주장하고 있으며, 의사들 대부분이 여자들에게 특징적인 타고난 수치감 때문에 어린 여자들이 그런 일을 하는 게 부적합하다는 것을 미국의 국내외에서 확인했다. J. B. Donegan, 앞의 책, p. 97f. 참조. 다른 한편으로는 적지 않은 여성들이 바로 이런 "타고난 섬세함의 빠른 감각과 수치에 대한 보다 강한 의식" 때문에 남성보다 여성이 이 직업에 더 적합하다고 반박한다. B. Welter, *Dimity Convictions*, Athens, 1976, p. 69 참조. 1830년대 보스턴 여성도덕개혁협회(Boston Female Moral Reform Society)는 잘못된 수치를 버리고 여성의 육체에 관한 있는 그대로의 사실과 친숙해지자고 주장했다. N. F. Scott, *The Bonds of Womanhood*, New Haven, 1977, p. 153f 참조.

13) R. M. Jones, "American Doctors and the Parisian Medical World, 1830~1840," *Bulletin for the History of Medicine*, 1973, p. 62에서 재인용.

14) W. F. Mengert, 앞의 책, p. 464 참조.

15) S. Gregory, 앞의 책, p. 8. "의학적 명성에서는 내과의로 하여금 아스쿨레피오스(그리스·로마의 의술의 신─옮긴이)같이 신앙심, 도덕성, 그리고 예의바른 태도에서는 다윗이나 바울과 같은 사람이 되도록 하라. 그리고 인류가 범죄, 수치를 모르고 무화과나무 잎사귀도 필요로 하지 않는 그런 도덕 상태로 되돌아가지 않는 한 그런 항의는 사라지지 않을 것이다"(같은 책, p.

12). 예일(Yale)에서는 "산파(midwife)라고 불리는 직업의 분야가──그 이름이 암시하는 대로 그것은 여성의 직업이다──오로지 남성의 수하에만 있어야 한다는 것이" 그에게는 "오히려 기이해" 보였다 (같은 책, p. 5).

16) 같은 책, p. 6, 26. 여성을 위한 첫번째 의학 강의는 1848년 11월에 시작되었다. 1860년 라이프치히에서 출간된 스티븐스(John Stevens) 박사의 『남자 조산술의 위험과 부도덕성』(*Die Gefahr und Unsittlichkeit der männlichen Geburtshilfe*)은──런던에서 출판된 『남자 조산술에 대한 폭로』(*Man-Midwifery Exposed*)의 번역서로서──유감스럽게도 원격 대출로도 구할 수가 없었다.

17) L. Goodrich, *Thomas Eakins*, Bd. II, Washington, 1982, p. 46 참조. 1890년에 미국 최고 법정은 기차 사고에서 부상 여부를 확인하려는 태평양 철도연합 소속 의사의 진찰을 거부한 여자에게 유리한 판결을 내렸다. 즉 그 여자가 수치감을 고수할 수 있도록 허락하였다. B. M. Hobson, *Uneasy Virtue*, New York, 1987, p. 168 참조.

18) E. Martin, The Woman in the Body, Boston, 1987, p. 54f. 참조. 더 자세한 것에 대해서는 P. Feyerabend, Erkenntnis für freie Menschen, Frankfurt/M., 1980, p. 168 참조.

19) 익명, *Ärztliche Untersuchungen und Scham- und Sittlichkeitsgefühl des weiblichen Geschlechts*, Leipzig, 1894, p. 7, 15. 1902년에 몰(Moll)은 외과의들에게 이렇게 권했다. "침대 시트를 걷지 말고 그 밑에서 검진하고 '젊은 의사들'은 밖으로 내보내라. 그리고 의사가 여환자의 옷을 벗기는 경우 '그럼으로써 여성의 수치감을 손상시킬 수 있으며 이것은 특히 젊은 여자에게는 아주 위험한 결과를 초래할 수도 있다는 것을' 고려해야 한다. 그렇지 않아도 진찰받는 것이 두려워 많은 여성들이 하복부의 통증에 대해 말하지 않는다." A. Moll, *Ärztliche Ethik*, Stuttgart, 1902, p. 198, 600 참조.

20) 같은 책, p. 52. 그 시대에도 병든 여자들은 여자들이 돌보아야 한다는 요구의 목소리가 점점 커졌다. 1900년대 베를린의 사설간호인협회 회장은 여성은 예외의 경우에만 남자 간호인의 간호를 받을 수 있지만 남자들은 보통의 경우에도 여성 간호인의 간호를 받을 수 있어야 한다고 주장했던 어떤 여자 간호사의 기사에 대해 이렇게 답변했다. "저자는 중병에 걸린, 단지 약간의 수치감만 가지고 있는 남자가 불쾌하지 않도록 목욕시킬 수 있다고 생각하는가?" 그리고 "나는 저자가 표현했듯이 '그렇게 예의바르게' 여자를 목욕시키는 그런 상황을 상상할 수가 없다. 〔……〕 예컨대 내가 약간의 의식이라도 남아 있다면 여자 간호원이 환자인 나를, 그것도 내 아내나 어머

니가 보는 데서 발가벗기지는 않을 것이다. 그렇기 때문에 여자는 여자에 의해, 남자는 남자에 의해 돌보아져야 한다(A. Funke, "Zum Thema 'Krankenpflege und Sittlichkeit'," *Deutsche Krankenpflege-Zeitung*, 1900, p. 186f.). 이와 같이 이성간의 가까운 접촉에서 나올 수 있는 문제들은 이미 중세 후기부터 존재했다. 그래서 남자 환자들은 항상 여성에 대해 제멋대로 행동해도 된다고 생각하는 것처럼 보였다. 스트라스부르의 병원 규칙에는 예컨대 환자들이 '여자 간호사들을 무례하게 공격하거나 껴안거나 키스하면 안 된다고' 규정되어 있으며, 나병환자 병원에서는 간호원들의 '가슴을 만지는 것을' 금지했다(J. Hatt, *Une ville du XV siècle: Strasbourg*, Straßburg, 1929, p. 357, 374). 그러한 접촉과 성적인 도발은 오늘날에도 드물지 않게 일어나는 것 같다. 그런 예에 대해서는 R. Bleck, "Krankenschwesternreport I," *Käufliche Träume*, ed. M. T. J. Grimme, Reinbek, 1986, p. 59 참조.

21) 물론 이런 점이 과소평가되어서는 안 된다. 이미 17세기 초에 영국 의사들은 산파를 '여의사'로 교육시키는 것에 반대했다. 1616년 런던의 산파들이 제이콥(Jakob)1세에게 그들이 공식적으로 교육받을 수 있는 기관을 설립해달라는 청원서를 제출했을 때 왕실 의과대학이 그 계획에 반대의견을 표명했다. 1633년 제출된 청원서도 그 의사들 때문에 저지되었다. B. S. Turner, *Medical Power and Social Knowledge*, London, 1987, p. 87 참조.

22) S. Delamont, *Knowledgeable Women*, London, 1989, p. 78 참조.

23) C. Lange-Mehnert, "'Ein Sprung ins absolute Dunkel': Zum Selbstverständnis der ersten Ärztinnen," *Frauenkörper, Medizin, Sexualität*, ed. J. Geyer-Kordesch/A. Kuhn, Düsseldorf, 1986, p. 293.

24) F. Fraser, *The English Gentlewoman*, London, 1987, p. 197f. 참조.

25) 그럼에도 불구하고 강의를 들었다면 그 여성은 예의바른 여성이 될 수 없었을 것이다. A. S. Lyons, "Frauen in der Medizin," *Die Geschichte der Medizin im Spiegel der Kunst*, ed. A. S. Lyons/R. J. Petrucelli, Köln, 1980, p. 565f. 참조. 블랙웰(Elizabeth Blackwell)은 여러 대학에서 의학 수업을 받기 위해 여러 번 시도했지만 소용이 없었다. 그러다 얼마 후 마침내 뉴욕 주 북부에 있는 제네바 의과대학에 들어가게 되었다. 그 대학의 학장은 물론 학생들의 동의까지 구했는데 학생들은 그 모든 것을 학장의 농담으로 여긴 나머지 한 목소리로 동의한다고 말했다. 물론 그들은 곧 여자 학우를 관대하게 받아들였으며 교수가 성기를 다루려 했던 해부학 수업에 그녀를 배제하려고 하자 그녀의 편을 들어주기까지 했다. 그러나 그 지방의 주민

들은 그녀가 학교에 다니는 동안 내내 그녀를 전적으로 무시했다. 같은 책, p. 569 참조.

26) L'Espérance, "Doctors and Women in Nineteenth-Century Society : Sexuality and Role," *Health Care and Popular Medicine in Nineteenth Century England*, ed. Woodward/D. Richards, London, 1977, p. 118 참조.

27) A. Graf-Nold, "Weiblichkeit in Wissenschaft und Wissenschaftspolitik am Beispiel der frühen Kontroverse über das Medizinstudium der Frauen in Zürich 1872," *Ebenso neu als kühn*, ed. K. Belser et al., Zürich, 1988, p. 32 참조. 1753년 브륀(Brünn)의 린츠(Karl Lintz) 의사는 특정한 날 외과 실습의들을 못 들어오게 한 채 해부실습을 통해 산파들에게 여성 성기의 기능에 대해 강의하였다. E. Wondrák, "Die Anfänge der chirurgischen und geburtshilflichen Ausbildung in Mähren," *Festschrift Erna Lesky*, ed. K. Ganzinger et al., Wien, 1981, p. 187 참조.

28) M. Kaufman, "The Admission of Women to 19th-Century American Medical Societies," *Bulletin for the History of Medicine*, 1976, p. 253, 258 참조.

29) R. H. Shryock, "Women in American Medicine," *Medicine in America*, Baltimore, 1966, p. 180 참조.

30) H. Vogt, *Medizinische Karikaturen von 1800 bis zur Gegenwart*, München, 1960, p. 154.

2. 조산원과 검경의 사용

1) 이미 앙시앵 레짐(프랑스 대혁명 전의 절대 왕정 – 옮긴이)하에서 산파인 쿠드레(Coudray) 부인은 그 유명한 '마네킹'(그림 191)을 사용하여 산파들을 교육시키기 위해 프랑스 전역을 돌아다녔다. P. Goubert/D. Roche, *Les Français et L'Ancien Régime*, Bd. II, Paris, 1984, p. 120 참조. 1800년경에는 '실습용 모형'에 붙여놓은 치모를 특히 '예의에 어긋나는' 것으로 여겼던 의사들이 있었다. G. Ritter, *Die Heidelberger Universität*, Bd. I, Heidelberg, 1936, p. 225 참조.

2) S. Preußler, *Hinter verschlossenen Türen*, München, 1985, p. 19 참조.

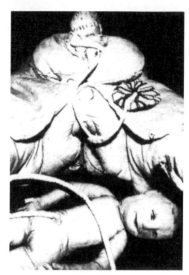

191. '쿠드레 부인의 마네킹', 18세기.

19세기 초 쾰른에서는 그 지역의 조산원 학교장이 관할했던 시설이 있었으며 이 시설에서는 '정숙한' 여성들이— '불법 검진'을 받지 않고도—분만할 수 있었다. 익명성을 유지하기 위하여 그들은 비단 외투와 베일을 착용했다. U. Frevert, *Frauen-Geschichte*, Frankfurt/M., 1986, p. 50f. 참조.

3) O. H. Gawliczek/W. E. Senk/H. Hatzig, *Chronik der Ärzte Mannheims*, Mannheim, 1978, p. 48 참조. 1796년 함부르크의 구빈원이 설립한 분만실은 그 도시의 교도소가 임대한 건물에 자리잡고 있었는데 여기서도 분만은 산파에 의해 이루어졌으며 위급한 경우에만 의사가 담당하였다. M. Lindemann, "Fürsorge für arme Wöchnerinnen in Hamburg um 1800 : Die Beschreibung eines 'Entbindungs-Winkels'," *Gesnerus*, 1982, p. 396 참조.

4) U. Frevert, *Krankheit als politisches Problem 1770~1880*, Göttingen, 1984, p. 80 참조.

5) I. Weber-Kellermann, *Landleben im 19. Jahrhundert*, München 1987, p. 184 참조. 18세기 후반과 19세기 초 그라츠의 조산원에는 미혼모들만 있었으며 이들은 거의 '하녀와 시골 처녀들'뿐이었다. G. Mittelbach, "Aus dem I. Sterberegister des Grazer Zivilspitals (1788~1820) und dem

Geburts- und Taufprotokoll des Gebärhauses," *Blätter für Heimatkunde*, 1971, p. 106f. 참조.

6) W. Kaschuba/C. Lipp, *Dörfliche Überleben*, Tübingen, 1982, p. 401 참조. 이미 18세기에 하노버 주정부는 "수치스럽게 임신한 여성들이 괴팅겐에서 분만할 경우 벌을 주지 말라"고 규정했다. 이런 여성들에게는 교회 규정의 참회도 면제되었으며 그 밖의 다른 혜택이 주어졌다. 그러나 아주 적은 수의 여자만이 조산원으로 들어왔으며 주민들은 조산원에서 일하는 것을 거부했다. W. Kuhn/A. Teichmann/U. Tröhler, "Zur Geschichte der ältesten deutschen Universitätsfrauenklinik," *Armamentarium obstetricium Gottingense*, ed. W. Kuhn/U. Tröhler, Göttingen, 1987, p. 175f. 참조. 여성들이 그런 시설의 이용을 피했던 더 중요한 이유는 가정 분만보다 전염의 위험이 훨씬 많은 기구들을 사용하기 때문이다. M. Chamberlain, *Histoire des guérisseuses*, Monaco, 1983, p. 113f. 참조.

7) S. Preußler, 앞의 책, p. 128, 138 참조. M. Bergmeier, "'Die gute Polizey': Gesundheitsfürsorge, Sauberkeit und Ordnung," *Biedermeiers Glück und Ende*, ed. H. Ottomeyer, München, 1987, p. 85 역시 참조. 나치 시대에는 진통 중인 폴란드와 러시아 출신의 외국 여성 노동자들이 '실물 학습 자료'로 자주 사용되었다. 포메라니아 출신 산파의 보고에 의하면 분만하는 동안 이 여자들은 심하면 25명이나 되는 학생들에 의해 촉진을 당했다고 한다. 즉 "이 여자들은 그런 상황에서 저항할 수 없었기 때문에 어쩔 수 없이 참아냈다"(M. Grabrucker, *Vom Abenteuer der Geburt*, Frankfurt/M., 1989, p. 110f.).

8) H. Mathy, "Die Gründung des Mainzer Accouchements unter Johann Peter Weidmann im Jahre 1784," *Medizine im alten Mainz*, ed. G. Mann et al., Hildesheim, 1977, p. 113에서 재인용. 빈의 고아원과 육아원에서 외과의로 일했던 한 독일 의사는 1786년 파리에 있는 오텔디외(Hôtel-Dieu)의 산부인과 병동에 들어가려 했을 때 행정실로부터 제지를 당했다. 그 이유는 다음과 같다. 즉 여자들은 "여성들 특유의 덕목과 타고난 예의바름 때문에 항상 여자들이 있는 데서만 몸을 노출시키는 분만에 동의할 것이다. 그렇지 않다면 그들은 혐오감 때문에 자신의 몸을 남자들에게 보여주려고 하지 않을 것이다. 야만적이라고 할 수 있는 명예심 때문에 그들은 차라리 태아와 함께 죽으려 할 것이다. 남편들조차도 특별 면담실에서만 아내를 보는 것이 허용되었다"(E. F. Podach, "Geschichtliches zum geburtshilflichen Unterricht," *Sudhoffs Archiv*, 1953, p. 339). 프랑스

출신의 남자 산부인과 의사는 물론 오텔디외에서 교육받았다. 남자 산부인과 의사는 17세기 후반에 와서야 정상 분만을 도울 수 있었다. 낙태수술과 갈고리로 적출하는 것은 그 이전에 허용되었다. H. Fasbender, *Geschichte der Geburtshülfe*, Jena, 1906, p. 146. 모리소(François Mauriceau)는 거기서 분만 과정을 볼 수 있는 기회를 얻었던 최초의 의사였던 것으로 보인다.

9) H. Mathy, 앞의 책, p. 117.

10) C. T. Javert, "James Platt White, a Pioneer in American Obstetrics and Gynecology," *Journal of the History of Medicine*, 1948, p. 495ff. 참조. 그럼에도 불구하고 화이트의 실습은 심한 저항을 불러일으켰으며 마침내 미국 의학협회의 '교육위원회'는 그런 종류의 실습이 전혀 필요하지 않다고 결정했다. 학생들은 책과 그림, 실습 모형('마네킹')을 사용할 수 있었기 때문이다. 또한 여성의 음부는 침대 시트 밑에서도 만질 수 있기 때문에 노출시킬 필요가 없다고 말했다. J. B. Donegan, "Man-Midwifery and the Delicacy of the Sexes," *Remember the Ladies*, ed. C. V. R. George, Syracuse, 1975, p. 103f. 참조.

11) F. P. Murphy, "Obstetrical Training in Vienna One Hundred Years Ago," *Bulletin for the History of Medicine*, 1947, p. 345f. 참조.

12) 익명, *Ärztliche Untersuchungen und Scham- und Sittlichkeitsgefühl des weiblichen Geschlechts*, Leipzig, 1894, p. 50 참조.

13) 이 여자가 누워 있는 자세는 오늘날의 산부인과 의자에 앉아 있는 여자의 자세와 일치했다.

14) C. Lansbury, "Gynaecology, Pornograph, and the Antivivisection Movement," *Victorian Studies*, 1985, p. 415f. 재인용.

15) 같은 책, p. 416 참조. M. J. Peterson, "Dr. Acton's Enemy: Medicine, Sex, and Society in Victorian England," *Victorian Studies*, 1986, p. 575 역시 참조.

16) S. K. Kent, Sex and Suffrage in Britain, 1860~1914, Princeton, 1987, p. 125f.에서 재인용. 젝스블레이크(Sophia Jex-Blake)는 1872년에도 산부인과 의사가 신사라면 여자를 검진하는 것이 별 문제가 없다고 기술했다. 그러나 14년 후 그녀는 자신이 쓴 책의 재판을 내면서 이런 의견을 수정했다. "보다 많은 경험을 한 결과 나는 여성의 성과 관련된 모든 특별한 병은 여성이 담당하는 것이 더 타당하다는 것을 알게 되었음을 솔직히 고백하지 않을 수 없다"(같은 책, p. 128).

17) C. Proskauer, "Development and Use of the Rubber Glove in Surgery and Gynecology," *Journal of the History of Medicine*, 1958, p. 379f. 참조.

18) M. Poovey, "'Scenes of an Indelicate Character' : The Medical 'Treatment' of Victorian Women," *Presentations*, 1986, p. 155 참조.

19) R. Pearsall, *The Worm in the Bud*, Toronto, 1969, p. 426 참조. 많은 의사들의 견해에 따르면 여환자들을 창녀로 격하시킬 수 있었던 다른 수단은 에테르와 클로로포름이었다. 1847년에 『란셋』(*Lancet*)에 발표된 논문에서 영국 의사 스미스(W. Tyler Smith)——나중에 조산협회(Obsterical Society) 설립자 중 한 사람이 되었다——는 '성욕이 때때로 자극받는 것' 때문에 에테르 투입을 경고했다. 스미스는 이렇게 기술했다. "외과적 수술로 인해 무감각해진, 임신하지 않은 여성에게서 색정적인 몸짓이 때때로 발견되었다. 그리고 확장된 소음순을 제거한 어떤 여자의 경우 그녀는 수많은 구경꾼들 앞에서 성적인 오르가슴에 수반되는 행동들을 무의식적으로 행했다. 이 나라의 여성들이 가질 수 있는 그런 종류의 흥분과 외적으로 통제되지 않는 행동을 생각해 보면, 그것은 지독한 극도의 신체적 고통을 견디는 것보다 더 충격적인 일로 여겨진다고 나는 감히 말할 수 있다"(M. Poovey, 앞의 책, p. 142f.에서 재인용).

『란셋』의 보고에 의하면 의학협회는 여환자에 대한 강간죄를 선고받았던 필라델피아 산부인과 의사들을 석방해줄 것을 권고했다고 한다. 환자들이 오로지 마취 중인 성적 환각상태에서 그 일을 겪었다고 추정했기 때문이다. 당시에 많은 의사들은 분만 과정 자체를 일종의 성교로 보았던 것 같다. 스미스는 이렇게 말했다. "여성에게 신체적인 고통은, 그것이 아니었다면 분명 존재했을 성적인 감정을 중화시키는 것이 아닌가? 그러나 그러한 사실은 여성에게 적합한 정숙함과 은밀함에 대한 우리의 평가를 너무 많이 변화시키는 것은 아닌가?"(같은 책, p. 143).

20) J. R. Walkowitz, *Prostitution and Victorian Society*, Cambridge, 1980, p. 56f. 참조. 바르트(Samuel Bard)는 1819년 요도를 통해 방광으로 도뇨관을 삽입하는 것은 침대 시트 밑에서 여자 조무사가 실시할 것을 요구했다. 그보다 2년 전 유얼(Thomas Ewell)은 의사 스스로 그런 처치를 하면 그것이 여자 환자에게 굴욕감을 준다고 확언한 바 있다. J. B. Donegan, 앞의 책, p. 101 참조. 한편 처칠(Fleetwood Churchill)은 검경에 관해 이렇게 말했다. "그것은 더 많은 노출을 요구하며 손가락으로 검진하는 것보다 여성의 민감함을 더 자극한다"(H. Graham, *Eternal Eve*, London, 1960,

p. 259f. 참조).

21) K. Barry, *Sexuelle Versklavung von Frauen*, Berlin, 1983, p. 25f. 참조.

22) 조제핀 버틀러의 주장은 아주 정당하다고 할 수 있다. 1836년에 감옥이나 현(縣)에서 파리의 창녀들이 우연히 옷을 입는 광경을 자주 보았던 어떤 사람은 이렇게 생각했다. "우리가 그들을 보면 그 순간 그들은 팔로 가슴을 가리거나 몸을 가린다"(A. Parent-Duchâtelet, *La Prostitution Paris au XIX siècle*, Paris, 1981, p. 95). 19세기 말 베를린의 한 의사는 그곳 창녀들도 동료들 앞에서 성기 부위를 노출하는 것을 부끄러워했다고 한다. A. Moll, *Ärzltiche Ethik*, Stuttgart, 1902, p. 198f.

23) J. Walkowitz, 앞의 책, p. 130; S. K. Kent, 앞의 책, p. 120. 1868년 조제핀은 여자 친구에게 이렇게 썼다. "오, 만일 여성이 얼마나 많은 것을 참아내야 하는지, 그리고 모든 착한 여성이 이런 면에서 어떤 변화가 오기를 얼마나 간구하는지를 남자들이 안다면 훨씬 좋을 텐데. 어떤 예의바른 남자가, 여성이 남성의 손에 스스로를 내맡기듯, 의학적인 치료를 위해 여성의 손에 스스로를 내맡길 것인가?"(J. L'Espérance, 앞의 책, p. 119).

24) 페미니스트들은 1871년 '산부인과 남자 의사가 점잖지 못하고 괴이한 수업과 실습을' 하는 진짜 이유는 '여성에 대한 굴욕적 성적 학대'와 '여성을 음탕하게 다루는 의학적 육욕'에 있다면서 반대했다. 아니면 『검사관』(*Examiner*)에서 여자 독자가 다음과 같이 표현한 것이 그 진짜 이유라고 말하고 있다. "여성이 체념적으로 자신의 운명을 견뎌낼 수 있게 되기까지 모든 젊은 여성들은 반복적으로 충격을 받는 고통을 겪어야 한다." S. K. Kent, 앞의 책, p. 121f. 참조.

25) R. E. Riegel, "Changing American Attitudes Toward Prostitution (1800~1920)," *Journal for the History of Ideas*, 1968, p. 448 참조. 1910년 뉴욕에서 창녀로 선고받은 여자는 산부인과 검진을 받아야 한다고 규정한 문서 법안이 의결되었을 때, 페미니스트들 사이에서는 분노의 물결이 일어났다. B. M. Hobson, *Uneasy Virtue*, New York, 1987, p. 169 참조.

26) J. R. Walkowitz, 앞의 책, p. 292에서 재인용.

27) C. Huerkamp, *Der Aufstieg der Ärzte im 19. Jahrhundert*, Göttingen, 1985, p. 156 참조. 최근에 나온 산파교재에서도 여성 환자의 체내에 도뇨관을 삽입하는 것에 대한 '나쁜 소문'이 문제가 되고 있다. "왜냐하면 그때 다리를 벌리면서 성기가 보이기 때문이다"(G. Martius, *Hebammenlehrbuch*, Stuttgart, 1983, p. 5).

3. 18세기와 19세기의 산부인과 검진

1) M. Laget, *Naissances*, Paris, 1982, p. 333.

2) H. Möller, *Die kleinbürgerliche Familie im 18. Jahrhundert*, Berlin, 1969, p. 283, 182f.; P. Muller, "Geschichte der Gynäkologie vom 18. Jahrhundert bis zur Gegenwart," *Illustrierte Geschichte der Medicine*, Bd. IV, ed. J.-C. Sournia et al., Salzburg, 1981, p. 1314 참조. 1797년에 의사 크뤼니츠(Johann Georg Krünitz)는 '여자들의 시대에 맞지 않는 수치심' 때문에 산부인과 의사로부터 도움을 받지 못하는 것을 비난했다. 여성들은 '잘 알지 못하는 남자'에게 몸을 맡기느니 차라리 '죽음의 희생물이 되기를' 원했다. A. M. Pachinger, *Die Mutterschaft in der Malerei und Graphik*, München, 1906, p. 106ff. 참조.
친첸도르프(Zinsendorf, 1700~60: 독일 경건주의 운동을 일으킨 종교·사회 개혁자—옮긴이)도 다음과 같이 말했다. "우리 나라에서는 임부들, 출산 중인 산부들, 젖먹이는 여자들은 여자들이 담당하는데 그런 경우 남자와의 경쟁은 금지되어 있다. 그와는 반대로 남자들이 성교 중에 일어난 의료상의 문제로 인해 도움을 받아야 할 경우에는 그들 아내의 도움을 받아 남자들이 처리해야 한다. 그러나 그 밖의 경우에는 어떤 여자도 어떤 이유에서든 남자들을 치료해서는 안 된다"(F. Tanner, *Die Ehe im Pietismus*, Zürich, 1952, p. 235).

3) J. C. G. Jörg, *Über das physiologische und pathologische Leben des Weibes*, Bd. I, Leipzig, 1820, p. 299f.

4) Prof. Lisfranc, *Vorlesungen über die Diagnose und die Behandlung der Krankheiten des Uterus*, Leipzig, 1839, p. 28.

5) H. F. Kilian, *Die Geburtslehre*, Bd. II, 1, 1840, p. 32. 1885년에도 크로바크(Chrobak)는 『여성의 생식기에 관한 연구』(*Untersuchung der weiblichen Genitalien*)에서 이렇게 지시했다. "이런 검진을 실시하기 위해 의사는 발을 약간 벌리고 어떤 대상물에 지지한 채 똑바로 서 있는 환자 앞에 무릎을 꿇을 수 있으며 이 손을 뒤에서부터 질에 삽입한다"(E. Lesky, *Meilensteine der Wiener Medizin*, Wien, 1981, p. 205에서 재인용).
물론 19세기 중반경에 여러 곳에서 환자를 눕혀 놓은 채 하는 내진과 외진이 드물지 않게 실시되었다. 그 예에 관해서는 S. Fekete, "Die Geburtshilfe zur Zeit Semmelweis," *Clio Medica*, 1970, p. 37 참조. 그러나 헝가리에서는 예절 때문에 서 있는 자세를 유지했다(같은 책, p. 41).

6) A. Levret, *L'art des accouchemens*, Paris, 1766, p. 80. 15년 전 요크

출신의 버턴(John Burton) 박사는 무릎 사이에 쿠션을 넣고 옆으로 눕게 한 뒤—여자의 옷을 벗기지 않은 채—뒤에서 검진하는 법을 제안했다. P. Fryer, *Mrs Grundy: Studies in English Prudery*, London, 1963, p. 167 참조. 오늘날에도 영국에서는 여자들이 옷을 입고 허벅지를 붙인 채 옆으로 눕는 자세를 많이 취하고 있다. G. Zwang, *Die Erotik der Frau*, Basel, 1968, p. 22 참조.

7) L. F. Froriep, *Theoretisch-praktisches Handbuch der Geburtshülfe*, Weimar, 1806, p. 272.

8) C. G. Carus, *Lehrbuch der Gynäkologie*, Bd. I, Leipzig, 1828, p. 66. 5년 후 콜(Kohl) 의사의 의견은 이렇다. "몸을 셔츠나 침대 시트로 덮어 놓으면 내 청각기관은 박동소리만을 들을 수 있다"(A. F. Hohl, *Die Geburtshülfliche Exploration*, Bd. I, Halle, 1833, p. 62).

9) Jörg, 앞의 책, p. 301, 304. "그런 경우 엄지손가락의 측면을 생식기에 닿도록 해야 한다. 이렇게 하면 클리토리스를 건드리지 않을 수 있다"(E. C. J. v. Siebold, *Abbildungen aus dem Gesammtgebiete der theoretisch-praktischen Geburtshülfe*, Berlin, 1835, p. 119). 이런 사실을 증명하지 않은 채 페미니스트들은 B. Ehrenreich/D. English, *Zur Krankheit gezwungen*, München, 1976, p. 32에서 남성들이 19세기 여성의 성적 감각을 병적인 것이라고 믿었던 것 같으며 이런 믿음을 확고히 하기 위해 '몇 명의 의사들'은 '매번' 여환자들의 클리토리스와 가슴을 성적으로 자극했다고 주장했다. 이것은 증거가 없는 하나의 가정일 뿐이다. 그런데 그들은 이런 가정으로 빅토리아 시대의 산부인과 의사들이 얼마나 '돼지처럼 무례한 자'였는지가 명백히 드러났다고 말한다.

10) Zwang, 앞의 책, p. 55 참조. 리스프랑 교수(앞의 책, p. 33f.)는 이렇게 보충했다. '의사는 환자 앞에 앉아서 클리토리스를 건드리지 않도록' 노력한다. 그러나 손가락을 직장으로 삽입하는 것이 훨씬 더 나쁘다. "이런 검사는 이전 방식보다 여자들을 훨씬 곤혹스럽게 한다. 여자들은 이런 방식을 특히 혐오한다." J. Amann, *Die gynäkologische Untersuchung*, München, 1861, p. 10에서는 의사는 여환자의 허벅지와 음순을 세심하게 가리고 나서 '가능하다면' 손가락을 질 속으로 삽입해야 하며, 환자가 이것을 거부하면 '직장 검진'으로 만족해야 한다는 반대의견이 있다.

11) J. Amann, 앞의 책, p. 25, 41. 크로바크는 강력하게 이렇게 권고한다. '회음을 건드리거나' 클리토리스를 직접 누르는 것은 피하라. 검진하는 의사는 주저하지 말고 손가락을 '직접 음부에' 삽입해야 한다. R. Chrobak/A.

444

v. Rosthorn, *Die Erkrankungen der weiblichen Geschlechtsorgane*, Wien, 1908, p. 22f. 참조. 스미스(W. Tyler Smith)는 '순수한 감정을 가진 여자, 특히 감정적으로 자아통제력'을 지닌 모든 여성에게 의사가 아주 예민한 부분을 건드렸을 때 음란한 감정을 억제할 수 있기를 기대했다. M. Poovey, 앞의 책, p. 143 참조.

12) J. H. Miller, "'Temple and Sewer': Childbirth, Prudery, and Victoria Regina," *The Victorian Family*, ed. A. S. Wohl, London, 1978, p. 33; A. Oakley, *The Captured Womb*, Oxford, 1984, p. 19 참조. 의사가 임산부의 배만 누르는 경우 이런 일이 자주 일어난다.

13) J. B. Donegan, 앞의 책, p. 100 참조.

14) Floriep, 앞의 책, p. 335. 저자는 여기서 '규칙에 어긋나는' 출산을 말하는 것이다. 19세기 말경에도 할레(Halle)의 남자 산부인과 의사인 올스하우젠(Olshausen)은 많은 여자의 출산 때 그들을 침대 시트로 덮어놓은 채 도와주었다(F. Munk, *Das Medizinische Berlin um die Jahrhundertwende*, München, 1979, p. 81). 그리고 프라이징(Freising)에서 온 나이든 부인이 당시 그 구역을 담당하던 의사에게 산파 시험을 보았던 그녀의 할머니에 관해 이렇게 이야기했다. "당시의 의사들은 출산을 도우러 불려갈 때면 오히려 부끄러워하는 기색이 있었지. 그들은 오고 싶어하지를 않았어. 그런데도 그들은 계속 여성들 옆에서 출산을 도와주었던 산파들을 시험할 수 있다고 믿었지. 의사들은 산파로부터 무엇인가를 더 배우기 위해 계속 물어댔지"(M. Grabrucker, "Zur 'Vertreibung der weisen Frauen'," *Vater, Mutter, Kind*, ed. U. Zischka, München, 1987, p. 135).
1902년에 산부인과 의사가 입회했던 출산율은 약 7퍼센트에 지나지 않았다. C. Huerkamp, *Der Aufstieg der Ärzte im 19. Jahrhunderts*, Göttingen, 1985, p. 157 참조. 1900년 함부르크에서도 의사가 지도하거나 주재했던 출산율은 마찬가지로 약 7퍼센트였다. 반면 시골에서는 위급한 경우에만 의사가 불려갔다. H. Dietel, "Zur Geschichte der Nordwestdeutschen Gesellschaft für Gynäkologie und Geburtshilfe," *Zur Geschichte der Gynäkologie und Geburtshilfe*, ed. L. Beck, Heidelberg, 1986, p. 372 참조.

15) S. Gregory, *Letter to Ladies*, *In Favor of Female Physicians for Their Own Sex*, Boston, 1856, p. 24f. 참조.

16) H. F. Kilian, 앞의 책, p. 8.

17) J. P. Emerson, "Behavior in Private Places: Sustaining Definitions of

Reality in Gynecological Examinations," *Patterns of Communicative Behavior*, ed. H. P. Dreitzel, New York, 1972, p. 81 참조.

18) J. Amann, 앞의 책, p. 10 참조.

19) P. Fryer, 앞의 책, p. 167 참조. 명확하게 눈에 띄는, 새로 도입된 검진 의자에 대해서는 A. Dührsen, *Vademecum der Geburtshilfe und Gynaekologie*, Berlin, 1895, p. 3에 기술되어 있다.

20) J. C. G. Jörg, 앞의 책, p. 295.

21) S. Gregory, 앞의 책, p. 12 참조.

22) A. E. v. Siebold, 앞의 책, Bd. I, p. 101, 104.

23) A. Oakley, 앞의 책, p. 19f. 참조.

24) R. Chrobak/A. v. Rosthorn, 앞의 책, p. 5.

25) J. J. v. Plenk, *Anfangsgründe der Geburtshülfe*, Wien, 1803, p. 71.

26) J. H. Young, "James Blundell(1790~1878)," *Medical History*, 1964, p. 165에서 재인용.

4. 바로크 시대의 의사와 여자들의 수치심

1) M. Foucault, *Die Geburt der Klinik*, Frankfurt/M. 1976, p. 176f.

2) Faucault, 같은 책, p. 177. 20세기에 들어와서도 베를린의 의사였던 몰(Albert Moll)은 이렇게 기술하고 있다. "여성을 진찰할 때 꼭 옷을 벗어야 할 경우가 가끔 있다. 심장이 두근거리며 심장 부위에 통증을 느낀다며 찾아온 여환자가 있었다. 그런데 그녀는 의사가 그녀의 심장을 직접 진찰하려 하자 매우 놀랐으며, 갑옷과 같은 코르셋 위에서도 심장을 정확하게 진찰할 수 있다고 생각했는지 코르셋을 풀어서 가슴을 보여주어야 한다는 것에 경악을 금치 못했다. 이런 행동이 분명히 여환자에게는 수치심을 손상시키는 것처럼 보인다"(A. Moll, *Ärztliche Ethik*, Stuttgart, 1902, p. 197).

3) C. Huerkamp, *Der Aufstieg der Ärzte im 19. Jahrhundert*, Göttingen, 1985, p. 155f.에서 재인용. 그보다 3년 전 동료 의사인 리에르슈(Bernhard Liersch)가 확인한 바에 의하면 다음과 같다. "상황이 급박하여 달리 어떻게 할 수 없다면 하복부, 가슴 등을 진찰할 때 침대시트 밑이나 셔츠 위에서 실시하는 것이 마땅하다."

4) M. Foucault, 앞의 책, p. 177 참조. 19세기 중반에 메그스는 이런 '지식에의 욕구'에 어떤 한계를 설정해주려 했다. "전체적으로 볼 때 연구에 장애를

줄 정도로 높은 수준의 정숙함이 존재한다는 것이 아마 최선일 것이다. 이것이 없었다면 성적인 방종에 대해 어떤 명확한 개념도 얻을 수 없었을 것이다."(S. Gregory, *Letter to Ladies, In Favor of Female Physicians for Their Own Sex*, Boston, 1856, p. 11에서 재인용).

5) B. Duden, *Geschichte unter der Haut*, Stuttgart, 1987, p. 94.

6) 같은 책, p. 102f., 105.

7) M. de Sévigné, *Briefe*, ed. T. v. d. Mühll, Frankfurt/M., 1979, p. 149f.

8) Robert Jütte, 1988년 5월 26일자 편지.

9) 당시의 다른 자료에서도 알 수 있듯이 그런 상황에서 '은밀한 손상'이 신고되긴 했지만 그런 손상을 이발사 의사에게는 전혀 보여주지 않았고, 보여주었다 해도 아주 마지못해서였다. 같은 책 참조.

10) 모든 이발사들이 여기서 이야기되고 있는 이 사람처럼 외과의는 아니었다. 대부분의 이발사들이 하는 일은 주로 면도하고 머리를 자르고 피를 뽑는 일 등으로 제한되었다. R. Jütte, "A Seventeenth-Century German Barber-Surgeon and His Patients," *Medical History*, 1989, p. 187 참조.

11) M. de Montaigne, *Les Essais*, Bd. I, Paris, 1922, p. 256. 1760년, 즉 몽테뉴보다 약 2세기 후에 스턴(Lawrence Sterne)은 그와는 반대로 '산부인과 의사'와 무엇보다 그들의 여환자를 비난했다. "우리의 영국 부인들이 그녀의 남편들만 보아야 할 부분을 별로 숨기지도 않고 부끄러움도 느끼지 않은 채 낯선 남자에게 마치 자신의 얼굴을 보여주듯 보여주는 것을 보니 너무 화가 난다. 이런 관점에서 볼 때 동양의 여성들은 얼마나 모범적인가! 유럽 의사가 술탄의 병든 아내를 방문하여 맥박을 짚으려 했을 때 그녀의 손을 보는 것조차 허락되지 않았다. 그녀는 베일로 감싼 손을 의사에게 내밀었다. 그런데 영국 부인들은 산부인과 의사가 슬쩍 훔쳐보아서도 안 되는 것을 관찰하게 하면서도 전혀 양심의 가책을 느끼지 않는다"(H. Ploss/M. Bartels, *Das Weib in der Natur- und Völkerkunde*, Bd. II, Leipzig, 1908, p. 138에서 재인용).

12) H. Speert, *Iconographia Gyniatrica*, Philadelphia, 1973, p. 70 참조.

13) J. Donnison, *Midwieves and Medical Men*, London, 1977, p. 11 참조. E. Dühren, *Das Geschlechtsleben in England mit besonderer Beziehung auf London*, Bd. I, 1901, p. 109 역시 참조. 모리소는 다음과 같은 사실을 지적했다. 많은 사람들이 말하기를 위급한 상황에 불려온 산부인과 의사가 매력적인 모습이면 안 되기 때문에 "도움을 받기 위해/산부

인과 의사를 불러온/여자들의 집에서/그들의 남편에게/어떤 질투심도 유발하지 않도록/산부인과 의사는 얼굴에 긴 턱수염을 길러야만 했다"(F. Mauriceau, *Der schwangern und kreistenden Weibs-Personen Allerbeste Hülff-Leistung*, Nürnberg, 1687, p. 318.

14) F. B. Osiander, *Lehrbuch der Entbindungskunst*, Bd. I, Göttingen, 1799, p. 211. 『아리스토텔레스의 완전하고 숙련된 산파』의 1700년도 판에는 다음과 같이 적혀 있다. 여성들은 그곳을 산파에게 맡겼으며, "의사에게 그곳을 보여주느니 차라리 죽기를 바랐다"(C. M. Scholten, "'On the Importance of the Obstetric Art': Changing Customs of Childbirth in America, 1760~1825," *Women's America*, ed. L. K. Kerber/J. DeH. Mattews, New York, 1982, p. 54).

15) J. E. Illick, "Kindererziehung in England und Amerika im 17. Jahrhundert," *Hört ihr die Kinder weinen*, ed. L. DeMause, Frankfurt/M., 1977, p. 426.

16) K. C. Hurd-Mead, *A History of Women in Medicine*, Haddam, 1938, p. 393f. 미국에서는 이미 1646년에 레이어스(Francis Rayus)라는 사람이 '감히 산과 영업을 했다고 해서' 웰스와 메인의 주의회로부터 50실링의 벌금형을 선고받았다(S. Gregory, 앞의 책, p. 26 참조). 합법적으로 개업한 최초의 남자 산부인과 의사는 18세기의 앳우드(Atwood) 박사인 것으로 보인다. 그러나 예의바른 부인들이 그를 찾는다는 것을 생각도 할 수 없었다. "그리고 그래니 브라운 부인은 2, 3달러인 그녀의 진료비 덕분에 여성은 정숙해야 한다고 가르침을 받은 모든 사람들에 의해 여전히 가장 최선의 선택으로 여겨졌다"(E. M. Jameson, "Eighteenth Century Obstetrics and Obstetricians in the United States," *Annals of Medical History*, 1938, p. 415).

17) W. Smellie, A *Treatise on the Theory and Pratice of Midwifery*, Bd. I, London, 1779, p. 399.

18) H. Smith, "Gynecology and Ideology in 17th-Century England," *Liberating Women's History*, ed. B. A. Carroll, Urbana, 1976, p. 111에서 재인용.

19) M. Laget, *Naissances*, Paris, 1982, p. 28에서 재인용. 19년 후에 나온 독일어 판에는 이와 마찬가지로 이렇게 적혀 있다. "이런 모습은 아마 정숙한 눈으로 보기에는/무례한 자세로 보일 것이다" 등등(F. Mauriceau, 앞의 책, p. 24). 그림에 묘사된 성기를 실제로는 볼 필요가 없게 하기 위해, 그리고

물론 여성에게 치욕감을 주지 않기 위해 저자는 이렇게 권고한다. "우리는 그녀에게 침대 시트와/침대 이불로/허벅지 위까지 덮어줄 수 있다/그녀가 오한을 느끼지 않게 하기 위해서뿐 아니라/주위 사람 때문에/정숙해야 할 의무를 지킬 수 있도록/가능한 한 많이/그녀를/가려주기 위해서이다"(같은 책, p. 323f.).

20) L. Bourgeois, *Hebammen Buch*, Frankfurt/M., 1644, p. 51.

21) P. Wagner, "Eros Goes West: European and 'Homespun' Erotica in Eighteenth-Century America," *The Transit of Civilization from Europe to America*, ed. W. Herget/K. Ortseifen, Tübingen, 1986, p. 148 참조. 이미 중세 페르시아에서는 그런 소책자들이 포르노의 자료로 탐독되었다. 그런 상황은 중세의 독일도 마찬가지였을 것이다. C. Elgood, "Persian Gynaecology," *Medical History*, 1968, p. 409f. 참조.

22) G. Pallaver, *Das Ende der schamlosen Zeit*, Wien, 1987, p. 214.

23) H. P. Duerr, *Der Mythos vom Zivilisationsprozeß*, Bd. I: *Nacktheit und Scham*, Frankfurt/M., 1988, p. 252f. 참조.

24) 1570년 펠리페 2세가 통치하게 된 후 에스파냐의 창녀들도 일주일에 한 번씩 의사들의 검진을 받았다. W. W. Sanger, *The History of Prostitution*, New York, 1859, p. 173; M. E. Perry, "Deviant Insiders: Legalized Prostitutes and a Consciousness of Women in Early Modern Seville," *Comparative Studies in Society and History*, 1985, p. 138, 148, 156 참조.

25) C. Jäger, *Schwäbisches Städtewesen des Mittelalters*, Bd. I, 1831, p. 555f. 참조. 이 시기에 콘스탄츠와 뉘른베르크에서도 의사들이 산파의 일을 맡아했다. G. Schönfeldt, *Beiträge zur Geschichte des Pauperismus und der Prostitution im Hamburg*, Weimar, 1897, p. 107 참조. 대부분의 유곽에서는 16세기에도 여전히 산파들이 검사했다. H. Graham, *Eternal Eve*, London, 1960, p. 85 참조.

26) P. Darmon, 1979, p. 190f. 프랑스에서도 전통적으로 강간을 당한 여자들은 여자만이 진찰할 수 있었다. 그래서 13세기의 규정에는 이렇게 되어 있다. "아주 믿을 만한 과부나 결혼한 부인 일곱 명이 판단하고 필요하다면 처녀가 아니라는 것을 증명해야 한다"(같은 책, p. 163). 1560년에 와서야 왕실의 정관에는 파리의 '산파'(sage-femmes)는 그런 검진을 의사 한 명과 '선서한 외과의' 두 명의 입회하에 시행해야 한다고 규정해놓았다. R. L. Petrelli, "The Regulation of French Midwifery During the Ancien

Régime," *Journal of the History of Medicine*, 1971, p. 279 참조.

27) M. Laget, 앞의 책, p. 150 참조. 여성들 역시 이런 성공의 가능성을 믿었는지 아닌지는 덮어두기로 하자. 어쨌든 팔츠의 리젤로테(Liselotte)는 임신 기간 중에 하를링 부인에게 보내는 1672년 11월 23일자 편지에 이렇게 적고 있다. "자궁을 끓는 물에 소독해서 오스나브룩으로 가는 우편마차로 당신에게 보낼 수 있으면 좋겠군요. 당신들은 이런 일에 여기 있는 누구보다 더 숙달되어 있으며 나 자신의 경험으로 보아 그것을 잘 돌볼 것이라고 확신하기 때문입니다. 여기에 있는 아이들은 아주 위험하답니다. 이곳의 의사들은 벌써 닷새 전에 왕비를 도우러 다른 곳으로 불려갔으며 마지막 의사는 3주 전에 죽었어요. 의사들 중 세 명은 그가 말했듯이 바로 다른 곳으로 파견되었답니다"(Elisabeth Charlotte von Orléans, *Briefe*, Bd. I, ed. H. F. Helmolt, Leipzig, 1908, p. 7).

28) A. Cabanès, 1923, VII, p. 60; W. Gibson, *Women in Seventeenth-Century France*, Houndmills, 1989, p. 75.

29) E. Sturtevant, *Vom guten Ton im Wandel der Jahrhunderte*, Berlin, 1917, p. 308에서 재인용.

30) Cabanès, 앞의 책, p. 55f. 산파들이 항의하자 왕은 그들을 거칠게 야단쳤다. "조용히 해라, 조용히, 산파들이여, 화내지 마라. 이 어린아이는 모든 사람을 위한 아이다. 그러니 모두가 즐겨야만 한다."(같은 책, p. 60).

31) A. Cabanès, *Le Cabinet Secret de l'Histoire*, Bd. I, Paris, 1905, p. 193, 204f.; H. S. Glasscheib, *Das Labyrinth der Medizin*, Reinbek, 1961, p. 87; V. Lehmann, *Die Geburt in der Kunst*, Braunschweig, 1978, p. 115; B. Groult, *Ödipus' Schwester*, München, 1985, p. 151 참조.

32) M. Laget, 앞의 책, p. 150, 153; I. Albrecht-Engel/C. Loytved, "Gebärpositionen in der Geschichte und Völkerkunde aus medizinischer Sicht," *Frauenalltag-Frauenforschung*, ed. A. Chmielewske-Hagius et al., Frankfurt/M., 1988, p. 353 참조. 모리소는 수평 자세로 분만하게 했던 최초의 산부인과 의사로 알려져 있으며 그는 물론 분만시 여자의 하복부를 노출시키지 않았다. H. Graham, 앞의 책, p. 114 참조.

33) J. P. Stucky, *Der Gebärstuhl*, Zürich, 1965, p. 21에서 재인용. 근세 초기 대부분의 출산 의자는 아주 단정했으며 앉는 좌석에서부터 바닥까지 닿는 커튼을 쳐서 생식기 부위를 가려주었다. 같은 책, p. 18 참조.

5. 중세의 의사와 여성의 생식기 부위

1) P. Ariès, "Pour une histoire de la vie privée," *Histoire de la vie privée*, Bd. III, ed. P. Ariès/G. Duby, Paris, 1986, p. 11. 이 논문의 다른 판에서 저자는 근대가 시작되면서 '새로운 수치심'이 생겨났으며, 이런 태도로 말미암아 '모순적이게도(?) 심지어 의사까지도' 분만 장소에 동석하는 것이 어려워졌다고 기술한다. P. Ariès, "Eine Geschichte der Privatheit," *Ästhetik und Kommunikation* 57/8, 1985, p. 15 참조.

2) A. Borst, Barbaren, *Ketzer und Aristen*, München, 1988, p. 402 참조.

3) T. G. Benedek, "Dr. Veit: Charlatan or Martyr to Obstetrics?," *Bulletin for the History of Medicine*, 1979, p. 211f. 참조. 이런 경우는 아주 힘든 난산이었으며 사내아이는 분만 후 바로 죽었다.

4) K. Staniland, "Royal Entry into the World," *England in the Fifteenth Century*, ed. D. Williams, Woodbridge, 1987, p. 302 참조.

5) F. B. Osiander, *Lehrbuch der Entbindungskunst*, Bd. I, Göttingen, 1799, p. 99에서 재인용. 그 남자의 이름은 확실히 폴셴(Vitus Volschen) 이었으며 자칭 바이트 박사 또는 바이테스 박사라고 했다(T. G. Benedek, 앞의 책, p. 205 참조). 그리고 K. C. Hurd-Mead, *A History of Women in Medicine*, Haddam, 1938, p. 360과 M. J. Tucker, "Das Kind als Anfang und Ende: Kindhiet in England im 15. und 16. Jahrhundert," *Hört ihr die Kinder weinen*, ed. L. DeMause, Frankfurt/M., 1977, p. 338에 의하면 그는 베르트(Wertt) 박사로 불렸다고 한다. 그가 실제로 산파로 변장을 하고 출산을 도와주었다는 이유만으로 공개적인 화형을 당한 것 같지는 않다. 함부르크의 연대기에서 발췌한 인용문에서 '그렇기 때문에' 라는 단어는 '기이한 모험'과 관련이 있는 것처럼 보인다. 즉 폴셴이 마술도 행한 것으로 여겨진다. 게다가 분만을 도와줄 때 여자 옷을 입었을 수도 있다. Benedek, 앞의 책 역시 참조.

6) T. Platter/F. Platter, *Zwei Autobiographien*, ed. D. A. Fechter, Basel, 1840, p. 66f. 오트브르타뉴의 어느 남편은 힘들게 진통 중인 아내에게 별 도리가 없으면 그녀를 붙잡고 있을 만한 친구들을 데려와야겠다고 아내를 협박했다. 그것은 많은 부인들이 친구를 데려온다는 말에 더 빠르게 분만했음을 의미한다. F. Loux, *Das Kind und sein Körper in der Volksmedizin*, Stuttgart, 1980, p. 91 참조.

7) C. Opitz, *Frauenalltag im Mittelalter*, Weinheim, 1985, p. 192 참조. 예수의 탄생을 묘사한 중세의 그림에서 요셉은 부끄러운 듯 출산 장면에 등

을 돌리고 있는 경우가 많다. K. C. Hurd-Mead, 앞의 책, p. 152 참조.

8) M. Salvat, "L'accouchement dans la littérature scientifique médiévale," *L'enfant au moyen âge*, Aix-en Provence, 1980, p. 90. 시골에서는 아주 위급한 상황에서만 남자들의 도움을 받았다. D. Alexander-Bidon/M. Closson, *L'Enfant à l'ombre des cathédrales*, Lyon, 1985, p. 56 참조.

9) 그러나 로데리쿠스가 이것과 관련된 체험을 직접 했는지는 매우 의심스럽다. T. G. Benedek, 앞의 책, p. 211 참조.

10) A. Wilson, "Participant or Patient? Seventeenth Century Childbirth from the Mother's Point of View," *Patient and Practitioners*, ed. R. Porter, Cambridge, 1985, p. 134; R. Houlbrooke, *English Family Life, 1576~1716*, Oxford, 1988, p. 102 참조.

11) J. Donnison, *Midwives and Medical Men*, London, 1977, p. 198 참조.

12) J.-N. Biraben, "L'hygiène, la maladie, la mort," *Histoire de la population française*, Bd. I, ed. J. Dupâquier, Paris, 1988, p. 437 참조.

13) T. G. Benedek, 앞의 책, p. 553 참조. 약 100년이 지난 1555년에 와서야 이 도시의 법은 이렇게 공포되었다. "출산시에 조달해야 하거나/아니면/필요한/많은/다른 비밀스런 물건들이 있다면/그것은 물물교환하기에 적당하지 않다는 것을 인정할 것이다/이성적이고/경험 많은 훌륭한 산파와/부인들이/이런 물건들을/잘 보관할 줄 안다/그렇기 때문에 비상 사태에도/병원에서 모든 약을 구할 수 있다"(G. Burckhard, *Die deutschen Hebammenordnungen von ihren ersten Anfängen bis auf die Neuzeit*, Bd. I, Leipzig, 1912, p. 160에서 재인용).

14) A. Munk, *Das Medizinalwesen der Freien Reichsstadt Überlingen*, Überlingen, 1951, p. 90. 1580년 뷔르템베르크의 루트비히 공작은 "남자들이 그런 일에 불려가서 이용되는 것은 기독교적 규율과 정숙함에 위배된다"고 명시하고 있다(F. B. Osiander, 앞의 책, p. 132에서 재인용). 15세기 콜마르의 법에는 "임신한 부인에게 불려간 산파가 상황이 아주 위험하고 어렵다는 것을 알게 된다면, 그리고 무조건 다른 산파들의 충고나 도움을 받아야 하는 일이 생긴다면" 그런 경우에만 의사를 불러와야 한다고 규정되어 있다. G. Burckhard, 앞의 책, p. 118f. 참조. 1566년 풀다의 '산파서약'도 이와 비슷하다. N. Honegger, "Beiträge zu einer Geschichte des Fuldaer Medizinalwesens," *Fuldaer Geschichtsblätter*, 1979, p. 97 참조.

15) 거기에는 죽은 태아를 쪼개어 추출해야 하는 경우들도 포함된다. 시골에서는 아주 위급한 경우에, 새끼를 낳는 동물들에게서 얼마간 체험을 쌓을 수 있었

던 양치기나 목동들이 불려왔던 경우도 가끔 있었던 것으로 보인다. 예컨대 뷔르템베르크 공작령(독일의 옛 국가로 백작령으로 출발한 뒤 차례로 공작령·왕국·공화국으로 바뀌다가 제2차 세계대전 후 분할되었다. 지금의 바덴뷔르템베르크 주의 중부와 동부에 해당한다—옮긴이)의 기독교 교회 계율에는(각주 14도 참조) 이런 남자들의 개입을 허용해서는 안 된다고 되어 있

192. 난산. 의사가 태아의 위치를 확인하기 위해 배의 맥박을 짚고 있다. 알베르트 대제 (Albert der Große)의 『동물에 대하여』(De animalibus)에서, 14세기.

193. 옷 입은 여인에게 시술되는 제왕절개. 프랑스의 세밀화, 15세기.

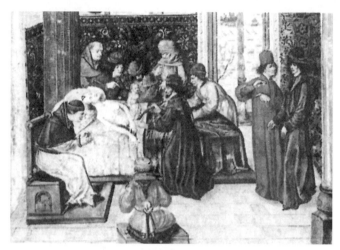

194. 나체의 여인에게 시술되는 제왕절개. 생식기 부위는 가려져 있다. 15세기.

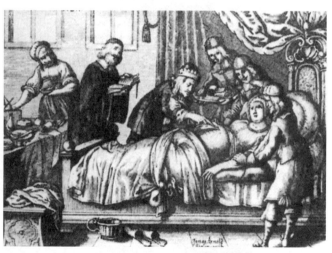

195. 아르놀트(Jonas Arnold)의 「제왕절개」, 16세기 후반.

다. 예절의 문제뿐 아니라 그들이 진통이 잦은 임산부에게 해를 입히거나 임산부를 죽일 수도 있기 때문이다. 20년 후 이런 규정은 생명이 위험할 경우에는 남자들이 산모로부터 어린아이를 '잘라내도' 된다고 수정되었다. "극도로 위급한 상황에서 주위의 산파들과 서약한 부인들이 더 이상 감당할 수 없을 경우, 그리고 목사와 지방 수령에게 태아가 죽은 것을 증명하고 산욕열 때문에 그 일을 처리할 사람이 필요한 경우에는 산모를 살리고 태아를 꺼내기 위해 이성적이고 경험 많은 남자가 이 일을 처리할 수도 있다"(G. Burckhard, 앞의 책, p. 99f.). 죽은 산모에게 실시했던──나중에는 살아 있는 산모에게도 실시했다──제왕절개 역시 남자들이 담당하였다(그림 193에서 195까지).

16) 같은 책, p. 108. 산파들이 충분한 도시에서조차도 오로지 '한 명이나 그 이상의 지정된 부인들'만 동원해야 했다(같은 책, p. 110).

17) K. Baas, "Mittelalterliche Hebammenordnungen," *Archiv für die Geschichte der Naturwissenschaften und der Technik*, 1913, p. 2. 그 밖에도 U. Knefelkamp, *Das Gesundheits- und Fürsorgewesen der Stadt Freiburg im Breisgau im Mittelalter*, Freiburg, 1981, p. 134도 참조. 하일브론(독일 남서부 바덴뷔르템베르크 주에 있는 도시─옮긴이)의 산파법과 1549년의 뷔르템베르크 경찰법에도 비슷한 규정이 있다(G. Burckhard, 앞의 책, p. 120, 128f. 참조). 1479년과 1491년의 울름의 법률(A. Fischer, *Geschichte des deutschen Gesundheitswesen*, Bd. I, Berlin, 1933, p. 170) 및 16세기 영국의 법률도 비슷하다. T. R. Forbes, "The Regulation of English Midwives in the 16th and 17th Centuries," *Medical History*, 1964, p. 265; M. Sjöö/B. Mor, *Wiederkehr der Göttin*, Braunschweig, 1985, p. 138. 앞의 두 저서에는 '초기 르네상스'에 이미 여자들이 산부인과 의사라는 직업에서 배제되어왔으며 마녀로 처형당한 여자들의 아주 적은 수만이 산파였다고 기술되어 있는데, 이런 진술도 잘못된 것이지만 '남성 의학'이 '화형당한 마녀의 재 위에서' 번창했다는 주장 역시 전적으로 잘못된 것이다. 15세기 이후 산파들은 당국의 통제를 받았으며 그들에게 예의바르게 행동하도록 명령했다는 것은 맞는 말이다. 예컨대 1649년 영국 산파 선서에는 산파들이 "그렇게 하지 않을 수 없는 아주 위급한 상황이거나 필요성이 있지 않는 한" 자신들의 활동과 관계되는 것에 대해서는 남자들이 있는 데서 절대 언급해서는 안 된다고 되어 있다(T. R. Forbes, 앞의 책, p. 146에서 재인용).

18) S. Gabler, *Das Hebammenwesen im Nördlingen des 16. Jahrhunderts*, München, 1985, p. 17f. 참조.

19) T. G. Benedek, 앞의 책, p. 211 참조.

20) C. O. Rosenthal, "Zur geburtshilflich-gynäkologischen Betätigung des

Mannes bis zum Ausgange des 16. Jahrhunderts," *Janus*, 1923, p. 142f. 참조.

21) J. R. Shaw, "Scientific Empiricism in the Middle Ages," *Clio Medica*, 1975, p. 56; H. P. Duerr(1978), p. 21ff. 참조.

22) H. R. Lemay, "Anthonius Guainerius and Medieval Gynecology," *Women in the Medieval World*, ed. J. Kirshner/S. F. Wemple, Oxford, 1985, p. 323 참조. 이런 경우는 여자들에게 아주 해로운 정액을 쏟아내게 하기 위해 산파들이 손가락으로 여자들로 하여금 오르가슴을 느끼게 하는 의학 처치처럼—그런 처치가 실제로 존재했다면—아주 조심스런 처치에 적용된다. 과이너리우스는 당시 대부분의 의사들처럼 정액이 여자의 육체에 해가 되기 때문에 그들의 정액을 자주 밖으로 내보내지 못하는 여자들은 위험하다는 갈레노스 학설을 믿었다. 같은 책, p. 323 참조. 히포크라테스 역시 여성은 건강 유지를 위해 때때로 그들의 정액을 내보내야 한다는 견해를 주장하고 있다. M. Foucault, *Sexualität und Wahrheit*, Bd. II, Frankfurt/M., 1986, p. 155 참조. 이런 주장들이 서양의 의학을 지배하고 있었다. 이를테면 1628년 프랑스 의사인 바이이(Pierre Bailly)는 '가족의 도움 없이' 살아가야 하는 과부, 수녀, 노처녀는 생명의 위협에 빠질 수 있으며 가끔은 죽기도 한다는 사실에서 그 이론이 진실임을 알 수 있다고 생각했다. J. C. Bologne, *Histoire de la pudeur*, Paris, 1986, p. 13 참조.

23) "어떤 귀족 여자가 최근에 성희롱을 당했다. 나는 페서리를 삽입하라는 그의 충고를 들었다. 비밀리에 바로 그 리카르두스(본문의 영국인 리처드를 가리킴—옮긴이)의 지시 하에 그 장소에 있던 산파가 페서리를 삽입했다. 그 환자와 산파가 우리에게 고백한 바에 의하면 그들은 어떤 노력이나 특별한 기술 없이 위험하지 않게 페서리를 구멍 속으로 삽입할 수 있었다고 한다"(K. Sudhoff, "Der 'Micrologus'-Text der 'Anatomia' Richards des Engländers," *Sudhoffs Archiv*, 1927, p. 232f.). 이런 페서리란 독일에서 무터크란츠(Mutterkranz: 자궁 링이라는 뜻—옮긴이)라고 불렸던, 자궁이 내려앉거나 자궁 탈락 때 사용되었던 보조 기구였을 것이다. M. Deinhard/H. Hörning-Winkelmann/U. Tröhler, "Zur Situation der Geburtshilfe im 18. Jahrhundert," *Armamentarium obstetricium Gottingense*, ed. W. Kuhn/U. Tröhler, Göttingen, 1987, p. 142, 150 참조.

24) 의사들에게 이론적으로 확실한 자유를 허용했던 중세의 의학 서적들이 있지만 실제로 여성들이 의사들에게 그 정도까지 허용했다는 것은 거의 가능하지

않은 일이라고 봐야 한다. 예컨대 13세기 브루노 폰 롱고부르고(Bruno von Longoburgo)의 생각은 이렇다. 즉 피가 나는 방광 결석 수술에서 의사는 기구를 삽입할 수 있지만, 산파가 그런 조치를 할 능력이 없다고 생각되는 경우에 처녀성을 잃은 여자라 할지라도 절대 손가락을 질 속에 삽입해서는 안 된다. 돌을 꺼내는 일은 오히려 산파에게 맡긴다. 물론 의사는 처녀일 경우 항문에 손가락을 삽입할 수 있다. 14세기에 가디스틴(John Gaddesten)은 필요하다면 외음부를 건드려도 좋다고 의사에게 허용했던 것으로 보인다. 그러나 질은 계속 터부시되었다. P. Diepgen, "Die Betätigung des Mannes als Frauenarzt von den ältesten Zeiten bis zum Ausgang des Mittelalters," *Zentralblatt für Gynäkologie*, 1920, p. 726f. 참조.

25) A. Hohlweg, "John Actuarius' 'De methodo medendi'," *Dumbarton Oaks Papers*, Bd. 38, ed. J. Scarborough, Washington, 1983, p. 125 참조.

26) J. F. Benton, "Trotula, Women's Problems, and the Professionalization of Medicine in the Middle Ages," *Bulletin for the History of Medicine*, 1985, p. 51; P. Kibre, "The Faculty of Medicine at Paris, Charlatanism, and Unlicensed Medical Practices in the Later Middle Age," *Bulletin for the History of Medicine*, 1953, p. 11 참조.

27) V. L. Bullough, *Sex, Society, and History*, New York, 1976, p. 59 참조. L. B. Pinto, "The Folk Practice of Gynecology and Obstetrics in the Middle Ages," *Bulletin for the History of Medicine*, 1973, p. 521 역시 참조.

28) C. O. Rosenthal, 앞의 책, p. 202에서 재인용.

29) Anthoine de La Sale, *Die hundert neuen Novellen*, ed. A. Semerau, München, 1907, p. 14ff.

30) J. Quicherat, *Procès de condamnation et de réhabilitation de Jeanne d'Arc dite La Pucelle*, Bd. III, 1845, p. 175. 그들이 이어서 검진했던 '복대를 한 여자들' 중의 두 명은 분명히 오텔디외 출신이었다.

31) 위와 같음. 그래서 잔 다르크와 함께 왔던 여자들도 짐작컨대 그녀가 아직 월경을 하지 않은 것 같다는 진술을 했다. 같은 책, p. 219 참조.

32) 이 부인들이 어떻게 산파로 불렸는지는 알려져 있지 않다. 베네데크(T. C. Benedek)가 앞의 책, p. 561에서 추측한 바에 의하면, 사람들이 명문 출신 사람들의 귀족성은 믿었지만 진짜 산파로는 신임하지 않았다고 한다.

33) J. Quicherat, 앞의 책, p. 209f.

34) 같은 책, p. 89, 155.

35) 같은 책, p. 163. 신학교수인 모네(Johannes Monnet)는 사람들이 잔 다르크를 복권과정에서 이미 한 번 '요한나가 말을 타고 가다 떨어졌을 때' 검진한 바 있다고 진술했다(같은 책, p. 63).

36) 같은 책, p. 50.

37) 같은 책, p. 219. 물론 라 투룰드(Margareta La Touroulde)는 더 많은 것을 보았다. "게다가 그녀는 잔 다르크를 자주 목욕탕에서 보았는데 그녀의 몸을 만져본 결과 그녀는 아마도 처녀일 것이라고 말했다"(같은 책, p. 88).

38) 같은 책, p. 89.

39) T. R. Forbes, "A Jury of Matrons," *Medical History*, 1988, p. 24f. 참조.

40) G. Burckhard, 앞의 책, p. 8 참조.

41) Forbes, 앞의 책, p. 26. 그 전에는 사형 선고를 받은 여자의 임신 여부를 검진할 때에도 남자 증인이 배석할 수 없었다. 예컨대 1392년 '샤스텔레의 죄수 명부'에는 이렇게 적혀 있다. "샤스텔레라고도 불리는 우리 왕의 현숙한 부인들인 아갸스 라 프랑수아즈와 제안 라 리크돈은 다음과 같이 전했다. 그들은 위에서 이름이 언급됐던 여죄수인 마리용 드 라쿠르를 방문해서 검진하고 촉진한 결과, 마리용이 아이를 임신했다고 말할 수 있거나 감히 증언할 수 있는 어떤 증거도 발견하지 못했다. 왜냐하면 마리용의 배는 아주 평평했으며, 그녀를 검진하고 배를 관찰했을 때 어떤 동요도 발견할 수 없었기 때문이다. 그래서 그들은 마음속으로 마리용이 한 번도 임신을 했거나 아이를 가졌던 적이 없다고 믿게 되었다"(A. Porteau-Bitker, "Criminalité et délinquance féminines dans le droit pénal des XIII et XIV siècles," *Revue historique de droit français et étranger*, 1980, p. 27에서 재인용).

6. 여체의 검사

1) G. Keil, "Die Frau als Ärztin und Patientin in der medizinischen Fachprosa des deutschen Mittelalters," *Frau und spätmittelalterlicher Alltag*, ed. H. Appelt, Wien, 1986, p. 186 참조.

2) P. Diepgen, *Frau und Frauenheilkunde in der Kultur des Mittelalters*, Stuttgart, 1963, p. 174 참조.

3) G. Schindler, *Verbrechen und Strafen im Recht der Stadt Freiburg im Breisgau*, Freiburg, 1937, p. 286.

4) H. R. Lemay, "Anthonius Guainerius and Medieval Gynecology," *Women in the Medieval World*, ed. J. Kirshner/S. F. Wemple, Oxford, 1985, p. 321 참조.

5) Diepgen, 앞의 책 참조. 비슷한 규칙들이 중세 유대인에게도 해당되었다. 탈무드에 보면 여자 간호인은 남자 환자의 벗은 몸을 볼 수 있지만 남자 간호인은 여자 환자의 벗은 몸을 보아서는 안 되었다. 게다가 남자의 시체를 묻기 위해 단장하고 염포로 감싸는 일이 여자에게 허용되었지만 남자들은 죽은 여자의 몸을 만질 수 없었다. L. M. Epstein, *Sex Laws and Customs in Judaism*, New York, 1948, p. 34 참조. 그럼으로써 생명을 구할 수 있다 할지라도 여자들은 의사 앞에서 옷을 벗는 것이 금지되었다. S. Krauss, *Talmudische Archäologie*, Bd. I, Leipzig, 1910, p. 129 참조.
그러나 산모의 몸 안에서 죽은 태아를 잘라서 꺼내야 하는 경우에는 의사들이 불려가는 일이 있었던 것 같다. S. Krauss, 앞의 책, Bd. II, 1911, p. 6 참조.

6) E.v. Zglinicki, *Geburt*, Braunschweig, 1983, p. 28.

7) V. Lehmann, *Die Geburt in der Kunst*, Braunschweig, 1978, p. 48f. A. M. Pachinger, *Die Mutterschaft in der Malerei und Graphik*, München, 1906, p. 22에서도 이와 비슷한 의견이 제시되고 있다.

8) R. Benayoun, *Erotique du surréalisme*, Paris, 1978, p. 8.

9) Lehmann, 앞의 책, p. 49.

10) P. Diepgen, 앞의 책, p. 178 참조.

11) K. C. Hurd-Mead, *A History of Women in Medicine*, Haddan, 1938, p. 188 참조.

12) W. Schönfeld, *Frauen in der abendländichen Heilkunde*, Stuttgart, 1947, p. 137 참조. 고대 의학 텍스트를 복사한 중세 필사가들은 산부인과에 관한 장이나 성기에 관한 장을 단순히 생략하는 경우가 많았다. 그런데 그 장들을 지우는 것을 잊어버려 목차에는 그대로 수록되어 있다. 토마스 폰 브라반트(Thomas von Brabant)는 13세기에 그런 장들을 생략한 이유를 수치심 때문이라고 했다. 콘라트 폰 메겐부르크(Konrad von Megenburg)의 『자연의 책』(*Buch der Natur*)에는 성기가 나오지 않는다. "예절과 관습 때문에 우리의 모국어로 그것을 다룰 수 없다. 그것은 외국어로만 표현되어야 한다." P. Diepgen, 앞의 책, p. 59, 99 참조. C. Ferckel, *Die Gynäkologie des Thomas von Brabant*, München, 1912, p. 7, 22 참조.

13) Y. Knibiehler/C. Fouquet, *La femme et les médecins*, Paris, 1983, p.

60 참조.

14) T. G. Benedek, "The Changing Relationship Between Midwives and Physicians During the Renaissance," *Bulletin for the History of Medicine*, 1977, p. 551 참조.

15) J. Cadden, "Medieval Scientific and Medical Views of Sexuality: Questions of Propriety," *Medievalia et Humanistica*, 1986, p. 163 참조.

16) C. Singer, "Thirteenth Century Miniatures Illustrating Medical Practice," *Proceedings of the Royal Society of Medicine*, 1915, p. 37에서 재인용. 더 자세한 것은 E. Power, "The Position of Women," *The Legacy of the Middle Ages*, ed. C. G. Crump/E. F. Jacob, Oxford, 1926, p. 421 참조. 14세기에도 다음과 같은 비슷한 텍스트가 있다. "거의 죽음에 이르게 만드는 많은 다양한 질병과 병을 가진 여성들이 많았고, 그들은 자신들의 고통을 어떤 남자에게도 보여주거나 말하는 것을 꺼렸다. 그래서 나는 언젠가는 여기에 이런 병에 대한 치료법을 쓸 것이다. 은혜로운 하느님에게 하느님의 영광을 위하여, 그리고 자선 활동을 하는 모든 여성들을 위해 이 글을 집필할 수 있는 은혜를 진정으로 내려주십사 하고 기도할 것이다. 그래서 모든 남자들이 하느님의 은혜를 따라 자신의 형제와 자매를 위해 노력할 수 있도록 기도할 것이다. 여성들은 남성이 아는 것보다 더 많은 악과 고통을 지니고 있다. 그래서 나는 여성의 탐욕과 헛된 생각만을 사랑하는 남성을 발견할 때 남자에게 그것을 말해주었다. 만일 여성이 병에 걸렸다면 그러한 남자는 그들을 경멸하고, 여성들이 얼마나 많은 질병을 가지고 있는가 또는 얼마나 많은 질병을 그들이 세상에 가져왔는가에 대해서는 전혀 생각하지 않을 것이다. 그러므로 나는 여성을 돕는 데 있어 여성의 비밀스런 질병을 도울 수 있는 방법에 대해 쓸 것이고, 도움을 받은 여성은 다른 여성이 아플 때 도와줘야 할 것이다. 그렇게 함으로써 어떤 여성도 무례한 남성에게 자신의 은밀한 부분을 드러내지 않도록 할 것이다"(Singer, 앞의 책, p. 37f. 참조).

16세기 산부인과 지침서와 조산술 지침서는 다른 의학자료와는 반대로 라틴어가 아니라 그 지방의 국어로 더 많이 저술되었다. 이 책들은 여성들 자신과 산파들을 대상으로 한 것이기 때문이다. T. G. Benedek, 앞의 책, p. 552 참조.

뢰슬린(Roeßlin)의 산파 교본을 영어로 번역한 사람은 1540년 이렇게 덧붙이고 있다. "많은 사람들은 이렇게 생각한다. 그런 과제들이 우리 어머니를 통해, 상스러운 언어로 그토록 명백하게 다루어지는 것은 적합하지 않다. 그것은 여성에 대한 불명예이며 그들 자신의 비밀에 대한 조롱이다. 남자들이 그것에 관해 듣건 그것을 읽건 간에, 그들은 그것의 탐구와 발견을 통해 영향을 받을 것이며, 여성 집단을 더욱 싫어하고 혐오하게 될 것이고, 모든 소년과 무뢰한들은 '로빈슨 크루소' 이야기처럼 그것을 공공연하게 읽게 될 것이다'(M. Poovey, "'Scenes of an Indelicate Character': The Medical 'Treatment' of Victorian Women," *Representations*, 1986, p. 166에서 재인용).

17) C. O. Rosenthal, "Zur geburtshilflich-gynäkologischen Betätigung des Mannes bis zum Ausgange des 16. Jahrhunderts," *Janus*, 1923, p. 117f. 참조. 전설에서 유방암에 걸린 니사(Nyssa)의 그레고르(Gregor)의 여동생은 수치심 때문에 의사에게 가슴을 내보일 수 없었지만(W. E. H. Lecky, *Sittengeschichte Europas von Augustus bis auf Karl den Großen*, Leipzig, 1904, p. 670f. 참조) 대부분의 여성들은 실제로 다르게 행동했을 거라고 추측할 수 있을 것이다. 위에 언급했던 전설 속의 여자에게 일어났듯이 수치심에 대한 보상으로 사랑하는 신이 치료를 해주리라는 것을 기대할 수 없었기 때문이다. 계시적인 「야고보서」의 전설에 따르면 성 처녀는 예수의 신비한 출산을 의심했던 산파에게 질검사 받는 것을 매우 부끄러워했다고 한다. 토리노의 파피루스에 의하면 그녀가 검사받기 위해 옷을 벗을 때마다 눈을 감았다고 한다(J. Z. Smith, "The Garments of Shame," *History of Religions*, 1965, p. 220 참조). 부끄러워했던 그레고르의 여동생은 신으로부터 보상을 받았지만, 믿음이 없던 산파는 신에게 벌을 받아 그 뻔뻔스런 손에 화상을 입었다. F. Heiler, *Die Frau in den Religionen der Menschheit*, Berlin, 1977, p. 152 참조. 마리아가 예수를 출산할 때 질을 통해 나온 것이 아니기 때문에 그녀의 질에는 아무 흠집도 나지 않았다는 믿음이 널리 퍼져 있었다. 오리기네스(Origines)만이 정상적인 출산 후에 바로 '질이 수축'했다는 이론을 주장했다. J. Ledit, *Marie dans la liturgie de Byzance*, Paris, 1976, p. 174 참조.

18) H. Viefhues, "Arzt und Patient im England des 14. Jahrhunderts," *Der Arzt*, ed. G. Buchholz et al., Köln, 1985, p. 293; A. R. Myers, *English Historical Document, 1327~1485*, London, 1969, p. 1184 참조. 그런 지침들은 고대에도 이미 존재했다. P. Carrick, *Medical Ethics in Antiquity*, Dordrecht, 1985, p. 79; D. Gourevitch, "Déontologie médicale: quelques problèms," *Mélanges d'archéologie et d'histoire*, 1970, p. 750f. 참조.

19) K. Baas, "Gesundheitspflege im mittelalterlichen Stra burg," *Archiv für Kulturgeschichte*, 1911, p. 90.

20) D. W. Amundsen, "Visigothic Medical Legislation," *Bulletin for the History* of Medicine, 1971, p. 562를 임의로 번역했음. L. C. MacKinney, "Medical Ethics and Etiquette in the Early Middle Ages," *Bulletin for the History of Medicine*, 1952, p. 4 역시 참조.

21) 1298년 뷔르츠부르크 주교구의 성무원에서는 모든 성직자에게 외과술 실시 및 수술시 참석을 금지하였다. 아마도 무엇보다 이들이 여자의 육체와 접촉 하게 될 가능성과 노출된 육체의 일부분을 직접 보게 될 가능성이 있었기 때 문이리라. A. Fischer, *Geschichte des deutschen Gesundheitswesens*, Bd. I, Berlin, 1933, p. 30 참조.

22) S. Harksen, *Die Frau im Mittelalter*, Leipzig, 1974, p. 27에서 재인용.

23) J. F. Benton, "Trotula, Women's Problems, and the Professionalization of Medicine in the Middle Ages," *Bulletin for the History of Medicine*, 1985, p. 31 참조.

24) L. Falck, *Mainz in seiner Blütezeit als freie Stadt*, Düsseldorf, 1973, p. 58 참조.

25) D. A. Fechter, "Topographie mit Beücksichtigung der Cultur- and Sittengeschichte," *Basel im vierzehnten Jahrhundert*, Basel, 1856, p. 79f. 참조.

26) F. J. Mone, "Armen- und Krankenpflege vom 13. bis 16. Jahrhundert," *Zeitschrift für die Geschichte des Oberrheins*, 1861, p. 20 참조.

27) L. Münster, "Weibliche Ärzte im mittelalterlichen Italien," *Ciba-Symposium*, 1962, p. 137 참조.

28) P. M. Jones, *Medieval Medical Miniatures*, London, 1984, p. 124 참조.

29) H. Zotter, *Antike Medizin: Die medizinische Sammel-Handschrift Cod. Vindobonensis 93*, Graz, 1980, fol. 37v. 참조.

30) A. Fischer, 앞의 책, p. 142 참조. 관습상 간호인은 존경받을 만하고 예의 바른 사람이어야 할 뿐 아니라 결혼한 사람이어야 한다고 부가적으로 규정하 고 있다. 같은 책, p. 144 참조.

31) 그 후에 관장 장면을 그린 그림들을——18세기의 프랑스 그림들이 여자들이 옷을 입고 있는 17세기 네덜란드의 풍속화보다 훨씬 선정적이다——현실을 묘사한 것으로 오해해서는 안 된다. 그것들은 '선정적인' 그림에 속한다. 이 를테면 하녀가 주인에게 관장을 실시하는 장면을 그린 1716년경 와토

196. 「관장」. 가이거(Johann Nepomuk Geiger)의 선정적인 수채화, 1600년경.

(Antoine Watteau, 1684~1721: 프랑스의 화가로 서정적인 매력과 우아함을 풍기는 로코코 양식으로 유명하다─옮긴이)의 「치료」(Le remède)가 그 예이다. 이 그림은 잘 알려져 있다시피──와토의 그림 중 현존하는, 비유적이 아닌 유일한 나체화인 1715년의 「은밀한 위생」(그림 197)처럼──와토가

197. 와토의 「은밀한 위생」(La toilette intime), 1715년경.

1721년 죽기 전에 없애버리라고 지시했던 작품이다. M. M. Grasselli/P. Rosenberg/N. Parmantier, *Watteau*, Paris 1984, p. 164 참조.

당시에는 외설스런 관장 자료들도 상당히 많았는데 그 안에서는 이른바 여성들이 간절히 원한다는 관장의 실시가 자주 항문성교와 동일시되었다. 예컨대 파리의 연극배우인 마르스 양에게 관장을 해주었던 어떤 약국 도제는 벗은

엉덩이의 아름다움에 완전히 제압되어 "기구를 혼동하여 자신의 것을 삽입했다. 가증스런 죄를 저지른 그는 감히 눈을 들어 자신의 희생자를 보지도 못한다. 그는 아무 소리도 하지 못하고 꼼짝도 못하고 있다. 그러나 엄격함이 느껴지는 목소리가 그를 절망에서 끌어내준다. '관장해준 것에 대해 얼마를 드리면 되죠?'—'오 부인, 제발 믿어주세요……내 생애에서……죄송합니다……하지만 비교할 수 없을 정도로 멋졌어요……나의 혈기를 용서해주세요……' 그는 더듬거린다. 그러나 그가 용서를 구해도 아무 반응이 없다. 다시 냉정한 목소리가 들린다. '얼마예요?' 그 도제는 자신도 모르는 사이에 이렇게 대답한다. '5프랑입니다.' 그러자 여자가 말한다. '좋아요, 자 여기 10프랑 있어요. 한 번 더 해주세요!"(F. v. Zglinicki, *Kallipygsos und Äskulap*, Baden-Baden, 1972, p. 82에서 재인용).

비더마이어 시대에 그렇듯이 적지 않은 숫자의 부인들은 누구도 "그들의 엄격한 부인방의 문지방을 넘지 못하게 했다. 그들은 아무에게도 알리지 않은 채 그들이 하려 했던 수술에 필요한 것들을 모두 자기 손으로 준비했으며 하녀나 하인에게도 절대 이런 준비를 맡기지 않았다"(같은 책, p. 38). 다른 사람이 보는 데서 관장하는 것이 17세기에도 이상한 일이었음을 1678년 7월 24일 팔츠의 리젤로테가 소피 공비(公妃)에게 보낸 편지에서도 잘 알 수 있는데, 그 편지에는 이렇게 적혀 있다. "관장을 하고 관장이 필요할 때면 서로 숨김없이 이야기하는 애인들을 나는 알고 있다. 내 귀로 직접 그런 이야기를 들었다. 애인은 전날 저녁에 과식을 해서 배가 너무 아프기 때문에 관장이 필요하다고 고백했다. 그리고 다시 점심 식사를 하기 위해 아무 거부감도 없이 관장을 하기를 원했다"(Elisabeth Charlotte, *Briefe*, Bd. I, ed. H. F. Helmolt, Leipzig, 1908, p. 32).

1784년 간호인을 위한 교본에는 남자에게 관장을 실시할 때에는 '이성적인 외과의'가 해야 한다고 적혀 있다. "그러나 여환자에게는 그들의 수치심 때문에 다른 법칙을 정해야 하며 이런 종류의 처치는 예로부터 같은 여성 동료에게 맡겨졌기 때문에, 여자 간호인을 위해 필요한 이점 및 관장할 때 배려해야 할 것들을 규정할 필요가 있다"(F. May, *Unterricht für Krankenwärter zum Gebrauche öffentlicher Vorlesungen*, Mannheim, 1784, p. 73f.).

32) T. G. Benedek(1977), 앞의 책, p. 558f. 참조.

33) '사람들은' 그런 것에 몰두하지 않는다. 그리고 16세기에도 '여자의 그것'에 관심이 있었던 파레나 기유모 같은 외과의들은 그런 문제 때문에 조합에서 불신을 받았다. M. -J. Imbault-Huart, *La médecine au Moyen Age*, Paris, 1983, p. 84 참조. E. H. Ackerknecht, "Zur Geschichte der

Hebammen," *Gesnerus*, 1974, p. 184에 따르면 중세 의사들이 여성의 분비물, 피 등과 접촉하기를 원치 않기 때문에 출산과 부인병을 멀리했다고 나와 있다. 그래서 많은 지방에서 산파들은 '부정한' 존재였다. 또한 학자들이 일반적으로 너무 가까운 육체적 접촉을 피했다는 것은 맞는 말이다. 예컨대 그들은 직접 수술하지 않고 '수술을 시켰다'.

그것은 남자 환자를 다루는 데에도 적용되었다. 그리고 목욕탕 주인, 형리 등과 같은 '부정한' 인간들도 여성의 하복부에 쉽게 접근할 수 없었다. 그러나 산파의 '부정함'을 전체적으로 과장해서는 안 된다. 그들이 '부정했다면' 근본적으로 '더 부정한 것'이 있었을 것이다. 예컨대 1685년 후줌(Husum)에서는 형리 아내의 출산을 도와주겠다고 나선 산파가 한 명도 없었다. 이 아내 역시 남편의 '부정함'을 공유했기 때문이다. 그래서 시장은 다음과 같이 위협함으로써 산파들에게 도와줄 것을 강요하려고 했다. "24시간 내에 위의 여자를 도와줄 사람을 찾지 못한다면 시 당국은 산파를 더 이상 허용하지 않을 것이며, 그 대신 앞으로는 이발소 남자들이 여성들에게 필요한 도움을 주어야 할 것이다"(T. Koch, *Die Geschichte der Henker*, Heidelberg, 1988, p. 160에서 재인용).

34) S. A. Brody, "The Life and Times of Sir Fielding Ould: Man-Midwife and Master Physician," *Bulletin for the History of Medicine*, 1978, p. 231 참조.

35) L. Kanner, "A Philological Note on Sex Organ Nomenclature," *Psychoanalytic Quarterly*, 1945, p. 230.

36) D. Jacquart/C. Thomasset, *Sexualité et savoir médical au Moyen Age*, Paris, 1985, p. 65. H. Graham, *Eternal Eve*, London, 1960, p. 93에 따르면 그의 『해부학적 관찰』(*Observationes anatomicae*)에서 최초로 '클리토리스의 상세한 해부도'를 발견할 수 있다고 한다.

37) G. Penso, *La médecine romaine*, Paris, 1984, p. 188 참조.

38) '그 부분의 밀착성'은 자주 반복되는 성행위에도 유지되는 경우가 가끔 있다. 지혈제의 사용을 통해서도 그런 상태가 유지될 수 있다. E. Fischer-Homberger, *Medizin vor Gericht*, Bern, 1983, p. 56 참조.

39) E. Fischer-Homberger, "Hebammen und Hymen," *Sudhoffs Archiv*, 1977, p. 79f.에서 재인용. E. Fischer-Homberger, *Krankheit Frau*, Frankfurt/M., 1984, p. 75f. 참조. 17세기에도 많은 의사들이 처녀막을 아주 이상한 것으로 여겼다(J. Bajada, *Sexual Impotence*, Rom, 1988, p. 137 참조). 유명한 뷔퐁조차도 18세기 후반부까지 처녀막의 존재에 대해 논

란을 벌였다. A. Tardieu, *Étude médico-légale sur ös attentats aux mœurs*, Paris, 1867, p. 18 참조.

40) A. Meyer-Knees, "Gewalt als Definitionsproblem: Zur Debatte Über die Möglichkeit der 'Nothzucht' im gerichtsmedizinischen Diskurs des 18. Jahrhundert," *Blick-Wechsel*, ed. I. Lindner et al., Berlin, 1989, p. 430 참조.

41) L. Thurneysser zum Thurn, *Notgedrungens Außschreiben Mein/Der Herbrottischen Blutschandsverkeufferey/Falschs und Betrugs*, Berlin, 1584, p. CVIII. "내가/결혼의 의무에 따라/그녀의/즉 내 아내의 (그러나 이른바 거짓) 처녀성을 사용하려 했을 때/나는/특이한 장소에서/그것이 어떻게 만들어졌는지/알 수 없는 흔적을 발견했다. /그래서 나는 정말 커다란 회의에 빠졌다. /그녀를 과부로 여겨야 할지 아니면 처녀로 여겨야 할지/아니면 그녀를 경계해야 할 것인지/아니면 그녀를 바로 내 신혼방에서 내쫓아야 할지. 그러나 내가 아주/마음이 깊은 남자이고/어리석지 않기 때문에(당신과 많은 사람들이 나에 대해 생각하듯이) 여러 가지로 관찰했다. /특히 25년이나 된 여성의 육체가/우연을 통해/분노, /오랜 사일열(四日熱), /심한 기침/딱딱해진 변의 강제적인 배출/골절과 같은 우연을 통해/그리고 다른 이유를 통해 생성될 수 있는지를. /내가 진짜 이유도 모르는 채 그녀를 건드리지 않고/오히려 결혼 전의 사건을 철저히 알려고 한다면/나는 그녀를 모독하는 것과 같다"(같은 책, p. CVII). 아마도 투르나이서는『치머의 연대기』에 나오는 법정에서 결혼약속 이행을 거부했던 남자처럼 '그 장소의 비좁음'을 측정했던 것 같다. "그는 그게 사실일 거라고 말했다. 그러나 그가 그녀를 처녀로 여겼을 때와 생각이 달라졌다. 그녀는 사람들 말대로 처녀가 아니었다. 그는 여관의 피리 부는 사람처럼 그녀 안으로 들어가기를 원했지만 그렇게 되지 않았기 때문이다"(K. A. Barack, *Zimmerische Chronik*, Bd. II, Freibufg, 1881, p. 556).

42) 고대 인도에서도 마찬가지였다. S. Singh, "Cadaveric Supply for Anatomical Dissections," *Indian Journal of the History of Medicine*, 1973, p. 36 참조. 해부에 대한 거부감은 여전히 만연되어 있었다. "내 몸을 해부하지 마십시오"라고 마지막 태즈메이니아인(오스트레일리아 남동부에 있는 섬의 원주민으로 1876년에 멸망당함—옮긴이)이었던 트루가니니(Truganini)는 1876년 임종시 주위 사람들에게 간청했지만 그녀가 죽고 난 후 바로 그녀의 해골은 태즈메이니아 박물관에 전시되었다. M. Cannon, *Australia: A History in Photographs*, South Yarra, 1983, p. 26 참조.

43) T. Platter/F. Platter, *Zwei Autographien*, ed. D. A. Fechter, Basel, 1840, p. 152f. 18세기에는 사형 집행된 범죄자들의 시체가 해부용으로 사용될 수 있었다. 교수대 밑에서 의사, 외과의, 의대생들이 서로 사체를 가져가려고 심하게 다투는 일이 잦았다. E. F. Frey, "Early Eighteenth-Century French Medicine," *Clio Medica*, 1982, p. 9 참조. 빅토리아 초기의 화가이며 조각가인 깁슨(John Gibson)은 해부학 수업을 위해 밤에 무덤에 가서 시체를 파내와야 했다. R. Pearsall, *Public Purity, Private Shame*, London, 1976, p. 132 참조.

44) J. Mathé, *Leonardo da Vincis anatomische Zeichnungen*, Fribourg, 1978, p. 19f. 참조. 갈레노스 시대에 이미 내버려진 신생아를 제외한 인간의 시체를 해부하는 것이 금지되었다. 게르만의 군의들조차 살해된 게르만 군인들을 해부할 수 없었던 것을 의사는 유감스럽게 생각했다. W. Artelt, *Die ältesten Nachrichten über die Sektion menschlicher Leichen im mittelalterlichen Abendland*, Berlin, 1940, p. 4 참조.

45) 18세기 여성 시체의 해부에 대한 반대에 대해서는 B. Duden, *Geschichte unter der Haut*, Stuttgart, 1987, p. 105 참조.

46) P. Capparoni, "Mondino o Raimondino dei Liucci o Liuzzi," *Enciclopedia Italiana*, Bd. XXIII, Roma, 1934, p. 628; E. Holländer, Die Medizin in der klassischen Malerei, Stuttgart, 1923, p. 26 참조.

47) 그리고 100년이 더 지나서야 여자의 시체가 해부학을 위해 제공되었다. H. S. Glasscheib, *Das Labyrinth der Medizin*, Reinbek, 1961, p. 262f. 참조. 17세기에는 많은 귀족 남자들이 여자 시체를 사들였던 것으로 보인다. "어제 투르의 한 아가씨가 감옥에서 나와 그레브 광장으로 끌려갔다. 소문에 의하면 그녀는 자신의 아이를 죽였기 때문에 거기에서 교수형에 처해졌다고 한다. 그런데 형이 집행되자마자 곧 마차 한 대가 광장으로 들어와서는 그 시체를 루브르 궁으로 가져갔는데, 그것을 어떤 귀하신 분이 보고 싶어한다는 것이다"(A. Cabanès, o. J., IV, p. 314에서 재인용). '사람을 해부할 때' 특히 많은 부인들이 그 자리에 있었다는 사실도 보고되고 있다(같은 책, p. 316).

48) C. Singer, 앞의 책, p. 31 참조.

49) G. Klein, "Bildliche Darstellungen der weiblichen Genitalien vom 9. Jahrhundert bis Vesal," *Alte und neue Gynaekologie*, ed. E. Aulhorn et al., München, 1907, p. 10 참조.

50) 그 예에 관해서는 Margotta, *An Illustrated History of Medicine*,

Feltham, 1968, p. 9, 126f. ; F. Weindler, *Geschichte der gynäkologisch-anatomischen Abbildung*, Dresden, 1908, p. 121, 155; K. Sudhoff, p. 43, 79, 83, Tf. X, XIII, XX; B. H. Hill, "The Grain and the Spirit in Mediaeval Anatomy," *Speculum* 1965, Fig. I, II; R. Herrlinger, *Geschichte der medizinischen Abbildungen*, Bd. I, München, 1967, p. 12f. ; K. Marcelis, *De afbeelding van de aderlaaten de zodiakman*, Brüssel 1986 참조. 13세기의 해부학 그림에 남자들은 두 다리를 벌리고 있지만 생식기가 없는 여자들은 그런 무례한 자세는 피하고 있다. K. Sudhoff, *Ein Beitrag zur Geschichte der Anatomie im Mittelalter*, Leipzig, 1908, p. 25 참조.

51) H. -P. Korsch, *Das materielle Strafrecht der Stadt Köln*, Köln, 1958, p. 84 참조.

52) M. de Montaigne, *Les Essais*, Bd. I, Paris, 1922, p. 20.

7. 고대와 아랍인, 비서구 민족들의 조산과 '내'진

1) L. C. MacKinney, *Medical Illustrations in Medieval Manuscripts*, Berkeley, 1965, p. 250; A. Martin, "Gebärlage der Frau, Bad des Neugeborenen und Wochenbett in Mitteleuropa," *Sudhoffs Archiv*, 1917, p. 245; H. S. Glasscheib, *Das Labyrinth der Medizin*, Reinbek, 1961, p. 85f. 참조. 예컨대 괴팅겐의 산파인, 즉 바데모더(bademoder)는 일반적으로 임산부를 진정시키고 출산 후 아이를 목욕시키는 것 이상의 일을 하지 않았던 것으로 보인다(H. Roeseler, *Die Wohlfahrtpflege der Stadt Göttingen im 14. und 15. Jahrhundert*, Berlin, 1917, p. 65 참조). 이러한 광경은 많은 그림들의 소재가 되었다.

2) Soranus v. Ephesos, *Die Gynäkologie*, ed. J. C. Huber, München 1894, XXI, §70; Soranus, *Gynaeciorum Libri IV*, ed. I. Ilberg, Leipzig, 1927, p. 54. H. Herter, "Genitalien" in *Reallexikon für Antike und Christentum*, Bd. X, ed. T. Klauser, Stuttgart, 1976, p. 30; F. Kudlien, "Geburt(medizinisch)" in *Reallexikon für Antike und Christemtum*, Bd. IX, ed. T. Klauser, Stuttgart, 1973, p. 41 참조.

3) G. Snyder, *Instrumentum medici*, Ingelheim, 1972, p. 55 참조.

4) H. Hunger, "Topographie der Vulva," *Sexualmedizin*, 1981, p. 76;

R. Jackson, *Doctors and Diseases in the Roman Empire*, London, 1988, p. 99 참조.

5) 예에 관해서는 B. H. Matthäus, *Der Arzt in römische Zeit*, Bd. I, Aalen, 1987, p. 56f. 참조.

6) J. André, *Être mé decin à Rome*, Paris, 1987, p. 125 참조. 이미 그 전에도 산파들의 '의료 행위'에 대해서는 논란이 있었다. 예컨대 기원전 4세기에 파노스트라테(Phanostrate)라는 이름의 어떤 여자가 '산파와 여의사'로 불렸다면 그녀는 아마도 부인병을 치료했던 여자 산부인과 의사였을 것이다. 황제 시대의 *ἰατρίνη*는 추측건대 여자 일반의였던 것으로 보인다. F. Kudlien, *Der griechische Arzt im Zeitalter des Hellenismus*, Mainz, 1979, p. 88f. 참조.

세네카(Lucius Annaeus Seneca, BC 4경~AD 65: 로마의 철학자·정치가·연설가·비극작가─옮긴이)의 작품에서는 물론 루피누스(Tyrannius Rufinus, 345경~410/411, 로마의 사제·작가·신학자─옮긴이)와 다른 사람들의 작품에서도 비슷하게 '산파들은 곧 여의사'로 불렸던 반면 비문에는 '산파'와 '여의사'가 구분되고 있다. 그러나 후자들 역시 주로 여자 산부인과 의사인 것으로 보이며 그들 중에는 정규 교육을 받은 전문가들도 있었다. 그래서 어떤 비문에 보면 포렐라 멜라니오나(Forella Melaniona)라는 이름의 여자를 '산부인과 의사'라 칭하고 있다. 어느 고대 해설자는 '산파' (obstetrix)는 "그녀가 아이를 받기 때문에" 그런 이름을 가지게 되었다고 한다. M. Eichenauer, *Untersuchungen zur Arbeitswelt der Frau in der römischen Antike*, Frankfurt/M., 1988, p. 155 참조.

7) A. Rousselle, "Observation féminine et idéologie masculine," *Annales*, 1980, p. 1091; E. C. Keuls, *The Reign of the Phallus*, New York, 1985, p. 142 참조. 아그노디케(Agnodike)라는 이름의 어떤 여자가 산부인과 진찰을 담당했으며 여자들은 의사 활동을 할 수 없었기 때문에 남장을 했다고 한다. 전해 내려오는 이야기에 의하면 사람들이 그녀가 여자임을 알아채고는 바로 법을 바꾸었다고 한다. P. Ghalioungui, *The House of Life: Per Ankh*, Amsterdam, 1973, p. 104 참조.

8) H. Herter, 앞의 책. J. Ilberg, "Aus Galens Praxis," *Antike Medizin*, ed. H. Flashar, Darmstadt, 1971, p. 383 참조.

9) A. Rousselle, 앞의 책, p. 1113; Rousselle, *Porneia*, Paris, 1983, p. 39 참조. C. O. Rosenthal, "Zur geburtshilflich-gynäkologischen Betätigung des Mannes bis zum Ausgange des 16. Jahrhunderts,"

Janus, 1923, p. 132 참조. 18세기 후반에 파리의 외과 대학이 지벨린 (Antoine Gibelin)에게 고대의 '산과 의사'가 진짜로 옷을 벗은 부인의 출산을 도와주는 동판화(그림 198)를 완성해달라고 부탁했는데 이런 그림은 남성 조산술을 선전하기 위한 것이었다. F. v. Zglinicki, *Geburt*, Braunschweig, 1983, p. 110 참조.

198. 「고대의 출산」, 지벨린의 동판화.

10) A. Rousselle, *Porneia*, Paris, 1983, p. 38f.

11) P. Diepgen, "Die Betätigung des Mannes als Frauenarzt von den ältesten Zeiten bis zum Ausgang des Mittelalters," *Zentralblatt für Gynäkologie*, 1920, p. 726 참조.

12) A. Rousselle, 앞의 책, p. 40.

13) J. Scarborough, *Roman Medicine*, Ithaca, 1969, p. 46, 131 참조.

14) Hippokrates, *Die Frauenkrankheiten*, Bd. I, ed. R. Kapferer, Stuttgart, 1939, p. 62.

15) 같은 책, p. 21. 고대 이집트 의사들도 확실히 산과 의사로 일하는 것이 허락되지 않았다. F. Weindler, *Geburts- und Wochenbettdarstellungen auf altägyptischen Tempelreliefs*, München, 1915, p. 19 참조. 자이스에 있는 '생명의 집'에서 산파들에게 조산법을 가르쳤던 것으로 보이며 산파들은 의사들에게 특별한 지식을 제공했다. P. Ghalioungui, *Magic and Medical Science in Ancient Egypt*, London, 1963, p. 121 참조. 남자들이 이런 집에 드나들었다는 것에 대한 언급은 전혀 없다. Ghalioungui, *The Physicians of Pharaonic Egypt*, Cairo, 1983, p. 92 참조.

16) 이런 사실로 미루어볼 때 특별히 바그다드에서는 아주 일찍부터 여성들에게 정식 산부인과 교육을 시켰음을 알 수 있다. Y. Knibiehler/C. Fouquet, *La femme et les médecins*, Paris, 1983, p. 50f. 참조.

17) 그런 복사본조차 매우 드물다. C. W. Turner, "Vom Islam und seiner Heilkunde," *Ciba Zeitschrift*, 1934, p. 505f. 참조.

18) F. Rahman, *Health and Medicine in the Islamic Tradition*, New York, 1987, p. 55f. 참조.

19) C. O. Rosenthal, 앞의 책, p. 134 참조.

20) 여자들만 있었던 정상 분만시에도 진통 중인 산부는 완전히 옷을 입고 있었던 것으로 보이며 난산의 경우에도 마찬가지였다. 16세기 피르다우시스 (Firdausis)의 '제왕절개 교본'인 『샤나메』(Šhah-Nahmeh)에 나오는 제왕절개 그림을 보면 출산하는 여자의 배 위에만 옷에 구멍을 뚫어 놓았다. I. Veith, "Kunst und Medizin im fernen Osten und im Orient," *Kunst und Medizin*, ed. H. Schadewaldt et al., Köln, 1967, p. 288 참조.

21) 이븐 시나의 말에 의하면 의사는 손가락을 질이나 직장에 삽입할 수 없었지만 거울이나 존데의 사용은 허용되었다고 한다. M. Ullmann, *Die Medizin im Islam*, Leiden, 1970, p. 250f. 아라비아 문화권에서 검경이 널리 사용되기 시작한 지는 1000년도 더 되었다. P. M. Hones, 1984, p. 27f. 참조.

22) W. B. Stanford/E. J. Finopoulos, *The Travels of Lord Charlemont in Greece & Turkey*, 1749, London, 1984, p. 198. 이라크에서도 의사는 *aba*, 즉 검은 숄, 또는 손수건을 덮은 상태에서만 맥박을 짚을 수 있었다. 트란스요르단(요르단의 옛 이름 — 옮긴이)에서는 예방 접종을 위해 여자의 소매에 작은 구멍을 뚫었으며 의사도 마찬가지로 여환자의 입술을 보지 못하도록 여환자의 입을 가린 수건에 뚫린 구멍을 통해서만 혀를 볼 수 있었다. D. F. Beck, "The Changing Moslem Family of the Middle East," *Readings in Arab Middle Eastern Society and Cultures*, ed. A. M. Lutfiyya/C. M. Churchill, The Hague, 1970, p. 573f. 참조.

23) H. Dittrick, "Chinese Medicine Dolls," *Bulletin for the History of Medicine*, 1952, p. 428 참조.

24) A. B. Rugh, *Reveal and Conceal: Dress in Contemporary Egypt*, Syracuse, 1986, p. 127 참조.

25) A. Kennett, *Bedouin Justice*, London, 1925, p. 132 참조.

26) L. Gremliza, "Geburtshilfe in einer persisch-arabischen Kleinstadt," *Deutsche Medizinische Wochenschrift*, 1953, p. 1680. 19세기 몰타에서

도 진통 중인 임산부의 생명이 위험할 때에만 남자 산부인과 의사를 불렀다. P. Cassar, *Medical History of Malta*, London, 1964, p. 414 참조.

27) Jürgen Frembgen: 1989년 7월 27일의 편지.

28) Y. el-Masry, *Die Tragödie der Frau im arabischen Orient*, München, 1963, p. 116, 135. 시와 오아시스에서는 생사가 걸린 경우라도 의사를 부르지 않았다. M. M. ʿAbd Allah, "Sîwan Customs," *Harvard African Studies*, 1917, p. 2 참조. 타벨발라 오아시스에서는 위급한 경우에 임산부의 목에 부적을 걸어주었고 아이는 엄마의 허리띠를 성자 시디 부체크리의 무덤까지 매고 갔다. D. Champault, "La naissance à Tabelbala," *Journal de la Société des Africanistes*, 1953, p. 94 참조.

29) C. Delaney, "Mortal Flow: Menstruation in Turkish Village Society," *Blood Magic*, ed. T. Buckley/A. Gottlieb, Berkeley, 1988, p. 81, 86 참조.

30) E. M. Atabek, "Einige Entbindungsszenen aus den orientalischen Miniaturen," *Historia Hospitalium*, 1984, p. 110 참조.

31) A. Petersen, *Ehre und Scham*, Berlin, 1985, p. 13, 18 참조.

32) F. C. Endres, *Türkische Frauen*, München, 1916, p. 162f.

33) H. Kentenich, "Interview mit der Hebamme Perihan C.," *Zwischen zwei Kulturen*, ed. H. Kentenich et al., Berlin, 1984, p. 70; I. Kayankaya, "Vorstellungen und Konzepte türkischer Frauen für den Bereich der Gynäkologie und Geburtshilfe," *Die Geburt aus ethnomedizinischer Sicht*, ed. W. Schiefenh vel/D. Sich, Braunschweig, 1983, p. 238 참조.

34) G. Mayer, "Die 'blanke' Orientalin," *Sexualmedizin*, 1984, p. 658 참조. 하이델베르크의 한 산부인과 의사는 터키의 여환자에게는 한 번도 질을 검사해보자고 제안하지 않았다고 내게 말해준 바 있다. 이미 아이를 출산한 많은 여자들도 가슴을 진찰하는 것에 대해 반대했으리라는 그의 체험은 이론의 여지가 없다.

35) K. Pfingsten, "Zur Situation der ausl ndischen Patientin in der gynäkologischen Praxis," *Psychosomatische Probleme in der Gynäkologie und Geburtshilfe*, ed. B. Fervers-Schorre et al., Berlin, 1986, p. 133 참조.

36) G. Zwang, *Die Erotic der Frau*, Basel, 1968, p. 228 참조.

37) F. Guerra, "Maya Medicine," *Medical History*, 1964, p. 41 참조.

38) C. Rätsch, "Kräuter zur Familienplanung," *Sexualmedizin*, 1983, p. 174 참조.

39) B. Jordan, "Gebären oder entbunden werden?," *Psychologie heute*, 1982년 3월, p. 35. 라칸돈족(Lakandonen)의 경우에도 그런 상황은 무례한 것이다. 그러나 여자가 싫은 마음을 억제하고 출산을 위해 병원에 갈 경우에는 자주 일반적인 규범을 무시했다. "진찰할 때 라칸돈 여성들은 아주 닳고 닳아 병원에서 요구했던 것은 그것이 예의라는 전통적 규범을 파괴하는 것일지라도 무엇이든지 한다"(Robert D. Bruce: 1986년 6월 27일의 편지). 많은 남자들이 아내와 함께 가끔 팔렝케(현재 멕시코 치아파스 주에 있는 고대 마야인의 도시유적 ─ 옮긴이)의 여행객으로부터 포르노 책자를 얻어 본다는 사실도 이에 속한다. 게다가 이들은 이런 포르노 책자에 나온 사람들의 무성한 치모와 이들이 취하는 기이한 자세를 보고 놀라긴 하지만 전혀 수치심을 느끼지는 않는다. 왜냐하면 그 책자에 나오는 사람들이 라칸돈족이 아니라 그들이 지닌 수치심의 개념과는 전혀 '관계' 없는 사람들이기 때문에 그럴 것이다(Christian Rätsch: 1986년 6월 5일의 편지). 그런 라칸돈족의 행동은 전환기의 '살롱 민속학적' 문학의 독자와 근본적으로 다르지 않다. 그 독자들은 이방 여자들의 나체화를 백인 여성의 나체 사진과는 아주 다른 눈으로 관찰한다.

40) E. Burgos, *Rigoberta Menchú*, Bornheim, 1984, p. 15 참조. 미초아칸족 여자도 절대 남자 산부인과 의사를 허용하지 않았을 것이다. B. Engel-brecht, *Töpferinnen in Mexiko*, Basel, 1987, p. 63 참조. 현재까지도 도시에 사는 페루 여자들은 성기에 대해 아주 큰 수치심을 가지고 있기 때문에 대부분 출산할 때 그 지역의 산파 한 명 외에는 다른 여자들이 들어오지 못하게 한다. E. Wellin, "Water Boiling in a Peruvian Town," *Health, Culture and Community*, ed. B. D. Paul, New York, 1955, p. 84 참조. 푸에르토리코 여자들은 대부분 산부인과 의사에게 그들의 성기를 보여주기를 거부한다. 그들은 남편이 '거기를' 쳐다볼 때에도 부끄러워한다. J. M. Stycos, "Birth Control Clinics in Crowded Puerto Rico," *Health, Culture and Community*, ed. B. D. Paul, New York, 1955, p. 201 참조. 베트남에서도 전통적으로 비슷하다. R. J. Coughlin, "Pregnancy and Birth in Vietnam," *Southeast Asian Birth Customs*, ed. D. V. Hart, New Haven, 1965, p. 240 참조.

41) G. J. Engelmann, *Die Geburt bei den Urvölkern*, Wien, 1884, p. 17, 57 참조. 샤이엔족(Cheyenne: 19세기 플랫·아칸소 강 유역에 살던 북아메

리카 평원의 인디언—옮긴이)도 마찬가지다(정보제공자: Standing Elk Alone, 1982, 6월).

42) H. Ellis, *Geschlechtstrieb und Schamgefühl*, Leipzig, 1900, p. 18f. 참조. 성 미카엘 에스키모(St. Michael-Eskimo) 여자들은 심하게 부끄러움을 탄다. 생명이 위험한 경우라도 산부인과 의사를 부르는 일은 절대 일어나지 않는다. H. M. W. Edmonds, "Report on the Eskimos of St. Michael and Vicinity," *Antropological Papers of the University of Alaska*, 1966, p. 30 참조. 허드슨 만의 그레이트 웨일 강 에스키모(Great Whale River-Eskimo)의 경우 진통 중인 산부는 주위에 있는 누구도 그녀의 성기를 볼 수 없도록 항상 완전하게 옷을 차려 입는다. I. Honigmann/J. J. Honigmann, "Child Rearing Patterns Among the Great Whale River Eskimo," *Anthropological Papers of the University of Alaska*, 1953, p. 32 참조.

43) L. L. Sample/A. Mohr, "Wishram Birth and Obstetrics," *Ethnology*, 1980, p. 430f. 참조. 루손 북동쪽의 아그타족(Agta) 남자들은 부끄러움을 심하게 타는데 여자들은 더욱 심하다. 그리고 항상 성기 부위를 나무껍질 끈으로 가렸다. A. A. Estioko/P. B. Griffin, "The Ebuked Agta of North-eastern Luzon," *Philippine Quarterly of Culture and Society*, 1975, p. 239f. 참조. 출산시 진통 중인 여자의 음부는 천으로 덮었으며 도와주는 여자들조차 그녀의 외음부를 볼 수 없었다. T. N. Headland, "Teh Casiguran Dumagats Today and in 1936," *Philippine Quarterly of Culture and Society*, 1975, p. 248 참조.

44) L. Romanucci-Ross, *Mead's Other Manus*, South Hadley, 1985, p. 173 참조. 네팔 서부의 훔리-캄파족(Humli-Khyampa)의 경우 출산 중인 여자는 성기 부위를 아무도 만지지 못하게 한다. 같은 여자라도 마찬가지다. 난산일 경우에만 예외를 허용한다. H. Rauber, "Stages of Women's Life Among Tibetan Nomadic Traders," *Ethnos*, 1987, p. 218f. 참조. 무엇보다 수치심 때문에 그리고 몸을 따뜻하게 유지하기 위해서 자바 여자들은 출산 시 천으로 몸을 덮는다. P. Wessing, *Cosmology and Social Behavior in a West Javanese Settlement*, Ann Arbor 1984, p. 235 참조. 발리에 사는 자바의 창녀들도 다른 여자에게 그들의 음부를 보여주지 않는다는 것을 내게 확인해준 바 있다.

45) W. Schiefenhövel, "Geburten bei den Eipo," *Die Geburt aus ethnomedizinischer Sicht*, ed. W. Schiefenhövel/D. Sich, Wiesbaden, 1983, p. 50; Scheifenhövel, *Geburtsverhalten und reproduktive*

Strategien der Eipo, Berlin 1988; G. Koch, "Forschungen im Bergland von Neuguinea: Kleidung und Schmuck," *Ausstellungskatalog*, Berlin, 1979, p. 17 참조.

46) C. Furth, "Concepts of Pregnancy, Childbirth, and Infancy in Ch'ing Dynasty China," *Journal of Asian Studies*, 1987, p. 18 참조.

47) P. Huard/M. Wong, *La médecine chinoise au cours des siècles*, Paris, 1959, p. 144 참조. 쿤트너(Liselotte Kuntner)가 1986년 12월 1일자 편지에서 말했듯이 중국의 산부인과 의사들은 손으로 하는 질 검사나 직장 검사 방식을 전혀 모르고 있다.

48) C. Furth, 앞의 책, p. 16 참조.

49) P. U. Unschuld, *Medizin in China*, München, 1980, p. 257에서 재인용.

50) G. E. Henderson/M. S. Cohen, *The Chinese Hospital*, New Haven, 1984, p. 56 참조.

51) E. Honig/G. Hershatter, *Personal Voices: Chinese Women in the 1980's*, Stanford, 1988, p. 54f.에서 재인용.

52) F. H botter, *Die Chinesische Medizin*, Leipzig, 1929, p. 101.

53) I. Veith, "The History of Medicine Dolls and Foot-binding in China," *Clio Medica*, 1980, p. 255 참조. 특히 부끄러움을 타는 부인이라면 손목까지 내려오는 옷을 입은 채 커튼 뒤에서 구멍을 통해 팔을 뻗었다.

54) H. Dittrick, 앞의 책, p. 428f; K. F. Russell, "Ivory Anatomical Manikins," *Medical History*, 1972, p. 131; A. S. Lyons/R. F. Petrucelli(ed.), *Die Geschichte der Medizin im Spiegel der Kunst*, Köln, 1980, p. 129, 138 참조.

55) I. Veith, "The Beginnings of Modern Japanese Obstetrics," *Bulletin for the History of Medicine*, 1951, p. 45 참조. 최초의 조산술 교과서는 게네추 카가와(Genetsu Kagawa)가 집필하여 1765년에 출간되었다. Y. Fujikawa, *Geschichte der Medizin in Japan*, Tokyo, 1911, p. 47f. 참조.

56) G. J. Engelmann, 앞의 책, p. 47.

57) I. Veith(1951), 앞의 책, p. 56 참조. 많은 다른 그림들이 이런 사실을 확인시켜준다. 그 예로는 H. Speert, *Iconographia Gyniatrica*, Philadelphia, 1973, p. 94 참조.

58) R. Herold, "Sexualität auf japanisch," *Die Frau*, ed. G. Hielscher,

Berlin, 1980, p. 124f. 참조.

59) A. Wernich, *Geographisch-medicinische Studien nach den Erlebnissen einer Reise um die Erde*, Berlin, 1878, p. 135.

60) D. Sich, *Mutterschaft und Geburt im Kulturwandel*, Frankfurt/M., 1982, p. 135 참조.

61) Dorothea Sich: 1987년 5월 8일의 편지.

62) P. M. Schulien, "Kleidung und Schmuck bei den Atchwabo in Portugiesisch-Ostafrika," *Anthropos*, 1926, p. 877.

63) A. Krämer/H. Nevermann, *Ralik-Ratak*, Hamburg, 1938, p. 185 참조. 필리핀의 교육부는 이즈넥(Isneg) 학생 전체에게 의료 검진을 시키라고 지시했다가 이즈넥에서 반란이 일어날까 두려워 곧 취소했다. 이 종족은 의사 앞에서 여학생들이 옷을 벗는 것을 절대 용납할 수 없었기 때문이다. 젊은 여자들은 사롱(미얀마, 인도네시아, 말레이 열도의 원주민 고유의 의상으로 폭이 넓은 천을 원통형으로 꿰매어 몸 아랫부분을 감싸고 허리에서 여미거나 끈 또는 핀으로 묶어 고정한다—옮긴이)의 일종인 'tapis' 밑에 앞뒤로 연결된 가리개를 걸쳤다. 그런데도 젊은 여자는 남자 앞에서 절대 그것을 벗거나 남자가 뒤에서만 그녀를 볼 수 있는 상황에서도 그렇게 하지 않았으며 미혼 여성들은 다른 여자 앞에서도 자신의 성기를 노출시키지 않았던 것으로 보인다. M. Vanoverbergh, *The Isneg*, Washington, 1938, p. 151f. 참조.

64) G. Jansen, *The Doctor-Patient Relationship in an African Tribal Society*, Assen, 1973, p. 110 참조. 벤다족(Venda: 남아프리카 벤다 공화국에 살며 반투어를 쓰는 종족으로 짐바브웨 남부와 접한 남아프리카 공화국의 북동쪽 끝 지역에 산다—옮긴이) 여자는 산부인과 의사에게는 말할 것도 없고 그녀의 애인에게도 음순을 인위적으로 길게 만든 그녀의 외음부를 보도록 허락하지 않았다. 단지 생명이 위험한 출산과 같은 비상시에만 나이든 여자가 그녀의 외음부를 보는 것을 허용했다. N. J. van Warmelo/W. M. D. Phophi, *Venda Law*, Bd. II, Pretoria, 1948, p. 270 참조.

65) 물론 이런 여자들은 대부분 독일 군인에게 강간당한 후 매춘을 하도록 내몰린 경우였다. M. Mamozai, *Schwarze Frau, Weiße Herrin*, Reinbek, 1989, p. 251f., 283 참조.

66) 아주 오래 된 의학 서적에도 정상분만시 남자 의사를 불러온다는 것에 관해서는 전혀 논의조차 되고 있지 않다. K. B. Rao, "Obstetrics in India Over 2000 Years Ago," *Indian Journal of the History of Medicine*, 1963, p. 19 참조. 위급한 상황에서도 진통 중인 임산부는 오로지 그녀의

숙명에 내맡겨졌던 것으로 보인다. 예를 들어 『수스루타 삼히타』(*Suśruta Sambitā*)에는 이렇게 적혀 있다. "죽음의 고통 속에서 머리를 심하게 뒤로 젖힌 채 몸이 벌써 차가워진 임산부, 품위를 잃지 않기 위해 어쩔 수 없이 그렇게 되어버린 그녀는 그녀의 몸 안에서 죽은 아이와 함께 죽어간다"(K. L. Bhishagratna, *Suśruta Sambitā*, Bd. II, Varanasi, 1981, p. 57f. 이 대목을 가르쳐준 엘리 프랑코에게 감사한다).

67) R. Jeffery, *The Politics of Public Health in India*, Berkeley, 1988, p. 48에서 재인용.

68) R. Jeffery, "Recognizing India's Doctors: The Institutionalization of Medical Dependency, 1918~39," *Modern Asia Studies*, 1979, p. 305 참조.

69) 그 예에 대해서는 H. Homans, "Pregnancy and Birth as Rites of Passage for Two Groups of Women in Britain," *Ethnography of Fertility and Birth*, ed. C. P. Mac-Cormack, London, 1982, p. 242f. 참조.

70) P. Jeffery/R. Jeffery/A. Lyon, "Contaminating States: Midwifery, Childbearing and the State in Rural North India," *Women, State and Ideology*, ed. H. Afshar, Houndmills, 1987, p. 154f. 참조.

71) L. Minturn/J. T. Hitchcock, *The Rājpūts of Khalapur*, New York, 1966, p. 77 참조.

72) K. F. Stifter, *Die dritte Dimension der Lust*, Frankfurt/M., 1988, p. 16 에서 재인용.

8. 출산과 임신의 은밀함

1) R. Dor/C. M. Naumann, *Die Kirghisen des afghanischen Pamir*, Graz, 1978, p. 79 참조.

2) D. A. Jacobson, *Hidden Faces*, Ann Arbor, 1980, p. 306.

3) U. Lind, "Hilfsbedürftigkeit und Krankheit im Dasein eines Naturvolkes," *Die Grünenthal-Waage*, 1971, p. 220 및 J. F. Embree, *Suye Mura: A Japanese Village*, Chicago, 1939, p. 178f. 참조.

4) A. Petersen, *Ehre und Scham*, Berlin, 1985, p. 16 참조.

5) J. K. Campbell, 1964, p. 289 참조. 팔레스타인 여자들도 비슷하다. R. T. Antoun, "On the Modesty of Women in Arab Muslim Villages,"

American Anthropologist, 1968, p. 674 참조. 부르고뉴의 촌부들은 의사들이 출산을 도우러 오면 심한 진통을 느끼면서도 더 이상 비명을 지르지 않았다고 한다. Y. Verdier, *Drei Frauen*, Stuttgart, 1982, p. 103 참조.

6) A. D. Sherfan, *The Yakans of Basilian Island*, Cebu City, 1976, p. 31.

7) Y. Preiswerk, "So hat man damals entbunden," A. Favre, *Ich, Adeline, Hebamme aus Val d'Anniviers*, Darmstadt, 1985, p. 120. 출산하는 동안 여자들은 아주 조용하다. 누가 들을까봐 소리를 지르지도 않고 아프다고 이야기하지도 않는다. 같은 책, p. 122 참조.

8) E. Burgos, *Rigoberta Menchú*, Bornheim, 1984, p. 15f.

9) J. H. Kelly, *Yaqui Women*, Lincoln, 1978, p. 133.

10) A. *Franklin, La vie privée d'autrefois*, Bd. IX, Paris, 1898, p. 316 참조.

11) F. v. Reitzenstein, *Das Weib bei den Naturvölkern*, Berlin o. J., p. 334에서 재인용.

12) E. L. Schieffelin, *The Sorrow of the Lonely and the Burning of the Dancers*, St. Lucia, 1977, p. 124.

13) E. M. Loeb, *Sumatra*, Wien, 1935, p. 116 참조. 암하라족(Amhara : 에티오피아 중부 고원지방에 사는 종족—옮긴이)의 경우 마지막 진통이 시작되기 전에 출산 경험이 없는 모든 처녀들과 부인들을 분만실에서 내보낸다. 그들을 놀라게 하고 싶지 않기 때문이다. T. Ras-work, "Birth Customs of the Amharas of Sawa," *Bulletin of the Ethnological Society of the University College of Addis Abeba*, 1957.

14) G. H. Herdt, *Guardians of the Flutes*, New York, 1981, p. 197 참조. 또 다른 예에 관해서는 G. M. Stenz, *Beiträge zur Volkskunde Süd-Schantungs*, Leipzig 1907, p. 68(중국인); E. Hurel, "Religion et vie domestique des Bakerewe," *Antropos*, 1911, p. 293(베이크리위); M. N. Maceda, *The Culture of the Mamanua*, Manila, 1964, p. 78(민다나오 북동쪽의 마마누아 누그리토스); G. Calame-Griaule, "Maternit chez les Dogon," *1 Congrès Internationale de médecine pszchosomatique et maternitê*, Paris, 1965, p. 466(도곤족); W. L. D'Azevado, "Washoe," *Handbook of North American Indians*, Bd. II, ed. W. L. D'Azevedo, Washinton, 1986, p. 486(와쇼족); L. Brotmacher, "Medical Practice Among the Somalis," *Bulletin for the History of Medicine*, 1955, p. 221(소말리아); J. W. Vanstone, *Point Hope*, Seattle, 1962, p. 79(포인트 호프 에스키모); D. Faye, *Mort et naissance: Le monde Sereer*,

Dakar, 1983, p. 77(세리어족); H. C. Jackson, "The Nuer of the Upper Nile Province," *Sudan Notes and Records*, 1923, p. 140(누에르족); M. Krengel, *Sozialstrukturen im Kumaon*, Wiesbaden, 1989, p. 245(쿠마온족); K.-I. Sudo, "Nurturing in Matrilineal Society: A Case Study of Satawal Island," *Cultural Uniformity and Diversity in Micronesia*, ed. I. Ushijima/K. -I. Sudo, Osaka, 1987, p. 93(캐롤라인 제도의 사타왈족); A, Spoehr, *Kindship Systems of the Seminole*, Chicago, 1942, p. 88(세미놀족); P. Paulitschke, *Ethnographie Nordost-Afrikas*, Bd. I, Berlin, 1893, p. 191(소말리아와 아파르족); G. J. Engelmann, *Die Geburt bei den Urvölkern*, Wien, 1884, p. 54(로앙고족); Esther Goody: 1990년 2월 24일의 개인적인 편지(곤자족); B. Malinowski, *The Natives of Mailu*, ed. M. W. Young, London, 1988, p. 188(마일루족); 1986년 7월 Pak Lamuri의 정보 제공자(아타키완족); T. Koch-Grünberg, *Zwei Jahre unter den Indianern*, Bd., I, Berlin, 1908, p. 182(시우시족).

15) T. E. Mails, *The People Called Apache*, Englewood Cliffs, 1974, p. 57. 포다르코 카야포족(Pau d'Arco-Kayapó)은 아주 난산인 경우에만 임산부가 굵은 나뭇가지에 매달려 진통을 참는 동안 남편이 뒤에서 그녀의 몸을 잡아준다. G. Hartmann, "Vorstellungen Über Herkunft, Geburt und Tod bei den Pau d'Arco-Kayapó, Zentral-Brasilien," *Zeitschrift für Ethnologie*, 1988, p. 115 참조.

16) E. Brandewie, *Contrast and Context in New Guinea Culture*, St. Augustin, 1981, p. 65 참조. 더 자세한 예에 관해서는 G. T. Emmons, 1979, p. 100(브리티시 컬럼비아 북부의 탈탄족); L. M. J. Schram, "The Monguors of the Kansu-Tibetan Frontier," *Transactions of the American Philosophical Society*, 1954, p. 100(몽골인); Reimar Schefold: 1986년 8월 19일의 편지(시베루트섬의 사쿠다이족; Ingrid Bell: 1986년 10월 14일의 편지(트로브리안드 섬주민); Michael Oppitz: 1990년 2월 10일의 개인적인 전달(바루야족); C. -R. Lagae, "La naissance chez les Azande," Congo, 1923, p. 165, 167 (아잔데족). 대부분 사람들로 꽉 차 있는 호건(미국의 애리조나·뉴멕시코 주에 거주하는 나바호 인디언의 집―옮긴이)에서 이루어지는 나바호족의 치료의식에서는 환자의 부분적인 노출이 필요하다. 여환자들이 완전히 옷을 벗는 경우도 있지만 서너 명의 여자들이 그녀의 몸을 이불로 싸서 머리만 보이게 한다. 남자 환자들은 항상

앞뒤로 연결되는 가리개를 착용하며 추가로 성기 부위를 손으로 가린다. 그리고 그 자리에 참석한 여자들은 원칙적으로 누워 있는 남자를 쳐다보지 말아야 한다. W. Dyk, "Notes and Illustrations of Navaho Sex Behavior," *Psychoanalysis and Culture*, ed. G. B. Wilbur/W. Muensterberger, New York, 1951, p. 109f. 참조.

17) 툼레오 섬주민들은 남편조차 출산이 진행되는 오두막에 가까이 다가갈 수 없다. J. Blaes, "Brauchtum bei der Geburt eines Kindes auf den Inseln am Berlinhafen, Nordost-Neuguinea," Anthropos, 1949, p. 845, 846 참조. 많은 사회에서는 남자들이 출산과 결부된 '부정함'을 두려워한다. 이런 불명예가 유럽의 많은 지역에서 산파들의 '부정함'의 원인이기도 하다. H. Arnold, *Die Zigeuner*, Olten, 1965, p. 185 참조.

18) D. B. McGilvray, "Sexual Power and Fertility in Sri Lanka : Batticaloa Tamils and Moors," *Ethnography of Fertility and Birth*, ed. C. P. MacCormack, London, 1982, p. 58. 내가 벨로길리, 플로레스 섬(북대서양의 포르투갈령 아조레스 제도에서 가장 서쪽에 있는 섬—옮긴이) 동쪽의 아타키완족 중에 레파(Ema Lepa)라는 이름의 아주 자의식이 강한 여자 어부에게 출산에 관해 물었더니 그녀는——그녀는 아이들이 아주 많았다——아주 당황했다. 그래서 나는 그 주제에 관해 묻는 것을 곧 단념하지 않을 수 없었다.

19) M. A. Haindl, "Eine Liebesheirat ist, wenn beide nichts haben," *Vater, Mutter, Kind*, ed. U. Zischka, München, 1987, p. 85; W. Leierseder/L. Riepl, "Kinderleben von 1800 bis zur Gegenwart," 같은 책. p. 119. 팔츠의 리젤로테(Liselotte von der Pfalz, 샤를로테 엘리자베트, 1652~1722: 팔츠 대공의 영양으로서 1671년에 루이 14세의 동생인 필리프 공 1세와 혼인한 후 고향으로 써보낸 그녀의 편지는 프랑스 궁정 풍습을 묘사한 것으로 유명함—옮긴이)는 1660년 이렇게 회상하고 있다. "나는 그때 이미 용감하고 호기심 많은 아이였다. 사람들은 로즈메리 관목에 인형 하나를 눕혀놓고 그것이 내 숙모가 낳은 아이라고 나를 속이려 했다. 그때 나는 숙모가 끔찍하게 소리지르는 것을 들었다. 왜냐하면 숙모의 상태가 아주 좋지 않았으며 그런 상황이 로즈메리 관목으로 아이를 데려가기에는 적합하지 않았기 때문이다"(Briefe, Bd. II, 1908, p. 261).

20) H. Dudek-Mannes, "Mit Schmerzen sollst du gebüren……," *Vater, Mutter, Kind*, ed. U. Zischka, München, 1987, p. 129f.

21) H. Stekl, "'Sei es wie es wolle, es war doch so schön' : Bürgerliche

Kindhiet um 1900 im Autobiographien," *Glücklich ist, wer vergißt······?*, ed. H. C. Ehalt et al, Wien, 1986, p. 27 참조.

22) R. Sieder, "'Vata, derf i aufstehn?' Kindhietserfahrungen in Wiener Arbeiterfamilien um 1900," *Glücklich ist, wer vergißt······?*, ed. H. C. Ehalt et al., Wien, 1986, p. 71.

23) Y. Verdier, *Drei Frauen*, Stuttgart, 1982, p. 60. 어느 산파는 뮌스터란트(독일 서부 노르트라인베스트팔렌 주의 저지 지방 – 옮긴이)에서의 마지막 전쟁 기간에 대해 이렇게 말했다. "그때는 여자들이 임신했는지 알 수가 없었다. 임산부들이 아주 넓은 옷, 앞치마와 가운들로 임신한 것이 눈에 띄지 않게 옷을 입었기 때문이다. 사람들도 역시 여자들의 임신을 모르는 척했다. 당시에는 임신을 비밀스러운 것처럼 행동했다"(M. Grabrucker, *Vom Abenteuer der Geburt*, Frankfurt/M., 1989, p. 131). 30년대 남부 바이에른 지방에서도 갓난아이는 산파가 바구니에 담아서 가져오는 것이라고 아이들에게 설명했다(같은 책, p. 126).

24) S. Walther, "Die Junge Mutter," *Elisabeth von Österreich*, ed. S. Walther, Wien, 1986, p. 197. 게다가 그녀는 45센티미터의 날씬한 허리에 대해 큰 자부심을 느꼈었다.

25) J. R. Gillis, *For Better, for Worse: British Marriages, 1600 to the Present*, Oxford, 1985, p. 300.

26) P. Tinkler, "Learing Through Leisure: Feminine Ideology in Girl's Magazines," *Lessons for Life*, ed. F. Hunt, Oxford, 1987, p. 34 참조.

27) 이 그림(그림 52)은 빈 화실의 설립자인 베른도르퍼(Fritz Waerndorfer)에게 팔렸다. 그는 자신의 집에 일종의 양익제단(양쪽 문짝을 열어젖히게 된 제단 – 옮긴이)을 가지고 있었는데 남자들의 저녁모임 때 손님들에게 이 그림을 보여주었다. W. G. Fischer, *Gustav Klimt und Emilie Flöge*, Wien, 1987, p. 123 참조.

28) C. Kröll, *Heimliche Verführung: Ein Modejournal 1786 ~ 1827*, Düsseldorf, 1978, p. 81; A. Junker/E. Stille, 1988, p. 59에서 재인용.

29) H. Hentze, *Sexualität in der Pädagogik des späten 18. Jahrhunderts*, Frankfurt/M., 1979, p. 54에서 재인용. 10년 후 이 교육학자는 이렇게 말한다. "그러나 성교를 위해 필요한 치부와 인간의 성교에 관해 너희 아이들은 특별한 허락 없이 이야기해서는 안 된다. 이런 금지령을 어기는 것은 너희에게는 매우 유해하며 치욕스런 일이다. 너희들에게 그 이유를 말해줄 수 없지만 치부의 노출이 치욕적이고 굴욕적인 것으로 비난받는 것이 사실이듯,

이 말도 사실이다"(J. B. Basedow, "Aus dem 'Elementarwerk'〔1774〕," *Kinderschaukel*, Bd. I, ed. M. -L. K nneker, Darmstadt, 1976, p. 71).

30) S. H. Meldelson, *The Mental World of Stuart Women*, Amherst, 1987, p. 26 참조.

31) I. Loschek, *Mode-und Kostümlexikon*, Stuttgart, 1987, p. 267 참조.

32) F. v. Zglinicki, *Geburt*, Braunschweig, 1983, p. 25; G. Klein, "Bildliche Darstellungen der weiblichen Genitalien vom 9. Jahrhundert bis Vesal," *Alte und neue Gynaekologie*, ed. E. Aulhorn et al., München, 1907, p. 26 참조.

33) L. Walk, "Die ersten Lebensjahre des Kindes in S dafrika," *Anthropos*, 1928, p. 42 참조.

34) G. L. Forth, *Rindi*, The Hague, 1981, p. 134 참조.

35) 젊은 부인들은 임신한 경우 특히 그들의 아버지 앞에서 수치스러워했다. 임신 중이 아니라도 그들은 아버지 앞에서 매우 부끄러워하며 모든 육체적 접촉을 피한다. O. Lewis, *Tepoztlán*, New York, 1960, p. 39 및 61f. 참조.

36) R. E. Reina, *The Law of the Saints*, Indianapolis, 1966, p. 238 참조.

37) 미초아칸족에게 '아이를 낳다'(aliviarse)는 '회복되다'라는 뜻이다(G. M. Foster, *Tzintzuntzan*, Boston, 1967, p. 158 참조). 'parir'란 단어는 동물이 새끼를 낳을 때에만 사용한다. Foster, "Euphemisms and Cultural Sensitivity in Tzintzuntzan," *Anthropological Quarterly*, 1966, p. 56f. 참조.

38) 같은 책, p. 56.

39) F. R. Myers, *Pintupi Country, Pintupi Self*, Washington, 1986, p. 123 참조. 이것은 인간에 관한 셸러(Max Scheler, 1874~1928: 독일의 사회철학자·윤리학자―옮긴이)의 상론을 기억나게 한다. 그는 자신이 빈곤으로 가득 찬 동물적 존재에 묶여 있음을 발견할 때면 부끄러웠다고 한다(M. Scheler, *Schriften aus dem Nachla*, Bd. I, Bern, 1957, p. 68f.).

40) M. Krengel, 앞의 책, p. 243 참조.

41) J. Okely, "Gipsy Women," *Perceiving Women*, ed. S. Ardener, New York, 1975, p. 67; E. Diezemann, *Birma*, Pforzheim, 1979, p. 72; L. Abu-Lughod, *Veiled Sentiments*, Berkeley, 1986, p. 132, 285 참조. H. Ammar, *Growing Up in an Egyptian Village*, London, 1954, p. 96 에 의하면 이집트 중동 지역의 농경민은 다른 사람, 심지어 친구에게도 자신의 아내가 임신했다고 말해야 할 때면 매우 수치스러워했다고 한다. 루스디 사이드(Rushdi Saïd)는 이방인에 대한 침묵이 오히려 쳐다보는 것만으로도

불행을 가져온다는 표독스런 눈초리에 대한 두려움과 관계가 있음을 알게 해 주었다(1990년 3월 1일의 개인적인 보고).

42) H. Aufenager/G. Höltker, *Die Gende in Zentralneuguinea*, St. Gabriel, 1940, p. 64; R. T. Parsons, *Religion in an African Society*, Leiden, 1964, p. 37 참조.

43) A. G. O. Hodgson, "Some Notes on the Wahehe of Mahenge District, Tanganyika Territory," *Journal of the Royal Anthropological Institute*, 1926, p. 50 참조.

9. 20세기의 산부인과와 '성적 흥분 상태'

1) S. Kitzinger, "Die Geburt ist im wesentlichen ein Geschlechtsakt," *Die schöne Geburt*, ed. M. Schreiber, Hamburg, 1981, p. 61; M. Nehr, 1989, p. 146 참조.

2) N. Elias, *Über den Prozeß der Zivilisation*, Bd. I, Basel, 1939, p. 257. 더 자세한 것은 C. Wouters, "Informalisierung und der Prozeß der Zivilisation," *Materialien zu Norbert Elias' Zivilisationstheorie*, ed. P. Gleichmann et al., Frankfurt/M. 1977 참조.

3) P. Feyerabend, *Irrwege der Vernunft*, Frankfurt/M., 1989, p. 52.

4) H. G. Mutke, "Fingerspitzengefühle: Emotion und Erotik im Umgang mit Patientinnen," *Sexualmedizin*, 1980, p. 250. 예컨대 프랑크푸르트(E. Frankfort)는 *Vaginal Politics*, New York, 1972, p. 33에서 이렇게 비난했다. "많은 산부인과 의사들이 차가운, 비인격적인 매너를 취하고 있다. 그들의 언어는 오로지 이런 면만을 반영한다. 예를 들어 어느 여성과 관계될 경우 '수술실에서 자궁 적출'이라고 말한다."

5) J. M. Henslin/M. A. Biggs, "Dramaturgical Desexualization: The Sociology of the Vaginal Examination," *Studies in the Sociology of Sex*, ed. J. M. Henslin, New York, 1971, p. 254, 247 참조.

6) R. Lockot, "Zur Medizinpsychologie der Intimität," *Ärztliches Handeln und Intimität*, ed. R. Lockot/H. P. Rosenmeier, Stuttgart, 1983, p. 12.

7) J. M. Henslin/M. A. Biggs, 앞의 책, p. 258.

8) C. Downer/R. Chalker, *Frauenkörper-neu gesehen*, Berlin, 1987, p.

79. "커튼이 그녀를 익명으로, 질 외에는 육체가 없는 것처럼 만듦으로써 여성을 더욱 비인격화시킬 뿐 아니라 여환자가 의사가 무엇을 하는지를 보지 못하게 한다"(E. Frankfort, 앞의 책, p. XII).

9) H. K. Brehm, *Frauenheilkunde und Geburtshilfe für das Krankenpflegepersonal*, Stuttgart, 1976, p. 166.

10) O. Küstner, *Lehrbuch der Gynäkologie*, Jena, 1919, p. 55. 19세기 교과서 지침에서 또 다른 변화는 산부인과 의사가 완전히 노출된 여환자의 생식기 부위를 볼 수 있었다는 것이다. "사람들은 환자의 코르셋을 벗게 했다. 그리고 바지와 배의 중간을 끈으로 묶은 치마를 벗고 하체를 완전히 드러나게 했다"(같은 책, p. 555).

11) R. Kaiser/A. Pfleiderer, *Lehrbuch der Gynäkologie*, Stuttgart, 1985, p. 49, 52, 58.

12) G. Amendt, *Die bevormundete Frau oder Die Macht der Frauenärzte*, Frankfurt/M., 1985, p. 22 참조.

13) J. P. Emerson, "Behavior in Private Places: Sustaining Definitions of Reality in Gynecological Examination," *Patterns of Communicative Behavior*, ed. H. P. Dreitzel, New York, 1972, p. 87, 89 참조.

14) 아무것도 보이지 않는다. '그렇기 때문에 그는 거기 없다'. 타스와나족(소토족의 서부 분파로 남아프리카 공화국과 보츠와나에 사는 종족─옮긴이)에게 '수치'란 "잡힐까봐 두려워하는 오소리처럼 누군가의 눈을 감게 유발하는 것"을 의미한다. H. Alverson, *Mind in the Heart of Darkness*, New Haven, 1978, p. 188 참조.

15) 같은 책, p. 83.

16) R. Meringer, "Einige primäre Gefühle des Menschen, ihr mimischer und sprachlicher Ausdruck," Wörter und Sachen, 1913, p. 134; G. Amendt, 앞의 책, p. 24; J. M. Henslin/M. A, Biggs, 앞의 책, p. 264f. 참조. 많은 교과서에도 여환자를 성적으로 자극하지 않으려면 불친절하고 거칠게 행동하라고 의사에게 권하고 있다. 데버룩스(G. Devereux)는 *Angst und Methode in den Verhaltenswissenschaften*, München, 1973, p. 220에서 이런 교과서의 저자들은 많은 여자들이 원했던 것이 성교를 하는 동안 그곳을 거칠게 만지는 것임을 제대로 알고 있지 못하다고 말하고 있는데, 그렇다면 그것은 여성들의 에로틱에 관한 것이라기보다는 차라리 그의 여성상에 해당되는 것이라고 말하는 게 옳을 것이다.

17) Amendt(앞의 책, p. 27)는 이런 상황에 대해 이렇게 적고 있다. "부녀 관계

와 비슷한 관계를 설정하여 생식기 부위를 검진한다고 해서 결코 검진이 쉽게 이루어지지 않으며 오히려 여자들에게는 더 부담스러운 것이 될 수 있음을 산부인과 의사들은 간과하고 있다."

18) J. P. Emerson, 앞의 책, p. 81f. 참조. 많은 의사들은 고무장갑도 거리 두기의 수단으로 받아들인다. 미국의 한 산부인과 의사는 장갑이 전염의 위험을 덜어줄 수 있는지를 묻는 여자 회견자의 질문에 이렇게 대답했다. "감염이라고요? 거기에 뭘 더 감염시키겠습니까? 질은 육체에서 가장 더러운 부분입니다. 그런데 거기에 뭘 더 감염시킨단 말입니까?" Amendt, 앞의 책, p. 25; J. M. Henslin/M. A. Biggs, 앞의 책, p. 261 참조.

19) G. Amendt, 앞의 책, p. 25f. 참조.

20) J. M. Henslin/M. A. Biggs, 앞의 책, p. 263 참조.

21) P. Stoll/J. Jaegar, *Gynäkologische Untersuchung in der Praxis unter besonderer Berücksichtigung der Krebsvorsorgeuntersuchung*, München, 1970, p. 32.

22) 의사들과 여환자들이 실제로 그렇게 '절대적으로 안전한' 내면적인 통제기능을 가진다면, 이것은 그들이 성과 관련된 감정과 감각을 어느 정도 '성적으로 마취시켜서' 위에 기술한 성적 측면의 제거 전술 또는 객관화 전술이 필요 없게 되었음을 의미한다. 나는 많은 의사와 여환자들이 그렇게 '내적으로' 성적 측면을 제거했다는 것, 그리고 데버룩스가 언젠가 내게 이야기해준 그 창녀에게처럼 진찰이 이루어졌다는 것, 그리고 의사들이 여환자의 질의 성적인 감각을 건드리지 않고도 고객들을 만족시킬 수 있었다는 것에 대해 절대 이의를 제기하려는 것이 아니다. 단지 그것이 규범이라는 것에 대해 반박하려는 것뿐이다.

23) G. Amendt, 앞의 책, p. 24f.에서 재인용. 실제로 산부인과 의사들이 비방을 받았다는 사실을 내가 50년대에 자주 들었던 속담에서 알 수 있다. "당신 아버지는 산부인과 의사이고 그녀 역시 지저분한 여자였다." 성 파울리의 여자 대 수도원장은 산부인과 의사들이 내진을 실시하는 동안 성적 상상에 빠졌던 그들의 '노예들'이 벌받기를 원했다고 말했다. T. Ungerer, *Schutzengel der Hölle*, Zürich, 1986, p. 50 참조.

24) K. Margolis, "Die Pille, bitte," *Unbekannte Wesen: Frauen in den sechziger Jahren*, ed. B. Becker, Berlin, 1987, p. 22. 많은 여자들이 비슷한 경우를 내게 알려주었다. 다른 사람들은 이것과 관련된 내 질문에 바로 화를 냈으며 산부인과 검진을 받을 때의 성적 자극은 '생각할 수도 없는 일'이라고 말했다.

25) *Sexualmedizin*, 1987, p. 399 참조. 여자들과 대화를 해본 결과 많은 여자들이 남자 산부인과 의사가 더 능력이 있다고 생각하기 때문에 남자 의사를 선호한다는 인상을 받았다.

26) P. M. Dunn, "Die Geburt als physiologischer Prozeß," *Die Geburt aus ethnomedizinischer Sicht*, ed. W. Schiefenhövel/D. Sich, Braunschweig, 1983, p. 74. 여환자를 검진하는 동안 여환자의 파트너를 진찰실 밖으로 내보내는 미국 산부인과 의사의 습관에 관해 이렇게 말한다. "이것이 의사들이 질투하는 그 녀석들과 다투었던 이유일 것이다. 나는 어떤 다른 이유를 생각할 수 없다. 하지만 그들은 질투를 하는 게 아니라 의사가 그녀의 ……를 찌르는 것에 대해 약간의 즐거움을 느낀다"(A. Oakley, *Becoming a Mother*, New York, 1980, p. 298).

27) M. Ringler, *Psychologie der Geburt im Krankenhaus*, Weinheim, 1985, p. 66 참조.

28) "어쨌든 많은 산파들이 환자를 '덮어놓은 채' 일을 잘 처리할 수 있었다는 것을 자찬했다. 그러나 20세기가 시작되면서 여자들은 옷을 벗었고, '셔츠'나 일종의 잠옷인 'paletolèt'만을 입고 있었으며 그 위에 시트를 덮었다." (Y. Preiswerk, "So hat man damals entbunden," *A. Favre: Ich, Adeline, Hebamme aus Val d'Anniviers*, Darmstadt, 1985, p. 123).

29) A. Favre, 앞의 책, p. 35.

30) 민속학자들은 이에 관한 정보를 얻기가 매우 힘들었다. 발리스의 여자들은 예절 때문에 매우 말을 적게 했기 때문이다. R. -C. Schüle, "L'accouchement dans le Valais central de 1850 à 1950," *Gesnerus* 1979, p. 57f. 참조. 엥가딘(스위스 그라운뷘덴 주에 속하는 인 강 상류 유역—옮긴이)의 산파는 20년대의 임산부에 관해 이렇게 설명한다. "당시 그들은 매우 수치스러워했다. 출산이 임박하면 그들은 아무 말도 하지 않았다. 아이들이 아직 집 안에 있고 산파를 기다리고 있는 중이면 진통 중에도 피가 나도록 입술을 꼭 깨물었다. 나중에 보면 어쨌든 새로 태어난 동생이 요람 속에 놓여 있었다. 출산 빨랫감 역시 아무도 보지 못하도록 밤에, 세 부분으로 구분된 마을 우물의 맨 밑에서 빤다." 남부 티롤의 산파들도 그와 비슷한 보고를 하고 있다. M. Grabrucker, *Vom Abenteuer der Geburt*, Frankfurt/M., 1989, p. 14, 35 참조.

31) 그래서 가정 출산에 관한 사진자료집의 텍스트에는 당사자의 노출된 외음부에 관해 이렇게 적혀 있다. "질은 출산에 대한 가치를 잃어버린 곳에서는 어디서나 비위에 거슬린다"(P. Burmeister/U. Puritz/C. Robert,

"Hausgeburt: Schwierigkeiten und Erfahrungen mit einer Fotodokumentation," *Eingreifendes Fotografieren*, ed. W. Kinde/L. Wawrzyn, Berlin, 1979, p. 140).

32) P. Nijs, "Mit Takt und Taktik," *Sexualmedizin*, 1985, p. 495 참조.

33) A. K. Månsson, "Kirschblüte und Kontrazeption," Sexualmedizin, 1978, p. 332f.

34) A. Moll, *Ärztliche Ethik*, Stuttgart, 1902, p. 198.

10. 비서구 사회 여자들의 성기에 대한 수치심

1) J. van Ussel, *Intimität*, Gießen, 1979, p. 47, 77f.

2) N. Elias, *Über den Prozeß der Zivilisation*, Bd. I, Basel, 1939, p. 215. 엘리아스의 이런 개념을 앨브로(M. C. Albrow)가 "On the Civilizing Process," *Jewish Journal of Sociology*, 1969, p. 235에서 이미 비판한 바 있다. 오늘날 엘리아스는 그의 용어들을 시대정신에 맞는 용어로 바꾸긴 했지만 사실상 그가 주장하고 있는 것은 1939년과 같다. 그 예에 관해서는 N. Elias, *Über sich selbst*, Frankfurt/M., 1990, p. 88ff. 참조.

3) O. König, *Die Soziale Normierung der Nacktheit*, Frankfurt/M., 1988, p. 26.

4) H. Baumann/D. Westermann, *Les peuples et les civilisations de l'Afrique*, Paris, 1957, p. 298 참조. 뉴기니 서부 고원의 다니족 여자들은 심하게 수치심을 느낄 경우 엉덩이를 숨긴다. 엉덩이는 머리에서 등을 거쳐 내려와 있는 등짐 바구니로 가려져 있는데 그들은 등짐 바구니 역시 돌아다니는 정령들이 엉덩이로 들어오는 것을 막는 기능을 가진다고 말한다. K. G. Heider, *Grand Valley Dani*, New York, 1979, p. 57f. 참조. 소말리아 여자들은 여성의 할례가 악령(zār)들 역시 보호해준다고 생각한다. M. Erlich, "Infibulation féminine et phallicisation de la vulve," *George Devereux zum 75. Geburtstag*, ed. E. Schröder/D. H. Frießem, Braunschweig, 1984, p. 228 참조.

5) G. Muraz, "Le cache-sexe du Centre-Africain," *Journal de la Société des Africanistes*, 1932, p. 109f. 참조.

6) Richard O. Clemmer: 1986년 11월 4일의 편지.

7) Jorge Miranda: 1986년 2월 27일의 편지.

8) 이 석판화가 그려져 있는 칠레의 책 『야외 목욕탕 주변』(*Rund ums Freibad*)은 1926년경 바젤에서 '음란한 것'으로 간주되어 압류되었다. D. Rosenbach/R. Altner/M. Flügge, *Heinrich Zille: Das graphische Werk*, Berlin, 1984, p. 10 참조. 어쨌든 시민 나체주의자들은 그런 노동자 가족탕을 거의 방문하지 않았다. "반(Wann) 호수에서 목욕하는 것을 나는 별로 즐기지 않았다. 거기에는 내가 보기에 '칠레'같이 음란한 사람들이 너무 많았다"(O. Goldmann, *Nacktheit, Sitte und Gesetz*, Bd. I, Dresden, 1924, p. 83).

9) 오스트레일리아 해군들은 회람을 통해 해군 본부가 있는 섬에서 살고 있는 백인 여자들에게 보통 빨래일을 맡아 하는 원주민 하인들이 빨래를 하면서 성적으로 자극받지 않도록 그들의 '속옷'을 직접 빨라고 지시했다. L. Romanucci-Ross, *Mead's Other Manus*, South Hadley, 1985, p. 147 참조. 그럼으로써 해군은 적어도 1848년 1월 22일자의 『로이틀링과 메칭의 신보』(*Reutlinger und Mezinger Courir*)보다 더 노골적으로 말하게 된 것이다. 거기에는 이렇게 적혀 있다. "이른바 여기서 여러 차례 일어난다고 하는 관행들, 즉 창문 앞 막대기에 속옷들을 말리는 것은 아주 혐오스러운 일이다. 여러 도시에서 이런 관습을 경찰이 금지시켰다. 그러나 대부분의 도시에서는 주민들이 아주 부끄러워하여 법으로 금지시키지 않아도 아주 낡은 스타킹, 속치마와 다른 속옷 일체를 집 밖에 널지 않는다. 그런데도 가끔 휘날리는 깃발 아래 팬티가 얼마나 당당하게 널려 있는가!"(C. Lipp, "Frauen auf der Straße," *Schimpfende Weiber und patriotische Jungfrauen*, ed. C. Lipp, Bühl-Moos, 1986, p. 19에서 재인용).

10) H. Damm, *Zentralkarolinen*, Bd. II, 1938, p. 80 참조.

11) A. E. Jensen, *Die drei Ströme*, Leipzig, 1948, p. 133f. 참조.

12) R. B. Davis, *Muang Metaphysics*, Bangkok, 1984, p. 66 참조. 알로르 섬(Alror: 소순다 열도에 속하는 섬—옮긴이)에서도 여자들의 가죽 가리개는 남자들에게 터부시되는 물건이었다. 남자들은 그것을 건드리기만 해도 구역질을 느꼈기 때문에 여자들이 성교하기 전에 스스로 벗어야 했다. C. DuBois, *The People of Alor*, New York, 1961, p. 98, 103; P. Wirz, *Die Marind-anim von Holländisch-Süd-Neu-Guinea*, Bd. I, Berlin, 1922, p. 69 참조.

인접한 동 플로레스 섬의 아타키완족 여성들은 이미 오래 전부터 그런 가리개를 더 이상 착용하지 않는다. 그러나 내가 이미 언급했던 여자 어부인 레파(Ema Lepa)에게 여자들의 사롱(라마홀로트에서는 *kwáte*라 부른다)에 대해 물었을 때 그녀는 아주 당혹스러운 반응을 보였다. 알로르 섬 남자들이 그런 가리개에 대해 혐오감을 가지는 이유는 확실히 여자들의 하복부를 가리는 속옷에 월경과 질의 분비물이 묻어 있기 때문이다. 그래서 하겐버그(Hagenberg)의 쿠리족 남자아이와 성인남자들은 여자들의 치부가리개를 만드는 늪지 식물을 절대 건드리지 않는다(P. Wirz, "Die Eŋa," *Zeitschrift für Ethnologie*, 1952, p. 27 참조).

음보왐브(Mbowamb)에서는 외음부뿐 아니라 그것과 접촉을 가졌던 모든 것이 혐오감을 불러일으킨다. 브랜드위(Ernest Brandewie)는 여자 치마를 구해서 소장품으로 집에 보관하고 있었는데 남자들은 그것을 끔찍한 일로 여겼다(1988년 2월 29일의 편지). 물론 음보왐브 여자들의 성기에 대한 수치는 그것과 무관하지 않다. 그들은 절대로 외음부를 보여주려고 하지 않으며 그래서 항상 혼자서 목욕한다.

13) 트로브리안드 제도의 남자들이 착용하는 치부가리개는 넓은 판다누스 잎 끈이나 빈랑자 잎 끈으로 만들어져 성기 부위, 하복부의 일부와 등의 첫번째 요추까지 가려주었다. 그들은 여자 앞에서 절대 그것을 벗어서는 안 된다. 그렇게 하면 경박하며 경멸받을 만한 행위로 간주되었다. 사랑을 할 때에도 치부를 가리는 잎을 떼거나 여자 파트너에게 딱딱한 부분을 손으로 잡게 하는 것은 예의바르지 못한 행동이었다. B. Malinowski, *Das Geschlechtsleben der Wilden in Nordwest-Melanesien*, Frankfurt/M., 1979, p. 260, 355, 366, 379f. 참조.

14) L. Cipriani, "Hygiene and Medical Practices Among the Onge(Little Andaman)," *Anthropos*, 1961, p. 493f. 참조. 그 치마(jéräw)의 이름을 입에 올리는 것을 뉴기니의 모라우리족(Morauri)도 무례한 것으로 여겼다.

15) W. V. Grigson, *The Maria Gonds of Bastar*, London, 1938, p. 65f., 71 참조. 무리아족(Muria)에게도 외음부는 아주 수치스런 것이다. 젊은 여자가 여자 파트너의 엉덩이에 다리를 갖다 대는 춤을 추는 동안 어떤 젊은 남자가 춤추는 여자들을 보기 위해 바닥에 앉자 여자들이 격분하여 "이 지저분한 짐승 같은 녀석아, 우리를 보려고 그러는 거지!"라고 소리쳤다. 그리고 그를 붙잡아 벌로 15분 동안 그 남자 집의 지붕에 매달아두었다. V. Elwin, *Maisons des Jeunes chez les Muria*, Paris, 1959, p. 215 참조.

세마이족(Semai) 여자와 남자들은 성기 부위를 항상 가린다. 그러나 가끔 여자들 사이에 파파크(papaq)라 불리는 정신병자들이 있는데 이들은 옷을 벗고 성기로 장난을 치면서 다른 사람들에게도 똑같이 행동할 것을 요구한다. 아니면 밤에 잠자는 사람들에게 기어가 그들의 하복부 옷을 벗긴다. 세마이족들은 그런 사람들을 환자로 생각하고 피한다. R. K. Dentan, "Semai Response to Mental Aberration," *Bijdragen tot de Land- en Volkenkunde*, 1968, p. 141, 150f.; R. K. Dentan, "Living and Working With the Semai," *Being an Anthropologist*, ed. G. D. Spindler, New York, 1970, p. 104 참조. 의사들도 세마이족의 성기를 치료하는 것이 사실상 불가능했다. P. D. R. Williams-Hunt, *An Introduction to the Malayan Aborigines*, Kuala Lumpur, 1952, p. 37 참조.

16) J. W. M. Whiting, *Becoming a Kwoma*, New Haven, 1941, p. 51, 86f.; H. P. Duerr, *Der Mythos vom Zivilisationsprozeß*, Bd. I: *Nacktheit und Scham*, Frankfurt/M., 1988, p. 135f. 참조. 샤가족 (Chagga: 탄자니아 북부 킬리만자로 산의 비옥한 남쪽 경사지에 살면서 반투어를 쓰는 종족-옮긴이)의 어린 여자아이들은 이와 관련하여 혹독한 연습을 한다. M. M. Edel, 1957, p. 186 참조. 느야살란드(Njassaland)의 응고니족(Ngoni: 동아프리카 전역에 흩어져 살면서 반투어에 속하는 응고니어를 쓰는 12개 부족-옮긴이) 여자들도 어릴 때부터 앉을 때는 우선 무릎을 꿇고 다리를 옆으로 모으라는 지시를 받는다. 어린아이들, 특히 사내아이들이 가리지 않은 여자아이의 성기에 관심을 보이면 욕을 듣거나 심지어 매질을 당했다. M. Read, *Children of Their Fathers*, London, 1959, p. 81f. 참조.

17) C. R. Hallpike, *Bloodshed and Vengeance in the Papuan Mountains*, Oxford, 1977, p. 245f. 및 I. Eibl-Eibesfeldt/W. Schiefenhövel/V. Heeschen, *Kommunikation bei den Eipo*, Berlin, 1989, p. 51 참조.

18) I. Kopytoff, "Revitalization and the Genesis of Cults in Pragmatic Religion," *Explorations in African Systems of Thought*, ed. I. Karp/C. S. Bird, Bloomington, 1980, p. 195. 어떤 여자가 우연히 남자의 음경을 보았을 때도 똑같이 소리친다. 아난야족(Anyanja) 여자는 남편의 음경을 볼 수 있지만 남편은 아내의 외음부를 절대 보아서는 안 된다. H. S. Stannus, "Notes on Some Tribes of British Central Africa," *Journal of the Royal Anthropological Institute*, 1910. p. 292 참조. 이그보족(Igbo: 주로 나이지리아 동남부 지역에 사는 종족-옮긴이) 남편이 아내의 외음부를 볼 경우 이것은 이혼사유에 해당되었다. J. H. Field, "Sexual Themes in Ancient and Primitive Art," *The Erotic Arts*, ed. P. Webb, Boston, 1975, p. 32 참조. 에피크족 남자가 여자의 노출된 성기 부위나 허벅지라도 본 경우 두

명 다 간통죄로 벌을 받는다. D. C. Simmons, "Sexual Life, Marriage, and Childhood Among the Efik," *Afrika*, 1960, p. 161 참조.

투겐족(Tugen) 남자들은 여자아이들이 할례를 받는 동안 그 자리에 있을 수는 있지만 가까이 다가가는 것은 금지되었다. 가까이 가면 여자아이의 외음부를 볼 수 있기 때문이다. H. Behrend, *Die Zeit des Feuers*, Frankfurt/M., 1985, p. 55f. 참조. 성적 파트너조차도 상대 여자의 성기 부위를 보아서는 안 되었던 것으로 보인다. 어떤 남자가 경우에 따라 결혼할 수도 있는 여자와 함께 잘 때 치모가 짙은지, 즉 '숲처럼 다산능력이 있는지' 아니면 '척박한 돌이 많은 땅처럼' 치모가 아주 적은지를 알려면 손으로 시험해 봐야 한다. 그가 볼 수 있었다면 굳이 이렇게 할 필요는 없었을 것이다(Heike Behrend: 1986년 6월 5일의 편지). 전에 어떤 만딩고족(Mandingo) 남자는 목욕하는 여자의 성기를 본 죄로 노예로 팔려갔다. H. Schurtz, *Urgeschichte der Kultur*, Leipzig, 1900, p. 404 참조.

19) R. Huffman, *Nuer Customs and Folk-Lore*, London, 1931, p. 4f.; H. A. Bernatzik, *Gari Gari*, Innsbruck, 1930, p. 27; E. E. Evans-Pritchard, *Nuer Religion*, London, 1956, p. 178; H. T. Fischer, "The Clothes of the Naked Nuer," *Internationales Archiv für Ethnographie*, 1966, p. 63f.; T. O. Beidelman, "The Nuer Concept of *thek* and the Meaning of Sin," *History of Religions*, 1981, p. 149 참조.

20) E. E. Evans-Pritchard, "A Note on Courtship Among the Nuer," *Sudan Notes and Records*, 1947, p. 115; E. E. Evans-Pritchard, "Nuer Marriage Ceremonies," *Africa*, 1948, p. 39; T. O. Beidelman, "Some Nuer Notions of Nakedness, Nudity, and Sexuality," *Africa*, 1968, p. 118f. 참조. 최근에 와서야 남자와 여자는 식사할 때 서로를 쳐다볼 수 있었다. 그러나 대중의 면전에서 이런 일은 절대 일어나지 않는다. E. E. Evans-Pritchard(1956), p. 178 참조. 먹는 것의 성적 '역할'에 대해서는 다음 권에서 다루겠다.

21) H. T. Fischer, 앞의 책, p. 68 참조.

22) Edward E. Evans-Pritchard: 1971년 1월 30일의 구두 전달.

23) A. Henn, *Reisen in vergangene Gegenwart*, Berlin, 1988, p. 45f.에서 재인용.

24) F. M. Deng, *The Dinka of the Sudan*, New York, 1972, p. 16; P. Fuchs, *Sudan*, Wien, 1977, p. 127 참조. 상중에는 결혼한 여자들 역시 더 짧은 치마를 입는다. 그리고 점점 느슨하게 착용한다.

25) Irene Leberenz: 1986년 9월 5일의 편지. 더 자세한 것은 P. Fuchs, 앞의 책, p. 129f. 참조.

26) J. H. Driberg, *The Lango*, London, 1923, p. 64f. ; A. Butt, *The Nilotes of the Sudan and Uganda*, London, 1952, p. 27 참조.

27) Driberg, 앞의 책, p. 162 참조. 투르카나족(Turkana: 케냐 북서부의 투르카나 호에서 우간다 국경까지의 건조한 모래 벌판에 사는 종족—옮긴이) 여자들은 앞에는 짧은 염소가죽 가리개를, 뒤에는 좀더 긴 가리개를 착용한다. G. Best, *Vom Rindernomadismus zum Fischfang*, Wiesbaden, 1978, p. 95 참조.

28) F. S. Santandrea, "The Luo of Bahr-el-Ghazal," *Annali Lateranensi*, 1944, p. 129 참조.

29 G. A. S. Northcote, "The Nilotic Kavirondo," *Journal of the Anthropological Institute of Great Britain and Ireland*, 1907, p. 58f. 참조.

30) E. E. Evans-Pritchard, "Marriage Customs of the Luo of Kenya," *Africa*, 1950, p. 141; E. E. Evans-Pritchard, *The Position of Women in Primitive Societies*, London, 1965, p. 243 참조. 결혼하지 않은 여자의 완전 나체나 반(半)나체는 많은 사회에서, 특히 아프리카에서 발견할 수 있다. 예컨대 줄루족(Julu) 처녀들의 나체는 그들의 순결과 순수함을 상징한다. 반면 이미 남자의 손을 탄 육체는 더 이상 나체로 있어서는 안 된다. 그 육체는 이미 '성적으로' 변해버렸기 때문이다. E. J. Krige, "Girl's Puberty Songs and Their Relation to Fertility, Health, Morality and Religion Among the Zulu," *Africa*, 1968, p. 174 참조.
그 경우 사람들은 처녀의 육체도 성적 매력을 발산한다는 것을 알았다. 그래서 젊은 처녀들은 계속 사람들이 '아무것도 보지 못하도록' 주의를 기울여야 했다. 그래서 그들은 항상 똑바로 서서 목욕을 했고 절대 몸을 구부리지 않았다. F. Mayr, "The Zulu Kafirs of Natal," *Anthropos*, 1907, p. 636 참조. 탈렌시족(Tallensi: 가나 북부지역에 사는 종족—옮긴이) 여자는 첫 임신을 하면 밤에도 외음부를 가려야 했다. 그러지 않으면 그녀 자신과 다른 사람들이 '수치를 느끼기' 때문이다. M. Fortes, *Time and Social Structure*, London, 1970, p. 233 참조. 에웨족(Ewe: 가나 남동부, 베냉 남부, 토고 남부 지역에 사는 종족—옮긴이) 처녀들은 처녀성을 잃을 때까지 허리 밴드만 착용한다. J. Spieth, *Die Ewe-Stämme*, Berlin, 1906, p. 184 참조. 나우데바족(Náuděba) 젊은 처녀는 붉은 허리끈을 찬 곳까지 나체였다. 첫번째 아이를 출산한 후 여자는 예컨대 15센티미터 넓이의 나무껍질 소

재로 만든 띠를 차는데, 그 띠는 앞뒤로 허리끈 밑으로 끼워져 있었다. 그것
은 모든 남자에게 어떤 성적 호감에도 신경쓰지 말라는 신호였다. R. Mohr,
"Beobachtungen und Erkundigungen zur Soziologie und Religion der
Náuděba in Nord-Togo," *Völkerkundliche Forschungen*, ed. W.
Fröhlich, Köln, 1960, p. 297 참조.

살로몬 군도의 오와 라하 섬주민(H. A. Bernatzik, *Im Reiche der
Bidyogo*, Wien, 1936, p. 44; W. G. Ivens, *Melanesians of the South-
east Solomon Islands*, London, 1927, p. 91); 바게수족(J. Roscoe, *The
Bagesu and Other Tribes of the Uganda Protectorate*, Cambridge,
1924, p. 5f.); 오로카이바족(F. E. Williams, *Orokaiva Society*, Oxford,
1930, p. 99); 실루크족, 아누아크족(A. Butt, 앞의 책, p. 27); 히마족
(Y. Elam, *The Social and Sexual Roles of Hima Women*, Manchester,
1973, p. 86); 이그보족(M. D. W. Jeffreys, "Some Notes on the Igbo
Female," *Afrika undübersee*, 1970, p. 39); 바크웨제족(T. A. Joyce/E.
Torday, "On the Ethnology of the South-Western Congo Free State,"
Journal of the Anthropological Institute of Great Britain and Ireland,
1907, p. 147); 루그바라족(R. E. McConnell, "Notes on the Lugwari
Tribe of Central Africa," *Journal of the Royal Anthropological Institute*,
1925, p. 448); 투르카나족(E. D. Emley, "The Turkana of Kolosia
District," *Journal of the Royal Anthropological Institute*, 1927, p.
182f.); 말레쿨라 섬 주민(A. B. Deacon, *Malekula*, London, 1934, p.
155). 뭄바이 동쪽 타쿠르 계급 여자들은 결혼식 후에 왼쪽 엉덩이를 노출시
킨다. 그 엉덩이가 '아버지의 가족'(māher)에 속하는 것이지 남편에게 속하
는 것이 아니라는 신호였다. L. N. Chapekar, *Thakurs of the Sahyadri*,
Bombay, 1966, p. 13 참조.

31) 쇼트(1986년 3월 20일의 편지)는 "믿을 수 없을 정도로 정숙하다고" 말했다
(Rüdiger Schott). 브뤼거만(Wolf Brüggemann)에 따르면(1987년 10월 5
일의 구두전달) 불자족과 인접한 라이엘라족(Lyela)은 "극도로 예의바르다"
고 한다.

32) 전통적으로 불자족 여자들은 나뭇잎 덤불로 앞뒤를 가린다. 50년대 말 은크
루마(Kwame Nkrumah, 1909~72, 서아프리카의 정치지도자·반제국주의
자로 가나의 초대 총리와 가나 공화국의 초대 대통령을 역임했고, 1957년
독립 이후 1966년까지 가나를 통치했다—옮긴이) 정부는 이 옷을 금지시켰
다. 어떤 여자가 규정된 소재의 옷을 입지 않고 시장에 나타나면 시장에서

서성거리는 남자들에게 나뭇잎을 빼앗기며 이것은 그들에게 아주 심한 굴욕 감을 준다. 물론 이런 공격은 여자의 수치심뿐 아니라 땅의 수치심도 손상시키는 것이다. '대지가 타락하는 경우' 땅은 매번 여자로 인격화되어 나타난다. 이런 경우에도 붉은 머리와 붉은 피부를 한 여자가 산데마 시장에 나타났다 며칠 후에는 다시 흔적도 없이 사라진다고 한다. R. Schott, "Triviales und Transzendentes: Einige Aspekte afrikanischer Rechtstraditionen," *Entstehung und Wandlung rechtlicher Traditionen*, ed. W. Fikentscher et al., Freiburg, 1980, p. 290f. 참조.

33) R. Schott, *Aus Leben und Dichtung eines westafrikanischen Bauernvolkes*, Köln, 1970, p. 36 참조.

34) F. Kröger, *Übergangsriten im Wandel*, Hohenschäftlarn, 1978, p. 273 참조.

35) H.-J. Heinz/M. Lee, *Namkwa*, London, 1978, p. 43 참조.

36) I. Eibl-Eibesfeldt, *Der vorprogrammierte Mensch*, Wien, 1973, p. 137; L. Marshall, "Marriage Among the !Kung Bushmen," *Africa*, 1959, p. 346 참조. 빌헬름(J. H. Wilhelm)은 "Die !Kung-Buschleute," *Jahrbuch des Museums für Völkerkunde zu Leipzig*, 1953, p. 121에서 쿵족 (!Kung)의 주목할 만한 성교 체위에 대한 정보를 제공한다. 그것은 식스티나인 자세와 비슷하다. 그러나 오럴 섹스가 아니라 성교를 행하는데 이 자세 에서도 페니스는 뒤에서 삽입된다. 여자가 아직 오르가슴에 다다르지 않았는 데 남자가 사정을 하고 페니스를 여성의 질에서 빼내면 여자는 남편에게 약 간의 휴식을 허락하고 난 후 다시 남자에게 요구하는데, 여자에게는 그럴 권 한이 있다. 여자들은 오르가슴에 도달하지 않으면 병이 난다고 믿기 때문이 다. 남자가 너무 지치고 더 이상 발기가 되지 않을 경우에만 "그녀 스스로 그것을 한다"(M. Shostak, *Nisa erzählt*, Reinbek, 1982, p. 228).

37) 여자 엉덩이의 성적인 의미에 대해서는 다음에 상술하겠다.

38) L. Marshall, *The !Kung of Nyae Nyae*, Cambridge, 1976, p. 244 참조.

39) J. H. Wilhelm, 앞의 책, p. 116 참조. 쿵족 여자들은 인류학자들이 그들의 엉덩이 둘레만 측정하려 했는데도 아주 부끄러워했다. A. S. Truswell/J. D. L. Hansen, "Medical Research Among the !Kung," *Kalahari Hunters-Gatherers*, ed. R. B. Lee/I. DeVore, Cambridge, 1976, p. 174. 밀림에 사는 여자들은 음순을 치료하는 데 더 부끄러운 반응을 보였다. J. Drury, "The Pudendal Parts of the south African Bush Race," *Medical Journal of South Africa*, 1926, p. 113f. 참조.

40) L. Marshall, "The !Kung Bushmen of the Kalahari Desert," *Peoples of Africa*, ed. J. L. Gibbs, New York, 1965, p. 263, 265 참조. 대중의 면전에서는 엉덩이를 완전히 가리는 'kaross'가 모든 여자에게 필수적이다. 자신의 아내가 다른 사람 앞에서 이런 가리개 없이 나타나는 것을 어떤 남자도 허락하지 않는다. J. Marshall, "Hunting Among the Kalahari Bushmen," *Peoples and Cultures of Africa*, ed. E. P. Skinner, *Garden City*, 1973, p. 116f. 참조. 더 자세한 것은 J. D. Lewis-Williams, *Believing and Seeing: Symbolic Meanings in Southern San Rock Paintings*, London, 1981, p. 44 참조.

41) L. Marshall, "The Medicine Dance of the !Kung Bushmen," *Africa*, 1969, p. 365 참조. 완전히 벗은 구시족(Gusii: 케냐 서부의 빅토리아 호수와 탄자니아 국경 사이에 있는 니안자 주 키시 지구에 살면서 반투어를 사용하는 종족—옮긴이) 여자들의 에수보 춤은 남자들을 완전히 배제한 채 달밤에 열렸다. 춤을 추면서 여자들은 이런 종류의 음탕한 노래를 부른다. "그들에게 우리의 음문을 주어라, 우리의 음문을 통해 그들을 취하게 하라, 우리의 음문을 통해 남자들을 지치게 만들어라!" P. Mayer, "Gusii Initiation Ceremonies," *Journal of the Royal Anthropological Institute*, 1953, p. 33 참조.

42) Guenther, "From 'Brutal Savages' to 'Harmless People'," *Paideuma*, 1980, p. 128에서 재인용. 아프리카 원주민들의 문명화 척도가 낮다는 것을 나타내는 증거로 그런 춤들이 매번 인용되었다. C. Marx, '*Völker ohne Schrift und Geschichte*,' Stuttgart, 1988, p. 193 참조.

43) 그 예에 관해서는 R. P. C. Estermann, "Quelques observations sur les Bochimans !Kung de l'Angola méridionale," *Anthropos*, 1949, Pl. I, 6; V. Lebzelter, "Die Buschmänner Südwestafrikas," *Africa*, 1934, p. 74; F. Seiner, "Buschmänner des Okawango- und Sambesigebietes der Nord-Kalahari," *Globus*, 1910, p. 358(Hukwe) 참조.

44) P. V. Tobias, "The San: An Evolutionary Perspective," *The Bushman*, ed. P. V. Tobias, Cape Town, 1978, p. 18; J. Rudner/I. Rudner, "Bushman Art," *The Bushman*, ed. P. V. Tobias, Cape Town, 1978, p. 73 참조.

45) Mathias Guenther: 1986년 3월 3일의 편지.

11. 여자의 앉는 자세에 대한 예절 규칙

1) 몇 장의 옛 사진에 보면 남자들처럼 앉아 있는 세리족(Seri) 여자들을 볼 수 있다. A. L. Kroeber, *The Seri*, Highland Park, 1931, p. 16 참조. 음보 왐브족(Mbowamb) 여자들은 누구도, 같은 여자들조차도 그들의 성기 부위 를 보지 못하도록 지나치게 주의를 기울인다. 그들은 대부분 엉덩이를 바닥 에 대고 쪼그리고 앉아 다리를 뻗는다. E. Brandewie, 1988년 2월 29일의 편지 참조. 그들은 서 있을 때에도 항상 허벅지를 붙인다. 그들이 잠시 남자 들처럼 앉을 경우도 있지만 그럴 경우에는 치부가리개를 다리 사이로 넣어 뒤로 높이 끌어 다닌다. G. F. Vicedom/H. Tischner, *Die Mbowamb*, Bd. I, Hamburg, 1948, p. 36, 93 참조.

2) M. Wex, '*Weibliche' und 'männliche' Körpersprache als Folge patriarchalischer Machtverhältnisse*, Hamburg, 1979, p. 23, 31, 37 참조.

3) 같은 책, p. 173. R. L. Birdwhistell, *Kinesics and Context*, Philadelphia, 1970, p. 44 참조. S. Mallmann, *Nur die Sehnsucht bleibt*, München 1981에는 여러 군데 앉아 있는 여자들의 사진이 많이 게 재되어 있는데 그들 중 몇몇은 다리를 벌리고 있다. 그러나 거의 대부분의 여자들은 옷으로 이미 가려진 성기 부위를 팔이나 손으로 다시 가리고 있다.

4) S. el-Gabalawym "The Trend of Naturalism in Libertine Poetry of the Later English Renaissance," *Renaissance and Reformation*, 1988, p. 42 에서 재인용.

5) S. Gräfin Schönfeldt, *1+1 des guten Tons*, München, 1987, p. 217.

6) L. F. Pusch, *Das Deutsche als Männersprache*, Frankfurt/M., 1984, p. 178.

7) P. Réage, *Geschichte der O, Reinbek*, 1977, p. 26.

8) 같은 책, p. 36f.

9) E. A. Fischer, "Theodora and Antonina in the Historia Arcana," *Arethusa*, 1978, p. 259 참조.

10) 같은 책, p. 272.

11) P. Clark, *The English Alebouse*, London, 1983, p. 149. 이것은 물론 모 든 고객이 그런 노출에 동의했다는 것을 의미하지는 않는다. 어쨌든 법정 심 문 서류에 드러난 바에 의하면 1460년 당시 많은 고객들은 불쾌감을 느꼈다 고 한다. 왜냐하면 디종의 여자 포주인 세냥(Jeanne Saignant)이 유곽을 방 문하는 사람들에게 같이 잘 여자를 그들의 취향대로 고를 수 있도록 '여자

496

199. 롤런드슨(1756~1827: 영국의 화가 · 풍자만화가―옮긴이)의
「방종한 유희」(The Wanton Frolic), 1810.

들'에게 옷을 벗도록 요구했기 때문이다. J. Rossiaud, *Dame Venus*, München, 1989a, p. 111 참조. 대부분의 창녀들 역시 부끄러워했을 것이다. 1763년 루이자(Louisa)라는 이름의 매춘을 하는 여배우와 함께 '블랙 라이언 여관'에서 하룻밤을 보내면서 다섯 번이나 그녀를 '취했다'고 주장했던 보스웰(James Bosswell)은 루이자가 옷을 벗을 때 그 방을 나갔어야 했다고 이야기한다. H. M. Hyde, *Geschichte der Pornography*, Stuttgart, 1965, p. 99 참조. 그로스베노르 경(Lord Grosvenor)은 옷을 벗고 동침하는 창녀에게 그러지 않은 창녀보다 훨씬 더 많은 돈을 지불할 거라고 고백했다. 마침내 그는 옷을 벗고 동침할 준비가 되어 있는 창녀를 발견했다. 하지만 그녀는 그 행위가 진행되는 동안 각하의 반바지에 그녀의 가장 예민한 부분이 쓸려서 매우 고통스러워했다. 그래서 그로스베노르는 예외적으로 반바지와 신발도 벗고 하기로 결심했다. 힐(Fanny Hill) 역시 어떤 제노바 사람이 완전히 벗은 여자와 성교하는 광경을 보고는 쇼크를 받았다. 그리고 이것을 '취향' 때문이라고 생각했다. "나는 그것이 그 나라 사람들의 변덕스러움이나 특유의 열기 때문이라고 추측한다"(L. Stone, *The Family, Sex and Marriage in England 1500~1800*, London, 1977, p. 522f.). 그리고 18세기 말경 프랑크푸르트의 성병 전문 병원인 로후스 병원의 의사이며 피부과 의사인 에르만(Ehrmann)이 쓴 것으로 보이는 『프랑크푸르트 암 마인의 예절에 관한 편지들』(*Briefen über die Galanterien von Frankfurt am Mayn*)에 보면(M. D. Kreuzer, *Prostitution*, Stuttgart, 1989, p. 31 참조) 보른하임의 유곽에서는 사람들이 같이 동침하는 여자의 '사랑의 동굴'을 볼 수 없도록 아주 어둡게 해놓았다고 한다. "방의 위는 대부분 어둡다. 그래서 같이 동침하는 여자를 제대로 볼 수가 없으며 단지 그녀의 부분들로만 거리낌없이 느낄 수 있을 뿐이다"(익명, *Briefe über die Galanterien von Frankfurt am Mayn*, London, 1791, p. 54).

12) Artemidor v. Daldis, *Das Traumbuch*, ed. K. Brackertz, Bd. I, Zürich, 1979, p. 78.

13) J. Franco, "Killing Priests, Nuns, Women, Children," *On Signs*, ed. M. Blonsky, Oxford, 1985, p. 419에서 재인용.

14) J. Rossiaud, 앞의 책, p. 190 참조. 지옥의 창녀들 역시 대부분 다리를 벌리고 있다(그림 200).

200. 「포주, 창녀, 뚜쟁이의 지옥에서의 징벌」. 단테의 「지옥」(Inferno)에 대한 바르톨로메오(Bartolomeo di Fruosino)의 세밀화.

15) C. Andersson, *Dirnen, Krieger, Narren*, Basel, 1978, p. 28에서 재인용. 무르텐의 전투 후에 죽음을 당한 창녀들은 물론 실수로 학살된 것이다. "당시 3천 명이 넘는 천한 여자들과 방랑하는 여자들의 무리가 있었다. 그때 그들은 재미있는 놀이를 하고 있었다. 갑옷 속으로 숨어 들어간 여자들 중 소수가 실수로 칼에 찔려 죽었다"(M. Bauer, *Deutscher Frauenspiegel*,

Bd. II, München, 1917, p. 64에서 재인용).

16) 한스 제발트 바함(Hans Sebald Baham)의 동판화에 대해서는 다른 곳에서 언급하도록 하겠다.

17) 여자의 가슴이나 목덜미를 드러낸 옷의 가장자리에는 '드르브그제스 폰 볼 브스 부인'(Madalen Drvgses von Wolvvs)이라고 적혀 있다. 그것은 그 예 술가가 개인적으로 알고 있는 바젤의 창녀일 수 있다. 백작은 1522년 바젤 의 비천한 창녀와의 간통행위와 아내를 매질한 죄로 감옥에 갇혔다. C. Andersson, 같은 책, p. 26 참조.

18) 같은 책, p. 28f.

19) E. S. Jacobowitz/S. L. Stepanek, *The Prints of Lucas van Leyden*, Washington, 1983, p. 82 참조.

20) '은밀한 부분'(secrete partes)이라 함은 당시 영국에서는 성기를 의미했으며 카메룬에서는 엉덩이를 포함하여 바크웨리(Bakweri)라고 부른다. S. G. Ardener, "Sexual Insult and Female Militancy," *Man*, 1973, p. 426 참조.

21) J. Bumke, *Höfische Kultur*, München, 1986, p. 477에서 재인용.

22) F. Zarncke, *Der Deutsche Cato*, Leipzig, 1852, p. 135.

23) M. de Montaigne, *Journal de Voyage*, ed. F. Garavini, Paris, 1983, p. 78.

24) R. Leppert, *Music and Image: Domesticity, Ideology and Socio-Cultural Formation in 18th-century England*, Cambridge, 1988, p. 36 에서 재인용.

25) D. Morris, *Intimate Behaviour*, New York, 1971, p. 219f. 참조.

26) H.-V. Krumrey, *Entwicklungsstrukturen von Verhaltensstandarden*, Frankfurt/M., 1984, p. 315에서 재인용.

27) M. S. Weinberg, "The Nudist Management of Respectability," *Deviance*, ed. E. Rubington/M. S. Weinberg, New York, 1981, p. 339, 343 참조.

28) W. Kuppel, *Nackt und nackt gesellt sich gern*, Düsseldorf, 1981, p. 110.

29) 다른 한편으로 너무 부끄러운 듯 행동하거나 노골적으로 쳐다보는 것도 터부 시되었다. 왜냐하면 이런 것들은 그들이 나체에 대해 '자연스런' 관계를 가 지고 있지 못하다는 것을 보여주는 징후이기 때문이다. G. Norden/M. Prinz, "'Sauna-Kultur' in Österreich," *Journal für Sozialforschung*,

1986, p. 173f. 참조.

30) J. D. Douglas/P. K. Rasmussen/C. A. Flanagan, *The Nude Beach*, Beverly Hills, 1977, p. 142f. 참조.

31) L. Casler, "Some Sociopsychological Observations in a Nudist Camp," *Journal of Social Psychology*, 1964, p. 320 참조. 여론조사를 통해 보면 나체주의자들 가운데 9퍼센트가 성적인 자극을 위해 나체 캠프를 방문했다고 대답했으며 많은 사람들이 나체로 관찰당하는 것을 즐긴다고 고백했다. "대부분의 나체주의자들은 전시의 대상이 되기를 좋아한다. 다른 사람들에게 나 자신을 보여줄 수 있는 충분한 기회를 가지는 것, 이것을 나는 좋아한다." 마르티노(M. F. De Martino), 1969, p. 170, 173 참조. 실제 미국의 검사 결과에 따르면 나체주의자들은 반나체주의 통제그룹의 일원보다 "성격의 일탈, 성적 갈등과 습관" 및 관음증의 경향과 노출증의 경향을 더 강하게 보여준다. 그 결과와 관련하여 나체 목욕과 그 비슷한 것을 통해 이런 경향이 종종 행동으로 발산될 수 있다는 주장이 나왔다. L. Blank, "Nudity as a Quest for Life the Way It Was Before the Apple," *Psychology Today*, June 1969, p. 23; L. Blank/R. H. Roth, "Voyeurism and Exhibitionism," *Perceptual and Motor Skills*, 1967, p. 397f. 참조. 다른 저자가 주장한 바에 의하면 나체 마라톤을 통해, 즉 적어도 24시간이 걸리는 나체 환자에 대한 치료 회의를 통해 "성적 노출증은 단기간이나마 증상이 사라졌다"고 한다. P. Bindrin, "A Report on a Nude Marathon," *Psychotherapy*, 1968, p. 180f.; Bindrin, "Nudist as a Quick Grab for Intimacy in Group Therapy," *Psychology Today*, June 1969, p. 28 참조.

32) 이미 70년대 초에 질문을 받은 나체 부부의 25퍼센트가 "그것이 성적으로 흥분시킨다"고 대답했다. 캠프에서의 성적 자극은 전보다 훨씬 큰 역할을 하는 것으로 추측된다. '나이든 나체주의자'들 중 20퍼센트가 캠프에서 그들의 '부부교환'에 관해 논의한 적이 있다고 말한 사실로도 드러난다. 30퍼센트는 그 질문에 대한 답변을 회피했다. S. K. Johnson, "The New Nudism vs. the Old Nudism, as Seen by a Non-Nude Female Anthropologist," *New York Times Magazine* 4, Juni 1972, p. 13, 70 참조.

33) M. Wex, "'Weibliche' und 'männliche' Körpersprache im Patriarchat," *Feminismus*, ed. L. F. Pusch, Frankfurt/M., 1983, p. 56.

34) L. Standing Bear, *Land of the Spotted Eagle*, Lincoln, 1978, p. 151 참조. 웅고니족 여자도 마찬가지다. H. P. Junod, Bantu Heritage, Johan-

nesburg, 1938, p. 93 참조. 치리카후아 아파치(Chiricahua-Apache: 미국 남서부와 멕시코 북부의 아파치 인디언 — 옮긴이) 처녀들도 이미 어릴 때부터 이렇게 앉는 자세를 배웠다. M. E. Opler, *An Apache Life-Way*, Chicago, 1941, p. 77 참조.

35) A. C. Fletcher/F. LaFleche, "The Omaha," *27th Annual Report of the Bureau of American Ethnology*, Washington, 1911, p. 329 참조.

36) R. Laubin/G. Laubin, *The Indian Tipi*, Norman, 1977, p. 114.

37) Tsistsistas 정보자, 1981년 6월.

38) C. Niethammer, *Die Indianerfrau*, Wien, 1982, p. 284 참조.

39) 같은 책, p. 284 참조. 뉴기니의 음보왐브(Mbowamb) 처녀들은 과거에는 하루종일 나무껍질내피 밴드를 바로 무릎 위 허벅지에 둘렀다. 결혼식 후 어느 정도 지나 처녀성을 잃으면 비로소 그것을 떼어낼 수 있었다. E. Brandewie, *Contrast and Context in New Guinea Culture*, St. Augustin, 1981, p. 115 참조.

40) 에릭슨(E. H. Erikson)의 생각처럼(*Kindheit und Gesellschaft*, Zürich, 1957, p. 122) 밤에 강간당할 것을 막기 위하여 어린 여자아이의 허벅지를 묶는다는 것은 별로 개연성이 없어 보인다. 왜냐하면 '밤에 돌아다니는 사람'들은 기껏해야 질 안에 손가락 한 마디를 집어넣을 뿐이지 페니스를 집어넣지는 않기 때문이다.

41) 예전에 누군가가 샤이엔족 여자아이의 정조대를 살짝 잡아당기기만 했어도 그 아이는 곤욕을 당할 수 있었다. 남자 친척에게 죽을 정도로 두들겨맞거나 여자 친척들에 의해 옷이 찢기기 때문이다(Tsistsistas 정보자, 같은 책).

42) F. Kurz, "Aus dem Tagebuch des Malers Friedrich Kurz über seinen Aufenthalt bei den Missouri-Indianern 1848-1852," *Jahresberichte der Geographischen Gesellschaft von Bern*, 1894, p. 130f.

43) M. Vanoverbergh, "Negritos of Eastern Luzon, Part I," *Anthropos*, 1937, p. 911, 914 참조. 그들은 앉을 때 성기 부위가 발꿈치로 가려질 수 있도록 다리를 안으로 구부린다. Vanoverbergh, "Negritos of Northern Luzon Again," *Anthropos*, 1929, p. 53f. 참조.

44) Vanoverbergh, "Dress and Adornment in the Mountain Province of Luzon," *Publications of the Catholic Anthropological Conference*, Washington, 1929, p. 188. 팅구이안족(Tinguian)도 여자들이 요포끈(palingtan)이 보이는 자세로 앉으면 수치심을 모르는 것으로 여겼다. F. C. Cole, *The Tinguian*, Chicago, 1922, p. 363, 438 참조.

45) M. Gusinde, "Die Ayom-Pygm en auf Neu-Guinea," *Anthropos*,
1958, p. 547ff. 참조. 케만 엥가(남서 태평양 파푸아뉴기니의 중서부에 있
는 주―옮긴이) 여자들은 쪼그려 앉아 있을 때면 치부가리개(kura)를 다리
사이에 끼워 넣어 뒤에서 요포로 가린다. 이렇게 하는 이유는 아마도 수치심
때문이라기보다는―끈에 앞뒤로 매달린 갈대는 어떤 경우에도 치부를 가려
준다―오히려 앉아 있는 부분을 여성의 분비물과 월경의 피로 오염시키지
않으려는 예방책인 것으로 보인다. 어쨌든 남자들은 가능한 한 오염된 여자
들과 육체적 접촉을 하지 않으려고 애쓴다. 그런 경우에 남자들 중 누구도
치부가리개를 건드리려 하지 않을 것이다. T. Jentsch/R. Doetsch,
Keman, eine Siedlung im Hochland von Papua-Neuguinea, Berlin,
1986, p. 86, 483 참조.

46) H. Aufenanger, "Sayings With a Hidden Meaning(Central Highlands,
New Guinea)," *Anthropos*, 1962, p. 331 참조. 심부족도 마찬가지로 누
군가에게 자신의 성기를 보여주는 것은 여자에게 매우 굴욕적인 일이었다.
사람들은 이른바 마녀를 버팀목에 매달아 그들의 가리개(ambu kaur)가 밑
으로 떨어져 '거기'가 보이도록 발이나 약간 구부린 무릎 밑에 불을 피워놓
았다. 어떤 정보자가 민속학자에게 이렇게 이야기해주었다. "마녀는 심하게
거짓말을 할 수 있다. 그러나 우리가 마녀들을 매달아놓고 불에 그을리면 그
들은 마침내 진실을 말하지 않을 수 없다"(J. Sterly, *Kumo*, München,
1987, p. 316f.). 내가 제1권에서 상술했듯이 중세에는 예절 때문에 여자를
교수형에 처하는 일이 별로 없었다. 샤르티에(Jean Chartier)의 『샤를 7세
연대기』(*Chronik Karls VII.*)에 따르면 1449년에 처음으로 프랑스 여자가
교수형을 받았다고 한다. "여자가 교수형에 처해지는 것을 본다는 것은 굉장
한 뉴스로서 사방에서 수많은 사람들, 특히 부인들과 아가씨들이 그리로 몰
려들었다. 프랑스 왕국 내에서는 그런 것을 본 적이 없기 때문이다. 그 여자
는 허리에 끈을 맨 긴 옷을 입고 머리는 산발하고 무릎 아래 두 다리는 묶인
채 교수형을 당했다"(A. Porteau-Bitker, "Criminalité et délinquance
féminines dans le droit pénal des XIII et XIV siècles," *Revue historique
de droit français et étranger*, 1980, p. 51f.에서 재인용). 1609년에 함부
르크에서 어떤 여자가 교수형을 당했을 때 사람들은 그녀에게 "예절을 이유
로 남자 바지를 입히고 그 위에 치마를 입게 한 후 교수형을 실시했다"(W.
Oppelt, *Über die 'Unehrlichkeit' des Scharfrichters*, Lengfeld, 1976,
p. 229).

47) 베이닝족(Beining) 아이들은 아주 어릴 때부터 목욕할 때조차 옷을 입고 있

다. C. Laufer, "Ehe und Familie bei den Baining in Neubritannien," *Anthropos*, 1971, p. 190, 193, 198 참조. 마남(비스마르크 해에 있는 파푸아뉴기니의 북동해안에 위치한 화산섬 — 옮긴이)에서 어떤 남편이 격노하여 자기 아내의 바나나잎으로 만든 가리개를 벗겼다면 이것은 극도로 굴욕적인 것이었다. 한번은 어떤 젊은 처녀가 위법행위를 한 죄로 가리개를 빼앗기자 옆에 있던 여자가 곧 그녀에게 시트를 둘러주었다. 그런데도 그 여자는 더 이상 그 마을로 돌아가려 하지 않을 정도로 부끄러워했다. 다른 한 여자도 마찬가지로 그런 경우를 당하자 자신의 명예를 잃어버렸다고 생각했다. "나는 더 이상 내 마을로 돌아갈 수 없다. 사람들이 내 벌거벗은 모습을 보았기 때문이다." K. Böhm, *Das Leben einiger Inselvölker Neuguineas*, St. Augustin, 1975, p. 32.

48) G. Spannaus, "Ernährung und Eß-Sitten bei den Ndau in Südostafrika," *Tribus*, 1955, p. 74 참조. 사모아 여자들은 임신하면 다리를 오므린 채 앞으로 뻗을 수 있었다. L. L. Neich/R. Neich, "Some Modern Samoan Beliefs Concerning Pregnancy, Birth and Infancy," *Journey of the Polynesian Society*, 1974, p. 461. 잉갈리크족(Ingalik : 알래스카 내륙 커스커큄 강 상류와 유콘 강 하류에 사는 인디언 — 옮긴이) 여자는 근처에 아무 남자도 없을 경우에만 다리를 포갤 수 있다. C. Osgood, *Ingalik Social Culture*, New Haven, 1958, p. 166f. 참조. 탈렌시족 여자아이는 아주 어릴 때부터 바르게 앉는 법을 배우긴 하지만 아홉 살부터 열 살까지는 자신이 원하는 대로 앉을 수 있다. M. Fortes, *Time and Social Structure*, London, 1970, p. 233 참조. 아이누족(Ainu, 일본의 홋카이도, 사할린 및 쿠릴 열도에 살고 있는 소수민족—옮긴이) 여자아이는 그와는 반대로 다리를 꽉 오므리고 발은 한 방향으로 모아야 했다. 젊은 여자들은 발목을 포갤 수 있지만 무릎은 너무 멀리 벌려서는 안 된다. M. I. Hilger, *Together With the Ainu*, Norman, 1971, p. 178 참조. 발리 여자들은 다리를 오른쪽이나 왼쪽으로 모으고 앉거나 다리를 꼬고 허벅지 밑으로 발을 가져갔다(Anette Rein : 1986년 8월 12일의 구두전달). 키르기스족(투르크계 종족으로 키르기스스탄에 살고 있으며, 중국 서부에도 소수가 살고 있다—옮긴이)은 다리를 포개고 앉았으며 아내들은 무릎을 꿇거나 일종의 '매듭짓는 자세'를 취했는데 그 자세는 한쪽 다리로는 무릎을 꿇고 다른쪽 다리는 약간 구부린 채 서 있는 것이다. R. Karutz, *Unter Kirgisen und Turkmenen*, Berlin, 1924, p. 79 참조. 어떤 여자 민속학자가 쪼그리고 앉자 마남 여자들은 이 자세가 예의바르지 못한 거라고 지적했다. C. H.

Wedgwood, "Women in Manam," *Oceania*, 1937, p. 403 참조. A. W. Nieuwenhuis, *Quer durch Borneo*, Bd. II, Leiden 1907, Tf. 20과 55(카잔족); H. Morrison, *Life in an Longhouse*, Hongkong, 1962, p. 55ff., 63, 98f.(이반족이나 해양 다야크족; H. Morrison, *Sarawak*, Singapore, 1965, p. 293(무르트족); W. C. Farabee, *The Central Arawaks*, Philadelphia, 1918, p. 171(아라와크족); W. Davenport, "Sexual Patterns and Their Regulation in a Society of the Southwest Pacific," *Sex and Behavior*, ed. F. A. Beach, New York, 1965, p. 182(산타크루스 섬 주민); C. Wagley, "Champukwi of the Village of the Tapirs," *In the Company of Man*, ed. J. B. Casagrande, New York, 1960, p. 399(타피라페족); B. Stefaniszyn, *Social and Ritual Life of the Ambo of Northern Rhodesia*, London, 1964, p. 14(암보족); A. L. Bennett, "Ethnographical Notes on the Fang," *Journal of the Anthropological Institute of Great Britain and Ireland*, 1899, p. 71(팡족); M. M. Edel, "The Bachiga of East Africa," *Cooperation and Competition Among Primitive Peoples*, ed. M. Mead, Gloucester, 1976, p. 151(샤가족); D. Thomson, *Children of the Wilderness*, South Yarra, 1984, p. 29(윅문칸족, 와라미라족, 핀투리족) 참조.

49) 정보자 와항(Bene Boli Koten Tena Wahang), 1986년 7월.

50) 여자 정보원 레파(Ema Lepa), 1986년 8월.

51) E. Vatter, *Ata kiwan*, Leipzig, 1932, p. 79f. 참조.

52) Lorenz G. Löffler: 1988년 2월 22일의 편지. 아칸족(Akan) 젊은 여자가 착용하는 무릎 길이의 치마는 항상 성기 부위를 가린다. 그 밖에도 15세나 16세가 되면 요포를 두르는데 그것은 몸을 구부릴 때 치마가 끌려 올라가지 않게 묶어두는 엉덩이 고리처럼 앉을 때면 다리 사이에 매달려 있다(Friedhelm Scholz: 1987년 2월 7일의 구두전달).

53) C. -D. Brauns/L. G. Löffler, *Mru*, Basel, 1986, p. 195. 여자 민속학자 크래크(W. H. Kracke)는 *Force and Persuasion: Leadership in an Amazonian Society*, Chicago, 1978, p. 24, 142에서 카그와이브족(Kagwahiv) 여자들이 아주 짧은 미니스커트를 입고도 쪼그리고 앉을 수 있는 '완벽한 예의바른 태도'에 대해 기술하고 있다. 니암웨지족(탄자니아 서부 광활한 지역에 사는 종족—옮긴이) 여자들은 그와는 반대로 절대 쪼그려 앉지 않는다. 그들은 무릎을 꿇거나 바닥에 앉아 다리를 뻗는다. W. Blohm, *Die Nyamwezi*, Hamburg, 1933, p. 85 참조.

54) C. van Overbergh/E. de Jonghe, *Les Mangbetu*, Bruxelles, 1909, p. 195 참조. 단족(코트디부아르 중서부 산지와 라이베리아 인접지역에 사는 종족—옮긴이) 여자들은 앉을 때 다리를 꼭 붙이며 추가로 손을 성기 부위 앞에 갖다 댄다(Ulrike Himmelherber: 1986년 3월 16일의 구두전달). 목욕할 때면 근처에 남자가 없어도 성기를 손으로 가린다. H. Himmelheber, *Der Gute Ton bei den Negern*, Heidelberg, 1957, p. 44 참조.

55) 오스트레일리아 남부의 여자들은 외음부가 상당히 뒤에 자리잡고 있어 음순이 잘 보이지 않는다는 주장이 있다. E. Eylmann, *Die Eingeborenen Südaustraliens*, Berlin, 1908, p. 12, 128 참조.

56) J. Bonwick, *Daily Life and Origin of the Tasmanians*, London, 1870, p. 58. 아주 늙은 여자들은 이런 면에서 그렇게 엄격하지 않았다.

57) 이제 핀투피족은 옷을 입는다. 스크로보크나(B. Scrobogna)는 *Die Pintupi*, Berlin, 1980, p. 130, 136. '지루하고 어려운 교섭과 선물'이 전해진 후에야 아주 어렵게 핀투피족 여자들로 하여금 카메라 앞에 나체로 서게 할 수 있었다고(그림 201) 아주 솔직하게 기록하고 있다. 추측건대 많은 사람들이 일반적이라고 여겼던 많은 민속학자들의 나체 사진들은 '몰래 찍

201. 벌거벗은 핀투피족 처녀.

은' 사진이었을 것이다(이에 관해서는 p. 545f. 참조). 그런 사진들은 그 사회에서 통용되는 예절의 규범에 관해 아주 잘못된 생각을 갖게 할 수 있다. 뢰플러(Lorenz Löffler)가 그림 202에 관해 내게 알려준 바로는 이 사진을

202. 목욕하는 므루족 부인.

찍기 위해 사진사 브라운스(Brauns)는 그 종족의 "남성 지도자의 도움을 받아야 했다"고 한다. "아마도 촬영하는 것에 대해 여자들의 동의를 얻지 않았을 것이다. 그 여자들이 사진사를 보았다면 촬영은 불가능했을 것이다. 므루족 남자와 여자는 따로따로 목욕한다. 그리고 남자끼리만 있을 때에도 목욕할 때 성기를 (왼손으로) 가린다. 마르마족 사람들은 훨씬 더 부끄러워한다. 이 종족은 여자든 남자든 'lungi'(사롱)만 입고 물속으로 들어가며 목욕 후에 새 사롱을 걸치고 안의 젖은 사롱을 벗는다. 어떤 집에서 (사춘기 전의) 여자아이 치마에 불이 붙은 적이 있었다. 그 아이는 치마를 벗는 대신 차라리 화상을 당했다. 낯선 남자들의 존재가 그런 결정을 하는 데 중요하게 작용한 것 같았다."

58) J. Irle, *Die Herero*, Gütersloh, 1906, p. 64 참조.

59) A. B. Deacon, "Notes on Some Islands of the New Hebrides," *Journal of the Royal Anthropological Institute*, 1929, p. 462 참조.

60) R. M. Berndt/C. H. Berndt, *Sexual Behavior in Western Arnhem Land*, New York, 1951, p. 21f. 참조. E. Palmer, "Notes on Some Australian Tribes," *Journal of the Anthropological Institute of Great Britain and Ireland*, 1884, p. 281(미쿨론족, 미아페족, 미투가디족)과 H. Baldus, "Die Guayak von Paraguay," *Anthropos*, 1972, p. 499(과

야키족) 참조.

61) S. Hellbusch, "Die Frauen der Aranda nach Aufzeichnungen des Missionars Wettengel," *Zeitschrift für Ethnologie*, 1941, p. 77 참조.

62) C. S. Ford, *A Comparative Study of Human Reproduction*, New Haven, 1945, p. 33 참조.

63) 그럼에도 불구하고 사람들은 그들이 가정이라는 좁은 영역에 속하지 않은 남자들과 멀리 떨어져 있기를 바랐다. C. W. M. Hart/A. R. Pilling, *The Tiwi of North Australia*, New York, 1960, p. 49f.; H. Basedow, "Notes on the Natives of Bathurst Island, North Australia," *Journal of the Royal Anthropological Institute*, 1913, p. 296 참조.

64) 많은 춤들이 아주 에로틱하다. 예컨대 쿠나피피족 축제의식에 여자들은 춤을 추면서 손가락으로 그들의 대음순을 벌린다. R. M. Berndt, *Kunapipi*, Melbourne, 1951, p. 51; H. P. Duerr, *Sedna oder Die Liebe zum Leben*, Frankfurt/M., 1984, p. 220 참조.

65) A. T. H. Jolly/F. G. G. Rose, "Field Notes on the Social Organization of Some Kimberley Tribes," *Ethnographisch-Archälogische Zeitschrift* 1966, p.105 참조.

66) R. M. Berndt/C. H. Berndt, 앞의 책, p. 22 참조. 확실히 그런 경우에 젊은 가임 여성과 부인들은 남자를 쳐다보면 그것이 성적인 요구로서 이해되거나 오해될 수 있기 때문에 할머니의 꾸중과 같은 것은 중요한 역할을 한다.

67) L. Sharp, "This Social Organization of the Yir-Yoront Tribe," *Oceania*, 1934, p. 430 참조.

12. 음순의 봉쇄

1) K. v. d. Steinen, *Unter den Naturvölkern Zentral-Brasiliens*, Berlin, 1894, p. 193 참조. 여러 종족은 'ulúri'로 몸을 치장했다. M. Schmidt, *Indianerstudien in Zentralbrasilien*, Berlin, 1905, p. 393, 395f. 참조. 반대로 트루마이족 여자들은 부드러운 나무껍질 끈을 착용한다. G. Hartmann, *Xingú*, Berlin, 1986, p. 174 참조. O. Villas-Bôas/C. Villas-Bôas, *Xingu: The Indians, Their Myths*, London, 1974, p. 27에 따르면 "덩굴 식물의 내피로 만들어졌으며 넓은 끈이 허리와 다리 사이를 지나

203. 로콘 강에서 물고기를 잡는 마사족 처녀들. 가르디(René Gardi)의 사진.

가도록 구성되어 있는, 'dessini'라고 불리는 어떤 것이라고 한다."

2) 예컨대 카메룬 북부 만다라 산의 킵시키족(Kipsiki), 키르디족(Kirdi), 맘바족(Mamba)과 티푸리족(Tipuri), 그리고 남 차드(Tschad)의 마사족(Massa)에서 볼 수 있다. 그림 204의 작가인 푹스(Peter Fuchs)는 1986년 12월 15일의 편지에서 여성들의 외음부는 가려진 것 같지만 그것에 대해 물어보지 않았다고 적고 있다. 수단 서부의 코로족(Koro) 여자들은 거의 눈에 보이지 않는 두 개의 얇은 가죽끈을 착용하는데 그것은 회음을 따라 외음부와 평행선으로 이어져 대음순이 함께 눌렸다. P. Staudinger, "Zwei Kleidungsstücke aus dem westlichen Sudan," *Internationales Archiv für Ethnographie*, 1897, p. 153 참조.

3) F. Gewecke, *Wie die neue Welt in die alte kam*, Stuttgart, 1986, p. 103에서 재인용. 보로로족(파라과이 강 상류와 이 강의 지류인 브라질의 마투그로수 강 유역에 사는 남아메리카 인디언—옮긴이) 부인들은 넓은 허리띠에 고정된 다리 사이를 가로지르는 가리개를 착용하는데 그것은 음순만 가릴 정도로 아주 얇았다. D. E. Berthels/B. N. Komissarov/T. I. Lysenko, *Materialien der Brasilien-Expedition 1821~1829 des Akademiemitgliedes Georg Heinrich Freiherr von Langsdorff*, Berlin, 1979, p. 256 참조.

204. 로곤 강의 마사족 부인.

4) 정확히 말하자면 'ulúri'를 통해 가려지는 외음부 부위를 여성 성기의 '점막 부위'라 부르는 것은 옳지 않다. 왜냐하면 음문을 따라 나 있는 대음순 내의 피부는 점막이 아니라 오히려 "분홍색의 땀샘과 피지선이 많은 섬세한 피부로 항상 촉촉하고 유연하게 유지되기" 때문이다(G. Zwang, *Die Erotik der Frau*, Basel, 1968, p. 45).

5) I. Bloch, *Das Sexualleben unserer Zeit*, Berlin, 1907, p. 142f. "싱구 강 수원지 지역에 사는 종족들은 성에 관련하여 아무런 수치심도 가지고 있지 않다"(H. Ploß, *Das Kind in Brauch und Sitte der Völker*, Bd. II, 1912, p. 556). 전통적으로 남아메리카의 오지 인디언들이 특히 육체에 대한 수치심이 없는 것으로 알려져 있다. 1557년에 이미 장 드 레리(Jean de Léry, *Brasilianisches Tagebuch 1557*, Tübingen, 1967, p. 185f.)는 투피남바족(투피어를 사용하며 브라질의 세아라에서부터 포르투알레그레에 걸친 동해안에 거주하던 남아메리카 인디언─옮긴이)의 나체를 절대 인정하지 않는다고 기술했다. 그리고 이렇게 부언했다. 우리는 그들보다 조금도 나은 것이 없다. "우리는 그 반대의 극단으로 빠져서" 우리의 육체를 수많은 옷속에 감추기 때문이다. N. Pellegrin, "Vêtements de peau(x) et de plumes: la nudité des Indiens et la deversité du monde au XVI siècle," *Voyagerà la Renaissance*, ed. J. C aud/J.-C. Margolin, Paris,

1987, p. 512f. 참조.

6) W. Zude, "Nacktkultur und Vita sexualis," *Zeitschrift für Sexual-wissenschaft*, 1916, p. 85. 유명한 '근동 민속학자'는 어떤 대담에서 아랍인들은 아내 얼굴이 베일에 가려 있지 않으면 전혀 성적 매력을 느끼지 못하기 때문에 단지 그 이유로 얼굴을 베일로 가리게 한다고 주장했다. 이런 주장에 대해서는 다음에 논의하겠다.

7) T. Gregor, *Anxious Pleasures: The Sexual Lives of an Amazonian People*, Chicago, 1985, p. 47f. 참조. 그레고르는 남자들이 꼬리 때문에 상처를 입을 것을 두려워하기 때문에 '꼬리'를 떼어낸다고 기술하고 있다. 하르트만(Günther Hartmann)은 그와는 반대로 1988년 1월 27일 내게 보낸 편지에서 이렇게 적고 있다. "메히나쿠족, 야울라피티족, 칼라팔로족, 카마유라족과 와루아족에 대한 여러 정보제공자들의 정보에 따르면" 성교할 때에만 "ulúri와 함께 요포를 벗는다고" 한다. O. Villas-Bôas/C. Villas-Bôas/M. Bissiliat는 *Xingu*, München, 1979, p. 19에서 카마유라족 여자들은 외음부를 월경 때만 가렸다고 했는데 그것은 물론 잘못된 것이다. 왜냐하면 '꼬리'는 결국 성기가리개이기 때문이다.

8) T. Gregor, *Mehinaku*, Chicago, 1977, p. 164. 쿠이쿠루족에서는 신화적인 문화영웅(미개사회의 종교에서 그 문화적 제 조건을 개발·개량시켰다고 숭앙받는 신화적 존재, 예컨대 불—옮긴이)인 쿠아퉁게가 여자들에게 예의바르게 앉는 법을 가르쳐주었으며 그들에게 'ulúri'도 주었다. O. Villas-Bôas/C. Villas-Bôas, *Xingu: The Indians, Their Myths*, London, 1974, p. 74 참조.

9) T. Gregor, 앞의 책, p. 43f. 참조.

10) G. Hartmann: 1987년 12월 9일의 편지. 이런 일은 남아메리카 종족들에서는 자주 일어나는 것처럼 보인다. 이미 18세기 파라과이의 아비폰족에 관해 이렇게 기술되어 있다. "여자들이 목욕할 때면 남자의 그림자도 발견할 수 없다"(J.-F. Saucier, "Correlates of the Long Postpartum Taboo," *Current Anthropology*, 1972, p. 241). 요노마모족(Yonomamö) 여자들은 어린아이들과 강에서 목욕을 할 때면 가리개를 벗지만 주위에 남자가 없을 경우에만 그렇게 한다. R. Hanbury-Tenison/V. Englebert, *Die Yanomami, Amsterdam*, 1982, p. 52f. 참조. 카우콰이브족 남자와 여자가 함께 목욕하면 그들이 함께 잔다는 것을 의미한다. W. H. Kracke, *Force and Persuasion: Leadership in an Amazonian Society*, Chicago, 1978, p. 153 참조. 카라야족은 그와는 반대로 결혼하지 않은 여자들만 남

자들의 시야가 미치지 않는 곳에서 목욕한다. E. Wustmann, *Karajá*, Radebeul, 1965, p. 118 참조. 페루 오지의 보라족과 미라냐족의 여자들은 자신의 어린아이들 앞에서도 아주 부끄러워한다. 남자가 카누를 타고 가다 가슴을 드러낸 채 물 속에 서 있는 여자를 지나치게 되면——여자들은 목욕할 때에도 절대 치마를 벗지 않는다——그는 곧 시선을 다른 곳으로 돌리고 아무것도 보지 않은 척 행동한다. 여자가 자신의 몸을 씻거나 세탁물을 빨기 위하여 강 속으로 들어가려는데 강에서 어떤 남자가 목욕하고 있다면, 여자는 그 자리에서 몸을 돌려 나온다. M. Guyot, "La maison des Indiens Bora et Miraña," *Journal de la Société des Américanistes*, 1972, p. 154f. 참조. 바리족(수단 남부 주바 부근에 사는 종족으로 나일 강 유역의 덥고 건조한 평지에 걸쳐 산재해 있는 작은 마을들에서 산다—옮긴이)도 비슷하게 행동한다. S. Pinton, "Les Bari," *Journal de la Société des Américanistes*, 1965, p. 318 참조.

11) T. Gregor, 앞의 책, p. 102f. 참조.

12) 같은 책, p. 24.

13) R. F. Murphy/B. Quain, *The Trumai Indians of Central Brazil*, Locust Valley, 1955, p. 93 참조.

14) H. Baldus, *Indianerstudien im nordöstlichen Chaco*, Leipzig, 1931, p. 22. 크라우제(F. Krause)는 *In den Wildnissen Brasiliens*, Leipzig, 1911, p. 208f., 329에서 어린 카라야족 여자아이들이 착용하는, 술이 달린 다발로 엮은 성기부위를 가리는 허리띠에 관해 보고하고 있다. "여자들은 우리가 있는 데서는 절대 그 끈을 풀거나 갈지 않았다. 나에게 허리띠를 판 어린 여자아이는 옆에 있는 수풀 뒤에서 새것으로 갈아입고 나서야 나에게 착용하던 허리띠를 넘겨주었다." 1981년 한 여행자가 호텔 정원에서 전통 춤을 추고있던 우이토토족 여자들에게 가슴을 벗어 보이라고 요구했을 때 젊은 여자들은 눈에 띄게 당혹스러워했다. A. Seiler-Baldinger, "Der Tourismus am oberen Amazonas und seine Wirkung auf die einheimische Bevölkerung," *Unter dem Kreuz des Südens*, ed. A. Seiler-Baldinger, Bern, 1988, p. 227. T. Koch-Grünberg, *Zwei Jahre unter den Indianern*, Bd. II, Berlin, 1910, p. 303에 게재된 사진으로 판단해볼 때 우이토토족 여자들은 이미 20세기 초에 가슴을 가렸다.

15) F. Caspar, "Clothing Practice of the Tuparis(브라질)," *Proceedings of the Thirtieth International Congress of Americanists*, London, 1952, p. 156, 158 참조. A. R. Holmberg, *Nomads of the Long Bow*, Wash-

ington, 1950, p. 19도 참조(시리오노).

16) C. Wagley, *Welcome of Tears*, New York, 1977, p. 112, 127; H. Baldus, "Os Tapirap ," *Revista do Arquivo Municipal*, 1945, p. 15 참조.

17) T. Koch-Grünberg, 앞의 책, p. 76; T. Koch-Grünberg, *Zwei Jahre bei den Indianern Nordwest-Brasiliens*, Stuttgart, 1921, p. 271 참조. "여자들이 거의 옷을 입지 않았음에도 불구하고 나는 그들의 행동에서 최소한의 무례함도 찾아볼 수 없었다. 그들은 나체라는 것을 완전히 잊을 정도로 아주 예의바르게 행동했다"(T. Koch/Grünberg, *Zwei Jahre unter den Indianern*, Bd.II, Berlin, 1910, p. 149).

18) M. Nadig, *Die verborgene Kultur der Frau*, Frankfurt/M., 1986, p. 149 참조.

19) H. P. Duerr, 1988a, p. 349 참조. 빅토리아 해에서 온 간다라는 사람은 할머니의 외음부를 보면 눈이 먼다고 가르친 할머니의 말씀을 기억한다. J. W. Sempebwa, *The Ontological and Normative Structure in the Social Realtiy of a Bantu Society*, Heidelberg, 1978, p. 166 참조. 후아(Hua)라는 어떤 사람은 여자의 성기를 보았다면 그의 얼굴에 염증이 생길 수 있으며, 여성의 성기에 관한 단어를 말하거나 단지 알기만 해도 건강이 위험해진다고 생각했다. A. S. Meigs, "A Papuan Perspective on Pollution," *Man*, 1978, p. 311 참조.

20) L. Romanucci-Ross, "Melanesian Medicine," *Culture and Curing*, ed. P. Morley/R. Wallis, London, 1978, p. 129 참조. 탕가 섬 주민 여자들은 성기에 대한 극단적인 수치심을 가지고 있으며 어떤 상황에서도—심지어 목욕할 때에도—성기가리개를 벗지 않는다. 여자에게 일어날 수 있는 가장 나쁜 일은 그녀의 남자형제가 그녀의 외음부를 보는 것이다. 그렇기 때문에 여자는 나무 밑에 망보는 여자가 있을 경우에만 코코스 야자나무에 올라간다. 한번은 여자 간질병자가 발작을 일으키는 동안 가리개가 벗겨지자 놀란 부모는 이 엄청난 사건을 사악한 악마가 그녀를 사로잡은 거라고 해석할 수밖에 없었다. F. L. S. Bell, "The Avoidance Situation in Tanga," *Oceania*, 1935, p. 177, 186 참조.

21) 쿠난투나족 여자들은 쪼그리고 앉아서도 안 되며 무릎을 구부리거나 활기차게 행동해서도 안 된다. 그렇게 하면 '거기'가 보일 수 있기 때문이다. C. Laufer, "Einige Anstandsregeln der Qunantuna auf Neubritannien," *Anthropos*, 1949, p. 354 참조.

22) A. Cannizzaro, *Und die Seinen nahmen ihn auf*, Wien, 1964, p. 95

참조.

23) J. C. Goodale, *Tiwi Wives*, Seattle, 1974, p. 39 참조.

24) H. M. Ross, *Baegu*, Urbana, 1973, p. 125 참조.

25) L. G. Löffler, 1988년 2월 22일의 편지; L. G. Löffler, 1989년 12월 4일 의 구두전달.

26) 처녀가 결혼하면 넓은 가죽 치마와 숄을 받는다. 결혼한 여자나 젊은 여자가 허벅지, 심지어 성기를 보여준다면 사람들은 그녀를 미친 여자로 여길 것이 다. Ivo Strecker: 1986년 3월 5일의 편지.

27) G. Bogesi, "Santa Isabel, Solomon Islands," *Oceania*, 1947, p. 216 참조.

28) Hr. Vahness, "Einiges über Sitten und Gebräuche der Eingeborenen Neu-Guineas," *Zeitschrift für Ethnologie*, 1900, p. 414f. 참조.

29) W. A. Lessa, *Ulithi*, New York, 1966, p. 79 참조.

30) 나는 이런 일이 때때로, 특히 뉴기니에서 일어난다는 것에 대해 절대 반박하 려는 것이 아니다. 예컨대 음보왐브족(Mbowamb) 여자들은 절대로 그들의 성기를 씻지 않으며 그렇기 때문에 음순에 말라붙은 피가 떨어지지 않을 수 있다는 것을 금지령의 원인으로 들고 있다. 그래서 여자가 젊은이 다리를 타 넘으면 그 젊은이의 다리가 구부러질 수 있다고 말한다. 그러나 남자들도 여 자들의 다리를 타넘어서는 안 된다. 남자가 여자의 다리를 타넘으면 여자들 은 이렇게 말한다. "그렇게 멋대로 행동하면 오줌도 못 누게 되리라는 것을 알고 있는 거야?" M. Strathern, *Women in Between*, London, 1972, p. 166; A. Strathern, "Flutes, Birds, and Hair in Hagen," *Anthropos*, 1989, p. 84 참조. C. W. Hobley, *Bantu Beliefs and Magic*, London, 1938, p. 161 참조(키쿠유족). 한번은 타이완의 시골에서 남동생을 다리 사 이로 기어가게 했다고 일곱 살짜리 여자아이를 할아버지가 마구 후려갈기는 것을 여자 민속학자가 보았다. 거기서 외음부는 '더러운' 것으로 간주되기 때문이다. M. Wolf, *Women and the Family in Rural Taiwan*, Stanford, 1972, p. 96 참조.

31) D. C. Simmons, "Sexual Life, Marriage, and Childhood Among the Efik," *Africa*, 1960, p. 161 참조. O. F. Raum, *The Social Functions of Avoidances and Taboos Among the Zulu, Berlin*, 1973, p. 100 참조 (줄루족); W. D. Hambly, *The Ovimbundu of Angola*, Chicago, 1934, p. 285(오빔분두족); L. M. J. Schram, "The Monguors of the Kansu-Tibetan Frontier," *Transactions of the American Philosophical Society*,

1954, p. 86(몽골족).

32) H. M. Ross, 앞의 책, p. 122 참조.

33) W. H. Davenport, "Male Initiation in Aoriki," *Expedition*, Winter, 1981, p. 17 참조.

34) W. G. Ivens, *Melanesians of the South-east Solomon Islands*, London, 1927, p. 89 참조.

35) G. Graber, "Alte Gebräuche bei der Flachsernte in Kärnten," *Zeitschrift für österreichische Volkskunde*, 1911, p. 157 참조.

36) J. Sterly, *Kumo*, München, 1987, p. 59 참조. 쿵족 남자가 여자가 앉았던 바로 그 자리에 앉거나 여자 옆에 아주 가까이 다가가 앉는다면 그것은 자신의 사냥능력을 잃어버렸다는 것을 의미한다. 반대로 그런 일을 당한 여자는 소변에 피가 섞여 나오게 된다고 한다. L. Marschall, *The !Kung of Nyae*, Cambridge, 1976, p. 249 참조. 물론 이런 관습은 성기의 분비물 및 그와 비슷한 것에 대한 두려움과 실제로 아무 관련이 없는 것처럼 보인다. 왜냐하면 이런 관습은 사춘기 전의 형제들, 부모와 자식 그리고 성적인 농담을 주고받을 수 있는 사람들에게는 해당되지 않기 때문이다. L. Marschall, "Marriage Among the !Kung Bushmen," *Africa*, 1959, p. 339 참조.

37) H. Bernatzik, *Im Reiche der Bidyogo*, Wien, 1936, p. 93 참조.

38) H. M. Ross, 앞의 책, p. 125 참조.

13. '새로운 키테라 섬' 또는 타히티 섬 여인들의 외설스러움

1) L. A. de Bougainville, *Voyage autour du monde*, Paris, 1771, p. 188. 얼마 후 출간된 독일어판 번역본에는 잘못 번역되어 있다. "오늘, 거의 옷을 벗고 있는 예쁜 여자 몇 명도 통나무배로 왔다"(Bougainville, *Reise um die Welt*, Leipzig, 1772, p. 155).

2) 같은 책, p. 190; *Reise um die Welt*, Leipzig, 1772, p. 157. 여기에 대해서는 K.-H. Kohl, *Entzauberter Blick*, Berlin, 1981, p. 213 참조.

3) 같은 책, p. 190f. 및 157f.

4) A. Sharp, *The Voyages of Abel Janszoon Tasman*, Oxford, 1968, p. 45.

5) 같은 책, p. 168.

6) E. H. MacCormick, 1977, p. 2 참조. 윌리스가 보낸 보트 승무원들은 이렇게 보고했다. "인디언들은 그들과 함께 육지로 가야 한다고 그들에게 요구했다. 특히 여자들은 해변에 닿자 옷을 다 벗고 아주 노골적이며 음란한 몸짓으로 그들을 유혹하려고 했다. 그러나 이번에는 우리 선원들이 그 유혹을 이길 정도로 충분히 강했다." 곧 윌리스는 승무원들의 저항력에 한계가 왔음을 인식한다. "마침내 배를 결합시켜주고 있던 못과 쇠가 빠져서 배가 완전히 분해될 위험에 직면했다는 소식을 들었을 때 나는 더 이상 놀라지 않았다. 그 전에 나는 그들이 못을 어디에 쓰려는 것인가를 알아내기 위해 쓸데없이 골머리를 앓았다"(P. W. Lange, *Südseehorizonte*, Gütersloh, 1984, p. 164f.에서 재인용).

7) E. N. Ferdon, *Early Tahiti*, Tucson, 1981, p. 151에서 재인용. 라인홀트 포르스터는 처음에는 타히티 섬에서, 그 다음에는 통가에서 이런 제스처를 관찰할 수 있었다. "손가락을 움켜쥐는 행동은 섬에서 흔하게 일어나며 일반적으로 이해되는 것으로 이곳 여성들은 그것을 기분 나쁘게 받아들이지 않았다. 그곳 여자들은 이런 행동을 보면 조신하지 못하게 웃었다. 그러나 나는 이런 외설적인 행동을 거절하는 듯 보이는 여자 여러 명을 보았다"(J. R. Forster, *The 'Resolution' Journal, 1772~1775*, Bd. III., ed. M. E. Hoare, London, 1982, p. 381).

8) J. R. Forster, *Bemerkungen über Gegenstände der physischen Erdbeschreibung, Naturgeschichte und sittliche Philosophie auf seiner Reise um die Welt gesammelt*, Berlin, 1783, p. 340; H. Melville, Taipi, Hamburg, 1967, p. 25f. 참조.

9) Bougainville(1771), 앞의 책, p. 178f.; Bougainville(1772), 앞의 책, p. 164. 이 프랑스 사람이 '섬 주민'이라고 지칭한 것이 독일어 번역에는 '미개인'이라고 되어 있다. 게오르크 포르스터는 남태평양의 다른 민족들과는 달리 타히티 섬 사람들을 '미개인'이 아닌 '반문명인'으로 간주했다. E. Berg, *Zwischen den Welten*, Berlin, 1982, p. 179 참조.

10) C. -F. -P. Fesche, "Aus dem Schiffstagebuch," *Bougainvilles Reise um die Welt*, ed. K. -G. Popp, Berlin, 1977, p. 387f. 영국 사람, 프랑스 사람들과는 반대로 에스파냐의 타히티 섬 전함 승무원들은—1772년에는 도밍고 보에네체아 씨(Don Domingo Boenechea)가, 3년 후에는 카예타노 데 랑가라 씨(Don Cayetano de Langara)가 상륙했다—몸을 파는 폴리네시아 여자들과 절대 자지 말라는 엄격한 금지령을 받았다. 그들은 일반적으로 이런 명령을 지켰던 것으로 보인다. C. I. Archer, "The Spanish

Reaction to Cook's Third Voyage," Captain James Cook and His Times, ed. R. Fisher/H. Johnston, London, 1979, p. 118 참조. 그래서 당시의 에스파냐 원정일기에는 이렇게 적혀 있다. "그들은 아주 뻔뻔스럽게 그들의 여자를 우리에게 제공했다. 그리고 우리가 이런 제안을 받아들이려 하지 않자 매우 놀랐다." 그것을 번역했던 게오르크 포르스터는 이에 대해 다음과 같이 생각한다. "그것은 저자와 그의 동료들의 도덕심에 존경심을 갖게 한다. 영국인과 프랑스인들은 그들의 유혹에 넘어갔지만 그들은 고집스럽게 그 여자들의 유혹에 넘어가지 않았다"(G. Forster, *Werke*, Bd. V, Berlin, 1985, p. 44, 66).

11) H. P. Duerr, *Der Mythos vom Zivilisationsprozeß*, Bd. I: *Nacktheit und Scham*, Frankfurt/M. 1988, p. 59f. 참조.

12) Bougainville(1772), 앞의 책, p. 209, 219f. 및 173, 183ff.

13) B. W. Smith, *European Vision and the South Pacific*, New Haven, 1985, p. 46에서 재인용. '여왕'이라는 단어는 뱅크스(Joseph Banks) 경이 관능의 타히티 제국에 소개했던, 이른바 말하는 오베레아(Oberea) 왕비와 관계가 있다. K. -H. Kohl, *Abwehr und Verlangen*, Frankfurt/M., 1987, p. 24 참조. 저자인 쿠르트네(John Courtenay)는 같은 해에 런던에서 출간된『타히티 섬의 장교가 그로브너 양에게 보내는 도덕적이며 철학적인 서간』(*Epistle, Moral und Philosophical, from an Officer at Otaheite to Lady Grosvenor*)에서 반어적으로 이렇게 적고 있다. "나의 에마, 아마도 이러한 이상한 이야기는/사랑의 신비로운 의식의 공공연한 행위를 경시할지도 모릅니다. /당신은 불신하는군요. 그러나 여기에는 어떤 수치도/놀람의 박동으로 여성의 가슴을 부풀게 하지 않습니다. /우리가 보는 모든 요정들은 벌거벗은 채 미소짓고 있습니다/마치 아무것도 가리지 않은, 사과를 훔치기 이전의 이브와 같이/공격적 의도 없이 음란한 말들이 오가며 / 정숙함의 결여는 순수함을 보여줍니다/이 문제는 철학자들이 발전시킨 이후로 계속되었습니다/즉 수치심이 본성에서 나온 것인지 아니면 우연히 발생한 것인지. / 논쟁은 지속됩니다. 인간의 오만에 의해 계속됩니다/현인들이 서로 의견이 다른데, 내가 어떻게 결정하겠습니까?"(C. Roderick, "Sir Joseph Banks, Queen Oberea and the Satirists," *Captain James Cook*, ed. W. Veit, Melbourne, 1972, p. 85에서 재인용).

14) D. -A. -F. de Sade, *Philosophie im Boudoir*, Wiesbaden, 1980, p. 90.

15) "타히티 섬 사람들은 이렇게 말할 것이다. '너는 왜 숨니? 뭐가 부끄러운데? 본성 중에서 가장 강력한 충동에 지게 되면 결국 악을 행하게 되지 않

니?"(D. Diderot, "Supplément au Voyage de Bougainville," *Œuvres*, ed. A. Billy, Paris, 1951, p. 972, 996).

16) W. E. Mühlmann, *Arioi und Mamaia*, Wiesbaden, 1955, p. 218에서 재인용.

17) D. L. Oliver, *Ancient Tahitian Society*, Bd. I, Honolulu, 1974, p. 350 참조.

18) G. Forster, "Fragmente über Capitain Cooks letzte Reise und sein En-de," *H. Zimmermann: Reise um die Welt mit Capitain Cook*, Frank-furt/M., 1981, p. 140f.

19) R. v. Krafft-Ebing, *Psychopathia sexualis*, Wien, 1912, p. 2 참조. 그에 반대되는 의견에 관해서는 예컨대 J. D. Unwin, *Sex and Culture*, London, 1934, p. 217 참조.

20) W. Zude, "Nacktkuntur und Vita sexualis," *Zeitschrift für Sexualwissenschaft*, 1916, p. 39, 43, 84. 이미 스탕달은 거기서 인간의 수치심의 본질에 관한 귀납적 추리를 끌어냈다. "우리는 곧 희생물이 될 새들이 물을 마시기 위해 몸을 숨긴다는 것을 관찰하였다. 새들은 물을 마시려면 물속에 머리를 처박을 수밖에 없기 때문에 그 순간에는 무방비 상태인 것이다. 타히티 섬에서 일어나는 일을 관찰한 뒤부터 나는 도대체 수치심이라는 게 어디에 근거를 두고 있는 건지 모르겠다"(H. Jacquier, "Le mirage et l'exotisme tahitiens dans la littérature," *Bulletin de la Société des Études Océaniennes*, 1945, p. 62에서 재인용). 이미 그 전에 디드로는 (앞의 책, p. 970, 996) 타히티 섬에서는 모든 부인이 모든 남편에게 속하기 때문에 육체와 성에 대한 수치심을 몰랐다고 말한 바 있다.

21) J. van Ussel, *Intimität*, Gießen, 1979, p. 78.

22) 이런 이미지는 과거에도 그랬고 현재도 여전히 통용되고 있다. 사모아를 배경으로 한 플라어티(Robert Flaherty, 1884~1951: 미국의 탐험가·영화제작자로 기록영화의 아버지라 불린다—옮긴이)의 「모아나」(1925)와 타히티 섬이 무대가 된 무르나우(Murnau)의 「터부」(1931)와 같은 영화에서조차 그런 이미지에 굴복했다. 전후에 만들어진 영화 「바운티 호의 반란」(1962)에서는 동시대의 다른 할리우드 영화와는 달리 원주민 여자들의 노출된 가슴이 흔들리는 장면을 많이 볼 수 있었다.

23) J. Cook, *The Journals*, Bd. I, ed. J. C. Beaglehole, Cambridge, 1955, p. 126. "원주민들이 나체로 활동하는 모습을 자주 볼 수 있으며 치부를 가리기 위해 몸통 주위에 끈만 두르고 있다"(Bougainville, 앞의 책, p. 215

및 179).

24) J. M. Orsmond, *Ancient Tahiti*, ed. T. Henry, Honolulu, 1928, p. 285; D. L. Oliver, 앞의 책, p. 152f. 참조. 여자들은 왕 앞에서 가슴을 노출시킴으로써 왕에 대한 존경심을 표명했다. J. La Farge, *An American Artist in the South Seas*, ed. K. O'Connor, London, 1987, p. 314 참조.

25) J. Cook, 앞의 책 참조. 비티레부(피지에서 가장 큰 섬으로 남태평양 코로해 서쪽에 있다 – 옮긴이)에서도 마찬가지로 나무껍질로 된 짧은 치마(vau lingu)를 착용한 젊은 처녀는 아무것도 보이지 않도록 조심스럽게 움직였다. 결혼한 여자들은 좀더 긴 치마를 입었다. H. Tischner, "Theodor Kleinschmidts Ethnographische Notizen aus den Jahren 1877/78 über die Bergbewohner von Viti Levu," *Baessler-Archiv*, 1966, p. 368 참조.

26) J. Morrison, *The Journal of James Morrison, Boatswain's Mate of the Bounty*, ed. O. Rutter, London, 1935, p. 225. 가슴에 대해서는 주 24 참조. 이 책의 저자는 그들이 종교의식적인 춤에서는 외설스러울 정도로 노출하지만, 이런 춤을 추는 남자와 여자들도 일상생활에서는 극도로 예의바르며 수치심을 갖고 행동했다는 것을 인정했다(같은 책).

27) D. L. Oliver, 앞의 책, p. 124, 153 참조. 영국의 선교사는 남녀가 강에서 함께 목욕하는 것을 금지했지만 거의 아무런 성과도 거두지 못했다. W. E. Mühlmann, 앞의 책, p. 214 참조. 레이보(Louis Reybaud)나 레송(René Primeverre Lesson)과 같은 여행자들의 기록에서 드러나듯이 그들은 늦어도 1830년경 보다 좁은 영향권 내에서 '마더 허버드 드레스'(Mother Hubbard dress: 여자들이 주로 입는 길고 헐렁한 가운 – 옮긴이)를 도입했던 것처럼 보인다. 그래서 이 시기에 샤미소 역시 이렇게 기술하고 있다. "이미 너무 늦었다. 타히티 섬, 하와이에서는 선교사 가운으로 아름다운 육체를 가린다"(A. v. Chamisso, *Sämtliche Werke*, Bd. II, München, 1975, p. 137).

28) Lowell D. Holmes: 1986년 2월 18일의 편지.

29) A. Krämer, *Die Samoa-Inseln*, Bd. II, Stuttgart, 1903, p. 290 참조.

30) R. I. Levy, *Tahitians*, Chicago, 1973, p. 106 참조.

31) G. Koch, "Kulturwandel bei den Polynesiern des Ellice-Archipels," *Sociologus*, 1962, p. 139 참조.

32) K. P. Emory, *Kapingamarangi*, Honolulu, 1965, p. 165 참조.

33) R. C. Suggs, *Marquesan Sexual Behavior*, New York, 1966, p. 66, 123f. 참조.

34) R. Firth, *We, the Tikopia*, London, 1936, p. 473 참조.

35) Raymond Firth: 1968년 4월 9일의 구두전달. 어떤 티코피아 사람들이 카누를 타고 바다를 건너가다 멀리서 목욕하는 여자들을 보았다면 틀림없이 그들 중 한 명은 "fafine sa karo," 즉 "여자들이 음문을 씻는다"고 말했을 것이다. 남자아이들이 여자아이를 화나게 하기 위해 그들 앞에서 입으로 찰칵 소리를 냈는데 그 소리가 여자의 성기가 내는 소리와 비슷하다고 한다. R. Firth, 앞의 책, p. 497, 511 참조.

36) E. Arning, *Ethnographische Notizen aus Hawaii 1883~86*, Hamburg, 1931, p. 7 참조. 통가에서도 마찬가지다. K. Bain, *The Friendly Islanders*, London, 1967, p. 81 참조.

37) 여자의 음부가 너무 튀어나오지 않도록 평평한 손으로 매번 눌렀으며 'kukui' 호두기름으로 문질렀다. E. S. Handy/M. K. Pukui, *The Polynesian Family System in Ka-'u, Hawai'i*, Wellington, 1958, p. 91, 94 참조.

38) W. S. Middleton, "Early Medical Experiences in Hawaii," *Bulletin for the History of Medicine*, 1971, p. 445 참조.

39) A. v. Chamisso, 앞의 책, p. 132f., 157, 207. 통가 사람들의 음핵두는 'tapu'였으며 누구에게도 보여줘서는 안 된다고 알려져 있다. H. Ploß, *Das Kind in Brauch und Sitte der Völker*, Bd. II, Leipzig, 1912, p. 204 참조.

40) W. Zude, 앞의 책, p. 43.

41) A. Sharp, 앞의 책, p. 198.

42) J. Cook, *The Journals*, Bd. I, ed. J. C. Beaglehole, Cambridge, 1955, p. 280.

43) T. E. Donne, *Mœurs et coutumes des Maoris*, Paris, 1938, p. 230. 한편으로 외음부의 'mana'가 남자를 죽일 수도 있다고 한다. E. Arbman, "Seele und Mana," *Archiv für Religionswissenschaft*, 1931, p. 341 참조. 마우이(Maui)를 어머니 여신인 히네 누이 테 포(Hine-nui-te-po)가 질 안으로 삼켜버렸다는 유명한 신화를 풍자하여 질은 'te whare o aitua'라는 명칭으로 불렸는데(E. Best, "Maori Beliefs Concerning the Human Organs of Generation," *Man*, 1914, p. 132f. 참조), 그것을 단어 그대로 해석하면 '정령들이 풍부한 곳'이란 뜻이다(Horst Cain: 1984년 5월 17일의 구두전달).

44) H. Schurtz, *Urgeschichte der Kultur*, Leipzig, 1900, p. 404 참조.

45) F. A. Hanson/L. Hanson, *Counterpoint in Maori Culture*, London,

1983, p. 144; B. N. Heuer, "Maori Women in Traditional Family and Tribal Life," *Journal of the Polynesian Society*, 1969, p. 461 참조. T. W. Downs, "Maori Etiquette," *Journal of the Polynesian Society*, 1929, p. 158도 참조.

46) R. I. Levy, 앞의 책, p. 111; B. Danielsson, *Love in the South Seas*, London, 1956, p. 62 참조.

47) J. C. Furnas, *Anatomy of Paradise*, New York, 1937, p. 67 참조.

48) R. I. Levy, 앞의 책, p. 339 참조.

49) B. Danielsson, 앞의 책 참조.

50) B. Danielsson, *Gauguin in the South Seas*, London, 1965, p. 88; H. Ritz, *Die Sehnsucht nach der Südsee*, Göttingen, 1983, p. 108 참조.

51) 그렇다고 해서 특히 영국 선교사가 여러 관점에서 타히티 섬 사람들보다 엄격한 예절 개념을 가지고 있었다는 것을 부정하자는 것은 아니다. 무엇보다 그 섬의 프랑스 방문객들이 선교사들의 많은 개혁을 비웃었다. 결국 선교사의 긴 가운이 제일 긴 'ahu-pu'보다 몸을 더 많이 가려주었다. 그래서 크레머(A. Krämer) 역시 *Hawaii, Ostmikronesien und Samoa*, Stuttgart, 1906, p. 244에서 이렇게 격분하고 있다. "나는 능력이 닿는 한 남태평양의 선교를 위해 나설 준비가 되어 있다. 그러나 복장에 대한 질문에 직면하면 이성을 잃고 만다." 고갱이 정원에 나무로 만든 나체 조각상 두 개를 세워놓자 언짢게 생각했던 사람은 그곳 주민이 아니었다. 1896년 그의 동향인인 고갱에게 조각상을 다른 데로 옮겨놓거나 아니면 적어도 옷이라도 입혀놓지 않는다면 그 것들을 부숴버리겠다고 위협했던 사람은 바로 푸나우이아(Punaauia)의 가톨릭 신부인 미셀 신부였다. 그가 이런 정도로 심한 성스런 분노에 빠지자 고갱은 자신의 조각을 안전하게 지키기 위해 그 지역 총독의 도움을 요구해야 했다. B. Danielsson, 앞의 책, p. 189f. 참조. 얼마 전 타히티 섬에서의 체류에 관해 실망한 독일의 나체주의자 팬은 다음과 같이 기술하고 있다. "유감스럽게도 나는 나체생활의 징후를 확인할 수 없었다 〔……〕. 원주민들의 목욕습관을 면밀히 조사하려 했지만 결과는 실망스러웠다. 여자들은 그들의 육체가 사람들의 시선에 노출되는 것을 매우 부끄러워했다. 결혼한 여자들은 거의 예외없이 사람들의 면전에서 목욕하지 않았다. 한편 처녀들은 물속에서도 그들의 면직물 옷을 입고 있었다. 해변에서 젖은 옷을 입고 추워하는 여자들을 보는 것은 슬픈 광경이었다. 그런 경우 그들은 팔로 가슴을 가렸는데 아마도 몸에 착 달라붙은 젖은 옷 때문에 몸의 형태가 낯선 사람들에게 너무 강하게 드러나지 않을까 하는 두려움을 느끼는 것 같

앞다. 여러 번 약속하고 난 후에야 나는 겨우 타히티 섬 친구들로 하여금 아마로 된 요포인 전통적인 'pareu'만 입고 카메라 앞에 세울 수 있었다 (*Hilios*, 1953, G. Spitzer, p. 158에서 재인용).

52) W. E. Mühlmann, 앞의 책, p. 54, 78f., 100.

53) M. Sahlins, *Islands of History*, London, 1987, p. 5 참조.

54) J. Morrison, 앞의 책, p. 225.

55) J. H. Moore, *A Study of Religious Symbolism Among the cheyenne Indians*, Ann Arbor, 1978, p. 318, 321; H. P. Duerr, *Sedna oder Die Liebe zum Leben*, Frankfurt/M., 1984, p. 269 참조.

56) J. Cook, 앞의 책, p. 93f.

57) J. Banks/D. Solander, *Supplément au voyage de M. de Bougainville*, Paris, 1772, p. 73 참조. 이미 부갱빌의 동반자 중 한 명이었던 자연과학자 코메르송(Philibert de Commerson)이 보고한 바에 의하면 타히티 섬에서는 수치심과 정숙함이 더 이상 사람들을 지배하지 않았으며 모두들 쾌락에 참여하도록 권유받았다고 한다(P. Commerson, "Brief an den Astronomen Lalande über Tahiti," *Bougainvilles Reise um die Welt*, ed. K. -G. Popp, Berlin, 1977, p. 365). 사모아에서는 타히티 섬과는 다르게 행동했던 것으로 보인다. 1839년에 예컨대 윌크스(Charles Wilkes)라는 사람은 그곳 여자들의 소극적이고 수줍어하는 태도에 관해 "타히티 섬 사람들과 강한 대조를 보여준다고" 기술한 바 있다(D. Freeman, *Margaret Mead and Samoa*, Cambridge, 1983, p. 227에서 재인용). B. Shore, "Sexuality and Gender in Samoa," *Sexual Meanings*, ed. S. B. Ortner/H. Whitehead, Cambridge, 1981, p. 196 참조.

58) "쾌락과 기쁨의 이 민족에게—오, 이 부드럽고 맛있는 공기를 들이마시고 밝고 풍부한 하늘을 쳐다보면서 너희들에게 존재의 환희가 무엇인지를 가르칠 수 있다면—정숙함이란 덕과 관계가 멀었다"(A. v. Chamisso, 앞의 책, p. 131). 열광한 코메르송은 타히티 섬 사람들의 성교에 대해 이렇게 적고 있다. "모든 이방인들은 행복하고 신비스런 이 일에 참여할 수 있었다. 심지어 손님에게 그렇게 하도록 권유하는 것이 손님을 환대하는 규칙 중 하나이기도 하다. 그래서 선한 타히티 섬 사람은 자신의 쾌락이든 아니면 다른 사람들의 관능의 유희이건 끊임없이 즐긴다. 청교도적인 도덕가는 그런 모습에서 단지 관습의 무절제함, 끔찍한 매춘, 극단의 냉소주의를 볼 수도 있지만, 이것이 근원적으로 원래 선하고, 아무 선입관이 없으며, 회의와 양심의 가책 없이, 아직 이성으로 퇴화되지 않은 본능의 부드러운 충동에 따르는 자

연적인 인간의 상태가 아닌가?"(같은 책, p. 366).

59) J. Cook, *The Journals*, Bd. II, 1961, p. 238f. 쿡 선장은 타스만과 비슷하게 통가 여자들이 갑판으로 기어올라와 춤을 추었다고 보고하고 있다. 그들은 "심하게 노출한 상태로, 동시에 아주 음탕한 제스처를 사용했으며" 전문적인 "매춘부들"이었다. "테이웨헤루아(Taywaherooa)는 우리에게 이렇게 말했다. 정숙한 처녀라면 누구도 우리 가까이 오려고 하지 않을 것이며 아주 조심스럽게 그들의 관습을 지킬 것이다. 배의 갑판 위로 올라오는 여자들은 그들 중에서 단순히 버림받고 추방된 여자들뿐이라고"(Cook, Bd. III, 1967, 1, p. 170; III, 2, p. 996, 1042, 1044). 손도끼나 셔츠 한 장으로 밤새도록 같이 지낼 수 있었던 이런 창녀들에 관하여 포르스터 역시 이렇게 기술하고 있다. "우리가 이곳 사람들의 계급의 다양함에 관해 충분한 지식을 가졌더라면 타히티 섬에서처럼 여기서도 정숙하지 못한 여성들은 낮은 천민 출신이라는 것을 현명하게 알아차릴 수 있었을 텐데"(G. Forster, *Werke*, Bd. II, 1965, p. 363).

60) G. Forster, *Werke*, Bd. III, 1966, p. 45f. 오마이(Omai)는 영국을 방문했던 최초의 타히티 섬 사람이었다.

61) J. Morrison, 앞의 책, p. 237. 그래서 쿡은(1961, II, p. 239) 말한다. "영국을 방문한 이방인이 일반적으로 그가 해군 기지의 배 갑판 위에서, 또는 코벤트 가든과 드루어리 레인 변두리에서 만난 여성에게서 영국 여성의 특징을 이끌어낸다면 그것도 마찬가지로 옳지 않다."

62) G. R. Scott, *A History of Prostitution*, London, 1936, p. 56 참조.

63) J. Cook, 1967, III, 2, p. 995. 라인홀트 포르스터는 많은 여자들이 명백히 그들의 '남자 뚜쟁이'로부터 매춘을 강요받았다고 그의 일기에 기록하고 있다. J. R. Forster(1982), 앞의 책, Bd. II, p. 288, 303 참조.

64) E. Vogler, "Die Europäer entdecken die Osterinsel," *1500 Jahre Kultur der Osterinsel*, ed. H. -M. Esen-Baur, Mainz, 1989, p. 55.

65) A. Métraux, 앞의 책, p. 96; E. Vogler, 앞의 책, p. 65 참조.

66) A. v. Chamisso, 앞의 책, p. 442.

67) A. Métraux, 앞의 책, p. 96. 신중한 연구가였던 매클레이(Mikloucho-Maclay)는 1883년 프리깃함을 타고 뉴기니로 돌아와 정박한 후 일기에 다음과 같이 기록했다. "1877년 여행을 떠나면서 내가 정했던 지침에 따라 모든 젊은 처녀와 부인들은 사라졌고 단지 혐오감을 줄 정도로 추한 여자들만 남았다"(N. Mikloucho-Maclay, *Bei den Papuas: Die Reisetagebücher*, Berlin, 1986, p. 240).

68) 눗카족(북아메리카 태평양 북서 연안 지방에 사는 인디언 — 옮긴이) 역시 원하던 영지를 얻으려고 영국인들에게 여자를 제공했다. 이 민족에게 직업 창녀는 존재하지 않은 것으로 보였기 때문에, 그들은 아마 사이가 좋지 않은 민족에게서 노획물로 잡아온 여자 노예들이었을 것이다. 눗카족의 다른 여자들과는 반대로 이런 여자들의 복종적인 태도가 그런 사실을 암시하고 있다. R. Fisher, "Cook and the Nootka," *Captain James Cook and His Times*, ed. R. Fisher/H. Johnston, London, 1979, p. 94f. 참조.

69) D. L. Oliver, 앞의 책, p. 356 참조.

70) 20년대에는 여러 남자들과 같이 잤던 것으로 보이는 여자들이 있었다. 사람들은 그들에게 바비(Bobby)라는 이름을 붙여주었는데, 언제든지 수캐를 받아들일 준비가 되어 있는 암캐를 마을에서는 그렇게 불렀기 때문이다. '온통 자바' 사람들은 그들이 지나갈 때면 큰 소리로 이런 동물의 이름을 불러야 유했다. I. Hogbin, "Sexual Life of the Natives of Ontong Java(Solomon Islands)," *Journal of the Polynesian Society*, 1931, p. 25, 30 참조. B. 하우저 셔이블린(Hauser-Schäublin)은 아무 근거도 없이 "Prostitution: Der fatale Irrtum. Das Mißverstehen weiblicher Sexualität in der Südsee durch die ersten Europäer," *Sexualität*, Basel, 1987, p. 11에서 이렇게 기술하고 있다. "마을 공동체"에서 매춘은 "상상할 수도 없는 일이다". 그리고 "매춘의 개념은 화폐경제의 개념에 선행된다." 이 두 가지 주장은 잘못된 것이다.

71) 폴리네시아에서는 결혼하지 않은 여자에게 성교의 대가로 '선물'을 주는 것이 일반적이다. 예컨대 서 폴리네시아의 로투마 섬에서 어떤 처녀가 아무것도 요구하지 않고 남자와 잤다면 그녀는 남자만큼 섹스를 즐긴다는 명성을 얻게 될 것이다. A. Howard/I. Howard, "Pre-Marital Sex and Social Control Among the Rotumans," *American Anthropologist*, 1964, p. 271 참조.

72) 타히티 섬 사람들과 폴리네시아의 다른 섬 주민들은 여자의 질에 삽입하는 성교보다 성도착의 'māhū'와 함께 구강성교를 더 선호했다. 그들은 입으로 더 잘 '수음할 수 있기' 때문이다.

73) R. C. Suggs, *The Hidden Worlds of Polynesia*, London, 1963, p. 122f., 128.

74) J. Cook, *The Journals*, Bd. II, ed. J. C. Beaglehole, Cambridge, 1961, p. 796f. 참조.

75) H. Jacquier, 앞의 책, p. 56f. 참조.

76) J. Morrison, 앞의 책, p. 236f.

77) J. R. Forster, 앞의 책, p. 222.

78) 한편으로는 사랑과 깊은 감정이, 다른 한편으로는 사랑과 성이 그렇게 밀접하게 연결되어 있지 않았으며 지금도 그런 것이 폴리네시아의 일반적인 특징인 것처럼 보인다. 그 예에 관해서는 D. S. Marshall, "Sexual Behavior on Mangaia," *Human Sexual Behavior*, ed. D. S. Marshall/R. C. Suggs, New York, 1971, p. 119(망가이아족) 참조. 사모아에서도 성행위는 공격적인 행동으로 보였으며 사람들은 이렇게 말한다. "너는 사랑(alofa)을 느끼는 사람과 자면 안 된다"(B. Shore, *Sala'ilua*, New York, 1982, p. 229). 젊은 타히티 섬 여자에 관해 '냉정한 시각으로' 이렇게 기술한 것과 달리 고갱은 약간 과장한 것처럼 보인다. "그러나 모든 여자들은 마오리식으로, 말 한마디 없이, 난폭하게 임신되기를 바란다. 모든 여자들은 어떻게 보면 강간당하고 싶은 욕망을 지니고 있었다"(P. Gauguin, *Noa Noa*, Stockholm, 1947, p. 46; 1893년의 원본에도, Gauguin, *Noa Noa*, ed. N. Wadley, Oxford, 1985, p. 23).

79) J. Cook, 앞의 책, p. 236. G. Forster, *Werke*, Bd. II, 1965, p. 241에도 비슷한 견해가 있다. 통가족 여자들에 관해 라인홀트 포르스터는 그의 일기에 이렇게 쓰고 있다. "그 여자들은 결혼하고 나면 아주 정숙해진다. 결혼한 여성이 아주 큰 뇌물에 굴복한 경우는 단 한 번도 없었다고 생각한다"(J. R. Forster(1982), 앞의 책, Bd. III, p. 401). 라이아테아(남태평양 중앙 프랑스령 폴리네시아의 소사이어티 제도에 속한 일레수르방 제도 중 가장 큰 섬 – 옮긴이) 섬 여자들 일부는 선물을 얻기 위하여 영국사람과 동침했다. 그러나 "그들이 흔한 창녀가 아니라면 영국인과 함께 자는 것에 응하지 않을 것이다"(같은 책, Bd. II, p. 357).

80) D. L. Oliver, 앞의 책, p. 352 참조. 그렇다고 나는 그 중 몇 사람이 부갱빌의 선원들과 창녀들이 함께 자는 것을 보았다는 사실을 반박하려는 것이 아니다. 그러나 게오르크 포르스터는 앞의 책, p. 278에서 '타히티 섬의 창녀들'에 관해 그들이 "근본적으로 유럽의 품위 있는 창녀들보다 덜 음란하고 방탕하다"고 적었다.

81) J. R. Forster, 앞의 책, p. 340. "신분이 높은 사람들이(우리가 그들을 부르듯이) 늙은 여자들을 제외하고, 우리의 여행 동료들과 친밀한 교제를 허용하는 것은 전례가 없는 일이다"(같은 책, p. 373f.).

82) D. L. Oliver, 앞의 책, p. 363에서 재인용. 이것은 약간 과장된 것처럼 보인다. 어쨌든 나중에는 사모아에서조차 상대적으로 덜 강요되긴 했지만 결혼

전의 성관계는 존재했다. L. D. Holmes, "Über Sinn und Unsinn von restudies," *Authentizität und Betrug in der Ethnologie*, ed. H. P. Duerr, Frankfurt/M., 1987, p. 245. 게다가 마르키즈 군도에서는 파트너 교환과 성적인 손님 접대가 드물지 않았다. 그래서 어떤 민속학자 부부는 처음 세 달 동안 현장조사를 하면서 은밀하긴 하지만 세 번 '파트너 교환'을 하자는 요구를 받았다. R. C. Suggs, 앞의 책, p. 123 참조.

14. 추한 외음부

1) R. Huber, *Sexualität und Bewußtsein*, München, 1977, p. 52f. 참조. 여성의 유두도 마찬가지다. 그렇기 때문에 화가는 대개 젖을 먹이는 어머니의 가슴을 그릴 때에도 성숙한 젖꼭지가 아니라 젊은 처녀의 봉우리만을 묘사했다. 조금 덜하긴 하지만 음경과 음낭의 종창 및 쭈글쭈글한 것과 주름진 것에 대해서도 거부감을 느낀다. 그래서 화가는 성숙한 음경을 그리는 대신 '사내녀석의 고추'를 그리게 된다. 같은 책, p. 54, 72 참조. 예술에서의 가슴과 성기에 대한 묘사는 다음에 다루려고 하기 때문에 더 이상 설명하지 않겠다.

2) R. Huber: 1986년 9월 25일의 편지. 다른 대목에서 저자는 이렇게 주장한다. "우리 현대인은 외음부의 외양에 더 이상 익숙하지 않으며 그렇기 때문에 그것을 추하다고 느낀다. 여자 성기를 자주 친숙하게 다루게 되면 이런 미학적 감정이 변화될 수도 있다." R. Huber, "Muß man wegschauen? Das Genitale im Bild," *Ich stelle mich aus*, ed. G. -K. Kaltenbrunner, Freiburg, 1984, p. 71, 78 참조.

3) R. Huber(1977), 앞의 책, p. 51, 53, 68, 87, 97ff. 참조.

4) O. Weininger, *Geschechte und Charakter*, Wien, 1921, p. 313, 314.

5) 엘리스는 특히 여자의 성기가 추하기 때문에 '성적인 매력'이 없다고 생각한다. "예술의 영향하에서 성기의 크기는 축소되는 경향이 있다. 그리고 어떤 문명화된 나라에서도 예술가가 이상적인 남성의 미를 재현하는 데 있어 발기한 성기를 선택한 적은 없다. 여성 성기 부위의 추한 모습이 나신의 일반적이고 정상적인 위치에서는 거의 드러나지 않기 때문에 여성의 성기 형태가 남성의 그것에 비해 보다 미학적으로 아름다운 관조의 대상이 된 것이다. 이러한 특성과는 별도로 미학적인 관점에서 엄격하게 본다면 남성의 형태가 미학적으로 아름답다고 간주해야 할 것이다"(H. Ellis, *Studies in the Psy-*

chology of Sex, Bd. IV, Philadelphia, 1928, p. 161f.). 엘리스 역시 태고
에는 성기들이 매력적이었지만 문명화 과정이 진행되면서 결국 "성기에 주목
을 하도록 채택된 바로 그 방법"이 단지 성기를 숨기기 위해 유지되었을 뿐
이라고 생각한다.

6) S. Freud, *Drei Abhandlungen zur Sexualtheorie*, Frankfurt/M., 1961,
  p. 33.

7) G. Devereux, "The Female Castration Complex and Its Repercussions
  in Modesty, Appearance and Courtship Etiquette," *The American
  Imago* 1960, p. 6 참조.

8) G. Devereux, *Angst und Methode on den Verhaltenswissenschaften*,
  München, 1973, p. 221 참조.

9) H. Licht, 1924, p. 24, 29f.

10) G. Vinnai, 1977, p. 49f.; R. Huber, "Aphroditenkult und
  Sexualwiderstand," *Sexualmedizin*, 1981, p. 282; R. J. Stoller,
  Perversion: Die erotische Form von Haß, Reinbek, 1979, p. 133 참조.
  사드 후작은(*Justine oder Die Leiden der Tugend*, Nördlingen, 1987, p.
  313) 어떤 '소돔 사람'에게 이렇게 말한다. "'저런, 치부를 감추시오, 부인
  들'. 그는 이렇게 도로테아와 쥐스틴에게 말한다. 왜냐하면 그들이 별로 숭
  배할 가치가 없어 보이는 제단을 그에게 제공할 준비가 되어 있음을 알았기
  때문이다. '치부를 감추세요, 맹세하건대 그러지 않으면 당신은 나를 6주 동
  안 발기불능으로 만들 거요!'" "덕이 많은 젊은 남자들"에 마음이 쏠렸던 많
  은 수피 교도(이슬람의 신비교파—옮긴이)들은 여자들이 준비한 음식에 절
  대 손대지 않을 정도로 여자들에게 심한 혐오감을 가지고 있다. 결혼한 남자
  들은 자신들의 결혼을 지옥 불을 대신하는 것으로 간주한다. A. Schimmel,
  Mistische Dimensionen des Islam, Köln, 1985, p. 606 참조. 군의관인
  수토르(Jacobus Sutor)는 19세기 알렉산드리아, 포트사이드(수에즈 운하의
  지중해 쪽 입구에 있는 이집트의 항구 도시—옮긴이), 수에즈 뒷골목의 창
  녀들이 지나가는 동성연애자들을 자극하기 위해 그들에게 치모를 면도한 외
  음부를 보여주지만 이들은 창녀들을 냉랭한 시선으로 바라보고 욕을 한다고
  보고한다. A. Edwardes/R. F. L. Masters, *The Cradle of Erotica*, New
  York, 1963, p. 194 참조.

11) R. Bilz, *Die unbewältigte Vergangenheit des Menschengeschlechts*,
  Frankfurt/M., 1967, p. 97f. 참조. 프랑스의 산부인과 의사는 이렇게 적고
  있다. "불가사의한 저작기관(음식물을 씹는 작용을 맡은 기관으로 무척추동

물의 턱, 척추동물의 이 따위—옮긴이)에 대한 환상들은 많은 발기불능자들과 동성애자들에게서 발견된다. 그들은 자신을 '다른 사람이 소유하는 것을' 원하지 않으며 삼켜지기를 원하지도 않는다. 세상에 있는 어떤 것을 위해서도 그들은 저작기관에 그들의 귀한 음경을 맡기지 않을 것이다"(G. Zwang, *Die Erotik der Frau*, Basel, 1968, p. 229). P. E. Slater, *The Glory of Hera*, Boston, 1968, p. 14f., 63 참조.

12) M. Ash, "The Misnamed Female Sex Organ," *Women's Sexual Development*, ed. M. Kirkpatrick, New York, 1980, p. 176 참조.

13) K. Landauer, "Entweder-Oder: Zur Frage des Sich-Zeigens," *Zeitschrift für psychoanalytische Pädagogik*, 1928, p. 42.

14) 달리는 이렇게 기술하고 있다. "가르시아 로르카가 나를 소유하려 했을 때 나는 소름이 끼쳐 거부했다. 나이가 들면서 나는 남자들에게 더 끌리는 경향이 있음을 느낀다. 엿보는 것을 즐기는 나의 경향은 남성들에 대해 더 큰 호의를 가지게 한다. 특히 그 남자들이 턱수염이 없으며 아주 젊고 긴 머리와 천사 같은 얼굴을 가진 소녀와 비슷할 때 나는 그렇게 느낀다. 아주 유연하고 겉으로 보기에 여성적인 육체에도 남성성이 풍기는 것을 보는 것이 내 눈의 즐거움이다"(R. Biederbeck/B. Kalusche, *Motiv Mann*, Gießen, 1987, p. 98에서 재인용).

15) *Stern* 9, 1989, p. 138에서 재인용.

16) G. Devereux, *Baubo, die mythische Vulva*, Frankfurt/M., 1981, p. 90 참조. 나는 남성 동성애를 여성의 성기에 대한 거부로 설명하려는 인상을 주고 싶지 않다. 예컨대 블라입트로이-에렌베르크(Gisela Bleibtreu-Ehrenberg)는 여자의 성기에 대한 반감을 가지고 있던 '동성애자'를 만나본 적이 없다고 편지에 적었다. 다른 한편으로 내가 아는 친지들 중에 여러 동성애자들이 내게 말해준 바에 의하면, 그들은 남자가 '깨끗하고 마른 페니스'를 그런 연체동물 속으로 집어넣을 준비가 되어 있다는 것이 실감나지 않는다고 했다. 동시에 레즈비언들이 남성들 사이의 동성애간 성교를 추한 것으로 받아들이는 경우가 많다. 그래서 예를 들면 스타인(Gertrude Stein, 1874~1946: 미국의 전위작가로 그녀의 파리 자택은 제1·2차 세계대전 동안 주요 예술가와 작가들이 어울리는 장소로 사용되었다—옮긴이)은 헤밍웨이에게 이렇게 적고 있다. "남자 동성애자들이 하는 행동은 추하고 구역질나는 것이다. 관계 후에 그들은 스스로에 대해 혐오감을 느낀다"(E. Cooper, *The Sexual Perspective*, London, 1986, p. 112에서 재인용). 물론 성적으로 여성에게 이끌리는 많은 사람들도 외음부와 질에 대해 극복할 수 없는 거부

감을 느낀다. 그리고 이것이 '마치 연체동물처럼' 여겨진다고 말한다. M. Hirschfeld, o. J., p. 562 참조. 바인리히(J. D. Weinrich)는 *Sexual Landscapes*, New York, 1987, p. 185에서 많은 남자들의 동성애가 성적 존재로서의 여성에 대한 혐오에서 나온다는 이론에 반박하여 "당신은 시금치를 싫어하기 때문에 토마토를 좋아하지 않는다"라는 말이 통용되게 했다. 그러나 단지 토마토와 시금치만 있다면 어떻게 되겠는가?

17) 살타렐리(Saltarelli)는 익명의 광고 때문에 수감된 적이 있다. 심문을 받으면서 그는 누구보다 그 당시 스물네 살이었던 레오나르도(Leonardo)와 남색을 행했다고 했다. A. Vallentin, *Leonardo da Vinci*, New York, 1952, p. 36; S. L. Gilman, 1987, p. 149; M. Hirschfeld/ R. Linsert, "Homosexualität im Mittelalter," *Sittengeschichte des Lasters*, ed. L. Schidrowitz, *Wien*, 1927, p. 299 참조. 나중에 알려진 바에 의하면 레오나르도는 제자를 선택할 때 재능을 본 것이 아니라 외모를 보았다고 한다. 예컨대 안드레아 살라이니(Andrea Salaini)처럼. "이나넬라티에서 온 아름다운 고수머리 소년"에 대해 그는 매우 경탄했다고 한다. A. Moll, *Berühmte Homosexuelle*, Wiesbaden, 1910, p. 58 참조

18) Leonardo da Vinci, *The Literary Works*, Bd. II, ed. J. P. Richter, Oxford, 1977, p. 112.

19) Leonarde da Vinci, *Tagebücher und Aufzeichnungen*, Leipzig, 1940, p. 52.

20) J. Mathé, *Leonardo da Vincis anatomische Zeichnungen*, Fribourg, 1978, p. 89 참조. O. Rank, "Die Nacktheit in Sage und Dichtung," *Psychoanalytische Beiträge zur Mythenforschung*, Liepzig, 1919, p. 229에서 랑크(Rank)는 당시 멜루지네(Melusine: 중세 전설에 나오는 바다의 요정－옮긴이)를 '얼굴은 천사이며 나머지는 뱀'이라고 기술한 당시의 묘사와 비교한다.

21) S. L. Gilman, "Leonardo Sees Him-Self," *Social Research*, 1987, p. 160, 164f. 참조.

22) Leonardo(1977), 앞의 책, p. 110.

23) *King Lear* IV., 6, 124ff.

24) S. de Beauvoir, *Das andere Geschlecht*, Hamburg, 1951, p. 390f.

25) N. Sombart, "Die 'schöne Frau'," *Der Schein des Schönen*, ed. D. Kamper/C. Wulf, Göttingen, 1989, p. 363ff, 370. 저자 좀바르트는 여자의 할례가 외음부에 대한 두려움을 극복한다고 덧붙인다(같은 책, p.

373). R. D. Guthrie, *Body Hot Spots*, New York, 1976, p. 88에는 성기를 가리는 이유로 성적인 자극이 아니라 그것이 두려움을 불러일으키고 그렇기 때문에 혐오감이 들기 때문이라고 기술되어 있다.

26) H. Licht, 앞의 책, p. 28.

27) 명백히―적어도 이오니아의 그리스에서는―변태적으로 간주되었던 레즈비언들과는 반대이다. 희극에서조차도 여자 동성애자는 거의 등장하지 않는다.

28) S. B. Pomeroy, *Goddesses, Whores, Wifes, and Slaves*, New York, 1975, p. 47, 144 참조. 여성의 엉덩이에 관한 이런 성적인 관심이 그리스 남자들의 소아성애적 경향과 아무 관계가 없다는 사실은(그 예에 관해선 C. Reinsberg, *Ehe, Hetätentum und Knabenliebe im antiken Griechenland*, München, 1989, p. 138 참조) 첫째, 성숙한 엉덩이는 어린아이의 전형적인 특징이 아니며 둘째, 소년애나 동성애가 전혀 일어나지 않는 많은 '전통' 사회에서 돌출한 여성의 엉덩이가 최고로 평가받는다는 데에서 확인할 수 있다.

29) S. Laser, *Archaeologia Homerica: Medizin und Körperpflege*, Göttingen, 1983, p. 34 참조.

30) T. Hopfner, *Das Sexualleben der Griechen und Römer*, Bd. I, Prag, 1938, p. 162 참조.

31) R. H. Bloch, *The Scandal of the Fabliaux*, Chicago, 1986, p. 83에서 재인용.

32) A. Richlin, 1983, p. 26, 55f., 67f. 참조. 'puer'의 엉덩이와는 반대로 수동적인 동성애자들의 엉덩이 역시 추한 것으로 간주되었다. 같은 책, p. 99 참조.

33) Richlin, *The Gardens of Priapus*, New Haven, 1983, p. 93f. 참조. 로마에서처럼 그리스에서도 여자의 외음부를 보는 것은 매우 무례한 것으로 비난받았다. 헤로도토스(I, 8)는 예컨대 리디아의 기게스(Gyges: 서부 아나톨리아에 있던 리디아의 왕으로 나드 왕조를 세우고 군사력을 튼튼히 했다. 고대 자료에 따르면 기게스는 칸다울레스 왕을 죽인 뒤 그의 왕비와 결혼을 하고 왕위에 올랐다고 한다. 헤로도토스에 따르면, 자기 아내의 아름다움을 지나치게 자만하던 칸다울레스는 기게스에게 아내의 알몸을 보라고 강요했다. 이에 자신을 몰래 훔쳐보는 기게스를 발견한 왕비는 그에게 왕을 죽이지 않으면 살려두지 않겠노라 위협했다고 한다―옮긴이)의 입을 통해 왕의 무례한 제안에 대해 "여자가 남자 앞에서 옷을 벗는다면 그것은 수치를 함께 벗는 것이기" 때문에 모든 남자는 자신의 아내의 나체만을 관찰해야 한다고 말

하게 한다.

트라키아의 왕 디에길리스(Diegylis)의 뻔뻔스러움은 그리스인들의 분노를 살 만한 것이었다. 그는 죽은 여자들의 옷을 위로 올려 묶어놓아 모든 야만인들이 여자들의 치부를 볼 수 있게 했다고 한다. M. Casevitz, "La femme dans l'œuvre de Diodore de Sicile," *La femme dans le monde méditerranéen*, ed. A. -M. Vérilhac, Paris, 1985, p. 123, 134 참조.
"이야기는 이렇게 진행되었다. 헬비아(Helvia)라는 어떤 처녀가 말을 타다 번개를 맞았다. 그녀가 탄 말은 마구가 모두 벗겨지고 바닥에 쓰러진 채로 발견되었으며 그녀도 벌거벗겨진 채였다. 그녀의 투니카(고대 로마의 소매 없는 옷-옮긴이)가 마치 의도적으로 그렇게 된 것처럼 위로 젖혀졌기 때문이다. 〔……〕 예언자는 이것이 베스타의 제녀(화덕의 여신 베스타를 섬기는 여사제로, 순결한 처녀로서 신전의 성화가 꺼지지 않도록 보살핌-옮긴이)들에게는 끔찍한 굴욕이었으며 이 이야기가 사방에 퍼졌다고 이야기했다"(플루타르코스, *Quawstiones Romanae* 83).

34) B. Roy, "L'humour érotique au XV siècle," *L'érotisme au Moyen âge*, ed. B. Roy, Paris, 1977, p. 161 참조. 성서 외경에 나오는 사도들의 자료에 따르면 옷 입은 여자를 보면서 여자의 다리 사이에 무엇이 있는가를 생각하는 것만으로도 불쾌감이 들었다고 하니 성교에 대한 혐오감은 더 말할 필요도 없다. B. Lohse, *Askese und Mönchtum in der Antike und in der alten Kirche*, München, 1969, p. 152 참조. 아테나이오스(Athenaios:200년경에 활동한 그리스어 문법가로, 『미식가』의 저자이기도 하다-옮긴이)에 따르면 리디아 사람들은 젊은 여자들을 거세된 남자처럼 항문으로 성교하기 위해 거세했다고 한다. 아테나이오스를 인용했던 크산토스(Xanthos)는 여자들의 젊음을 유지하기 위해 이런 일이 일어났다고 덧붙이고 있다. 당시에는 아직 난소를 분리시킬 수 없었기 때문에 아마도 이런 수술이란 외음부를 불로 지지거나 베어내는 것이었으리라. G. Devereux, "Xanthos and the Problem of Female Eunuchs in Lydia," *Rheinisches Museum für Philologie*, 1981, p. 106 참조. 이렇게 함으로써 젊음이 유지되지는 않지만, 아마도 '추한' 클리토리스와 음순을 제거함으로써 탈여성화시켰기 때문에, 그것은 남성의 거세와 비교될 수 있을 것이다.

35) M. Albistur/D. Armogathe, *Histoire du féminisme français du moyen âge à nos jours*, Paris, 1977, p. 72 참조.

36) R. Muchembled, *Kultur des Volks- Kultur der Eliten*, Stuttgart, 1982, p. 30에서 재인용.

37) W. *Molsdorf, Christliche Symbolik der mittelalterlichen Kunst*, Leipzig, 1926, p. 221 참조. 외음부의 상징으로서의 두꺼비에 대해서는 H. P. Duerr, *Sedna oder Die Liebe zum Leben*, Frankfurt/M., 1984, p. 333, 398 참조.

38) S. J. Cohen, *The Holy Letter*, New York, 1976, p. 42, 48 참조.

39) 기히텔(Gichtel)은 일생 동안 여성의 성기를 보는 것을 포기했다. 그는 아내를 절대 건드리지 않았다. F. Tanner, *Die Ehe im Pietismus*, Zürich, 1952, p. 25ff. 참조. 여자의 복장은 여성의 매력을 가능한 한 숨겨야 했으며 아이오와(Iowa)의 경건주의적 아마나 공동체에서는 심지어 어린 여자아이들조차 검은 숄을 걸치고 어두운 색 옷을 입어야 했다. 어린 사내아이들은 성적인 자극을 피하기 위하여 여자아이들과 이야기를 할 수도 없었다. L. Ungers/O. M. Ungers, *Kommunen in der Neuen Welt*, Köln, 1972, p. 21 참조.

40) I. P. Culianu, "Sexual Rites in Europe," *The Encyclopedia of Religion*, Bd. XIII, ed. M. Eliade, New York, 1987, p. 187 참조.

41) 남자들은 음경과 고환을, 어떤 경우는 고환만 제거했다. K. K. Grass, *Die russischen Sekten*, Bd. II, Leipzig, 1914, p. 687, 699, 707ff., 718ff. 참조. 많은 이교도들은 성기가 치욕적이며 신이 아니라 악마가 만든 것이라고 생각한다. 그래서 아리우스주의자들(Eunomianer: 4세기 초 알렉산드리아 사제 아리우스가 처음 주장한 그리스도교 이단설 - 옮긴이)은 성수가 성기와 닿지 않도록 세례할 때 물을 머리 위에만 붓는다. T. Hopfner, 앞의 책, p. 19f. 참조. 남성중심주의자들도 마찬가지로 여자는 배꼽 위로는 신의 창조물이며 배꼽 밑으로는 악마의 산물이기 때문에 하체는 밤에만 벗을 수 있다고 가르쳤다. G.-J. Witkowski, *Les seins à l'église*, Paris, 1907, p. 33 참조.

42) S. Brownmiller, *Weiblichkeit*, Frankfurt/M., 1984, p. 157 참조.

43) J. E. Keidel, *Nacktes und Allzunacktes*, München, 1909, p. 88.

44) S. Hite, *Hite-Report*, München, 1977, p. 332; C. H. Poston, "Childbirth in Literatur," *Feminist Studies*, 1978, p. 23ff. 참조.

45) 당시 함부르크 주정부의 '여성해방운동본부'(Leitstelle Gleichstellung der Frau) 회장이었던 룀코르프(Eva Rühmkorf)는 시대 정신에 맞게 그 포스터를 "명백히 여성을 격하시키는 것"이라고 지칭했다. *Spiegel*, 7, 1988년 2월 15일, p. 202f. 참조.

46) J. M. Henslin/M. A. Biggs, "Dramaturgical Desexualization: The Soci-

ology of the Vaginal Examination," *Studies in the Sociology of Sex*, ed. J. M. Henslin, New York, 1971, p. 256 참조. 많은 빅토리아 시대 사람들은 '깨끗한' 여자, 그래서 '건조한' 여자를 원했던 것으로 보인다. 어쨌든 리스(Rees)의 『백과사전』(*Cyclopaedia*)에는 이렇게 적혀 있다. "점액질 액체가 종종 성교 때 내부 기관과 질에서 생성된다는 것은 의심할 여지가 없다. 그러나 이것은 음탕한 여성, 또는 방탕하게 사는 여자들에게만 일어나는 일이다"(E. Trudgill, *Madonnas and Magdalens*, London, 1976, p. 62에서 재인용). 아마도 이런 주장은 저자의 성적 체험에만 들어맞는 것 같다.

47) C. H. Stember, *Sexual Racism*, New York, 1976, p. 126f. 참조. 백인들이 흑인들의 '성적 측면을 강조'하는 것에 관해서는 다음에 다루겠다.

48) W. Bartholomäus, *Glut der Begierde, Sprache der Liebe*, München, 1987, p. 55f.에서 재인용.

49) 여자들의 17, 18퍼센트가 그들이 성행위를 거부하는 이유로 성행위에 대한 수치와 혐오감을 들고 있다. J. A. Blazer, "Married Virgins: A Study of Unconsummated Marriages," *Deviance, Reality, and Change*, ed. H. T. Bruckner, New York, 1971, p. 99 참조. 오늘날도 성욕의 부족을 이성의 성기에 대한 거부감과 연관짓는 경우가 자주 있다. G. Lischke, "Von der Hoffnung der Sexualtherapie," *Vermessene Sexualität*, ed. A. Schuller/N. Heim, Berlin, 1987, p. 74 참조.

50) M. Ash, "The Misnamed Female Sex Organ," *Women's Sexual Development*, ed. M. Kirkpatrick, New York, 1980, p. 177 참조. 더 자세한 것은 V. L. Clower, "Masturbation in Women," *Women's Sexual Development*, ed. M. Kirkpatrick, New York, 1980, p. 162 참조. 물론 남자들이 그들의 성기를 보거나 만지는 것에 비해 처녀나 부인들은 자신의 외음부를 보는 경우가 훨씬 드물며 만지는 경우도 드물다는 것이 영향을 미쳤을 수도 있다. 그리고 이것은 "여자들이 그들의 성기를 객체나 대상으로 느끼기보다는 그들 자신의 일부로 느끼는" 이유가 될 수도 있다(R. Huber, 1977, 앞의 책, p. 67).

51) 20세기 초에 여류 민속학자 파슨스(Elsie Clews Parsons)가 "여성들은 은밀한 것이든 아니든 간에 가장 간단한 성적 특성을 묘사할 단어를 가지지 못했다"(J. Bernard, *The Female World*, New York, 1981, p. 378에서 재인용)고 말할 수 있었다면, 앞으로 10년 동안에도 그 점에서는 별로 변하지 않을 것으로 보인다.

52) I. Stolz, *Adiós General-Adiós Macho? Frauen in Chile*, Köln, 1989, p. 74f. 참조.

53) A. Blau, "A Philological Note on a Defect in Sex Organ Nomen-clature," *Psychoanalytic Quarterly*, 1943, p. 481f. 참조. 예컨대 17세기 영국에는 '어머니'라는 표현이 있었다. M. D. W. Jeffreys, "The Nyama Society of the Ibibi Women," *African Studies*, 1956, p. 26 참조. 고대 그리스의 χλειτοϱίς라는 단어는 확실히 χλείειν, 즉 '닫다'에 그 어원을 두고 있으며 일상용어였던 것으로 보인다. 르네상스 시대 의사들은 자신들이 클리토리스를 발견했다고 주장하지만 적어도 클리토리스 부위의 기능은 이미 중세 학자들에게 어느 정도 알려져 있었다. 중세 초기의 산부인과 자료에 보면 그것은 종종 '기쁨을 주는 부위'라고 불렸다(P. Diepgen, "Reste antiker Gynäkologie im frühen Mittelalter," *Quellen und Studien zur Geschichte der Naturwissenschaften und der Medizin*, 1933, p. 232 참조). 그리고 마그누스(Albertus Magnus)는 그곳을 빠르게 문지르면 그들의 분비물을 볼 수 있다고 적었다. J. R. Shaw, "Scientific Empiricism in the Middle Ages," *Clio Medica*, 1975, p. 61 참조.

54) H. Mester, "Der Wunsch einer Frau nach Ver nderung der Busengröße," *Zeitschrift für psychosomatische Medizin*, 1982, p. 86; A. P. French/H. L. Nelson, "Genital Self-Mutilation in Women," *Archives of General Psychiatry*, 1972, p. 618f. 참조. 근친상간 체험도 때로는 병적인 체중 감소, 외음부에 대한 증오와 훼손으로 이어진다. H. U. Ziolko/I. Hoffmann, "Genitale Selbstbesch digung bei Frauen," *Psychiatrica Clinica*, 1977, p. 215ff. 참조. '여자와의 순종적인 마조히즘(피학대 음란증)적 관계'를 유지하며 그들의 성기를 거부했던 남자들에게서도 이와 비슷한 경우를 발견할 수 있다. 스스로를 거세하고 자신들의 음낭과, 아마 그들의 음경도 '위대한 어머니'의 지하에 함께 보관했던 갈리(Galli: 그리스나 라틴 문헌에서 키벨레 또는 아그디스티스라 알려진 아시아계 대모신〔大母神〕을 섬기는 사제나 성전지기 또는 떠돌이 탁발 수도사를 말함. 이들은 긴 머리에 향유를 바르고 여자 옷을 입은 환관들로서 여사제와 함께 요란한 음악과 춤으로 대모신에게 바치는 의식을 거행했다. 이 의식은 자신들을 매질하거나 상처를 내고 기진맥진한 상태에 이르는 것으로 절정에 오르며 때로 사제 지원자들이 스스로를 거세하는 행사로 광회〔狂喜〕를 더했다—옮긴이)를 기억할 수 있을 것이다. A. Persson, *The Religion of Greece in Prehistoric Times*, Berkeley, 1942, p. 106f. 참조.

55) E. Burgos, *Rigoberta Menchú*, Bornheim, 1984, p. 66.

56) T. Gregor, *Anxious Pleasures: The Sexual Lives of an Amazonian People*, Chicago, 1985, p. 34f., 80, 110, 141 참조.

57) 물론 여자들은 '너무 부끄럽기 때문에' 그것을 '빨' 준비가 되어 있지 않다 (같은 책, p. 149).

58) C. Lévy-Strauss, *Das Rohe und das Gekochte*, Frankfurt/M., 1971, p. 348 참조.

59) S. G. Ardener, "Sexual Insult and Female Militancy," *Man*, 1973, p. 426; 1987, p. 115f. 참조. 카구루족은 외음부를 엉덩이와 동일시한다. 두 가지 다 더럽다는 점에서. T. O. Beidelman, "The Filth of Incest," Cahiers *d'Études Africaines*, 1972, p. 168 참조.

60) H. I. Hogbin, "Puberty to Marriage: A Study of the Sexual Life of the Natives of Wogeo, New Guinea," *Oceania*, 1946, p. 189 참조. 티코피아족 남자가 음경을 손으로 잡고 여자 파트너의 질 안에 삽입하다 실수로 여자의 음순을 건드리면 이것은 구역질날 정도로 불쾌한 일이다. 여자가 나중에 이 남자에 대해 나쁜 소문을 내고 싶으면 다른 여자들에게 그가 '돼지 같은 손'을 가졌다고 말하면 된다. R. Firth, *We, the Tikopia*, London, 1936, p. 493f. 참조.

61) 난디족 여자가 남편이나 애인의 음경을 잡을 수 있는 유일한 기회는 그들이 성교 후에 음경에 묻은 질 분비물과 사정액을 씻어줄 때이다. F. Bryk, *Neger-Eros*, Berlin, 1928, p. 78; B. de Rachewiltz, *Schwarzer Eros*, Stuttgart, 1965, p. 242f. 참조. 잘 알려져 있다시피 많은 '전통적인' 사회에서는 그럴 경우에 왼손을 이용했다. 그 밖의 경우 왼손은 사회적 교류에서 제외되었다.

62) G. H. Herdt, *Guardians of the Flutes*, New York, 1981, p. 188 참조. 저자에 따르면(Herdt, "Ritualized Homosexual Behavior in the Male Cults of Melanesia," *Ritualized Homosexuality in Melanesia*, ed. G. Herdt, Berkerly, 1984, p. 65f.) 여성들에 대한 이런 거부감은 모든 뉴기니의 '소아성애적' 사회에 존재하지만 키와이족이나 칼룰리족을 비롯한 많은 사회에서 그렇게 강하게 나타나지 않는 것으로 보인다. D. K. Feil, *The Evolution of Highland Papua New Guinea*, Cambridge, 1987, p. 181f. 참조. 거기에 대해서는 다음 권에서 더 상세히 다루도록 하겠다.

63) O. Lewis, *The Children of Sánchez*, New York, 1961, p. 43f. 참조.

64) 많은 정보제공자들은 마침내 사정액 대신 피가 뿜어져 나올 때까지 밤에 15

번이나 '들어갔다'고 자랑했다. V. Crapanzano, *Die Hamadša*, Stuttgart, 1981, p. 234, 268 참조.

65) Crapanzano, *Tuhami*, Stuttgart, 1983, p. 154 참조.

66) M. E. Spiro, *Kinship and Marriage in Burma*, Berkeley, 1977, p. 232, 235f. 참조. 아란다족에서는 '음부를 핥는 자'라는 말이 욕으로 많이 사용되었다. 성인들은 실제로 그것을 고백하기를 수치스러워한다. 쿤닐링구스는 펠라티오보다 드물게 행해졌다. G. Róheim, *Children of the Desert*, New York, 1974, p. 238f. 참조. 모하비족(미국 모하비 사막의 콜로라도 강 하류에 살던 인디언—옮긴이)은 심지어 펠라티오를 실습하기까지 했다. 그러나 쿤닐링구스는 생각만 해도 경악을 금치 못했다. 여자의 성기 냄새에 지독한 구역질을 느꼈기 때문이다. G. Devereux, "The Primal Scene and Juvenile Heterosexuality in Mohave Related to the Anal Stage of Psychosexual Development," *Psychoanalytic Quarterly*, 1951, p. 405; Devereux, "The Cultural Implementation of Defense Mechanisms," *Ethnopsychiatrica*, 1978, p. 86f. 참조. 알로르 제도 사람들 역시 쿤닐링구스는 생각만 해도 충격적인 것이다(C. DuBois, *The People of Alor*, New York, 1961, p. 99). 동 플로레스의 아타키완족도 마찬가지다(고유의 설문조사). 카스카족(히타이트 왕국의 북쪽 국경과 흑해 사이에 살던 고대 아나톨리아인—옮긴이)은 쿤닐링구스를 거의 하지 않았다. 이 인디언들은 외음부에 독이 있다고 여겼기 때문이다. 이것은 명백히 월경과는 아무 상관이 없는 것이다. 월경 때문에 격리된 여자와 자기 위하여 남자가 접근하는 일이 드물지 않게 일어나기 때문이다. J. J. Honigmann, *The Kaska Indians*, New Haven, 1954, p. 125, 129 참조. 쿵족 사람들은 여성의 성기를 손으로 자극하긴 하지만 구강성교는 없다. 쿵족 여자는 이렇게 말한다. "여자의 성기는 남자를 태울 수 있기 때문에 남자는 여자의 입에만 키스한다"(M. Shostak, *Nisa erzählt*, Reinbek, 1981, p. 228). 발리에서는 쿤닐링구스가 아주 문제가 많은 것처럼 보였다. 그렇게 할 경우 남자의 얼굴이 천한 외음부와 접촉하기 때문이다. A. Duff-Cooper, "Notes About Some Balinese Ideas and Practices Connected With Sex from Western Lombok," *Anthropos*, 1985, p. 414f. 참조. 이비비오족(나이지리아 동남부지역, 특히 크로스리버 주에 사는 종족—옮긴이)의 경우 쿤닐링구스는 물론 펠라티오도 상상할 수 없다. D. C. Simmons, "Erotic Ibibio Tone Riddles," *Man*, 1956, p. 80 참조. F. S. Krauss, "Der Afrikaforscher Friedrich J. Bieber," *Anthropophyteia*, 1909, p. 405 참조(하라르, 소말

리아, 갈라).

67) W. G. Archer, *The Hill of Flutes*, London, 1974, p. 229f. 참조. 바이가족은 쿤닐링구스에 대해 전혀 들어본 바가 없다. V. Elwin, *The Baiga*, London, 1939, p. 264 참조. 나바호족은 여자의 외음부를 입으로 자극하는 남자는 번개에 맞아 죽는다고 믿었다. 여자의 성기에 대해 언급하는 것이 가장 외설스러운 것에 해당하는 오지브와족에게 쿤닐링구스는 생각만 해도 아주 심한 혐오감을 불러일으킨다. A. I. Hallowell, *Culture and Experience*, Philadelphia, 1955, p. 298 참조. 바루야족 여자들은 실제로 그들의 남편에게 펠라티오를 행하지만 쿤닐링구스는 절대 상상도 못한다. M. Godelier, *Die Produktion der Großen Männer*, Frankfurt/M., 1987, p. 92 참조. 과지로족들은 창녀만이 쿤닐링구스나 펠라티오를 할 수 있을 거라고 생각한다. 평범한 부인이 자신의 성기를 입으로 자극하게 하면 그녀의 남편은 그녀가 부정하며 자신을 속일 수 있을 것이라고 믿는다. L. C. Watson, "Marriage and Sexual Adjustment in Guajiro Society," *Ethnology*, 1973, p. 154f. 참조.
인도 중앙의 농부들은 일반적으로 아내의 외음부를 손으로도 건드리려고 하지 않는다. 그들에게 쿤닐링구스는 모욕적인 것이지만 그럼에도 많은 남자들은 그녀의 아내가 그것을 '빨아주면' 즐겁게 감수한다. 그러나 대부분의 회교도 여자들은 이것을 하려고 하지 않는다. 특정한 무회들만 예외이다. 그들은 물론 임신될까 두려워 사정액을 뱉어버린다. Dr. Susruta, "Hindu-Erotik in der Gegenwart," *Anthropophyteia*, 1911, p. 245f. 참조.

68) 그리스의 에로틱한 꽃병 그림에도 쿤닐링구스는 묘사되어 있지 않은 것으로 보인다(R. F. Sutton, *The Interaction between Men and Women Portrayed on Attic Red-Figure Pottery*, Ann Arbor, 1982, p. 90f. 참조). 폼페이의 벽에 적혀 있는 것을 보면 쿤닐링구스를 굴욕적인 것으로 비방하고 있다. E. Diehl, *Pompeianische Wandinschriften*, Berlin, 1930, p. 38f., 79f., 더 자세한 것은 W. Krenkel, *Pompejanische Inschriften*, Heidelberg, 1962, p. 51 참조.

69) J. Rossiaud, *Dame Venus*, München, 1989, p. 109f. 참조.

70) R. Maier, *Das Strafrecht der Stadt Villingen*, Freiburg, 1913, p. 57.

71) 발 드 베네딕시온 샤르트르회의 수도원 방문에는 14세기에 만들어진 부조가 있는데 거기에는 앞을 향해 무릎 꿇은 여자에게 성적인 부도덕함의 상징인 수산양이 뒤에서 실시하는 쿤닐링구스로 해석할 수 있는 장면이 그려져 있다. H. Kraus, "Eva and Mary: Conflicting Images of Medieval Wo-

men," *Feminism and Art History*, ed. N. Broude/M. D. Garrard, New York, 1982, p. 79f. 참조.

72) 이미 13세기 초 하벨 강변(중유럽에 있는 엘베 강의 지류—옮긴이)에 있는 브란덴부르크 대성당 회랑의 주두(기둥머리)에는 '유대인 암퇘지'가 묘사되어 있는데 어느 유대인이 그녀의 성기 부위와 항문 부위를 혀로 열심히 핥고 있는 장면이다. W. Schouwink, *Der wilde Eber in Gottes Weinberg*, *Sigmaringen*, 1985, p. 85 참조. 오늘날까지도 유대인을 극도로 인색하다고 비방하는 것에 대해서는 다음 권에서 다루기로 하겠다.

73) J. Dalarun, *Erotik und Enthaltsamkeit*, Frankfurt/M., 1987, p. 144에서 재인용.

74) J. Wirth, *La jeune fille et la mort*, Genève, 1979, p. 89 참조. 현대에는 특히 북아메리카에서 쿤닐링구스가 경멸시된 듯하다. 19세기 말경 어떤 남녀 한 쌍은 쿤닐링구스와 펠라티오를 한 죄로 조지아 주에서 종신형, 코네티컷 주에서 30년, 플로리다 주, 매사추세츠 주, 미네소타 주, 네브래스카 주, 뉴욕에서 20년의 감옥형을 선고받을 뻔했다. M. Harris, *America Now*, New York, 1981, p. 85 참조. 60년대에도 미국에서는 쿤닐링구스 때문에 어떤 남자는 일년 후 모범수로 석방되긴 했지만 수년간 금고형을 선고받았다. 미국 여자들에게 오럴 섹스가 그들의 마음에 드는가라는 질문에 대한 전형적인 답변은 다음과 같다. "남자의 성기를 빠는 것이 내게 훨씬 편함에도 불구하고 나는 쿤닐링구스를 즐긴다. 나 자신이 추하다는 생각이 들기 때문에 남자들 앞에서 이런 자세로는 절대 긴장을 풀 수가 없다"(S. Hite, 앞의 책, p. 324).

75) H. Küppers, *Illustriertes Lexikon der deutschen Umgangssprache*, Bd. V, Stuttgart, 1984, p. 1947 참조.

76) 외음부의 노출이 대부분의 문화권에서는 적이나 악령을 막기 위해, 또는 다른 사람을 조롱하고 모욕을 주기 위해 특별히 남자들에 의해 이루어지는 이유에 관해서는 다음 권에서 다루겠다.

77) E. G. Gobert, "Le pudendum magique et le problème des cauris," *Revue africaine*, 1951, p. 40 참조. 히멜헤버(Hans Himmelheber)는 1937년 가을에 카메룬의 초원에서 외음부 앞에 자패를 끈으로 고정시킨 여자를 보았다고 내게 말해주었다. 누비아(고대 아프리카 북동부에 있었던 지방—옮긴이)에서는 젊은 여자들이 자패 허리띠(rahad)를 착용하거나 자패를 치마 위, 성기가 있는 곳에 다는 일이 자주 있었다. L. Keimer, *Remarques sur le tatouage dans l'Égypte ancienne*, Le Caïre, 1948, p. 20; E.

Norwack, *Land und Volk der Konso*, Bonn, 1954, p. 42 참조(에티오피아 남부의 콘소족).

슈트렉(Bernhard Streck)이 1983년 11월 10일의 편지에서 내게 알려준 바에 의하면 토포타족 여자들은 자패를 출산을 증진하는 부적으로 치부가리개에 꿰매 달았다. 그와는 달리 중앙 수르단의 이레가트족에게 자패는 적의에 찬 시선으로부터의 보호를 의미한다. 회교도의 펀자브족 여자들은 임신 기간 중 태내의 아이를 보호하기 위해 배 위, 옷 아래에 자패를 찬다(S. N. Dar, *Costumes of India and Pakistan*, Bombay, 1969, p. 144 참조) 그리고 티브족(나이지리아의 베누에 강 양쪽 기슭에 사는 종족 – 옮긴이) 사람들은 가슴이 발달하기 시작한 여자를 누구도 강간하지 못하도록 그녀의 목에 달팽이 껍데기를 묶어놓는다. R. East, *Akiga's Story*, London, 1939, p. 309 참조. 잠비아 카푸에 강가의 일라족에게 있어 여자의 가슴 사이에 매달려 있는 조개는 생명으로 가득 찬 배를 상징하기도 하지만 성교를 상징하기도 한다. 여성 육체의 상징인 원형 오두막으로 들어가는 입구 위에도 조개와 유방이 있다. E. M. Zuesse, *Ritual Cosmos*, Athens, 1979, p. 80f. 참조.

자패를 지칭하는 멘데족 단어인 'kpoyo'는 남자들이 사용하지 않는 여성 용어로서 여자의 치부를 암시한다. 멘데족 부인들이 말하기를 자패의 윗부분은 임신한 배와 같고 아랫부분은 외음부 같다고 말한다. S. A. Boone, *Radiance From the Waters*, New Haven, 1986, p. 221 참조.

『수스루타 삼히타』(*Suśruta Samhitā*)에는 이렇게 적혀 있다. "여자의 질은 달팽이나 조개의 배꼽과 모양이 비슷하며 연체동물의 내부처럼 좁은 소용돌이 세 개를 가지고 있다." 자패 달팽이를 '외음부조개'라 부르는 두순족(말레이시아 사바 주 보르네오 섬에서 가장 규모가 큰 토착민 집단 – 옮긴이)은 사람 사냥을 나갈 때 입는 옷 위에 그것을 착용하며 무기에 부착한다. 그들은 그것을 사용해 사람의 머리를 몸통에서 잘라낸다. 그들은 이렇게 하는 이유를 성공적인 사람 사냥이 생산력을 증진시킨다, 즉 풍요로운 수확을 보증한다고 말한다. H. N. Evans, *Studies in Religion, Folk-Lore, & Custom in British North Borneo and the Malay Peninsula*, Cambridge, 1923, p. 22 참조.

78) B. Karlgren, "Some Fecundity Symbols in Ancient China," *Bulletin of the Museums of Far Eastern Antiquities of Stockholm*, 1930, p. 34; M. Eliade, Ewige Bilder und Sinnbilder, Olten, 1958, p. 164f.; F. J. P. Poole, "Transforming 'Natural' Woman," *Sexual Meanings*, ed. S. B. Ortner/H. Whitehead, Cambridge, 1981, p. 143; U. Topper,

205. 글레르(Charles Gleyre)의 「누비아 여자」(La Nubienne), 1838.
치부 중 가장 높은 부분에 붙인 자패 달팽이.

"Beobachtungen zur Kultur der Kalas," *Zeitschrift für Ethnologie*, 1977, p. 259; H. Hunger, "Die Muschel als Sexualsymbol," *Sexualmedizin*, 1979, p. 291 참조.

79) S. Aigremont, "Muschel und Schnecke als Symbole der Vulva ehedem und jetzt," *Anthropophyteia*, 1909, p. 46f. 참조.

80) C. v. Fürer-Haimendorf, *Die nackten Nagas*, Leipzig, 1940, p. 34 참조.

81) K. Singer, "Cowrie and Baubo in Early Japan," *Man*, 1940, p. 51 참조. 샤가족은 외음부에 대한 고유의 단어 대신 자패 달팽이를 지칭하는 단어를 사용해야만 했다. B. Gutmann, *Die Stammeslehren der Dschagga*, Bd. III, München, 1938, p. 306f. 참조.

82) J. André, *Être médecin à Rome*, Paris, 1987, p. 59 참조.

83) M. E. Opler, *An Apache Life-Way*, Chicago, 1941, p. 81; Opler, *Apa-*

che Odyssey, New York, 1969, p. 65; K. Komatsu, 1987, p. 321ff. 참조. L. B. Boyer, "Stone as a Symbol in Apache Folklore," *Fantasy and Symbol*, ed. R. H. Hook, London, 1979, p. 212f.에 의하면 아파치 부부들은 두 살이 안 된 자녀들 앞에서 성교하는 일이 자주 있었는데 그 이유는 그들이 어린아이를 아직 완전한 인간으로 여기지 않기 때문이라고 한다. 그러나 저자는 아이들이 어른들이 믿고 있는 것보다 훨씬 이성적이었으며 성교를 공격적 행위로 느꼈다고 생각한다. 그렇기 때문에 나중에 아이들에게 모든 여자들은 '이빨이 달린 질'을 소유하고 있다는 가르침이 매우 설득력을 가지게 된다고 한다.

84) G. Róheim, *Psychoanalyse und Anthropologie*, Frankfurt/M., 1977, p. 143 참조. 데버룩스(G. Devereux, 1960)는 앞의 책, p. 17에서 질을 거세한다는 생각은 사정 후에 종창이 감퇴하는 체험에 기인한 것이라고 확신한다. 예를 들어 소말리아 사람들은 질이 '음경이 죽는' 장소라고 말한다.

85) C. P. Morris, "Bears, Jupiter Trees, and Deer," *Southwestern Journal of Anthropology*, 1976, p. 248 참조.

86) G. Róheim(1974), 앞의 책, p. 250 참조. '물린 음경'의 신화는 잘 알려져 있다시피 여기에도 존재한다. 사람들은 가끔 그런 '덥석 무는' 질을 갈망하기도 한다. 모로코에서 그것은 '무는 자'라 불린다. 그리고 자신의 음경을 그런 질이 게걸스럽게 물고 작업을 하며 사정액을 마지막 방울까지 빨아먹는다고 상상하면 많은 사람들의 쾌락은 증가한다. S. A. Jahn, "Zur Frage des zähen Fortlebens der Beschneidung der Frauen," *Curare*, 1980, p. 25 참조.

87) H. P. Duerr, *Traumzeit*, Frankfurt/M., 1978, 2.

88) G. Róheim, "Women and Their Life in Central Australia," *Journal of the Royal Anthropological Institute*, 1933, p. 236, 238 참조. 여성의 성적인 '폐쇄'로서 '추한' 외음부를 제거하는 것에 관해서는 다음 권에서 다루도록 하겠다.

15. 아름다운 외음부

1) 유럽 문화권의 남자들은 외음부의 클로즈업을 통해 거의 또는 전혀 성적 자극을 받지 않는 것으로 보인다. H. Selg/M. Bauer, *Pornographie*, Stuttgart, 1986, p. 73 참조.

2) G. Zwang, *Die Erotik der Frau*, Basel, 1968, p. 226 참조. 여기에는 명백히 인종적인 차이가 있지만 인종주의자라는 의심을 받고 싶지 않기 때문에 누구도 그에 관해 감히 쓰려고 하지 않는다. E. v. Eickstedt, *Rassenkunst und Rassengeschichte der Menschheit*, Bd. I, Stuttgart, 1938, p. 805ff.에 따르면 흑인 여성의 성기 피부는 본질적으로 유럽 여자들의 그것보다 더 많은 피지를 가지고 있다. 그것은 수리남의 인디언 여자들이 쥬카(Djuka) 서인도의 흑인 종족 여자들 앞에서 코를 막아야 한다는 것을 의미한다. 서인도 흑인들의 노랫말은 다음과 같다. "전하, 그는 흑인의 구덩이를 좋아합니다, / 그는 냄새를 통해 자신의 흑인을 알아봅니다." 반대로 일본 여자의 질은 본질적으로 백인 여성의 그것보다 적은 땀샘을 소유하고 있는 것으로 보인다. 주지하다시피 다시 강화된 일본의 국민의식과 함께 최근에는 점점 많은 일본인들이 예를 들면 비행기 안에서 백인 옆에 앉기를 거부한다. 백인들에게서 이른바 말하는 불쾌한 냄새가 나기 때문이다.

3) 빈체(L. Vincze), 1985, p. 35, 41 참조. 외음부에 '좋은 냄새'가 나도록 하기 위해 하라르와 갈라의 여자들은 가끔 치부에 향을 피우기도 한다. F. J. Bieber, "Neue Forschungen über das Geschlechtsleben in Äthiopien," *Anthropophyteia*, 1910, p. 230 참조. 보라나족은 몸을 전혀 씻지 않는데 가장 중요한 이유는 가능하면 동물들의 공격을 받지 않기 위해서이다. 여자들도 절대 성기 부위를 씻지 않으며 애인도 그곳을 볼 수 없었다. 그러나 적어도 일주일에 한 번 보라나 여자는 문을 굳게 잠근 후 옷을 벗은 채 나무 조각과 송진 부스러기가 희미하게 타고 있는 구멍 위에 쪼그리고 앉는다. 향이 가미된 버터로 머리와 몸을 문지르는 동안 그들은 그렇게 성기에 향을 쏘인다. 마찬가지로 전혀 씻지 않는 아리족과 디메족 여자들은 그들과는 달리 소독하거나 향을 씌우지도 않는다. E. Haberland, *Galla Süd-Äthiopiens*, Stuttgart, 1963, p. 55f. 참조.

4) C. Rätsch/H. J. Probst, "Ökologische Perspektiven von Sexualität und Hygiene bei den Maya," *Ethnologia Americana*, 1985, p. 1123f. 참조; Felicitas Goodman: 1986년 3월 14일의 편지에서.

5) M. Granet, *Die chinesische Zivilisation*, München, 1976, p. 214 참조.

6) L. Stone, *The Family, Sex and Marriage in England 1500~1800*, London, 1977, p. 485f. 참조.

7) E. Huguet, *Dictionaire de la langue française du Seizi me siècle*, Bd. IV, Paris, 1946, p. 11 참조.

8) P. Dufour, *Geschichte der Prostitution*, Bd. IV, 1899, p. 82에서 재인용.

1349년에 이미 나무 비데가 언급되고 있다. "위 디베르니에서, 배 모양으로 된 의자 11개, 여자가 그 위에 앉아 씻는다"(P. Négrier, *Les bains à travers les âges*, Paris, 1925, p. 125). 그러나 이 물건은 18세기 후반이 되어서야

206. 비데에 앉은 여자. 부아유(Louis Leopold Biolly)의 그림. 18세기 후반.

널리 퍼졌으며(G. Vigarello, *Wasser, Seife, Puder und Parfüm*, Frank-furt & M., 1988, p. 132 참조), '상류 시민계급'에 전파된 것은 20세기 초이다. A. Corbin, '*Coulesses*', *Histoire de la vie privée*, Bd. IV, ed. P. Ariès/G. Duby, Paris, 1987, p. 444 참조. 19세기 프랑스에서조차 사람들은 비데를 계속 '매춘부'와 결부시켰다. 상감으로 다음과 같은 글이 적혀 있는 파리 창녀의 은으로 만든 비데는 유명하다. "어린아이들이 내게 오는 것을 막지 마시오!" H. A. Kuno, "Genitalregion und Nates," *Sittengeschichte des Intimsten*, ed. L. Schidrowitz, Wien, 1929, p. 94 참조.

9) I. Bloch, *Die Prostitution*, Bd. I, Berlin, 1912, p. 187에서 재인용.

10) A. Prost, "Frontières et espaces du privé," *Histoire de la vie privée*, Bd. V, ed. P. Ariès/G. Duby, Paris, 1987, p. 96.

11) G. Devereux, "The Significance of the External Female Genitalia and of Female Orgasm for the Male," *Journal of the American*

Psychoanalytical Association, 1958, p. 280, 283 참조. T. Gladwin/ S. B. Sarason, *Truk: Man in Paradise*, New York, 1953, p. 109, 115에 의하면 트루크 섬의 여자들은 남자들에게 그들의 외음부를 보거나 만지는 것을 허락하지 않았다고 한다. 그래서 그들은 성교하기 전에 남자가 음경을 삽입할 수 있을 정도로만 치마를 들어올렸으며 뒤에서 하는 성교를 가장 좋아하는데 그 이유는 상대방이 확실히 그들의 외음부를 보지 못하기 때문이다. 이 책의 저자들이 주는 이런 정보는 물론 우리의 맥락에서는 별로 중요하지 않다. 남자들은 여성들이 부끄러워함에도 불구하고 여자의 성기를 아름답다고 여기기 때문이다. 여성의 성기를 보면 남자들은 욕정을 느낀다. 나이가 든 여자들은 대부분 성교를 거부하기 때문에 중년 남자들은 자주 사춘기의 여자와 쿤닐링구스를 하는데 사춘기의 여자아이들도 이것에 커다란 만족을 느끼는 것으로 보인다.

12) 남자들은 그들의 치모는 뽑지 않고 그대로 남겨둔다. 이팔루크족처럼 송고소르족도 펠라티오는 유일하게 죽어가는 남편에 대한 사랑스런 작별의 인사로만 실시했다. A. Eilers, *Westkarolinen*, Bd. I, Hamburg, 1935, p. 60 참조.

13) H. Damm, *Zentralkarolinen*, Bd. II, 1938, p. 189 참조.

14) 사람들은 커다란 검은 개미로 하여금 클리토리스를 물게 하여 "짧으면서 따끔따끔하게 쏘는 듯한 자극을 불러일으킨다"고 한다. O. Finsch, "Über die Bewohner von Ponapé(östliche Carolinen)," *Zeitschrift für Ethnologie*, 1880, p. 136f. 참조.

15) G. Devereux(1958), 앞의 책, p. 280.

16) 그들이 치마를 입고 있는 상태라 할지라도 남자가 목욕하는 그들을 보았다면 그것은 수치스러운 일이었을 것이다. 남자들은 소변을 볼 때 같은 남자 앞에서도 몸을 돌린다. T. Gladwin/S. B. Sarason, 앞의 책, p. 115 참조.

17) W. A. Lessa, *Ulithi*, New York, 1966, p. 78ff. 참조.

18) Montaigne, *Les Essais*, Bd. I, Paris, 1922, p. 380에서 보고되고 있듯이 그들은 '스폰지아'(spongia)라는 단어를 피한다. 왜냐하면 "그들은 스펀지로 엉덩이를 닦기 때문이다(그런 무익하고 허황된 단어는 여자들에게 맡길 필요가 있다). 그래서 라틴어로 SPONGIA는 아주 외설적인 단어이다."

19) W. A. Lessa, "The Social Effects of Typhoon Ophelia(1960) on Ulithi," *Peoples and Cultures of the Pacific*, ed. A. P. Vayda, Garden City, 1968, p. 373 참조.

20) E. G. Burrows/M. E. *Spiro*, 1957, p.284, 296f. 참조. 크래머(A.

Krämer)는 *Palau*, Bd. II, Hamburg, 1919, p. 307에서 팔라우 섬 주민 여자들이 극도로 '수줍게 부끄럼을 타는' 원인을 조작된 음순 때문이라고 생각했다. "길게 늘인 음순(labia minora), 즉 begél의 존재는 여자들이 왜 그렇게 쌀쌀맞은 성격을 가지는지를 충분히 설명해준다."

21) D. M. Schneider, "Abortion and Depopulation on a Pacific Island," *Health, Culture and Community*, ed. B. D. Paul, New York, 1955, p. 230f. 참조. A. Krämer, *Hawaii, Ostmikronesien und Samoa*, Stuttgart, 1906, p. 322, 337f. 길버트 제도의 어느 환상(環狀) 산호섬에서는 다음과 같은 이야기가 전해진다. 옛날에 테부라이모아(Tebureimoa) 왕이 목욕하던 여자를 훔쳐보던 사람을 나무에서 쏘아 떨어뜨렸다. "그 후로 나무 위에서 볼일이 있던 사람들은 모두 노래를 부른다." 여자들이 구부리고 몸을 씻는 물 웅덩이 주위에는 울타리가 설치되어 있었다. 그러나 그렇게 사람들의 시선을 차단하고도 그들은 식물의 내피로 만든 치마를 착용했다. 마셜 군도의 랄리크 라타크 섬 여자는 "끈으로 엉덩이에 고정되어 있는 두 개의 긴 매트를 착용했다. 여자아이들은 어릴 때부터 작은 가리개를 걸쳤다"(A. v. Chamisso, *Sämtliche Werke*, Bd. II, München, 1975, p. 404).

22) A. Eilers, 앞의 책, p. 47 참조.

23) L. Friederichsen, *Südsee Typen. Anthropologisches Album des Museum Godeffroy*, Hamburg, 1881, p. 14. 특히 어린 여자아이들은 때때로 폭행을 당하고 나서야 그런 촬영에 임할 수 있었다는 것이 프리치(G. Fritsch)의 보고에도 나온다. "Akka-Mädchen," *Zeitschrift für Ethnologie*, 1896, p. 544.

24) J. L. Fischer, "Birth on Ponape: Myth and Reality," *Die Geburt and ethnomedizinischer Sicht*, ed. W. Schiefenhövel/D. Sich, Braunschweig, 1983, p. 161 참조.

25) K. Semper, *Die Palau-Inseln im Stillen Ocean*, Leipzig, 1873, p. 68. A. Krämer, *Palau*, Bd. III, Hamburg, 1926, p. 287에 의하면 목욕하는 여자들을 이런 식으로 놀라게 하면 마치 그녀를 강간한 것과 같은 벌을 받았다고 한다.

26) S. A. Boone, *Radiance From the Waters*, New Haven, 1986, p. 82, 99, 104, 117ff., 125 참조.

27) 할례 후에 젊은 망가이아족 남자들은 쿤닐링구스의 기술도 배웠다. D. S. Marschall, "Sexual Behavior on Mangaia," *Human Sexual Behavior*, ed. D. S. Marshall/R. C. Suggs, New York, 1971, p. 110, 114 참조.

28) K. Helfrich, "Sexualität und Repression in der Kultur der Maya," *Baessler-Archiv*, 1972, p. 158 참조.

29) G. Devereux, "The Primal Scene and Juvenile Heterosexuality in Mahave Society," *Psychoanalysis and Culture*, ed. G. B. Wilbur/W. Muensterberger, New York, 1951, p. 103 참조.

30) R. Clemmer, "Documents in Hopi Indian Sexuality," *Radical History Review*, 1979, p. 109f., 112 참조. 다른 사람들은 기우제가 진행되는 동안 금욕적인 생활을 해야 한다. 비구름이 여자들의 '냄새'를 좋아하지 않기 때문이다. M. Titiev, 1944, p. 206 참조.

31) M. Titiev, 앞의 책, p. 205 참조. 테와족(Tewa)에게서 들은 바에 의하면 옛날에는 여자아이들이 그런 제의적 무용에 참여하지 않으려고 반항했다고 한다. "눈물이 바다를 이루는 경우가 자주 있었다"(Emily Highwater, 1963년 8월).

32) R. M. Berndt, *Kunapipi*, Melbourne, 1951, p. 51 참조.

33) R. M. Berndt, *Djanggawul*, London, 1952, p. 42 참조.

34) J. B. Danquah, "The Culture of the Akan," *Africa*, 1952, p. 364 참조.

35) T. Gregor, *Mehinaku*, Chicago, 1977, p. 100, 133.

36) 그 예에 관해서는 M. Gref, *Frauen in Algerien*, Köln, 1989, p. 90 참조.

37) E. G. Gobert, "Le pudendum magique et le probl me des cauris," *Revue africaine*, 1951, p. 31 참조.

38) A. Bouhdiba, *Sexuality in Islam*, London, 1985, p. 37 참조.

39) A. H. al-Ghāzāli, *Über die guten Sitten beim Essen und Trinken*, ed. H. Kindermann, Leiden, 1964, p. 41.

40) G. Mayer, "Die 'blanke' Orientalin," *Sexualmedizin*, 1984, p. 658f.

41) 잔데족들은 정상적인 남자의 음경이 외음부를 보면 발기해야 한다고 생각했다. 그리고 남자가 발기불능인지를 알아보기 위해 여자로 하여금 그 앞에서 다리를 벌리게 했다. 잔데족들은 물론 전희 때 외음부를 만지는 것을 변태적이라고 여겼다. 그리고 남자들은 자주 이런 말을 하면서 여자의 옷을 벗긴다. "내 손으로 잡아보게 네 음부를 이리 가져와 봐!" 그 말에 여자는 욕을 하고 남자의 음경을 덥석 문다. 성행위를 할 때 여자는 남자의 성기를 쉽게 만질 수 있으며 성교 후에는 남자의 음경을 씻고 오일을 발라준다. E. E. Evans-Pritchard, "Some Notes on Zande Sex Habits," *American Anthropologist*, 1973, p. 172f. 참조.

42) 부디바(A. Bouhidiba), 앞의 책, p. 38 참조.

43) 질을 좁히기 위해서 슈필룽겐(Spülungen)의 족장은 만드라고라(가지과의 유독식물로 그 뿌리 모양이 인체와 비슷하며 영약이라는 미신이 있음—옮긴이) 용액을 권한다.

44) A. 'A. 'O. b. M. *an-Nafzawi, der duftende Garten*, ed. R. Burton/F. F. Arbuthnot, Hanau, 1966, p. 59, 64, 96, 192f., 204f.

45) 같은 책, p. 181ff. 많은 사람들이 그런 강렬한 묘사를 보고 아랍 여자들은 성기에 대한 수치심이 없다고 결론지었다. 한 예가 J. van Ussel, *Intimität*, 1979, p. 77이다. 나는 제3권에서 그런 종류의 주장이 아주 잘못된 것임을 증명하겠다.

46) 강간을 하면서도 쿤닐링구스는 자주 일어났던 것으로 보인다. A. Edwardes/R. E. L. Masters, *The Cradle of Erotica*, New York, 1963, p. 193, 299f., 304 참조.

47) M. Jacobs, *Nude Painting*, London, 1979, p. 63 참조.

48) A. Roger, "Vulva, Vultus, Phallus," *Communications* 46, 1987, p. 187 참조. 이 그림은 일시적으로 라캉(Jacques Lacan)의 소유였는데 그는 자신의 별장에 있는 일종의 차단막 뒤에 이 그림을 숨겨두었다. S. Faunce/L. Nochlin, *Courbet Reconsidered*, New Haven, 1988, p. 178 참조.

49) T. Theye, "Fotografien aus China und Japan," *Der geraubte Schatten*, ed. T. Theye et al., München, 1989, p. 419에서 재인용. M. S. Yamashita/D. Lee, "Japan's Last Frontier: Hokkaido," *National Geographic*, 1980, p. 77 참조.

50) A. Wernich, *Geographisch-medicinische Studien nach den Erlebnissen einer Reise um die Erde*, Berlin, 1878, p. 134, 136.

51) D. DeVos, "Relation of Guilt Toward Parents to Achievement and Arranged Marriage Among the Japanese," Japanese Culture and Behavior, ed. T. S. Lebra/W. P. Lebra, Honolulu, 1986, p. 92 참조.

52) M. Wex, '*Weibliche' und 'männliche' Körpersprache als Folge patriarchalischer Machtverhältnisse*, Hamburg, 1979, p. 332 참조.

53) S. Longstreet/E. Longstreet, *Yoshiwara*, Hamburg, 1973, p. 155 참조. 쾨핑(Klaus Peter Koepping)이 나에게 알려주었듯이 이것은 일반적인 경우이다.

54) L. Dalby, *Geisha*, Reinbek, 1985, p. 362f. 참조.

55) H. Ploss/W. Bartels, *Das Weib in der Natur- und Völkerkunde*, Bd. I, Leipzig, 1908, p. 133 참조.

56) C. J. Dunn, *Everyday Life in Traditional Japan*, Tokyo, 1972, p. 162 참조. 오키나와에서도 아직 벌거벗고 돌아다니는 어린 여자아이에게 다리를 꼭 오므리라고 가르친다. 여자아이가 이런 규칙을 완전히 '습득하지' 못한 경우 남자아이들이 이렇게 외치는 것을 감수해야 한다. "야, 네 음부가 보인다!" 약 대여섯 살의 여자아이들은 누군가 그들이 있는 데서 성기에 관해 이야기하면 부끄러워한다. 사내아이들과는 반대로 여자아이들은 다른 사람들 앞에서 절대 소변을 보지 않는다. T. W. Maretzki/H. Maretzki, 1963, p. 492 참조.

57) J. P. Collins, "Männliche Homosexualität in Japan," *Sexualität als sozialer Tatbestand*, ed. R. Gindorf/E. J. Haeberle, Berlin, 1986, p. 142 참조. 원래 일본인들은 체모를 동물적인 것으로 간주했다. 그렇기 때문에 옛날에 여자들은 얼굴의 솜털과 눈썹을 모두 면도해버렸다. L. Hearn, *Nippon*, Köln, 1981, p. 165 참조.

58) 예컨대 독일어로 'ficken'(성교하다), 'Votze'(음부) 등에 해당되는 음란한 단어들도 사용할 수 없었다.

59) 나는 여기서 일본 포르노 잡지의 선집을 사용할 수 있게 해준 프로베니우스 (Sebastian Frobenius)에게 감사의 뜻을 전한다. 그림 117은 *Super Porno Culture Magazine Crash*, 제15호, 1986년 12월 호에서 발췌한 것이다.

60) 불확실하게 보이거나 흰색 또는 검은색으로 덧칠해 가려진 치부 부위는 전통적인 목판에서 표현되듯이 엄청나게 쏟아져 나오는 사정액과 질 분비물 및 아우!라고 신음하는 남자들, 그리고 묶인 채 뒤에서 '취해지는' 여자들로 대치된다. 그들은 처음에는 yada!와 yamete!('그만!', '멈춰!') 또는 iyaa!('그만둬!')라고 말하지만 나중에는 ü!('좋아!')나 motto!(더!)로 바뀌는 경우가 적지 않다. E. Bachmeyer, "'Gequälter Engel': Das Frauenbild in den erotischen Comics in Japan," *Aspekte japanischer Comics*, ed. M. Maderdonner/E. Bachmeyer, Wien, 1986, p. 120, 125ff., 187; F. L. Schodt, *Manga! Manga! The World of Japanise Comics*, Tokyo, 1983, p. 130, 133ff., 137 참조.

61) 유명한 영화인 「감각의 제국」(그림 207)에서도 여성의 외음부는 절대 보이지 않는다. 샤모니(Wolfgang Schamoni)가 내게 말한 바에 의하면 일본에서 '우키요에'(浮世繪)와 '슌가'(春畵)는 학자들조차 공식적으로 이용할 수 없다고 한다.

62) G. Schwarz, "Sexualerziehung in Japan," *Handbuch der Sexualpädagogik*, Bd. I, Düsseldorf, 1984, p. 426 참조. 이미 30년대에 일본에서

207. 오시마 나기사(大島渚)의 「감각의 제국」, 1976.

는 탐폰(Tampon)이 시판되었지만 대부분의 여자들이 그것을 질 안으로 약
간 삽입해야 한다는 무리한 요구에 충격을 받았기 때문에 아무런 성과가 없
었다. 60년대 말이 지나서야 그 물건이 다시 시장에 나왔다. R. Herold,
"Sexualität auf japanisch," *Die Frau,* ed. G. Hielscher, Berlin, 1980,
p. 121 참조.

63) F. Maraini, *Die Insel der Fischermädchen,* Stuttgart 1963; R. Linhart,
"Die Ama von Katada," *Japan,* ed. S. Linhart, Wien, 1985, p. 87ff.
참조. 프루너(Gernot Prunner)가 내게 전해준 바에 의하면 한국의 제주도
해변에도 그런 해녀들이 있다고 한다.

64) L. Smith, *The Japanese Print Since 1900,* New York, 1983, p. 73 참조.

65) R. H. van Gulik, *Sexual Life in Ancient China,* Leiden, 1961, p. 332
참조.

66) R. H. van Gulik, "Sex and Erotica: Japan," *Encyclopedia of World
Art,* Bd. XII, ed. M. Pallottino, New York, 1972, p. 916 참조.

67) G. Devereux, *Baubo, die mythische Vulva,* Frankfurt/M., 1981, p. 63
참조. 그는 '핀 업 사진'(Pin ups: 핀으로 벽에 붙이는 미인 사진—옮긴이)
이라는 것이 있었는지, 그 사진들이 군인들을 보호해주었는지는 확실치 않다
고 적고 있다. 나는 군인들이 이런 사진들을 지니고 다니면서 기분 좋은 것
을 유익한 것과 결합시켰다고 추측한다.

68)) I. Buruma, *Japan hinter dem Lächeln,* Frankfurt/M., 1985, p. 23 참조.

69) F. S. Krauss/T. Sato, *Japanisches Geschlechtsleben,* ed. G. Prunner,
Hanau, 1965, p. 116ff. 참조. 일본 여자들은 뉴브리튼의 여자들이나 캄

차달족(시베리아의 캄차카 반도 남부에 사는 종족—옮긴이) 여자와 비슷하게 유럽여자들보다 긴 음순을 가지고 있다고 한다. F. v. Reitzenstein, o. J., *Das Weib bei den Naturvölkern*, Berlin o. J. p. 43 참조. 이미 19세기 서구의 산부인과 의사들은 일본 여자들이 서양 여자들보다 더 큰 음순을 가지고 있음을 확인했다. A. Wernich, *Geographisch-medizinische Studien nach den Erlebnissen einer Reise um die Erde*, Berlin, 1878, p. 131 참조.

70) Krauss/Sato, 앞의 책, p. 125 참조.

71) M. Hane, *Peasants, Rebels and Outcasts*, New York, 1982, p. 208 참조.

72) I. Morris, *Der leuchtende Prinz*, Frankfurt/M., 1988, p. 259 참조. 사람들은 앉아 있는 여자의 조각도 매우 좋아했다. 그것을 돌리면 벌거벗은 엉덩이와 대부분 벌린 외음부를 볼 수 있다. J.-P. Bourgeron, *Les Masques d'Eros*, Paris, 1985, p. 174ff. 참조.

73) D. M. Schneider, 앞의 책, p. 230f. 참조.

74) *Spiegel* 36, 1988, p. 174 참조.

75) Kuta, Bali, 1986년 8월. 대부분의 여자들은 물론 수치심 때문에 고객 앞에서 성기를 노출시키기를 거부한다. 그리고 그들은 일본 남자들을 처음부터 의심의 눈으로 쳐다본다.

76) Krauss/Sato, 앞의 책, p. 352, 354f., 468 참조. 공식 창녀들과의 성교시에 펠라티오('줄기 돌리기'), 쿤닐링구스('클리토리스 찾기'), 식스티나인('꽃잎 맞대기') 등이 널리 퍼져 있었다. S. Longstreet/E. Longstreet, 앞의 책, p. 83, 89 참조. 쿤닐링구스 그림들도 매우 애용되었는데 그 그림에는 남자가 클리토리스를 어떻게 핥는지를 보여주고 있다. T. Lésoualc'h, *Érotique du Japon*, Paris, 1978, p. 32, 35 참조. 18세기의 그림에는 '영원의 즙'이라고 적혀 있는데 그것은 많은 남자들이 중국에서처럼 여성의 '생명의 에센스'를 자기 것으로 하기 위해 쿤닐링구스를 하고 있음을 암시한다. 쿤닐링구스를 묘사한 목판에 쓰여있는 텍스트에는 이렇게 적혀 있다. "오! 오! 네 음문의 안쪽은 장밋빛, 진홍색이구나. 그것을 핥으면 내 생명을 3천년이나 연장해주리라!"(A. Edwardes/R. E. L. Masters, 앞의 책, p. 326). 그리고 어느 중국의 텍스트에는 이렇게 적혀 있다. "작약은 그 꽃봉오리를 연다. 나비가 스쳐 날아와 빨기 시작한다. 강한 향의 액즙이 흘러나온다. 그것은 달콤하고 감칠맛이 난다"(H. Hunger, *Die Heilige Hochzeit*, Wiesbaden, 1984, p. 84에서 재인용). 발리의 자바 창녀들은 펠라티오는 거부하지 않았지만 쿤닐링구스는 거부했다고 나에게 말했다. 완전히 어두워

208. 「작약의 향연」. 16세기의 원본을 모방한 중국의 비단그림. 1800년경.

진 후에 성행위가 이루어지기 때문에 그들은 고객을 속이기가 쉬웠다. 질 대신 축축해진 손으로 고객으로 하여금 사정하게 만들었다. 그럼으로써 그들은 신비한 여자인 우마(Uma)의 행위를 되풀이한다. 우마는 그녀의 질에 어떤 음경도 삽입하지 못하게 했으며 단지 "그녀의 허벅지를 마치 질처럼 구부려서 허벅지 사이로 삽입하게 했다. 분비물은 땅 위로 흘러내렸다"(J. A. Boon, *Other Tribes, Other Scribes*, Cambridge, 1982, p. 185에서 재인용).

77) 아마도 리펜슈탈(Leni Riefenstahl)의 아프리카 사진집 『누바족의 최후』가 일본에서 대단한 성공을 거둔 데는 완전 나체 여자아이의 사진들이 큰 도움이 되었을 것이다. 그것이 '미개인'을 다룬 것이고 게다가 치모가 보이지 않도록 찍었기 때문에 그 사진들은 검열을 통과했다.

78) T. Lésoualc'h, 앞의 책, p. 91f. 참조. 그러나 음경도 큰 관심거리였다. 그래서 19세기에 많은 여자아이들은 남자들의 '음부 상자'(H. P. Duerr, *Der Mythos vom Zivilisationsprozeß*, Bd. I, Frankfurt/M., 1988, p. 124의 그림 74 참조)에 해당되는 '신기한 상자'를 가지고 있었다. 그 상자를 열면 장밋빛의 빳빳하게 일어난 음경이 튀어나온다. F. v. Hellwald, *Die menschliche Familie*, Leipzig, 1889, p.91 참조.

79) E. May, "Erotische Literatur," *Japan-Handbuch*, ed. H. Hammitzsch/L. Büll, Stuttgart, 1984, p. 955 참조. 이미 '만화'에 관한 언급에

서도 암시한 바 있듯이 일본 포르노의 대부분은 '가학 피학성 변태 성욕'과 강간을 다루고 있다. 일본에서의 강간율은 미국의 16분의 1에 불과하기 때문에 이런 사실은 '대치 이론'의 확인을 위해 인용되었는데 그 이론에 따르면 만화를 보는 사람은 환상 속에서 강간을 한다는 것이다. R. Green, "Exposure to Explicit Sexual Materials and Sexual Assault," *The Psychology of Women*, ed. M. R. Walsh, New Haven, 1987, p. 432 참조. 그럼에도 전쟁이 일어나면 일본인들은 강간자로서 악명이 높았다. 믿을 만한 자료에 의하면 예를 들어 1937년에 남경을 점령하고 난 후 12월 한 달에 어린 여자아이에서 할머니에 이르기까지 적어도 2만 명의 여성 주민들이 강간을 당했고 일부는 그 후에 살해당했다고 한다. 그러나 일본인 총사령관은 민간인에게 어떤 고통도 주지 않을 것이라고 약속했었다. 게다가 국제적인 감시인이 있는데도 7주도 안 되는 기간에 적어도 4만 2천 명의 민간인이 총검으로 찔리거나 기관총을 맞거나 살아 있는 채로 불에 태워졌다. 특히 젊은 희생자들은 '윤간' 후에 대부분 살해당했다. 많은 군인들이 그들의 동료가 강간하는 동안 사진을 찍었으며 그들의 범죄 행위를 상세히 일기에 적었다. 그래서 몇 주일 안 돼 19명을 강간한 사람도 있었다. 일본인들이 여자를 남경에 데려오기 시작하자 강간율도 낮아졌다. L. E. Eastman, "Facets of an Ambivalent Relationship: Smuggling, Puppets, and Atrocities During the War, 1937~1945," *The Chinese and the Japanese*, ed. A. Iriye, Princeton, 1980, p. 294ff., p. 301 참조. 일본군인들의 여성에 대한 잔혹 행위는 중국 선전 포스터에 계속 표현되던 주제였다(그림 209). G.

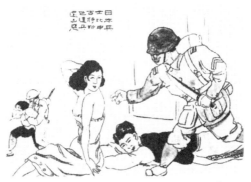

209. "일본 군인들이 스파르타의 승리자처럼 행동하다",
손으로 그린 중국의 포스터, 1932.

Prunner, "Einige antijapanische Propaganda-Plakate aus dem China der frühen dreißiger Jahre im Hamburgischen Museum für Volkskunde," *Jahrbuch des Museums für Völkerkunde zu Leipzig*, 1987, p. 82 참조.

80) 이미 슈넬(R. Schnell)은 "Grenzen literarischer Freiheit im Mittelalter," *Archiv für das Studium der neueren Sprachen und Literaturen*, 1981, p. 247 에서 여성이 육체에 대한 수치심을 가지고 있다는 수많은 중세의 예를 통해 다음과 같은 결론을 끌어냈다. "중세에는 노르베르트 엘리아스와는 아주 반대 의견을 주장하는 연구 경향으로 인해 나체에 대한 곤혹스러움의 벽이 아주 낮게 책정되지 않았다." 나는 그에 관해 다음 권에서 다시 한 번 언급하겠다.

81) Antoine de La Sale, *Die hundert neuen Novellen*, ed. A. Semerau, München, 1907, p. 84ff. 남자가 바지를 내렸다는 말이 없기 때문에 '꼬리'라는 단어는 음경이 아니라 아내의 음순이나 클리토리스와 관계된 것일 수도 있는데 다른 노벨레에서는 '코'로 지칭되었던 것으로 보인다. 이 노벨레에서는 여관 주인이 손님들을 즐겁게 해주기 위해 어머니와 함께 여탕에 들어갔던 그의 어린 아들에게 여자들 중 누가 가장 큰 음부를 가지고 있었느냐고 묻는다. "'자, 이제 나에게 말해봐, 누가 가장 예쁘고 큰 것을 가지고 있니?' 그러자 아들이 말했다. '엄마 것이 틀림없이 가장 예쁘고 커요, 엄마 것은 아주 큰 코를 가졌거든요.' 아버지가 소리친다. '아주 큰 코라고, 자 이제 가도 좋아, 너는 아주 착한 녀석이야.' 우리는 모두 함께 웃기 시작했으며 활기차게 술을 마시고 아주 말을 잘했던 그 사내아이에 대해 이야기를 나누었다. 그러나 그 아이의 어머니는 너무 부끄러워서 정신을 차릴 수가 없었다"(같은 책, p. 449f.).

82) L. Lawner, *Lives of the Courtesans*, New York, 1987, p. 94 참조.

83) J. Donne, *The Complete English Poems*, ed. A. J. Smith, Harmondsworth, 1976, p. 125f. 이 대목을 가르쳐준 데 대해 스케리(Elaine Scarry)에게 감사한다.

84) 익명, *Briefe über die Galanterien von Frankfurt am Mayn*, London, 1791, p. 5f.

85) Elisabeth, B., *Das ist ja zum Peepen*, Frankfurt/M., 1983, p. 22. 일인용 캐비닛 옆에 요지경이 붙어 있는 회전 침대가 설치되어 있는 것도 있다. 집게손가락으로 신호를 하고 혀를 내미는 것은 다음과 같이 하라는 손님의 신호이다. "내가 핥을 수 있도록 네 음부를 유리 앞에 바로 갖다대라."

많은 사람들은 자신이 눈을 감은 채 유리를 핥는다는 사실을 잊어버린다. 오르가슴 후에는 혀에 유리 세정제의 맛이 남아 있을 뿐이다. 아니면 눈을 크게 뜨고 동시에 손을 중간에서부터 밖으로 움직이면 그것은 이런 의미이다. "음순을 벌려라, 내가 들여다볼 수 있게"(같은 책, p. 28f.). 함부르크의 핍쇼에서는 단추를 누르면 화면에 여자가 나타난다. 고객은 스피커를 통해 자신의 특별한 희망을 알린다. 그리고 세번째 단추를 누름으로써 그는 모든 방향에서 촬영되는 8대의 카메라를 조정할 수 있다. *Spiegel* 3, 1989, p. 179 참조. 유럽 최초의 핍쇼는 1976년 뮌헨에서 열렸던 것으로 보인다(M. D. Kreuzer, *Prostitution*, Stuttgart, 1989, p. 290). 그러나 많은 도시에서 그 '여자들'은 외음부에 어떤 조치를 취하는 것을 거부한다. 한 여자가 이렇게 말한다. "특별한 팁을 받게 되는 그 일은 벌써 예민한 문제이다. 그것이 우리 팀의 엄격한 약속과 관계가 있기 때문이다. 그것이 고객들의 특별 희망인 경우가 매우 잦았지만 우리 모두는 음순을 벌리지 말자고 동의했다. 우리는 이런 약속에 자부심을 느꼈다. 그것이 그들에게는 아주 굴욕적인 어떤 것을 차단시켜주며 그들의 자존심을 높여주기 때문이다. 그에 대한 대화를 귀기울여 듣다 보면 이것이 굴욕감이 시작되는 시점이라고 생각하고 싶어할 것이다. 반면 육체를 단순히 보여주는 것은 아직 '깨끗한' 성격을 지니고 있다"(같은 책, p. 292f.).

86) R. Kohoutek, "Die Peep-Show," *Kriminalsoziologische Bibliografie*, 1983, p. 95, 99f. 참조. 이미 언급했듯이 핍쇼를 하는 많은 여자들이 모든 것을 허락하지는 않는다. "2년 전에는 창문에 유리가 끼어 있지 않았다. 여자들은 당시 하루에 적어도 50달러의 팁을 받았던 것을 생각하며 향수에 빠진다. 나는 체리(Cherry)에게 별난 녀석들이 손가락을 음문 안에 집어넣은 적이 있냐고 물어보았다. 그녀는 불쾌해했다. '어떤 녀석도 손가락을 내 성기 안에 집어넣지 못하게 할 거야! 음순 외부에만 혀나 손가락을 갖다대는 데 1달러 내야 해'"(Elisabeth B., 앞의 책, p. 30). 그와는 반대로 전통적인 미국의 스트리퍼들이 "느낌을 얻기 위하여" 술집에 앉아 있는 사람들에게 자신의 몸을 만지게 하는 경우는 아주 드물다. 물론 많은 스트리퍼들이 나이트 클럽 고객의 탁자나 바에 앉아 자신의 몸을―대부분 가슴만―만지게 한다. "어떤 스트리퍼는 고객에게 가슴을 만지게 하고 5달러를 받아 하룻밤에 75달러를 벌었다고 보고했다"(J. Boles/A. P. Garbin, "Stripping for a Living," *Deviant Behavior*, ed. C. D. Bryant, Chicago, 1974, p. 324). 발리 쿠타(Kuta)의 창녀들이 내게 말한 바에 의하면 이 모피 종류의 브래지어를 벗고 보여주는 가슴과는 반대로 외음부를 만지게 하는 경우는 아주 드

물다고 한다. 일본, 오스트레일리아, 유럽의 고객들과는 달리 미국인들은 가슴에 더 많은 관심을 가진다.

87) M. D. Kreuzer, 앞의 책, p. 293 참조.

88) "무대 위의 여자, 글로리아. 그가 들어왔을 때는 뱀가죽과 커다란 모피로 휘감고 있던 그녀가 그 사이에 나체로 앉아 있었다. 다리를 벌린 채, 천천히 돌아가고 있는 반짝이는 높은 의자 위에 앉아서 쾌락을 느끼는 것처럼 음순을 양쪽으로 벌렸다. 'Love me tender, love me true!' 아크등이 그녀의 성기를 비추고 있다. 그녀는 시선을 여러 곳에 준다. '자, 누가 나와 한판 해볼까?' 누구와 하든 그녀에게는 마찬가지다. 남자는 남자일 뿐이고 그들은 모두 탐욕스럽다. 그녀는 웃으면서 음탕하고 탐욕스런 얼굴들을 쳐다본다. 헤드라이트가 그녀의 움직임을 쫓아가고 눈, 입술, 가슴에 고정된다. 그녀는 육체를 통해 충분히 기대감을 준 후에 한 남자를 선택한다. 그녀는 그를 무대 위로 끌어올리고 그 남자는 얼굴을 화학 젤을 발라 축축해진 그녀의 치부에 파묻는다. 그녀는 이 남자의 욕망이 만족을 얻을 때까지 그녀의 육체를 내맡긴다. 글로리아는 수당으로 총200마르크를 받고 저녁에 세 번 쿤닐링구스를 허락했다. M. de Ridder, "Der Körper als Ware: Über die weibliche Lustlosigkeit an der männlichen Lust," *Leiblichkeit*, ed. H. Petzold, Paderborn, 1985, p. 317 참조.

89) M. D. Kreuzer, 앞의 책, p. 304 참조.

90) S. Millhagen, *Gefühle kann man nicht kaufen*, Reinbek, 1986, p. 83.

91) 질과 직장은 사용하기 전에 크림을 발라둔다. *Bilder-Lexikon Kulturgeschichte*, Wien, 1928, Beilage LXXXIII.

92) L. Tickner, "The Body Politic: Female Sexuality & Women Artists Since 1970," *Art History*, 1978, p. 242; J. Semmel/A. Kingsley, "Sexual Imagery in Women's Art," *Women's Art Journal*, Spring, 1980, p. 4 참조.

93) J. Chicago, *The Dinner Party*, Garden City, 1979, p. 193 참조.

94) 그러나 조지 오키프 자신은 그녀의 꽃을 외음부와 동일시하는 것에 대해 반대했다. N. G. Heller, *Women Artists*, New York, 1987, p. 126f. 참조.

95) H. Mirus/E. Wisselinck, *Mit Mut und Phantasie: Frauen suchen ihre verlorene Geschichte*, Straßburg, 1987, p. 292 참조.

96) R. Parker/G. Pollock, *Old Mistresses*, London, 1981, p. 127.

97) J. Chicago, *Through the Flower*, Garden City, 1977, p. 55.

98) G. Nabakowski, "Frauen in der Kunst," *Frauen in der Kunst*, ed. G.

Nabakowski et al., Frankfurt/M., 1980, p. 246에는 여성의 치부를 주제로 하는 대부분의 여류 예술가들이 유대인이라는 사실이 아주 특징적이라고 기술되어 있다. 왜냐하면 유대주의는 치부와 관계된 모든 것을 특별히 터부시하기 때문이다. 나는 물론 유대주의가 기독교적 전통으로서 여성의 성기부위와 성에 대해 부정적인 입장을 가지고 있다고는 생각하지 않는다. 그것에 관해서는 다음 책에서 논하겠다.

16. 육체의 수치에 대한 '이론'

1) A. Kuntz, *Der bloße Leib*, Bern, 1985, p. 16. 저자는 '수치의 이론'이 아마도 성경에 근원을 두고 있으며 나체 그 자체는 오로지 "억눌러진 성도덕을 지닌 사회에서 에로틱한 유혹과 동일시"된다고 생각한다. 우리가 알다시피 이 두 가지 주장은 틀렸다.

2) C. M. Sommer/T. Wind, *Mode*, Weinheim, 1988, p. 12. 이 책의 저자들은 '수치의 이론'이 19세기의 위선적인 분위기를 나타내주는 아주 전형적인 것이며 반박의 여지가 있는 것이라고 결정했다. '부족 문명들'은 예를 들면 "그들의 성기를 거의 숨기려 하지 않았으며" 오히려 그들은 성기를 문신이나 끈, 또는 그와 비슷한 것들로 강조하기까지 했다. 결국 옷을 입게 되면서 비로소 수치가 생겨났다는 것이다. 실제로 이런 견해는 오늘날 대부분의 문화학자들이나 민속학자들도 주장하는 것이다. 그런 견해들 중 두 가지 예로 H. Nixdorff, "Kleidung," *Wörterbuch der Ethnologie*, ed. B. Streck, Köln, 1987, p. 98f.와 O. König, *Die soziale Normierung der Nacktheit*, Frankfurt/M., 1988, p. 28을 들 수 있다. 어쨌든 '수치의 이론'이 19세기에 전형적인 것이라는 견해는 잘못된 것이다. 왜냐하면 그것은 이미 중세 후기와 초기 근세에서도 지배적인 현상이었기 때문이다. 예컨대 1555년에 무스쿨루스(Andreas Musculus, *Vom Hosenteufel*, ed. M. Osborn, Halle, 1894, p. 17f.)는 다음과 같은 사실을 주목하게 했다. "더운 나라에서 더위 때문에 완전 나체로 걸어가는 사람들도 있다. 그럼에도 어릴 때부터의 교육, 수치와 정숙함 때문에 아름다운 깃털이나 다른 귀한 물건으로 만든 가리개로 그들의 치부를 가린다."

3) U. Roderer, *Mode als Symbol*, Regensburg, 1986, p. 24. H. Krumbach는 "Sexualität und Erotik im alten Amerika," *Sexualmedizin*, 1985, p. 125에서 열대지방에서 여성의 성기가리개는 외음부를 "오로지 해로운 벌레

로부터 보호하려는 것"이며 이런 사실은 옷이 '수치감'에서 생겨난 것이 '아님'을 보여주는 것이라고 주장한다. 이미 슈르츠(H. Schurtz)는 *Urgeschichte der Kultur*, Leipzig, 1900, p. 406에서 이런 주장을 하는 사람들에게 아주 간단한 질문을 제기하고 있다. "왜 인간은 아이들의 성기는 가리지 않는가? 아이들의 성기는 놀 때, 기어오를 때, 뛰어다닐 때 가정주부들보다 훨씬 쉽게 부상당할 수 있으며 여자들의 외음부처럼 마찬가지로 벌레들에게 내맡겨져 있는데."

4) Sommer/Wind, 앞의 책. 1920년대에 라이첸슈타인(Reitzenstein) 남작은 이렇게 말했다. "오래 전부터 의복의 근원에 관한 논쟁이 분분했다. 우리가 원한다면 의복의 근원은 그 자체로 아주 단순하게 설명될 수 있을 것이다. 그러나 사람들은 그것에 관해 알려고 하지를 않는다. 무엇보다 수치감을 인간의 원초적인 특성으로 구원하려 하기 때문이다. 그 이유는 기독교 도덕이 가장 중요한 토대로 그것을 필요로 한다는 데 있다. 사람들은 이런 노이로제를 국민에게 주입시켰고 그것이 원래 존재해왔다고 주장했다. 왜냐하면 이런 도덕을 공식적으로 지키기 위하여 '수치감을 거칠게 손상시키는 것'이 필요했기 때문이다"(F. v. Reitzenstein, *Das Weib bei den Naturv lkern*, Berlin o. J., p. 130).

5) 그 부풀어오름은 약 열흘간 유지되다가 가라앉았다. J. van Lawick-Goodall, *Wilde Schimpansen*, Reinbek, 1971, p. 161f., 70 참조.

6) D. M. Stoddart, "The Role of Olfaction in the Evolution of Human Sexual Biology," *Man*, 1986, p. 518 참조. 나는 여성 질의 페로몬(동물이 분비하는 내인성 화학물질로 같은 종에 속하는 한 개체가 다른 개체로부터 독특한 반응을 이끌어내기 위해 아주 소량 분비한다—옮긴이)이 자극적으로 영향을 미친다는 것을 반박하고 싶지는 않다. 그러나 그것은 분명히 은밀한 접촉을 하는 경우에만, 예컨대 쿤닐링구스를 하는 동안만 인지된다. 그리고 사람들은 심지어 많은 남자들이 쿤닐링구스를 할 때 무엇보다 냄새 때문에 관심을 가진다고 주장하기까지 한다. R. Lothar, "Intime Körperbehandlung vom Kopf bis zur Hüfte," *Sittengeschichte des Intimsten*, ed. L. Schidrowitz, Wien, 1929, p. 26 참조.
향수 회사는 남자와 여자 시험 대상자들을 통해 배란기간에 여성의 질에서 나오는 분비물과 배란되지 않는 여성의 질에서 채취하는 분비물의 향을 판단하게 했다. 모든 시험 대상자들은 후자는 불쾌한 것으로 전자는 기분 좋은 것으로 판단했다. J. Money, "Liebe geht durch die Nase," *Sexual-medizin*, 1982, p. 304; R. P. Michael, "Possible Pheromones in

Human Females," *Medical Aspects of Human Sexuality*, 1975, p. 178 참조. 여성의 페로몬은 동남아시아의 갈색털의 빨간 궁둥이와 긴 꼬리를 가진 원숭이의 그것과 동일한 종류이다(C. Baill/J. Money, "Physiological Aspects of Female Sexuality," *Women's Sexual Development*, ed. M. Kirkpatrick, New York, 1980, p. 73 참조). 그리고 사람들이 배란하는 여성에게서 채취한 질 분비물을 배란하지 않는 원숭이 암컷에 집어넣으면 수컷들은 성적으로 자극을 받는다. J. Money, "Träume, D fte und Tabus," *Sexualmedizin*, 1977, p. 390; O. F. Scheuer, "Sittengeschichte des Hemdes und der Hosen," *Sittengeschichte des Intimen*, ed. L. Schidrowitz, Wien, 1926, p. 144ff. 참조.

알려져 있다시피 과거의 많은 공식 창녀들은 사향을 향수로 사용함으로써 그들의 '성적 냄새'를 강화시켰다. 많은 일본의 섹스 가게에서는 '냄새 맡는 사람'을 위해 여성들이 착용했던 속치마가 제공되었다. 하루가 지나면 그 향이 달아나기 때문에 속치마에는 그것을 벗은 시간이 적혀 있었다. *Spiegel* 36, 1988, p.166 참조. 1983년 이후 프랑크푸르트의 역 주변지역에는 공식적으로 '라이브 쇼'라고 불리는, 이른바 '염탐꾼 바'가 있었는데 그곳에서는 고객이 회전 유리창 앞에 앉아 여자들의 노출된 외음부를 코앞에서 볼 수 있다. M. D. Kreutzer, *Prostitution*, Stuttgart, 1989, p. 295 참조.

중앙 오스트레일리아의 아란다 지방에서는 과거에 젊은 남자들이 여자아이들을 붙잡아놓고 손가락을 질 안에 집어넣으려고 시도한 적이 가끔 있었다. 그들은 손가락을 질 안에 집어넣고 난 후에 손가락 냄새를 맡으면서 성적으로 자극을 받았다. G. Róheim, *Children of the Desert*, New York, 1974, p. 245f. 참조. 산타크루스(동태평양의 갈라파고스 제도에 속하는 섬—옮긴이)의 주민들 역시 쿤닐링구스 및 펠라티오를 경멸하지만 질 냄새에 자극을 받는다. W. Davenport, "Sexualpatterns and Their Regulation in a Society of the Southwest Pacific," *Sex and Behavior*, ed. F. A. Beach, New York, 1965, p. 184 참조. 게다가 트로브리안드 제도(키리위나 제도라고도 불리는 태평양 남서부의 솔로몬 해에 있는 산호섬—옮긴이) 사람들은 우선 시각적으로 자극을 받는다. 눈은 욕망의 장소이다. 그리고 눈을 감으면 남자는 사정을 하지 않을 것이라고 말한다. 그러나 어둠 속에서 어떤 여자가 치마를 벗으면 남자들이 여자들의 성기 냄새를 맡을 수 있기 때문에 성적으로 자극을 받을 수 있다는 것을 의미하기도 한다. 펠라티오와는 반대로 남자들이 외음부의 냄새를 좋아하지 않기 때문에 쿤닐링구스는 일어나지 않는다. B. Malinowski, *Das Geschlechtsleben der Wilden in Nordwest-*

Melanesien, Frankfurt/M., 1979, p. 126, 366, 371 참조. 팔라우 섬(적도 북쪽, 필리핀 군도 동쪽에 있는 태평양의 섬—옮긴이)에서는 "아내가 가리개 밑에 지니고 있던 주머니 냄새를 멀리서도 맡는" 남편을 그린 에로틱한 그림들이 있었다(A. Krämer, *Palau*, Bd. III, Hamburg, 1926, p. 333f.).

7) 이미 루소가 기술한 바 있다. "동물의 암컷이 동일한 수치를 느끼지 못한다면, 어떤 결과가 나올까? 동물의 암컷들이 여자들과—그들에게는 수치심이 고삐로 작용한다—동일한, 무한한 정욕을 가지는가? 동물의 암컷에게서 정욕은 필요에 의해서만 나온다. 욕구가 만족되면 정욕은 중지된다. 그들은 수컷을 진심으로 거절하는 것이다. 그들은 아우구스투스의 딸과는 반대로 행동한다. 그들은 배에 손님이 가득 차면 더 이상 손님을 받아들이지 않는다. 임신 중이 아니라 할지라도 그들이 고분고분하게 복종하던 시기는 짧으며 곧 지나간다. 본능이 그들을 몰아가고 본능이 그들을 억제한다. 사람들이 여자들에게 수치감을 빼앗아간다면 여자들은 이런 부정적인 본능을 무엇으로 대체해야 할까?"(J.-J. Rousseau, *Emil oder Über die Erziehung*, ed. L. Schmidts, Paderborn, 1981, p. 387). 대부분의 사회에서 성기를 보여주는 것은 여자의 뜻대로 성교를 하자는 가장 명확한 요구이다. 예컨대 뉴기니 고지대의 카마누가에서 여자가 어떤 남자를 성적으로 흥분시키기를 원한다면 그녀는 음순이 보이도록 팬티를 아주 헐렁하게 입는다. H. Aufenanger, "Women's Lives in the Highlands of New Guinea," *Anthropos*, 1964, p. 224 참조.

8) 가족 구성원 중 이성을 성적으로 자극하는 것도 과소평가되었을 것이다. 여기에 관해서는 B. Justice/R. Justice, *The Broken Taboo*, New York, 1979, p. 215 참조. L. Wurmser, *The Mask of Shame*, Baltimore, 1981, p. 42f. 여기에서는 성기에 대한 수치가 인간들이 성기를 불완전한 것으로 느끼고 그것을 보여줄 경우 우스꽝스러워지거나 거부될 것을 두려워하기 때문이라고 기술한다. 그러나 사람들은 일반적으로 성기 때문에 수치스러워 하는 게 아니라 그것이 보여진다는 데 대해, 그리고 사적인 것과 공적인 영역의 경계가 허물어진다는 것에 대해 수치를 느낀다. 그런 경계를 지양하는 것으로서 관습적으로 포르노그래피가 비난을 받았지만(W. Gaylin, *Gefühle*, München, 1988, p. 73 참조), 오늘날 '수치를 잃어버린 시대'에 '수치의 논쟁'을 쟁점으로 해서 포르노를 반대하는 경우는 거의 없다. 그것이 폭력을 찬양한다거나 여성을 '대상으로' 하고 있다는 점에서는 비난한다. 물론 자신의 성기 때문에 수치스러워하는 사람들도 있다. 예를 들면 외음부를 혐오스럽다고 생각하는 여자들도 있으며, 가슴이 절벽이며 시대의 이상과 일치하지

않는다고 가슴을 보여주지 않는 여자들도 있다. 그럼에도 이런 수치는 어느 정도 2차적이며, 문화 특유의 수치이다.

에크하르트(H. H. Eckardt)는 *Zur Psychologie der sexuellen Scham*, Würzburg, 1952, p. 77에서 수치는 그것이 전혀 명확한 것이 아니라는 점에서 '성에 대한 상반 감정의 병립'으로 설명한다. 물론 우리는 아주 많은 것에 대해 수치스러운 감정이 없이 이중적 입장을 취하고 있다. 우리가 우리 본성의 동물적인 것과 타협할 수 없기 때문에 우리가 부끄러워했던 것도 아니다(M. Scheler, *Schriften aus dem Nachla*, Bd. I, Bern, 1957, p. 68f.). 왜냐하면 우리는 대중의 면전에서 숨을 쉬는 것에 대해 동물과 마찬가지로 공유하고 있음에도 불구하고 전혀 부끄러워하지 않는다. 나는 이런 특수한 부끄러움이 있다는 것에 대해 절벽 가슴을 부끄러워하는 것이 존재함을 거의 문제시하지 않았던 것처럼 다시 반박하고 싶지는 않다.

9) 츠베르네만(J. Zwernemann)은 Überlegungen zum Ursprung der Kleidung," *Verhaltensforschung in Österreich*, ed. O. Koenig, Wien, 1983, p. 493f.에서 이렇게 주장한다. 육체의 수치가 그 본질에 따르면 명백히 문화 특수적이며 절대 성기 부위에만 국한되지 않는다. 이런 사실을 다음과 같은 예에서 확인할 수 있다. 가령 에스키모는 오두막에서 오직 요포만 걸치고 있는 경우가 많으며, 하이다족(퀸샬럿 제도, 브리티시컬럼비아, 프린스오브웨일스 섬 남부, 알래스카 등지에 살고 있는 인디언—옮긴이) 여자들에게는 육체의 어떤 부분이든지 노출시켜 보여주는 것이 거의 문제가 되지 않았다. 그리고 중국 사람들에게는 여자의 발을 노출시키는 것만이 강한 수치심을 불러 일으켰을 뿐 육체의 다른 부분을 노출시키는 것은 그렇게 강한 수치심을 불러일으키지 않았다. 나는 다음 권에서 경험적으로 볼 때 이런 모든 진술이 잘못된 것이며 에스키모의 여자들 및 하이다 여자와 중국 여자들도 성기에 대한 강한 수치감을 가지고 있었으며 현재도 가지고 있다는 것을 보여주겠다.

오스트레일리아나 남미에서의 나체는 원래 타고난 수치심이 존재하지 않는다는 것을 증명해준다는 츠베르네만의 계속되는 주장은, 바라건대 반박이 가능한 것이다. 그렇다고 해서 내가 서로 다른 여러 사회에서 성기 이외의 다른 육체 부위를 노출할 경우에도 역시 수치스러워한다는 사실을 부정하려는 것은 아니다. 예컨대 민속학자 보일레(Weule)는 그가 어떻게 야오족(중국과 동남아시아에 사는 산지 부족들—옮긴이) 처녀로 하여금 그녀의 흑단으로 된 코 말뚝을 그에게 팔게 했으며 그녀가 이 말뚝을 어떻게 떼어내는가를 보고하고 있다. "전체 과정을 볼 수는 없었다. 왜냐하면 설명할 수 없는 두려움과 고집으로 그녀는 코 전체 부위를 오른손을 쫙 펴서 가렸다. 그녀는 은화를 받고 난 후에도 여전히 그런 자세로 거기 서 있었다. 내 친구들은 다시금 농담을 했다. 그럼에도 그녀는 노출된 부위 위에 오른손을 더욱 강하게 눌러댔다"(K. Weule, *Negerleben in Ostafrika*, Leipzig, 1909, p. 166).

10) I. Eibl-Eibesfeldt, *Die Biologie des menschlichen Verhaltens*, München, 1984, p. 314, 316; D. Zillmann, *Connections Between Sex and Aggression*, Hillsdale, 1984, p. 27, 55, 77; B. W. P. Wells, *Body and Personality*, London, 1983, p. 80f. 참조.

11) K. Grammer, "Human Courtship Behaviour," *The Sociobiology of Sexual and Reproductive Strategies*, ed. A. E. Rasa et al., London, 1988, p. 148; D. Symons/ B. Ellis, "Human Male-Female Differences in Sexual Desire," *The Sociobiology of Sexual and Reproductive Strategies*, ed. A. E. Rasa et al., London, 1989, p. 131f. 참조.

12) D. Diderot, "Supplément au Voyage de Bougainville," *Œuvres*, ed. A. Billz, Paris, 1951.

13) "민속학적 보고에 나타나는 이기적인 왜곡은 혼음을 성적인 접근과 인간적 성의 문제 모두에 대한 이상적 해결로 제시하는 것이다. 난혼(亂婚)을 하지 않는 사회는 항상 억압적인 것으로 특징지어진다. 그러나 그러한 특성화는 온건하고 건전한 성적 표현이 '부자연스러운' 것이며 바람직한 상태가 아니라고 가정할 때에만 비로소 의미가 있는 것이다"(D. Zillmann, 앞의 책, p. 38).

14) T. Malmberg, *Human Territoriality*, The Hague, 1980, p. 239 참조.

15) 정신분열증 환자는 자주 그들의 사적인 영역을 공적인 영역과 구분짓지 못하는 상황에 빠지게 된다. '외부'가 '내면'으로 밀어닥치게 되는 것이다. I. Altman, "Privacy as an Interpersonal Boundary Process," *Human Ethology*, ed. H. v. Cranach et al., Cambridge, 1979, p. 101f.; H. P. Duerr, *Satyricon*, Frankfurt/M., 1985, p. 57ff. 참조.

16) C. D. Schneider, *Shame, Exposure, and Privacy*, Boston, 1977, p. 42f. 참조. 더 자세한 것은 A. L. Epstein, *The Experience of Shame in Melanesia*, London, 1984, p. 41 참조. 그러므로 나는 인간의 본질은 "어떤 본질도 가지고 있지 않다"는 데 있다는 말을 절대 믿지 않는다(P. Strasser, "'Das Wesen des Menschen ist, daßer keines hat': Über Bedingungen der Möglichkeit einer alle Menschheitskulturen umspannenden Psychiatrie," *Die wilde Seele*, ed. H. P. Duerr,

Frankfurt/M., 1987, p. 428f. 참조).

17) "옷을 입지 않는 부족의 여자아이가 정숙한 태도로 앉는 것은 경험의 결과에 따라 행동하는 것이다. 그녀는 남성들의 주목이 달갑지 않은 월경 기간에 남성들의 주목에 불쾌감을 느꼈을 것이다. 그리고 이런 경우 그녀의 행동은 움츠러들고 거부하는 경향을 띤다"(W. I. Thomas, *Sex and Society*, Chicago, 1907, p. 212). 사람들은 나아가 여성의 수치가 폭력에 대한 예방책이 될 수 있을 거라고 말했다. "그러나 여성들이 무차별적인 남성의 성적인 유혹으로 인해, 정숙한 태도를 취함으로써 희롱을 거부하려고 하는 것은 이해할 만하다."(D. Zillmann, 앞의 책, p. 77).

18) 푸도르(Heinrich Pudor) 역시 1893년에 나체가 어떤 성적 매력도 발산하지 않는다는 헬만의 생각을 확인시켜주고 있다. "가려진 것이 매력적이다. 왜냐하면 이런 것만이 위로가 되기 때문이다. 즉 우리가 옷을 벗는다면 우리는 아마도 성의 쾌락을 느끼는 경우가 너무 적다고 불평하게 될 것이다. 오늘 너는 네 아내의 아주 흥미로운 부분들을 보지 않기 때문에 네 아내가 매력적

210. 여자가 다급해하는 남자 앞에서 다리를 꼬고 있다. *Tacuinum sanitatis*에서, 1445년경.

으로 보이는 것이다. 네가 매일 그것을 본다면 어떻게 그것이 너에게 매력적으로 보일 수 있겠는가? 그렇게 되어야만 모든 것이 좋고 건강해진다. 다시 말해 잔이 거품으로 흘러 넘치거나 우리가 다른 새로운 사람을 갈망할 경우에만 성적 쾌감을 느끼게 된다. 반면 오늘날에는 이미 열 번이나 즙을 짠 레몬을 열한 번, 열두 번씩 더 짜내고 있다"(W. Kuppel, *Nackt und nackt gesellt sich gern*, Düsseldorf, 1981, p. 147f.에서 재인용).

이미 포그니(Gabriel de Foigny)는 1676년에 그의 책 『남부지방의 발견』(*La Terre Australe Connue*)에서 남자가 나체의 아내에게 성적으로 자극을 받는 경우가 아주 드물기 때문에 옷을 발견했다고 설명한다. "볼 수 없는 것을 열렬히 바라고 지향하면서도 또한 그것을 자유로이 즐기는 것을 경멸하는 것이 우리의 본성이다"(E. Rittich, 1976, p. 361에서 재인용). 또는 W. Zude, "Nacktkultur und Vita sexualis," *Zeitschrift für Sexualwissenschaft*, 1916, p. 44f.에는 이렇게 적혀 있다. "그와는 반대로 완전 나체는 더 이상 권할 만한 것이 못 된다. 나체의 매력은 습관을 통해 아주 빠르게 약화되어가고 있다. 이는 나체의 미개인들 사이에서 한 번 살아본 적이 있던 백인 탐사여행자들이 이미 알고 있다." 그리고 블로흐(I. Bloch)는 *Das Sexualleben unserer Zeit*, Berlin, 1907, p. 173에서 결국 이렇게 말한다. "우리가 의도적으로 성적인 동기나 인위적인 동기를 부여한다 해도 나체는 음탕한 매력으로 작용한다. 그러나 정숙한 체하는 것은 정욕을 숨긴 채 나체를 보는 것과 마찬가지다."

19) U. Linse, "'Geschlechtsnot der Jugend': Über Jugendbewegung und Sexualität," *Mit uns zieht die neue Zeit*, ed. T. Koebner et al., Frankfurt/M., 1985, p. 245ff.에서 재인용.

20) G. Cohn-Bendit/D. Cohn-Bendit, *Linksradikalismus: Gewaltkur gegen die Alterskrankheit des Kommunismus*, Reinbek, 1968, p. 124, 134.

21) G. Schmidt, *Das große Der Die Das*, Herbstein, 1986, p. 48ff. 참조.

22) U. Preuß-Lausitz, "Vom gepanzerten zum sinnstiftenden Körper," *Kriegskinder, Konsumkinder, Krisenkinder*, ed. U. Preuß-Lausitz et al., Weinheim, 1983, p. 100 참조.

23) W. Seitter, "Nacktheit als Kleidung," *Tumult 2*, 1979, p. 6.

24) 아마도 이런 비평가들은 보편성을 지녔다는 주장과 그것이 타고난 것이라는 주장을 혼동했던 것 같다.

25) C. Meves, "Plädoyer für das Schamgefühl," *Ich stelle mich aus*, ed. G. -K. Kaltenbrunner, Freiburg, 1984, p. 51에 의하면 대부분의 사내아이들은 대략 다섯 살이 되면, 여자아이들은 열 살이나 되어서야 부끄러워한다고 한다.

26) L. Arnold-Carey, *Und sie erkannten, daß sie nackt waren*, Göttingen, 1972, p. 43 참조.

27) H. Ahrens, "Interview mit einer Kinderärztin," *Ärztliches Handeln und Intimität*, ed. R. Lockot/H. P. Rosemeier, Stuttgart, 1983, p. 53.

28) S. K. Johnson, "The New Nudism vs. the Old Nudism, as Seen by a Non-Nude Female Anthropologist," *New York Times Magazine* 4, Juni, 1972, p. 13. 이 기사의 사본을 구해준 쾨니히(Oliver König)에게 감사한다. 학자들이 60년대에 확인한 바에 의하면 실제로 16세에서 20세까지의 청소년은 미국의 나체 캠프에 거의 참여하지 않았으며 거기에 있던 소수의 청소년들은 더운 날씨에도 절대 완전히 옷을 벗는 일이 없었다고 한다. F. Ilfeld/R. Lauer, *Social Nudism in America*, New Haven, 1964, p. 46 참조. 더 자세한 것은 H. -H. Eckardt, 앞의 책, p. 85 참조.

29) J. D. Douglas/P. K. Rasmussen/C. A. Flanagan, *The Nude Beach, Beverly Hills*, 1977, p. 160 참조.

30) R. Merten, *FKK-Ratgeber*, München, 1982, p. 20.

31) V. Antiila/I. Talve, *Finnische Volkskunde*, Hamburg, 1980, p. 44f. 참조.

32) H. Kentler, "'Das tut man (nicht)!'," *Spielen und Lernen*, 1979년 8월, p. 74f. 참조. 20년대 라트비아 공화국(유럽 북동부에 있는 국가로 발트해와 리가 만 연안을 끼고 있다—옮긴이)에서도 남자, 여자가 함께 들어갔던 덮개가 없는 증기탕이 있었던 것으로 보이는데 거기서도 나체의 사춘기 청소년은 발견할 수 없었다(Haralds Biezais: 1985년 11월 23일의 구두전달). 19세기 후반 젊은 라트비아 여자아이들은 낯선 사람들 앞에서 절대 팔이나 가슴을 노출시키지 않았다고 한다. 하물며 치부에 관해서는 더 말할 필요가 없을 것이다. F. Tetzner, *Die Slawen in Deutschland*, Braunschweig, 1902, p. 167 참조.

33) E. Aaltonen, "On the Sociology of the sauna of the Finnish Countryside," *Transactions of the Westermarck Society*, 1953, p. 164 참조.

34) A. S. Neill, *Theorie und Praxis der antiautoritären Erziehung*, Reinbek, 1969, p. 219 참조.

35) J. Popenoe, *Schüler in Summerhill*, Reinbek, 1971, p. 67.

36) G. Spritzer, "Die 'Adolf-Koch-Bewegung'," *Arbeiterkultur und Arbeitersport*, ed. H. J. Teichler, Clausthal-Zellerfeld, 1985, p. 79; G. Spritzer, "'Nackt und frei': Die proletarische Freikörperkulturbewegung," Illustrierte Geschichte des Arbeitersports, ed. H. J. Teichler/G. Hauk, Bonn, 1987, p. 178; O. König, *Die soziale Normierung der Nacktheit*, Frankfurt/M., 1988, p. 170 참조. 물론 여자아이들의 이런 '나체춤'이 나이든 세대에게 걱정스러워 보였을 것이다. 예를 들어 1890년 노스 런던 대학의 '젊은 숙녀들'이 운동 연습 시범

을 보였을 때 그들의 남자 형제들은 관객으로서 허용되지 않았다. 11년 후 버클리에서 여대생을 위한 농구 게임장이 세워졌을 때 그 농구장 주위에는 옹이 구멍이 없는 4미터 높이의 나무 울타리가 둘러졌다. 1911년 턴브리지 벽에는 이렇게 적혀 있다. "해마다 체조 시범은 의사인 아버지와 어머니를 위해 시작되었다"(S. Delamont, Knowledgeable Women, London, 1989, p. 82ff.).

37) É. -E. -R. Ribo, *Nudisme*, Bordeaux, 1931, p. 109 참조. 발리의 여자아이와 사내아이들도 사춘기가 되면 다른 사람들이 있는 데서 목욕하지 않았다. W. Weck, *Heilkunde und Volkstum auf Bali*, Denpasar, 1976, p. 118 참조.

38) P. P. Kok, "Quelques notices ethnographiques sur les Indiens du Ruo Papuri," *Anthropos*, 1926, p. 934 참조.

39) J. M. Garvan, *The Negritos of the Philippines*, Horn, 1964, p. 37 참조. H. I. Hogbin, "Puberty to Marriage: A Study of the Sexual Life of the Natives of Wogeo, New Guinea," *Oceania*, 1946, p. 187 참조(호게오 섬 주민).

40) P. Knops, "L'enfant chez les Sénoufos de la Côte d'Ivoire," *Africa*, 1938, p. 487f. 참조.

41) W. Thalbitzer, "The Ammassalik Eskimo. 4," *Meddelelser om Grønland*, 1941, p. 604 참조.

42) Jean L. Briggs: 1986년 10월 30일의 편지. 태국 북부 카렌족의 전통적인 집에는 하나의 공간밖에 없었다. 그러나 이 공간은 종종 차단막을 통해 분리되어 청소년기 딸의 공간을 나머지 거주지역과 구분해준다. 가족 중에 청소년기의 여자아이가 있다면 같은 나이 또래의 아들은 절대 집에 있어서는 안 되며 여자 형제가 없는 친구네 집에 가서 자야 한다. P. Lewis/E. Lewis, *Peoples of the Golden Triangle*, London, 1984, p. 86f. 참조. 중앙 캐나다의 스웜피크리족(Swampy Cree) 여자아이들은 사춘기가 시작되면 극도로 부끄러워하며 쭈뼛거린다. 초경과 함께 시작하는 한 달간의 격리기간이 지나면 그들은 수치심의 상징인 진주 베일로 얼굴을 가리고 다른 사람들로부터 물러선다. L. Mason, "The Swampy Cree," *Anthropology Papers of the National Museums of Canada*, Ottawa, 1967, p. 48 참조.

43) 14개월에서 16개월의 트로브리안드 제도의 여자아이들은 젖을 떼면 처음으로 내피 치마를 입긴 하지만 내략 여섯 살까지는 해변 근처에서 나체로 돌아다닌다. 그러나 마을 근처에서는 절대로 그렇게 하지 않는다(Ingrid Bell:

1986년 10월 14일의 편지). 대부분의 사회에서는 사내아이들보다 여자아이들에게 더 일찍 옷을 입힌다. 뉴기니의 제일족과 다니족의 한 살이나 두 살배기 여자아이들은 부불(bubul)이라 불리는 치마를 입지만 사내아이들은 그들의 음경을 감싸는 칼레바세(kalebasse)를 아주 늦게, 성년식이 돼서야 입는다. 그들은 이렇게 말한다. "어린 사내아이들에게는 수치스러워할 만한 것이 아무것도 없다." R. C. Brumbaugh, "Models of Separation and a Mountain Ok Religion," *Ethos*, 1980, p. 337f. 참조.

펀자브 지방의 어머니들은 아들은 네 살이나 다섯 살까지 나체로 거리를 돌아다니게 내버려두지만, 딸들에게는 아주 어릴 때부터 그들의 외음부가 더러운 것이며 항상 감춰야만 한다고 가르치면서 계속 옷을 밑으로 내린다. P. Hershman, "Vergin and Mother," *Symbols and Sentiments*, ed. I. Lewis, London, 1977, p. 272 참조.

사내아이들과는 반대로 소말리아의 여자아이들은 성기를 항상 가리고 다니며 나중에 할례를 행한다. I. M. Lewis, "The Northern Pastoral Somali of the Horn," *Peoples of Africa*, ed. J. L. Gibbs, New York, 1965, p. 339 참조.

라우트 섬(인도네시아 보르네오 섬 남동부 해안 앞바다에 있는 섬―옮긴이)에서는 무엇보다 젊은 여자아이의 외음부를 아주 부끄럽게 여긴다. 반면 남자의 성기는 이성에게도 보여주는 경우가 많다. 민속학자가 있는 데서 여자 두 명이 한 남자와 함께 그의 음경의 크기와 성질에 관해, 그리고 이 남자가 성교시에 어떻게 행동하는지에 대해 이야기를 나누었다. 그 대화는 오히려 '의료적으로' 진행되었다(H. A. Nimmo, "Bajau Sex and Reproduction," *Ethnology*, 1970, p. 252f.).

하즈다(Hazda) 청년들은 사춘기가 시작되고 나서야 비로소 성기를 가리는 작은 야생고양이 가죽을 착용한다. 반면 여자아이들은 유아 때부터 가죽끈을 엉덩이에 두르고 다니는데 그 끈에는 성기 부위로 내려오는 진주가 매달려 있었다. 이런 치부가리개에다 젊은 여성들은 엉덩이를 가리는 기능을 가지고 있는 검은 발꿈치 영양의 가죽을 착용했다. L. Kohl-Larsen, *Wildbeuter in Ostafrika*, Berlin, 1958, p. 57f.; G. W. B. Huntingfort, *The Southern Nilo-Hamites*, London, 1953, p. 133 참조. P. L. Newman, *Knowing the Gururumba*, New York, 1965, p. 15(아사로 계곡 위쪽의 구루룸바족); T. O. Beidelman, *The Matrilineal Peoples of Eastern Tanzania*, 1967, p. 37, 62(카구루족, 응구루족); P. Gulliver/P. H. Gulliver, *The Central Nilo-Hamites*, London, 1953, p. 58 (투르카나족); R. A.

LeVine, "Gusii Sex Offenses," *Americal Anthropologist*, 1959, p. 981(구시족); C. C. Willoughby, "Dress and Ornaments of the New England Indians," *American Anthropologist*, 1905, p. 502(뉴잉글랜드 인디언); J. C. D. Lawrence, *The Iteso*, New York 1957, p. 105(이테소족); E. M. Albert, "La femme en Urundi," *Femmes d'Afrique noire*, ed. D. Paulme, *La Haye*, 1960, p. 187(툿시족), 후투족; B. Shore, *Sala'ilua*, New York, 1982, p. 228(사모아 섬 사람); R. Mitton, *The Lost World of Irian Jaya*, Melbourne, 1983, p. 190(아스마트족); J. Nills, "Natives of the Bismarck Mountains, New Guinea," *Oceania*, 1943, p. 110(비스마르트 산맥의 쿠만족); G. van den Boom, 1964, p. 193(완담바족); C. Baroin, "The Position of Tubu Women in Pastoral Production," *Ethnos*, 1987, p. 141(투바족); E. Brandewie, 1988년 2월 29일의 편지(음보왐브족).

44) Irenäus Eibl-Eibesfeldt: 1988년 6월 28일의 편지. W. Schiefenhövel, "Kindliche Sexualität, Tabu und Schamgefühl bei 'primitiven' Völkern," *Die Entwicklung der kindlichen Sexualität*, ed. T. Hellbrügge, München, 1982, p. 161.

45) S. Freud, *Gesammelte Werke*, Bd. V, London, 1942, V, p. 78.

46) 사람들은 자주 어린아이들은 부끄러워하지 않기 때문에 수치는 타고난 것이 아니라고 말해왔다. 그것은 물론 진지하게 받아들일 수 있는 쟁점이 못 된다. "아이들이 어느 정도 정신적 수준에 도달하고 나서야 수치가 나타난다는 것은 확실하지만 그렇다고 해서 그런 사실이 수치의 인간 보편적인 성질을 반대하는 어떤 것도 증명해주지 못한다. 왜냐하면 치아 역시 출생한 후에야 나오지만 그럼에도 치아를 갖고 있다는 것은 인간 보편적인 성질이기 때문이다"(R. Meringer, "Einige primäre Gefühle des Menschen, ihr mimischer und sprachlicher Ausdruck," *Wörter und Sachen*, 1913, p. 132).

47) I. Eibl-Eibesfeldt, "Stammesgeschichtliche Anpassungen im sozialen Verhalten der Menschen," *Nova acta Leopoldina*, 1983, p. 30과 1988년 7월 14일의 편지. 물론 그는 인간이 타고난 성향을 넘어설 수 있다고 인정한다(같은 책, p. 42).

48) 발생학에서 주장하듯이 『쿠란』 7장 21절에서도 타락의 결과로 의식, 더 정확히 말해서 나체의 성적 측면이 부각되었다고 보고 있다. 물론 『쿠란』의 7장 28절에서도 첫번째 인간이 옷을 벗었으며 그래서 그들은 '치부'를 볼 수 있

어서 부끄러워했다고 적혀 있다. 그것은 구약의 이론과는 달리 원시에 '무죄의' 나체가 존재하지 않았음을 의미한다. 타락에 대한 벌은 어쨌든 이브의 하디스(아랍어로 이야기라는 뜻으로 예언자 마호메트에 관한 구전 전승으로, 이슬람에서 도덕의 지침이나 종교법의 주요 원천으로서 존중되고 있다—옮긴이)로 책임이 전가되었다.

49) B. Bettelheim, *Die Kinder der Zukunft*, Frankfurt/M., 1980, p. 215f., 221. 이 저자에 따르면 성적 감정의 억제는 당사자들이 성인이 되어서도 서로 상당한 육체적·정신적 거리를 유지하며 어떤 육체적 접촉에도 놀라서 움찔하게 되는 결과를 가져오게 되었다고 한다. 같은 책, p. 218 참조.

50) J. Snarey/L. Son, "Sex Identity Development Among Kibbutz-Born Males," *Ethos*, 1986, p. 104에 의하면 육체에 대한 수치는 아홉 살이나 열 살이 되면 나타난다. 이 시기에 아이들은 자주 성인의 나체에 관해서도 부끄러워하기 시작한다. 아마 이렇게도 말할 수 있을 것이다. 낯을 가리는 것이 어린아이들을 낯선 사람에게서 보호해주듯이, 사춘기의 수치심이 성장기의 청소년이 아직 성숙하지 못한 육체를 손상시킬 수 있는 임신을 막아준다.

51) M. E. Spiro, *Children of the Kibbutz*, Cambridge, 1958, p. 329f.; N. Datan, "Ecological Antecedents and Sex-Role Consequences in Traditional and Modern Israeli Subcultures," *Sexual Stratification*, ed. A. Schlegel, New York, 1977, p. 337 참조.

52) M. E. Spiro, *Gender and Culture: Kibbutz Women Revisited*, Durham, 1979, p. 27, 98f. 참조. 많은 심리분석가들, 예를 들면 회벨스(F. E. Hoevels)는 "Das Tabu der Nacktheit," *System ubw*, Juni, 1984, p. 108 에서 아이들과 청년들이 수치심을 느끼는 원인을 이들이 이미 교육을 통해 '나체 금기의 본질'을 획득했다는 것에서 찾고 있다. 물론 키부츠의 예만이 수치가 교육과 상반되게 발전한다는 것을 보여준다.

53) Y. Talmon, *Family and Community in the Kibbutz*, Cambridge, 1972, p. 155f. 참조.

54) Melford E. Spiro: 1986년 12월 17일의 편지.

55) C. Gehrke, "Über weibliche Schaulust," *Sexualität heute*, ed. M. Heuer/K. Pacharzina, München, 1986, p. 73.

1) N. Elias, "Fernsehinterview," *Südwestfunk* 3, 1988년 6월 13일 p. 38.
2) 같은 곳.
3) N. Elias, *Über den Prozeß der Zivilisation*, Bd. I, Basel, 1939, p. 319f.
4) 같은 책, p. 319.
5) 최근의 자료 몇 가지만 들어보자. 예컨대 R. Pape, "Seife, Sex und Syphilis oder Die Badefreuden des Mittelalters," *Geschichte der Reinlichkeit*, ed. A. Delille/A. Grohn, Frankfurt/M., 1986, p. 90에는 이렇게 적혀 있다. "여자들은 욕탕 안에서 자연스럽게, 그리고 동일한 권리를 가지고 남자들과 만났다. 부인들이 간통을 저질렀다 해도 교계에서 보면 범죄였을 간통이 여기서는 허용되었다. 욕탕 일지에 나타나 있듯이 가끔은 남편들이 보는 앞에서 간통이 저질러지기도 했다."
약간 신중한 의견을 피력하고 있는 자료는 다음과 같다. W. Hansen, *Wonne in der Wanne*, München, 1967, p. 32f; R. Delort, *Le Moyen Age*, Lausanne, 1972, p. 115; G. Pallaver, Das Ende der schamlosen Zeit, Wien, 1987, p. 161f.; D. Hammer-Tugendhat, "Erotik und Inquisition: Zum 'Garten der Lüste' von Hieronymus Bosch," *Der Garten der Lüste*, ed. R. Berger/D. Hammer-Tugendhat, Köln, 1985, p. 35; L. Schmugge, "Feste feiern wie sie fallen: Das Fest als Lebensrhythmus im Mittelalter," Stadt und Fest, ed. P. Hugger et al., Unterägeri, 1987, p. 85; H. Kuzmics, *Der Preis der Zivilisation*, Frankfurt/M., 1989, p. 97. 또는 U. Pallaver, 앞의 책, p. 20. 이 책에는 종교개혁과 반종교개혁이 나체를 터부시했다고 적혀 있다. G. Heinsohn/ O. Steiger, *Die Vernichtung der weisen Frauen*, Herbstein, 1985, p. 246도 참조. 이 책의 저자는 근세 초기의 '쾌락을 위한 성의 근절'에 관해, 공개적인 나체와 배변의 '가혹한 금지'에 관해 이야기하고 있다. B. Loewenstein, *Der Entwurf der Moderne*, Essen, 1987, p. 261f.도 비슷한 의견이다.
나의 지금까지의 엘리아스 비판이 아주 '논쟁적이며, 건방진 어조'로 씌어져 앞으로 나올 책들이 "노르베르트 엘리아스의 학문적 탁월성과 논리 전개력을 진지하게 비판할 수 있을 정도로" 충분히 진지할 수 있을지 "확실히 의심스럽다"고 피력한 바 있는 프리치(Alexander Fritsch)는 결국 RIAS(서베를린의 미국 점령지구 방송국—옮긴이) 베를린의 특별 프로그램보다는(1989

년 2월 25일) 어린이 방송인 '오리집의 새로운 소식'(Neues aus Entenhausen)에 더 적합한 형태로 중세 에티켓을 묘사하고 있다. 그는 우선 "본에 있는 연방 정부의 만찬을 상상해보자"고 적었다. 그것도 중세 후기에 어떻게 진행되었을지를 상상해보자고 말한다. "탁자 위에 소 반 마리가 놓여있다. 내무부 장관 치머만은 고기칼로 그것을 잘라낸다. 교육부 장관 묄레만(Jürgen W. Möllemann)이 손으로 몇 인분의 감자 봉지를 식탁에 내놓는 동안 체신부 장관 슈바르츠-실링(Schwarz-Schilling)은 관심을 가지고 틈틈이 냅킨에 코를 풀면서 그 사건을 관찰하고 있다. 그러는 사이 외무부 장관 겐셔(Genscher)와 가정 장관인 레어(Lehr)는 하나밖에 없는 숟갈을 가지고 탁자의 중간에 있는 커다란 수프 그릇에서 수프를 같이 떠먹는다. 개발 장관 클라인(Klein)이 마침 힘차게 큰 소리가 나도록 트림을 했을 때 수상이 난방이 잘된 방으로 들어선다. 헬무트 콜은 나막신을 신은 발까지 완전히 벌거벗은 채로 장관들이 둘러앉은 탁자에 가 앉기 전에 재빠르게 여성 장관인 빌름스(Wilms)의 엉덩이를 꼬집는다."

6) G. Vigarello, *Wasser, Seife, Puder und Parfüm*, Frankfurt/M., 1988, p. 41. 나는 제1권에서 대부분의 중세 욕탕은 남탕과 여탕이 분리되어 있으며 여러 도시와 마을에서는 심지어 남탕과 여탕이 다른 건물을 사용했음을 상세히 증명한 바 있다. 그 예에 관해서는 J. G. Batton, *Oertliche Beschreibung der Stadt Frankfurt am Main*, Frankfurt/M., 1864, p. 94; R. Hoffmann, "Die Augsburger Bäder und das Handwerk der Bader," *Zeitschrift des Historischen Vereins für Schwaben und Neuburg*, 1885, p. 7; H. Roeseler, *Die Wohlfahrtspflege der Stadt Göttingen im 14. und 15. Jahrhundert*, Berlin, 1917, p. 67; L. Ernst, *Die Geschichte des Dorfes Malsch*, Malsch, 1954, p. 316 참조. 예컨대 14세기 초반, 레겐스부르크의 『치료서』(Wundenbuch)에서 "셰퍼터 거리에 있는 욕탕의 여자 종업원인 비트라인"이 화제가 됐다면 그 욕탕은 여자 욕탕임을 추론해낼 수 있다. J. Wildemann, 1912, p. 751; F. Bastian/J. Widemann, *Regensburger Urkundenbuch*, Bd. II, München, 1956, p. 470 참조. 예를 들어 15세기 므노(Michel Menot)라는 민중 목사가 투르(프랑스 중서부 상트르 지방 앵드르에루아르 주의 주도—옮긴이)에 "유곽 전용인 공식적인 욕탕들이 있으며 그 욕탕에는 남녀의 구분이 없었다"는 것에 대해 격분했던 것으로 보아(J. Rossiaud, "Der St dter," *Der Mensch des Mittelalters*, ed. J. Le Goff, Frankfurt/M., 1989, p. 228에서 재인용, A. Cabanès, o. J., *Le Cabinet Secret de l'Histoire*, Bd. II,

p. 256f.) 많은 지방에서 남탕과 여탕의 구분 여부가 바로 욕탕 유곽의 기준으로 사용되었음을 알 수 있다. 1300년경에 작성된 루체른(스위스 중부 루체른 주의 주도—옮긴이)의 제일 오래 된 도시대장(중세의 도시 관청에 의한 행정, 사법 등의 기록—옮긴이)에도 거의 비슷한 것이 적혀 있다. 그러나 그 후의 규정은 이렇다. "리츠만스와 슈테켄에서는 수요일에만 여자들이 목욕할 수 있다. 그리고 같은 날 어떤 남자도 여자들과 목욕해서는 안 된다. 만약 남자가 여자들 사이에서 목욕하다 들키면 그는 벌로 한 달간 도시에서 추방되어야 한다"(J. E. Kopp, "Des alten Lucerns Sitten und Satzungen vor dem Streite am Morgarten (1300~1315)," *Geschichtsblätter aus der Schweiz*, 1854, p. 350).

드문 경우이긴 하지만, 바젤이나 스트라스부르에서는 남자와 여자가 같은 공간에서 임시적으로 목욕을 했다. 남자들은 바지를, 여자들은 바데르(badehr)를 입었는데 그것은 치부뿐 아니라 배와 가슴까지 가려주었다. 이 도시들에서도 중세 말기에는 혼탕이 금지되었는데 스트라스부르의 목욕탕에서 타지인들이 풍속 스캔들을 일으켰기 때문이다. 스트라스부르에는 남자를 위해 다섯 개의 욕탕과 여자를 위해 세 개의 욕탕이 설치되었는데, 한 욕탕 경영주가 다른 성에 속한 사람에게 출입을 허락했다. 이 일로 인해 그는 5파운드 은화를 벌금으로 내야 했다. C. Wittmer, "Bains et baigneurs à Strasbourg au Moyen Age," *Cahiers alsaciens d'Archéologie, d'Artéet d'Histoire*, 1961, p. 92 참조.

남탕과 여탕이 한 건물 안에 있으면 이 욕탕들은 대부분 거의 천장까지 닿는 나무벽으로 분리되어 있었으며, 사람들은 당연히 서로 분리된 공간에서 옷을 벗고 입었다. A. Jelicz, *Das alte Krakau*, Leipzig, 1981, p. 99 참조. 때때로 많은 여자들이 단지 바데르만 입고 복도를 거쳐 욕탕으로 가기도 했는데(A. Martin, "Ins Bad schlagen, rufen, blasen," *Zeitschrift für Volkskunde*, 1931, p. 60), 이 옷은 가슴부터 무릎까지를 가려주었다. 그 당시 남자가 상체를 드러내고 목욕하는 여자를 보는 일은 보통 일이 아니었기 때문에 여행자인 르 세주(Jacques Le Saige)는 1512년 그가 라 투르뒤팽(La Tour-du-Pin)의 숙소에서 밤을 지냈을 때 일어났던 체험을 후세에 전해주는 것이 필요하다고 여겼다. 즉 그가 우연히 부엌에 들어서서 주인 여자를 깜짝 놀라게 한 적이 있었다. 그녀는 커튼을 치지 않고 물통 안에 앉아 있어서 그녀의 가슴이 다 보였던 것이다. 그는 부끄러워 그 자리에서 돌아 나왔다. 나중에 들어보니 분만 중인 여자들은 자주 목욕통에 앉아 그들의 이웃여자들을(여기에 대해서는 E. Sturtevant, *Vom guten Ton im Wandel der*

Jahrhunderte, Berlin, 1917, p. 191f. 참조) 맞았다고 한다. "저녁 식사가 준비되었는지 알아보기 위해 부엌에 들어간 나는 여주인이 욕조 안에서 목욕하고 있는 것을 보았다. 욕조 안은 거품으로 가득 차 있었다. 나는 매우 놀랐다. 왜냐하면 배꼽 부분까지 아무것도 걸치지 않은 채 그녀가 앞에 있는 작은 식탁에다 손님들을 위해 접시를 꺼내 놓는 것을 보았기 때문이다. 해산하는 동안에는 매일 그 여자가 벌거벗고 목욕하는 것을 볼 수 있으며 이웃 사람들은 그 산모를 축하해주러 자주 방문한다고 들었다. 나는 너무나 창피해 급히 부엌에서 도망쳤다"(P. Négrier, *Les bains à travers les âges*, Paris, 1925, p. 317f.에서 재인용).

중세 말기와 근세 초기에 실제로 남성과 여성이 나체로 함께 목욕했다면, 1535년 암스테르담의 아담파(아담과 이브의 낙원 재현을 목적으로 벌거벗고 기도하던 2세기의 종파−옮긴이) 신도들이 남자와 여자가 함께 목욕탕으로 가서 입구에서 옷을 벗고 나체로 나란히 앉아 있었다는 것을 알았을 때 왜 분노했는지 절대 이해할 수 없을 것이다. J. Friedman, *Blasphemy, Immorality and Anarchy: The Ranters and the English Revolution*, Athens, 1987, p. 283 참조. (제1권에서 그에 대한 수많은 예들을 열거한 바 있다. 방해받지 않고 계속 자신의 꿈에 빠져 있기를 원했던 T. Kleinspehn〔*Der flüchtige Blick*, Reinbek, 1989, p. 104〕에게 그 모든 것은 단지 '개별화된 반대증거'일 뿐이다.)

중세의 비잔츠(이스탄불의 옛이름−옮긴이)에도 남성을 위한 목욕탕과 여성들을 위한 목욕탕이 따로 있었다. 약 6세기까지 혼탕이 개별적으로 존재했지만 평판이 나빴다. 그래서 유스티니아누스 1세는 결혼한 여자가 육욕을 자극하려는 의도에서 낯선 남자들과 함께 목욕하면 그것을 이혼사유로 인정했다. 숄라스티코스(Euagrios Scholastikos)의 보고에 따르면 4세기에 수많은 은둔자들은 혼탕에서 목욕을 했다. 그리고 콘스탄티아의 에피파니오스(Epiphanios)의 이야기에 의하면 실수로 그런 욕탕에 들어갔던 기독교 처녀가 무례하게 그녀를 만지려 했던 젊은 남자를 드라큘라 백작에게 하듯 십자가 표시로 위협하여 쫓아냈다고 한다. A. Lumpe, "Zur Kulturgeschichte des Bades in der byzantinischen Ära," *Byzantinische Forschungen*, 1979, p. 157f. 참조. 동방에서는 방탕하고 무례하다고 알려진 십자군이 아크라(대서양의 기니 만에 면한 가나의 수도−옮긴이)에 세웠던 욕탕에도 남탕과 여탕은 분리되었다. J. Prawer, *The World of the Crusaders*, London, 1972, p. 88 참조.

중세 후기와 근세 초기의 온천 욕탕에서는 남녀가 바지와 바데르만 입은 채 함께 목욕하는 일이 자주 있었다(L. Geizkofler, *Seine Selbstbiographie*, ed. A. Wolf, Wien, 1873, p. 106 참조). 그럴 경우 나무 격자로 남탕과 여탕을 구분하는 경우가 많았다. 이 격자가 없었다면 다른 성의 사람들이 훨씬 많을 경우 목욕객이 아주 곤혹스러운 상황이 되었을 것이다. 예컨대 1573년 크라프트(Hans Ulrich Krafft)는 아르가우(스위스 북부에 있는 주—옮긴이)에서 남자 한 명과 함께 아무도 없는 욕탕으로 들어갔다. 잠시 후 우아한 중년 여자 22명이 욕탕으로 들어왔다. 남자 두 명은 처음에는 여자들과 '친근하게' 이야기를 나누었다. 그러나 남자들이 단 두 명밖에 없다는 것을 눈치채자 그는 "그렇게 많은 여자들과 함께 앉아 있다는 것이 두려워지기 시작했다". 그래서 그 두 남자는 황급히 욕탕 밖으로 나왔다. E. W. Zeeden, *Deutsche Kultur in der frühen Neuzeit*, Frankfurt/M., 1968, p. 304 참조.

그 전에도 혼탕은 당연한 것이 아니었음을 다음과 같은 사실에서 알 수 있다. 즉 맨더빌(John Mandeville: 1356년경에 활동한 영국의 작가로 전 세계 여행가들의 이야기를 수집한 『기사 존 맨더빌 경의 여행기』를 썼다—옮긴이)은 14세기 날씨가 더운 남아시아에서 남녀가 함께 강에서 목욕하는 것을 진기한 일로 보고했다. "그리고 여자들은 남자들 앞에서 부끄러워하지 않았으며 그들은 그렇게 물속에 함께 있었다"(Reisebuch, ed. G. E. Sollbach, Frankfurt/M., 1989, p. 182).

포지오의 온천욕 보고나 이와 비슷한 그림에 관해 엘리아스와 그의 추종자들이 그 성격을 오해했다는 것을 제1권에서 밝히려고 시도했다. 그런 보고와 그림에서는 현실이 묘사된 것이 아니다. '로쿠스 아뫼누스'의 낙원, 즉 봄과 영원한 젊음과 관능이 지배하는, 황야의 한가운데 있는 지상의 낙원(그림 211)이 그려졌을 뿐이다. 이에 대해서는 M. Bitz, *Badewesen in Südwestdeutschland 1550 bis 1840*, Idstein, 1989, p. 48ff. 참조.

7) Valerius Maximus IX, 1.8.

8) J. Rossiaud, "Prostitution, sexualité, société dans les villes françaises au XV siècle," *Communications*, 1982, p. 68 참조. 마우러(M. Maurer)는 "Der Prozeß der Zivilisation: Bemerkungen eines Historikers zur Kritik des Ethnologen Hans Peter Duerr an der Theorie des Soziologen Norbert Elias," *Geschichte in Wissenschaft und Unterricht*, 1989, p. 238에서 "동시대인들도 일반 욕탕과 욕탕 유곽을 구별하기가 어려웠다면" 엘리아스가 그것의 차이를 간과했다고 해서 내가 엘리아스를 비난할 수는 없을 거라고 말하고 있다. 왜냐하면 빈의 욕탕은 이미 일찍부터 변두리 유곽

211. '로쿠스 아뫼누스'의 베프헨(Wepchen)의 냉탕. 슈툼프(Johannes Stumpf, 1500~
78: 스위스의 연대기 저자, 신학자―옮긴이)의 『스위스연대기』에 나오는 목판화, 1548.

으로 비난을 받았다는 것을 인용했기 때문에. 고백하건대 나는 이런 논증을
이해하지 못하겠다. 빈에 있는 대부분의 욕탕이 정숙하지 못하다고 비난을
받았다면 다른 곳에서도 마찬가지로 정숙하지 못하다고 비난을 받았다. 어
떻게 '당시의 사람들'이 '구별하기가' 힘들었을까? 물론 당시의 그런 주장이
과장되었을 수도 있다―예컨대 1484년에 슐레지엔의 기사 니콜라우스 폰
포플라우(Nikolaus von Popplau)가 영국 전체가 실제로 하나의 커다란 매
춘굴이었다고 말했듯이(A. Kalckhoff, *Richard III.*, Bergisch Gladbach,
1980, p. 376). 그러나 그런 주장은 일반 욕탕과 유곽 욕탕 사이의 구별이
존재했음을 전제로 하고 있으며, 그 구별은 아주 명확했다. 예컨대 1417년
런던 시내와 런던의 관할권 안에 들어 있던 시 외곽의 모든 욕탕들이 수많은
에티켓 조항과 다른 범죄 때문에 폐쇄되고 난 후 11년 만에 다시 허가를 받
았는데 물론 엄격하게 남녀를 구분해야 한다는 조건하에서였다. 욕탕 운영
자는 런던 시민이어야 하고 욕탕은 '예의 바른' 즉 정숙해야 한다는 조건하
에서였다. R. M. Karras, "The Regulation of Brothels in Later Medieval
England," *Signs*, 1989, p. 408f. 참조. 영국에서처럼 프랑스에서도(L. Le
Pileur, *La prostitution du XIII au XVIII siècle*, Paris, 1908, p. 8f., 79,
99 참조) 그리고 독일어권에서 그 카테고리는 어원학적으로 엄격하게 구분
되어 있다―예컨대 14세기 바젤에서는 성 레온하르트가 도시외곽에 세운

'정숙하지 못한' 욕탕이 유명했다(D. A. Fechter, "Topographie im Berücksichtigung der Cultur- und Sittengeschichte," *Basel im vierzehnten Jahrhundert*, Basel, 1856, p. 82)――그것으로 미루어볼 때 어디에든 평범한 욕탕과 유곽 사이의 회색 지대에 속하는 정숙하지 못한 욕탕도 있었다는 사실을 배제할 수 없다.

9) H. P. Niedhammer, *Geschichte der Stadt und Burg Wachenheim* a. d. H., Landau, 1906, p. 286f.; H. Kellenbenz, "Ein französischer Reisebericht über Nürnberg und Franken vom ausgehenden 16. Jahrhundert," *Mitteilungen des Vereins für Geschichte der Stadt Nürnberg*, 1959, p. 237, 245 참조.

10) A. Tobler/E. Lommatzsch, *Altfranzösisches Wörterbuch*, Berlin, 1915, p. 985f. 참조.

11) 야외에서 성행위를 제공했던 창녀들의 화대는 더 쌌다. 예컨대 구이제 장날 이면 방문객들은 도시의 창녀들말고도 '즐거운 삶을 사는 여자들'(filles de jolie vie)을 살 수 있었다. 그들은 고객과 함께 숲에서 일을 치렀으며 반값 만 주면 되었다. A. Terroine, "Le roi des ribauds de l'Hôtel du roi et les prostituées parisiennes," *Revue historique de droit français et étranger*, 1978, p. 262f. 참조. 전체적으로 볼 때 그 후부터는, 명백한 공황기를 제외하면, 서유럽에서의 창녀 가격은 비교적 일정한 가격을 유지했던 것으로 보인다. 예컨대 1560년경 세비야나 발렌시아에서 유곽 방문은 고급 수공업자 하루 수입의 약 5분의 1에 해당되었다. J. Solé, *Liebe in der westlichen Kultur*, Frankfurt/M., 1979, p. 211 참조.
J. -P. Bertaud, *Alltagsleben während der Französischen Revolution*, Freiburg, 1989, p. 37에 따르면 18세기 후반에 파리에서 가장 싼 창녀는 1 에서 2수(Sou: 프랑스의 통화 단위―옮긴이)였으며 A. Rosa, *Citoyennes: Les femmes et la Révolution Française*, Paris, 1988, p. 37에 따르면 6 수면 창녀를 살 수 있었다고 한다. 반면 단순 노동자는 하루에 8수에서 1리 브르를 벌었다. J. -P. Bertaud, 앞의 책, p. 221에 따르면 '보통 창녀'는 3 수에서 3리브르 사이였으며 가장 비싼 창녀는 18리브르까지 했다. R. Darnton, *Literaten im Untergrund*, München, 1985, p. 122에 의하면 숙련된 목수는 하루에 2, 3리브르를 벌었다.

12) J. Rossiaud, "Prostitution, jeunesse et société dans les villes du sud-est au XV siècle," *Annales*, 1976, p. 304, 306f. 참조. 때때로 여자들이 그런 욕탕 유곽을 찾는 경우도 있었는데 그 이유는 그곳에서 애인을 만나는 것 외

에 다른 목적도 있었다. 예컨대 15세기 중반 디종의 일반 여자 시민은 '마사지'를 받기 위하여 규칙적으로 '생 필리베르 욕탕'을 방문했다. 이런 욕탕에서는 저명한 포주인 세냥(Jeanne Saignant)이 유곽영업을 했는데(J. Rossiaud〔1989〕, 앞의 책, p. 38) 아마도 손으로 손님들을 만족시켜주었던 것 같다.

13) N. Elias(1988), 앞의 책, p. 38. 본인의 강조임. 엘리아스는 심지어 이 그림에서 "보덴 호숫가에 있는 작은 미네랄 욕탕에 모여 즐기는 모습"을 볼 수 있을 거라고 주장하는 A. Martin, *Deutsches Badewesen in vergangenen Tagen*, Jena, 1906, p. 250의 진술도 증거로 내세울 수 있을 것이다.

14) N. Elias(1939), 앞의 책, Bd. I, p. 295.

15) 같은 책, p. 296.

16) C. Wittmer, 앞의 책, p. 93, 111 참조. 1466년에는 성 엘리자베스 성문 앞에 있는 욕탕이 언급되고 있다.

17) D. Dufour, *Geschichte der Prostitution*, Berlin, 1899, p. 134f. 참조.

18) D. Staerk, "Gutleuthäuser und Kotten im Südwestdeutschen Raum," *Die Stadt in der europäischen Geschichte*, ed. W. Besch et al., Bonn, 1972, p. 551 참조.

19) C. Andersson, "Jungfrau, Dirne, Fortuna: Das Bild der Frau in den Zeichnungen von Urs Graf," *Kritische Berichte*, 1988, p. 31 참조. 1480년경 제작된 숀가우어(Martin Schongauer, 1445/50~1491: 독일의 미술가로 15세기의 가장 뛰어난 판화가 중 한 사람으로 평가된다―옮긴이)의 동판화에는 다섯 명의 어리석은 처녀 중 첫번째 처녀가 왼손에 든 등불로 아래를 비추고 있으며 오른손의 엄지와 집게손가락을 교차시키고 있다. M. Bernhard, *Martin Schongauer und sein Kreis*, München, 1980, p. 109 참조.

20) H. P. Duerr, *Der Mythos vom Zivilisationsprozeß*, Bd. I: Nacktheit und Scham, Frankfurt/M., 1988, p. 34ff. 참조.

21) *Roman de la Rose*, 14328ff.

22) '무상함의 정원'은 아주 일찍부터 사랑, 성, 관능, 아름다움의 무상함을 표현했다. 그리고 무엇보다 여성이 저지르는 간통을 몹시 비난했다. P. F. Watson, *The Garden of Love in Tuscan Art of the Early Renaissance*, Philadelphia, 1979, p. 54ff. 참조.

23) D. Walz, "Falkenjagd-Falkensymbolik," *Codex Manesse*, ed. E. Mittler/W. Werner, Frankfurt/M., 1988, p. 354; P. Wapnewske, *Waz*

ist minne, München, 1979, p. 24ff. 참조.

24) H. Aurenhammer, *Lexikon der christlichen Ikonographie*, Bd. I, Wien, 1959, p. 60ff; J. Seibert, *Lexikon christlicher Kunst*, Freiburg, 1982, p. 16, 149; J. C. J. Metford, *Dictionary of Christian Lore and Legend*, London, 1983, p. 30; L. Wehrhahn-Strauch, "Affe," *Lexikon der Christlichen Ikonographie*, Bd. I, ed. E. Kirschbaum, *Rom*, 1968, p. 78f.; R. Schenda/S. Schenda, "Affe," *Enzyklopädie des Märchens*, Bd. I, ed. K. Ranke, Berlin, 1975, p. 138f. 참조. G. Göbel/D. Hüppner, "Der Affe in Erz hlungen der V lker," *Hessische Blätter für Volks- und Kulturforschung*, 1985, p. 88f. 참조. 고대 이집트에서 이미 원숭이는 특히 여성적 성의 상징이었다. 몇 개의 음란한 그래피트(고적의 기둥, 벽을 긁어서 그려 넣은 그림―옮긴이) 위에는 성교를 하는 여자 파트너들이 원숭이의 표정을 하고 있다. 그리고 무덤에는 무덤 주인의 아내가 앉아 있는 의자의 그림 밑에 작은 원숭이가 그려져 있었다. L. Manniche, *Sexual Life in Ancient Egypt*, London, 1987, p. 43f. 참조. 바바는―그 이름은 독일어 '비비(원숭이의 일종)'에서 유래한 것이다―남성적 정력의 신이다. E. Brunner-Traut, "Affe," *Lexikon der Ägyptologie*, Bd. I, ed. W. Helck/E. Otto, Wiesbaden, 1975, p. 85 참조. 마야에서는 원숭이가 난교와 간통을 의미한다. 우악삭툰(현재의 과테말라 중북부에 위치한 고대 마야 제국의 도시―옮긴이)산의 단지 조각 위에는 벌거벗은 달의 여신의 가슴을 만지고 있는 원숭이가 그려져 있다. M. Romain, "Die Mondgöttin der Maya und ihre Darstellung in der Figurinen-Kunst," *Baessler-Archiv*, 1988, p. 293f.

25) H. W. Janson, *Apes and Ape Lore in the Middle Ages and the Renaissance*, London, 1952, p. 262, 278; E. Radtke, *Typologie des sexuell-erotischen Vokabulars des heutigen Italienisch*, Tübingen, 1979, p. 242; p. Battaglia, *Grande dizionario della lingua italiana*, Bd. II, Turin, 1962, p. 191 참조.

26) A. de Vries, *Dictionary of Symbols and Imagery*, Amsterdam, 1974, p. 17 참조.

27) 조금 드문 경우이긴 하지만 밧줄에 묶인 원숭이는 여자를 상징하는 게 아니라 사랑에 홀린 남자 연인을 상징하기도 한다. 밧줄에 묶여 있던 카이저스베르크의 호색한의 표현처럼 "그 후로 남자 정부들은 마치 끈에 묶인 것처럼 사악한 정욕에 끌려 다녔다"(H. -J. Zimmermann, "Der alte Affe zu

Heidelberg," *Der Heidelberger Brückenaffe*, ed. W. Weber, Heidelberg, 1979, p. 65). M. Stodstad/J. Stannard, *Gardens of the Middle Ages*, Lawrence, 1983, p. 218; P. J. J. van Thiel, "Marriage Symbolism in a Musical Party," *Simiolus*, 1968, p. 98 참조.

28) H. W. Janson, 앞의 책, p. 264f. 참조. 인류를 유혹하는 악마도 때때로 원숭이의 모습으로 마녀의 무도회장에 나타난다. P. Dinzelbacher, "Die Realität des Teufels im Mittelalter," *Der Hexenhammer*, ed. P. Segl, Köln, 1988, p. 158 참조.

29) T. Murner, *Narrenbeschwörung*, ed. M. Spanier, Halle, 1894, 14[d 7bff.]. 여기에 관해서는 W. Hoenninger, "Der Brückenaffe von Heidelberg," *Kurpfälzer Jahrbuch*, 1929, p. 50; R. W. Scribner, *For the Sake of Simple Folk*, Cambridge, 1981, p. 41f. 참조.

30) 브란트(Sebastian Brant, 1458(?)~1521: 독일의 풍자시인―옮긴이)의 『바보들의 배』(*Narrenschiff*, 1494: 15세기 독일 문학작품 가운데 가장 유명한 우화로서 바보들을 가득 실은 배가 '바보들의 낙원'인 나라고니아를 향해 바보들의 조종으로 항해한다는 내용이다―옮긴이)의 '폰 부올렘'(Von buolem)이란 장의 목판 위에는 '비너스 여신'의 발 밑에 원숭이가 앉아 있다. p. Brant, *Das nüv schiff vō Narragonia*, Basel, 1494, CIV. 참조.

31) 그림의 남자가 한 말을 적은 글띠에는 이렇게 적혀 있다. "나는 네 곁에 머무르고 싶어. 물론 둘 다 원하지는 않아. 하지만 내 물건이 제대로 발기하지 않는걸." 여자가 한 말을 적은 글띠에는 이렇게 적혀 있다. "우리와 함께 욕탕으로 가자. 좋은 것을 보여줄게. 그러면 네 물건이 꼿꼿이 서서 여기 머무르고 싶어할 거야." M. Lehrs, *Geschichte und kritischer Katalog des deutschen, niederländischen und französischen Kupferstichs im 15. Jahrhundert*, Bd. IV, Wien, 1921, p. 150 참조. 그보다 먼저 만들어진 판에는 이런 동일한 장면의 배경에 포주가 함께 있는 것으로 묘사되고 있다. W. v. Bode/W. F. Volbach, "Mittelrheinische Ton- und Steinmodel aus der ersten Hälfte des 15. Jahrhunderts," *Jahrbuch der königlich preußischen Kunstsammlungen*, 1918, Tf. VII, 12 참조.

32) L. Landucci, *Ein florentinisches Tagebuch 1450~1516*, Bd. II, ed. M. Herzfeld, Düsseldorf, 1978, p. 138.

33) W. Salmen, *Der Spielmann im Mittelalter*, Innsbruchk, 1983, p. 33, 35, 75 참조.

34) P. Browe, "Die kirchliche Stellung der Schauspieler im Mittelalter,"

Archiv für Kulturgeschichte, 1928, p. 249 참조.

35) 같은 책, p. 253; T. Hampe, *Die fahrenden Leute in der deutschen Vergangenheit*, Leipzig, 1902, p. 22.

36) *Schwabenspiegel*(중세의 궁정법이나 시법에 속하지 않는 보통법, 또는 국법), ed. F. L. A. v. Laßberg, 1840, 15. 방랑 악사의 사회적 위상이 중세 말경에 나아졌다고는 해도(E. Schubert, "Soziale Randgruppen und Bevölkerungentwicklung im Mittelalter," *Saeculum*, 1988, p. 119) 평판은 여전히 좋지 않았다. 그래서 쾰른의 금세공업자들은 뤼벡의 금세공업자들처럼 '적출자'이며, "전에 악사나 방랑 악사가 아니었던" 사람만을 도제로 받아들였다(E. Maschke, "Die Unterschichten der mittelalterlichen Städte Deutschlands," *Gesellschaftliche Unterschichten in den südwestdeutschen Städten*, ed. E. Maschke/J. Sydow, Stuttgart, 1967, p. 14 참조). 그리고 17세기 오스터로데(Osterode) 길드의 조례에는 이렇게 규정되어 있다. "방앗간 주인, 목욕업자, 아마 직조공, 농장 관리인, 악사의 딸이나 아들은 길드에 들어올 수 없다." H. Wendt, *Geschichte des Welfenfürstentums Grubenhagen, des Amtes und der Stadt Osterode*, ed. J. Leuschner, Hildesheim, 1988, p. 336 참조.

37) 이런 견해에 따르면 사람들은 마임을 하는 사람이나 익살꾼이 감정이나 분위기를 표현했다는 것, 또는 방랑 악사가 그들 자신의 감정이 아닌 다른 감정을 표출해냈다는 것에 대한 이해가 전혀 없었던 것으로 보인다. 이것은 오늘날 유럽 변방 지역의 늙은 농부에게서 아직도 발견할 수 있는 그런 생각이다. A. Kalckhoff, "Was der Wieservater vom Fernsehen hält oder Die Ohnmacht des Lampengeistes," *Der gläserne Zaun*, ed. R. Gehlen/B. Wolf, Frankfurt/M., 1983, p. 284f. 참조. 『작센 규범서』(*Sachsenspiegel*)에 따르면 법정 싸움에서 다른 사람을 대신해서 싸웠던 그런 사람은 살인 배상금(중세에 피해자 친족에게 지불하는 배상금—옮긴이)을 요구할 수 없었다. 18세기에 여배우들이 '창녀 같다'고 한 것은 무엇보다 그들이 그들 자신의 감정을 표현하지 않았기 때문이다. K. Laermann, "Die riskante Person in der moralischen Anstalt," *Die Schauspielerin*, ed. R. Möhrmann, Frankfurt/M., 1989, p. 147f. 참조.

38) O. Beneke, *Von unehrlichen Leuten*, Berlin, 1889, p. 27f.; W. Hartung, *Die Spielleute*, Wiesbaden, 1982, p. 66ff. 참조. 러시아의 정통파 교회 역시 비잔틴 전통에 따라 방랑 악사들을 '악마적 배우'라고 강하게 거부했다. 1509년의 법령에 따르면 그들은 어떤 집에도 들어갈 수 없었다.

레겐스부르크(1512)와 아우크스부르크(1517)의 성무원(1721~1917년의 러시아 정교의 최고 지도기관—옮긴이) 규정에는 이들은 성찬식에서 제외해야 한다고 규정되어 있다. 많은 지역에서 사람들은 방랑 악사들에게 공식 창녀들에게 하듯 특정한 색의 천조각과 끈을 꿰매어 달고 다니게 했다. W. Salmen, *Musikleben im 16. Jahrhundert*, Leipzig, 1976, p. 13 참조.

39) 그 예로서 Worms 1220, Boulogne 1288, Bremen, 1292, Paris, Montpellier 1321; W. Salmen, *Der Spielmann im Mittelalter*, Innsbruck, 1983, p. 47f., 53 참조. 많은 지역에서 여관주인들은 방랑 악사들을 숙박시킬 의무가 없었다.

40) E. Schubert, *Arme Leute, Bettler und Gauner im Franken des 18. Jahrhunderts*, Neustadt a. d. Aisch, 1983, p. 237 참조.

41) J. Schultz, *Wandlungen der Seele im Hochmittelalter*, Bd. II, Breslau, 1940, p. 3 참조.

42) W. Salmen(1976), 앞의 책, p. 35 참조.

43) 그 예로는 R. Fossier, "Europe's Second Wind," *The Cambridge Illustrated History of the Middle Ages*, Bd. III, ed. R. Fossier, Cambridge, 1986, p. 450.

44) A. Schultz, *Das höfische Leben zur Zeit der Minnesinger*, Bd. I, Leipzig, 1889, p. 578에서 재인용. R. p. Loomis, "The Allegorical Siege in the Art of the Middle Ages," *American Journal of Archaeology*, 1919, p. 255 참조. 그런 식으로 미네 성을 공략하는 것이 르네상스 시기에도 있었다. 예컨대 1512년 초 하인리히 8세의 정원에서는 여섯 명의 여자를 미네 성에 넣어 놓고 젊은 왕과 다섯 명의 귀족에 대항해 성을 지키게 했다. 결국 성은 몰락해 여자들은 항복하고 승리자들과 함께 춤을 추었다. B. J. Harris, "Power, Profit, and Passion: Mary Tudor, Charles Brandon, and the Arranged Marriage in Early Tudor England," *Feminist Studies*, 1989, p. 67 참조. 그 모티프는 조형 미술에서도 발견된다. 14세기 중반 레운(Kärntner Stiftes Reun)이 조각한 상아로 된 거울 케이스에는 여러 명의 기사가 성을 공격하고 여자들이 장미를 던짐으로써 성을 방어하고 있는 장면이 묘사되어 있다. D. D. R. Owen, *Noble Lovers*, London, 1975, p. 74; T. Husband, *The Wild Man*, New York, 1980, p. 71f.; R. Koechlin, *Les ivoires gothiques français*, Paris, 1968, Pl. CLXXVf.; L. F. Sandler, *Goethe Manuscripts 1285~1385*, Oxford, 1986, 그림 280; F. Baekeland, "Two Kinds of Symbolism in a Gothic

Ivory Casket," *Psychoanalytic Study of Society*, 1975, p. 22, 35f. 참조.

45) P. Schultz, *Die erotischen Motive in den deutschen Dichtungen des 12. und 13. Jahrhunderts*, Greifswald, 1907, p. 61에서 재인용. "그는 내 작은 성을 함락시켰다/빳빳이 선 뿔로." 1230년경 쓰어진 『카르미나 부라나』(*carmina burana*: 13세기 세속적 시집의 필사본으로 노래들[이 노래들을 가리켜 특히 '카르미나 부라나'라고 함]과 6개의 종교극이 실려 있다. 이 필사본의 내용은 10~13세기의 서유럽에서 환락을 찬양하는 노래와 시들을 지어 유명했던, 학생 방랑 시인들이 쓴 것으로 보인다—옮긴이)에서는 처녀막을 상실한 여자가 이렇게 한탄하고 있다(R. Clemencic/M. Korth/U. Müller, *Carmina Burana*, München, 1979, p. 124 참조). 노이슈타트(Heinrich von Neustadt)는(*Apollonius* 15265ff.) 그와는 반대로 미네 성이 아니라 미네 숙소라고 말하고 있다. "허리띠 위로는 가슴을 볼 수 있고 허리띠 아래로는 미네 숙소가 있는 그곳을 볼 수 있다."

46) K. Renger, *Lockere Gesellschaft*, Berlin, 1970, p. 32 참조. 더 자세한 것은 J. P. Filedt Kok, *Vom Leben im späten Mittelalter*, Amsterdam, 1985, p. 218과 M. Jonas, "Idealisierung und Dämonisierung als Mittel der Repression," *Der Widerspenstigen Zähmung*, ed. p. Wallinger/M. Jonas, Innsbruck, 1986, p. 77 참조. '새장'과 '새집'은 오늘날도 유곽과 질을 표현하는 말로, '새집을 핥다'는 '성교하다'라는 말로 자주 사용되는 표현이다. E. Borneman, *Sex im Volksmund*, Herrsching, 1984, 1.66, 35.18. 네덜란드어로는 'kooien', 즉 '새집에 갇히다'라는 단어가 이런 의미를 지닌다. M. Grundler, "Der Vogel im Käfig—ein Sinnbild," *Volkskunst*, 1989. 11. p. 28 참조.

47) 부르케(Peter Burke)는 나에게 1635년에 쓰어진 어느 편지를 가르쳐주었다. 그 편지는 홀아비인 바를레우스(Caspar Barlaeus)가 자고를 선물한 친구에게 감사하는 내용이다. "그 새는 바로 홀아비인 내게로 날아왔소. 비너스의 상징인 아주 음탕한 새가 내게로 달려들었다는 것이 내게는 모든 면에서 아주 낯설구려. 그 새를 바라보니 갑자기 내가 홀아비로서 항상 그리워했던 애무가 생각나는구려. 먹고 싶은 것을 아무것도 가지지 못한 굶주린 사람에게 한 조각 햄을 가져다주는 것과 같지 않겠소?"(E. de Hongh, 1969, p. 29에서 재인용).

공식 창녀를 지칭하는 고대 영어 단어는 'quail'(메추라기)이었다. H. Koštials/J. Koštials, "Englisches erotisches und skatologisches

580

Idiotikon," *Anthropophyteia*, 1909, p. 21; E. Partridge, *Shakespeare's Bawdy*, London, 1968, p. 170 참조. 여러 지역에서 '새'는 여성의 성기를 의미한다. 그래서 예컨대 미국 스트리퍼들의 속어로 외음부는 '새'로, 남성 관객들은 이에 상응하게 '새를 관찰하는 사람'(birdwatchers)으로 불린다. J. K. Skipper/C. H. McCaghy, "Stripteasing: A Sex-Oriented Occupation," *Studies in the Sociology of Sex*, ed. J. M. Henslin, New York, 1971, p. 284 참조. '새의 둥지'는 성기 부위, 특히 여성의 치모를 지칭하는 고대 영어의 표현이다. '성교하다'라는 뜻의 'vögeln'이란 단어는──고대 독일어로 fogalôn, 중세 독일어로 vogelen── '새를 잡는다'에서 유래한 것이 아니라 '새처럼 행동한다'에서 유래한 것으로 보인다. J. Grimm/W. Grimm, *Deutsches Wörterbuch*, Leipzig, 1951, XXVI, p. 432; M. Lexer, *Mittelhochdeutsches Handwörterbuch*, Leipzig, 1978, III, p. 425.

48) W. Harms, *Deutsche illustrierte Flugblätter des 16. und 17. Jahrhunderts*, Bd. I, Tübingen, 1985, p. 216 참조. "나이팅게일을 유혹해내서 노래하게 하는 것"은 "여자를 오르가슴에 이르게 하다"라는 옛 표현이다. M. Grundler, 앞의 책, p. 32 참조.

49) N. Elias, *Der Mythos vom Zivilisationsprozeß*, Bd. I, Frankfurt/M., 1988, p. 38.

50) 예를 들어 위츠(E. Uitz)는 "Zur Darstellung der Stadtbürgerin, ihrer Rolle in Ehe, Familie und Öffentlichkeit in der Chronistik und in den Rechtsquellen der spätmittelalterlichen deutschen Stadt," *Jahrbuch für Geschichte des Feudalismus*, 1983, p. 142에서 많은 문화사가들이 공식 창녀의 혹독한 생활 현실을 무시하면서 중세 후기 유곽을 '낭만화'시키고 있는 것에 관해 올바르게 언급하고 있다. 디종의 창녀들을 너무 낭만화시킨 것에 관해서는 로시오(J. Rossiaud)조차도(1982), 앞의 책, p. 69f.; (1989), 앞의 책에서 비난하고 있는 것으로 보인다. 그는 특징적이게도 자신의 연구 대상시기였던 15세기에 '천한 여자들'이 포르텔 뒤 부르(Portelle du Bourg)에서 디종의 도시 성곽 밖에 사창가 건물로 세워진 두 채의 건물로 추방되었다는 사실을 언급하지 않고 있다. B. Geremek, *Les marginaux parisiens XIV et XV siècles*, Paris, 1976, p. 262 참조. 로시오의 저서에 대한 내 비평은 『프랑크푸르트 알게마이네』 1989년 7월 10일자 참조. 그 시기에 리종에서도 공식 창녀들은 '공공의 정숙한'(publiques et honnestes) 거리에서 쫓겨났다. N. Gonthier, "Délinquantes ou victimes: les

femmes dans la sociétélzonnaise du XV siècle," *Revue Historique*, 1984, p. 36 참조.

51) 당시 사람들은 이것을 중세의 발전을 위해 인정했을 것이다. 그러나 16세기에 시작된 '문명의 밀어내기'(Zivilisationsschub)가 사창가에 종말을 가져왔다는 것이 거의 반박의 여지가 없다는 주장에 대해서는 이의를 제기해야겠다. 종교개혁이 여러 지역에서 매춘에 대해 혹독한 조치를 취한 후 그런 경향은 곧 잠잠해졌다. 17세기와 18세기 유럽의 광범위한 지역에서 공식 창녀들이 범행을 저질렀다는 것이 증명되지 않는 한, 그들은 계속 허용되었으며(O. H. Hufton, *The Poor of Eighteenth-Century France*, Oxford, 1974, p. 307), 심지어 공식적으로 허용되기도 했다는 것을 잊어서는 안 된다. 그래서 네덜란드에서 16세기 말경 칼뱅파의 개혁은 사창가를 더 이상 허가해주진 않았지만 잠시 후 유곽은 새로 문을 열었으며 도시 관료들의 감시를 받았다. A. Moolenaar, "Prostitution in den Niederlanden," *Kriminalsoziologische Bibilografie*, 1983, p. 45; C. Brown, *Holländische Genremalerei im 17. Jahrhundert*, München, 1984, p. 182 참조. 사창가 골목이나 사형집행인 골목에 위치한 베른의 유곽은 1534년 종교개혁에 의해 문을 닫았지만 40년 후 다시 문을 열었다(B. Weber, *Historisch-topographisches Lexikon der Stadt Bern*, Bern, 1976, p. 84; P. Hofer, *Die Kunstdenkmäler des Kantons Bern*, Bd. I, Basel, 1952, p. 251). 반면 취리히에서는 종교개혁으로 인해 두 개의 사창가가 노이마르크트(오늘날의 코어 가)의 파수꾼에게 위임되었다. K. Kilchenmann, *Die Organisation des züricherischen Ehegerichts zur Zeit Zwinglis*, Zürich, 1946, p. 39 참조.

독일 란츠후트에서는 1601년 개혁의 물결에도 끝까지 버텼던 마지막 사창가 중 하나가 문을 닫았다(J. Kirmeier, *Die Juden und andere Randgruppen*, Landshut, 1988, p. 182). 그러나 중세에서처럼 그렇게 급격히 비밀리에 사라지지 않았던 개인 유곽은 얼마간 더 버텼다. 예컨대 런던에서 매춘이 공식적으로 금지된 이후에도 매춘은 도시의 많은 구역에서 번성했다. 그들은 전혀 벌을 받지 않거나 아니면 비교적 약한 벌을 받았던 것 같다. 그래서 스터브스(Philip Stubbes)는 1583년에 출간된 『욕설의 해부』(*Anatomie of Abuse*)에서 창녀들에게 가해지는 벌이 그렇게 우스운 정도라면 도시가 창녀들로 북적대는 것은 전혀 놀랄 만한 일이 아니라고 확인해주었다. "밑에는 그들이 평상시 입고 다니던 옷을 입은 채 그 위에 흰 시트를 걸치거나 망토 모양의 긴 외투를 입고(우스꽝스러운 벌이다), 2, 3일간 사람들 앞에서 나다니는 것, 그것도 하루에 한 시간 또는 두 시간도 되지 않을 때가 있는데 그것이 뭐가 대단한 일이란 말인가"(M. Vale, *The Gentliman's Recreations*, Cambridge, 1977, p. 146에서 재인용). 물론 그런 치욕스런 벌이 심한 굴욕감을 주었다는 것을 과소평가해서는 안 된다. 그래서 1563년 베른에서 벌어졌던 창녀 추방의 증인인 체엔더(Samuel Zehender)는 이렇게 보고하고 있다. "그때 사람들은 창녀 네 명을 두 명씩 묶어 감옥의 탑에서부터 감옥을 통과해 성문 위쪽으로 채찍질을 하며 몰아갔다. 그들 중 한 명이 심하게 울고 힘들어하자 다른 여자가 그녀를 위로하면서 말했다. '어떻게 하려고 그러니? 성문까지는 얼마 남지 않았어. 기운을 내.' 그 때문에 그 여자는 더 많은 채찍질을 당했다"(P. Sommer, *Schrichter von Bern*, Bern, 1969, p. 97에서 재인용).

1646년 어느 평등주의자의 아내인 오버턴(Mary Overton)이 교도소, 즉 "창녀집 주인이나 매춘부들의 천한 집합소이며 소굴"(that common shore & sinke of Bauds & Whores)로 끌려간 후에 분노한 그녀의 남편이 이렇게 적고 있다. 사람들이 "그녀의 명성을 영원히 망치는" 일을 했다. "그녀는 나가야 할 필요가 있을 경우에도 모욕과 비웃음, 조롱, 쉿 소리, 손가락질을 받지 않고는, 그리고 '저기 교도소로 끌려갔던 매춘부가 간다'라는 말이나 그 비슷한 말을 듣지 않고는 거리를 나다닐 수 없다"(M. George, *Women in the First Capitalist Society*, Urbana, 1988, p. 63에서 재인용).

17세기 파리 역시 다시 행정 당국이 허용한 유곽으로 넘쳐났다. 그래서 팔츠의 리젤로테는 이렇게 쓸 수 있었다. "같이 갑시다. 같이요. 무질서한 사건들이 난무하는 파리에는 많은 유곽들이 있답니다"(Elisabeth Charlotte v. Orléans, *Briefe*, ed. W. L. Holland, Bd. II, 1871, p. 604). 많은 도시의 행정 당국은 도시의 사창가를 없앤 것을 후회했으며(G. L. Maurer, *Geschichte der Städteverfassung in Deutschland*, Bd. III, 1870, p. 115f.), 사창가를 다시 허용하는 조처를 자의반 타의반으로 실시했다. 예컨대 뇌르틀링(Nördling)의 사창가는 이미 1536년에 공식적으로 해체되었는데 31년이 지난 후에는 이렇게 적혀 있다. "거지두목 슈토펠 플라이시만은 천한 여자들을 쫓아버리는 일을 맡고 있었음에도 불구하고 천한 여자들, 특히 나중에 히버린이라 불렸던 여자와 음란한 행위를 했다. 그래서 그는 체포되었다가 다시 풀려났다. 그리고 사람들이 다시 그를 부를 때까지 그 도시에서 추방되었다"(A. Felber, *Unzucht und Kindsmord in der Rechtsprechung der freien Reichsstadt Nördlingen vom 15. bis 19. Jahrhundert*, Bonn, 1961, p. 55).

1577년, 즉 뉘른베르크의 사창가가 없어진 지 15년 후에 거기서 영업했던 창녀 중 다섯 명이 매춘 활동을 계속했다고 해서 '화형당했다'. U. Koenigs-Erffa, "Das Tagebuch des Sebald Welser aus dem Jahre, 1577," *Mitteilungen des Vereins für Geschichte der Stadt Nürnberg*, 1955, p. 278 참조. '떠돌이' 창녀들의 체류 규정은 17세기의 엄격한 과도기를 거친 후 다시 중세 후기의 규정과 같아졌다. 예컨대 1572년경 베른에 도입된 규정에는, 일반적으로 아주 엄격하게 지켜진 것으로 보이지는 않지만, 이렇게 적혀 있다. "비밀리에 돌아다니며 영업하는 창녀들은 구걸하는 이방인들처럼 잡아서 감금시켜야 한다. 그리고 서약을 받은 후에 그들이 태어나고 자란, 아니면 살림집을 가지고 있는 그 도시에서 추방시켜야 한다"(H. Rennefahrt, *Die Rechtquellen des Kantons Bern*, Bd. X, Aarau, 1968, p. 420f.). 1627년 에스타바예(Estavayer)의 도시법에는 이렇게 적혀있다. "마찬가지로 어떤 주민이나 다른 사람들도 떠돌이 창녀나 공식 창녀를 그런 유사한 곳에서 하루 낮 하루 밤보다 더 재워주거나 보살펴서는 안 된다"(B. de Vevey, *Les sources du droit du canton de Fribourg*, Bd. II, Aarau, 1932, p. 234). 그뤼에르 시의 '술집과 여관에 관한 규정'은 7년 후 훨씬 엄격해졌다. "방탕한 여자들이나 공식 창녀들을 숙박시키거나 구해주어서는 안 될 것이다. 단지 그들에게 먹고 마실 것만 줄 수 있다"(B. de Vevey 〔1938〕, 앞의 책, p. 167).

52) R. Plötz, "Deutsche Pilger nach Santiago de Compostela bis zur Neuzeit," *Deutsche Jacobspilger und ihre Berichte*, ed. K. Herbers, Tübingen, 1988, p. 16에서 재인용.

53) L. L. Otis, *Prostitution in Medieval Society*, Chicago, 1985, p. 17. 런던, 옥스퍼드, 케임브리지와 같은 영국 도시에서도 상황은 비슷했다. J. Bellamy, *Crime and Public Order in England in the Later Middle Ages*, London, 1973, p. 156 참조.

54) B. Geremek, 앞의 책, p. 240, 262 참조. 기타 자료에 따르면 14세기 프랑스의 행정 당국은 뚜쟁이와 포주에 대해 창녀보다 더 엄격하게 다루었다는 인상이 든다. A. Porteau-Bitker, "Criminalité et délinquance féminines dans le droit pénal des XIII siècles," *Revue historique de droit français et étranger*, 1980, p. 39 참조.
루트비히 9세는 1254년에 이미 모든 창녀를 '들판이나 도시로부터' 몰아내려 했다. 그리고 그들이 저항할 경우를 대비해 그들의 모든 재산을, '겉옷과 속옷까지도' 빼앗으라고 지시했다. 2년 후 새로운 명령이 내려졌지만 '미친 여자들'을 집단 거주시키는 데 만족해야 했다. "천한 여자들과 유랑하는 여자들은 그와 같이 모든 성곽과 도시 외곽에 머물러야 한다. 특히 사람들이 많이 다니는 시내의 거리와 멀어야 하며, 도시 성곽과 교회, 묘지 같은 성스런 장소에서도 멀리 떨어진 곳에 거주해야 한다. 적합하지 않은 장소에서 유곽을 운영하거나 자기 집에 창녀 한 명이라도 데리고 있는 자는 우리가 지정하는 사람들에게 그 집의 일년치 세금을 지불해야 한다"(C. Lombroso/G. Ferrero, *Das Weib als Verbrecherin und Prostituirte*, Hamburg, 1894, p. 208f.). J. Le Goff, "L'apogée de la France urbaine médiévale 1150~1330," *Histoire de la France urbaine*, Bd. II, ed. G. Duby, Paris, 1980, p. 353 참조.

55) E. Pavan, "Police des mœurs, société et politique à Venise à la fin du Moyen Age," *Revue historique*, 1980, p. 243 참조. 이미 1233년『국가로부터 추방되어야 할 사람들에 관하여』(*de indivinatoribus expellendis de civitate*)란 규약을 통해 공식 창녀들은 볼로냐나 파르마와 같은 도시 밖으로 평생 추방되었다. A. Vauchez, "Une campagne de pacification en Lombardie autour de 1233," *Mélanges d'archéologie et d'histoire*, 1966, p. 533f. 참조.

56) J. Rossiaud, *Dame Venus*, München, 1989, p. 64 참조. 그러나 곧 도시 전체가 창녀들로 가득 찼다는 비난의 소리가 높아졌다. 같은 책, p. 198 참조. 많은 도시들은 잠정적으로 도시 외곽에 사창가를 유지시켰다. 그래서 1307년 부르크하우스의 도시 규정과 1321년 노이외팅거의 도시 규정에는 원형 성곽 내에서의 모든 매춘을 금지한다고 되어 있다. J. Kirmeier, 앞의 책, p. 172.

57) 바젤에서는 1293년에 이미 에시(Burchard von Esch)라는 이름의 포주가 언급된 적이 있다. 그러나 그 사창가를 시당국이 허용해준 것인지, 아니면 단지 눈감아준 것인지는 밝혀지지 않은 것으로 보인다. 반쯤 공인된 과도기 형태는 확실히 14세기에 존재했다. 그래서 1384년과 1409년 바젤의 시의회 규정은 이렇게 되어 있다. "떠돌이 아가씨와 부인들을 데리고 있는 모든 집 주인 여자들은 그들이 누구이든 간에 그들로부터 어떠한 경우에도 3페니히 이상 받아서는 안 된다." 물론 시내에 그런 시설은 허용되지 않은 것으로 보인다. 명백히 시의회는 그들로 인해 일어나는 아주 많은 문제들로 골치를 앓게 되었다. 왜냐하면 1388년 시의회는 이렇게 규정하고 있기 때문이다. "엘신은 치욕적인 삶을 살기 위해 창녀들과 함께 더 이상 오스왈드 교회 밑에 있는 그녀의 집에 머물러서는 안 된다." 그 후에 곧 예쁜 여자들이 있는 몇

채의 집이 포주, 무엇보다 리(Lys)와 말렌츠 가에 있는 포주에게 팔리거나 임대되었다. D. A. Fechter, 앞의 책, p. 115f.; J. Schnell, *Rechtsquellen von Basel*, Bd. I, Basel, 1856, p. 41, 87 참조.

이미 1273년 아우크스부르크에서 언급되고 있는 사창가가 개인 유곽이었는지는 마찬가지로 명확하지 않다. 1300년경 도시 대장에 이렇게 적혀 있는 루체른의 시설도 이에 해당된다. "시의회 역시 타지 사람들은 공식 사창가나 욕탕에서 밤을 보내거나 놀 수 있다는 데 동의했다"(J. E. Kopp, 앞의 책, p. 350).

58) 트레첸토(Trecento: 14세기 이탈리아 예술사상 및 그 양식—옮긴이)에서는 수간의 모든 형태가 금지되었지만 적어도 피렌체에서는 일반적으로 동성애의 강간이 형법상으로 추소(追訴)되지 않은 것으로 보인다. 콰트로첸토 (Quattrocento: 15세기풍 이탈리아 예술 및 그 양식—옮긴이)에서는 모든 소년애, 동성애 그리고 직장성교가 징계를 받았다. p. Cohn, 1980, p. 222 참조. 프랑스에서도 동성애와 직장성교는 어느 정도 만연되어 있었던 것으로 보인다. 어쨌든 제르송(Jean Gerson)은 15세기 초에 이렇게 말하고 있다. "그들이 젊은 나이에 결혼하지 않았다면 그 나이에 무서운 범죄를 저지르지 않는 사람은 거의 없을 것이다. 심지어 결혼했다 하더라도 젊은 사람들은 끔찍한 방탕을 일삼는다. 그것에 관해 이렇게 많이 이야기해야 한다는 것이 부끄러울 지경이다. 왜냐하면 자연에 위배되는 죄는 아주 끔찍하며 하늘까지 악취를 풍길 정도여서 신이 여러 모로 복수를 할 것이다. 우리가 성경에서 알고 있는, 이런 무서운 죄 때문에 몰락했던 다섯 개의 도시처럼"(J.L. Flandrin, "Späte Heirat und Sexualleben," *Schrift und Materie der Geschichte*, ed. C. Honegger, Frankfurt/M., 1977, p. 278에서 재인용).

59) 남자들만 오랜 시간 함께 살아야 하는 곳에서는 대부분 창녀들을 취할 수 있게끔 배려했다. 군대와 함께 이동하는 수많은 수송대 창녀와 주둔군 창녀, 아니면 선박 창녀들(그림 212)을 그 예로 들 수 있을 것이다. 예컨대 로스토크에서 1267년 쇼넨으로 항해하는 배의 갑판에는 40명의 창녀가 있었다고 전해진다. E. Hoffmann, "Lübeck im Hoch- und Spätmittelalter," *Lübeckische Geschichte*, ed. A. Graßmann, Lübeck, 1988, p. 198.

60) V. L. Bullough, "The Prostitute in the Middle Ages," *Studies in Medieval Culture*, 1977, p. 10 참조.

61) 아우구스티누스는 중세에 자주 인용되었던 인용구에서 이렇게 말한다. "창녀, 포주 그리고 인간 말짜들보다 더 비천하고 불안정하며, 더 많은 더러움

212. 한스 홀바인(Hans Holbein, 1497/98~1543)이 그린 반나체의 창녀들을 데리고
항구를 떠나는 세 개의 돛대를 단 배. 1533년경.

과 치욕으로 물든 사람이 있다면 어떤 종류의 인간들일까? 그러나 창녀들을
인류사회에서 제거한다면 당신은 관능의 정욕이 모든 것을 얼마나 큰 혼란으
로 이끌어갈지 알게 될 것이다! 창녀들로 하여금 결혼한 부인이 되도록 강요
한다면 모든 것이 치욕과 더러움으로 물들게 될 것이다. 그들 특유의 행동거
지로 본다면 이런 종류의 인간들이 가장 방종한 생활을 하고 있으며 그들의
직업은 가장 낮은 신분에 속한다. 육체 그 자체를 관찰해본다면 차마 보기가
힘든 육체 부위가 몇 군데 있지 않은가? 그럼에도 자연의 질서는 그것이 없
으면 아쉬워한다. 그것은 가장 중요한 기능을 충족시키기 때문이다. 그러나
그 부위들은 추하기 때문에 정확하게 보이는 것을 허용하지 않는다"
(Augustinus, *De ordine* II, 12). 13세기 아우구스티누스가 썼다고 하는 글
의 행간 주석 역시 자주 인용되었다. "창녀가 사회에 의미하는 바는 바다에
떠 있는 배의 밸러스트(배의 안정을 위해 배 밑바닥에 싣는 모래 등의 바닥
짐—옮긴이) 공간과 같고, 궁전의 하수구와 같다." J. Rossiaud (1989), 앞
의 책, p. 84; M. E. Perry, "'Lost Women' in Early Modern Seville,"
Feminist Studies, 1978, p. 206 참조.

62) 사창가로 갈 수 있는 가능성을 열어놓음으로써 잠재적인 실제 강간의 발생을 억제할 수 있었다. 최근 북부 독일의 한 창녀는 이런 유형에 대해 다음과 같이 생각했다. "많은 남자들에게서 나는 두려움을 느낀다. 어떤 사람이 나에게 이렇게 이야기했기 때문이다. '내가 여기를 지나가지 않았다면 나는 지나가는 여자를 끌고 가 그녀를 강간했을 것이다. 길거리에 여자들은 널려있다. 내가 이곳의 불빛을 보지 못했다면 무슨 일인가 일어났을 것이다'"(H. Westphal, *Die Liebe auf dem Dorf*, Braunschweig, 1988, p. 138).

63) 13세기 시칠리아 섬의 로저(Roger) 왕은 동일한 이유에서 매춘을 필요악으로 여겼지만 창녀들과 창녀로 여겼던 못된 여자아이나 여배우들도 마찬가지로 일반 여자들이 드나드는 도시 거주지역에 사는 것을 금했다. J. A. Brundage, *Law, Sex, and Christian Society in Medieval Europe*, Chicago, 1987, p. 390f. ; Thoman von Aquin: *Summa Theologica* II, 8. 11. III. 참조. 오래 전에 이미 콘스탄틴 대제(1779~1831; 러시아 황제 파벨 1세의 아들—옮긴이)는 콘스탄티노플에서 창녀들이 있는 유곽을 인가해주었을 때 이것을 그 이유로 들었다. J. Irmscher, "Frau, Ehe und Familie in Byzanz," *Jahrbuch für Geschichte des Feudalismus*, 1985, p. 15 참조.

강간의 위험보다 여자와 여자아이들을 유혹할 수 있는 위험이 더 강조되었음에도 불구하고 중세 이후에도 매춘은 대부분 이런 방식으로 정당화되었다. 예컨대 이탈리아를 여행 중이었던 영국인 토마스(Thomas Coryate)는 1608년 이렇게 적고 있다. 베네치아 사람들은 "더 큰 죄악을 피하기 위하여" 약 2만 명이나 되는 고급 창녀를 허용하고 있다. 그들 중 대부분이 "어떤 화살이든 그들의 화살통에 들어올 수 있게 화살통을" 열어놓고 있다. 베네치아 사람들은 이런 배설의 장소가 존재하지 않는다면 그들 아내의 순결이 더욱 공격받게 되고, 그 결과 남편 얼굴에 먹칠을 하게 될 것이라고 생각했다(베네치아 사람들은 어떤 비방보다 그런 비방을 제일 못 견뎌할 것이다)"(T. Coryate, *Beschreibung von Venedig*, 1608, ed. B. Heintz/R. Wunderlich, Heidelberg, 1988, p. 188). C. Hibbert, *Venice*, London, 1988, p. 89 참조. 1724년에 맨더빌(Mandeville, 1670~1733: 덴마크 출신의 영국 풍자가이며 철학자로 『꿀벌의 우화』로 전 유럽에 명성을 떨쳤다—옮긴이)은 그의 책 『공식 유곽에 대한 겸손한 변명』(*Modest Defence of Publick Stews*)에서 이 점에 관해 다시금 생각하게 한다. "몇몇 어리석은 사람들이 하듯이 창녀와 매춘부를 그렇게 가혹하게 추방해야 한다면, 자물쇠와 창살만으로 우리 아내와 딸들의 명예를 지킬 수 있단 말인가?"(K.

Thomas, "The Double Standard," *Journal of the History of Ideas*, 1959, p. 197f.에서 재인용). 그리고 1816년 하노버의 한 시민이 그의 집을 '공식 창녀'에게 대여할 수 있게 해달라고 왕실의 임시 정부연합에 청원했을 때, 전문가의 판정이 내려진 후에야 이 청원이 받아들여졌다. 경찰간부들은 그 집이 접한 도로가 "외진 곳이며 대부분 신분이 낮은 사람들만 살고 있는지"를 확인했다. 다른 한편 도덕적인 비평가들에 대해서는 창녀들이 도시의 '필요악'임을 강조했다. p. Müller, "Die Sittenaufsicht des Hannoverschen Rates über Laien in Spätmittelalter und früher Neuzeit," *Hannoversche Geschichtsbl tter*, 1983, p. 16 참조.

1939년 9월 9일 제국의 내무장관(1919~33년까지 제국 수상이 제안하여 제국 대통령이 임명한 제국 장관—옮긴이)은 무엇보다 "유곽의 재설치와 창녀들을 모두 집결시키라고" 지시했다. 특히 강제의무를 지고 있는 폴란드 여자, 프랑스 여자, 체코 여자, 집시 여자들을 집결시키라고 지시하면서 이런 조처가 군인과 외국인 강제 노역자들이 독일 여자들로부터 거부되었을 경우 국민의 안녕에 기여한다는 점을 지적했다. M. D. Kreuzer, *Prosti-tution*, Stuttgart, 1989, p. 52 참조. 마침내 1981년 말 베를린 연방관리법의 판단에 따라 핍쇼가 여자의 굴욕감을 불러일으키기 때문에 미풍양속에 위배되는 것으로 결정되자, 핍쇼 걸들은 연방 전체에 걸쳐 공개적으로 시위를 벌였다. 무엇보다 이런 시설을 금지하게 되면 그들의 고객들이 다른 방식으로 그 욕구를 만족시키게 될 거라고 항의했다. 같은 책, p. 293f. 참조.

64) 한번은, 예컨대 중세 후기의 크라쿠프에서처럼 시의회가 이런 사창가를 폐쇄시키지 말고 창녀들을 추방하지도 말아야 하는 것이 아닌가 하고 동요했을 때, 대부분의 교회는 이에 반대했다. A. Jelicz(1981), 앞의 책, p. 51 참조. 성 루트비히(Ludwig der Heilige)가 매춘을 금지시키고 난 후 여러 곳에서 가장들이 어려움을 겪었다. 그들은 더 이상 그들의 아내와 딸들을 군인들과 학생들의 공격으로부터 보호하기가 불가능했기 때문이다. W. W. Sanger, *The History of Prostitution*, New York, 1859, p. 96 참조.

65) R. C. Trexler, "La prostitution florentine au XV siècle," *Annales*, 1981, p. 983 참조. 이런 이유에서 15세기 중반부터 베네치아의 변태적인 창녀들에게 점점 더 많은 자유가 허용되었다. P. H. Labalme, "Sodomy and Venetian Justice in the Renaissance," *Tijdschrift voor Rechtsgeschiedenis*, 1984, p. 247f. 참조. 1846년에도 리우데자네이루의 포르투갈 영사는 남색을 줄이기 위해서는 아초렌(대서양의 군도 이름—옮긴이) 섬 여자들을 브라질로 이송해 와야 한다고 말했다. M. dos Santos

Silva, "Die Prostitution in Rio de Janeiro im 19. Jahrhundert," *Weiblichkeit in geschichtlicher Perspektive*, ed. U. A. J. Becher/J. Rüsen, Frankfurt/M., 1988, p. 295f. 참조.

나중에는 매춘과 간통의 다른 유형들은 남색의 '도입'을 통해 막을 수 있다는 주장도 나왔다. 예컨대 1904년 밥(Edwin Bab)은 이렇게 말했다. "남성문화 운동은 젊은이들에게 이렇게 요구한다. 자신에게 맞는 남자와 아주 친밀한 관계를 맺어라. 그리고 일반적으로 제시되는 요구, 즉 여자만 사랑해야한다는 그런 요구는 따르지 않아도 되며, 남성에 대한 사랑의 충동을 억누를필요가 없다. 천한 창녀의 품으로 자신과 가족과 국가를 내던지지 마라. 정숙한 일반 여자들을 쫓아다니지 마라. 어린 청소년기에 과도한 마스터베이션을 통해 아주 귀중한 힘을 다 빼앗기지 말고 국민의 퇴폐에 일조하지 마라"(M. E. P. de Ras, *Körper, Eros und weibliche Kultur*, Pfaffenweiler, 1988, p. 26에서 재인용).

1475년 페라라에서는 남자들이 점점 결혼을 하지 않게 되고 아이를 낳지 않음으로써 많은 처녀들이 시집을 못 가는, 경종을 울릴 만한 상황들이 동성애의 만연뿐 아니라 매춘과도 관련이 있다고 설명하고 있다. 그 설명의 요지는이렇다. 즉 언제든 자기가 원할 때 우유 한 잔을 얻을 수 있다면 누가 암소를 사려 하겠는가? W. L. Gundersheimer, "Eleanora of Aragon and the Court of Ferrara," *Beyond Their Sex*, ed. P. H. Labalme, New York, 1984, p. 59f. 참조.

이미 성 바울은 이런 주장을 한 바 있다. 모든 남자는 여자를 가까이하지 않는 것이 가장 좋은 길이다. 그러나 음행의 위험에 빠질 것 같으면 차라리 한여자를 찾아 결혼하는 것이 더 낫다. "정욕이 불같이 타는 것보다 혼인하는것이 나으니라"(고린도 전서 7장 9절). 결혼이 '정욕의 치료'라는 중세의 결혼관에 맞게(H. -G. Gruber, *Christliches Eheverständnis im 15. Jahrhundert*, Regensburg, 1989, p. 237f.; A. McGrath, *A Controversy Concerning Male Impotence*, Rom, 1988, p. 204 참조) 루터도 매춘을 결혼의 위험한 경쟁자로 생각했다. 루터는 1540년 편지에서 이렇게 쓰고 있다. "우리가 간음을 징벌하지 않고 그냥 내버려두었다면 우리에게 결혼생활의 처방이나 임신이 필요했을까?"(M. Luther, "Brief vom 3. September 1540 an D. Hieronymus Weller," *Tischreden*, Bd. II. 6, Weimar, 1921, p. 273).

66) H. v. Weinsberg, *Das Buch Weinsberg*, Bd. IV, ed. F. Lau, Bonn, 1898, p. 193. 비서구 사회에서도 동일한 이유에서 취해지는 비슷한 관행이

있었다. 여성들의 성적 부담을 덜어주기 위하여, 애드미럴티 군도의 극도로 경건주의적인 마누스족은 적대적인 마을에서 여자들을 훔쳐 매춘을 하도록 강요하는 관습이 있었다. 마누스족 여자들은 이런 (이중적 의미에서) 사랑의 봉사를 생각할 수도 없었다. 그들은 창녀를 증오했다. 교육을 통해 섹스에 대한 모든 기쁨을 박탈당했던 그들과는 반대로 창녀들은 아주 음탕한 여자로 간주되었고, 가끔은 결혼한 남자들의 방문도 받았다. 창녀들의 안전은 자주 위협받았기 때문에 남자들은 이런 이유에서라도 고기를 잡거나 전쟁을 위해 마을을 떠나야 할 때면 그들을 데리고 갔다. M. Mead, "The Sex Life of the Unmarried Adult in Primitive Society," *The Sex Life of the Unmarried Adult*, ed. I. p. Wile, New York, 1934, p. 58f. 참조. 무엇보다도 여행 중인 남자들과 독신 남자들이 외국 여자와 사내아이를 유혹하고 강간하지 않도록 하기 위하여 중세의 몇몇 회교도 법관은 마스터베이션을 허용했다. 그것은 기독교인과 유대인들에게는 절대 허용되지 않았던 것이다. B. F. Musallam, *Sex and Society in Islam*, Cambridge, 1983, p. 33 참조.

67) J. Rossiaud(1976), 앞의 책, p. 308, 324. 언급한 편지에서 루터는 이런 항변에 다음과 같이 '반박'하고 있다. "회답: 신의 은총이라는 선한 처방이 결혼이나 결혼생활에 대한 희망이다." 사창가가 생김으로써 "처녀와 부인들의 능욕과 간음은" 오히려 증가되었다. 이러한 그의 주장은 그에게도 의심스러운 것처럼 보인다. 왜냐하면 결국 그는 편지의 말미에서 이렇게 쓰기 때문이다. "이 세상이 그로 인해 파멸한다 할지라도 우리는 올바른 일을 행해야 한다"(M. Luther, 앞의 책).

4년 전 뇌르틀링에서 종교개혁으로 그곳의 사창가가 폐쇄되었을 때 종교개혁은 "그것을 통해 우려할 만한 죄가 생길 수 있으며 다른 장소에 만연될 수도 있다는 것에 대해서는 고려하지 않고"(A. Felber, 앞의 책, p. 117) 그렇게 했다. 그리고 1562년 뉘른베르크의 사창가가 폐쇄되었을 때 법학자들은 여행하는 외국인들이 "부족한 사창가 때문에 그들의 사악한 쾌락을 충족시키지 못할" 때 일어날 수 있는 그런 문제에 사람들의 주의를 환기시켰다(E. Schubert, "Gauner, Dirnen und Gelichter in deutschen Städten des Mittelalters," *Mentalität und Alltag im Spätmittelalter*, ed. C. Meckseper/E. Schraut, Göttingen, 1985, p. 117). 반종교개혁파 역시 사창가를 비난했다. 그래서 후안 신부(Padre Juan de Mariana)는 루터와 비슷하게 유곽이 절대로 성욕을 억제시키는 게 아니라 오히려 성욕을 불러일으킨다고 생각했다. M. E. Perry, "Deviant Insiders: Legalized Prostitutes and a Consciousness of Women in Early Modern Seville," *Comparative Studies in Society and History*, 1985, p. 151 참조. 매춘의 사회적 기능을 둘러싼 당시의 사회적 논쟁은 포르노가 일부 남자들을 풍기문란죄를 짓도록 자극하느냐 아니면 그것이 남자들의 기를 꺾느냐 하는 오늘날의 논쟁을 연상시킨다.

68) 함부르크에서는 무면허 여자 일꾼들, 즉 비합법적으로 수공업을 해왔던 그런 사람들이 있었다. 그들이 거의 보호를 받지 못했다는 사실이 다음과 같은 불평에서 잘 드러난다. "북적거리는 거리나 시장에서 그 여자들을 만나면 사람들은 머리채를 잡아당기거나 적당하지 않은 부분들을 만졌다"(E. Klessmann, *Geschichte der Stadt Hamburg*, Hamburg, 1988, p. 148).

69) J. Rossiaud, "Prostitution, sexualité, société dans les villes françaises qu XVe siècle," *Communications*, 1982, p. 75; R. Muchembled, "*Die Jugend und die Volkskultur im* 15. Jahrhundert," *Volkskultur des europäischen Spätmittelalters*, ed. P. Dinyelbacher/H. -D. Mück, Stuttgart, 1987, p. 52; A. Vrbka, *Das Municipalrecht der Stadt Znaim 1523*, Znaim, 1931, p. 13f. 참조. 17세기에도 함부르크 같은 도시에서는 어두워지기 시작하면 여자들의 안전이 위협받았다. 그래서 시의회는 1610년 밤이 되면 군인들, 그것도 2분대의 군인 60명을 거리에서 야영시키자고 결정했다. E. Klessmann, 앞의 책, p. 130 참조. 그 후에도 그런 상황은 거의 변하지 않았다. 그 예에 대해서는 A. Clark, "Sexual Violen-ce," *Victorian Britain*, ed. p. Mitchell, New York, 1988, p. 711 참조.

70) J. Rossiaud(1989)는 앞의 책, p. 8f.에서 중세 말기 디종에서 매년 약 20명의 여자가 강간을 당했는데 그 중 약 80퍼센트가 대부분 18에서 24세의 직인과 도제들로 이루어진, 15명까지 무리를 이루는 '총각'(jeunes fils) 패거리에 의한 것이라고 추정한다. 근세 초기의 영국에서도 대부분의 강간은 21세 아래의 젊은이들에 의해 이루어졌다. K. Thomas, 앞의 책, p. 48 참조. 개혁과 집단화 사이의 시기에 행정관리 지역 트버(Tver)에서 집단으로 강간을 당한 희생자는 미성년자와 미혼의 하층민 여자, 가족의 변호를 받지 못하거나 가족이 복수하지 못하는 기혼녀와 외국 여자들이었다. 범죄 집단은 항상 미성년자와 15세에서 25세 나이의—대부분 미혼의—젊은 남자들로 구성되었다. H. Altrichter, *Die Bauern von Tver*, München, 1984, p. 131 참조.

71) 많은 사회에서 실제적인 성년식이 진행되는 동안 성년이 되는 사람들은 강간할 수 있는 권리를 가졌다. 예컨대 부송(Buschong)의 성년식 후보자는 숲

에서 그들의 '성년식의 죽음'이 진행되는 동안 그들 가까이 있는 모든 여자를 '취할 수' 있었다. H. P. Duerr, *Traumzeit*, Frankfurt/M., 1978, p. 244 참조.

72) 1770년대 런던에서도 집 안에서 강간당한 여자의 59퍼센트가 그런 범죄의 희생자였다. A. Clark, *Women's Silence, Men's Violence: Sexual Assault in England 1770~1845*, London, 1987, p. 23 참조. 범죄자가 강간하기 전 또는 강간하는 동안 그들의 희생자에게 굴욕감을 주고 모욕을 주었다는 것은 한편으로는 일반적인 '성 갈등'의 표현이었을 것이며, 다른 한편으로는 그 행위를 자기 자신과 다른 사람들 앞에서 정당화시키려는 의미를 가지기도 했다. A. Clark(1987), 앞의 책, p. 39 참조. 여기서 다루었던 것은 사람들이 봉사한 만큼 그 대가를 지불했던 창녀였다.

73) A. Tobler/E. Lommatzch, *Altfranzösisches Wörterbuch*, Berlin, 1971, p. 1105. 내가 제1권에서 상세히 설명했다시피 파리에는 이미 일찍부터 여탕과 남탕의 건물 자체가 분리되어 있었다. 가장 유명한 여탕은 보부르 가에 있는 '은사자'였던 것으로 보인다(R. Corson, *Fashions in Makeup*, London, 1972, p. 83 참조). 또 다른 하나로는 '두 마리의 소'를 들 수 있다. 1399년의 규정에 의하면 일곱 살까지의 어린 사내아이들은 여탕에 함께 데리고 들어갈 수 있었다. A. Cabanès, o.J., II, p. 177, 183 참조.

74) R. Muchembled, 앞의 책; J. Rossiaud(1976), 앞의 책, p. 293f., 197f. 참조. 1333년 위벌링겐의 도시법에는 특징적으로 다음과 같이 적혀 있다. "다른 사람의 집으로 들어가서 밤이든 낮이든 그의 아내나 딸 또는 여동생이나 유모를 강간하려는 시민은 누구든지" 심한 벌을 받아야 한다(S. Riezler, "Das Üeberlinger Stadtrecht," *Zeitschrift für die Geschichte des Oberrheins*, 1877, p. 315f.). 중세 후기 강간율이 상승한 것은 그 시기에 많은 남자들이 아주 늦게, 사춘기가 지난 후 약 10년에서 15년 후에야 결혼했다는 것도 일조를 했을 것이다. L. Stone, *The Past and the Present Revisited*, London, 1987, p. 365f.; P. Ketsch, *Frauenarbeit im Mittelalter*, Düsseldorf, 1983, p. 311 참조. 15세기 프랑스의 남동 지방에서 남자는 평균 25세에 여자는 약 20세의 나이에 결혼을 했는데 결혼 적령기 여자들 중 약 3분의 1을 '성공한 중년의 남자들이' 낚아채 갔다. J. Rossiaud(1989), 앞의 책, p. 21, 24 참조. 중세 후기와 르네상스기에 상인 신분의 피렌체 남자들은 결혼할 때의 나이가 27세 이상이었으며 그들의 아내보다 약 12세 가량 많았다. C. Klapisch-Zuber, "Die Frau und die Familie," *Der Mensch des Mittelalters*, ed. J. Le Goff, Frankfurt/M.,

1989, p. 326 참조.

75) J. Gény, *Oberrheinische Stadtrechte*, Bd. III, Heidelberg, 1902, p. 275. 그에 맞게 창녀들도 정해진 저녁 시간 이후로는 거리에서 고객을 유혹해서는 안 된다. 예를 들면 아르가우에 있는 바덴의 도시법에는 1520년경 거지를 단속하는 경찰에게 이렇게 지시하고 있다. "경찰은 잠자리에 들라는 종이 친 후에도 거리에서 사창가의 천한 여자들이나 그 밖의 평이 좋지 않은 욕탕 여자들이 이리저리 달려가는 것을 보면 그들에게 5실링의 벌금을 부과하거나 벌금에 해당되는 돈을 받아야 한다"(F. E. Welti/W. Merz, *Die Rechtsquellen des Kantons Aargau*, Bd. II, Aarau, 1899, p. 201). 1449년 세워진 메란의 사창가에 소속된 여자들은 낮에 음식점에서 포도주, 수프와 음식을 가져올 수 있었다. 그러나 기도 시간을 알리는 종소리가 난 후 '어두워져 불을 켜면' 누구도 거리에 모습을 드러내서는 안 된다. C. Stampfer, *Geschichte von Meran*, Meran, 1889, p. 52 참조.

76) 하인리히 2세는 이미 1161년에 사우스워크의 창녀들은 해가 지면 사창가에 있는 그들의 고객을 다음날 아침까지 그들의 방에서 머물게 해야 한다고 지시한 바 있다. D. W. Robertson, *Chaucer's London*, New York, 1968, p. 58 참조.

77) 일정 기간 런던 사람들은 여름에 밤 10시까지 길거리를 돌아다닐 수 있었는데 그것이 그때까지 허용된 것 중 가장 늦은 시간이다. G. T. Salusbury-Jones, *Street Life in Medieval England*, Hassocks, 1975, p. 139 참조.

78) J. Brucker, *Straßburger Zunft- und Polizei-Verordnungen des 14. und 15. Jahrhunderts*, Straßburg, 1889, p. 463.

79) J. Baader, *Nürnberger Polozeiordnungen aus dem 13. bis 15. Jahrhundert*, Stuttgart, 1861, p. 118. 이미 토마스(Thomas von Chobham)는 이렇게 생각했다. 매춘은 그 자체로 나쁜 것이다. 그럼에도 창녀들은 그들의 육체를 빌려주는 것이기 때문에 노동이다. 그렇기 때문에 그들이 이런 작업에 대해 대가를 받지 못한다면 그것 역시 나쁘다. 물론 그들이 쾌락 때문에 몸을 판다면 몸을 빌려주는 것이라 할 수 없을 것이다. 이런 이유에서 매춘이라는 활동뿐 아니라 그것으로 거둔 이득 또한 마찬가지로 파렴치한 것이다. 마찬가지로 창녀가 실제의 그녀보다 더 많은 것을 보여주기 위해 화장을 하고 멋을 낸다면 그것은 거짓이며 죄가 된다. 그렇기 때문에 고객이 그들에게 1데나(고대 로마의 은화—옮긴이)를 줄 수도 있지만, 그에 반해 그녀의 실제 모습을 보았다면 단지 1오볼러스(고대 그리스의 소액 화폐—옮긴이)만 주었을 것이기에 창녀들은 1오볼러스만 가질 수 있다. 물론

594

토마스는 이렇게 논증하면서 아주 기분이 좋았던 것은 아니었던 것 같다. 왜
냐하면 결국 그는 자신의 사고과정을 비난했고 매춘이 어떤 경우에도 '자연
에 대해' 죄가 된다는 것을 강조했기 때문이다. J. Le Goff, "Métiers licites
et métiers illicites dans l'Occident médiéval," *Pour un autre Moyen
Age,* Paris, 1977, p. 102f. 참조.

80) H. v. Weinsberg, *Das Buch Weinsberg*, Bd. IV, ed. F. Lau, Bonn,
1898, p. 194. 쿠스미치(H. Kuzmics)는 "Zeitdruck und
Individualisierung als Probleme der Moderne: Überlegungen zu den
neueren Beiträgen von N. Elias und zu H. P. Duerrs Elias-Kritik,"
Österreichische Zeitschrift für Soziologie, 1988, p. 88에서 "아마 엘리아
스가 말한 욕탕은 실제로 유곽"이었으며 "그러나 중세 후기에는 그런 유곽이
비교적 많았다"고 기술하고 있다. 그런데 '비교적 많았다'는 것이 무엇을 의
미하는가? 예컨대 런던에서는 1841년 933개의 정식 유곽이 있었다. 대부분
의 창녀들이 홍등가에서 그들의 고객을 만나서 '셋방'으로 끌고 갔다는 것을
고려해보면 그것은 적지 않은 숫자이다. A. Clark, "Prostitution,"
Victorian Britain, ed. p. Mitchell, New York, 1988, p. 643 참조.
1865년경 시카고에는 약 500개의 창녀집이 있었다. D. J. Pivar, *Purity
Crusade: Sexual Morality and Social Control*, 1868~1900, Westport,
1973, p. 31 참조. 1797년 커훈(Colquhoun)은 런던 창녀의 숫자를 약 5만
으로 추산했다. 1840년에는 그 숫자가 약 8만이 되었고 1858년에는 15세에
서 50세까지 런던 미혼여성의 약 6분의 1이 정기적으로 매춘을 했다고 추측
했다(1841년에는 1만 명이 약간 못 되는 창녀가 경찰의 기록에 남아 있다).
E. M. Sigsworth/T. J. Wyke, "A Study of Victorian Prostitution and
Venereal Disease," *Suffer and Be Still*, ed. M. Vicinus, Bloomington,
1972, p. 78f. 참조. 1857년에는 의학 잡지 『란셋』(*The Lancet*)은 공식, 비
공식의 런던 유곽의 수를 약 6천으로, 창녀의 수를 약 6만으로 어림잡아 견
적하고 있는데 이것은 이 도시의 열여섯 채 중 하나는 매춘굴이며, 여자 주
민 16명 중 한 명은 공식 창녀임을 의미한다(T. Huonker, "Zivilisation
und Prostitution," *du 4*, 1988, p. 27). 심지어 12만 명의 창녀가 있었다
고 추산하는 사람들도 있는데, 그러면 런던 여자 중 약 8퍼센트가 이 직업에
종사했다는 것이다. K. D. M. Snell, *Annals of the Labouring Poor*,
Cambridge, 1985, p. 59, 353 참조. 메르시에(Louis-S bastien Mercier)는
개혁 전야에 파리의 공인된 '공식 창녀'가 약 3만 명이 있었다고 추정한
다.(L. -S. Mercier, *Tableau de Paris*, Bd. III, Amsterdam, 1782, p.

114). 그것은 여성 주민 10명 중 한 명이 창녀였음을 의미한다. 오늘날 추정하기로는 19세기 중반에 모든 유럽의 대도시에서 그 고장 남자들과 타지방 남자의 12분의 1이 창녀를 찾았다. E. J. Bristow, *Prostitution and Prejudice*, Oxford, 1982, p. 23 참조.

쿠스미치(Kuzmics)는 이런 통계에서 초기 빅토리아 시대의 유럽인들이 비교적 성에 대해 뻔뻔스럽고 '유아적'인 태도를 취했다는 결론을 이끌어낸 것인가? 또 한 가지. 우리가 엘리아스의 문명화 과정의 이론을 지지하기 위해 중세 말기 사창가에 대한 관용적인 태도와 당시 사창가가 많았다는 사실을 든다면, 이런 문명화 과정이 근세 초기까지 엘리아스가 주장했던 것과는 반대로 진행되었음을 인정할 준비가 되어 있어야 한다! 여기에서 엘리아스의 근본적인 실수가 드러난다. K. Thomas, "The Rise of the Fork," *New York Times Review of Books*, 1978년 3월 9일, p. 29와 A. Ebenbauer, "Das 'christliche Mittelalter' und der 'Prozeß der Zivilisation'," *Gegenwart als kulturelles Erbe*, ed. B. Thum, München, 1985, p. 9도 엘리아스의 그런 실수, 즉 중세 전체를 문명적으로 거의 아무 변화도 없는, 이음새 없는 블록으로 관찰하려는 그의 경향을 알아차렸다.

81) R. Jütte, "Vagententum und Bettlerwesen bei Hans Jacob Christoffel von Grimmelshausen," *Daphnis*, 1980, p. 109f. 참조.

82) M. Eichenauer, *Untersuchungen zur Arbeitswelt der Frau in der römischen Antike*, Frankfurt/M., 1988, p. 122 참조.

83) G. Wustmann, "Frauenhäuser und freie Frauen in Leipzig im Mittelalter," *Archiv für Kulturgeschichte*, 1907, p. 471 참조. 그런 지역에는 대부분 나병 환자들을 위한 구빈원이 있었다. 그 예에 관해서는 R. Jütte, *Obrigkeitliche Armenfürsorge in deutschen Reichsstädten der frühen Neuzeit*, Köln, 1984, p. 179, 248; A. McCall, *The Medieval Underworld*, London, 1979, p. 182 참조.

84) M. v. Rauch, *Urkundenbuch der Stadt Heilbronn*, Bd. II, Stuttgart, 1913, p. 187, 556 참조. 중세 후기의 쾰른에서는 도시의 창녀들을 '낡은 성곽 위의 여자'라고 불렀다. M. Groten, *Beschlüsse des Rates der Stadt Köln 1320~1550*, Bd. III, Düsseldorf, 1988, p. 126f. 참조.

85) H. Derwein, *Die Flurnamen von Heidelberg*, Heidelberg, 1940, p. 135에 의하면 이런 사창가는 '새장'이라고도 불렸던 '여자들의 성문', 즉 천박한 여자들을 위한 강제노동수용소(C. -P. Clasen, "Armenfürsorge in Augsburg vor dem Dreißigjärigen Kriege," *Zeitschrift des Historischen*

213. 함부르크에서의 '간음하는 자의 행보'. 1865.

Vereins für Schwaben, 1984, p. 113) 바로 옆에 위치했다고 한다. 그러나 그는 이런 주장을 증명할 수 있는 어떤 자료도 제시하지 않고 있다. 1588년의 주민목록에는 오로지 이렇게 적혀 있을 뿐이다. "그 유곽에는 아이가 한 명 있는 한스의 과부, 2. 두 명의 아이가 있는 요스트 코펜의 과부, 3. 아내와 아들이 있는 미셸 벡"(Mays/K. Christ, "Einwohnerverzeichni der Stadt Heidelberg vom Jahre 1588," *Neues Archiv für die Geschichte der Stadt Heidelberg*, 1890, p. 215).

아주 작은 목조가옥(그림 162 참조)에 세 가족, 8명이 함께 살았다는 것은 처음에는 이상하게 들릴 수 있지만 사창가가 자리잡고 있던 그 시기에 그로세 만텔가의 아래 동네에는 아주 가난한 사람들, 즉 돼지를 치는 사람들, 일용 근로자, 어부, 조합에도 속하지 않으며 시민도 아니었던 그런 사람들과 그들의 가족들이 아주 좁은 공간에서 살고 있었다. 메르츠(Ludwig Merz)는 1988년 8월 19일의 편지에서 골목 끝 작은 집에는 성곽 파수꾼이 가족과 함께 살았는데 정숙한 일반 시민이 천한 여자들과 함께 살았다는 것이 거의 상상이 되지 않는다고 나에게 알려주었다. 사창가가 엄격한 칼뱅주의 선제후인 프리드리히(Friedrich III, 1463~1525-옮긴이)에 의해 폐쇄되고 난 후 20년이 더 지난 1560년대에 위에 언급했던 가난한 사람들이 그곳에서 살았다는 것을 고려해본다면, 하층민과 도시파수꾼이 바로 이웃에 살았다는 것, 게다가 서쪽 성곽은 1392년의 도시확장을 통해 그것의 근원적인 기능을 더욱 상실하게 되었다는 것은 개연성이 있어 보인다.

호이케메스(Berndmark Heukemes)가 1988년 8월 24일 편지에서 내게 전해준 바에 의하면, 1693년 오를레앙의 상속권 전쟁이 계속되는 동안 그로세만텔가의 모든 집들과——실제로는 도시 전체가(R. Vetter, 1989, p. 30, 53)——이전의 유곽들이 재로 변했다. 하이델베르크의 사창가가 폐쇄된 것에 관한 자료들은 더 이상 존재하지 않는 것으로 보인다. 게다가 이미 1546년 프리드리히 2세의 '기독교 정책과 선한 정책법'에서, 그리고 17년 후에는 프리드리히 3세의 결혼 규정에서 '간통, 모든 부정하며 경박한 성행위, 매춘 알선과 그와 비슷한 우려할 만한 천박한 것들'이 금지되었다. 그러나 여기서도, 그리고 '간음, 부정한 동침 그리고 매춘을 최고의 중벌로 금지'했던 1575년의 훈령에서도 사창가에 대한 언급은 전혀 없다. E. Schling, 1969, p. 104, 285, 486 참조.

대부분의 도시 사창가는 종교개혁의 첫번째 단계에서는 살아남았다. 그래서 울름의 시의회는 이미 1531년에 "교회 밖에서 예배를 드리고 상상해보라고" 결정했다(K. Hoffmann, "Konrad Sam〔1483~1533〕, der Prediger des Rats zu Ulm," *Die Einführung der Reformation in Ulm*, ed. H. E. Specker/G. Weig, Ulm, 1981, p. 259). 그리고 새로운 교회규정에는 사창가가 "죄에 물든 반기독교적인 악습"이라고 비난받았지만(H. E. Specker/G. Weig, "Die Einführung und Druchführung der Reformation in Ulm," *Die Einf brung der Reformation in Ulm*, ed. H. E. Specker/G. Weig, Ulm, 1981, p. 190), 사창가는 6년이 지나서야 비로소 문을 닫았다.

86) K. Hartfelder, "Kirchenvisitation der Stadt Heidelberg 1582," *Zeitschrift für die Geschichte des Oberrheins*, 1881, p. 249f. 더 자세한 것은 L. Merz, *Die Residenzstadt Heidelberg*, Heidelberg, 1986, p. 10; H. Hoepke, *Alt Heidelberg*, Heidelberg, 1971, p. 75 참조. 여기서는 춤을 출 뿐 아니라 술도 마시고 도박도 했다. 선제후 프리드리히 4세의 지출부에 보면 그 자신도 16세기 말경에 '참호'에서 주사위를 던지고 향연을 베풀곤 했었다는 사실이 드러나는데(J. Wille, "Das Tagebuch und

Augsgabenbuch des Churfürsten Friedrich IV. von der Pfalz," *Zeitschrift für Geschichte des Oberrheins*, 1880, p. 255, 256, 261 참조), 그 경우 물론, 추측건대 비교적 예의가 지켜졌던 것으로 보인다. 선제후는 1597년 이른바 말하는 '무례한 춤'(Rüpeltanz), 즉 여자 파트너의 옷이 날릴 정도로 흔드는 춤을 금지했다. H. Knapp, *Vom Kurpfalzdorf zur Hessenstadt*, Hemsbach, 1987, p. 11f. 참조.

87) K. Obser, "Zur Geschichte des Frauenhauses in Überlingen," *Zeitschrift für die Geschichte des Oberrhiens*, 1916, p. 637, 640 참조. 유곽은 음식점 영업을 함께 하는 경우가 많았다. 그곳에서는 도박이 행해졌는데 종종 사형집행인과 동일시되는 포주의 통제하에 있었다. 1475년 베른의 문서에 의하면 사람들은 도시 성곽 근처 '사형집행인의 광장이나 집'에서 '도박을 했다'고 되어 있다. H. Rennefahrt, 앞의 책, p. 246 참조. 다른 도시에서도 유곽은 그런 지역, 대부분 성문 앞이나 뒤에 자리잡고 있었다. 그 위치를 열거하자면 다음과 같다. 브레텐에는 복스 성문(Bockstor) 옆 담벼락(G. Ginter, *Chronik von Bretten*, Bretten, 1967, p. 30); 크렘스(Krems)에는 바흐트베르크 성문 가(G. Jaritz, "Die 'Armen Leute' im Spital," *Mitteilungen des Kremser Stadtarchivs*, 1981, p. 30); 쾰른에는 방랑 악사의 거리라고도 불리는 알트그라벤 골목(F. Irsigler/A. Lassotta, *Bettler und Gaukler, Dirnen und Henker*, Köln, 1984, p. 183f.); 이미 14세기 초 취리히에는 '묘지 위'(L. Weiß, *Verfassung und St nde im alten Zürich*, Zürich, 1938, p. 265); 콘스탄츠에서는 '묘지 옆'과 '음란한 변두리'(J. Marmor, *Geschichtliche Topographie der Stadt Konstanz*, Konstanz, 1860, p. 49f, 76, 82f.); 마르부르크에는 '레커 골목'(leckergäßchen)(M. Lemberg/G. Oberlik, *Der Marburger Bildteppich vom Verlorenen Sohn*, Marburg, 1986, p. 57), 이 경우 '맛있다'는 뜻의 레커(lecker)는 '음탕한'과 같은 것을 의미한다(M. Lexer, 앞의 책, p. 1851); 톨레도에는 마드리드로 향하는 도로 근처 비자그라 성문 곁(M. Weisser, "Crime and Punishment in Early Modern Spain," *Crime and the Law*, ed. V. A. C. *Gatrell et al.*, London, 1980, p. 93); 세비야에는 성곽 밖과 항구(M. E. Perry, "'Lost Women' in Early Modern Seville," *Feminist Studies*, 1978, p. 207, 209f.); 노이슈타트에는 도시외곽의 성곽에 가까운 바인 거리(A. Haas, *Aus der Nüwenstadt*, Neustadt a. d. W., 1951, p. 141); 뇌르틀링겐에는 렙징어와 성곽 옆 티닝거(Tyninger) 성문 사이(W. E. Vock/G. Wulz, *Die Urkinden der Stadt*

Nördlingen, 1400~1435, Augsburg, 1965, p. 262); 알텐부르크에는 산의 협로와 성문 사이(W. Rudeck, *Geschichte der Öffentlichen Sittlichkeit in Deutschland*, Berlin, 1905, p. 49); 바젤에는 에겔올프 성문 곁 리스(Lys) 위, '브레넨 부인의 사창가'는 1380년 슈팔렌 성문 곁(D. A. Fechter, 앞의 책, p. 115); 1428년 함부르크에는 카트레펠 근처에 있는 8개의 유곽이, 1450년에는 슈타인 성문 옆에 있는 다른 유곽이 언급되고 있다(E. Klessmann, 앞의 책, p. 131); 코부르크에는 14세기 후반 '성곽 옆 아름다운 여자들이 있는' 집에 관해 언급되어 있다(K. v. Andrian-Werbung, *Das älteste Coburger Stadtbuch*, Neustadt/A., 1977, p. 2); 프랑크푸르트에는 물포르텐 근처에 포주 야콥이 운영하는 '유곽'이 있었다(G. L. Kriegk, *Deutsches Bürgertum im Mittelalter*, Frankfurt/M., 1871, p. 388).

한편, 1388년 기도서에 따르면 마인 강을 따라 이어져 있는 도시 성곽 옆, 나중에는 창녀 성문이라 불렸던 여성들의 성문 근처에는 도시 유곽이 양쪽으로 나란히 놓여 있었다(같은 책, p. 302); 이미 13세기 레겐스부르크의 베르톨트는 '묘지 위로 다니는 나쁜 놈'에 관해 말하고 있으며 실제로 대부분의 아비뇽 창녀들은 고객을 잡으러 "아비뇽 다리 위로" 갔다(W. W. Sanger, 앞의 책, p. 101 참조); 보름스에는 '여인들의 지붕'이 마찬가지로 성곽 옆에 있었다(H. Boos, *Geschichte der rheinischen Städtekultur*, Bd. III, Berlin, 1890, p. 373; H. Boos, 1899, p.48). 바이로이트(W. Holle/G. Holle, *Geschichte der Stadt Bayreuth*, Bayreuth, 1901, p. 48), 라벤스부르크(A. Dreher, *Geschichte der Reichsstadt Ravensburg*, Ravensburg, 1972, p. 148), 단치히(M. Bogucka, *Das alte Danzig*, München, 1987, p. 134), 빈(W. Danckert, *Unehrliche Leute*, Bern, 1963, p. 156), 로텐부르크 옵 데어 타우버(H. Boockmann, *Die Stadt im späten Mittelalter*, München, 1986, p. 34), 그라츠(F. Popelka, *Geschichte der Stadt Graz*, Bd. II, 1960, p. 330, 429), 리가(J. G. L. Napiersky, *Die Erbeb cher der Stadt Riga 1384~1579*, Riga, 1888, p. 507; C. Mittig, 1897, p.121), 란츠후트(J. Kirmeier, 앞의 책, p. 172), 메밍겐, 파사우, 드레스덴, 츠비카우, 아이히슈테트, 티롤의 할(E. Schubert〔1985〕, 앞의 책, p. 115), 브라운슈바이크(H. v. Strombeck, "Leibzeichen und das rothe Kloster in Braunschweig," *Zeitschrift des historischen Vereins für Niedersachsen*, 1860, p. 187), 슈트트가르트(A. Rapp, *Urkundenbuch der Stadt Stuttgart*, Stuttgart, 1912, p. 131),

니메스(L. Le Pileur, 앞의 책, p. 138) 또는 빈터투어(W. Ganz, Winterthur, Winterthur, 1960, p. 334); 브레슬라우에서는 의회가 '낡은 오데 성문 옆 구석진 곳에 헤픈 여자들의 죄가 많은 집'을 세웠다(A. Schultz, *Das häusliche Leben der europäischen Kulturvölker*, München, 1903, p. 154).

영국에서는 다음과 같다. 즉 브리스톨에서는 도시 성곽 밖에 유곽이 있으며 (F. Gies/J. Gies, *Women in the Middle Ages*, New York, 1978, p. 56), 런던의 유곽 역시 잘 알려져 있다시피 도시 맞은편 템스 강변 사우스워크에 있다. G. Salgado, *The Elizabethan Underworld*, Totowa, 1977, p. 49ff. 참조. 더 자세한 것은 M. p. C. Byrne, *Elizabethan Life in Town and Country*, London, 1954, p. 54f. 참조. H. G. P. Gengler, *Deutsche Stadtrechts-Altertümer*, Erlangen, 1882, p. 75; V. L. Bullough, *The History of Prostitution*, New York, 1964, p. 113f., 그리고 B. Rath, "Prostitution und spätmittelalterliche Gesellschaft im österreichischsüddeutschen Raum," *Frau und spätmittelalterlicher Alltag*, ed. H. Appelt, Wien, 1986, p. 561f. 참조.

빈에는 앞뒤로 붙어 있는 두 채의 유곽이 비드메르 성문 곁 무덤에, 유대인의 묘지에서 멀지 않은 곳에 자리잡고 있었다. 1485년 빈이 코르빈(Mathias Korvin)에 의해 포위되었을 때 창녀들은 시내에서 29주 동안을 숨어 지내다 나중에 성곽 밖에 있는 그들의 집으로 돌아갔다. 1529년 터키가 빈을 공격하면서 유곽 건물 두 채를 태워 버리자 창녀들은 결국 시내로 들어왔지만 '높은 다리 옆의 빈 공간에' 있는 창녀집으로 들어갔다. J. E. Schlager, *Wiener Skizzen des Mittelalters*, Bd. V, Wien, 1846, p. 358, 377, 387f. 참조. 예컨대 J. Rossiaud(1989)는 앞의 책, p. 160에서 종교개혁과 함께 "시민의 의식 속에 공식 매춘이 시내 한가운데, 대성당과 시청의 중간에 자리를 차지했던" 한 시대가 종말을 고했다고 주장하는데, 그것은 아주 잘못된 주장이다. 드문 예외 중 하나로 아헨의 '천한 창녀집'을 들 수 있는데 그것은 시내 중심인 뷔헬에 자리잡고 있었으며 그 안에서 창녀들이 합숙했다. J. Biergans, *Die Wohlfahrtspflege der Stadt Aachen in den letzten Jahrhunderten des Mittelalters*, Aachen, 1909, p. 53 참조.

88) A. R. Myers, *English Historical Documents*, *1327~1485*, London, 1969, p. 1073f. 참조. 더 자세한 것은 A. R. Myers, *London on the Age of Chaucer*, Norman, 1972, p. 11 참조. 사람들은 다른 지역에서 붙잡힌 창녀를 셔츠까지 벗긴 채 윗옷은 압수했다. 1344년의 규정에 의하면 브리스

틀의 창녀들은 나병 환자와 마찬가지로 도시 성곽 안으로 들어갈 수 없었다. 레스터와 케임브리지는 15세기에, 버윅, 세인트 이브스, 노팅엄은 16세기 초에 이런 범례를 따랐다. G. T. Salusbury-Jones, 앞의 책, p. 150 참조.

89) 창녀들이 지정된 구역에 거주하지 않으면 사람들은 그 집의 창문과 문을 떼어냈으며 창녀들이 이사하고 나서야 그것을 다시 돌려주었다. G. T. Salusbury-Jones, 앞의 책, p. 148f., 151f., 154 참조. 사람들은 보통 상습적인 간음으로 유죄 판결을 받은 남자의 턱수염은 완전히 밀어버렸고, 머리 주위에 2인치 길이로 둥글게 두발을 잘라내고 막대기에 묶었다. 간음 때문에 세 번 유죄판결 받으면 영원히 도시에서 추방되었다. 여자 뚜쟁이는 뉴게이트에서부터 골목을 지나 스톡 마켓에 있는 벨퍼스툴까지 치욕스런 행진을 하게 했다. 거기서 그 여자의 머리를 밀고는 시장과 귀족들 손에 넘겨주어 그들의 처분에 맡긴다. 창녀는 머리에 줄무늬가 있는 두건을 쓰고 손에 흰 지팡이를 들게 한 채 뉴게이트에서 올게이트, 계속해서 벨퍼스툴까지 끌고 가며 거기서 그녀의 품행을 공개적으로 비난한다. 그리고 이어서 창녀를 코크스 레인의 매춘부 구역으로 데리고 갔다. D. W. Robertson, *Chaucer's London*, New York, 1968, p. 102f. 참조. 반복되는 경우에는 물론 벌이 더욱 잔인하게 내려진다. 예컨대 1490년에는 이렇게 기록되어 있다. "일명 스톤이라 불리는 크리스틴 허튼이라는 여자가 천한 뚜쟁이와 매춘부의 죄를 지은 것으로 선고받아 그 도시에서 추방되었다. 그런데 다시 시내에서 영업하다 발각되어 며칠 동안 하루에 한 시간씩 칼을 씌우고 그 다음에는 1년 하루 동안 감옥에 가두라는 판결이 내려졌다"(C. H. Williams, *English Historical Documents*, 1485~1558, London, 1971, p. 967f.).

90) R. M. Karras, 앞의 책, p. 407f. 참조. 사우스워크의 '유곽' 외에도 영국의 유일한 합법적인 유곽은 켄트의 항구도시인 샌드위치의 유곽인 것으로 보인다. 그 유곽의 창녀들은 15세기 후반에 완곡한 표현으로 '하녀'라 불렸다. 같은 책, p. 411 참조.

91) R. Brondy/B. Demotz/J.-P. Leguay, *La Savoie de l'an mil à la Réforme*, Bd. II, Rennes, 1984, p. 362 참조. 안시에서는 결국 행정 당국이 영업주로 하여금 여자들 중 11명을 내보내라고 강요했다. "도시 사람들의 욕구를 충족시키기 위해서는" 창녀 네 명으로 충분했기 때문이다.

92) 그 예에 관해서는 F. Reuter, "Bischof, Stadt und Judengemeinde von Worms im Mittelalter," *Neunhundert Jahre Geschichte der Juden in Hessen*, Wiesbaden, 1983, p. 41; D. A. Fechter, "Topographie mit Berücksichtigung der Cultur- und Sittengeschichte," *Basel im*

214. 공식 창녀의 치욕스런 행진. 1529.

vierzehnten Jahrhundert, Basel, 1856, p. 117f. 참조.

93) O. Stobbe, *Die Juden in Deutschland während des Mittelalters*, Braunschweig, 1866, p. 276, 80, 94; L. Le Pileur, 1908, p. 51; Simonsohn, *The Jews in the Duchy of Milan*, Bd. III, Jerusalem, 1982, p. 1462, 1494 참조. 유대인 골목길은 철조망이나 '골목길 위에 쳐진 밧줄'로 구분되어 있는 경우가 많았다. Stobbes, 앞의 책, p. 177 참조. 더 자세한 것은 E. J. Mone, "Über die Jeden vom 13. bis 16. Jahrhundert in Wirtenberg, Baden, Bayern, Hessen und Nassau," *Zeitschirft für die Geschichte des Oberrheins*, 1858, p. 269 참조. 중세 후기의 코부르크에서도 어두워지기 시작하면 유대인 성문이 닫혔다. 문이 닫히고 난 후 말을 탄 유대인이 시내에서 잡히면 3그로셴의 벌금을 물어야 했지만 걸어가다 잡히면 1그로셴 6페니히의 벌금만 내면 되었다. P. C. G. Karche, *Jahrbücher der Herzogl. Sächs. Residenzstadt Coburg*, Bd. I, Coburg, 1825, p. 30 참조. 트리어에서는 이미 1235년 유대인들에게 기독교인의 집 쪽으로 향해 있는 모든 문을 담으로 막으라고 강요했다(A. Haverkamp, "Die Juden im mittelalterlichen Trier," *Kurtrierisches Jahrbuch*, 1979, p. 21 참조). 13세기 말 여러 지역에서 첨예해진 유대교도와 기독교도 사이의 갈등으로 인해 유대인들은 자진해서 그들의 주거지와 집으로 가는 통로를 담으로 막아버렸다. M. J. Wenninger, "Zum Verhältnis der Kölner

Juden zu ihrer Umwelt im Mittelalter," *Köln und das rheinische Judentum*, ed. J. Bohnke-Kollwitz et al., Köln, 1984, p. 18 참조.

대규모의 집단 거주화는 물론 14세기 후반 혹독했던 박해의 물결이 지나고 난 후에서야 시작되었지만 어느 곳에서나 일어났던 것은 아니다. J. Kirmeier, "Juden im Mittelalter," *Siehe der Stein schreit aus der Mauer*, ed. B. Denecke et al., Nürnberg, 1988, p. 161 참조. 더 자세한 것은 W. Schich, *Würzburg im Mittelalter*, Köln, 1977, p. 161 참조. 예를 들어 프랑크푸르트에서는 1462년이 되어서야 유대인을 도시 북부의 차단된 유대인 골목에 입주하도록 강요했다. E. Sandmann, *Das Bürgerrecht im mittelalterlichen Frankfurt*, Frankfurt/M., 1957, p. 132 참조.

발렌시아에서는 중세 후기에 담으로 둘러싸여 있지 않은 창녀 게토가 있었는데 그 게토로 통하는 유일한 통로에는 보초가 서 있었으며 그 근처에 형장이 있었다. W. W. Sanger, 앞의 책, p. 172 참조. 1546년 뉘른베르크 의회의 명령은 다음과 같다. "시당국은 포주에게 다음과 같이 말하고 권고해야 한다. 넓은 골목길에는 앞으로 문을 내는 것이 허용되는데, 그 문은 열려 있어서는 안 된다. 만약 이를 어기면 누가 문을 열어 놓았는지 밝혀질 때까지 그곳을 규찰할 것이다"(C. Siebenkees, "Von dem Nürnbergischen Frauenhause im sogenannten Frauengaßlein," *Materialien zur Nürnbergischen Geschichte*, 1795, p. 591에서 재인용).

94) A. Winter, "Studien zur sozialen Situation der Frauen in der Stadt Trier nach der Steuerliste von 1364: Die Unterschicht," *Kurtrierisches Jahrbuch*, 1975, p. 27; R. Muchembled, *Kultur des Volks-Kultur der Eliten*, Stuttgart, 1982, p. 111; J. W. Thompson, *Economic and Social History of the Middle Ages*, New York, 1959, p. 786 참조.

95) 그 예에 관해서는 H. Rüthing, *Höxter um 1500*, Paderborn, 1986, p. 209 참조. 거기에는 대부분 욕탕이 있었다. 그 예에 관해서는 K. Baas, "Mittelalterliche Gesundheitspflege im Gebiet der heutigen Rheinpfalz," *Zeitschrift für die Geschichte des Oberrheins*, 1935, p. 98f.; G. Biundo, *Annweiler*, Annweiler, 1937, p. 252; H. Enßlin, "Geschichte der ehemaligen Freien Reichsstadt Bopfingen," Bopfingen, ed. K. Theiss, Stuttgart, 1971, p. 192; J. E. Schöttle, *Geschichte von Stadt und Stift Buchau*, Waldsee, 1884, p. 61; U. Knefelkamp, *Das Gesundheits- und Fürsorgewesen der Stadt Freiburg im Breisgau im Mittelalter*, Freiburg, 1981, p. 127; P. Dieffenbach,

Geschichte der Stadt und Burg Friedberg in der Wetterau, Darmstadt, 1857, p. 314f.; G. Burkhardt, *Geschichte der Stadt Geislingen an der Steige*, Konstanz, 1963, p. 280; W. Steinhilber, *Das Gesundheitswesen im alten Heilbronn*, Heilbronn, 1956, p. 38; G. Pfeiffer, *Nürnberger Urkundenbuch*, Nürnbuch, 1959, p. 494; K. A. Schaab, *Geschichte der Stadt Mainz*, Bd. I, Mainz, 1841, p. 447; E. Munz/O. Kleinknecht, *Geschichte der Stadt Marbach am Neckar*, Stuttgart, 1972, p. 60; K. Graf, "Gmünd im Spätmittelalter," *Geschichte der Stadt Schwäbisch Gmünd*, ed. K. J. Herrmann, Stuttgart, 1984, p. 183; H. Hilgard-Villard, Urkunden zur Geschichte der Stadt Speyer, Straßburg, 1885, p. 209, 429; P. Schubart, "Das mittelalterliche Badhaus in Eberbach," *Eberbacher Geschichtsblatt*, 1980, p. 70f.; H. Weber, "Baden in Köln," *Jahrbuch des Kölnischen Geschichtsvereins*, 1975, p. 146 참조. 욕탕이 그런 지역에 위치한 이유는 목욕업주와 그 종업원들이 종종 '정직하지 못했다'라든가, 좋지 않은 소문이 난 욕탕인가, 또는 합법적인 욕탕 유곽이었는가와는 별 상관이 없다. 오히려 1398년 언급된 라벤스부르크의 욕탕처럼(A. Dreher, 앞의 책, p. 148) 그 장소에 원형 성곽의 하수구가 있는지, 아니면 1318년 도나우 강물을 레겐스부르크의 '욕탕'으로 들여보냈던 양수기 같은 것이 있었는지가 더 중요했다. K. Bauer, *Regensburg*, Regensburg, 1970, p. 532 참조.

96) E. Maschke, 앞의 책, p. 20; E. Schirmacher, *Stadtvorstellungen*, Zürich, 1988, p. 145 참조.

97) 1358년 베네치아 주의회는 유곽을 설치하기로 결정하면서 그 이유로 외국인들이 계속 도시를 들락거린다는 점을 들었다. 그래서 유곽의 장소로 카스텔레토라 불리는 물의 도시 베네치아의 상업중심지인 마테오 디 리알토 교구(Pfarre p. Matteo di Rialto)를 선택했다. E. Pavan, 앞의 책, p. 242, 250 참조. 쾰른과 세비야에서도 사창가 고객 대부분은 나병 환자였던 것으로 보인다. F. Irsigler/A. Lassotta, 앞의 책, p. 190f. 및 M. E. Perry(1985), 앞의 책, p. 143 참조. 전에는 창녀들이 대부분 도시 성문 주변 지역에 있었듯이 오늘날에는 대부분 역 주변에 많이 있다.

98) 1414년부터 1418년까지 콘스탄츠 위원회가 열리는 동안에 그 고장 창녀들 이외에도 700명이나 되는 떠돌이 창녀들이 더 몰려들었다. "많은 떠돌이 창녀들과 비공식 창녀들, 그리고 고급 매춘부들이 아주 많았다"(C. Justinger, *Die Berner-Chronik*, ed. G. Studer, Bern, 1871, p. 253).

잘못된 인상을 주지 않기 위해 우리는 당시 콘스탄츠에서 머물렀던 외국인 중 극소수만이 성직자였다는 사실을 밝혀야겠다. H. Rashdall, *The Universities of Europe in the Middle Ages*, Bd. I, Oxford, 1951, p. 578 참조.

99) 예컨대 1418년 샹베리에서 '실로 놀라운 장관'이 벌어졌는데 그것은 '진짜 전쟁터'로 바뀌었다. "여자들이 서로 치고 받고 땅 위를 딩굴고 옷을 찢는데, 한 그르다(Greda) 여자는 자기 친구의 머리 수건에 불을 지르기까지 했다"(R. Brondy/B. Demotz/J.-P. Leguay, 앞의 책, p. 362f.).

100) E. Winkelmann, "Zur Kulturgeschichte des Straßburger Mßnsters im 15. Jahrhundert," *Zeitschrift für die Geschichte des Oberrheins*, 1886, p. 26 참조. 15세기 중반경 "항상 외지 사람들로 북적거렸다"고 적혀 있듯이 하이델베르크는 외국인들이 많이 방문했던 도시로 1320년과 1381년 사이에 그것도 도시 동쪽 성곽 밖에 비교적 오래 된 유곽이 존재했을 수도 있다. 이곳의 야콥 변두리나 오버 변두리에서는 1381년에 처음으로 "오버 성문 곁에 있는 여자들의 골목길"이 언급되고 있다(H. Derwein(1940), 앞의 책, p. 134 참조). 추측건대 그것은 이미 1410년부터 그 이름으로 불렸던 오늘날의 야콥 골목, 즉 "즐거움의 강으로 가는 좁은 골목"과 동일시된다. 바로 그 옆에 방랑자 숙소가 자리잡고 있었다. 외떨어진 작은 골목길에 창녀집이 세워졌다는 것은 가능한 일이다. 그러면 거기서 투숙하는 방랑자들을 성적으로 만족시켜서 그들이 여행을 떠나기 전 오버 성문을 통해 시내로 들어와 여자들을 괴롭히지 않게 되기 때문이다. 잘 알려져 있다시피 14세기에는 전쟁과 기아, 페스트로 인해 황폐화한 농부들이 유랑자가 되어 전국을 돌아다니며 도시로 들어오게 된다(B. Schnapper, 1985, p. 145f. 참조). 게다가 평생 유랑으로 소일하며 범죄 성향을 띠게 되었던 방랑자들도 많았고(W. Seidenspinner, "L'a répression du vagabondage et sa signification historique du XIV au XVIII siècle," *Revue historique de driot français et étranger*, 1985, p. 383f.; M. P. Maaß, 1968, p. 202; J. Stagl, "Die Methodisierung des Reisens im 16. Jahrhundert," *Der Reisebericht*, ed. P. J. Brenner, Frankfurt/M., 1989, p. 152 참조), 합법적인 단체를 결성했던 방랑자들도 있었다. 가령 영국의 순례자들을 연상하면 될 것이다(R. Jütte, *Abbild und soziale Wirklichkeit des Bettler- und Gaunertums zu Beginn der Neuzeit*, Köln, 1988, p. 178; p. M. Kuhn, *Middle English Dictionary*, Pt. P, Ann Arbor, 1981, p. 576f. 참조) 아니면 비용(Villon)을 통해 세계적으로 유명해진 코

키야르를 들 수 있는데, 이들은 독일의 동료들처럼(그 예에 관해서는 G. Geiger, *Die Reichsstadt Ulm vor der Reformation*, Ulm, 1971, p. 164 참조) 사창가 돌아다니는 것을 좋아했다.

위클리프(John Wyclif)는 그가 살던 시대, 즉 14세기에 "순례자의 행렬은 음란한 행위를 하기 위한 순례이다"라고 생각했다. 즉 예수의 시대에 성스런 순례 여행이 존재했다면 오늘날에는 단지 낯선 여자들과 성적 욕망을 충족시키기 위한 순례 여행만 존재할 뿐이다. C. K. Zacher, *Curiosity and Pilgrimage*, Baltimore, 1976, p. 108 참조. 실제로 방랑자인 하르프(Arnold von Harff)가 무엇보다 다음과 같은 질문 "부인, 당신과 관계를 맺어도 되겠소?"와 "부인, 당신과 성행위를 해도 되겠소?" 또는 "부인, 나는 항상 당신의 침대에 있소!"라는 놀라운 확인을 여러 가지 언어로 습득했다는 것이 독특하다. N. Foster, *Die Pilger*, Frankfurt/M., 1982, p. 244; H. Beckers, "Die Reisebeschreibung Arnolds von Harff," *Deutsche Jacobspilger und ihre Berichte*, ed. K. Herbers, Tübingen, 1988, p. 59 참조.

메르츠(Ludwig Merz)는 나에게 (앞의 책) 편지를 보내왔다. 구두로 전해온 바에 의하면 야콥 골목길에는 '그보다 나중에', 즉 19세기나 빨라야 18세기에 '매춘굴'이 존재했었다고 한다. 다른 측면에서 볼 때 '여자들의 골목'(frauen geßel)이 1320년까지 오버 변두리에 있던, 성모 마리아를 기념하기 위해 지어진 프란체스코파 수도원에서 그 이름을 따왔다는 것도 가능한 일이다. 실제로 대부분의 창녀 골목은 그곳에 위치해 있던 유곽의 이름이 붙여졌다. 예컨대 오래 된 도시 성곽 옆 무켄 계곡에 있는 뉘른베르크 창녀 골목이 그렇다(E. Reicke, *Geschichte der Reichsstadt Nürnberg*, Nürnberg, 1896, p. 683 참조).

'여자들의 집'(Frauenhäuser)은 유곽과는 많이 달랐다. 예를 들면 예배시간 동안 여자들이 축복을 받기 위해 기다려야만 했던 교회의 증축 건물도 이런 이름으로 불렸다(E. v. Künßberg, *Deutsches Rechtswörterbuch*, Bd. III, Weimar, 1935, p. 674 참조). 그리고 웅장한 스트라스부르의 '여성의 집'(E. v. Borries, *Geschichte der Stadt Straßburg*, Straßburg, 1909, p. 139 참조) 역시 쾌락의 장소가 아니다. 나쁜 종양과 성병을 앓는 가난한 영혼들을 위한 '우리 여성들의 숙소'(unser frawen lewt hus)였다. "그 안에서는 남자들은 제외되고 여자들만 누워있었다"(K. Stenzel, *Die Straßburger Chronik des elsässischen Humanisten Hieronymus Gebwiler*, Berlin, 1926, p. 64f.).

101) H. v. Weinsberg, *Das Buch Weinsberg*, Bd. IV, 1898, p. 194.

102) H. v. Weinsberg, *Das Buch Weinberg*, Bd. I, ed. K. Höhlbaum, Leipzig, 1886, p. 119f.

103) 1472년 라이프치히의 시 회계서에 보면 자의로 유곽에 들어간 창녀들을 '경건한' 창녀, 즉 순종적인 창녀라고 칭했다. 라이프치히 시민은 이웃에 사는 비공식 창녀들의 활동에 매번 불평했으며 이들은 결국 1498년 도시에서 추방되었다. 유랑 창녀들의 가두 매춘은 어차피 금지되었다. G. Wustmann, "Frauenhäuser und freie Frauen in Leipzig im Mittelalter," *Archiv für Kulturgeschichte*, 1907, p. 470, 476f. 참조. 물론 많은 도시에서 유랑 창녀들은 잠정적으로 유곽에서 일을 했다. 예를 들면 할 (Hall)의 빈민가에 자리잡은 유곽의 떠돌이 창녀들은 1468년까지 의회에 1인당 1주에 2실링의 세금을 내야 했다. G. Wunder, "Unterschichten der Reichsstadt Hall," *Gesellschaftliche Unterschichten in den südwestdeutschen Städten*, ed. E. Maschke/J. Sydow, Stuttgart, 1967, p. 111 참조. 이미 주 98에서 언급했듯이 도시에서 커다란 행사가 열릴 때면 수많은 떠돌이 창녀들이 시내로 밀려들었다. 부츠바흐(Dietrich Butzbach)는 1521년 보름에서 열린 제국의회(Wormser Reichstag: 신성로마 제국 및 1867~1918년의 독일의 제국의회―옮긴이)에 관해 '모든 골목'은 '아름다운 여인들'로 가득 차 있었다고 보고한다(R. Aulinger, "Reichsstädtischer Alltag und obrigkeitliche Disziplinierung," *Alltag im 16. Jahrhundert*, ed. A. Kohler/H. Lutz, München, 1987, p. 284). 그리고 1541년 레겐스부르크에서 열린 제국의회에 관해서는 이렇게 보고되고 있다. "앞으로 천박한 여자들에 대해서도 그들에 관해 상당히 완벽한 목록이 작성되도록 기록되어야 한다"(E. v. Oefele, *Die Chroniken der baierischen Städte Regensburg, Landshut, Mühldorf, München*, Leipzig, 1878, p. 183). 다허(Eberhard Dacher)는 공회의(公會議)가 열린 기간의 콘스탄츠에 관해 이렇게 말한다. "그래서 우리는 그런 여자들을 데리고 있는 유곽을 돌아다녀 보았다. 약 30명의 창녀가 있는 집도 있었고 30명이 넘거나 채 안 되는 집도 있었다. 그 고장의 창녀들과 욕탕 창녀들을 제외하고도 우리는 거의 약 700명이나 되는 창녀들을 발견했다"(J. C. Siebenkees, 앞의 책, p. 579). 물론 이런 여자들은 당국에 의해 통제가 아주 잘되었다. 그래서 1532년 레겐스부르크의 제국의회에 관해 비트만 (Leonhart Widmann)의 연대기에는 다음과 같이 적혀있다. "1532년 3월 15일에 프로포스(옛날 용병대에서 헌병 역할을 하던 장교―옮긴이)가 40명

이 넘는 창녀들을 데리고 왔다. 그들 중 누구도 여기서 영업할 수 없었다. 영업하다 그에게 들키면 1굴덴의 벌금을 내야 했다. 나는 프로포스에게서 여기에 1500명이 넘는 창녀가 있다고 들었다"(같은 책, p. 109).
『치머의 연대기』(*Zimmerische Chronik*)에 따르면 교구교회의 유곽들은 폐쇄되었다고 한다. 그 집에 고용된 창녀들이 비밀 창녀들의 경쟁 압력을 더 이상 견뎌내지 못했기 때문이다. "전에는 늙은 창녀들이 젊은이들을 끌어오기 위해, 그리고 발각되어 시끄러운 일이 생기는 것을 미연에 방지하기 위해 온갖 수단을 다 썼다. 그래서 유곽들은 시내에 남아 있었다. 오래 전부터 유곽은 압라흐의 원형 성곽 근처 교구교회 언저리에 있었다. 그러나 침버른의 영주인 요하나스 베른헤어가 통치할 때 아주 뻔뻔스럽고 대담한 창녀들이 교구교회로 들어왔기 때문에 유곽의 창녀들은 더 이상 돈을 벌 수가 없었다. 그 대신 그들은 포주와 함께 그들의 집을 떠나야 했다. 막대기에 작은 손수건을 핀으로 꽂은 기를 휘날리면서 그들은 시내에서 나왔다. 나중에 그런 집들은 행정 당국에 의해 팔리거나 당국이 사용하였다. 그리고 난로가 집 안에서 깨져 불씨가 사방으로 튀지 않도록 보살폈다. 사람들은 세상에서 그렇게 천박한 장소인, 그러한 집을 이제는 더 이상 필요로 하지 않게 되었다"(K. A. Barack, *Zimmerische Chronik*, Bd. II, Freiburg, 1881, p. 78f.).

104) H. v. Weinsberg, 앞의 책, Bd. IV, 1898, p. 194. 예컨대 1494년 '창녀 공고'에 관한 아우크스부르크의 규정처럼 많은 다른 지역에서는 그것을 더욱 신중하게 다루었다. P. v. Stetten, *Geschichte des Heil. Röm. Reichs Freyen Stadt Augspurg*, Frankfurt/M., 1743, p. 251 참조. 뉘른베르크 시 참사회는 간통을 저지른 여인들을 '울부짖는 곳'이나 유대인 언덕으로 추방했는데 거기서는 '천한 창녀나 다른 여자들'이 그들의 생업에 종사할 수 있었다. 뉘른베르크에서는 "유대인 언덕, 옛날부터 울부짖는 곳이라 불렸던 비볼츠 우물과 돌다리 사이의 초지만" 제외하고(E. Reicke, 앞의 책, 1896, p. 682f.) 1480년 매춘이 금지되었다. 이런 금지령에도 불구하고 마을 주위에 살고 있던 많은 창녀들은 매일 도시 성문에 나 있는 구멍을 통해 골목길로 들어왔다. G. Strauss, *Nuremberg in the Six-teenth Century*, Bloomington, 1976, p. 38 참조.

105) J. Rossiaud, 1989, p. 178f. 참조. 나중에 무엇보다 순박한 국민들은 카를 7세를 극도로 싫어했다. 왜냐하면 그는 매춘을 상당 부분 승인했으며 스스로도 '세 명이나 네 명의' 첩을 두었는데 그 중 두 명은 전에 '공식 창녀'였다고 전해진다.

106) K. D. Hllmann, *Stüdtewesen des Mittelalters*, Bd. IV, Bonn, 1829, p. 268 참조. 파리 주민들은 매번 창녀들을 그들의 골목에서 내몰았다. 예컨대 샤퐁 거리(A. Terroine, 앞의 책, p. 266 참조)의 주민들처럼, 그리고 1508년 디종의 생 피에르 가의 정숙한 부인들은 당국이 그들의 주거지에 창녀들이 들어오지 못하게 조치하도록 했다. J. Rossiaud, 앞의 책, p. 142, 227 참조. 리종의 페슈리 가의 주민들은 그곳에 있는 욕탕 유곽을 반대하여 "사창가보다 더 나쁜 앞서 말한 유곽의 음란스러움과 추잡함"에 대해 고발하는 진정서를 작성했다. A. Cabenès, 앞의 책, p. 191 참조. 14세기와 15세기 유곽의 창녀들이 그 지역의 다른 장소에서 체류하기를 원했을 때 사우스워크의 주민들은 반복해서 왕과 의회에 청원했다. R. M. Karras, 앞의 책, p. 411; D. J. Pivar, 앞의 책, p. 15 참조. 가끔 천한 여자들과 그들의 고객이 어느 정도 예의바르게 행동하거나 적어도 그렇게 보이기만 했다면, 그들의 이웃들은 이를 갈면서 그것을 감수했을 것이다. 물론 그런 경우는 극히 드물었다. 그래서 슈바벤의 오놀츠바흐 주민들은 그곳에 있는 유곽의 창녀들이 골목길을 돌아다니며 소리지르거나 노래를 부르며 저주하는 것에 대해 불평했다. E. Nübling, *Die Reichsstadt Ulm am Ausgange des Mittelalters*, Bd. II, Ulm, 1907, p. 323 참조.

107) 이 일로 그녀는 당국으로부터 고발당했다. 그 이유는 그녀가 규정된 차림, 즉 '손에 장갑을 끼고 머리에는 작은 종을 달지' 않고 매춘을 했기 때문이다. G. Brucker, *The Society of Renaissance Florence*, New York, 1971, p. 191f. 참조.

108) G. L. Kriegk, 앞의 책, p. 395 참조. 아주 오래 된 단치히 도시자치법에는 이렇게 적혀 있다. "천하다는 평이 난 여자들은 누구도 정숙한 사람들의 근처와 교회묘지의 맞은편에 살 수 없다. 창녀들이 근처에 함께 산다면 선의의 이웃을 괴롭히기 때문이다"(P. Simson, *Geschichte der Danziger Willkür*, Danzig, 1904, p. 61). 중세 후기 단치히의 창녀들이 받았던 모욕 때문에 후자의 경우는 거의 일어날 수 없었을 것이다.

109) 이런 논증은 다음 시대에도 계속 반복해서 제기된다. 예를 들면 메르시에(L. -S. Mercier)는 *Tableau de Paris*, Bd. III, Amsterdam, p. 113에서 이렇게 질문한다. "어떻게 가난하지만 정직한 한 가장이 자신의 딸을 순수한 상태로 지킬 수 있기를 기대하겠는가? 우아하게 차려입은 창녀가 남자를 유혹하며, 타락한 모습을 보여주고 자신의 방탕함을 과시하며 심지어 법의 보호까지 받으며 지나친 방종을 즐기는 모습을 어린 딸이 바로 집 앞에서 볼 수 있는 이 정열의 시대에 말이다." 매춘을 관대하게 받아들임으로써

강간과 유혹이 급격히 감소했다는 사실은 논란의 여지가 없지만, 보상받은 것 이상으로 어린 딸들의 수치감이 손상되었다. p. Petersen, *Die Große Revolution und die kleinen Leute*, Köln, 1988, p. 113 참조. A. Clark, "Whores and Gossips: Sexual Reputation in London 1770~1825," *Current Issues in Women's History*, ed. A. Angerman et al., London, 1989, p. 243f. 참조. 그래서 프랑스 혁명 중에도 대부분의 시민들은 매춘을 외떨어진 지역에 집결시키는 것에 찬성하는 입장을 표명했다. 예컨대 1789년 구주(Olympe de Gouges)는 "파리 시내에서 창녀들을 몰아내 일정한 구역에 가두어놓고 경찰이 그곳에 천한 창녀들과 그들의 추한 모습들이 넘쳐나는 것을 순박한 아녀자들이 모르도록 매일 조처할 것을" 요구했다(A. Rosa, 앞의 책, p. 99).

110) G. L. Kriegk, 앞의 책, p. 389에서 재인용. 1403년 빈의 항고장에는 포도주 장인장에 관해 이렇게 적혀 있다. "그들이 허락하는 곳에 성실한 시민의 집이 있어야 하며, 공식 창녀의 집이 있어야 한다. 그곳에서는 사람들이 망나니, 닳고 닳은 여자를 부추기며 당신의 사랑스런 아내, 사랑하는 자녀들, 처녀들, 사내아이들, 하인들과 동물들에게 그들의 치욕적인 성향을 갖게 하며 그들로 인해 영혼, 육체와 명예와 재산에 있어 커다란 치욕과 커다란 손해를 입힌다"(J. E. Schlager, 앞의 책, p. 354f.에서 재인용).

111) J. Brucker, 앞의 책, p. 465f. 하노버에서도 평판이 나쁜 것으로 알려진 여자들과 정숙한 여자들이 함께 춤추는 것을 금지했다(S. Müller, 앞의 책, p. 10). 14세기 초 이후로 시칠리아 섬 행정 당국의 지시는 예의바른 부인들이 창녀의 본을 따를 수도 있다는 우려를 나타내고 있다.

112) S. Müller, 앞의 책, p. 10f.

113) J. Rossiaud(1976), 앞의 책, p. 305. 남자들은 여자들과는 반대로 본능적으로 정기적인 성교가 필요하다는 것이 최근까지도 매춘에 대한 논거로서 이용되고 있다. L. Tickner, *The Spectacle of Women: Imagery of the Suffrage Campaign 1907~14*, London, 1987, p. 223 참조.

114) 이미 13세기 마르세유 규약에는 창녀들이 교회 근처와 정숙한 시민이 있는 곳에 거주해서는 안 된다고 규정하고 있다. L. L. Otis, 앞의 책, p. 21 참조. 1415년 1월 8일 파리의 지사는 칙령을 통해 정숙한 지역에서 창녀들에게 거주지를 빌려주는 주민에게 형벌 말뚝에 매달아놓거나 인두로 지지고, 도시에서 추방하는 등의 벌을 주겠다고 위협하고 있다(P. Dufour, 앞의 책, p. 210).

반면 1422년 밀텐베르크의 규정은 훨씬 완화되었다. "누구도 천한 여자를 자기 집에 데리고 있으면 안 된다. 그녀는 그녀가 속한 곳, 즉 그 도시의 천한 집으로 가야 한다. 이 규정을 어기는 경우 시 당국에 5실링의 벌금을 내야 한다"(R. Schröder, *Oberrheinische Stadtrechte*, Bd. I, 4, Heidelberg, 1898, p. 317). 1483년 함부르크에서 반란을 일으켰던 시민들은 옛 규정을 다시 부활시켜 달라고 시의회에 요구했다. 그 규정에 따르면 천한 여자들은 "교회 묘지, 사람들이 많이 다니는 도로에 살아서는 안 된다. 왜 냐하면 우리 시민이나 청년, 처녀, 부인 그리고 남편들이 매일 그곳을 통해 교회로 가야 하기 때문이다." 그리고 계속 이어진다. "시민들 역시 일년 이 상 일제 단속을 벌이고 천한 창녀들을 그들에게 맞는 장소로 보내기를 원한 다." Dr. v. Posern-Klett, "Frauenhäuser und freie Frauen in Sachsen," *Archiv für die Sächsische Geschichte*, 1874, p. 66; G. Schönfeldt, *Beiträge zur Geschichte des Pauperismus und der Prostitution in Hamburg*, Weimar, 1897, p. 99 참조. D. H. Voges, *Die Reichstadt Nördlingen*, Bonn, 1972, p. 541; B. de Vevey, *Les sources du droit du canton de Fribourg*, Bd. II, Aarau, 1932, p. 133, 181; J. Schnell, 앞의 책, 1856, p. 203 참조.

1455년 쾰른 법에 따르면 창녀들은 특정한 지역에서만 살아야 한다. 그리 고 1486년에 경박하고 부도덕한 창녀들은 (정숙한) 지역에서 추방되었다. W. Stein, *Akten zur Geschichte der Verfassung und Verwaltung der Stadt Köln im 14. und 15. Jahrhundert*, Bd. II, Bonn, 1895, p. 374, 593. 옛 뤼벡 법에 의하면 창녀들은 특정한 골목에 들어서면 안 된 다. 그 골목에 들어서는 창녀들은 특이하게 머리가 잘리고 효수대에 못박히 게 된다. R. Reuter, "Verbrechen und Strafen nach altem lübischem Recht," *Hansische Geschichtsblätter*, 1936, p. 114f. 참조. 1451년 보토 는 베르니게로데(독일 중부의 도시—옮긴이)의 주교좌 성당 참사회원인 보 토에게 사람들의 분노를 불러일으키는 천한 여자들을 4주 안에 그곳에서 떠나보내야 한다고 제안했다. "왜냐하면 그것이 신에게는 커다란 치욕이기 때문이며 민족에게는 나쁜 본보기를 보여주기 때문이다"(E. Jacobs, *Urkundenbuch der Stadt Wernigerode bis zum Jahre 1460*, Halle, 1891, p. 305f). 반면 1471년 스트라스부르의 도시법은 시가 고용하지 않 은 모든 창녀들은 창녀구역으로 가야 한다고 규정하고 있다. "모든 포주, 뚜쟁이, 시내에 있으면서 부정하게 정사를 벌이는 여자들은 성곽 뒤나 아니 면 그들에게 배정된 다른 변두리, 즉 비커 가와 빙켄 가, 그뢰비엔 가로 이 주해야 한다. 거기는 그런 사람들이 있는 곳으로 잘 알려져 있다." 이런 규정이 새로운 것이 아님은 다른 규정에서도 드러난다. 그런 동떨어진 골목에 "오래 전부터 그런 여자들이 살아왔으며 거주하고 있다고 전해진다. 정숙한 사람들, 그들의 자녀와 가족들이 그들 때문에 불쾌하거나 신경쓰지 않고 시내에 거주할 수 있도록"(J. Brucker, 앞의 책, p. 459, 465).

콜마르의 외교 문서집을 보면 14세기 모든 여관 주인에게 이렇게 요구하고 있음을 알 수 있다. "어떤 유랑하는 창녀도 그들이 타지 사람이건 그 고장 사람이건 상관없이 그의 집에 받아들이지 말아야 한다. 이런 창녀들은 그들에게 속한 변두리로 가야 한다." K. Baas, "Studien zur Geschichte des mittelalterlichen Medizinalwesens in Colmar," *Zeitschrift für die Geschichte des Oberrheins*, 1907, p. 245f. 참조. 그런 종류의 규정은 근본적으로 시대가 지나도 많이 변하지 않았다. K. Baas, 앞의 책, p. 245f. 참조. 1824년의 규정도 맨체스터의 공식 창녀들에게 "사람들이 많은 거리나 큰길로 다니는 것, 자유분방하고 무례하게 행동하는 것을" 금하고 있다(C. DeMotte, *The Dark Side of Town: Crime in Manchester 1815~75*, Ann Arbor, 1980, p. 236).

115) 물론 당시 하이델베르크에도 그런 규정이 있었지만 제대로 지켜지지 않았을 수도 있다. 그러나 이런 사항에 관해 어디서도 확인할 수가 없다. 왜냐하면 이런 자료들 역시, 그것이 존재했을지라도 시청과 함께 1689년 프랑스 사람들에 의해 소각되었기 때문이다.

116) 이미 1162년 사우스워크의 유곽 규정은 창녀들에게 창녀집의 문 안에 조용히 머무르라고 지시하고 있다. 지나가는 통행인의 옷을 붙잡는 여자 포주나 남자 포주는 그들의 재판관, 즉 윈체스터 주교에게 20실링의 벌금을 지불해야 했다. 그 밖에도 창녀들에게는 유곽 건물 앞의 골목에서 가두 매춘을 하는 것이 금지되었다. R. M. Karras, 앞의 책, p. 425, 427f., 429 참조. 15세기 프랑크푸르트의 창녀들은 유곽의 문지방과 주계단 위에 앉아 있을 수도 없었고 골목 입구에서 고객을 유인할 수도 없었다. G. L. Kriegk, 앞의 책, p. 307 참조. 그러나 그런 규정들은 물론 자주 무시되곤 했다. 예컨대 라이프치히의 창녀들에 관해서――그들 중 가장 유명한 창녀는 "그림 같이 예쁜 안나"라고 불렸다――그들이 아침부터 저녁까지 치장을 하고 창녀집의 정문에 앉아 지나가는 남자들을 유혹한다고 기술되어 있다(G. Wustmann, 앞의 책, p. 473, 476). 그리고 쾰른의 창녀들도 남자들을 유혹했다. "그들 중 소수는 아주 치욕스러웠고 뻔뻔스러워서 타지 사람이건 그 고장 사람이건 상관없이 기혼 남자들과 성직자들에게 달려들었다. 왜냐하면 그들이 다니는 길 주변에 창녀들이 줄지어 있었기 때문이다. 창녀들은

기혼 남자들과 성직자들을 그들의 집으로 유혹한 결과 많은 사람들이 커다란 불쾌감, 위험, 치욕에 빠지고 손해를 보며 천연두에 걸렸다. 그래서 그들의 아내의 분노를 사게 되고 강력 판사에게 붙잡혀 유죄인지, 무죄인지를 판결받았다"(H. v. Weinsberg(1898), 앞의 책, p. 193f.).

117) 14세기 메란 도시 법에는 천한 여자들은 여자 외투나 모피를 입어서는 안 되며 여자 주민이나 다른 정숙한 여자들과 함께 춤을 추어서도 안 된다고 규정되어 있다. M. Panzer, *Tanz und Recht*, Frankfurt/M., 1938, p. 40 참조. 1493년 메츠 의회는 도시의 창녀들을 앙글레무어(Angle-Mur)의 주거지("옴 거리에 있는")로 추방했다. 그리고 그들에게 공식적인 축제와 무도회 행사 참여를 금지했다. Major Westphal, *Geschichte der Stadt Metz*, Bd. I, Metz, 1875 p. 298f. 참조.
리스(레온하르트의 묘지 옆)에 있던 바젤 창녀들은 가두 매춘 외에도 음식점에 들어가는 것이 거부되었다. R. Wackernagel, *Geschichte der Stadt Basel*, Bd. II, Basel, 1916, p. 922 참조. 1383년 슈파이어의 규정에는 요리사와 여관 주인에게 기둥서방이나 정숙하지 못한 여자는 누구도 그들의 집에 들어오지 못하게 해야 하며 그것을 지키지 못할 경우 벌을 받아야 한다고 되어 있다(E. J. Mone, "Sittenpolizei zu Speier, Straßburg und Konstanz," *Zeitschrift für die Geschichte des Oberrheins*, 1856, p. 61f. 참조). 그리고 1445년 괴팅겐 규정도 이렇게 되어 있다. "평이 나쁜 여자는 누구도 여관이나 음식점에 들어가서 다른 사람들과 함께 앉아 있어서는 안 된다. 그리고 음식점을 연 시민도 그들을 음식점에 들여보내서는 안 된다"(G. v. d. Ropp, *Göttinger Statuen*, Hannover, 1907, p. 176, 510).

118) A. Mays/K. Christ, 앞의 책, p. 219f. 1471년 스트라스부르 규정은 다음과 같다. "천박한 여자들은 정면 제단 앞의 성가대석 위에서든, 교회의 다른 제단 앞에서든 대성당의 제단 앞 계단에 앉아서 수다를 떨어서는 안 된다"(J. Brucker, 앞의 책, p. 460). 그러나 일년 전에 이미 이렇게 규정되어 있었다. "소수의 천박한 여자들이 대성당의 제단 앞 계단에 앉아 있었다. 그들은 제단과 예배에 등을 돌리고 앉아 예배에 집중하지 않고, 마치 벼룩시장에 앉아 있는 것처럼 행동했다. 어떤 것을 사는 게 좋을까 둘러보듯이 사방을 두리번거렸다. 그런 행동은 대성당이라는 신성한 장소에는 어울리지 않으며 도저히 참아낼 수 없는 행동이었다." 그런 음탕한 여자들은 7인 위원회의 법정으로부터 적어도 1파운드 페니히를 벌금으로 내야 했다. O. Winckelmann, 앞의 책, p. 255f. 참조. B. de Vevey, 앞의 책, p.

108(1481년 에스타바옐의 도시법). 콘스탄츠의 '포주 규정'에 따르면 유곽에 소속된 창녀들은 대성당의 뮌치스 문 옆 일명 초지에 따로 구분된 좌석이 있었다. P. Meisel, *Die Verfassung und Verwaltung der Stadt Konstanz im 16. Jahrhundert*, Konstanz, 1957, p. 147 참조. 프랑크푸르트에서도 마찬가지였다. 영국에서는 1485년 그들에게 교회출입을 금지했다. G. L. Kriegk, 앞의 책, p. 325 참조.

119) H. -F. Rosenfeld/H. Rosenfeld, *Deutsche Kultur im Spätmittelalter*, Wiesbaden, 1978, p. 131 참조.

120) 그래서 그들 중 두 명은 처음으로 예배에 갔을 때 기회를 이용해서 도주했다. "1520년 2월 4일 여기서는 처음으로 매주 일요일이면 사창가의 여자들이 생 모리츠 근처 성곽 위로 설교를 들으러 가기 시작했다. 사람들은 교회 옆에 따로 부속교회를 만들었다. 그들은 특별히 성곽 위로 올라갔다. 포주는 하인 두 명으로 하여금 그들이 교회로 가고 오는 길을 지키게 했다. 첫날 그들이 설교를 들을 때 두 명의 창녀가 교회로 도주했다"(K. v. Hegel/F. Roth, *Die Chroniken der schwäbischen Städte: Augsburg*, Leipzig, 1896, p. 123).

1466년경 콘스탄츠에서 어떤 공식 창녀 하나가 자신의 품행을 고치려고 아우구스티누스 교회로 도주했을 때 그 여자를 데리고 가기 위해 '포주와 그의 아내'가 교회로 몰려왔다. 물론 포주와 그의 아내는 교회에 들어온 것만으로도 교회의 면책 특권을 손상시켰기 때문에 교구 소속 신부는 그 부부에 대한 조처를 취하라는 명령을 받았다. W. Köhler, *Zürcher Ehegericht und Genfer Konsistorium*, Bd. II, Leipzig, 1942, p. 92 참조. 유럽의 다른 지방에서처럼 베네치아에서도 자주 본토로부터 여자들을 유혹해 착취했으며, 물의 도시인 베네치아에서 매춘을 하라고 강요했다. G. Ruggiero, *The Boundaries of Eros*, Oxford, 1985, p. 41f. 참조. 다른 많은 지역에서도 창녀들이 그들에게 지정된 구역에 묶여 있는 경우가 많았다. 그래서 G. Rohlfs, *Drei Monate in der libyschen Wüste*, Kassel, 1875, p. 321에는 이집트 에스네의 알메(almehs)는 그들의 구역을 "절대 떠날 수 없었다"고 보고되어 있다.

121) R. Quanter, *Die Sittlichkeitsverbrechen im Laufe der Jahrhunderte*, Berlin, 1925, p. 357 참조.

122) M. Eichenauer, 앞의 책, p. 113f. 참조. 명백히 로마인들은 그리스인들처럼(J. Vogt, "Von der Gleichwertigkeit der Geschlechter in der bürgerlichen Gesellschaft der Griechen," *Sexualität und Erotik in der*

Antike, ed. A. K. Siems, Darmstadt, 1988, p. 153 참조) 그런 종류의 성적 관계를 통해 결혼제도가 위협받는다고 생각하지 않았다. 율리아 법전 (lex Julia) 이후에도 자유민과 창녀들 사이의 결혼은 불가능했다.

123) A. Mays/K. Christ, 앞의 책, p. 220. 1490년 뷔르츠부르크에서는 '천하다는 평이 난 여자들'에 관한 법령에서 '미혼 남자들을 혼란시키고 기혼 남자들로 하여금 결혼의 법칙을 외면하게 만드는' 치장하는 창녀들을 반대했다. H. Hoffmann, *Würzburger Polizeisätze*, Würzburg, 1955, p. 203; K. O. Müller, *Die älteren Stadtrechte von Leutkirch und Isny*, Stuttgart, 1914, p. 255 참조.

124) M. v. Rauch, 앞의 책, p. 515 참조. 유곽 여주인 역시 결혼한 남자에게서 손을 떼야 했다. 예컨대 1501년 시장과 빌링겐 의회로부터 천한 창녀집을 임대했던 두에니의 이발사 딸인 안나 폰 슈토우펜은 더 이상 도시에 발을 들여놓지 않겠다고 서약했다. 그녀는 결혼한 야콥 보겐쉬츠와 관계를 맺었기 때문이다. H. -J. Wollasch, *Inventar Über die Bestände des Stadtarchivs Villingen*, Bd. I, Villingen, 1970, p. 166 참조.

125) C. Jäger, *Schwäbisches Städtewesen des Mittelalters*, Bd. I, Stuttgart, 1831, p. 554 참조.

126) Dr. v. Posern-Klett, 앞의 책, p. 69. 레겐스부르크에 기록되어 있듯이 그런 규정들은 많은 남편들과 성직자들이 '죄악을 저지르도록' 숙소를 제공했던 여자 뚜쟁이의 수중에 들어가게 했다. H. Knapp, *Alt-Regensburgs Gerichtverfassung, Strafverfahren und Strafrecht bis zur Carolina*, Berlin, 1914, p. 234 참조.

127) 유대인과 기독교도 사이의 성적 관계는 일종의 변태로 간주되었다. 1276년 아우크스부르크의 도시법에는 이렇게 규정되어 있다. "어떤 유대인이 기독교도 여자 옆에 누워 있고 그들이 실제로 관계를 맺은 것이 밝혀지면 그들은 화형당해야 한다"(C. Meyer, *Das Stadtbuch von Augsburg*, Augsburg, 1872, p. 57). 게다가 1473년 루프레히트 폰 프라이징의 '첫째 법전'에는 이렇게 규정되어 있다. "어떤 기독교도 남자가 유대인 여자 옆에 누워 있거나 아니면 유대인 남자가 기독교도 여자 옆에 누워있다면 매춘의 죄를 지은 것이다. 그 두 사람을 포개어 놓고 화형시켜야 한다" (Ruprecht v. Freysing, 1839, p. 223). 그러나 그들을 화형시킬 정도로 심하지는 않았다. 중세 후기의 다른 규정에 의하면 그런 경우에는 유대인의 '음경을 자르고' 눈을 찔렀다(J. Grimm, *Westhümer*, Bd. I, Göttingen, 1840, p. 533)고 되어 있다. 대부분의 경우에는 당사자 두 명을 도

시에서 추방했던 것으로 보인다. 예컨대 1372년 "바벤베르크의 한 여자와 한 야바위꾼 유대인이 서로를 애무하면서"(R. Jütte, Brief vom 26. Mai, 1988, p. 34 참조) 마구 입맞추다가 추방당했다. 뉘른베르크에서는 1406년 한 유대인이 "천한 창녀 집에 갔다는 이유로" 화형을 당했다고 하지만 (R. Straus, *Urkunden und Aktenstücke zur Geschichte der Juden in Regensburg 1453~1738*, München, 1960, p. 32; G. L. Kriegk, 앞의 책, p. 317 참조), 실제로는 '영원히' 그 도시에서 추방된 것으로 보인다. J. Müllner, *Die Annalen der Reichsstadt Nürnberg von 1623*, Bd. II, 1984, p. 195; J. C. Siebenkees, 앞의 책, p. 586 참조. p. Simonsohn, *History of the Jews in the Duchy of Mantua*, Jerusalem, 1977, p. 115, 139; R. Calimani, *The Ghetto of Venice*, New York, 1987, p. 10 참조. 17세기에는 이탈리아에서 젊은 귀족과 함께 잠을 잤던 유대인 여자가 화형을 당했다. E. Murphy, *Lust & Laster: Die großen Bordelle der Welt*, Herrsching, 1987, p. 92; R. Jütte, "Der Prototyp eines Vaganten: Hans von Straßburg," *Das Buch der Vaganten*, ed. H. Boehncke/R. Hohannsmeier, Köln, 1987, p. 121 참조.

128) *Schwabenspiegel*, 앞의 책, p. 255. 주지하다시피 나치 독일에서는 아리안족과 유대인 사이의 모든 성적 관계를 '종족의 치욕'으로 간주했으며 아리안족 파트너가 창녀라 할지라도 중세에서처럼 벌을 받았다. 그래서 1938년 프랑크푸르트에서 유대인 상인이 2년 2개월의 징역을 선고받았는데, 그 이유는 그가 창녀의 동의를 얻어 그녀 앞에서 자위 행위를 했기 때문이다. E. Noam/W. -A. Kropat, *Juden vor Gericht 1933~1945*, Wiesbaden, 1975, p. 176ff. 참조. 같은 해 린츠에서는 두 명의 게슈타포 나치 돌격대 지도자가 체포되어 다하우 강제 수용소로 이송되었는데, 그 이유는 그들이 유대 여자로 하여금 완전 나체로 자위행위를 하도록 강요하고선 나치스 친위 부대장인 힌터슈타이너가 그의 손가락을 여자의 질 안에 삽입하고 '그 안에서 장난을 쳤기' 때문이다. *profil* 45, 1988년 11월 7일자 참조. 악명 높은 부헨발트의 '여사령관'이며 나치스 친위대 사이에서는 '야수'라고 불렸던 일제 코흐(Ilse Koch)는 여러 가지 범죄로 피소되어 나치스 친위대 법정에 끌려와 16개월의 심문과 투옥 후에 다시 풀려났다. 무엇보다 그녀는 팬티를 입지 않은 채 짧은 치마를 입고선 다리를 벌리고 수용자들이 일하고 있는 구덩이 위에 서 있었다. 남자들이 위를 쳐다볼 경우 그녀는 승마용 채찍으로 그들의 얼굴을 피가 나도록 때리거나 치부를 드러낸 채 '뜀틀을 넘게' 했다. 그 광경을 그녀는 자주 쳐다보았다고 한다. A. L. Smith,

Die 'Hexe von Buchenwald', Köln, 1983, p. 59ff. 참조.

129) E. J. Bristow, 앞의 책, p. 13 참조. 이미 13세기의 나마니데스(Nahma-nides, 1194~1270년경: 유대인 성경해석학자, 히브리서와 탈무드에 대한 주석을 썼다—옮긴이)가 말한 것과 같이 유대인 편에서도 유대인 유곽의 설치와 기독교 유곽의 출입은 금지되었다. 그리고 대부분의 유대인 공동체는 몰래 매춘을 했던 유대인 여자들을 점차 도시에서 몰아냈다. 유대인의 유곽이 존재했다는 것이 유대인과 기독교인들 간의 성관계를 감소시키는 데 도움이 되었다는 주장에 대해 유다 벤 아셀(Judah ben Asher)은 이스라엘의 영혼을 대가로 육체를 구하는 것이 아무 의미 없는 일이라고 대응했다. 같은 책, p. 15 참조.

130) R. Wissell, *Des alten Handwerks Recht und Gewohnheit*, Bd. I, Berlin, p. 248 참조. 1404년 제정된 울름 직조공 직인들의 단체 협약은 모든 조합원들의 유곽 출입을 금지했으며(C. Jäger, 앞의 책, p. 537, 553 참조), 단치히의 마 직조공 직인 협약은 비밀 엄수만을 요구했다. "앞으로 여덟 내지 열 명의 직인들이 일반 음식점에 앉아서 돈을 내고 술을 마실 경우 천하고 음탕한 여자는 누구도 그 직인들과 어울려 술을 마시면 안 된다"(W. Reininghaus, *Die Entstehung der Gesellengilden im Spätmittelalter*, Wiesbaden, 1981, p. 99f.). 빈에서는 제빵업자 직인들에게 비드너 성문과 티펜 그라벤 사이에 있는 창녀 집의 방문을 금지했으며(L. Bassermann, *Das älteste Gewerbe*, Wien, 1965, p. 117), 1442년에는 고타의 사수와 사수 직인들의 천한 창녀집 출입이 금지되었다. K. F. v. Strenge/E. Devrient, *Die Stadtrechte von Eisenach, Gotha und Waltershausen*, Jena, 1909, p. 246; O. Hierhammer, "Brauch und Sitte im Zunft- und Handwerksleben der Stadt Waidhofen an der Ybbs," *Österreichische Zeitschrift für Volkskinde*, 1974, p. 42 참조. 로트바일의 엥겔스모임(Engelsgesellschaft)의 협약에 따르면 직인이 창녀와 춤을 추려면 36실링의 벌금을 내야 한다. 그리고 프랑크푸르트의 제본업자 직인들에게는 심지어 그것이 금지되었다. "앞으로 직인은 천한 창녀와 공적인 장소에서 함께 서 있거나 숙소나 음식점에서 함께 술을 마시면 안된다. 그러지 않으면 그는 벌로서 1바첸(옛날 은화의 이름—옮긴이)을 지불해야 한다"(B. Schmidt, *Frankfurter Zunfturkunden bis zum Jahre 1612*, Bd. II, Frankfurt/M., 1914, p. 280). 라이프치히의 제화업자 직인, 마직공과 포도주점 주인들의 규정에 대해서는 G. Wustmann, 앞의 책, p. 469f. 참조. 1490년 에거의 모피공 직인의 규

정에 대해서는 K. Siegl, *Die Egerer Zunftordnungen*, Prag, 1909, p. 77 참조. 1450년 뮌헨 도공의 협약 및 콜마르의 유피(鞣皮)업자와 무두장이 조합의 규정에 대해서는 Dr. v. Posern-Klett, 앞의 책, p. 70f. 참조. 이러한 규정들이 얼마나 엄격하게 지켜졌는지 그리고 직인들 중 얼마나 많은 사람들이 실제로 창녀집에 갔는지는 물론 정확하게 알 수가 없다. 1525년 바젤의 의회를 대변하는 수공업자 장인장들은 아마도 반쯤은 농담으로 "의회가 마지막으로 남은 창녀집을 폐쇄하기로 결정한다면 직인들도 그들의 작업을 그만둘 것이라고" 말했다. E. Isenmann, *Die deutsche Stadt im Spätmittelalter*, Stuttgart, 1988, p. 328 참조.

131) I. Bloch, *Die Prostitution*, Bd. I, Berlin, 1912, p. 323 참조.

132) G. v. Ropp, 앞의 책, p. 251. 베르니게로데의 제화업자와 제혁공 직인의 U. L. 여성 조합원의 규정에 대해서는 E. Jacobs, 앞의 책, p. 352 참조. 1470년 콜마르의 유피업자와 무두장이 조합은 어떤 포주도 받아들이지 않겠다고 결정했다. "포주였던 사람은 그들의 조합에 가입할 수 없다. 그리고 장인장과 직인들은 그런 사람들과 교류해서는 안 된다"(E. J. Mone, "Zunftorganisation," *Zeitschrift für die Geschichte des Oberrheins*, 1865, p. 22). 그러나 천한 여자와 관계를 했거나 함께 살았던 남자들 역시 수공업동업조합에서 축출당했다. 그래서 1465년 바이에른, 프랑켄, 슈바벤의 모피재봉사 수공업동업조합과 뮌헨에서 성 야콥 축일 때 열리는 라인강 수공업동업조합은 어떤 기둥서방도 그들의 조합에 가입하는 것을 허용하지 않겠다고 약속했다(W. Schultheiß, *Die Münchner Gewerbeverfassung im Mittelalter*, München, 1936, p. 142). 이미 1341년 레겐스부르크 '모피코트업자 직인'의 규정은 '뚜쟁이였던 사람'은 누구도 허용하지 말라고 되어 있다. "그리고 우리는 정식 아내를 취하지 않은 사람에게 빚을 져서 그에게 구속되기를 원하지 않는다. 그것은 그런 사람은 우리 조합에 들어올 수 없다는 것을 의미한다"(G. Fischer, "Der Abdecker," *Österreichische Zeitschrift für Volkskunde*, 1962, p. 294).

133) A. Porteau-Bitker, 앞의 책, p. 38에서 재인용.

134) Dr. v. Posern-Klett, 앞의 책, p. 77. 중세 후기 대부분의 도시에서는 조합원들 중에 '평판이 나쁜' 여자와 결혼한 사람은 수공업협동조합에서 축출당했다. E. Maschke, 앞의 책, p. 14 참조. 예컨대 라인 강 중류의 모자제조업자와 편물직공 조합은 직인들이 옛날에 창녀였던 사람이나 형리 딸과 결혼하는 것을 명확히 금지했다. F. Göttmann, *Handwerk und Bündnispolitik*, Wiesbaden, 1977, p. 152 참조. 단치히에서 공식 창녀

를 아내로 취했던 사람은 상속권을 박탈당했다. 나중에야 그의 상속분의 일부분을 가질 수 있었다. A. Meyer, *Das Strafrecht der Stadt Danzig*, Danzig, 1935, p. 88; W. Ebel, *Lübecker Ratsurteile*, Bd. I, Göttingen, 1955, p. 99f. 참조. 이 도시의 비교적 오래 된 규정에는 이렇게 적혀 있다. "평이 좋지 않은 천한 여자와 결혼하는 시민의 아들은 그의 아내와 함께 이 도시의 주거지에서 영원히 살 수 없다"(P. Simson, 앞의 책, p. 35).

1429년 빈의 제빵업자 조합은 의회에서 조합규정을 받아들인다는 서식을 제출했다. "그 조합의 누구도, 마이스터든 직인이든, 창녀나 품행이 좋지 않다고 소문난 여자들과 결혼해서는 안 된다"(J. E. Schlager, 앞의 책, p. 356). 뉘른베르크에서는 주지하다시피 14세기 중반 이후 어떤 수공업동업조합도 존재하지 않았으며 창녀와의 결혼은 더 빈번히 일어났던 것으로 보인다. 예컨대 1442년 어떤 '모피코트 직인'에 관해 이렇게 말하고 있다. "그는 사창가에서 불쌍한 여자를 데려왔다. 그리고 시민권을 포기했다"(R. Wissell, 앞의 책, p. 252). 그리고 1525년 에기디 파이헬이란 어떤 사람이 창녀를 창녀집에서 데리고 나와 결혼했으며 그 후 돛을 꿰매는 사람이 되었다. J. Müllner(1972), Bd. II, p. 161 참조. 그런 남자들은 평생 동안 낙인이 찍힌 것으로 여겨진다. 예를 들어 어떤 수공업동업조합이 이미 '비천한 창녀'와 약혼했던 수레 만드는 목수 직인을 동정심에서 받아들였을 때 다른 조합원들이 계속 그를 피했다. K. Rumpf, "Vom 'ehrsamen' Handwerk und den 'löblichen' Gesellenbruderschaften," *Hessische Blätter für Volkskunde*, 1964, p. 81 참조.

에스파냐에서는 이런 소문도 있었다. 한번은 어떤 창녀가 덫에 걸린 남자에게 그를 구해주겠으니 결혼하자고 제안했다. 물론 그 남자는 그것을 거부했다. 왜냐하면 그의 생명을 구해주는 대가가 그에게는 너무 비싸 보였기 때문이다. W. W. Sanger, 앞의 책, p. 173 참조. 세비야에서는 창녀가된 것을 후회하는 여자들이 결혼 상대를 발견하기가 거의 불가능했다. M. E. Perry, 앞의 책, p. 211 참조.

135) N. Elias, *Über den Prozeß der Zivilisation*, Bd. I, Basel, 1939, p. 242. 본인의 강조. D. Röhr, Prostitution, Frankfurt/M., 1972, p. 37도 비슷하다.

136) W. Rudeck, 앞의 책, p. 50 참조. 그는 다른 책에서도 자주 그런 것처럼 슐츠(A. Schultz)가 *Deutsches Leben im XIV. und XV. Jahrhundert*, Wien, 1892, p. 75에서 한 말을 이 사람의 이름조차 거명하지 않은 채 거

의 단어 그대로 복사하고 있다.

137) F. Graus, "Randst ndigen," *Unterwegssein im Spätmittelalter*, ed. P. Moraw, Berlin, 1985, p. 99 참조. 근세 초기 영국에서는 '퀸'이 공식 창녀를 지칭하여 자주 사용되던 칭호였다. K. U. Henderson/B. F. McManus, Half *Humankind: Context and Texts of the Controversy About Women in England, 1540~1640*, Urbana, 1985, p. 120 참조.

138) A. Terroine, 앞의 책, p. 255, 263f. 참조.

139) J. Le Goff(1977), 앞의 책, p. 102; E. Ennen, *Frauen im Mittelalter*, München, 1984, p. 174 참조.

140) M. W. Labarge, *Women in Medieval Life*, London, 1986, p. 197 참조.

141) G. Wustmann, 앞의 책, p. 481 참조.

142) G. Liebe, "Sitten und Einrichtungen der Universität Greifswald vom 15.-17. Jahrhundert," *Zeitschrift für Kulturgeschichte*, 1894, p. 377 참조.

143) 예를 들면 그라이프스발트에서는 학생과 수공업자 직인, 특히 대장장이와 제화업자 간에 싸움과 격투가 벌어졌다. 1563년 그들은 커다란 고함을 지르면서 학교 앞에 돌을 던지며 나타나 기숙사생들에게 나오라고 요구했다. G. Liebe, 앞의 책, p. 378 참조. E. Bonjour, *Die Universität Basel*, Basel, 1960, p. 140f.; P. Classen/E. Wolgast, *Kleine Geschichte der Universität Heidelberg*, Berlin, 1983, p. 9f.; C. Prantl, *Geschichte der Ludwig-Maximilians-Universität in Ingolstadt*, Landshut, München, Bd. I, München, 1872, p. 39 참조.

144) 당시 하이델베르크에서는 세 개의 욕탕이 있었다. 하나는 1303년 이전부터 존재했던 성곽 맞은편에 있는 가장 위에 있는(H. Derwein, 앞의 책, p. 217) 오버바트 가/츠빙거 가의 코너에 있는 욕탕이다. 중간에 있는 욕탕은 (미텔바트 가—당시 '메츨러 가'라고 불렸다——/츠빙거 가의 코너에 있었다) 1265년 언급되었던 'stupa balnearia'와 동일한 것 같다. 그리고 아마도 가장 나중에 세워졌지만 이미 1568년에 무너진 아래쪽 욕탕은 케텐 가/츠빙거 가의 코너에 있었는데 츠빙거 가는 당시 '뜨거운 굴뚝으로 가는 골목길'이라 불렸다. 세 개의 욕탕이 모두 증기탕이었기 때문이다. M. Huffschmid, "Das Kettenkalb in Heidelberg," *Mannheimer Geschichtsblätter*, 1900, p. 148 참조. 도시 성곽에서 한 걸음밖에 떨어져 있지 않은 욕탕이 이 욕탕에 고용된 여

자들이 특별히 정숙한 것으로 보이지 않는다 할지라도 규정에 언급되어 있는, 평판이 좋지 않은 '욕탕 여관'이었다고 이야기하는 것은 무리가 있다. 그 예에 관해서는 A. Thorbecke, *Statuten und Reformationen der Universität Heidelberg vom 16. bis 18. Jahrhundert*, Leipzig, 1891, p. 107f. 참조. 당시 많은 욕탕의 하녀들은 때에 따라 매춘을 할 준비가 되어 있었다. 1529년 "정숙하게 행동하지 못하고 일반 유부남들과 관계를 맺었기 때문에" 도시에서 추방당한 할(Hall)의 '욕탕의 때 밀어주는 여자, 안나 가우허린'이 그런 경우이다(G. Wunder, 앞의 책, p. 111). 아우크스부르크에서도 이 시기에 자주 '때 밀어주는 여자들'이 음탕하다고 하여 도시에서 추방되었다. R. Hoffmann, 앞의 책, p. 7 참조. 쾰른의 베를리히에는 창녀집 근처에 욕탕이 하나 있었는데 창녀들은 우선 목욕하는 남자들로 하여금 술을 잔뜩 마시게 해놓고 창녀집으로 끌고 갔다. E. Irsigler/A. Lassotta, *Bettler und Gaukler*, Dirnen und Henker, Köln, 1984, p. 189f. 모스바흐에도——우연은 아니었을 것이다——욕탕과 창녀집이 가까운 곳에 붙어 있었다. E. Brüche/D. Brüche, *Das Mosbach-Buch*, Elztal, 1978, p. 227, 그리고 J. Bellamy, *Crime and Public Order in England in the Later Middle Ages*, London, 1973, p. 60 참조. 오늘날에도 벨기에의 대도시에서는 많은 사우나가 지저분한 술집, 창녀집들과 연결되어 있다. Cabanès, 앞의 책, p. 204 참조.

145) E. Winkelmann, 앞의 책, Bd. I, p. 179; A. Thorbecke, *Die älteste Zeit der Universität Heidelberg, 1386~1449*, Heidelberg, 1886, p. 54 참조. 이 시기의 뉘른베르크 시의회 역시 끝이 뾰족하지 않고 "위험하지 않으며 질이 나쁜 빵칼만 제외하고" 유곽 여자들이 방패와 무기를 소지하는 것을 금했다. J. Baader, 앞의 책, p. 51 참조.

146) G. Ritter, 앞의 책, p. 404 참조. 디종의 유곽에서 고객은 길어야 반시간 정도의 시간을 보낼 수 있었으며 그 시간은 촛불로 측정했다. 다른 지역에서도 보통 이런 형편이었을 것이다. 왜냐하면 이탈리아에서 사람들은 보통 창녀를 '촛불 여자'라고 불렀기 때문이다. J. Rossiaud (1976), 앞의 책, p. 322 참조. 가끔 창녀들은 남자를 밤새도록 품고 있기도 하는데——그런 경우 울름의 유곽에 소속된 창녀들은 포주에게 1크로이처(독일의 옛 화폐 이름—옮긴이)의 숙박비를 지불해야 했다(C. Jäger, 앞의 책, p. 549 참조)——이것은 그들이 대부분 "남자들에 대한 그들의 사랑을 일컫는 특별한 성적 향락이었기 때문이다"(J. Baader, 앞의 책, p. 121), 즉 기둥서방, 여자의 남자친구거나 포주이며 또한 고정 고객이기도 하기 때문이다. G.

Wustmann, 앞의 책, p. 472에 의하면 라이프치히에서 창녀집 여주인의 '사랑하는 남편'은 그녀의 포주였으며 실제로 그녀의 성적 고정 파트너이기도 했다. E. Schubert, "Soziale Randgruppen und Bevölkerungsentwicklung im Mittelalter," *Saeculum*, 1988, p. 323f. 참조. 물론 그 당시 이미 현재 사용되는 의미로서의 포주가 있었다. 그 예에 관해서는 M. B. Perry(1978), 앞의 책, p. 201 참조.

147) N. Elias(1939), Bd. I, p. 242f. 참조. 더 자세한 예에 관해서는 H. Korte, *Über Norbert Elias*, Frankfurt/M. 1988, p. 147; A. Ulrich, 1985, p. 78이나 T. Huonker, "Einfürhrung" in *E. Fuchs: Illustrierte Sittengeschichte*, Bd. II, Frankfurt/M. 1985, p. 10 참조. 후온커(Huonker)는 중세의 창녀에 관해 이렇게 적고 있다. "그들은 당시 어둡게 몰락하는, 숨겨진 밤의 그림자에 국한되지 않는다. 그들은 국빈 영접, 축제 행렬, 위원회, 공회의에서 당시의 공적인 삶에 축제적 화려함을 상당 부분 제공했다." 한편 19세기와 20세기의 유곽이 중세에서보다 더 "비밀스럽게 가려져 있다"는 인상은 쉽게 들지 않는다(N. Elias, 앞의 책). 예를 들면 비스바덴의 정보자는 20세기 초 마녀들의 집, 즉 유곽에서의 매춘은 당연히 타지 사람들만 이용했으며 "주거지에서 전혀 도덕적 분노의 대상이 아니었다. 오히려 문제가 된 것은 주거지역에서 서비스를 선전하는 형식이었다"(I. Behnken/M. du Bois-Reymond/J. Zinnecker, *Stadtgeschichte als Kindheitsgeschichte*, Opladen, 1989, p. 134)고 말한다.

148) 이미 존재했던 피렌체의 유곽 외에 추가로 두 개가 더 설치되었다. G. Brucker, 앞의 책, p. 190 참조.

149) R. Brondy et al., 앞의 책, p. 362, 367 참조. 창녀들이 이런 올바른 장소를 벗어나 부인들과 청년들의 눈에 띄면 그들은 치욕 말뚝에 묶여 채찍질을 당했다.

150) 엘리아스가 15세 이하의 사내아이는 뚜쟁이에게 매를 맞아야 한다는 울름 시의 규정을 알았다면(C. Jäger, 앞의 책, p. 555)——비슷한 규정이 다른 도시, 예를 들면 디종에도 있었다—— 그는 당시에 생물학적으로는 아직 어린아이였던 젊은이가 성인으로 간주되고 그렇게 행동했다는 자신의 주장에 대한 증거로서 그것을 인용했을 것이다(N. Elias, "Fernsehinterview," *Südwestfunk* 3, 13. Juni 1988, p. 38 참조). 나는 이 이론에 대해 이 시리즈의 다음 권에서 상세하게 다루겠다. 여기서는 단지 19세기에도 '정숙한 체하는' 어린 나이의 아주 많은 젊은이들을 하녀나 창녀들이 관능의 세계로 이끌었으며, 1860년대 방학기간에 또는 수업이 없는 목요일 오후에

파리의 유곽은 학생들로 가득 찼다는 것만은 언급하고 싶다(E. J. Bristow, 앞의 책, p. 24 참조). 50년대에 만하임의 쿠어팔츠 김나지움의 많은 학급 동료들이 이제 겨우 사춘기의 중간에 있었음에도 불구하고 자신의 남성을 과시하기 위해 유곽이 있는 쾌락의 도시인 '노인첸트'(Neunzehnt, 19번째)로 갔다. 몇 년 후 어떤 창녀가 나에게 설명해준 바에 의하면 '빨리 사정하는' 젊은이들은 창녀들에게 아주 사랑을 받았다. "왜냐하면 그들은 빨리 끝냈기 때문에".

151) 오늘날의 발리에서도 실제로 창녀들은 모두 외지 여자, 특히 자바 여자들이다. 쿠타 출신의 몇몇 창녀들은 나에게 발리는 친척의 눈에 띄지 않고 여행객들에게 몸을 팔기에는 너무 작은 섬이기 때문이라고 그 이유를 설명했다.

152) R. M. Karras, 앞의 책, p. 415f.; D. W. Robertson, 앞의 책, p. 22 참조. 나중에도 이런 사정은 변한 것 같지 않다. 어쨌든 런던의 경찰청장은 1902년에 이렇게 기술했다. "매춘이 존재하는 한 영국 여자보다는 외국 창녀를 취함으로써 덜 타락하게 된다. 만일 당신이 외국 창녀들을 모두 없애 버린다면 그들의 자리를 영국 여자들이 채울 것이다"(E. J. Bristow, 앞의 책, p. 34에서 재인용). 그러나 중세 후기의 디종은 확실히 예외적이다. 15세기 디종의 146명의 창녀들 중 그 도시 출신은 38명이나 된다. 아마도 그들 대부분은 윤간을 당한 것 때문에 그런 직업을 택했던 것으로 보이는데―그 경우는 전체 창녀 숫자의 27퍼센트이다―이것은 그들이 그런 범죄의 희생자로서 명예심을 잃어버렸다는 것을 의미한다. J. Rossiaud(1989), 앞의 책, p. 38f., 189 참조.

153) J. C. Siebenkees, 앞의 책, p. 590f.; A. Schultz, *Deutsches Leben XIV. und XV. Jahrhundert*, Wien 1892, p. 73f. 참조. 이미 고대 그리스에서는 대부분의 여자 창녀와 남창들이 타지에서 온 사람들이다. K. J. Dover, "Classical Greek Attitudes to Sexual Behaviour," *Sexualität und Erotik in der Antike*, ed. A. K. Siems, Darmstadt, 1988, p. 276 참조.

154) C. Jäger, 앞의 책, p. 553; 더 자세한 것은 A. v. Gleichen-Rußwurm, "Sittengeschichte des Bades," *Sittengeschichte des Intimen*, ed. L. Schidrowitz, Wien, 1926, p. 249; I. Bloch, 앞의 책, p. 816 참조.

155) L. L. Otis, 앞의 책, p. 70 참조.

156) H. Schreiber, *Sittengeschichte der Badewanne*, München 1966, p. 32 참조. 페론에서는 1480년과 1485년 왕의 명령을 통해 공식 창녀들이 그 도시의 여탕에 들어가는 것을 금지시켰다. P. Négrier, *Les bains à travers*

les â ges, Paris, 1925, p. 150 참조.

157) D. du Cange, *Glossarium mediae et infimae latinitatis*, Bd. V, Niort 1884, p. 354. 1421년 울름의 협약에 의하면 유대인은 시장에서 그들에게 허락되었던 물건들만 만질 수 있었다. D. A. Schultes, *Chronik von Ulm*, Ulm, 1937, p. 60 참조. 천한 여자들은 다른 관점에서도 유대인과 비슷하게 '따돌림당하는 사람들'(outcasts)이었다. 예컨대 1488년 슐레트슈타트의 재단사 규정은 다음과 같다. "재단사 역시 유대인을 그들의 집에 들어오지 못하게 해야 한다. 공식 창녀들의 집이나 재단사의 집에서 유대인이나 그의 동료를 위해 바느질을 하거나 가위질을 해서는 안 된다"(J. Gäny, 앞의 책, p. 907).

158) D. Staerk, 앞의 책, p. 541 참조. 더 자세한 것은 E. Richter, "Die Siechenhäuser von Grenzach und Wyhlen sowie der Aussatz im Mittelalter," *Das Markgräflerland*, 1987, p. 139 참조. 뤼벡에서는 사형 집행인이나 "명예를 잃어버린 부정한 자" "프론"(fron)이라 불렸던 형리는 시장에서 아무것도 만질 수 없었다. H. Lagemann, *Polizeiwesen und Wohlfahrtspflege in Lübeck*, Bd. I, Göttingen, 1915, p. 48 참조.

159) E. v. Sokolowski, *Krakau im 14. Jahrhundert*, Marburg, 1910, p. 50 참조.

160) W. Danckert, 앞의 책, p. 231 참조. 창녀들과 창녀집 주인이나 여주인들은 대부분 증인으로 법정에 설 수 없었다. 예컨대 슐링겐(Schliengen)의 마을 규정에는 증인 신분에서 배제되는 사람들은 "재판이나 그 밖의 법으로부터 공식적으로 거부되는 사람들, 거짓 맹세하는 자, 살인자, 포주, 경기장 관리인과 그와 비슷한 사람 등등이다"(J. Bader, "Die Schliengener Dorfordnung von 1546," *Zeitschrift für die Geschichte des Oberrheins*, 1865, p. 231).

161) H. v. Weinsberg, *Das Buch Weinsberg*, Bd. IV, ed. E. Lau, Bonn, 1898, p. 193.

162) "돌담으로 둘러싸인 나무로 만든 집이 있었다. 그리고 뒤에는 천한 창녀들의 정원과 묘지가 있었다"(위와 같음).

163) G. L. Kriegk, 앞의 책, p. 329 참조. 더 자세한 것은 W. Harriet/B. Klein, *Geschichte der Prostitution aller Völker*, Berlin, 1904, p. 92 참조. 자살자들은 원래 가죽 벗기는 곳, 즉 이탄지나 진흙 위에서 가죽 벗기는 사람에 의해——그는 자주 사형집행인과 동일시된다——매장되었다. F. Willmann, "Die Strafgerichtsverfassung der Stadt Freiburg im Breisgau

bis zur Einführung des neuen Stadtrechts(1520)," *Zeitschrift der Gesellschaft für Beförderung der Geschichts, Altertums-, und Volkskunde von Freibufg 1917*, p. 68; F. J. Fischer, 앞의 책, p. 76f. 참조.

164) 그 예에 관해서는 C. Hegel, *Die Chroniken der baierischen Städte: Regensburg*, Leipzig 1878, p. 108; E. v. Oefele, 앞의 책, p. 108; J. Kirmeier, *Die Juden und andere Randgruppen*, Landshut 1988, p. 171 참조. 1428년 울름에서는 아우크스부르크에서 풍기문란죄를 저질렀던 소매상인을 산채로 교수대 밑에 매장했다. D. A. Schultes, 앞의 책, p. 61 참조. 1499년 같은 교수대 밑에 사형집행인들이 성직자 시체 네 구를 매장했다. 그들이 계속 창녀들과 살림을 차렸기 때문에 페를라흐 탑에 매달린 나무 새장에서 굶겨 죽였다. K. D. Hüllmann, 앞의 책, p. 262 참조. 아우크스부르크 연대기자 뮐리히(Hektor Mülich)가 보고한 바에 의하면 사람들이 1471년 그곳의 교수대 무덤을 파냈을 때 그 안에서 250개의 해골을 발견했다고 한다(D. Weber, *Geschichtsschreibung in Augs-burg*, Augsburg, 1984, p. 226).

165) 그 예에 관해서는 Dr. v. Posern-Klett, 앞의 책, p. 82(Dresden); G. Wustmann, 앞의 책, p. 471 (Leibzig); J. Gernhuber, "Strafvollzug und Unehrlichkeit," *Zeitschrift der Savigny-Stiftung für Rechtsgeschichte, Germ. Abt.*, 1957, p. 144(Landshut, Braunschweig, Rottenburg, Passau) 참조. 이미 1276년 아우크스부르크의 도시대장에는 '사형집행인'에 관해 이렇게 씌어있다. "그가 모든 떠돌이 창녀들도 관리했다"(C. Meyer, 앞의 책, p. 71). 1484년 보첸의 사형집행인인 마이스터 콘라트는 오래 된 창녀집이 화재로 불타서 없어졌으니 새 창녀집을 임차인으로서 인수하거나 아니면 그 자신의 집에서 유곽 영업을 시작하라는 제안을 받았다. 사창가가 일반적으로 해체된 이후에는 사형집행인들이 비합법적으로 유곽 영업을 계속하기도 했다. 예를 들어 창녀들이 할(Hall)의 사형집행인인 톨링거(Christof Tollinger)에게서 도주하자 그는 1579년 모든 종류의 음탕한 여자들을 모아서 개인 사창굴을 열었다. 그 일이 소문이 나서 그는 해고되었다. H. Moser, *Die Scharfrichter von Tirol*, Innsbruck, 1982, p. 44 참조. 14세기 아미앵의 사형집행인은 동시에 호색한의 왕이었다(J. Rossiaud[1989], p. 61). 보르도에서도 이런 사람은 '즐거운 삶의 왕'이라 불렸던 형리였으며 그의 주요 임무는 범죄자에게 수갑을 채우고 천하고 위험한 정신이상자들을 채찍질해 도시 밖으로 내

보내는 것이다. A. Terroine, 앞의 책, p. 262 참조.

166) R. Süß, *Hochgericht und Lasternstein*, Freiburg, 1980, p. 104 참조.

167) 그 예에 관해서는 B. H. Sturm, *Eger*, Augsburg, 1951, p. 174 참조. 콜마르의 사형집행인에게도 "집에서 볼 수 있는 병든 가축 그리고 청어나 생선 찌꺼기를 거리나 정해진 들판에 갖다 버리는" 일이 부과되었다. 슐레트슈타트 법에도 "비밀스런 방이나 울타리를" 깨끗이 하는 것이라고 명시되어 있듯이 그런 것이 그들의 임무였다. K. Baas, "Gesundheitspflege in Elsaß-Lothringen bis zum Ausgang des Mittelalters," *Zeitschrift für die Geschichte des Oberrheins 1919*, p. 75 참조. 더 자세한 것은 H. Weckbach, "Ein Scharfrichter wird Arzt," *Schwaben und Franken*, Juli 1987, p. 2f.; G. Wilbertz, *Scharfrichter und Abdecker im Hochstift Osnabrück*, Osnabrück 1979, p. 16ff., 94ff. 참조.

168) H. Schuhmann, *Der Scharfrichter*, Kempten, 1964, p. 162 참조. 어떤 도시에 그 도시 소속의 사형집행인이 없어 다른 도시에서 빌렸다면, 그는 대부분 창녀집에서 밤을 보냈다. 그러지 않으면 그가 숙박하는 집주인이 부정을 타기 때문이다. 그래서 1387년 프리드베르크의 의회법에는 이렇게 적혀 있다. "필요하다면 법정의 비천한 사람들 때문에 사형집행인을 데려와야 한다. 시의회가 그에 합당한 값을 치르고 형리와 일꾼을 데려와야 한다. 형리가 프리드베르크에 오면 사창가에 있는 여자들 집에 머물러야 한다" (M. Foltz, *Urkundenbuch der Stadt Friedberg*, Marburg, 1904, p. 362).

169) B. Weber, 앞의 책, p. 84 참조. 1589년에는 "슈피탈 가에서 골라텐 거리를 지나 사형집행인의 집 앞을 지나는 골목길에 위치한 낡은 사창가"가 화제가 되었다. 사형집행인의 집 앞과 그 안에서는 분명히 도박이 벌어졌다. 왜냐하면 1516년에 이렇게 적혀 있기 때문이다. "사형집행인과 교제를 나누며 그의 집이나 그의 방에서 함께 놀거나 도박을 하는 사람은 예외없이 벌금으로 5실링을 내야 한다"(H. Rennefahrt, *Grundzüge der bernischen Rechtsgeschichte, Die Rechtsquellen des Kantons Bern*, Bd. X, Aarau, 1968, p. 249).

좀머(P. Sommer)는 앞의 책, p. 14f.에서 베른의 사형집행인은 경리를 통해 시의 재정에서 보수를 받았기 때문에 천한 여자들에 대한 감시를 거의 하지 않았다고 적고 있다. 물론 이 두 가지가 양립할 수 있다. 일반적으로 사형집행인 당사자들은 시의회로부터 그리고 창녀들로부터 직접 노임을 받았다. 그래서 1408년 브라운슈바이크의 규정에는 "시의회는 사형집행인을 데려와 그에게 월급을 지불하고 옷을 준다. 의회가 그에게 지불한 임금 외에 천한 공식 창녀들, 즉 로텐 수녀원과 무렌 가에 있는 창녀들은 그에게 돈을 지불해야 한다"(H. v. Strombeck, 앞의 책, p. 187)고 적혀 있다. 또한 14세기 츠비카우의 도시법 대장에서도 "우리는 사창가의 형리에게 토요일마다 1그로센을 지불한다"는 문구를 확인할 수 있다(R. Kötzschke, *Quellen zur älteren Geschichte des St dtewesens in Mitteldeutschland*, Bd. I, 2, Weimar, 1949, p. 131). 짐작건대 아마 천한 여자들도 추가로 그에게 돈을 지불했을 것이다. 뮌헨의 사형집행인은 1435년까지 오로지 창녀집과 도박에서 나오는 수입에 의존해야 했다. 그 후에야 제대로 임금을 받았다. J. Knobloch, *Der deutsche Scharfrichter und die Schelmensippe*, Naumburg, 1921, p. 69 참조. 빈의 형리와 사형집행인은 1450년부터 시의회로부터 정식 연봉을 받았지만 그 전에는 영주의 임대지였던 창녀집 두 채의 임차료에서 지불을 받았다. J. E. Schlager, 앞의 책, p. 373, 375 참조. 쾰른의 천한 여자들 역시 1435년 그곳의 사형집행인에게 정기적으로 돈을 지불해야 했다(W. Stein, *Akten zur Geschichte der Verfassung und Verwaltung der Stadt Köln im 14. und 15. Jahrhundert*, Bd. I, Bonn, 1893, p. 768).

170) H. Rennefahrt, *Grundzüge der bernischen Rechtsgeschichte*, Bd. III, Bern, 1928, p. 41 참조.

171) H. Patze, *Die Rechtsquellen der Städte im ehemaligen Herzogtum Sachsen-Altenburg*, Köln 1976, p. 18; W. Oppelt, *Über die 'Unehrlichkeit' des Scharfrichters*,' Lengfeld, 1976, p. 470.

172) 'Ruffian'이라는 단어는 자주 '포주'로 잘못 번역되었다. 그들은 대부분 창녀들과 함께 살았던 아주 다양한 종류의 사기꾼이다. 비용을 연상하면 될 것이다. E. Schubert(1985), 앞의 책, p. 112와 주 146 참조. 바젤에서는 상습적인 도박가와 사기 도박꾼들에 관해 이렇게 언급하고 있다. "악명 높은 것으로 잘 알려진 기둥서방들은 항상 가난한 떠돌이 창녀들 옆에 있었으며 옷을 잘 입었다." 그들은 한동안 세 개의 검은 주사위가 흰눈과 함께 꿰매어져 있는 노란색의 원형 모자를 쓰도록 선고를 받았다. D. A. Fechter, 앞의 책, p. 52 참조.

173) T. Herzog, *Landshuter Urkundenbuch*, Neustadt a. d. A., 1963, p. 218. 이 구절은 1279년 란츠후트의 도시법에서 차용한 것이다. 사람들이 1335년 텍스트에 추가했던 '방탕한 승려'는 '무뢰한, 방탕자(loter)', 즉 사기꾼 마법사로 돌아다녔던 타락한 전직 성직자들이었다. 13세기 중반에

는 '긴 머리를 한 사기꾼 신부'가 '교회에서 추방되었다'고 전해진다. M. Lexer, 앞의 책, Bd. I, s.1963 참조. 1439년 라우잉(Lauing)의 도시법은 이렇게 규정하고 있다. "공공연하게 기둥서방 노릇을 하는 자나 천한 여자들이 누군가에게 행패 부리다가 그들로부터 벌을 받거나 맞는다 해도 이것은 범죄에 해당되지 않는다"(J. Köppl, *Die mittelalterliche Rechtsordnung der Stadt Lauingen*, Erlangen, 1934, p. 32).

174) L. Heß, *Die deutschen Frauenberufe des Mittelalters*, München, 1940, p. 138에서 재인용. 빈의 천한 여자들은 1278년 루돌프 1세가 수여한 시민권의 법망을 벗어나 있었다. 그러나 그들은 어느 정도 보호를 받았다. 1340년에 공국 왕 알브레히트 2세가 부여한 시민법특권에는 이렇게 규정되어 있다. "우리는 천한 여자들에 대한 어떤 법규도 만들지 않는다. 왜냐하면 그들과 결혼하는 것이 합당하지 않으며 시대에 맞지 않기 때문이다"(P. Csendes, *Die Rechtsquellen der Stadt Wien*, Wien, 1986, p. 69, 114). 특히 도시의 창녀들은 나중에 보호를 받았다. 그래서 1330년에 이미 라벤스부르크의 창녀들을 주민들이 마음대로 학대하지 못하도록 보호했다 (A. Dreher, 앞의 책, p. 148, 667). 그리고 50년이 지난 후에 허용된 할버슈타트의 규정은 이렇다. "시 당국은 그 누구도 폴란드인과 사는 여자들이나 도시의 사형집행인 옆에 사는 것을 원하지 않는다. 그들을 심하게 때려서는 안 되고 그에 합당한 정중한 표정으로 대해야 한다"(G. Schmidt, *Urkundenbuch der Stadt Halberstadt*, Bd. I, Halle 1878, p. 578). 15세기 오펜 도시법은 이렇다. "창녀들은 불쌍하고 슬프고 낙담한 무리이다. 그래서 폭력과 불법으로부터 그들을 보호해주어야 한다"(K. Mollay, *Das Ofner Stadtrecht*, Weimar 1959, p. 124).

175) G. Kaufmann, *Die Geschichte der Deutschen Universitäten*, Bd. I, Stuttgart, 1888, p. 144 참조.

176) Dr. v. Posern-Klett, 앞의 책, p. 76 참조. 가장 오래 된 브륀의 도시법도 마찬가지다. T. Hampe, 앞의 책, p. 19 참조. 옛날 작센의 도시법 규정은 그와는 반대다. "남자는 떠돌이 창녀들, 보모에게 그의 육체를 들이밀어서는 안 된다. 그들이 고마워하고 원해서 그들과 잘 때까지 기다려야 한다" (W. v. Thüngen, *Das Sächsische Weichbildrecht nach dem Codex Palatinus Nro. 461*, Heidelberg, 1837, Art. XCIX). 1276년 아우크스부르크의 도시법에는 이렇게 되어 있다. "누군가 처녀나 부인, 떠돌이 여자들을 강간했다면 그를 산채로 매장하는 것이 그에게 합당한 벌이다." 1527년의 사본에는 '떠돌이 여자들'에 대한 더 이상의 언급이 없다. 그것은 그들

을 강간할 가능성을 염두에 두지 않았음을 의미한다. C. Meyer(1872), 앞의 책, p. 88 참조. 15세기 베를린에서는 창녀를 강간한 자를 사형에 처했다. W. Schich, "Das mittelalterliche Berlin (1237~1411)," *Geschichte Berlins*, Bd. I, ed. W. Ribbe, München, 1987, p. 234 참조.

177) 창녀의 고객이 성교 후 '전'(ante)과는 다른 기분이 되어 약속한 돈을 주지 않아서 그를 강간으로 고발하는 일이 적지 않았던 것으로 보인다.

178) B. Geremek, 앞의 책, p. 267에서 재인용.

179) J. Kirmeier, 1988a, p. 173 참조. 때때로 사람들은 창녀들의 강간과 정숙한 여자의 강간을 법률적으로 구분했다. 11세기 헝가리 왕 라디슬라우스(Ladislaus)의 법령에 따라 공식 창녀를 강간한 자는 참수당했는데 그의 명예가 훼손되지 않는 방식으로 처형당했다. 그와는 반대로 결혼한 여자를 강간한 사람은 환형(轘刑)과 같은 가장 치욕스런 방식으로 죽음을 당했다. 처녀를 강간한 자는 칼로 처형되었지만 그 전에 말꼬리에 묶여 모욕적인 방식으로 거리를 끌려 다녔다. 그로 인해 틀림없이 많은 사람들이 고통스런 죽음을 당했을 것이다. J. v. Magyari-Kossa, *Ungarische medizinische Erinnerungen*, Budapest, 1935, p. 120 참조.

181) J. C. Bluntschli, *Staats- und Rechtsgeschichte der Stadt und Landschaft Zürich*, Bd. I, Zürich, p. 160과 K. Kilchenmann, 앞의 책, p. 38에서 재인용. 겡프의 창녀들은 1397년의 규약에 따라 오른쪽 소매에 붉은색 리본을 착용해야 했다. 그리고 사부아의 다른 도시의 창녀들은 뿔이 달린 두건을 써야만 대중 앞에 나설 수 있었다. R. Brondy et al., 앞의 책, p. 367 참조. 한편 오펜에서는 이렇게 전해지고 있다. "가난한 자와 곤궁한 자는 적어도 그들의 머리에 한 뼘 길이의 노란 끈을 지녀야 한다"(K. Mollay, 앞의 책, p. 124f., 155f.). 반면 헤르만슈타트(Nagyszeben)의 의회 결의 이후 1697년 간음죄를 저지른 것이 입증된 여자는 흰색 대신에 붉은색 머릿수건을 써야만 했다. J. v. Magyari-Kossa, 앞의 책, p. 147 참조. 1337년 알폰소 11세는 에스파냐의 창녀들에게 노란색 머리덮개를 쓰도록 규정했다. 나중에 페르난도와 이사벨은 이 칙령을 개혁하였다. 물론 1527년 많은 정숙한 여자들은 이런 창녀의 색을 좋아한다는 이유로 비난받았다(M. E. Perry[1985], 앞의 책, p. 141f. 참조). 이미 1150년경에 멜크(Heinrich von Melk)가 "교만한 걸음걸이와 뺨에 칠한 이상한 색 그리고 노란 게벤데를" 한 어떤 여자에 관해(A. Denecke, "Beiträge zur Entwicklungsgeschichte des gesellschaftlichen Anstandsgefühls in Deutschland," *Programm des Gymnasiums zum*

heiligen Kreuz in Dresden 1891, p. VI) 불평하고 난 후에도. 바젤에서는 기둥서방들이 노란색 원형 모자를 써야만 했다(H.-R. Hagemann, *Basler Rechtsleben im Mittelalter*, Basel, 1981, p. 268 참조).

메란의 창녀들은 치장하는 것뿐 아니라 알록달록한 깃털이나 은세공품으로 장식할 수 없었으며 오히려 노란색 작은 깃발을 그들의 옷에 붙이고 다녀야 했다. C. Stampfer, 앞의 책, p. 52 참조. 노란색과 빨간색의 표지는 잘 알려져 있다시피 유대인들이 그들을 특징짓는 옷을 착용하지 않게 된 시기부터 하도록 정해진 것이다. G. Kisch, "The Yellow Badge in History," *Historia Judaica 1957*, p. 103ff. 참조. 더 자세한 것에 대해서는 E. Nübling, *Die Jugendgemeinden des Mittelalters, insbesondere die Judengemeinde der Reichsstadt Ulm*, Ulm, 1896, p. 52f. 참조.

프랑스에서는 부분적으로나마 창녀의 색으로 흰색이 선호되었던 것으로 보인다. 물론 1389년 하얀색의 앞치마와 끈들을 착용해야 했던 것에 반대하여 툴루즈 보르델의 창녀들이 대사제의 명령에 대해 왕에게 항의했을 때, 샤를 7세 황제는 칙령을 통해 "팔에다가 그녀들이 입고 있는 옷과는 다른 색깔로 단이나 줄을 대기만 한다면" 색의 선택은 그들에게 맡겼다(A. Porteau-Bitker, 앞의 책, p. 37). G. Hertel, *Urkundenbuch der Stadt Magdeburg*, Bd. II, Halle, 1894, p. 266; H. Hoffmann, 앞의 책, p. 202f.; P. Larivaille, *La vie quotidienne des courtisanes en Italie au temps de la Renaissance*, Paris, 1975, p. 78도 참조. 브리스틀에서는 어떤 창녀도 줄무늬 망토를 입지 않고는 시내로 나올 수 없었다. G. T. Salusbury-Jones, 앞의 책, p. 153f. 참조. 이런 줄무늬는 전형적으로 영국에서 창녀에 대한 특징으로 간주되었다. 주 89 참조.

182) E. Maschke(1967), 앞의 책, p. 10에서 재인용. 브레멘에서는 1450년경 천한 창녀들 외에도 "공공연하게 부도덕한 생활을 하는" 부인 역시 "정숙한 부인들과 같이" 옷을 입을 수 없었다. K. A. Eckhardt, *Die mittelalterlichen Rechtsquellen der Stadt Bremen*, Bremen, 1931, p. 268 참조. 1478년 뤼벡의 시청에 걸린 칠판에는 천한 여자들이 의무적으로 입어야 할 옷이 그려져 있었다. H. Lagemann, 앞의 책, p. 64 참조.

183) K. Weinhold, *Die deutschen Frauen in dem Mittelalter*, Bd. III, Wien 1882, p. 23f. 참조. D. du Cange, 앞의 책, p. 353f. 참조. 1503년 마그데부르크의 외곽도시에 대한 규정은 다음과 같다. "사람들이 알아볼 수 있도록 부도덕한 여자들은 머리에 덮개를 쓰거나 표시를 해야 한다"(A. Moll, "Die sozialen Formen der sexuellen Beziehungen," *Handbuch*

der Sexualwissen- schaften, ed. A. Moll, Leipzig, 1921, p. 359에서
재인용).

184) Dr. v. Posern-Klett, 앞의 책, p. 84; G. Holmsten, *Die Berlin-
Chronik*, Düsseldorf, 1987, p. 87 참조. 1482년 바젤 시는 이렇게 규정
하고 있다. "공공연하게 창녀로 알려진 모든 여자들은 지금부터 허리띠 밑
에 한 뼘보다 길지 않은 헝겊 조각을 착용하고 다녀야 한다. 관리들은 허용
된 것보다 더 긴 헝겊 조각을 지니는 사람에게서 그것을 떼어내고 압수해야
한다"(J. Schnell, 앞의 책, p. 203). 1486년 뤼네부르크의 규정에 의하면
창녀들은 "긴 호이케(Hoyke)를 절대 입어서는 안 되며 항상 머리 위에 짧
은 남자 호이케를 착용해야 한다"(Dr. v. Posern-Klett, 앞의 책, p. 76).
짧은 호이케를 착용함으로써 허벅지의 일부분이 노출되기 때문에 치욕적인
것으로 간주되었던 것으로 보인다. 그래서 1406년 비버아허 수녀원 자매들
의 규정에는 어떤 수녀도 "머리에 그들의 외투를 걸쳐서는 안 된다. 비난받
는 베겡 여자들만 외투를 걸쳐야 한다"(G. Luz, *Beiträge zur Geschichte
der ehemaligen Reichstadt Biberach*, Biberach, 1876, p. 63). 잘 알려
져 있다시피 많은 지역에서 수녀들은 매춘을 했었다.

215. 한스 홀바인 이후 바젤의 마이스터. 창녀, 16세기.

185) K. D. Hüllmann, 앞의 책, Bd. IV, p. 270 참조.

186) D. O. Hughes, "Sumptuary Law and Social Relation in Renaissance
Italy," *Disputes and Settlements*, ed. J. Bossy, Cambridge, 1983, p.

75f. 참조. 이미 1343년 시에나에서는 창녀에게 나막신을 신고 얼굴을 베일로 가리도록 규정하고 있다. 창녀들에게 베일을 쓰게 함으로써 정숙한 부인들과 구별하는 이유는 베일이 정숙한 부인들의 익명성을 도와주며 관대함과 자유를 누리도록 도와주지나 않을까 우려했기 때문이다. 같은 책, p. 92 참조.

187) 그 예에 관해서는 B. A. Clark, "Prostitution," *Victorian Britain*, ed. p. Mitchell, New York, 1988, p. 643 참조.

188) "예를 들어 통치권을 가진 그들 또는 그 사람이 술에 취하고 나체가 되어 창녀들과 길에서 뛰어다닌다든지, 배우와 어울린다든지, 자기 자신이 만든 법들을 공공연히 위반한다든지 또는 경멸한다든지, 이러한 자들과 국정에 봉사한다든지 하는 것은 마찬가지로 불가능하다"(B. de Spinoza: *Tractatus politicus*, IV, 4, 22ff.).

189) B. Sastrow, *Herkommen, Geburt und Lauff seines gantzen Lebens*, ed. G. C. F. Mohnike, Greifswald, 1824, p. 88f. 참조.

190) W. Rudeck, 앞의 책, p. 53f.

191) 이 정보를 제공한 데 대해 베른 주(州) 국립자료실의 바르틀로메(Vinzenz Bartlome)에게 감사한다(1989년 7월 20일의 편지). 문화사가들은 출처를 제시하지 않은 채 지기스문트의 이른바 감사 편지에 관해 자주 언급하고 있다. 그러나 지기스문트의 문서목록에서는 그런 편지를 발견할 수 없다.

192) C. Justinger, 앞의 책, p. 220, 또는 C. Justinger, *Berner-Chronik von Anfang der Stadt Bern bis in das Jahr 1421*, ed. E. Stierlin/J. R. Wyß, Bern, 1819, p. 289.

193) 같은 책, p. 459. 1450년 오스트리아 대사가 수행원과 함께 나폴리에서 머물 때 "사창가의 여자들이 [……] 모두 불려왔지만 그들은 절대 돈을 받을 수 없었다"(J. E. Schlager, 앞의 책, p. 352에서 재인용).

194) E. A. Bowles, *Musikleben im 15. Jahrhundert*, Leipzig, 1977, p. 150 참조.

195) Justinger, 앞의 책, p. 217 참조. R. Feller, *Geschichte Berns*, Bd. I, Bern, 1949, p. 243 참조.

196) 물론 "규정에서 사창가에 대한 언급은" 전혀 발견할 수 없다. "즉 베른 시의 규정에서 신성 로마 제국의 황제이며 왕인 지기스문트는 사창가에 관해 아무것도 결정한 바 없다." 그래서 전해 내려오는 시의회 규정을 보면 왕의 방문과 관련된 준비를 하면서 사창가에 대해 전혀 언급하지 않고 있다. G. Tobler, "Beiträge zur bernischen Geschichte des 15. Jahrhunderts,"

Archiv des Historischen Vereins des Kantons Bern 1886, p. 363ff. 참조.

197) W. Rudeck, 앞의 책, p. 53.

198) A. Schultz(1892), 앞의 책, p. 76. 거의 모든 문화사에서 이런 일화들은 사실로서 확인되고 있다. 그 예에 관해서는 W. Bauer, *Geschichte und Wesen der Prostitution*, Stuttgart, 1960, p. 105 참조. E. Schubert(1985), 앞의 책, p. 118, G. Denzler, *Die verbotene Lust*, München, 1988, p. 208 참조. K. Saller, "Sexualität und Sitte in der vorindustriellen Zeit," *Familie und Gesellschaft*, ed. F. Oeter, Tübingen, 1966, p. 125f.에는 이렇게 씌어있다. "지기스문트 황제가 콘스탄츠의 후궁을 방문하려고 수행원들과 함께 유곽으로 갔다〔······〕. 울름에서는 밤에 황제와 수행원이 시내의 유곽을 방문하려 할 때면 거리를 환하게 밝혔다."

199) E. Nübling(1904), 앞의 책, p. 163. 1512년의 규정에 의하면 이런 유곽에는 14명 정도의 창녀들이 고용되었다고 한다. E. Nübling(1907), 앞의 책, p. 321 참조.

200) D. A. Schultes(1937), 앞의 책, p. 62 참조.

201) 세출대장(A2) 중 이 부분을 복사할 수 있게 해준 울름의 시립자료실에 감사를 전한다. 하이델베르크 시립자료실의 루돌프 베늘(Rudolf Benl)과 하이델베르크 대학 사학연구실의 라이헤르트(Folker Reichert)에게는 발음기호 표기를 도와준 데 대해 감사한다.

202) E. Windecke, *Denkwürdigkeiten zur Geschichte des Zeitalters Kaiser Sigmunds*, ed. W. Altmann, Berlin, 1893, p. 369, 378; E. Windecke, *Leben Kaiser Sigmunds*, ed. Dr. v. Hagen, Berlin, 1899, p. 259; W. Altmann, *Die Urkunden Kaiser Sigmunds*, Bd. II, Innsbruck, 1900, p. 304ff., 332 참조.

203) 이런 추측을 하게 된 데는 루돌프 베늘의 도움이 컸다. 그는 1989년 5월 30일자 편지에서 스트라스부르 대성당의 건축 작업장에 있는 가건물이 오늘날까지 '여자들의 집'(Frauenhaus)으로 불려왔다는 것을 나에게 알려 주었다. 주 100 참조. 울름 시립자료실의 슈페커(Hans Eugen Specker)가 나에게 알려주었듯이 울름의 건축 작업장에 있던 가건물은 그냥 '가건물'이라고만 불렸다.

204) E. Nübling(1907), 앞의 책, p. 138; H. E. Specker, 1989년 6월 29일자 편지 참조.

205) H. Muschel, *Das Spital der Reichen Siechen zu St. Katharina in Ulm*, Ulm, 1965, p. 17 참조.

206) 주 201 참조.

207) G. Beckmann, *Deutsche Reichstagsakten unter Kaiser Sigmund*, Gotha, 1898, p. 442 참조.

208) 1층에서는 대부분의 창녀들이 고객과 포도주를 마시면서 즐기다가 결국에는 대부분 2층에 있는 방으로 둘씩 짝을 지어 들어갔다. 1층에서 호스티스들이 북적이는 가운데 취한 고객들이 서로 싸웠지만, 때때로는 창녀들 사이에서 싸움이 일어났던 일도 있었다(그림 158). 고위급의 방문이 있을 때면 시 당국이 추가로 드는 조명 비용을 감당하는 경우가 흔하게 있는 일이었다. J. Biergans(1909), 앞의 책, p. 38 참조.

209) 중세 후기에 오늘날과는 아주 다른 성도덕이 지배했다는 것을 명확하게 보여주기 위해서, 예컨대 J. Rossiaud(1989)는 앞의 책, p. 74에서 1419년 굶주림의 시기에 메츠에서 "계란 하나 값으로 여자 네 명을" 살 수 있었다고 말한다. 그러나 그런 사실들이 무슨 의미가 있는가? 1945년 대부분의 미국 군인들은 럭키 스트라이크 몇 갑이나 허시 초콜릿 한판이면 아주 많은 정숙한 독일 여자들을 살 수 있었다고 말할 것이다.

210) H. Koller, "Sigismund(1410~1437)," *Kaisergestalten des Mittelalters*, ed. H. Beumann, München, 1984, p. 283 참조.

211) J. C. Siebenkees, 앞의 책, p. 590에서 재인용.

212) 프리드리히 3세(1415~14993: 유럽 역사에서 합스부르크 왕가의 융비를 위한 기초를 닦았다―옮긴이)는 여자들에 대해서 극도로 소극적이었을 뿐 아니라―그래서 그가 당시 연애를 했다는 것을 암시해주는 것은 아무것도 없다―춤, 포도주, 그리고 유행에 대해서도 거부감을 가졌다. 그는 말이 없었으며 웃는 일이 드물었다. R. Schmidt, "Friedrich III. (1440~1493)," *Kaisergestalten des Mittelalters*, ed. H. Beumann, München 1984, p. 301f., 329 참조.

213) C. Hegel, *Die Chroniken der fränkischen Städte*: Bd. IV. 1872, p. 328; C. Hegel, 앞의 책, Bd. V, 1874, p. 464 참조. 1483년 알브레히트 2세(1397~1439: 장인인 신성 로마 제국 황제 지기스문트가 죽자 헝가리 왕에 즉위했고 독일 왕1438. 3. 18]으로 선출되었으며 반대를 무릅쓰고 보헤미아 왕위에 올랐다―옮긴이 주)의 빈 입성에 관하여 세출대장에는 이렇게 적혀있다. "창녀들에게 8년 산 포도주 12병 지불. 왕에게 간 여자들에게 8년산 포도주 21병을 더 지불해야 함." 14년 후 라디슬라우스 포스투

무스(Ladislaus Posthumus) 왕에 관해서는 이렇게 전해진다. "그 후에 그
는 빈으로 갔으며 수행원을 모두 데리고 갔다. 거기서 부자들도 가난한 사
람들도 그를 융숭하게 대접했다. 비너베르크 근처 찢어진 천막과 군기 아래
서 아름다운 여자들과 헝겊 조각을 단 창녀들이 그를 기다렸다"(J. E.
Schlager, 앞의 책, p. 350f.에서 재인용).

214) H. Patze, 앞의 책, p. 18.

215) K. Weinhold, 앞의 책, p. 23 참조.

216) 플로라 여신제 첫날——원래는 4월 28일이며 늦어도 5월 3일에 열린다——
은 창녀들의 축제였다. 그리고 플로라 자신이 공식 창녀를 지낸 적이 있다
고 한다. W. W. Fowler, *The Roman Festivals of the Period of the Re-
public*, Oxford, 1899, p. 93 참조. 로마 축제에는 중세 후기와 르네상스
의 교양인들이——무엇보다 이탈리아에서——참석했다. 예를 들어 15세기 독
일의 보카치오 번역에는 '비천한 여자들'이 플로라 축제를 즐긴 적이 있다
고 적혀 있다. 이 같은 "축제는 매년 창녀들의 치욕적인 몸짓과 쾌락으로
치러졌다"(G. Boccaccio, *De claris mulieribus*, ed. K. Drescher,
Tübingen, 1895, p. 215).

217) H. H. Scullard, *Festivals and Ceremonies of the Roman Republic*,
London, 1981, p. 110f. 참조. 프랑스의 식민정부가 아월라드 나일
(Awlad Na'il) 종족 여자들의 매춘을 도시에서 금지하려 했을 때 그렇게
하면 흉작을 불러올 뿐이라며 그 종족 전체가 반대했다. F. A. Marglin,
"Hierodouleia," *The Encyclopedia of Religion*, ed. M. Eliade, Bd.
VI, New York, 1987, p. 312 참조.

218) "그 장소만은 안 된다"(즉 유곽을 말하는데 거기서 아주 많은 정액이 죽기
때문이다). "그렇기 때문에 꿈속에서 교태를 떨며 돌아다니는 창녀들을 본
다면 그것은 좋은 일이다. 유곽 앞에서 매력을 과시하는 여자들도 행운을
가져다준다"(Artemidor v. Daldis: *Traumbuch*, I, 78). 16세기 초 나프
자위(Scheich Nafzawi)에 따르면 꿈에서 외음부를 보면 운이 좋다고 한다.
A. A. O.b.M. an-Nafzawi, 1966, p. 174 참조.

219) W. Danckert, 앞의 책, p. 154 참조.

220) 르네상스 후기 피렌체에서는 공식 창녀를 다른 방식으로 억제했으며 공식
창녀들은 그들을 괴롭히는 사람에게 보복했다. D. Kunzle, *The Early
Comics Strip*, Berkeley 1973, p. 270 참조.

221) W. Engel, *Die Rats-Cronik der Stadt Würzburg*, Würzburg, 1950,
p. 90.

216. 매춘을 하는 비스크라의 아월라드 나일족 처녀.

222) E. Pavan, 앞의 책, p. 247 참조.

223) G. L. Maurer, 앞의 책, p. 105f. 참조.

224) D. du Cange, 앞의 책, p. 354.

225) G. Heinz-Mohr/V. Sommer, *Die Rose*, München, 1988, p. 59f. 참조. 더 자세한 것은 L. K. Goetz, "Koseworte, Scherz- und Schimpfworte für die Liebenden im Volkslied der Kroaten und Serben," *Zeitschrift für Volkskunde*, 1931, p. 230; H. Vorwahl, "Die Sexualität im Hochmittelalter," *Janus*, 1933, p. 297; D. Schaller, "Erotik und sexuelle Thematik in Musterbriefsammlungen des 12. Jahrhunderts," *Fälschungen im Mittelalter*, Bd. V, Hannover, 1988, p. 73 참조. 다른 창녀집은 외음부를 덮은 치모를 연상시키는 '검은 장미'라 불렸다(G. Heinz-Mohr/V. Sommer, 앞의 책). 15세기 단치히의 "수치스러운 여자들은" "모든 종류의 수치스러운 포주와 뚜쟁이"가 영업하는 악명 높은 장미 거리"와 케터하거 거리에서 살았으며 두 개 다 도시 성벽과 가까이 붙어 있었다(P. Simson, *Geschichte der Stadt Danzig*, Bd. I, Danzig, 1913, p. 205; A. Meye, 앞의 책, p. 89 참조).

14세기와 15세기에 다른 지방에서 추방당한 창녀들이 박람회 기간 프랑크푸르트에 도착했을 때 그들은 '장미의 골짜기'(rosental)에 머물렀으며 대부분 그곳의 장미 거리에 체류했다. '장미의 골짜기'는 프랑크푸르트에서 유일하게 개인 유곽이 허용되었던 장소이다. 최초의 개인 유곽에 대해서는 이미 1396년에 언급되고 있다. 그 유곽 주인의 이름은 구데 슈르게(Gude

Schurge)였는데 사람들은 그를 '반죽통' 또는 시장 물통(Marktschiff)이라 불렀다. G. L. Kriegk, 앞의 책, p. 300, 304f. 참조. 쾨니히스베르크에서 는 창녀집이 '장미 코너'에, 나움부르크에는 '장미 정원' 안에 있는 집 근 처에 있었다(G. Heinz-Mohr/V. Sommer, 앞의 책 참조). 그리고 베를린 에는 1420년 도시 성곽 근처, 노이 마르크트(Neuer Markt)와 스판다우 성 문에서 멀지 않은 장미 거리에 새 창녀집이 세워졌다. A. Theissen, "Das Leben in den Städten," *Berlin im Mittelalter*, ed. G. Saherwala/A. Theissen, Berlin, 1987, p. 112; W. Schich(1987), 앞의 책, p. 235; F. Eberlein, *Die Straßennamen der Stadt Coburg*, Coburg 1987, p. 111 역시 참조(코부르크), R. Hoffmann, 앞의 책, p. 20(아우크스부르 크). K. -S. Kramer, *Fränkisches Alltagsleben um 1500*, Würzburg, 1985, p. 52 참조. 욕탕도 장미 거리에 있거나 장미라는 이름이 붙은 경우 가 적지 않았다. 예컨대 1350년 처음으로 기록에 언급되긴 했지만 그보다 훨씬 더 오래 된 게 확실한 스트라스부르의 '장미 욕탕'은 오늘날의 장미가 있는 욕탕의 거리(rue des Bains-aux-Roses)에 있다. C. Wittmer, 앞의 책, p. 111f. 참조. F. T. Schulz, *Nürnbergs Bürgerhäuser und ihre Ausstattung*, Bd. I, Leipzig, 1933, p. 121f.; L. Falck, *Mainz in seiner Blütezeit als freie Stadt*, Düsseldorf, 1973, p. 59; F. Vogtherr, *Geschichte der Stadt Ansbach*, Ansbach, 1927, p. 8; H. Woltering, *Die Reichsstadt Rothenburg o. d. T. und ihre Herrschaft über die Landwehr*, Rothenburg, 1965, p. 161 참조.

226) 그 예에 관해서는 p. Schama, *Der zaudernde Citoyen*, München, 1989, p. 214 참조.

227) 셰익스피어 역시 자주 외음부를 지칭하는 말로 '장미'라는 단어를 사용했 다. E. Partridge, 앞의 책, p. 176, 211 참조. 장미나 장미 가지를 손에 든 경우가 많았던 나체의 룩수리아(Luxuria)는 15세기 스트랫퍼드어펀에이 번(잉글랜드 중부의 도시로 작가 셰익스피어의 출생지―옮긴이)의 '탐닉의 상징'의 화신이다(M. Laird, *English Misericords*, London, 1986, 그림 34)―H. Fink, *Die Sieben Todsünden in der mittelenglischen erbaulichen Literatur*, Hamburg, 1969, p. 111 참조.
같은 시기의 동판화에는 창녀로 추정되는 나체의 여자가 외음부를 장미로 가리고 있다. 어느 격언집에는 "내가 이 장미를 깔아놓은 곳에 너희 모두 앉아라"라는 말이 적혀 있다. 제2권에는 "그곳에서 부끄러운 줄 알라!"고 적혀 있다(A. G. Stewart, *Unequal Lovers*, New York, 1978, p. 57,

130). 잘 알려져 있다시피 장미는 방금 태어난 아프로디테가 해변에 발을 들여놓던 그 순간에 꽃을 피웠다. 부셰(Francois Boucher, 1703~70: 프랑스의 화가·판화가·도안가로 프랑스풍의 로코코 양식을 완벽하게 표현한 작품들을 제작했다—옮긴이)의 동판화 「두 명의 연인과 함께, 다리 하나를 세우고 벌거벗은 채 누워 있는 여인」에서는 허벅지를 벌리고 장미로 외음부를 가리고 있는 여자가 그려져 있다. P. Jean-Richard, *L'Œuvre gravé de François Boucher*, Paris, 1978, p. 176 참조. I. Camartin, *Lob der Verführung*, Zürich, 1987, p. 153 참조.

오늘날에도 '장미'는 프랑스어로 여성의 성기를 지칭하는 표현이다. P. Guiraud, *Dictionnaire érotique*, Paris, 1978, p. 555 참조. 유곽 은어에서 장미는 때때로 엉덩이를 지칭하는 말로 사용되기도 했다. 그래서 예를 들면 직장성교는 '장미꽃잎을 떼내다'이며, 항문을 입으로 자극하는 것을 '장미꽃잎을 만들다'라고 불렀다. I. Bloch, *Das Sexualleben unserer Zeit*, Berlin, 1907, p. 381 참조. 오늘날 "엉덩이에 성교하는 사람"에 대한 동의어는 "장미 정원사"이다. E. Borneman, 앞의 책, 29.3 참조.

228) P. Sartori, "Latäre," *Handwörterbuch des deutschen Aberglaubens*, Bd. V, ed. H. Bächtold-Stäubli, Berlin, 1932, p. 919 참조.

229) H. P. Duerr(1978), 앞의 책, p. 49ff. 참조.

230) P. F. Kramml, *Kaiser Friedrich III. und die Reichsstadt Konstanz*, Sigmaringen, 1985, p. 79 참조.

231) H. P. Duerr(1988a), 앞의 책, p. 310f. 참조.

232) A. Schultz(1892), 앞의 책, p. 72.

233) M. Panzer, 앞의 책, p. 41 참조.

234) P. Sartori, "Johannes der Täufer(24. Juni)," *Handwörterbuch des deutschen Aberglauens*, Bd. IV, ed. H. Bächtold-Stäubli, Berlin, 1931, p. 705, 707ff., 714ff., 738; P. Burke, *Helden, Schurken und Narren*, Stuttgart, 1981, p. 195 참조.

235) N. Elias(1939), 앞의 책, Bd. I, p. 242 참조.

236) B. Geremek, 앞의 책, p. 401; J. Rossiaud(1989), 앞의 책, p. 71, 194, 201 참조. 1454년 빈의 달리기 경주에 자유 노예들, 즉 사형집행인이 참가했다고 한다. 그리고 다른 달리기 경주에서는 창녀들이 스타트라인에 섰다고 한다. 1515년 브레슬라우에서는 "창녀들이 백마와 신발 한 켤레, 그리고 샤우베(15, 16세기 독일에서 유행한 소매통이 넓은 남성용 외투—옮긴이)를 얻으려고 경주를 했다". K. Weinhold, "Der Wettlauf im

deutschen Volksleben," *Zeitschrift des Vereins für Volkskunde,* 1893, p. 20f. 참조. 사람들이 때때로 유대인에게 달리기 경주를 시킨 것은—예 컨대 로마에서 1466년에 그런 일이 있었다—아마도 유대인의 '방어력'과 관계가 있을 것이다. 예를 들어 오버팔츠 사람들은 유대인들이 천둥 뇌우를 물리칠 수 있다고 생각했다. 다른 지역에서는 그들이 불임을 방지하는 힘이 있다고 믿었다. W. -E. Peuckert, "Jude und Jüdin," *Handwörterbuch des deutschen Aberglaubens,* Bd. IV, ed. H. Bächtold-Stäubli, Berlin, 1931, p. 813 참조.

237) H. P. Duerr, 1988a, p. 303f. 참조. 그런 달리기 경주는 나중에는 공식 창녀를 참가시키지 않은 채 열렸다. 1757년 오스트리아 북부의 국회 규정에는 이렇게 적혀 있다. "이들 군주와 추밀원들은 심한 불쾌감을 가지고 들어야만 했다. 어떻게 결혼도 하지 않은 농부들이 그 지방의 일부 지역에서 이른바 말하는 난로판 달리기 대회를 하면서 아주 걱정스러울 정도로 음란한 행동을 할 수 있는지. 그리고 그들 중 몇몇은 그 대회를 하면서 성을 불문하고 주위 사람들의 적지 않은 우려 속에 거의 완전 나체로 음란한 이야기와 농담을 할 수 있었는지. 그리고 심지어 여러 가지 미신적인 물건들과 말들을 사용하면서 그것을 통해 빠르게 달릴 수 있다고 여길 수 있는지를." 달리기 경주가 금지되지 않았지만 보다 정숙하게 이루어졌다. K. Tönz-Leitich, "Laster- und Unsittenverbote der Frühneuzeit," *Österreich im Geschichte und Literatur,* 1970, p. 184f. 참조.

238) W. Endrei/L. Zolnay, 앞의 책, p. 85f., 137 참조.

239) 오티스(L. L. Otis)는 앞의 책, p. 71에서 물론 이렇게 생각하고 있다—그리고 대부분의 문화사가들이 축제, 행렬, 결혼식 등등에 공식 창녀들의 참여를 과장하고 있다는 것을 증명해주는 많은 자료들이 있다는 그의 의견은 확실히 옳다.

240) 많은 문화사가들은 창녀들에게 부여했던 친근하며 가끔은 사랑스럽거나 경의를 표하는 호칭들, 예를 들면 '아름다운 여자들'(13세기 쾰른[E. Ennen, 앞의 책, p. 173 참조]) 아니면 '솔직한 미인들'(특히 남독), '즐거운 여자들', '기쁨을 주는 여자들'(프랑스), '친절한 여자들'(1294년 취리히 [O. Fecht, *Die Gewerbe der Stadt Zürich im Mittelalter,* Lahr 1909, p. 11 참조]) 등등 이 중세 창녀들의 비교적 높은 위상에서 비롯된 거라고 생각하고 있다. 물론 과거의 이런 단어들은 미화법이 적용된 것이며—사람들은 고유의 호칭을 입에 담기를 부끄러워했다—나중에는 오히려 가벼운 조롱조의 명칭이었다. 오늘날 이탈리아에서도 보통 사용되고 있는 '좋은

여자'란 뜻의 'buona donna'나 'brava donna'처럼(E. Radtke, 앞의 책, p. 201f. 참조). 다음과 같은 경우는 후자의 경우일 거라고 추측할 수 있다. 1477년 프랑스 관리가 도시 성곽 가까이에 있던 창녀 집을 '은폐된 신의 집'이라 불렀으며(G. L. Kriegk, 앞의 책, p. 291 참조), 같은 시기 툴루즈에서 유곽은 '대수도원'으로 잘 알려져 있었다(J. Rossiaud[1982], 앞의 책, p. 77 참조). 브라운슈바이크에서는 '붉은 수도원'(H. v. Strombeck, 앞의 책, p. 187 참조)으로 유명했다. 1399년 님에서는 뚜쟁이를 '헤픈 여자들의 여자 대수도원장'(Abbatussa levium mulierum)으로(L. Le Pileur, 앞의 책, p. 136 참조), 그리고 겡프의 창녀집 여주인은 '왕비'라 불렸다(G. L. Maurer, 앞의 책, p. 110 참조) 이것은 바젤의 변두리 골목에서 남자들을 '유혹했던' 여자 거지를 지칭했던 말이다("그 골목길을 꼭 통과해서 가야만 하는 주민들도 있을 수 있다. 그러면 창녀들은 그를 붙잡아서 돈을 받기를 원했다"). D. A. Fechter, 앞의 책, p. 112 참조.

남동 프랑스의 '음란한 여자들'(ribaldae). '끈적끈적한 여자들'(lubricae filiae), '사악한 방탕의 여인들'(mulieres de mala vita), '부정직한 물건들'(inhonesta mercimonia), '닳아빠진 신발'(savates)(J. Rossiaud, 앞의 책, 1989, p. 51), 세비야의 '몸으로 인해 비난받고 더럽혀진 여인들'(A. Terroine, 앞의 책, p. 266), '좋지 못한 행실의 여인', '죄와 불명예의 여인'(A. Porteau-Bitker, 앞의 책, p. 26f.), '잃어버린 여자들'(M. E. Perry[1978], 앞의 책, p. 195)과 같은 경시하는 호칭은 적어도 정확하게 통용되었다. 그리고 '창녀들' 역시 그것이 '방탕한 삶을 사는 여자들'의 생략형임을 알게 된다면 그 매력적인 명성을 잃게 된다. 창녀는 여자에게 모욕을 줄 수 있는 가장 나쁜 단어 중 하나였다. 랑고바르드족의 법에 따르면 이런 모욕을 주는 사람은 12솔리디의 어마어마한 금액을 지불해야 했다(V. L. Bullough[1977], 앞의 책, p. 10 참조).

코허 강(바덴뷔르템베르크 주의 네카 강 우안의 지류—옮긴이)가의 베스트하임에서 두 명의 여자가 서로에게 "사악한 창녀"라고 욕을 했을 때 법원은 그들을 "잡아서 그 지방에서 추방했다"(G. Fritz, "Westheim im Mittelalter," *Westheim am Kocher*, ed. G. Bazlen, Sigmaringen, 1988, p. 55f.). 더 자세한 것은 H. Maurer, "Dorfordnung zu Riegel vom Jahr 1484," *Zeitschrift für die Geschichte des Oberrheins*, 1882, p. 132; F. Frendsdorff, *Dortmunder Statuten und Urtheile*, Halle, 1882, p. 26, 93; G. Kisch, *Leipziger Schöffenspruchsammlung*,

Leipzig 1919, p. 284f.; R. v. Schreckenstein, "Die Dorfordnung zu Kapitel bei Villingen," *Zeitschrift für die Geschichte des Oberrheins*, 1878, p. 449; E. J. Mone, "Das Friedensbuch der Stadt Mainz um 1430," *Zeitschrift für die Geschichte des Oberrheins*, 1856, p. 13; C. Meyer, o.J., p. 343 참조. 14세기 중반 경에는 심지어 어떤 공식 창녀는 동료에게 "나쁜 창녀라고 욕을 했는데" 그녀가 절도죄를 저질렀다는 것을 증명해 보일 수 없었다면 벌을 받았을 거라고 한다. J. Schnell, 앞의 책, p. 29, 86 참조.

'특별 창녀'(meretrices honestae), 즉 크바트로첸트에 정착했던 '모든 화살이 들어오도록 그들의 화살통을 열어 놓지 않는' 매춘부와 동의어인 이탈리아어 '고급 매춘부'(Kurtisanen)는 나름대로 세분화시킨 것인데 곧 보통의 '창녀들'도 '고급매춘부'라는 이름으로 불렸다. 한편에 '촛불 여자'(cortegiane da candela, 각주 146 참조)와 '빛의 여자'(cortegiane da lume)가 있었고 다른 한편에 '정숙한 여자'(cortegiane oneste)나 '특별한 여자'가 있었다. P. Larivaille, 앞의 책, p. 33, 35; M. F. Rosenthal, "Veronica Franco's 'Terze rime'," *Renaissance Quarterly*, 1989, p. 227; E. Rodenwaldt, "Die Gesundheitsgesetzgebung des Magistrato della sanità Venedigs, 1486~1550," *Sitzungsberichte der Heidelberger Akademie der Wissenschaften*, Math.-naturwiss. Klasse, 1956, p. 99 참조.

원래 왕의 정부들(Kurtisanen)은 오래 전에 고급 창녀와의 착각을 피하기 위해 '궁정의 여인'이라 불렸다. 그럼에도 저명한 『풍자문』(pasquinade)에는 후자에 대해 다음과 같이 기록되어 있다. "그들도 다른 창녀들과 마찬가지로 창녀이다/단지 그들은 그들의 열매를 더 비싸게 팔뿐이다"(E. Murphy, 앞의 책, p. 87). 그리고 나중에 메르시어(Mercier)는 이렇게 적고 있다. "얼마나 많은 특성들과 뉘앙스, 다양한 명칭들인가! 그럼에도 불구하고 그것들은 모두 단 하나의, 동일한 것을 표현하고 있다!"(L.-S. Mercier, 앞의 책, p. 121). 그러나 실제로는 사람들이 그 구별을 매우 중요시 여긴다. 그런 사실을 알아야만 했던 아레티노(1492~1556: 이탈리아의 시인·산문작가·극작가. 대담한 필치로 거리낌없이 권력층을 공격하여 당시 전유럽에서 이름을 떨쳤다. 정열적으로 쓴 그의 편지와 대화는 전기적이고 시사적인 면에 대단한 관심을 보이고 있다—옮긴이)는 이렇게 생각했다 "창녀들은 여자가 아니지만 여자는 창녀이다"(P. Partner, *Renaissance Rome*, Berkeley, 1976, p. 99에서 재인용). '고급 창녀'는

'창녀'가 아니었다. 예를 들어 16세기 초반에 매춘의 규정을 어긴 것으로 보이는 루치에타 파도바나(Lucieta Padovana)라는 사람이 그녀의 변호인이 법정에서 루치에타가 평범한 '일반 창녀'가 아니라 '고급 매춘부'였음을 주지시키고 난 후에야 무죄를 선고받았다. C. Santore, "Julia Lombardo, 'Somptuosa Meretrize'," *Renaissance Quarterly*, 1988, p. 45 참조.

241) 당시 뉴올리언스에서는 더 나은 구역에서 온 창녀들이 '노동자 계급에 가까운' 베이진 거리 창녀들과 여름과 겨울 사이에 제의적인 싸움을 벌였다. A. Orloff, *Karneval*, Wörgl, 1980, p. 26f. 참조.

242) B. Geremek, "Der Außenseiter," *Der Mensch des Mittelalters*, ed. J. Le Goff, Frankfurt/M. 1989, p. 401 참조. 1442년 뇌르틀링겐에서 "사람들이 천하다고 여기는 예쁜 여자들을 면으로 만든 잠옷을 입고 달리게" 했을 때, "많은 남자들이 그것을 비웃었다"고 한다. K. Weinhold(1893), 앞의 책, p. 21 참조.

243) Heiner Boehncke, *Frankfurter Rundschau*, 1988년 10월 1일자. 리히터(Dieter Richter)는 덜 비열한 방식으로 그런 변명을 했다.

244) 그 예에 관해서는 M. Bachtin, *Rabelais und seine Welt*, Frankfurt/M. 1987, p. 55ff.; R. Darnton, *Das große Katzenmassaker*, München, 1989, p. 100f. 참조.

245) P. Krohn, *Der Unanst ndige Bürger*, Kronberg, 1974, p. 90ff. 참조.

246) 이미 비텐빌러(Heinrich Wittenwiler)는 그의 시 「반지」(Der Ring)의 교훈적인 부분에는 붉은색으로, 아주 음란하고 골계적인 부분에는 초록색으로 밑줄을 그었다. 마이닝거(Meininger)의 필사본에서 그런 것을 볼 수 있다. E. Wiessner, "Heinrich Wittenwiler: Der Dichter des 'Ringes'," *Zeitschrift für deutsche Altertum und Literatur*, 1927, p. 149ff. 참조.

247) P. Krohn, 앞의 책, p. 189에서 재인용.

248) H. Roeseler, 앞의 책, p. 96 참조.

249) P. Krohn, 앞의 책, p. 100, 201에서 재인용.

250) SWF(남서독일방송) 3에 출연한 노르베르트 엘리아스, 1988년 6월 13일. 대담을 진행했던 TV 연출가 뵈첼(Harold Woetzel)이 고맙게도 사본을 이용할 수 있게 해주었고 그 사본에서 인용한 것이다.

251) H. P. Duerr(1988), 앞의 책, p. 13ff. 참조.

252) 그 예에 관해서는 K. J. Dober, 1988, p.267f. 참조. 호머 시대에 이미 여성이 대중의 면전에 모습을 나타내는 경우는 아주 드물었다. 어쩔 수 없이 나타나야 하는 경우에는 여자 노예를 동반하고 얼굴을 베일로 가렸다. F.

G. Naerebout, "Male-Female Relationships in the Homeric Epics," *Sexual Asymmetry*, ed. J. Blok/P. Mason, Amsterdam, 1987, p. 119 참조.

253) Plutarch, *Lykurgos* 15. 추측건대 이렇게 기술하게 된 주원인은 그리스에서는 남녀가 함께 평화롭게 나체 운동을 한다는 일반적인 생각 때문인 것으로 보인다. 낙원의 시대에 수치를 모르는 나체를 퇴보가 아니라 문명의 성취로 보았던 그들에게 이러한 사실은 1920년대에 '독일여성여행연합'(Deutsche Mädchen-Wanderbund)의 다음과 같은 통지문이 표현했던 것과 같은 의미로 해석된다. "나체 문화를 남녀가 서로 아무 어려움 없이 접촉하는 것으로 이해한다면 우리는 나체 문화를 발전시킬 수 없다. 아마도 그리스인들은 시대 전체를 통하여 발전의 최고 단계에 도달했을 때, 그리고 그들이 수백 년의 문화를 통해 충분히 발전하고 난 후에야 나체 문화를 발전시킬 수 있었다"(M. E. P. de Ras, 앞의 책, p. 129에서 재인용). '나체 무용가' 이사도라 덩컨이 이렇게 말했을 때 그녀는 노력할 만한 가치가 있는 그런 상태를 염두에 두고 있었다. "인간은 문화의 정상에 도달하면 미개인의 나체로 돌아가야 한다. 그것은 더 이상 무의식적이고 아무것도 모르는 야생의 나체가 아니라 성숙한 인간의 의식적이고 의도적인 나체가 될 것이며 나신은 정신적인 존재의 조화로운 표현이 될 것이다"(Isadora Duncan, *Der Tanz der Zukunft*, Leipzig, 1903, p. 29).

254) Euripides, *Andromache*, 590ff.

255) Pausanias, *Beschreibung Griechenlands*, Bd. V. 16. 3.

256) Properz, *Gedichte* 3. 13ff.

257) W. Kroll, "Römische Erotik," *Sexualität und Erotik in der Antike*, ed. A. K. Siems, Darmstadt, 1988, p. 71 역시 참조. 로마의 여자 운동선수들이 벌거벗은 상체를 보여준다면 그것은 예의바르지 못한 짓이다. 여자 운동선수들은——유명한 피아차아르메리나(이탈리아 시칠리아 중부 엔나주의 도시로 많은 사적들 중 로마 시대의 카살레 별장 유적 등이 유명하다—옮긴이)의 모자이크를 보면 적어도 이런 사실을 알 수 있다——끈 없는 상의가 달린 비키니를 입었던 것으로 보인다. 이 상의는 팽팽함을 유지시켜 주는 넓은 끈으로 이루어져 있었다. 그것은 아마도——팽팽하게 당겨져서——훈련할 때 불편하기도 하면서 자극적이기도 한 풍만한 가슴의 흔들거림을 막아주는 기능을 했던 것으로 보인다. 아틀란타 사람 역시 분화구 파편에 보면 그와 비슷한 끈 없는 비키니를 입었으며, 기원전 5세기 붉은색으로 조각한 킬락스(고대 그리스 도기 중에서 수평 손잡이가 달린 넓은 주발

형의 술잔―옮긴이)의 내부에 묘사된 그림에도 끈 달린 비키니를 입고 있는 사람들이있다. H. M. Lee, "Athletics and the Bikini Girls From Piazza Armerina," *Stadion*, 1984, p. 62와 H. P. Duerr(1988a), 앞의 책, p. 347, 그림 189 참조. D. Balsdon, *Die Frau in der römischen Antike*, München, 1979, p. 304에 의하면 그런 비키니는 고대 로마에서 평이 좋지 않았던 밤무대 여자 무희들의 직업 의상이기도 했다. 로마인들에게 여성의 노출된 상체가 수치와 얼마나 관련이 있는가는 다음과 같은 사실에서도 알 수 있다. 베스타의 여사제(고대 로마 베스타의 신전에서 제단의 성화를 지킨 6인의 처녀―옮긴이)들이 죄를 지을 경우 벌거벗은 채 대제사장으로부터 채찍질을 당했다. 플루타르코스에 의하면 그들은 어두운 장소에서 채찍질을 당했다고 한다. 게다가 매를 맞는 여자 죄인과 때리는 사람 사이에는 수건이 가로놓여 있었다고 한다. M. R. Lefkowitz/M. B. Fant, *Women in Greece and Rome*, Sarasota, 1977, p. 187 참조.

258) W. A. Becker, *Charikles*, Bd. II, 1854, Leipzig, p. 178 참조.

259) Thukydides, *Geschichte des peleponnesischen Krieges* I. 6 (본인의 강조).

260) N. B. Crowther, "Athletic Dress and Nudity in Greek Athletics," *Eranos 1982*, p. 166f.; J. C. Mann, "Gymnazô in Thucydides 1.6. 5~6," *Classical Review*, 1974, p. 178 참조.

261) Plato, *Der Staat* 452 C.

262) 그 예에 관해서는 *Ilias* 23, 683 참조.

263) 폴리아코프(M. B. Poliakoff)는 *Combat Sports in the Ancient World*, New Haven, 1987, p. 166에서 나체로 운동하는 것은 14세기와 15세기 올림픽으로까지 거슬러올라가며 페리조마, 즉 치부띠는 기원전 6세기 후반에 짧은 전성기를 겪었다고 적었다.

264) 비더마이어 시대 사람들과 비교할 수 있을 정도로 정숙하다고 간주되었던 로마 사람들의 발전도 비슷한 양상을 보였다(W. Kroll, 앞의 책, p. 87 참조). 나체로 운동을 하는 것이 처음에는 수치를 모르는 뻔뻔스러운 것으로서 완강히 거부되다가 황제 시대에 들어와서야 널리 퍼졌다. 그리고 이것도 아우구스투스 황제의 통치기간 중에 할리카르나소스의 디오니시우스 (Dionysius von Halikarnassos: 기원전 20년경에 활동한 그리스의 역사학자·수사학 교사로 로마 건국에서 제1차 포에니 전쟁까지 로마의 관점에서 주의 깊게 연구한 그의 『로마사』는 리비우스의 『로마사』와 함께 초기 로마사에 대한 가장 귀중한 자료이다―옮긴이)의 증언에 따르면, 추측건대 그런

이유에서 운동 연습을 할 때 여자 관객을 들어오지 못하게 했던 것이 아닐까. N. B. Crowther, "Nudity and Morality: Athletics in Italy," *Classical Journal*, 1981, p. 120, 122 참조.

265) L. Drees, *Olympia*, Stuttgart, 1967, p. 65 참조. 제1권에서 나는 그리스인이 나체로 운동하는 것의 근원을 나체로 전쟁을 했던 것에서 찾았다. 그러나 지금은 다산을 촉진하는 경주 참여자들의 재앙을 막아주던 나체의 잔재로 보려는 쪽으로 기울고 있다. 물론 고전 시대에 나체의 기능에 관해 설명해주는 것은 아무것도 없다. 많이 벗었든 적게 벗었든, 어쨌든 옷을 벗은 참가자 내지 여자 참가자들의 경주는 여러 시대와 사회에서 존재해왔다. 헤라와 펠롭스(탄탈로스의 아들—옮긴이)의 결혼식이 진행되는 동안 벌어졌던 다산의 경주로까지 소급되는(여기에 관해서는 H. P. Duerr, *Sedna oder Die Liebe zum Leben*, Frankfurt/M. 1984 참조) 헤라이엔(Heraien)에서의 젊은 여자들의 경주와 플로라 축제 기간의 창녀(meretrices)의 경주에서부터, 중세와 초기 르네상스 공식 창녀들의 경주를 거쳐 내가 1981년 초여름에도 오클라호마에서 볼 수 있었던 '부활움막'에서 부활 의식이 이루어지는 동안 치러지는 샤이엔족의 경주에 이르기까지.

266) Pausanias V. 6. 7f. 칼리파테이라(Kallipateira)라는 여자는 트레이너로 변장하고 몰래 숨어 들어간 적이 있다고 한다. 그녀의 아들이 올림픽 우승자가 되었을 때 그녀는 울타리를 뛰어넘다가 여자임이 밝혀졌다. 사람들을 그녀가 도망가게 그냥 놔두었다. 왜냐하면 그녀의 아버지와 남자 형제들도 전에 올림픽에서 승리했기 때문이다. 그럼에도 사람들은 그 후부터는 트레이너들도 옷을 벗어야만 시합장에 들어올 수 있도록 결정했다(위와 같음). 이러한 이야기가 보여주듯이 파우사니아스 시대의 그리스인들 역시 나체로 운동하는 것을 해석하는 데 어려움이 있었던 것처럼 보인다.

267) H. -P. 이슬러는 오히려 이 끈이 음핵두의 손상이나 모래의 침입을 예방하는 것이라고 반론을 제기했다. 부르케르트(Walter Burkert)가 1989년 12월 26일의 편지에서 나에게 전해주었듯이 수치 때문에 음경을 묶었다는 추측은 다음과 같은 사실에서 나온 것으로 보인다. "첫째, (무엇보다 희극에서 사용되는) 노출된 음핵두를 지칭하는 고유의 단어가 있다는 사실. φωλή라는 단어는 '나체'만을 강조하며 지나치게 성적인 맥락과 특별히 희화화된 맥락에서 사용된다. 둘째, 회화에서 '노출된' 음경의 묘사는 항상 희화화시키는 기능을 가진다는 사실. 셋째, 할례를 받은 사람은 그리스인들에게 '품위 없는' 사람으로 보였다는 사실." 그 밖에도 우리는 이 끈을 부상의 위험이 거의 없는 사람들과 모래와 전혀 접촉하지 않는 사람들도 입었다는 사실

을 잊어서는 안 된다. L. Stieda, "Die Infibulation bei Griechen und Römern," *Anatomische Hefte*, 1902, p. 288f. 참조.

268) W. Burkert, "Die betretene Wiese," *Die wilde Seele*, ed. H. P. Duerr, Frankfurt/M. 1987, p. 29 참조. 의학책에도 음핵두와 음경의 포피는 절대 그 이름이 명명되지 않았다. A. Rousselle, "Observation féminine et idéologie masculine," *Annales 1980*, p. 1092 참조. 예루살렘에 세워진 '이방사람들의 체육관'에서 운동을 했던 유대인들은 그들의 음경에 남아 있는 포피를 늘어뜨려야 했다. 1. Makkabäer, 1, 15f. 참조. 그이유는 그들이 노출된 음핵두 때문에 시합에 참여한 비유대인들에게 수치를 느꼈기 때문이다. M. Hengel, *Judentum und Hellenismus*, Tübingen, 1988, p. 137, 506 참조.

로마인들 역시 벗겨진 음핵두를 제일 수치스러운 것으로 생각했다. 그것이 하드리아누스(Hadrianus) 황제가 할례를 금지한 이유 중 하나였다. E. M. Smallwood, "The Legislation of Hadrian and Antoninus Pius Against Circumcision," *Latomus*, 1959, p. 340 참조. 포피를 수술로 길게 늘였던 남자들은 예절 때문에 그렇게 한 것이다. L. Stieda, 앞의 책, p. 284ff. 참조.

269) W. E. Sweet, *Sport and Recreation in Ancient Greece*, Oxford, 1987, p. 129 참조.

270) 같은 책, p. 132. 그리스인들과 비슷하게 에트루니아의 운동선수들도 아주 오래 된 그림에는 옷을 입고 있다. 좀 나중에 나체로 묘사된 경우 포피는 대부분 묶여서 혁띠에 고정되었다. L. Stieda, 앞의 책, p. 252; J. -P. Thuillier, "Les sports dans la civilisation Etrusque," Stadion, 1981, p. 181f. 참조.

271) Plato, *Symposium* 217 B.

272) F. Lissarrague, "De la sexualité des Satyres," *Métis*, 1987, p. 66f.; F. Frontisi-Ducroux, "Au miroir du masque," *La cité des images*, Lausanne, 1984, p. 159; Y. Korshak, *Frontal Faces in Attic Vase Painting of the Archaic Period*, Chicago, 1987, p. 5ff. 참조.

273) Aristophanes, *Die Wolken*, 966ff.

274) Plutarch, *Quaestiones Romanae*, 40. 274 D.

275) Aischines, *Gegen Timarchos* 9f., 12.

276) Plato, *Charmides* 154 D. 이 대목을 가르쳐준 데 대해 발터 부케르트에게 감사한다.

277) J. A. Arieti, "Nudity in Greek Athletics," *Classical World*, 1975, p. 434.

278) 같은 책, p. 436. 나는 물론 이것이 운동할 때의 나체의 기능이라고까지 주장하고 싶지는 않다. 오히려 아름다운 남성의 육체를 숭배했다는 것이 내 게는 더 중요해 보인다. 반면 무대 위에서의 나체는 금지되었다. 특히 사티로스(디오니소스를 따르는 호색적이며 장난을 좋아하는 산야의 요정으로, 말의 다리와 꼬리를 가진 또는 염소의 다리를 한 인간의 모습을 하고 있음—옮긴이)와 같은 정욕적인 존재이거나 여자일 경우에는 더욱 그랬다. 기원전 5세기와 4세기의 사티로스 연극에서 12명의 사티로스 합창단원들은 가죽으로 된 음경을 달았다. 희극에서 나체의 여자를 연기하는 (남자) 배우들도 가슴에는 무언가를 채워 넣고 유두를 그려 넣은 '보디 스타킹'을 착용한다. D. J. Symons, *Costume of Ancient Greece*, London, 1987, p. 46f. 참조.

279) N. Elias, "Was ich unter Zivilisation verstehe: Antwort auf Hans Peter Duerr," *Die Zeit*, 17. Juni, 1988.

280) M. Schmidt/G. Dietz, *Frauen unterm Hakenkreuz*, Berlin, 1983, p. 63에서 재인용.

281) 여기에 대해서는 R. Wiggershaus, *Frauen unterm National-sozialismus*, Wuppertal 1984, p. 79 참조.

282) L. Riefenstahl, *Schönheit im olympischen Kampf*, Berlin, 1937, p. 5. 그러면서—예컨대 히틀러와는 반대로—처음부터 어떤 특별한 인종을 염두에 두지 않았기 때문에 레니 리펜슈탈을 인종주의자로 간주하는 것은 잘 못됐다고 생각한다. 예를 들어 G. Gebauer/C. Wulf, "Die Spiele der Gewalt," *Körper- und Einbildungskraft*, ed. G. Gebauer, Berlin, 1988, p. 23에서 했듯이. p. Sontag, "Faszinierender Faschismus," *Frauen und Film*, Dezember, 1977, p. 12ff. 참조.

283) H. P. Duerr, 1988a, p. 150ff.; D. Pforte, "Zur Freikörperkultur-Bewegung im nationalsozialistischen Deutschland," in '*Wir sind nackt und nennen uns Du*, ed. M. Andritzky/T. Rautenberg, Gießen, 1989, p. 136ff. 참조.

284) 예를 들어 1939년에 나온 민족적 경향의 저서인 『사랑에 대한 긍정』(*Dein 'Ja' zum Liebe*)에는 이렇게 적혀 있다. "독일 사람은 자신의 육체나 육체 의 부위들에 관해 부끄러워할 필요가 없으며 육체를 쇠약하게 만들고 약화 시키는 것만을 부끄러워해야 한다. 그리고 독일 민족을 더욱 강하게 만들도

록 해야만 한다. 그렇기 때문에 인종 특유의 예절을 둘러싼 싸움에서 나체, 도덕, 교육간의 관계에 대한 지식의 재편이 특별한 의미를 갖는다"(D. Pforte, 앞의 책, p. 144에서 재인용).

285) 그 예에 관해서는 A. Koch, *Nacktheit, Körperkultur und Erziehung*, Leipzig, 1929, p. 27f. 참조. 오늘날도 나체 문화의 모든 추종자들이 이런 신조를 옳다고 여기지는 않는다. 예컨대 전 나체주의자인 이젠뷔겔(Paul Isenbügel)은 최근 TV 인터뷰에서 이를 확인시켜 주었다. "나는 그것이 변호하기 위한 주장이었다고 말할 수 있다! 우리는 어차피 예의바르지 못한 행동을 한다고 해서 비난받았으며 그렇기 때문에 우리는 주장했다. 우리가 벌거벗은 채 마주 서 있다고 해도 우리 사이에 성적인 것, 에로틱한 것은 없다고……다른 말로 하자면 우리는 인간의 눈을 보지 다른 부위는 쳐다보지 않는다. 정말 말도 안 되는 소리였다! 아직까지도 지치지 않고 그런 소리를 계속하다니……"(Thomas Rautenberg: 1989년 8월 15일의 편지).

286) K. Wolbert, *Die Nackten und die Toten des 'Dritten Reichs'*, Gießen, 1982, p. 36 참조. 그 시대의 의복은 육체의 자연스런 윤곽을 따라가야 했으며 어떤 부분도 강조해서는 안 되었다. 1934년의 나치의 여성 교본에는 이렇게 적혀 있다. "예를 들어 유행에서 형태를 우선하여 육체의 형태를 왜곡하거나 부자연스럽게 강조한다면 그것은 육체를 과시하는 것이 적성에 맞는 외국의 영향을 받았다는 증거이다"(N. Westenrieder, '*Deutsche Frauen und Mädchen!*', Düsseldorf, 1984, p. 46f.에서 재인용).

나치 시대에 노출된 가슴과 엉덩이는 대부분 영화 검열에서 통과되었다. 그리고 님펜부르크 성의 공원에서 열리는 '아마존의 밤'에는 '아마존족', '여신', '꽃들'이 상체에 아무것도 입지 않은 채 등장한다. 포츠담 옆의 파우엔 섬에서는 그 이상을 노출하고 나타나도 항의를 받지 않았다. A. M. Rabenalt, *Joseph Goebbels und der 'Großdeutsche' Film*, München, 1985, p. 120f.; H. P. Bleuel, *Das saubere Reich*, Bern, 1972, p. 114f.; A. Meyhöfer, "Schauspielerinnen im Dritten Reich," *Die Schauspielerin*, ed. R. M hrmann, Frankfurt/M., 1989, p. 314f. 참조. 반대로 같은 시대 소련의 스탈린주의자들은 노출된 가슴을 암시하는 것만으로도——예컨대 고대의 조각에서처럼——음탕한 것으로 간주했다. A. Flegon, *Eroticism in Russian Art*, London, 1976, p. 8; D. M. Noack, "Kunst unter Diktatur," *Kunst, Hochschule, Faschismus*, ed. W. Abramoswski et al., Berlin, 1984, p. 120ff. 참조. 1988년에 옐레나

실리나(Jelena Silina)는 소련 무대에서 가슴을 노출시키는 것을 감행한 최초의 배우였다. *Spiegel* 40, 1988년 10월 3일자 참조.

287) L. Riefenstahl, 앞의 책 참조. 벤크(S. Wenk)는 "Aufgerichtete weibliche Körper," *Inszenierung der Macht*, ed. K. Behnken et al., Berlin, 1987, p. 116에서 다음과 같은 견해를 주장하고 있다. 즉 나치 시대의 여성의 나체 조각은 나신의 성적 측면을 부정하지 않았다. 왜냐하면 이전과는 달리 성기 부위와 가슴이 마치 '수치의 종말'을 보여주기 위한 것인 듯 '가리지 않고' 보여주기 때문이다. 그럼에도 거기서 '가리지 않고' 보여주는 것은 치모와 외음부가 없는, 성기가 없는 육체이며 그 조각의 가슴은 리펜슈탈이 본 것처럼 '부풀어오르지' 않았다. 운동선수의 가슴처럼 작고 단단하며 성적 매력 없이 신체에 붙어 있었다. G. Huster, "Die Verdrängung der Femme fatale und ihrer Schwestern," *Inszenierung der Macht*, ed. K. Behnken et al., Berlin 1987, p. 149f.; M. Lehker, *Frauen im Nationalsozialismus*, 1984, p. 32 참조. 이와 마찬가지로 회화에서 나체는 실내공간, 즉 규방, 침실, 욕실에서 보여지는 경우는 극히 드물고 대부분 전혀 음란하지 않게 야외에서, 즉 바닷가나 햇빛이 비치는 독일의 언덕 위에서 묘사된다.

288) 익명, "Wege zu Kraft und Schönheit: Zu dem Körperkulturfilm von N. Kaufmann und W. Prager," *Velhagen & Klasings Monatshefte*, Juli, 1925, p. 671. 이 영화는 당시 좌익언론과 우익언론에서 표현의 적절성 때문에 환영받았다. 그들은 이렇게 말했다고 한다. 즉 마침내 우리는 "불건전한 저의 없이" 나신의 아름다움에 관해 기뻐할 수 있게 되었으며, "영적으로 건강한 인간에게서는 이른바 말하는 도덕적 고려라는 것은 일어날 수 없다"고(K. Karkosch, *Die nackte Mensch im Film*, Hamburg, 1954, p. 4, 6).

289) L. Riefenstahl, *Mein Afrika*, München, 1982, p. 23ff. 70년대 말 독일의 난센(1861~1930: 노르웨이의 극지 탐험가·정치가—옮긴이) 협회의 탐험대장이던 루츠(Oskar Luz)가 관객들에게 누바족을 '낙원의 인간'으로 소개했다. G. Dabitz, *Geschichte der Erforschung der Nuba-Berge*, Wiesbaden, 1985, p. 147 참조. 그들이 누바로 여행을 떠나기 3년 전 리펜슈탈은 이미 영화「SOS 빙산」을 촬영하는 동안 다른 지역에 있던 어린이 같은 미개인들을 알게 되었다. "에스키모들이 마치 왕처럼 모시는 라스무센(Knud Rasmussen)이 에스키모 촬영을 도왔기 때문에 우리는 아주 편안하게 촬영할 수 있었다. 그는 어머니가 그린란드 여자이기 때문에 그들의 언

217. 「달의 여신 다이아나와 그녀의 수행원」, 뮌헨 사냥 박물관의 개막식을 위한
축하행렬이 주빈인 헤르만 괴링 앞을 지나가고 있다. 1938.

어를 완벽하게 구사했다. 그와 함께 우리는 작은 에스키모 주둔지인 누가트
시아크(Nugatsiak)로 옮겼는데 그곳 사람들은 우리를 위해 환영 파티를 준
비하고 있었다. 여기서 우리는 아주 명랑하게 웃는 에스키모들의 진면목을
알게 되었다. 그들은 덩치 큰 어린아이들과 같았다"(L. Riefenstahl,
Memoiren, München, 1987, p. 170).

290) 1988년 7월 13일의 편지.

291) 젊은 여자의 치부를 쳐다보는 것은 오로지 허리를 감는 긴 천을 두르고 함
께 춤을 추는 부인들에게만 허용되었다. 그들은 갑자기 다리를 벌리는 그들
의 딸을 넘어뜨린다. 외음부를 슬쩍 한번 쳐다보고는 큰 소리로 환호성을
지르면서—실제든 아니면 상관없이—자기 딸이 처녀임을 찬양한다. L.
Riefenstahl, *Die Nuba von Kau*, München, 1976, p. 12, 217, 223 참
조. 리펜슈탈이 춤을 추고 있는 젊은 여자의 능동성과 젊은 남자의 수동성
을 누바족 여자아이가 미래의 남편을 선택하고, 파트너의 어깨 위에 다리를

올려놓음으로써 자신이 선택했음을 알리려 했다고 해석한다면 그것은 잘못된 것이다. 왜냐하면 남동쪽의 누바족에게는 결혼성립의 주도권이 남편과 그 가족에게 있을 뿐 처녀와 부인들은 성적으로 아주 수동적인 존재로 간주되기 때문이다. J. C. Faris, "Some Aspects of Clanship & Descent Amongst the Nuba of South-Eastern Kordofan," *Sudan Notes and Records*, 1968, p. 47 참조.

체벨 다이르의 아피티 누바족의 경우 어느 여자가 길거리에서 젊은 남자에게 다음과 같은 말로 다그치는 걸 보면 그 여자가 '경박한 여자'임을 알 수 있다. "헤이, 야, 귀머거리냐, 아니면 아무 말도 듣고 싶지 않은 거냐? 아니면 여자와 아무것도 할 줄 모르니? 네 창을 집어들고 우리와 함께 샘으로 가자. 그리고 우리가 늦지 않게 집에 갈 수 있도록 우리를 위해 물을 퍼와라!" 예의바른 누바 남자는 그런 헤픈 여자와 결혼해서는 안 된다. P. D. Kauczor, "The Afitti Nuba of Gebel Dair and Their Relation to the Nuba Proper," *Sudan Notes and Records*, 1923, p. 23 참조.

292) 리펜슈탈은 여자들과 잠시 춤을 추었다. 그러나 "마지막 빛으로 사진 몇 장이라도 찍을 수 있는" 유리한 순간에 잠시 도망쳤으며 이번에는 성공했다. L. Riefenstahl(1976), 앞의 책, p. 217 참조. 리펜슈탈이 어떻게 촬영했는지에 대한 증인의 보고는 O. Iten, *Fungor*, Frankfurt/M. 1983, p. 178f.에서 찾을 수 있다. 물론 이텐은 자신의 행동이 문제가 있음을 알고 있었음에도 불구하고 집주인의 은밀한 영역을 의도적으로 침해했다. 그는 어떤 여자의 흉터문신에 관해 이렇게 보고한다. "젊은 부인이 배를 깔고 엎드렸다. 그리고 노파가 그녀의 엉덩이에서 수건을 치웠다. '이제 가시오. 이것은 남자들이 볼 게 아니오.' 노파가 나에게 말했다. 나는 아주 재빨리 사진 몇 장을 찍었다. 그녀가 불쾌감을 나타내자 나는 바위틈 입구로 물러갔다. 카메라에 망원렌즈를 끼우고는 멀리서 계속 사진을 찍었다. 잠시 후 노파가 이것을 알아챘다. 그녀는 화가 나 손으로 먼지 쌓인 바닥을 내리쳤다"(같은 책, p. 20).

290) '이방화'(Exotisierung), 즉 이방인을 소외시키는 그런 경향은 엘리아스의 옛날 저서뿐 아니라 최근의 저서에서도 나타난다. 이미 1928년 취리히의 사회학자 회의에서 엘리아스는 투른발트(Richard Thrunwald, 1869~1954: 독일의 인류학자·사회학자로, 사회제도에 관한 비교연구로 유명하다―옮긴이)의 '원시인'에 관한 발표에 대해 이렇게 자신의 입장을 표명했다. "우리가 이런 낯선 사람들에게 다가갈 때 우리가 처음으로 아는 것은 우리가 그들을 전혀 이해하지 못한다는 사실이다"(H. Korte, 앞의 책, p.

106f. 에서 재인용). 그런 문장들은 거의 단어 그대로, 제1차 전쟁과 제2차 전쟁 사이에 서구의 지성인들에게 엄청난 영향을 미쳤던 레비-브륄(Lucien Lévy-Bruhl, 1857~1939: 프랑스의 철학자로 원시인의 심리를 연구하여 사회사상·원시종교·신화학 등의 비합리적 요소를 이해하는 새로운 접근법을 인류학에 제공했다—옮긴이)의 저서에도 다시 등장한다.

294) J. Russegger, *Reisen im Europe, Asien und Afrika*, Bd. II, Stuttgart, 1844, p. 180. 여기에 대해서는 R. Husmann, *Transkulturation bei den Nuba*, Göttingen, 1984, p. 150f. 참조.

295) 루세거(Russeger)보다 약 10년쯤 전에 뤼펠(E. Rüppell)은 *Reisen in Nubien, Kordofan und dem peträischen Arabien*, Frankfurt/M. 1829, p. 154에서 이렇게 보고했다. "누바족 성인은 모두 적어도 허리 주위에는 면으로 된 끈을 감았다." J. Wo Sagar, "Notes on the History, Religion, and Customs of the Nuba," *Sudan Notes and Records*, 1922, p. 154에 의하면 20세기 초 누바 산맥 북쪽 여자들은 외음부를 가리는 가는 천으로 된 끈을 둘렀으며 남쪽 여자들은 앞뒤로 잎이나 풀다발을 둘렀다. 그것은 C. G. Seligman/B. Z. Seligman, *Pagan Tribes of the Nilotic Sudan*, London, 1932, p. 17, 371f. 에서도 확인된다. 1873년에는 신부 카르체리(Stanislao Carceri)의 보고서가 나오는데 그 보고에 의하면 그가 방문했던 딜링 누바는 젊은 여자를 포함하여 사내아이까지 옷을 입고 있었다고 한다. B. Streck, *Sudan*, Köln, 1982, p. 208 참조. 북쪽의 누바 여인들에 관해서는 1914년 그들이 오직 라하드(rahad)만 착용했다고 전해지는데(O. v. Wettstein, "Auszug aud den Tagebuchnotizen der österreichischen Expedition nach Kordofan," *Eine Studienfahrt nach Kordofan*, ed. C. Meinhof, Hamburg, 1916, p. 86 참조) 이것은 마찬가지로 상체를 가리지 않았던 수단 아라비아 여자들의 가죽 술이 달린 치마이다.

296) R. C. Stevenson, "The Nyamang of the Nuba Mountains of Kordafan," *Notes and Records*, 1940, p. 89, 92 참조.

297) 오늘날에도 코롱고 여자들은 셔츠 밑에 전통적인 치부가리개를 착용한다(Fritz Kramer: 1987년 8월 10일의 편지).

298) L. Riefenstahl, *Die Nuba*, München, 1973, p. 18 참조.

299) Fritz Kramer: 1988년 7월 26일의 구두전달. L. Riefenstahl(1982), 앞의 책, 그림 157, 172 참조. 크라머의 주장에 의하면 모계가 강한 남쪽 누바족은 가부장적인 북쪽 누바족과 양쪽이 병행되는 남동쪽 누바족과는 반대로

초경에 더 많은 의미를 부여하고 있으며 그렇기 때문에 여자아이들은 월경을 할 때 그리고 그 후에도 옷을 입지 않는다고 한다. 마르크스(Edeltraut Marx)가 내게 전해주었듯이 오늘날 코롱고에서는──미리와 마찬가지로(G. Baumann, *National Integration and Local Integrity*, Oxford, 1987, p. 47 참조)──어린아이들이나 미친 사람만이 완전 나체로 지낸다. 가끔 누바의 여자아이들이 짧은 치마만 입고 아라비아 지역에 온다면 그들은 가슴을 노출시켰다는 이유로 경찰서로 끌려가 군인들에게 매를 맞는 일이 자주 있다(F. Kramer, 위와 같음). 그러나 과거에 수단 아라비아 여자들이 가슴을 가리지 않고 다녔다는 것 또한 사실이다. 1962년 12월 리펜슈탈이 처음으로 누바로 여행갔을 때 그녀는 경찰의 수행을 받았다. 경찰들은 어쨌든 옷을 벗은 누바족을 촬영하는 것을 방해할 의무가 있었다. "가끔 누바 산맥의 아주 외진 오지에도 트럭이 왔는데 트럭 안에는 수단의 관리들이 (앉아 있었다. 그들은) 무료로 원주민들에게 옷을 나누어주었다"(*Momoiren*, München, 1987, p. 638f.).

300) J. C. Faris, "Sibling Terminology and Cross-Sex Behavior: Data from the Southeastern Nuba Mountains," *American Anthropologist*, 1969, p. 485 참조. 더 자세한 것은 O. Iten, "Die Nuba," Schwarz-Afrikaner, ed. W. Raunig, Innsbruck, 1980, p. 109; L. Stein, "Die Nuba von Fungor," *Kleine Beiträge aus dem Staatlichen Museum für Völkerkunde Dresden*, 1978, p. 37 참조. 냐망에서는 여자아이들이 때에 따라서 성년식이 지난 후에야 그들의 성기 부위를 가렸다. R. C. Stevenson, 위와 같음.

301) Richard Rottenburg: 1988년 8월 5일의 편지

302) Fritz Kramer: 1986년 3월 17일의 편지; Roland C. Stevenson: 1988년 7월 4일의 편지.

303) R. Rottenburg, 앞의 책 참조.

304) 같은 책.

305) R. 로텐부르크(Rottenburg)가 1988년 8월 25일의 편지에서 나에게 알려준 것과 마찬가지로 민속학자 나델(S. Nadel)은 1940년 그의 일기에 모로족은 소음순이 '작은 음경처럼' 튀어나와 눈에 띄게 되면, 소음순을 잘라냈다고 기록하고 있다. 나델은 The Nuba, London, 1947, p. 241에서 모로족이 대음순과 그로 인해 튀어나온 클리토리스를 잘랐으며 그 이유는 당사자가 그것을 자르지 않으면 심한 말로 문책당했기 때문이라고 적고 있다. 로텐부르크의 최근 정보에 의하면 클리토리스는 거의 잘라내지 않았다고 한

다. 사랑의 행위를 할 때 그것의 기능에 대해 사람들은 정확하게 알고 있었기 때문이다. 오늘날에는 절대로 그런 수술을 하지 않는다. 여자아이가 다섯 살이 되면 사내아이처럼 치마를 입기 때문이다.

306) 때에 따라 몇 개의 티라 누바 그룹과 40년대 이후의 미리 누바족에서는(G. Baumann, 앞의 책, p. 48) 제왕절개도 존재했었다(R. C. Steven-son, "Some Aspects of the Spread of Islam in the Nuba Mountains," *Sudan Notes and Records*, 1963, p. 19 참조). 비교적 초기에 아라비아화된 딜링 누바족은 여자들이 첫 출산을 하기 얼마 전에 클리토리스를 제거한다. C. G. Seligman/B. Z. Seligman, 앞의 책, p. 389; P. D. Kauczor, 앞의 책, p. 21 참조.

307) 모로의 여자아이들은 어릴 적부터 절대 다리를 벌리고 앉지 말아야 한다는 교육을 받았다. R. Rottenburg, 앞의 책.

308) 과거 남쪽의 누바족 여자아이들이 레슬링 경기를 하는 경우, 그 주위를 빽빽하게 관중들이 둘러싸서 남자들이 들여다볼 수 없게 했다. 그러나 젤리히만(Seligman)에 따르면 레슬링 경기를 할 때 약간 떨어진 곳 바위 위에서 훔쳐보고 있던 일련의 사람들이 있었으며, 젊은 남자의 무리들은 멀리 떨어진 커다란 나무 위에 앉아 멀리서 쳐다보았다고 한다. C. G. Seligman/B. Z. Seligman, 앞의 책, p. 391f. 참조. 프리츠 크라머는 오늘날 바지를 입은 코롱고 여자아이들의 레슬링장에는 남성 관객이 거의 없는데 그 이유는 동시에 벌어지는 남자들의 경기가 그들에게는 더 흥미롭기 때문일 거라고 말했다.

309) R. C. Stevenson: 1988년 7월 4일의 편지.

310) O. Iten, 앞의 책, p. 65.

311) 이것은 남쪽의 누바에도 해당된다. 리펜슈탈이 최초로 방문했던 시기, 즉 1963년경에 누바의 세계가 아직 죄를 알기 이전의 '나무랄 데 없는' 상태였다고 주장한다면, 그녀는 그녀의 독자를 위해 두번째 동화를 날조한 것이다. 프리츠 크라머가 전해준 바에 의하면 리펜슈탈이 촬영했던 나체의 젊은 남자들과 반나체의 여자아이들은 '대중들이 있는 곳'이 아니라 마을에서 매우 멀리 떨어진 소 목초지였다.

312) 마사킨 키자르족은 결혼한 남자는 성교 때문에 격투에 필요한 힘을 잃게 된다고 생각했다. "네가 결혼하면 너는 더 이상 싸울 수 없어." p. Paul, "The Wrestling Tradition and Its Social Functions," *Sport in Africa*, ed. W. J. Baker/J. A. Mangan, New York, 1987, p. 35 참조. 젊은 여자처럼 젊은 남자들도 나체로 대중의 면전에 나타났는데, 그것은 그들이

몸을 씻고 체모를 모두 면도하고 몸에 기름을 발랐을 때뿐이다. J. C. Faris, *Nuba Personal Art*, London, 1972, p. 54f. 참조. 누바족들은 인간들이 체모를 제거하는 것을 통해 동물과 구분되며 동물도 영혼을 가지고 있으며 언어를 구사한다고 생각했다. O. Iten, *Schwarzer Sudan*, Kreuzlingen, 1978, p. 91 참조.

313) D. Sansone, *Greek Athletics and the Genesis of Sport*, Berkeley, 1988, p. 108 참조. 그리스 운동선수들은 기름칠이 힘을 강화시키는 데 영향을 미칠 수 있다고 기대했던 듯하다. 아마도 기름을 생명을 베푸는 힘이라고 생각하는 원시시대 사고의 결과일 것이다. C. Ulf, "Die Einreibung der griechischen Athleten mit Öl," *Stadion*, 1979, p. 228ff. 참조. 그렇기 때문에 기름은 자주 치료수단으로 사용되었다. A. p. Pease, "Ölbaum," *Paulys Real-Encyclopädie der Classischen Altertumswissenschaft*, ed. W. Kroll, Bd. XVII.2, Stuttgart, 1937, p. 2014 참조.

314) H. Bernatzik, *Gari Gari*, Insbruck, 1930, p. 130 참조.

315) O. Iten, *Economic Pressures on Traditional Society*, Bern, 1978, p. 21 참조. 남동쪽 누바에서 젊은 남자가 황토와 기름을 살 수 없을 정도로 아프거나 가난하다면 그는 옷을 입고 있다. 젊은 여자아이 역시 이런 방식으로 제대로 치장하지 않으면 절대 오두막에서 나오지 않는다. J. C. Faris, "The Productive Basis of Aesthetic Traditions," *Art in Society*, ed. M. Greenhalgh/V. Megaw, London, 1978, p. 334 참조.

316) R. C. Stevenson, 앞의 책 참조.

317) O. Iten(1983), 앞의 책, p. 29. 누바 산 북부에서 남자의 할례는 과거에도 존재했고 지금도 존재한다. 그곳에서는 티라 누바 그룹이나 냐망에서보다 아라비아 사람들의 영향을 더 많이 받았는데 이곳의 남자들도 스물둘에서 스물일곱의 나이에 할례를 받았다. 그러고 나야 그는 진짜 남자, 즉 '한 부인의 남편'으로 인정받았다. R. C. Stevenson, "The Nyamang of the Nuba Mountains of Kordofan," *Sudan Notes and Records*, 1940, p. 88; R. C. Stevenson, *The Nuba People of Kordofan Province*, Khartoum, 1984, p. 101f.; 더 자세한 것은 A. Kronenberg, "Nyamang Circumcision," *Sudan Notes and Records*, 1958, p. 79 참조.

318) R. C. Stevenson: 1988년 7월 4일의 편지. 모로족의 젊은 남자 몇몇이 트럭을 타고 다른 누바족—이 누바족의 젊은 여자는 삼각형의 작은 치부가리개만 착용했다—에게 갔을 때, "그 중 한 명이 역시 짧은 치마를 입고

있는 그 종족의 젊은 청년들이 발기하지 않도록 하기 위해 어떤 조처를 취하는지 물었다"(R. Rottenburg, 앞의 책).

319) N. Elias, 1939, I, p. XIII. 이미 토마스(K. Thomas)는 앞의 책, 1978, p. 30에서 엘리아스의 "'문명'에 대한 이미지는 과도하게 자기 민족 중심주의적이라고 지적한 바 있다. '문명'이라는 것에 대한 그의 전체 이미지가 극도로 자기 민족 중심주의적임을 어렵지 않게 느낄 수 있다. 때때로 그는 비유럽 사람들의 테이블 매너와 육체적 기능에 대하여 어린아이들처럼 충동적이라는 것을 암시하는 것처럼 보인다." R. Blomert, *Psyche und Zivilisation*, Münster, 1989, p. 2. 학문적인 희망이 모두 이루어질 것 같지 않자 흥분하여 안절부절못하던 블로메르(Blomert)는 엘리아스가 이 민족들이 더 유아적이라고 주장한 게 아니라, 그들이 "더 유아적으로"(인용부호!) 보인다고 주장했다고 기술한다. 블로메르의 이런 행동이 바로 유아적인 속임수(인용부호 없이!)이다. 그렇기 때문에 그 거장의 말을 여기에 상세히 인용해보자. "한편으로 아이들의 행동과 심리적인 구조, 다른 한편으로 성인의 행동과 심리적인 구조의 차이는 문명화 과정이 진행되면서 점점 커진다. 여기에 왜 많은 민족이나 민족 그룹들이 우리에게 '더 젊거나' '더 유아적'으로 보이는지, 다른 민족은 왜 '더 늙고' '더 성인으로' 보이는지의 문제를 해결할 수 있는 열쇠가 들어 있다. 우리가 이런 방식으로 표현하기를 시도하는 것은 이 사회들이 겪었던 문명화 과정의 방식과 단계에서의 차이점이다." 그리고 약간 뒤에는 이렇게 적고 있다. "그래서 아이의 감정구조와 의식구조는 '비문명화된' 민족의 그것과 어떤 연관성을 가지고 있다 〔……〕"(같은 책, p. XIIf.).

320) N. Elias(1988), 앞의 책, p. 38.

321) 같은 책.

322) 예에 관해서는 J.-F. Le Mouël, *Ceux des mouettes: Les Eskimo naujamiut*, Paris, 1978, p. 139ff. 참조.

323) J. Malaurie, *Die letzten Könige von Thule*, Frankfurt/M. 1977, p. 110 참조. 더 자세한 것은 C. Irwin, "The Sociocultural Biology of Netsilingmiut Female Infanticide," *The Sociobiology of Sexual and Repro-ductive Strategies*, ed. A. E. Rasa et al., London, 1989, p. 247 참조.

324) N. Elias, "Die Zivilisierung der Eltern," in *'… und wie wohnst Du?'*, ed. L. Burkhardt, Berlin, 1980, p. 21 참조.

325) D. Jenness, "The Life of the Copper Eskimos," *Report of the*

Canadian Arctic Expedetion 1913~18, Bd. XII, Ottawa, 1922, p. 234 참조.

326) J. L. Briggs, "The Origins of Nonviolence: Aggression in Two Canadian Eskimo Groups," *Psychoanalytic Study of Society*, 1975, p. 153 (우트쿠).

327) J. J. Honigmann/I. Honigmann, "Child Rearing Patterns Among the Great Whale River Eskimo," *Anthropological Papers of the University of Alaska*, 1953, p. 42 참조.

328) P. Langgaard, "Modernization and Traditional Interpersonal Relations in a Small Greenlandic Community," *Arctic Anthropology*, 1986, p. 302, 305; R. G. Williams, "Eskimo Value Persistence in Contemporary Acculturation," *Le peuple esquiman aujourd'hur et demain*, ed. J. Malaurie, *Den Haag*, 1973, p. 272(팔리미우트) 참조.

329) Langgaard, 앞의 책, p. 305f.

330) J. J. Honigmann/I. Honigmann, *Eskimo Townsmen*, Ottawa, 1965, p. 244 참조.

331) W. Oswalt, *Napaskiak*, Tucson, 1963, p. 44 참조.

332) R. K. Nelson, "Hunters of the Northern Ice," *Custom-Made*, ed. C. C. Hughes, Chicago, 1976, p. 320 참조.

333) J. L. Briggs, 앞의 책, p. 143f. 참조.

334) J. L. Briggs, Never in Anger, Cambridge, 1970, p. 47f., 71 참조. M. Lantis, "Nunivak Eskimo Personality as Revealed in the Mythology," *Anthropological Papers of the University of Alaska*, 1953, p. 125(누니바크 에스키모); F. A. Milan, "The Acculturation of the Contemporary Eskimo of Wainwright, Alaska," *Anthropological Papers of the University of Alaska* ,1964, p. 57f. (알래스카의 울루루니카미우트).

335) I. Kleivan, "Song Duels in West Greenland: Joking Relationship and Avoidance," *Folk*, 1971, p. 21; W. H. Oswalt, *Alaskan Eskimos*, San Francisco, 1967, p. 205; T. F. Johnston, "Community History and Environment as Wellspring of Inupiaq Eskimo Songtexts," *Anthropos* 1988, p. 168(이누피아크). 아이빌리크(Aivilik)에서는 누군가 실수로 다른 사람의 재산에 손해를 입혔다면 손해를 당한 사람은 자신의 재산가치를 실제보다 낮게 책정한다. F. Boas, "The Eskimo of Baffin Land and Hudson Bay," *Bulletin of the American Museum of Natural History*,

1901, p. 116; I. Klevian, "West Greenland Before 1950," *Handbook of North American Indians*, Bd. V, ed. D. Damas, Washington, 1984, p. 615 참조.

336) R. G. Williams, *Eskimo Underground*, Uppsala, 1974, p. 48 참조.

337) K. Rasmussen, *Neue Menschen*, Leipzig, 1920, p. 26f.

338) H. P. Duerr, *Traumzeit*, Frankfurt/M., 1978, p. 151f. 참조.

339) J. Malaurie, 앞의 책, p. 331 참조. 그렇기 때문에 극지의 에스키모들은 경탄을 하거나 감탄을 하는 경우가 드물다. 말로리(Malaurie)에 의하면(앞의 책, p. 134, 182) 성인들은 그들의 아이들과 함께 놀 때에만 가면을 벗었다. 남자는 어린 아들에게 말할 때에만 그가 사냥에서 체험했던 것을 어린아이의 언어로 설명했다. 코트제부에 해협의 키키크타그룽미우트 (Qikiqtagrungmiut)의 정보자는 그들의 부모와 조부모들은 대중의 면전에서 한 번도 감정을 내보인 적이 없다고 이야기했다. 자주 벌어지는 다양한 종류의 시합에서도 그들은 자랑스러워하거나 실망을 나타내는 모든 표현을 억제한다. E. p. Burch, "Kotzebue Sound Eskimo," *Handbook of North American Indians*, Bd. V, ed. D. Damas, Washington, 1984, p. 312 참조.

340) V. Stefansson, *Das Geheimnis der Eskimo*, Leipzig 1925, p. 110.

341) W. Herbert, *Eskimos: Menschen im Land des Langen Tages*, Esslingen, 1976, p. 43.

342) H. Israel, "Kulturwandel grönländischer Eskimo im 18. Jahrhundert," *Abhandlungen und Berichte des Staatlichen Museums für Volkskunde*, Dresden, 1969, p. 26에서 재인용.

343) R. Kjellström, *Eskimo Marriage*, Lund, 1973, p. 90ff. 참조. 특히 여자는 실제로 대부분 완전히 준비되어 있지 않은 상태이다. 그 예에 관해서는 M. Lantis, 앞의 책, p. 117(누니바크) 참조.

344) J. Malaurie, 앞의 책, p. 130 참조.

345) I. Kleivan, 앞의 책, p. 16; *G. van den Steenhoven*, 1958, p. 533f. (카리부 에스키모) 참조. 코트제부에 해협의 코부크 강 에스키모는 친척들 사이에서는 '노래겨루기'가 열릴 수 없었다고 말했다. "친척들을 우스갯거리로 만들지 않기 때문이다". W. W. Anderson, "Song Duel of the Kobuk River Eskimo," *Folk*, 1974, p. 80 참조.

346) R. G. Williamson, 앞의 책, p. 47 참조.

347) I. Klevian, 앞의 책, p. 17; M. Lantis, "Aleut," *Handbook of North*

American Indians, Bd. V, ed. D. Danas, Washington, 1984, p. 177 (Aleuter); H. König, "Der Rechtsbruch und sein Ausgleich bei den Eskimo," *Anthropos*, 1925, p. 282 참조. 그럼에도 불구하고 때에 따라서는 참여자 중 한 사람이 자기 절제심을 잃어버리고 칼을 꺼낸다. 예를 들어 아마살리크 샤먼인 아우그팔리그토크(Augpaligtoq)는 '노래겨루기'에서 살해당했다. R. Kjellström, 앞의 책, p. 134 참조.

348) K. Rasmussen, *Grønlandsagen*, Berlin, 1922, p. 235f.

349) R. Petersen, "East Greenland Before 1950," *Handbook of North American Indians*, Bd. V, ed. D. Damas, Washington, 1984, p. 635 참조.

350) W. Thalbitzer, "The Ammassalik Eskimo. 2. I," *Meddelelser om Grønland*, 1923, p. 166ff., 318ff. 참조.

351) I. Kleivan(1984), 앞의 책, p. 615 참조. 코트제부에 해협에서 상대방은 모든 것이 단지 놀이였을 뿐이라고 말한다. W. W. Anderson, 앞의 책 참조.

352) W. Herbert, 앞의 책, p. 41 참조.

353) I. Kleivan, 앞의 책; R. G. Williams(1974), 앞의 책, p. 47 참조. 에스키모에게 수치와 죄책감에 대한 반응으로 자살이 자주 일어났다. 예를 들어 어떤 남자가 양자와 싸우면서 "나가 죽어라. 너는 음식을 먹을 가치도 없어!"라고 공격하자 양자는 얼어죽으려고 그날 밤 옷도 입지 않은 채 눈 속으로 달려갔다. K. Rasmussen, *Across Arctic America*, New York, 1927, p. 96 참조.

354) J. Malaurie, 앞의 책, p. 131 참조.

355) E. p. Hall, "Interior North Alaska Eskimo," *Handbook of North American Indians*, Bd. V, ed. D. Damas, Washington 1984, p. 343 참조.

356) Malaurie, 앞의 책, p. 111 참조. 오늘날에도 아이들은 사춘기에 들어서야 비로소 나중에 행사하게 될 활동들을 점차로 배우게 된다. C. Adler, *Polareskimo-Verhalten*, München, 1979, p. 60 참조.

357) J. L. Briggs(1975), 앞의 책, p. 174f., 180 참조.

358) 예를 들어 사람들이 찻잔을 다 비우지 않고 반만 마시는 것, 아무 말도 하지 않으면서 거기에 앉아 있거나 아니면 '원하지 않는다' 대신 '아마' 라고 말하지 않는 것은, 그것이 거짓이든 실제든 반사회적인 행동방식에 속한다.

359) J. L. Briggs, 앞의 책, p. 142(본인의 강조).

360) 에스키모의 아이들 교육에 대한 '관대한 태도'와 관련된 자료는 아주 잘 알려져 있어서 여기서 그것을 인용할 필요는 없다. 콘야겐족(Konjagen), 추개치족(Chugach), 우네그쿠르미우트족(Unegkurmiut)은 어떤 예외를 형성하는 것처럼 보인다. 그들은 명백히 경고, 조롱, 부끄럽게 하기, 어린아이를 얼음처럼 차가운 물에 빠뜨리는 것 등을 통하여 그들의 아이들에게 아주 일찍부터 혹독한 충동 억제를 하도록 훈련시켰다. 그리고 D. W. Clark, "Pacific Eskimo," *Handbook of North American Indians*, Bd. V, ed. D. Damas, Washington, 1984, p. 192 참조. 모든 에스키모 그룹의 공통점은 아이들을 거의 때리지 않는 것으로 보인다.

361) J. J. Honigmann/I. Honigmann(1965), 앞의 책, p. 235f. 참조.

362) M. Lantis, "Folk Medicine and Hygiene: Lower Kuskokwim and Nunivak-Nelson Island Areas," *Anthropological Papers of the University of Alaska*, 1959, p. 28 참조.

■ 원서에는 '주'와 '참고문헌'이 분리되어 있으나 독자들의 편리함을 고려하여 '참고문헌'을 해당 '주'에 모두 삽입하여 재편집하였음을 밝힙니다. ―편집자

옮긴이의 글

독일의 문화사학자이며 민속학자인 한스 페터 뒤르는 그의 연작 『문명화 과정의 신화』(*Der Mythos vom Zivilisationsprozeß*)를 통해 서구에서 확고한 학문적 패러다임이 된 엘리아스의 문명화 과정의 이론을 정면으로 반박하고 있다. 1988년 고대에서 중세까지의 전반적인 나체와 수치심의 역사를 조망한 『나체와 수치』(*Nacktheit und Scham*)로 시작되어 여성과 남성의 성기에 대한 수치심을 집중적으로 다룬 『은밀한 몸』(*Intimität*, 1990)과 『음란과 폭력』(*Obszönität und Gewalt*, 1993), 성적 매력을 지닌 것으로 간주되는 여성의 육체, 특히 가슴의 문화사라 할 수 있는 『에로틱한 육체』(*Der erotische Leib*, 1997)에 이어 2002년 성, 육체적 성숙, 육체의 기능, 행동양식 등을 다룬 『성의 실태』(*Die Tatsachen des Lebens*)로 뒤르의 방대한 연작이 완결되었다. 약 15년 간에 걸친 한스 페터 뒤르의 역작은 독일어권 영역에서 많은 논란을 불러일으키고, 심한 저항에 부딪혔지만, 한편으로는 계몽주의 이래로 서양 문화권에서 지배적인 문명이론에 확실한 충격을 가하고 있다.

　그렇다면 그동안 사회학의 고전으로 부각되어왔으며, 뒤르가 그렇게 강력하게 반박하고 있는 엘리아스의 문명화 과정의 이론은 어떠한 것인가.

　사회는 인간들이 상호결합욕구 때문에 서로 형성한 상호의존의 고리로서, 끊임없는 변화의 흐름 속에 놓여 있다는 기본적인 사회인식을 바탕으로 해서 엘리아스는 문명화를 사회적 행동기준의 장기적 발전과정으로 파악하고 있다.

　특히 엘리아스는 일상의례에 주목하여 식사예법, 방뇨행위, 코를 풀고 침을 뱉는 행위, 잠자는 습관 등 개인의 예절이 12세기에서 19세기에 이르는 동안 점점 변화해왔으며, 그 속에서 인간의 행위에 대한 통제가 외부로부터 내면으로 옮겨가고 있음을 증명하고 있다. 개인의 행위를 외부로부터 규제하는 제재가 문명화과정을 통해 내면화 규범이 된다는 것이다.

　엘리아스에 의하면 서구의 중세 사회는 문명화된 사회가 아니었다. 고기를 손으로 뜯어먹었으며 술잔도 공동으로 사용했다. 길거리에서 함부로 방뇨를 했으며 젊은 남녀가 나체로 함께 목욕을 했다. 그리고 도시의 좁은 골목에서 공중목욕탕을 가기 위해 남녀가 나체로 길거리를 뛰어다니며, 공공연하게 성행위가 이루어지기도 했다. 즉 야만인들이었던 것이다. 엘리아스는 예절에 관한 관심이 싹트기 시작한 16세기 이래로 문명화를 통해 이런 인간의 본능적인 삶의 양식이 동물적 또는 야만적인 것으로 규정돼 역사의 뒤편으로 사라지고 있다고 분석한다.

　엘리아스가 문명화과정의 가장 중요한 동인으로 보는 것은 바로 권력의 보존과 확대이다. 상류계급은 문명화된 행동의 과시를 통해 하층계급에 대한 거리감을 강조하면서 동시에 자신들의 권력을 유지하고 위계질서를 확고히 할 수 있다. 상류층은 자신들의 신분 질서를 유지하기 위해 새로운 문화를 지속적으로 발전시키고 확산시키게 된다는 것이다. 제국주의 시대 유럽 국가들이 다른 민족과 국가에게 '문명'을 가르치고 강요하려 한 것도 같은 맥락에서 이해할 수 있을 것이다.

뒤르는 『문명화 과정의 신화』 제1권인 『나체와 수치』에서 나체에 대한 수치심을 역사적으로 조망하면서 엘리아스의 이런 문명화 이론이 잘못된 것임을 주장한다.

뒤르는 중세 이전의 서구인들과 미개인들이 나체에 대한 수치심을 전혀 느끼지 못했으며, 사적 영역의 성립은 문명화 과정에서 비교적 후기의 산물로서 배설, 생리적 소음, 나체, 섹스 등의 신체적 기능들도 근대 초기에 와서야 비로소 곤혹스러운 것으로 의식되어 사회생활의 무대 뒷전으로 옮겨졌다는 일반적 주장이 사실과 어긋남을 고대 그리스 신화에서부터 중세의 욕탕 문화, 비서구권과 원시 민족, 그리고 현대의 나체주의자에 이르기까지 방대한 자료와 아주 구체적인 사례들을 제시함으로써 증명한다.

흔히 고대 그리스 남성들이 알몸으로 운동경기를 벌였다고 하지만 주요 부위를 가렸고, 남녀 혼탕으로 알려진 중세의 목욕탕에 대부분 남녀의 구분이 있었으며, 동성끼리 목욕할 때에도 치부는 가렸다는 것, 14세기 프랑스 시골 아낙네들은 침대에서 벌거벗지 않았으며, 성행위를 위해 찢어진 틈이 있는 속옷을 입었다는 것 등등이 그가 제시하는 대표적인 사례들이다.

그리고 일본과 러시아, 스칸디나비아의 특이한 혼욕문화, 이성의 하체를 바라보는 것을 철저히 금지시켰던 아프리카 원주민들의 풍습, 그리고 결코 아랫도리를 쳐다보지 않는 현대 미국 나체주의자들을 소개함으로써 관습상 나체가 통용된다고 해서 그것이 수치심으로부터의 해방을 의미하지는 않는다는 사실을 확인시켜 주고 있다.

결국 뒤르는 인간은 '고대와 중세뿐 아니라 오늘날에도 이른바 미개한 이국사회에서도 나체와 수치심은 밀접하게 묶여 있으며' '인간의 나체가 역사적으로 어떻게 정의되든 간에, 나체에 대한 수치심은 인간의 본질에 속하는 것이다'라고 결론짓고 있다.

『문명화 과정의 신화』제2권인 『은밀한 몸』은 실제 모든 인간, 특히 여성들이 유난히 음부에 대해서만 수치심을 지니고 있는가, 그리고 출산을 할 때나 의사의 진찰을 받을 때 혹은 동성끼리 있을 때처럼 예외적 상황에서는 수치심이 감소하는가에 관한 질문으로 시작한다.

뒤르는 19세기부터 고대로 거슬러 올라가면서 여성들이 남자 의사들에게서 느끼는 수치의 문화사에서 시작해서 고대에서 현대까지 여러 지역과 민족에게서 나타나는 여성들의 성기에 관한 수치심에 관해 기술하고 있다.

그리고 외음부를 추하게 간주하는 민족과 사회에서뿐만 아니라 외음부를 아름답고 매력적인 것으로 여겼던 사회에서도 이런 성기에 대한 수치심이 존재한다는 사실을 밝혀내면서 왜 모든 인간 사회의 소속원들, 특히 여자들이 성기에 대한 수치심을 느끼는지에 대한 이론을 전개시켜 나간다. 즉 여성들이 느끼는 육체에 대한 수치는 성적 매력을 제한함으로써 남자들 간의 성적 라이벌 관계를 제한하고 있으며, 이것은 파트너 관계에 유리하게 작용한다는 것이다.

결국 수많은 도판과 문헌 자료를 인용해가며 펼치는 뒤르의 논지는 "인간의 육체에 대한 수치는 그것을 느끼게 되는 '벽의 높이'가 문화적 역사적으로 차이가 있긴 하지만 그것이 문화 고유의 현상이 아니라 인간의 생활 양식 전반에 있어 특징적인 현상"이라는 것이다.

이 책의 서론과 부록에는 제1권 『나체와 수치』로 인해 제기된 학문적 비판이 상세히 언급되고 있다.

이 책을 읽는 독자들은 아마도 옮긴이처럼 여러 번 당혹스러움을 느끼게 될 것이다. 처음에는 이 책에 실려 있는 너무나도 선정적인(?) 그림들에 곤혹스러워할 것이고, 다음에는 저자가 서론에서 밝힌 것처럼 이 책이 서구에서 정설로 인정받고 있는 문명화 과정을 부정하고 있다는 점에서 너무 학술적이고 어려운 책이 아닐까 두려워할 것이다. 그러나 책을 읽다보면 그런 곤혹스러움과 두려움은 흥미진진한 호기심과 읽는 재미로 대체된다. 고대부터 현대까지, 여러 민족과 인종을 넘나들며 제시되는 다양한 사례들과 문헌자료들은 독자로 하여금 별 어려움 없이 뒤르가 펼쳐가는 주제에 빠져들게 할 것이고, 뒤르의 그 방대하고 포괄적이며 다양한 지식과 여러 사례들의 수집욕구에 감탄을 금치 못할 것이다.

이 책을 번역하면서 '나체에 대한 수치심은 인간의 보편적인 본질'이라는 주제로 이렇게 다양한 분야에서 다각적으로 자신의 논지를 전개시켜 나가는 내용을 보며 내내 놀라움을 금치 못했다. 그리고 이제 옮긴이 역시 독자의 한 사람으로 돌아와서 그가 결국 어떤 결론을 내릴 것인지 궁금해하면서 『문명화 과정의 신화』의 다음 연작들을 기대해본다.

번역하는 동안 가장 어려웠던 점은 원서에 독일어뿐 아니라 라틴어, 영어, 불어, 이탈리아어, 심지어 그리스어까지 사용되었다는 것, 그것도 중세와 근대어로 그대로 수록되어 있어 그것을 일일이 전문가들에게 의뢰해야 했다는 것이다. 그리고 아주 생소한 지명과 민족명들을 우리말로 옮기는 것도 쉽지 않은 작업이었다.

어쨌든 짧지 않은 번역기간과 또한 짧지 않은 편집기간을 거쳐 드디어 책이 출간되어 옮긴이로서 무척 기쁘고, 『나체와 수치』 이후 이 연작을 기다린 독자들에게도 반가운 소식이 될 것이다.

중세 독일어와 근대 독일어 번역에 많은 도움을 주신 강원대학교의 김재명 교수님과 불어 번역을 맡아주신 용인대의 박미리 선생님께 특히 감사의 뜻을 전한다.

2003년 용인에서

박계수